U0875870

广东科技年鉴

2021

广东省科学技术厅 编

广东人民出版社
南方传媒
·广州·

图书在版编目（CIP）数据

广东科技年鉴．2021年卷 / 广东省科学技术厅编．— 广州：广东人民出版社，2022.6

ISBN 978-7-218-15831-0

Ⅰ．①广… Ⅱ．①广… Ⅲ．①科学研究事业—广东—2021—年鉴 Ⅳ．①G322.765-54

中国版本图书馆CIP数据核字（2022）第104817号

GUANGDONG KEJI NIANJIAN（2021 NIAN JUAN）

广东科技年鉴（2021年卷）

广东省科学技术厅　编

出 版 人：肖风华

责任编辑：段太彬
封面设计：李　苹
责任技编：周星奎

出版发行：广东人民出版社
地　　址：广州市越秀区大沙头四马路10号（邮政编码：510102）
电　　话：（020）85716809（总编室）
传　　真：（020）85716872
网　　址：www.gdpph.com
印　　刷：广州市快美印务有限公司
开　　本：889mm × 1194mm　1/16
印　　张：35　　字数：1013千
印　　数：600册
版　　次：2022年6月第1版
印　　次：2022年6月第1次印刷
定　　价：300.00元

《广东科技年鉴》编辑部（广东省科技创新监测研究中心）
地址：广州市连新路171号3号楼5楼508室
电话：（020）83163342　　　网址：www.gdstic.cn

如果发现印装质量问题，影响阅读，请与承印公司（020-61300400）联系调换。

编 辑 说 明

一、《广东科技年鉴》是广东省科学技术厅主编的综合性科技年刊和资料性工具书，其编辑部设在广东省科技创新监测研究中心。该年鉴1992年创刊，每年出版一卷，旨在全面、系统、准确地记录广东省的科技工作、科技进步情况，为各级政府制定科学决策、科研企事业单位制定发展战略提供依据和参考，为广大读者了解和研究广东科技事业提供信息资料和数据。

二、《广东科技年鉴》采用分类编辑法，以篇目、分目、条目组成框架结构的主体部分，2021年卷共设12个篇目。全书条目的标题统一用黑体加【 】表示，个别包含多方面资料的条目则在文内用楷体标题表明各段资料的主题。

三、《广东科技年鉴》（2021年卷）主要载录2020年度广东科技工作的进展，所刊载的内容和资料，由有关省直单位、高等院校、科研院所、企业、各地级以上市科技局、省科技厅机关各处室及厅属各单位撰写，并经撰稿单位和部门负责人审核。

四、本年鉴统计数据均经撰稿单位与统计部门核对，某些对应指标数据在上卷刊出后作了调整的，以本卷刊载的数据为准；根据科技部要求，自2019年度起不再单独发布县以上政府部门属研究与开发机构数据，故本年鉴所附的“科技统计表”中的数据口径调整为科学研究和技术服务业事业单位，均采用科技部要求的数据模板；标点符号、数字用法、计量单位和各种专业术语等，均依照国家最新编辑出版规范和行业规定。

五、本书编纂得到各有关单位的大力支持，在此深表谢意。本书疏漏之处，敬请读者指正。

《广东科技年鉴》编辑部

2022年4月

《广东科技年鉴》（2021年卷）
编辑委员会

编辑部

目　　录

特　　载

科技政策与投入

基础研究与条件建设

科技创新体系

科技协同创新

科技成果与知识产权

农业和农村科技

行业科技发展

科技社团及科普、科技宣传

地市科技发展

科技统计资料

大事记

附　录

Table of Contents

Special Features

Scientific and Technological Policy and Inputs

Basic Research and Condition Construction

Scientific and Technological Innovation Systems

Scientific and Technological Coordination and Innovation

Scientific and Technological Achievements and Intellectual Property

Agricultural and Rural Science and Technology

Scientific and Technological Development in Different Fields

Scientific and Technological Associations and Popularization and Exchanges

City Level Scientific and Technological Development

Statistical Materials of Science and Technology

Chronicle of Events

Appendix

特载

综　述

【概况】　2020年，广东紧抓粤港澳大湾区国际科技创新中心建设的历史机遇，深入实施创新驱动发展战略，区域创新能力连续4年蝉联全国第1，全省研发经费支出3 479.88亿元，占GDP比重达3.14%，专利申请量和获授权量、发明专利申请量和获授权量、有效发明专利量、PCT国际专利申请量等指标均居全国首位。粤港澳三地创新合作更加紧密，高新区、高新技术企业、成果转化等工作相继取得新突破，国内外高层次创新人才和创新资源加快汇聚广东，为全省经济高质量发展提供了强有力支撑。

【强化战略科技力量】

实验室体系建设　全面推进10家省实验室建设，开展省实验室财政投入同步核定，强化省实验室协同联动和信息化管理，推动省实验室加强疫情防控攻关并取得系列成果。开展全省高等级生物安全实验室摸查和新建规划，推进新一轮省重点实验室和粤港澳联合实验室建设，新建10家粤港澳联合实验室、36家省重点实验室，全省重点实验室数量达396家，实验室体系建设初具规模。

科技创新平台建设　大湾区综合性国家科学中心获批建设，光明科学城、松山湖科学城综合性国家科学中心先行启动区稳步推进。散裂中子源、强流重离子加速器装置等一批重大科技基础设施建设顺利，初步实现体系化布局。推进国家技术创新中心建设，粤港澳大湾区国家技术创新中心作为全国首批综合类技术创新中心获批启动建设。国家第三代半导体技术创新中心、国家新型显示技术创新中心、国家耐盐碱水稻技术创新中心华南（湛江）分中心通过专家咨询论证。新认定131家省工程技术研究中心，全年完成对全省4 486家企业类工程中心、325家科研机构类工程中心和543家高校类工程中心的评估，总计撤并350家。

高水平创新研究院建设　积极对接国家级院所和重点建设高校，新设立7家高水平创新研究院，全省累计近20家。推动高水平创新研究院加强创新资源聚集和科研攻关，如粤港澳大湾区国家纳米科技创新研究院引进国内外一流的纳米科技人才团队和高端项目，开展了5G滤波器、LED稀土照明、AR混合显示光波导芯片等项目中试研发，将打造全球领先的“纳米创新集群”。

深化与中科院、工程院和国家基金委新一轮合作　促成中科院与深圳、东莞市共建大湾区综合性国家科学中心先行启动区，支持中科院相关研究机构深度参与省实验室建设。与中国工程院在战略研究院建设、重大战略决策咨询、高端智库和学术交流、院士联盟建设等方面开展全方位合作，组织工程院院士来粤开展院士高端论坛活动。深化与国家自然科学基金委合作，举办国家自然科学基金优秀成果对接活动，联合地市将本省的创新需求与国家基金委的优秀成果进行对接，以项目带人才的方式吸引全国优秀科学家来粤创新创业。

【关键核心技术攻关和基础研究】

省重点领域研发计划　围绕产业发展“卡脖子”瓶颈，在5G、芯片与软件、高端装备等领域，新组织实施3批省重点领域研发计划项目，共立项206个，项目总投入93.6亿元，其中财政资金投入约27亿元。据统计，前7批重点领域研发计划项目累计包括11个重大专项、24个重点专项、1个应急专题，共立项410个，财政资金投入共71.2亿元，企业和社会投入156亿元。其中，企业牵头项目共有217个，占52.93%；港澳单位牵头项目2个（香港科大、澳门大学），参与的项目24个。

基础与应用基础研究　启动第二批共9个基础研究重大项目，财政资金总投入3.73亿元，平均资助强度约4 200万元，组建了一批老中青结合的基础研究人才团队。继续实施NSFC—广东联合基金，2020年由广东依托单位牵头或者参与的项目27项，占比达96.4%；启动新一期国家自然科学基金区域创新发展联合基金（广东），由广东依托单位牵头或者参与的项目32项，占比达96.9%。2020年广东省获国家自然科学基金立项实现大幅攀升，立项数量达4 486项，居全国第2位；获资助金额24.08亿元，居全国第3位，均创历史新高。着力发挥省自然科学基金的引导作用，完成2020年度1 584项面上项目和59项杰青项目下达，资助经费2.174亿元。深入实施省市联合基金，拟择优支持2020年度青年基金项目1 210项、重点项目100项、粤港澳研究团队项目7项，支持经费约2.4亿元。先行先试与行业龙头企业聚焦公共卫生和医药健康领域，新增设立5支省企联合基金，建立了以公益捐赠等方式投入基础研究的多元投入渠道，形成了企业捐资支持基础与应用基础研究的“广东模式”。

承接国家重大科技项目　持续与科技部联动推进实施国家重点研发计划“宽带通信和新型网络”重点专项，2018—2020年三年累计立项81个项目、国拨经费26.62亿元，其中，本省牵头30个项目、国拨经费11.82亿元。2020年度，本省各类科研机构作为牵头单位，获得国家重点研发计划立项70项，获得中央财政资金11.2亿元。针对在评审结果靠前但未获国家立项支持的项目，主动通过协商落地、现场考察、咨询论证等方式，遴选出“双向神经通路的智能上肢假肢研究”等21个符合广东需求的优秀项目，采用“补充支持”的方式予以立项。

【培育壮大各类创新主体】

培育壮大创新型企业　制定《关于深入推进企业研发费用税前加计扣除政策落实的若干措施》，修订印发《广东省高新技术企业认定管理实施细则》。举办6期科技型企业线上培训活动，线上培训服务累计超70万人次。开创性启动广东省高企认定申报专家服务团活动，全省2.8万多家企业参加高新技术企业（简称“高企”）认定，预计新认定高企1.9万多家，全省高企存量超5.3万家。开展科技型中小企业评价工作9批次，入库科技型企业总数超3.7万家，比2019年增长29.6%。新认定技术先进型服务企业50家，累计达175家。

孵化载体提质增效　出台《广东省大学科技园实施办法》《广东省科技企业孵化载体管理办法》，规范省级大学科技园管理，在全国首次提出“加速器”认定条件。全省建有国家级大学科技园3家、省级大学科技园13家。共有科技企业孵化器1 036家，众创空间986家，数量均居全国第1。举办中国创新创业大赛（广东赛区）港澳台赛、创新挑战赛和“华炬杯”粤东西北赛，带动4 825家企业创新创业，组织创新创业活动341场次，引导507家创业投资机构参与创新创业活动，促成企业意向融资金额超过10亿元。

强化对产业高质量发展的支撑引领　启动实施生物医药与健康、激光与增材制造、精密仪器设备、前沿新材料、区块链与量子信息、半导体及集成电路等战略性新兴产业集群行动计划。成功举办2020年世界5G大会，一批5G应用领域前沿技术及优秀成果现场展示。出台“生物医药创新10条”，在研发、平台、企业、服务体系、体制机制等方面精准布局。持续在现代种业、精准农业、食品安全和智能农机装备领域进行重点布局，推动农业科技园区提质增效，云浮获批建设国家农业科技园，新增15家省级农业园区、49家省“星创天地”。

高新区高质量发展　加快推动国家高新区地市全覆盖行动，指导阳江、韶关、梅州、揭阳、云浮、潮州、汕尾积极创建国家高新区，梯次推动列入科技部考察名单。鼓励国家高新区“争先进位”，在科技部2019年全国国家高新区评价中，全省14家国家高新区中近2/3排名实现上升，深圳高新区连续3年保持第2名，广州高新区排名跃升2位至全国第7名，跻身一流高新区行列；东莞、珠海、佛山高新区位居全国前30名。完善省级高新区建设布局，新认定省级高新区17家，全省省级以上高新区数量达40家。

【科技创新开放合作】

深化粤港澳和国际科技合作与交流　加强

粤港澳三地科技协同创新，将疫情防控领域合作纳入粤港、粤澳科技创新联合资助计划。改革优化国际科技合作与粤港澳科技合作项目组织体系，初步建成对外科技合作领域专属专家库并投入评审使用。强化国际组织多边合作交流，深化对日韩等重点国家、以色列新加坡等关键小国和欧洲、大洋洲发达国家的科技合作关系，举办中国—芬兰高技术领域线上对接会等活动。通过推动中医药走出去、科技人才联合培养、科技人文交流等方式拓展与“一带一路”沿线国家的科技伙伴关系。中国—乌克兰材料连接与先进制造“一带一路”联合实验室获批建设。

汇聚全球创新人才共谋发展　创新启动“企业科技特派员专项”，采取揭榜制和经费包干制，实现企业技术需求与人才供给的精准匹配。创新实施“银龄专项”，支持省内高校、科研机构、企业等引进已退休或即将退休的国（境）外高端专家来粤工作，引进包括27名外籍院士在内的高层次退休专家，给予用人单位最大限度的经费使用权。全面扩大实施“海外名师”项目，共资助400个项目，将40个国家和地区424位名师、名家、名医、名匠、名人“请进来”短期开展实质性交流合作。建设好三类国家引智基地，首次有企业、新型研发机构入选“国家引才引智示范基地”。调整优化重大人才工程组织实施方案，修订系列服务管理办法，强化日常服务管理工作。

外国人才服务管理　深化“放管服”改革，“外国人来华工作许可”“外籍和港澳台高层次人才认定”等权责事项全面下放至21个地级以上市科技部门实施，《外国高端人才确认函》已授权珠三角九市科技部门审核发放。截至2020年12月底，全省持有效“外国人来华工作许可证”的外国人43 332人，其中A类高端人才11 201人。贯彻落实粤港澳大湾区个人所得税优惠政策，已核准补贴人才8 810人，补贴金额23.9亿元。推动实施更优外国人才永久居留政策，实行更加开放的人才政策。积极开展在粤工作外国专家送口罩送服务送温暖送安慰“四送”活动。

【科技创新治理】

战略研判做好顶层设计　开展省科技创新“十三五”规划评估，组织实施省中长期科技发展规划前期研究，启动省科技创新“十四五”规划编制工作。深入推进落实“深调研”活动，在省领导亲自领导下开展创新发展专题“深调研”工作，相关调研成果已吸纳到广东省科技创新“十四五”规划及全省科技创新工作部署中。组织科技统计调查分析，为科技管理决策提供数据服务和支撑。启动省政府科学技术咨询委员会换届重组。

完善科技计划业务体系及管理体系建设　持续完善支撑高质量发展的新型省级科技计划业务体系，形成以“基础与应用基础研究”“重点领域研发计划”“实验室体系建设”“粤港澳大湾区国际科技创新中心建设及区域创新能力提升”为主体的新型科技计划体系。加强预算执行管理制度建设，完善立项审批、资金下达、专家抽取和项目评审流程。扩大科研事业单位科研自主权，创新项目遴选方式和形成机制，组织实施省属科研事业单位重点领域研发计划，推进科研项目经费包干制管理试点工作。开展省科技厅下属事业单位科技业务改革及支撑工作绩效综合评估，保障科技业务管理改革顺利推进。

探索建立科技监督工作新模式　推动以省政府令出台《广东省科技计划项目监督规定》，首次从立法层面全面规范科技计划项目监督主体责任，加强科技计划项目全过程的诚信管理。制订《广东省科研诚信管理办法（试行）》，以诚信手段加强科研活动监督管理。开展立项前信用审查和失信记录惩戒工作，推行科研诚信“一票否决”制。制定《科技业务评审会议现场监督工作规程》，以“小切口”推动广东省科技领域作风学风转变。多措并举清理逾期科研项目，已累计完成清理项目5 729项，完成率为94.79%。精心组织特邀监督员“微建议”活动，切实发挥特邀监督员对广东省科技创新的民主监督、建言献策、桥梁纽带、舆论引导作用。

科技成果转化体系建设　开展职务科技成果所有权和长期使用权改革试点，推荐暨南大学、广东工业大学、广东省科学院成为国家试点单位。优化技术合同认定登记服务，实现全程电子化办理，2020年全省共认定登记技术合同39 845项，较2019年增长17.90%；合同成交额3 465.92

亿元，位居全国第2，增长52.50%，其中技术交易额2 652.07亿元，增长35.26%。开展技术转移人才培育，东莞松山湖高新区科技成果转化中心获批国家技术转移人才培养基地。稳步推进科技奖励工作，组织2020年度广东省科学技术奖评审，加快修订《广东省科学技术奖励办法》。

科技创新政策措施落实落地 持续推动“科创12条”政策贯彻落实。出台《广东省科技创新战略专项资金管理办法（试行）》《广东省重点领域研发计划管理办法（试行）》等政策文件。推动大湾区个人所得税优惠政策落地、高校科研机构利用自有物业建设专业孵化载体试点，落实科技型企业家高级职称评审直通车政策，共有83家企业（其中营收50亿元以上的高新技术企业73家、科创板上市企业10家）的182名企业家申报高级职称。扎实开展有关法律法规的制定宣贯工作，加快制定《广东省科学技术普及条例》。

科技与金融深度结合 积极对接粤港澳大湾区科技成果转化基金、中科院科技成果转化母基金等国家级基金落户广东，吸引25只创业投资基金在广东落地注册，基金总规模达30亿元；引导60家创业投资企业面向98家初创型科技企业开展投资，投资金额39 415万元。积极落实普惠性科技信贷政策，引导17家银行机构面向7 313家科技企业投放科技信贷218.92亿元，22家银行机构针对疫情防控重点科技企业提供122.06亿元科技贷款。联合省建设银行开发“技术流+能力流”专属评价体系，被国务院办公厅列为支持创新改革举措之一并在全国推广。推进“广东科技创新专板建设”，为300多家科技型企业提供全方位的融资服务。

发挥科技支撑社会民生发展作用 加快国家和省级临床医学研究中心建设，新认定2批共15家省临床医学研究中心。针对水污染防治、大气污染防治、土壤污染防治、固体污染防治等领域的突出问题，开展技术攻关和应用示范，科技支撑决胜污染防治攻坚战。推进深圳国家可持续发展议程创新示范区建设，助力深圳在全国率先实现全市域消除黑臭水体，成为全国黑臭水体治理示范城市。稳步推进公共安全风险防控与应急技术装备研发，支撑平安广东建设。加强人类遗传资源管理，确保国家生物安全。

科技助力脱贫攻坚和乡村振兴 联合印发《广东省乡村振兴科技计划》，强化科技引领乡村振兴。大力实施农村科技特派员行动，全年共选派农村科技特派员906名，对接945个省级建档立卡贫困村，全面完成广东农村科技特派员对接全省2 277条省定贫困村、3个少数民族自治县全覆盖的工作任务，首次组建横栏镇、濠江区等十几个区级、镇级农村科技特派员团队。启动电商代言助力产销，打造“农村科技特派员+电商”新模式。加强与疆藏地区科技交流合作，做好对口援助。新增支持粤东西北中小学科学馆（室）建设项目32项，累计达96项，基本实现粤东西北县（区）全覆盖，全力助推脱贫攻坚战。

（陈锡强）

重大会议和科技活动

【广东省基础与应用基础研究基金联合基金联席工作会议】 1月8日，广东省基础与应用基础研究基金联合基金（以下简称“省联合基金”）联席工作会议在广州召开。会议由省基金委主任曾路主持，省科技厅副厅长郑海涛参加会议并讲话。广州市科技局副局长刘泉宝，深圳市科创委副主任钟海，东莞市人民政府副秘书长陈志军、科技局副局长肖铮勇，佛山市科技局调研员贾煊及温氏食品集团企业代表，省科技厅有关处室及厅属单位，有关地市科技局（委）代表30余人参加了会议。

2019年是省联合基金启动实施的第一年，省科技厅高度重视，广州、深圳、佛山、东莞及温氏集团先行示范推动联合基金发展，进一步完善本省基础研究资助体系，有力促进了基础研究事业发展。省联合基金的顺利组织实施离不开各地市、企业的合力支持与配合，接下来要重点加强统筹规划与前瞻布局，推动省联合基金与省科技计划项目的有效联动，加快建立完善省联合基金管理规范、制度，推动省联合基金工作再上新台阶。

省基金委介绍了2019年省联合基金工作总结、项目评审情况及2020年工作计划，各联合资助方就省联合基金指南编制、沟通机制、项目评审、过程管理、专家资源共享、管理系统完善等事宜进行了沟通交流，对改进省联合基金组织实施工作提出意见建议。曾路主任对地市、企业的大力支持表示感谢，下一步省基金委将充分吸纳各方意见建议，加强沟通对接，全力做好省联合基金组织实施与管理工作，推动省市、省企有效联动，共同做好本省基础与应用基础研究工作，为推动粤港澳大湾区国际科技创新中心建设提供有力支撑。

联席工作会议现场

（摘自广东省科学技术厅公众信息网）

【省新冠肺炎疫情防控指挥办科研攻关组第一次会议】 1月27日，省新冠肺炎疫情防控指挥办科研攻关组第一次会议在省科技厅召开。会议由省科技厅二级巡视员何棣华主持，组长单位省科技厅党组副书记、副厅长龚国平出席会议并讲话，省发展改革委、省教育厅、省财政厅、省农业农村厅、省卫生健康委、海关总署广东分署、省林业局、省中医药局、省药监局、省科学院、中科院广州分院等成员单位分管领导和联络员参加会议并发言，广州市科技局、深圳市科创委有关负责同志列席会议。

会议主题是认真学习贯彻习近平总书记在中央政治局常委会研究新型冠状病毒感染的肺炎疫情防控工作时的重要讲话精神，深入贯彻落实李希书记、马兴瑞省长的指示要求以及省防控工作领导小组（指挥部）在全省视频会议上的部署要求，组织协调全省的优势科研力量，切实抓好各项科技攻关措施的落实，全力保护人民群众身体健康和生命安全。

会议通报了省科研攻关组工作方案，并强调各成员单位要根据工作职责和分工任务加强协同，切实解决科技攻关需要协调的问题事项，形成工作合力，加快推动科研攻关组取得有效成果，支撑打赢新型冠状病毒感染的肺炎防控攻坚战。

会议通报了省防控新型冠状病毒感染科技攻关应急专项实施方案，并强调科技攻关应急专项要充分利用本省已有技术平台和专家队伍，充分发挥本省拥有三级生物安全（BSL-3）实验室的单位有关设施和技术优势，发挥港澳优势创新资源，找准目前本省新型冠状病毒感染的肺炎疫情防控的科技需求，重点从新型冠状病毒的流行病学、病原学及发病机制、监测预警、快速检测、早期诊断、综合预防、中西医临床治疗（轻症治疗与重症救治）等方面联合开展应急科技攻关，加快推动各应急专题取得有效成果。

（摘自广东省科学技术厅公众信息网）

【2020年高新区建设视频会】 3月18日，2020年高新区建设视频会在广州召开，副省长覃伟中、省政府副秘书长陈岸明及省直有关部门负责人在省科技厅主会场出席会议。各地市政府分管领导、各有关高新区管委会代表、科技局（委）代表约100人在地市分会场参加视频会议。省科技厅王瑞军厅长在主会场主持会议，副厅长杨军作2019年全省高新区主要工作情况汇报。

会上宣读了省政府对清远英德高新区、肇庆西江高新区、湛江廉江高新区、韶关乳源高新区、汕头龙湖高新区、广州天河高新区6家新认定省级高新区的批文。珠海高新区等4家高新区代表依次发言，交流高新区高质量发展经验。

2019年，广东省23家省级以上高新区实现工业总产值4.26万亿元，同比增长39.76%；实现净利润3 735.74亿元，同比增长40.85%。过去一年，全省高新区为广东经济高质量发展注入强劲的“高新动力”。根据科技部火炬中心发布的2019年度国家高新区评价结果，全省近2/3的高新区排名实现上升，整体表现出较好发展态势。其中，深圳高新区连续3年保持全国第2名，广州高新区排名跃升两位至全国第7名，广深两地高新区培育孵化了广州极飞科技股份有限公司、广州亿航智能技术有限公司、深圳奥比中光科技有限公司广州分公司等一批高成长性的科技型企业和优质民营企业。

2020年高新区建设视频会现场

（摘自广东省科学技术厅公众信息网）

【全省科技创新大会】 3月25日，全省科技创新大会在广州召开。会议深入贯彻落实习近平总书记关于科技创新的重要论述和对广东重要讲话、重要指示批示精神，立足新起点新形势，部署推进今年科技创新重点工作。中共中央政治局委员、广东省委书记李希出席会议并讲话，省长马兴瑞主持会议，省委副书记、深圳市委书记王伟中在分会场出席会议。

大会颁发了2019年度广东省科学技术奖，省委常委、常务副省长林克庆宣读通报。副省长覃伟中通报2019年以来全省创新驱动发展工作情况。中国工程院院士、亚太材料科学院院士、华南理工大学教授王迎军，中国工程院院士、中科院南海海洋研究所所长、研究员张偲获得2019年度广东省科学技术奖突出贡献奖。三维环境智能感知系统研发及应用项目获科技进步奖特等奖；钙钛矿铁电材料的介电非线性特性与压电响应研究及应用等12个项目获自然科学奖一等奖；淡水池塘环境生态工程调控与尾水减排关键技术及应用等9个项目获技术发明奖一等奖。

李希代表省委、省政府向全省广大科技工作者致以崇高敬意和衷心感谢，他表示，党的十九大以来，本省坚定不移贯彻总书记、党中央决策部署，把科技创新作为关系全局的工作，摆在“1+1+9”工作部署重要位置，推动科技创新强省建设取得新进展、新成效，尤其是在防控新冠肺炎疫情中，科研人员发挥了重要作用，作出了重大贡献。要深入学习贯彻习近平总书记重要论述精神，进一步增强责任感使命感紧迫感，扎实有效推动科技创新强省建设，不断开创本省科技创新工作新局面。一要深刻理解创新驱动是建设粤港澳大湾区、深圳先行示范区和推动广州、深圳“双城联动、比翼双飞”的关键路径，通过科技创新提升区域合作水平和整体发展能级，不断增强经济内生动力。二要深刻理解创新驱动是引领高质量发展的不竭动力源泉，坚定不移实施创新驱动发展战略，加快实现质量变革、效率变革、动力变革。三要深刻理解创新驱动是提高全面建设小康社会成色的有力保证，充分发挥创新驱动对满足人民群众对美好生活新期待的重要作用，使全面建成小康社会的成色更足、质量更高。四要深刻理解创新驱动是推进治理体系和治理能力现代化的重要支撑，依托现代科技手段助力科学治理、精细治理，在推进治理体系和治理能力现代化上展现更大作为、取得更多成果。

李希强调，要进一步深化对科技创新规律性的认识，走实走好创新发展路子。一要坚持系统谋划，深化拓展战略布局和工作思路，把握趋势机遇，找准定位使命，立足当前、着眼长远、明确重点、精准发力，不断提升创新发展质量效益。二要坚持问题导向，抓紧补短板强弱项，加快解决原始创新成果较少、“缺芯少核”、体制机制障碍等问题，努力形成广东创新发展新优势。三要坚持改革创新，发挥有利于创新的制度优势和治理效能，优化政策体系，加快转变政府职能，充分激发全社会创新动力。四要坚持分类施策，提升创新发展的协同效能和质量效益，推动各地各尽所能、各展所长，协同构建区域创新发展体系，让创新更加全面、更加协调。五要坚持全球视野，统筹自主创新与开放创新。坚持自力更生、自主创新，牢牢掌握关键核心技术，坚持高水平开放合作，持续推动本省科技创新水平向上跃升。

李希强调，要突出重点攻坚克难，推动科技创新强省建设不断取得新突破。一要突出抓好大湾区综合性国家科学中心建设，持续推动广深港澳科技创新走廊建设，加快谋划和建设一流重大科技基础设施群，以创建国家实验室牵引带动省实验室体系建设，着力建设一流高等院校和科研院所，打造原始创新高地和强大引擎。二要强化关键核心技术攻关，牢牢掌握创新发展主动权。着力提升攻关成效，持续推动产学研用一体化建设，加大自主创新技术产品应用推广，深入推动军民融合发展，合力突破关键核心技术瓶颈。三要大力推进以企业为主体的技术创新体系建设，持续推进制造业高质量发展“六大工程”和产业基础再造工程，抓住机遇壮大发展新兴产业，更好发挥高新区作为产业创新发展的重要载体作用，大力培育引领型创新型企业集群，引领产业基础高级化和产业链现代化。四要以推进新冠肺炎疫情防控科研攻关为抓手，加强科技对疫情防控和公共卫生体系、脱贫攻坚和乡村振兴、民生社会领域发展的支撑，让广大人民群众共享更多更好科技创新成果。五要深化科技体制机制改革，完善科技创新政策体系。健全科技计划管理机制，深化科技领域“放管服”改革，积极探索促进创新要素跨境流动和区域融通政策举措，以体制机制创新确保科技创新效率。六要持续优化创新生态，着力提高科创效能。提升创新人才培育、招引、服务水平，优化创新创业服务，积极融入全球创新网络，推动创新要素自由流动、高效配置。

李希强调，要加强领导、强化统筹、狠抓落实，务求取得更加扎实成效。一要加强党委领导，压实工作责任。党政一把手要亲自抓，不断提高谋创新、抓创新能力，各地各部门要结合实际创造性抓落实，为科技创新提供更多更好政策引导和优质服务。二要加强部门、政策协同联动，推进科技创新全省“一盘棋”，加强与港澳沟通合作，深化三地部门联系、政策互通、规则对接。三要加强创新文化建设，大力宣传倡导创新创业文化，加强科学道德和诚信建设，扎实推进科学普及，真诚关心关爱科研人员，激发全社会创新创造活力。

马兴瑞强调，全省各地各部门要切实把思想和行动统一到总书记、党中央决策部署上来，按照这次会议的部署要求，进一步强化科技创新责任担当，围绕建设科技创新强省，重点抓好粤港澳大湾区国际科技创新中心建设，大力推进省实验室等科技创新平台提质培优，加强基础与应用基础研究，深入实施九大领域关键核心技术攻关，健全以企业为主体的技术创新体系，持续优化创新生态，努力提高本省科技实力和创新能力，为实现“四个走在全国前列”、当好“两个重要窗口”提供更有力的科技支撑。

会议以电视电话会议形式开至各地级以上市，省领导张硕辅、张义珍、黄宁生、郑雁雄、张少康，省委有关部委、省直有关单位、省有关人民团体、中直驻粤有关单位主要负责同志，部分科研院所、高等院校主要负责人，部分省科学技术奖评审委员会委员及获奖代表参加会议。

（摘自广东省人民政府官网）

【省实验室建设工作座谈会】 4月2日，省科技厅召开省实验室建设工作座谈会。省委、省政府高度重视省实验室建设，在省科技领导小组统一领导下，各地市积极发挥建设主体作用，推动省实验室全面建设和疫情防控工作两手抓、两不误、两促进，尤其在疫情防控科技攻关中发挥了积极作用，得到省委、省政府主要领导的高度认可和充分肯定，特别是以生物岛实验室、深圳湾实验室、松山湖材料实验室、季华实验室、鹏城实验室为代表的省实验室，在新冠肺炎疫情防控中快速响应、主动作为，发挥重要的领军作用。以钟南山院士、徐涛院士为代表的省实验室科研工作者潜心科研、扎实攻关，把论文写在医疗救治一线、写在科研生产一线，展现良好的科研价值导向和专业精神、科学家精神。

省实验室建设步入第三个年头，显示出良好的前景和蓬勃发展势头，辐射带动了广东科技创新能力和应急反应能力的整体提升。下一步，一是强化重大战略布局。坚持科技战略力量的核心定位，从国家全省站位主动谋划发展，形成竞争优势。在优势核心领域，要站在国家层面统筹布局，积极牵头推进相关领域国家实验室建设。在关键特色领域，要充分发挥特色优势，主动融入国家和地方创新发展布局。要坚定战略定力，着眼长远战略发展，稳扎稳打，善作善成。二是坚持体制机制创新。要吸取国际一流实验室建设管理经验，瞄准更高水平的对外开放，不断激发实验室内生动力和创新活力，先行先试、大胆探索，“一室一策”，构建功能明晰、特色鲜明、运行顺畅、决策科学、高度自治的管理体制和工作机制。三是要及时研究解决建设发展中的问题。省实验室建设探索性很强，各地要坚持问题导向，在实验室统筹、人员聘用、党组织建设、体制机制创新与制度衔接等方面加强研究。

会议对各省实验室进一步强化责任担当、切实增强自身能力建设作了专题报告，并提出具体工作要求。为研究探讨各省实验室当前面临的重大问题，分别召开珠三角地区省实验室考核评估和投入归集工作座谈会、粤东西北地区省实验室预决算工作座谈会。

省实验室建设工作座谈会

座谈会分会场现场

（罗俊博）

【广东省高企认定申报专家服务团启动仪式】 6月20日，广东省高企认定申报专家服务团启动仪式在广州高新区举行，100多家企业代表参加启动仪式。该次活动是“惠企暖企”系列活动的延续，是疫情防控常态化下，为了减少政府与企业信息不对称，合理降低企业申报成本，提高政策透明度，提升企业申报认定和发展质量而开展，也是贯彻党中央、国务院做好“六稳”工作、落实“六保”任务决策部署和科技部、省委、省政府关于疫情防控常态化下做好高企工作的重要举措。

省科技厅龚国平厅长介绍了近年来本省高企发展情况，强调高企的稳定发展、高质量发展是本省科技产业全球竞争力稳中有进的重要保障，也是本省区域创新能力稳中有进的重要支撑。特别是新冠肺炎疫情发生以来，全省高企全力以赴参与疫情防控阻击战，金发科技、佳都科技、云从科技、一方制药等一批高企，在捐资捐物、防疫产品应急扩产、抗疫医疗科研攻关、智能联防联控等各方面发挥重要作用。龚国平厅长指出，当下恰逢2020年高企认定申报关键阶段，省市区各部门以及参与该次活动的机构、专家要全力以赴，贴近企业、贴近需求，以专业化、定制化、精细化的诊断咨询服务，引导企业阳光申报，帮助企业高标准完成申报认定，推动企业实现高质量发展。同时希望以该次活动为新契机、新起点，将暖企专家服务活动深入推进，不断扩大覆盖面，提高惠及率，让“服务出成效，企业得实惠”，力争将该次高企认定申报专家服务活动做成广东样板，形成广东经验，打造广东暖企服务品牌。

随后，龚国平厅长向全省高企认定申报专家服务团的组织单位——广东省技术经济研究发展中心授“高企专家服务团”旗帜。授旗完毕，专家服务团专家还进行了申报认定培训讲座和专家企业“一对一”诊断咨询服务。

广东省高企认定申报专家服务团由40余名资深高企认定申报专家组成。广州高企认定专家服务专场是省科技厅通过省市联动方式加强对高企服务的第一场，随后专家服务团将前往惠州、中山等地市，面向高企认定申报企业开展“一对一”诊断咨询。

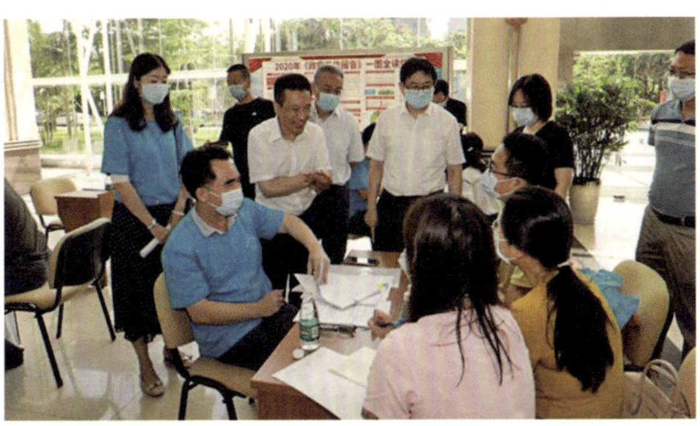

专家与企业代表交流

授旗仪式

启动仪式现场

（摘自广东省科学技术厅公众信息网）

【珠三角地区科技型企业工作推进会】 8月20日，省科技厅召开珠三角地区科技型企业工作推进会，珠三角九市科技部门分管领导和业务部门负责同志参加会议，杨军副厅长出席会议并讲话。

会议通报了2020年本省推进高新技术企业、科技型中小企业、技术先进型服务企业工作进展情况、分析存在问题，部署下一阶段工作。珠三角各地市就工作推进情况，进行交流发言。

杨军副厅长肯定了珠三角各地市今年科技型企业工作阶段进展和成效，提出下一步做好科技型企业工作的要求。一是要深刻认识当前疫情防控常态化、贸易摩擦等多重因素交织的复杂形势；二是要认真分析、精准查找企业申报认定评价中科技部门的管理短板，深入把握好下一步工作重点；三是要把规范化和认定质量视为科技型企业认定评价工作的生命线；四是要重点关注科技型企业高质量发展问题，引导企业树立创新发展意识，提升创新发展能力；五是要加大政策宣传力度，让科技型企业享受政策红利；六是要加强未来型企业、细分领域领军企业、瞪羚企业、独角兽企业等其他类型科技型企业培育工作。

珠三角地区科技型企业工作推进会现场

（摘自广东省科学技术厅公众信息网）

【第22届中国国际高新技术成果交易会】 11月11—15日，第22届中国国际高新技术成果交易会（以下简称“高交会”）在深圳市举行。

该届高交会以“科技改变生活，创新驱动发展”为主题，组织展览展示、会议论坛、技术交流、合作洽谈等系列丰富多彩的活动，努力发挥高交会在汇聚创新资源、推进国际科技经济合作、提升危机应对能力、增强经济发展动力等方面的积极作用，持续打造专业化、国际化、便利化、高水平的科技成果交流交易平台。作为2020年疫情防控常态化下举办的国家级科技盛会，该届高交会的成功举办对提升经济复苏动力，推动国际科技交流合作具有重要作用，为经济振兴注入了信心与动力。

该届高交会设有国家高新技术展、创新与科研展、外国团组展区、“一带一路”专馆、初创科技企业展、创客展、高技术服务展、信息技术与产品展、节能环保展、新能源展、建筑科技创新展、新材料展、智慧医疗健康展、光电显示展、智慧城市展、航空航天科技展和先进制造展，以及人才高交会、应急安全科技展两个分会场，展览总面积达14.2万平方米，共有3 349家展商参展，展示的高新技术项目达9 018项，涵盖了人工智能、智能家居、智能制造、物联网、智能驾驶、车联网、5G商用、8K超高清、区块链技术、新一代信息技术、大数据、云计算、应急安全等领域。线下24个、线上29个国家和国际组织，共109个团组参展本届高交会。

北京、上海、广东等30个省市区（含新疆生产建设兵团）团组，27所知名高校团组精心组织众多科研成果进行展示。经专家评审，144家单位获优秀组织奖，135家单位获优秀展示奖，685个项目获优秀产品奖。同时，展期各项活动、参观人气保持良好势头，共举办各种高层次论坛、专业技术论坛、行业沙龙、技术会议等活动176场。展期共举办各种高层次论坛、专业技术论坛、行业沙龙、技术会议等活动176场。45.1万人次观众现场参观了大会。

2020年是“十三五”规划收官之年，众多“十三五”科技成果亮相该届高交会，包括商用磁浮3.0版列车、高比能动力锂离子电池、智能网联整车控制器、智能多合一高压集成控制器、双电机耦合无动力中断自动变速驱动系统等。此外，该届高交会围绕“十四五”重点产业布局，着重展示战略性新兴产业、基础设施建设、数字化发展等方面的进展，设立信息技术与产品展、智慧城市展、航空航天科技展等专业展，举办2020战略性新兴产业培育与发展论坛、2020中国人工智能产业发展论坛、5G产业发展与技术应用主题峰会、“新基建，新安全——关键信息基础设施安全论坛”、5G互联网商用大会、2020数字化新基建领军者峰会等一系列“十四五”重点产业相关的论坛活动，体现了高交会在落实国家和区域战略方面的积极作用。

该届高交会呈现了几大特点：一是高精尖产品云集，引领行业和技术风向标；二是国际交流合作热度不减，推动形成双循环发展新格局；三是汇聚抗疫黑科技，助力全球经济振兴；四是融合多方创新资源，打造高新技术产业创新生态圈；五是升级线上展会，紧抓数字会展和线上经济新机遇。

该届高交会秉持开放合作、创新发展理念，不断汇聚创新资源，推动国内国际高技术产业融合发展，是中国高新技术领域产品展示、成果转化、开放合作的重要平台。

第22届高交会中国高新技术论坛开幕论坛

2020高交会中国科学院创客之夜活动

（摘自中国国际高新技术成果交易会网站）

【中瑞科技创新精准合作“云对接”活动】 11月17日，由科技部国际合作司指导，中国科学技术交流中心与瑞士初创企业孵化机构Venturelab主办，广东省科学技术厅承办的中瑞科技创新精准合作“云对接”活动在广州举办。科技部国际合作司赵静副司长发表视频致辞，中国科学技术交流中心庄嘉副主任、省科技厅劳帜红副厅长、瑞士驻广州总领事毕扬（Martin Bienz）出席活动并致辞。

该次活动采用线下交流互动与线上直播相结合的形式，线下会场共40余家单位80位代表参会，线上点击量逾3万人次，线上线下观众参与程度高，提问交流踊跃。10家瑞士初创企业围绕农业、食品、清洁技术、生物医疗等领域开展线上项目路演，深圳市萱嘉生物科技有限公司、中山大学达安基因股份有限公司等10家粤方机构进行线下项目路演，现场技术和投融资领域专家进行点评互动，来自广东及泛珠三角地区的高等院

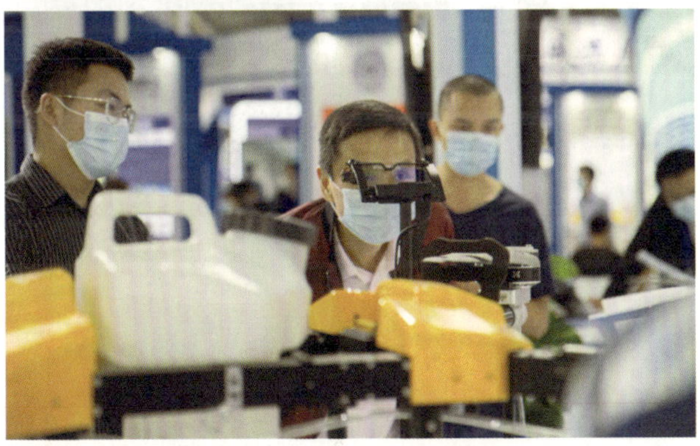

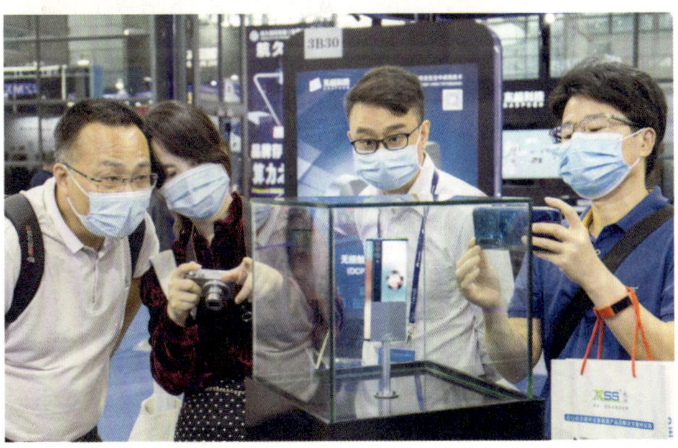

观众尝鲜“黑科技”

活动现场

校、科研机构、企业等创新主体代表进行了现场对接交流。

在当前新冠肺炎疫情背景下，该次活动采取数字化交流对接，进一步打造国际化的创新创业环境，为两国企业复工复产提供助力，为两国经济社会高质量发展提供科技支撑，也为中瑞创新战略伙伴关系增添新的内涵。

（摘自广东省科学技术厅公众信息网）

【粤港澳联合实验室建设工作座谈会】 11月25日，省科技厅在广州召开粤港澳联合实验室建设工作座谈会，省科技厅省实验室建设与重大基础研究推进工作小组副组长温则伟同志参加座谈会。

会议为10家第二批粤港澳联合实验室授牌。粤港澳联合实验室代表在会上进行了建设经验交流分享，并对科研经费过境、科研活动组织、科研设备管理和科研人员合作交流等问题进行了深入探讨。会上，温则伟同志要求各单位扎实推进联合实验室建设，规范联合实验室管理，创新机制，将联合实验室打造成为粤港澳高水平创新平台，并要求各实验室积极做好迎接评估的准备工作。

授牌仪式

座谈会现场

（罗霄鹏）

【广东省科学技术厅与中国科学院控股有限公司共建中国科学院科技成果转化母基金合作框架协议签约仪式】 12月18日，广东省科学技术厅与中国科学院控股有限公司共建中国科学院科技成果转化母基金合作框架协议签约仪式在广州举行，省科技厅厅长龚国平和国科控股董事长索继栓分别代表双方签署协议，副省长王曦、中国科学院副院长张涛出席活动并见证签约仪式。省科技厅副厅长杨军主持签约仪式。

根据合作框架协议，双方将共建目标规模60亿元母基金，重点围绕广东省和中科院“硬科技”“绿科技”项目，落实中科院“率先行动计划”部署，投资一批具有重大影响的中科院科技成果转化项目、国家和地方重点支持的科技重大项目，培育一批致力于核心技术攻关的科技型企业，支撑战略新兴产业发展。同时，通过母基金的辐射效应，将中科院更多的优质科技资源、项目引入广东，助力省院合作。

（叶超贤　田何志）

签约仪式现场

科技政策与投入

科技政策制定与宣传

【科技政策法规研究与制定】

《关于深入推进企业研发费用税前加计扣除政策落实的若干措施》制定　为持续推动企业研发费用税前加计扣除政策落实，激励和引导企业加大研发投入，4月，省科技厅会同国家税务总局广东省税务局成立调研组赴省内部分龙头企业及科技型中小企业开展专题调研座谈，了解企业研发费用加计扣除政策落实情况。7月，深入研究分析广东省企业研发费用加计扣除政策落实情况、存在的问题及原因和下一步对策建议，起草形成报送省政府专题报告。在深入调研基础上，研究起草《关于深入推进企业研发费用税前加计扣除政策落实的若干措施》。

《广东省科学技术普及条例》立法　3月，省科技厅联合省科协成立工作团队，集中起草和修改《广东省科学技术普及条例（草案）》，征求省直部门和各地市意见并修改完善，6月将条例（草案）报送省人民政府。7月，省司法厅将条例（送审修改稿）征求相关部门意见。省科协、省科技厅、省司法厅、省人大组成联合调研组，于6—9月赴省内外开展座谈调研，并论证修改。11月，先后召开省人大调研座谈会、分管省长协调会、省政府常务会议，省人大教科文卫委一审顺利通过《广东省科学技术普及条例（草案）》。

【科技政策法规宣传与落实】

《关于进一步促进科技创新的若干政策措施》宣贯落实　2020年，省科技厅继续全面推动《关于进一步促进科技创新的若干政策措施》（“科创12条”）宣贯落实，进一步完善配套政策措施，新制定出台《广东省科技计划项目监督规定》《广东省科技创新战略专项资金管理办法（试行）》《广东省重点领域研发计划管理办法（试行）》等政策文件。深入推动创新政策落地见效，协调推动粤港澳大湾区个人所得税优惠、高校科研机构利用自有物业建设专业孵化载体试点等政策落实；继续联合省人力资源和社会保障厅推进科技型企业家高级职称评审工作；探索“定向组织、限项申报、择优立项”新的项目组织方式，扎实做好2020年省属科研事业单位重点领域研发计划项目组织实施工作，引起良好反响。2020年年初，对“科创12条”重点任务落实情况进行阶段性总结评估，并于2020年年底启动“科创12条”政策落实第三方评估工作。

“湾区创新论坛”系列活动　2020年，省科技厅围绕新能源技术创新发展实践与探索、新时期高新区高质量发展之路等主题，共举办4期论坛，邀请30余位国内外知名专家开展主题演讲和对话交流，吸引近200家单位和500多名专业人士、社会公众现场参与，线上直播观看参与人数超过70万人次，新华社广东分社、《科技日报》、《南方日报》等主流媒体广泛报道，产生了良好的社会效应。“湾区创新论坛”已逐渐成为粤港澳大湾区及华南地区科技界有影响力的科技论坛品牌。

《中华人民共和国民法典》学习宣贯　5月28日《民法典》正式出台后，省科技厅迅速制定《广东省科学技术厅民法典普法责任清单》，明确普法内容、普法对象、普法目标、具体举措等事项，举办《民法典》专题讲座，邀请中山大学、暨南大学专家作专题辅导报告，组织观看学习《民法典》公开课，引导全体干部职工通过普法平台、普法微信公众号等深化学习、自觉实践，强化依法办事意识。

（史利兵　王静雯）

科技人才

【外国和港澳台专家服务与管理】

优化外国人才服务管理　2020年，省科技厅深化“放管服”改革，实行更加开放便利的外国人才来粤举措。2月，外国人来华工作许可、广东省外籍和港澳台高层次人才认定权责事项已全面下放至各地级以上市科技部门实施。7月，科技部授权珠三角九市按属地原则审发《外国高端人才确认函》，进一步为外国高端人才来粤工作提供便利。

坚决按照中央和省关于疫情防控工作的统一部署要求，做好在粤工作外国人疫情防控工作，启动应急预案，与科技部、省直相关部门、各地市各用人单位建立动态协同联动，为做好服务在粤外国专家疫情防控建立应急通道。2月开通3条英文咨询服务热线电话；开展“四送”活动（送口罩、送服务、送温暖、送安慰），为在粤外国人才提供高效便捷优质服务；采取业务不见面审核审批，各地做好疫情期间外国人来华工作许可业务全流程网上办理。

截至12月，全省持有效《外国人来华工作许可证》的外国人43 332人，其中A类高端人才11 201人，占25.9%；B类外国专业人才28 555人，占65.9%；C类其他外国人员3 576人，占8.2%。全省共核发《外国高端人才确认函》329份，《外国专家来华邀请函》459份。

境外高端人才认定　为贯彻落实大湾区个人所得税优惠政策，拟定全省相对统一的境外高端人才认定标准，推动珠三角九市开展境外高端人才认定工作。将入选国家、省、市重大人才工程人才、持《外国人来华工作许可证（A类）》《外国高端人才确认函》人才、科技创新人才等列为境外高端人才。珠三角九市结合当地实际出台实施粤港澳大湾区个人所得税优惠政策财政补贴暂行办法。已核准2019年度补贴人才8 810人，补贴金额23.9亿元。12月印发《广东省财政厅　广东省科学技术厅　广东省人力资源和社会保障厅　国家税务总局广东省税务局关于继续贯彻落实粤港澳大湾区个人所得税优惠政策的通知》，进一步推动个税优惠政策的落地见效。

个税优惠政策“虹吸效应”显著，全省持《外国高端人才确认函》人才、外籍和港澳台高层次人才认定数量等大幅增长。全省新认定外籍和港澳台高层次人才193人，比2019年增加42%。

集聚全球创新人才资源　积极实施高端外国专家项目，全省列入科技部2020年度国家外国专家项目186项，资助总经费3 677万元，立项项目总数、立项率分别比2019年增长26.5%和7.9%，创历年新高。首次有企业（广汽集团）、新型研发机构（东莞清华创新中心）入选“国家引才引智示范基地”。

创新启动“企业科技特派员专项”，探索“以企业技术需求为导向”的新模式，采取揭榜制和经费包干制，充分发挥市场机制作用，实现企业技术需求与人才供给的精准匹配。截至12月，已吸引来自全球2 444名高端科研人才、294家优质特派员派出单位、1 545家企业注册入库，企业共发布技术需求901项，其中360项成功对接并获专项资助，技术合同总额7 052.6万元，专项资金资助3 810.9万元。

创新开展“银龄专项”，支持省内高校、科研机构、企业等引进已退休或即将退休的国（境）外高端专家来粤工作。为本省科技人才培育、科研攻坚、学科建设、产品研发、企业管理等提供重要的智力支持。共149项列入2020年度专项资助，共资助金额2 970万元。“银龄专项”采取经费包干制，给予用人单位更多的经费使用权。

5月，举办2020年“岭南科学论坛·湾区创新论坛”首场云论坛，以“全球汇智　创新赋能”为主题，采用线上直播的创新方式，邀请企业代表、企业科技特派员代表以及“银龄专项”专家代表，围绕“企业科技特派员专项”和“银龄专项”展开深度解读和交流。

外国人才数据监测分析　对外国来华工作专家数据开展实时监测分析，全面梳理外国人来华工作许可制度实施后的成效，从人才层次、地区分布、行业就业分布、来源国等多维度对在华创新创业的外国人才进行梳理分析，动态模拟各来源国人才的分布特征，为相关人才政策的制定和评估等提供数据支撑。已经完成9期全国《外国人来华工作数据月报》、12期《广东省外国人才监测月报》，并在此基础上，构建来华工作外国人才数据库。

（董　茗）

【重大人才工程】　2020年，完成省重大人才工程第八批引才计划和第五批本土人才培养计划的合同签订和资金拨付工作，积极配合省人才办调整优化新一轮省重大人才工程组织实施工作，完善省重大人才工程管理服务办法。做好入选人才团队全链条服务管理，协助、指导人才团队做好新冠肺炎疫情防控，确保重大人才工程各项重点工作有序推进。全年完成55个团队、624名高层次人才合同签订；完成27个团队、10名高层次人才变更申请工作；对65个团队、26名高层次人才项目进行中期考核；对19个团队、163名高层次人才项目进行结题验收。

（苏永泉）

【专业技术人才队伍建设】　2020年，全省专业技术人才共约730万人、高层次人才约83万人，比2019年分别新增约60万人、4万人。全省享受政府特殊津贴专家4 962人，百千万人才工程国家级人选169人。

职称管理政策体系　制定出台《广东省职称评审管理服务实施办法》等“1+5”政策文件，对本省近30年来的职称政策进行全面调整优化，基本构建起本省职称评审管理服务制度体系。谋划制定的《广东省农业农村专业人才职称评价改革实施方案》“1+3”政策文件，首创乡村工匠专业人才职称评价，形成农业技术人才、农业工程技术人才、乡村工匠专业人才的乡村振兴专业人才“两纵一横”职称评价政策体系。

职称制度改革　2020年共制定出台经济专业人员、统计专业人员、文物博物专业技术人才、农业科学研究人员、农业农村专业人才、档案专业人员、中等职业学校教师、哲学社会科学研究人员8个系列职称改革实施方案和评价标准条件，以及高级社会工作师、二级注册造价师职业资格的评价实施办法。

专业技术人才专项工作　推动出台全省医务防疫人员激励性政策文件，完成防控一线第一批医务人员高级职称评审工作，共有804名医疗防疫人员获得高级职称。实施科技型企业家高级职称评审直通车制度，175人获得高级职称。

“放管服”力度进一步加大　向东莞市、佛山市分别下放卫生系列、机电工程专业副高职称评审权。推动省实验室承接职称评审权，指导省人民医院等自主评审单位和12家高水平医院制定完善相关职称评价制度。

促进粤港澳大湾区人才便利执业　持续统筹推进粤港澳大湾区职称评价和职业资格认可，珠海出台的《珠海经济特区港澳旅游从业人员在横琴新区执业规定》是全国首部支持港澳旅游从业人员跨境执业的地方性法规，省住建厅出台的《香港工程建设咨询企业和专业人士在大湾区内地城市开业执业试点管理暂行办法》实现了香港工程建设咨询专业人才通过备案方式便利执业。已有410名港澳导游及领队取得珠海横琴导游执业证，1 630名港澳工程咨询专业人士取得湾区内地城市执业资格。推进专业技术人才知识更新工程实施暨十年工作总结。

继续教育培训　举办国家级高级研修项目培训班4期、省级高级研修项目培训班7期。成功推选广东技术师范大学获批第十批国家级继续教育基地。完善本省专业技术人员继续教育服务管理机制，提升继续教育公需科目免费培训服务质量，培训专业技术人员192万人次。

【博士后平台建设】　2020年全省博士后资金投

入逾17亿元，其中省级财政投入逾6亿元。开展本省博士和博士后资助项目经费使用情况调查工作，加强资金补贴监管服务。报送53家推荐单位参加博士后科研工作站新设站全国遴选。开展本省博士工作站新设站遴选推荐工作，明确粤东西北地区设站规模为100家。

组织实施海外优秀青年人才引进计划等品牌项目，主要吸纳世界排名前200名高校博士毕业生来粤从事博士后研究工作，得到人社部的充分肯定。截至2020年年底，全省博士后科研流动站177家，博士后科研工作站417家，博士后创新实践基地386家，博士工作站656家，全年新增博士后突破4 215人，在站博士后10 280人，各项指标位居全国前列。

【人才服务保障】　对标“国际一流，国内领先”，推进粤港澳大湾区（广东）人才港建设，明确人才港采取“政府主导、市场化运营”的运营管理模式。致力于“共享机遇，共谋发展”，构建区域人才服务工作一体化发展新格局，组织泛珠三角区域人才服务合作第二十二次联席会议暨粤港澳大湾区人才公共服务联盟第一次联席会议；促成泛珠三角区域各方就平台、就业、档案、产学研用达成新的合作意向，推动全省人才公共服务机构做实做强联盟品牌，完善全省人才服务体系。高水平打造全省上下贯通高层次人才服务体系，坚持优化“一平台、一卡、一网、一批驿站、一批活动”“五个一”全链条人才服务体系；全省复制推广国际人才一站式服务窗口建设经验，为3 139名优粤卡持卡人提供便捷交通、绿色就医等14个方面专属服务；运维“广东人才网”，集成高层次人才政策、项目、引进、服务等功能，打造办理事项“最简材料包”及“购物车式”量化办理功能，实现办事材料精简1/3以上，平均办理时间压缩30%以上；发挥“人才驿站”柔性引才引智效能，柔性引才1 693人次，促成各地累计签约合作项目226项，合作初始金额超8亿元；举办22场次大型人才活动，邀请510名高层次人才与600多家企事业单位接洽，现场达成技术项目合作意向120多项，直接签订合作协议48项，有效促进了人才链和产业链“双链”融合。

（于凤梅）

【科技干部教育与培训】　2020年，省科技厅以强化组织建设，全面提升科技人才队伍的凝聚力、战斗力，建设高素质专业化科技管理干部队伍为目标，结合新冠肺炎疫情防控环境及工作实际，积极探索科技干部教育与培训新模式。全年共举办各类培训班40期，培训科技干部、专业技术人员1 762人次，开展科技创新政策法规、项目申报、技术服务线上线下相结合培训宣讲，有43万人次通过网络视频直播方式参加学习。

全国技术合同认定登记和科技成果登记培训班　10月12—15日，科技部火炬中心、广东省科技厅联合主办“全国技术合同认定登记和科技成果登记培训班”。来自全国各地科技系统技术市场管理部门、技术合同认定登记机构、科技成果登记机构的160余名代表参加培训。

近年来，本省将技术交易数据纳入创新驱动发展“八大举措”的监测评估指标体系，开展技术市场动态监测，加强对全省技术合同认定登记点的布局和管理，广泛开展培训宣传工作，努力实现技术合同“应登尽登”，推动全省技术合同登记率显著提高。培训班邀请了7位国内多年从事技术市场研究与管理、技术合同认定登记、科技成果登记的专家学者，重点围绕促进技术市场政策、技术创新税收政策、科技成果登记规范、技术合同登记实务、技术转移机构建设思考等内容进行了深入浅出的讲解，并与学员们进行了交流互动。

面向东盟的国际科技合作实务培训班　10月19—23日，广东省科技厅、广西壮族自治区科技厅和泛珠三角区域科技合作联席会议办公室联合主办“面向东盟的国际科技合作实务培训班”。培训班旨在充分发挥中国—东盟技术转移中心的平台和桥梁作用，统筹推进泛珠三角区域各省区与东盟国家的高水平科技创新合作，邀请了国际合作领域专家、东盟国家驻中国使领馆官员、广西东盟技术转移中心负责人、科研院所、科技企业等方面的专家，就国际形势、我国对外合作政策以及与东盟开展科技合作的要点、面向东盟合作的技术转移典型案例分享、中国—东盟（广西）科技合作的需求与投资要点、面向东盟的粤桂合作特别试验区项目合作推介等主题开展专题授课、研讨会和实地考察。来自广东、广西、福建、江西、湖南、贵州、四川、海南等地科技干部及企业代表共60人参加。

科技项目管理交流培训会　3月27日，省科技厅在广东省国际科技交流中心5楼主会场召开了科技项目管理交流培训会。省科技厅机关业务处室、厅属单位（专业机构）负责同志以及省重点领域研发计划、基础研究重大项目等支撑团队近70人在主会场参加了会议，其他有关项目管理人员以分会场视频形式同步收听收看会议。

会上，郑海涛副厅长对全厅科技项目管理工作进行动员部署，要求各业务处室、专业机构支撑团队把准政策制度，开拓性地开展项目管理工作，进一步提升科技项目管理能力和水平，为推动科技创新支撑高质量发展提供更加有力的保障。省财政厅科教文处、省科技厅资管处、监督处以及有关专业机构支撑团队负责同志围绕科研项目资金管理、项目评审验收、阳光政务平台操作以及省重点领域研发计划项目组织实施等方面作了政策解读和经验分享。会议还对省重点领域研发计划项目研究成果简报有关工作作了具体部署。

基层党组织书记培训班　7月31日—8月2日，省科技厅在广东南岭干部学院（韶关市委党校）举办“基层党组织书记培训班”，省科技厅党组成员、副厅长李旭东同志作开班动员讲话，厅机关、厅属单位各基层党组织书记共50人参加了培训学习。

该次培训利用韶关丰富的红色教育资源，采取专题教学和现场教学相结合的方式进行。为期3天的培训学习安排十分紧凑，8月1日晚上，韶关市市长王瑞军与全体学员交流座谈。在理论辅导中，主要内容包括：学习《习近平谈治国理政》（第三卷）、《中国共产党党和国家机关基层组织工作条例》解读、《学党史新中国史　牢记初心使命》辅导；在现场教学中，参观红军长征粤北纪念馆，聆听了红军长征过程中发生在城口的感人故事和陈毅元帅与南方三年游击战争的感人故事，让学员真正做到知史爱党，知史爱国，增强守初心、担使命的思想自觉和行动自觉。

广东省技术合同认定登记线上直播培训　2月25日，由广东省生产力促进中心联合华南技术转移中心、广东省技术市场协会举办“疫情期间技术合同认定登记实务”线上直播课程，各地市、县（市）区科技主管部门，高校、科研院所、新型研发机构，科技型企业，技术转移服务机构等从事科技成果转移转化人员参加了培训。本次培训采用直播形式，共有6 861人次观看直播。

培训主要目的是实施科技暖企行动，服务企业便利开展技术合同认定登记，促进企业科技成果转移转化。培训课程主要围绕疫情期间技术合同认定登记优化服务、技术合同认定登记概述与优惠政策、技术合同认定登记办理流程、技术合同认定登记特殊案例等内容进行直播讲解。既有相关政策解读，又有系统申报操作指导；既有案例展示，又有答疑解惑，通过辅导使企业对技术合同认定登记的实务有了全面的认识和理解。

广东省高新技术企业申报认定工作线上培训宣讲会　4月20日，为贯彻省科技创新大会部署，落实科技部火炬中心《关于推动高新技术企业认定管理与服务便利化的通知》，结合本省企业在疫情防控阶段开展复工复产特点，大力推动企业为主体技术创新体系建设，加强高新技术企业认定培训服务，实施“暖企惠企”行动，省科技厅联合省财政厅、省税务局组织召开2020年高新技术企业申报认定线上培训宣讲会。省科技厅杨军副厅长在会上通报了全省2019年高新技术企业发展成效，充分肯定了全省高新技术企业在新冠肺炎疫情防控工作中发挥的重要作用，并对2020年高新技术企业重点工作进行了部署，强调2020年高新技术企业申报认定工作各方要进一步形成合力，企业树立自主申报的意识，科财税有关部门加强联动协同做好申报指导服务和把关，中介服务规范管理、规范服务，统筹运用各级财税和科技政策资源，优化高企发展环境，降低疫情对高企的负面影响，支持高企创新发展。

会上，省科技厅详细介绍了2020年高新技术企业系统填报、申报流程的新要求和注意事项，省财政厅委托省注册会计师协会讲解了高新技术企业认定申报年度审计报告和专项审计报告注意事项，省税务局解读了高新技术企业税收优惠、研发费用加计扣除政策、企业汇算清缴注意事项。本次培训会通过“南方+”和“腾讯乐享平台”双平台同时进行线上直播，受到广大企业的欢迎，在线观众超过25万人次，反响热烈。

广东省科技与金融结合专项政策线上宣讲会　5月22日，为贯彻落实省政府《关于进一步促进科技创新若干政策措施的通知》和《关于印发应对新型冠状病毒感染的肺炎疫情支持企业复工复产若干政策措施的通知》的有关部署，帮助申报单位及时准确把握相关政策和资金申报流程，广东省生产力促进中心组织召开了2020年广东省科技与金融结合专项政策线上宣讲会。

培训在“广东科创培训云课堂”平台举行，详细讲解了指南各专题设置背景、支持对象、申报要求及注意事项，解答了线上观众提出的各类咨询问题。省内银行、创业投资机构、各地市科技金融综合服务中心等有关单位代表近1 500人次实时收看了宣讲会直播，政策宣贯效果良好。

高新技术企业评审专家培训班　7月26日，高新技术企业评审专家培训班在广东省国际科技交流中心举办。本次培训创新性采取“专业培训+水平测试”相结合的方式。专业培训由高新技术企业专业机构管理专家面向全体受邀参与评审专家进行现场授课，并现场向评审专家发放水平测试考卷，专家现场作答，考试合格的专家才具备评审资格。

围绕提升高新技术企业评审质量，省科技厅联合省财政厅、省税务局修订印发《广东省高新技术企业认定管理工作细则》，建立专家库动态更新机制，持续向社会公开征集评审专家，加强专家认定评审培训、测试，严把专家评审准入关，开展专家评审监测分析，及时发现处理不履职专家。以上举措有效提高了专家参与评审的“门槛”，提升了评审专家水平，为高质量开展高新技术企业认定评审提供坚实保障。

广东省培育发展技术先进型服务企业线上培训会　9月23日，为了培育发展技术先进型服务企业，结合全省企业在疫情后加大生产力度的客观要求，推动形成以国内大循环为主体、国内国际双循环相互促进的新发展格局，促进技术服务外包产业发展，圆满完成“六稳”“六保”工作任务，进一步做好技术先进型服务企业申报认定工作，省科技厅在广州组织召开2020年技术先进型服务企业培育政策线上培训会。

会议通报了全省2019年技术先进型服务发展情况，对下一步工作重点进行了部署，邀请了商务部外包服务研究中心郑伟副研究员，针对推动服务贸易与服务外包高质量发展进行了详细介绍，深入浅出地阐述了服务贸易、服务外包与当前我国科技经济的关系，使广大科技工作者对技术先进型服务企业有了更系统的理论认识。广东省服务外包产业促进会王庆元高级工程师介绍了申报技术先进型服务企业的操作实务，分析了申报过程中企业可能遇到的疑难问题，并提出了相应的解决方法，提高了企业申报材料的质量。省科技厅介绍了2020年申报技术先进型服务企业认定政策、企业申报要求。本次培训会由广东省技术经济研究发展中心协办，还通过“南方+”平台进行线上直播，受到了广大企业的欢迎，在线观众超17万人次，反响热烈。

初级技术经纪人培训班　9—11月期间，为进一步加强广东省技术转移体系建设，提升技术转移人员的职业能力，省科技厅在东莞松山湖高新技术产业开发区科技成果转化中心举办了2期初级技术经纪人培训班，全省从事技术转移工作的相关人员共200人参加培训。培训班根据《国家技术转移专业人员能力等级培训大纲》要求，安排了公共知识模块、政策法规模块（科技法律法规等）、实务技能模块等26门课程的学习，并于培训结束时组织考试，考试合格者颁发《国家技术转移专业人员能力等级培训结业证书》，取得结业证书者可申请备案为“广东省初级技术经纪（经理）人”。

专业技术人员继续教育与培训　2020年广东省科技干部学院举办专业技术人员继续教育与培训班28期，累计培训1 028人次，主要包括：高职院校、中等职业院校教育管理能力、教学水平提升、课堂教学法、职业核心能力、课程设计开发、工业机器人、物流管理、电子商务、人工智能、企业管理、继续教育公需课、项目管理师考前培训、管理咨询师考前培训、计算机专业技能、会计专业资格、出版专业技术人员资格培训、房地产经纪职业资格培训等。

（曾煜洲）

科技计划项目

【项目申报与评审】 2020年，省科技厅通过竞争择优、对接国家、定向委托、滚动支持、后奖补模式等组织方式完成59个业务94 550个项目申报服务、35 161个项目评审服务。印发《应急响应科研项目组织工作规程（试行）》，精简应急响应科研项目申报与评审流程，必要时可事后补录申报材料，提高对事关国计民生或具有重大社会影响的突发事件的科技支撑和响应能力。在广东省重点领域研发计划项目评审中，省科技厅引入技术就绪度评价、高质量知识产权分析评议，提高重大项目评审的科学性。

（司圣奇 叶小刚）

【科技报告】 截至2020年12月31日，本省共享科技报告15 213篇，名列全国第1。全年新增改写审改科技报告3 169份，在系统优化升级、宣传培训、地市科技报告建设、研究开发应用等方面进行全面探索。2020年，广东省科技报告服务系统完善与广东省科技业务管理阳光政务平台数据对接功能，实现和解决用户一平台全流程完成科技报告呈交工作，实现科技报告共享服务全省统一平台共享需求。

科技报告共享服务 开展常态化审核管理，全年新增审改科技报告3 169份，开展了大量、细致的日常审改、技术保障、后台数据维护、解答用户来电咨询等管理与服务工作。全年新增审核、共享省级科技报告3 115份，累计完成收录科技报告15 213篇，数量位居全国第1，成为本省重要的地方特色科技数据库信息资源。

优化资源整合，实现科技报告一体化管理 科技报告呈交管理流程完全与省阳光政务平台融合，实现与省阳光政务平台数据共建共享。一是用户只在阳光政务平台一站式登录，实现科技计划项目全流程管理，完成科技报告呈交管理工作；科技报告审改及收录共享管理，可视化流程监控。报告审核流程通过后，系统将自动收录并将报告证书对接至阳光政务平台，无需项目负责人手工填报资料、上传科技报告证书，极大简化了操作流程，为项目负责人提供便捷服务。二是新共享系统可以自动识别、实时新增省级科技计划专项，实现与阳光政务平台无缝衔接，便于后期运维管理工作。三是广东省科技报告服务系统为全省21地市开放接口，实现统一平台集中分类收录全省各级科技计划项目的科技报告。

加强内容审核，提升科技报告质量 新呈交系统可以根据实际情况配置管理角色，比如新增项目承担单位、项日管理专业机构（以下简称专业机构）等对科技报告进行内容审核，有效提升科技报告质量。开展了项目管理专业机构针对科技报告管理审核的培训工作。

推进精准管理，实现按需灵活配置 新呈交系统可以根据省级科技计划专项、立项金额等情况灵活配置是否需要提交科技报告以及提交何种类型的科技报告，实现对科技报告的精细化管理。

加强开放共享，构建全省统一的科技报告管理体系 新共享系统是全省统一的科技报告管理系统，目前已实现省级科技计划项目科技报告资源的实时导入，未来将与国家科技报告管理系统、各地市科技报告服务系统互联互通，实现全省统一的科技报告呈交、收藏和管理，便于广大科技工作者、社会公众了解本省科研成果，推动科技报告开放共享。

地市级的科技报告试点工作 全面推动各地市科技报告数据呈交至新共享系统。为建成全省统一的科技报告呈交、收藏、管理、共享体

系，便于根据国家需要及时呈交广东省科技报告数据，建议构建全省统一的科技报告共享服务平台，各地市（深圳除外）实时呈交本地市科技报告数据，实现全省科技报告数据统一管理，实现科技报告资源开放共享，便于科研人员共享科研成果，便于社会公众了解国家成果，促进成果转化应用。

（廖　扬）

【科技计划项目监管】　坚持以营造求真务实创新生态环境为导向，以科技界作风学风转变为主线，以科技业务全流程监管为核心，着力构建省部联动、职责清晰、覆盖全面、规范有序的“大监管”机制，努力开创科技监督评估和诚信建设工作新局面。

一是出台《广东省科技计划项目监督规定》，首次从立法层面全面规范科技计划项目监督主体责任，创新监督方法，强化法人负责和科研人员自律，加强科技计划项目全过程的诚信管理，强化监督结果运用。

二是出台《广东省科研诚信管理办法（试行）》，着力解决以往科技计划信用管理规定过于笼统，流程、标准、问责尺度不够清晰等问题，明确了守信激励、失信惩戒、信用修复和诚信监督的有关内容；全面实施科研诚信审核和承诺制度。

三是制定《科技业务评审会议现场监督工作规程》，通过建立评审会议现场监督机制，提升评审会议现场组织实施质量。

四是制定《广东省重点领域研发计划申报指南审核评议工作指引》，明确评议原则、评议依据与对象、评议内容、评议流程、责任分工及评议各方应遵循的行为准则等，提高重大科技计划组织实施水平。

五是制定《广东省省级科技计划项目验收结题工作规程（试行）》，立足于松绑减负、简化流程，通过整合验收材料、限期办结验收、取消审批环节4个、下放管理权责等措施，使验收结题工作规程更加科学规范、减负易行、便于操作。

六是以社会监督促进创新治理，从中直和省直有关部门、高等学校、科研院所、科技型企事业单位、社会团体、民主党派以及港澳科研机构中选聘特邀监督员，现场督导本省重点领域研发计划、杰出青年项目的会议评审、咨询论证等重大活动；组织特邀监督“微建议”活动，请特邀监督员建言献策；组织特邀监督员到有关科研机构和企业考察调研。

（李承伟）

【重点领域研发计划】　2020年，省科技厅印发《广东省重点领域研发计划管理办法（试行）》，组织第五批、第六批、第七批省重点领域研发计划项目，在激光制造与增材制造、新能源汽车、量子科学与工程、纳米科技等领域布局9个重大专项与9个重点专项，立项206项（272项课题）项目，省级财政总投入27亿元。以技术攻关为驱动力推动本土相关产业快速发展，以项目为牵引吸引一批高端创新资源和重大创新平台落地广东，为解决事关国计民生的问题或具有重大社会影响的突发事件提供了重要技术支撑。

（司圣奇　池　源）

【省基础与应用基础研究重大项目】　省基础与应用基础研究重大项目支持面向世界科技前沿和本省高质量发展的重大需求，对标国际最优最强最先进，集成粤港澳、省内外、国内外优势创新资源和科研团队，产出一批国际领先水平的原创成果。2020年，本省结合战略性产业培育等工作部署，组织实施第二批省基础与应用基础重大项目，优选出9个项目进行立项支持，财政资金总投入3.73亿元，平均资助强度约4 200万元，组建了一批老中青结合的人才团队，其中院士牵头3项，45岁以下中青年科学家牵头1项，涉及新材料、信息、金属增材制造、生物农业、海洋与能源等多个领域。

新材料领域　清华大学深圳国际研究生院等承担的5G二维材料柔性膜项目，将开展适用于高效散热应用的二维材料结构模型和制备方法研究，推动5G通讯设备突破散热瓶颈问题；广东省科学院材料与加工研究所等承担的镁/异质金属复合材料项目，将自主建立镁/异质金属复合材料与产品一体化制造技术原型和体系；东莞材料基因高等理工研究院等承担的增材制造材料与工艺研究项目，将为解决增材制造中的缺陷和变形两个“卡脖子”问题，提供理论依据。

生命科学领域 岭南现代农业科学与技术广东省实验室等承担的畜禽病原重要表型分子机制项目，将形成具有重大应用前景的畜禽病原监测、预警、防治等重要防控技术储备；广东省微生物研究所等承担的蜡样芽孢杆菌危害形成与防控分子机制项目，将为保障我国食品安全等提供科学理论支持。

海洋与能源领域 广州海洋地质调查局等承担的天然气水合物生产性试采理论研究项目，将为后续生产性试采提供技术支撑；南方海洋实验室等承担的海洋—大气—陆地相互作用及重大灾害预测预警研究项目，将构建重大自然灾害的精细化模拟和预测预警系统。

数理交叉领域 华南师范大学、东江实验室等承担的高温高密核物质性质及核子结构研究项目，将定量刻画核物质相变及性质；深圳大学等承担的超高时空光场调控与成像项目，将探索纳米尺度下光学特性，对发展新一代光电芯片物性测量、新型超分辨成像具有重要意义。

（王依莉）

基础研究与条件建设

基础研究

【概况】 《2020中国区域创新能力评价报告》显示，广东区域创新能力连续4年排名第1，其中，反映基础研究能力的“知识创造”及“知识获取”两个指标均排名第2，较去年都上升一名。在2020年度中国科学十大进展中，本省取得牵头1项、参与1项的成绩。

（王依莉）

【国家自然科学基金委员会—广东省人民政府自然科学联合基金】 2020年是国家自然科学基金委员会—广东省人民政府自然科学联合基金（以下简称“NSFC—广东联合基金”）项目第三期协议实施的最后一年。本年度指南共涉及新材料与制造、电子信息2个领域的33个研究方向（集成项目研究方向2个，重点支持项目研究方向31个），共接受项目申请130项，涉及20个省市自治区的66个依托单位。最终共资助项目28项，其中广东牵头16项，占总资助项数的57.1%，直接费用合计4 981万元，占总资助直接经费的61.49%。

表3-1-1 NSFC—广东联合基金资助项目总体情况

资助情况	集成项目	重点支持项目	合计
省内依托单位获得资助数（项）	1	15	16
省外依托单位获得资助数（项）	0	12	12
省内依托单位获得资助经费（万元）	1 100	3 881	4 981（61.49%）
省外依托单位获得资助经费（万元）	0	3 119	3 119（38.51%）

2020年度是国家自然科学基金区域创新发展联合基金实施的第一年，重点围绕电子信息、新材料与先进制造、人口与健康、生物与农业、环境与生态5个领域的36个主要研究方向组织实施，共资助项目33项，其中广东牵头26项，占总资助项数的78.8%，直接费用合计12 046.5万元，占总资助直接经费的86.85%。

表3-1-2 国家自然科学基金区域创新发展联合基金资助项目总体情况

资助情况	集成项目	重点支持项目	合计
省内依托单位获得资助数（项）	4	22	26
省外依托单位获得资助数（项）	0	7	7
省内依托单位获得资助经费（万元）	1 100	3 881	12 046.5（86.85%）
省外依托单位获得资助经费（万元）	0	3 119	1 824（13.15%）

（王依莉）

【国家自然科学基金】　2020年，广东省获国家自然科学基金立项数目及资助金额均创历史新高，其中立项数量达4 486项，获资助金额24.08亿元。

总体情况　2020年，国家自然科学基金委项目支出预算为281亿元，相较2011年140亿元的预算支出，近十年来，中央财政对国家自然科学基金的投入大幅增长，规模翻了一番多。在本省2020年获立项数中，广州立项数达3 188项，占比71.07%；深圳立项数1 014项，占比22.60%；珠三角其他7市立项数140项，占比3.12%；粤东西北立项数144项，占比3.21%。省内国家自然科学基金依托单位总数达227家，比2019年增加51家。

主要科研机构情况　2020年全省共有41家高等院校获批立项，立项总金额占全省获批经费总额的80%，7所高校获批经费突破亿元。其中，中山大学立项数达1 030项，立项金额5.7亿元。

省实验室逐渐成长为新生力军，已有10个成功注册为国家自然科学基金依托单位。2020年共有4家省实验室申报了国家基金项目，共获批立项经费1 350万元。

2020年中科院在粤6家院所共获批项目348项，获批经费2.6亿元，其中，中科院深圳先进技术研究院获批经费1.18亿元，显示出了强有力的基础研究竞争力。广东省科学院、省农业科学院经过近年来省属科研事业单位改革，在积极支撑广东省产业发展的同时，基础研究工作加快推进。2020年，省科学院2 971万元；省农业科学院获批经费分别为842万元。

港澳高校逐步融入大湾区基础研究体系中。目前，港澳共有8所高校在粤设立了12家研究机构，均为国家自然科学基金依托单位。2020年共有11家机构获批立项157项，获批经费8 950万元。

表3-1-3　2020年广东前15名机构获国家自然科学基金资助情况

序号	单位名称	资助项目数（项）	直接经费（万元）
1	中山大学	1 030	56 907
2	深圳大学	373	22 009
3	华南理工大学	263	15 850
4	南方医科大学	302	14 245
5	广东工业大学	182	14 042
6	暨南大学	293	13 230
7	南方科技大学	206	12 167
8	中国科学院深圳先进技术研究院	166	11 785
9	广州大学	129	8 014
10	华南师范大学	147	6 637
11	华南农业大学	119	6 271
12	广州医科大学	136	5 636
13	中国科学院南海海洋研究所	59	5 204
14	中国科学院广州地球化学研究所	50	4 576
15	广州中医药大学	101	4 207

（王依莉）

【广东省基础与应用基础研究基金自然科学基金】 2020年，广东省基础与应用基础研究基金自然科学基金（以下简称“广东省自然科学基金”）设立面上项目、杰出青年项目共2个类别。面上项目支持从事基础与应用基础研究的科学技术人员在自然科学领域内自主选题、自由探索，开展创新性科学研究，促进各学科均衡、协调和可持续发展。杰出青年项目支持在基础与应用基础研究方面已取得一定成绩的青年学者自主选择研究方向开展创新研究，促进青年科学技术人才快速成长，培育一批有望进入国家和世界科技前沿的优秀学术骨干，申报年龄要求不超过40周岁。

面上项目 2020年，广东省自然科学基金面上项目共有183家单位获得资助，获资助项目数为1 584项，项目资助强度为10万元/项，资助总经费15 840万元。从获资助项目的领域分布看，医学是获资助项目最多的学科，获资助项目数达619项，占比为39.08%；其次为生命科学，获资助项目数为253项，占比15.97%。从获资助对象年龄分布看，面上项目获得资助的申报人中，年龄在40岁以下（含）的青年科研人员占71.15%；女性申报人占35.86%。面上项目对粤东西北地区倾斜，2020年粤东西北地区共有20家单位获得资助，获资助项目数达117项，资助总经费1 170万元。面上项目实施经费使用“包干制”，直接经费支出不设科目比例限制，由项目负责人自主调剂使用。

杰出青年项目 2020年，广东省自然科学基金杰出青年项目共有59位青年人才获得资助，项目资助强度为100万元/项，资助总经费5 900万元。从年龄分布看，获资助对象平均年龄为36岁，最年轻的为29岁，其中年龄在36~40岁之间的34人，占57.63%；年龄在31~35岁之间的24人，占40.68%。从单位分布看，中山大学是获广东省自然科学基金杰出青年项目最多的单位，共获资助21项，占总资助数量的35.59%；其次是华南理工大学和暨南大学，分别获资助6项。除高校外，另有6家科研机构获得杰出青年项目资助，分别是中国科学院广州地球化学研究所、中国科学院南海海洋研究所、中国科学院深圳先进技术研究院以及广东省科学院生态环境与土壤研究所、广东省科学院微生物研究所、广东省科学院新材料研究所。从领域分布看，获资助领域较多的为医学（16人）、信息（10人）、工材（9人）和生命科学（9人），合计获资助44人，占比74.58%。

（王 倩 陈宇山）

【广东省基础与应用基础研究基金省市联合基金】 广东省基础与应用基础研究基金省市联合基金（以下简称“省市联合基金”）聚焦地市创新发展需求，为地市基础科研能力提升和青年人才培养提供支持。

8月1日，粤穗、粤深、粤佛、粤莞联合基金指南正式发布，面向全省开放申报，设置青年基金项目、重点项目和粤港澳研究团队项目3种项目类型，主要支持培养青年科研人才和粤港澳研究团队，吸引凝聚多方优势科研力量，解决地方、产业创新发展重大科学问题，促进基础科学和产业技术创新融通发展，提升地方原始创新能力和水平。

2020年，省市联合基金共收到项目申报6 158项，受理5 964项，择优立项资助项目1 317项，包括青年基金项目1 210项、重点项目100项、粤港澳研究团队项目7项，合计资助经费23 600万元。

青年基金项目 青年基金项目支持青年科技人员自主选题开展基础与应用基础研究，培养青年科技人员独立承担科研项目、进行创新研究的能力，激发青年科技人员的创新思维，培育基础研究后继人才队伍。青年基金项目要求申请人年龄不超过35周岁（女性不超过38周岁），且未主持过省级及以上科技计划（含基金）项目。2020年，共收到5 706项青年基金项目申报，受理5 513项，择优立项支持1 210项，资助强度为10万元/项，资助经费12 100万元。从地区分布看，申报量最多的地区是广州，达3 090项，占总申报量的54.15%；其次为深圳，申报量为1 689项，占29.6%。从领域分布看，医学是申报量最多的学科领域，达1 972项，占比34.56%；其次为工材和生命科学，分别为882项、852项。青年基金项目实施经费使用“包干制”。

重点项目 重点项目支持科技人员围绕粤港

澳大湾区产业与区域创新发展需求，针对已有较好基础的研究方向或学科生长点开展深入、系统的创新性研究，促进学科发展，突破地方和产业创新发展的重大科学问题，提升原始创新能力。2020年，共收到434项重点项目申报，受理433项，择优立项支持100项，资助强度为100万元/项，资助总经费为10 000万元。

粤港澳研究团队项目　粤港澳研究团队项目支持粤港澳科技人员联合组建研究团队在科技前沿领域开展基础与应用基础研究，培育国际化研究团队，提升粤港澳基础研究合作水平，助力粤港澳大湾区国际科技创新中心建设。2020年，共收到18项粤港澳研究团队项目申报，受理18项，择优立项支持7项，资助总经费为1 500万元。

（王　倩　陈宇山）

【广东省基础与应用基础研究基金企业联合基金】　2020年，在公共卫生和医药健康领域，新增设立凯普生物、一方制药、恒瑞医药、中卫科研、精准医疗5支省企联合基金。11月20日，在省政府领导见证下，5支省企联合基金正式签约启动。根据协议，2021—2023年，企业将以公益捐赠方式每年投入4 500万元（首年4 000万元），省财政每年投入1 050万元，3年合计投入1.615亿元，重点支持在新药创制、中药现代化、医用材料、医疗用品、医用检测、精准医疗、智慧医疗等领域开展有科学价值和应用效果的基础与应用基础研究。

凯普生物联合基金　由省科技厅与广东凯普生物科技股份有限公司按照1：3的出资比例设立，自2021—2023年，省财政每年出资300万元，广东凯普生物科技股份有限公司每年出资1 000万元，合计每年投入1 300万元，3年投入3 900万元。凯普生物联合基金重点支持精准医疗、体外诊断等领域的基础与应用基础研究。

一方制药联合基金　由省科技厅与广东一方制药有限公司按照1：3的出资比例设立，自2021—2023年，省财政每年出资300万元，广东一方制药有限公司每年出资1 000万元，合计每年投入1 300万元，3年投入3 900万元。一方制药联合基金重点支持中药配方颗粒等领域的基础与应用基础研究。

恒瑞医药联合基金　由省科技厅与江苏恒瑞医药股份有限公司按照1：3的出资比例设立，自2021—2023年，省财政每年出资300万元，江苏恒瑞医药股份有限公司每年出资1 000万元，合计每年投入1 300万元，3年投入3 900万元。恒瑞医药联合基金重点支持抗肿瘤药、手术麻醉类用药、慢病防治用药、造影剂等领域的基础与临床研究。

中卫科研联合基金　由企业单独出资，省科技厅、省基金委与北京中卫生物科研转化研究中心共同设立，自2021—2023年，3年计划投入2 500万元。中卫联合基金主要支持生物医药方向的探索性研究和转化性研究，提升地市级医院的科研及医疗水平。

精准医疗联合基金　由省科技厅与广州阳普医疗科技股份有限公司按照1：3的出资比例设立，自2021—2023年，每年省科技厅出资150万元，广州阳普医疗科技股份有限公司每年出资500万元，合计每年投入650万元，3年投入1 950万元。精准医疗联合基金重点支持精准医疗、智慧医疗、细胞治疗等领域的基础与应用基础研究。

（王　倩　陈宇山）

【重大科技基础设施】　以省实验室为牵引初步建成重大科技基础设施群。省实验室与重大科技基础设施建设同步推进，有机融合，建成运行和在建的重大科技基础设施有“鹏城云脑Ⅱ”“加速器驱动嬗变研究装置”等。同时，广东正积极筹建一批新的大科学装置，中国散裂中子源和拟建阿秒激光装置成为松山湖材料实验室主要依托，鹏城实验室（新一代信息与网络省实验室）筹建国家级网络靶场和人工智能大科学装置，还有“鹏城云脑Ⅲ”、南方海洋科学与工程广东省实验室拟新建系列海洋科考船、冷泉系统大科学装置和深海空间站等系列大科学装置正在谋划推进中。

（罗霄鹏　李　莎　罗俊博　陈树敏　薛　露）

科技基础条件

【实验室体系】

深入推进广东省实验室建设　不断夯实省实验室建设基础，积极争取国家实验室建设，实现国家实验室建设零突破。2020年年底，全省已在广州、深圳、佛山、东莞、珠海、汕头、潮州、揭阳、湛江、茂名、云浮、肇庆、惠州、汕尾、阳江、河源16个地市，围绕网络空间、再生医学、先进制造、材料、化学化工、海洋、生物医药、现代农业、先进能源、人工智能与数字经济10个领域布局建设25家省实验室独立法人实体。省市协力推进省实验室建设，2020年地市总投入超115亿元、省级财政同步投入4.3亿元，保障省实验室人才引进和基础设施建设等。省实验室重大科技任务承接能力稳步提升，已承接国家重大项目71项（牵头67项），获取项目总经费近15亿元；牵头承担省基础与应用基础研究重大项目7项，项目总经费近3亿元。省实验室以任务为导向聚焦病毒溯源、快速检测、治疗药物、疫苗研发、医疗器械设备等方向紧急布局超30项应急攻关项目，支持经费超2亿元，紧锣密鼓推进新冠肺炎科研攻关。聚焦“双十产业”的“卡脖子”技术，以攻克核心技术、关键零部件和重大装备为目标，以产出引领性、标志性的科研成果为方向，获批23个产业关键核心技术攻关（重点领域研发计划）项目，支持经费共计2.2亿元，项目按计划逐步启动开展。截至2020年年底，采取固定与流动相结合方式聘用人员超9 000人，其中高级职称人员、硕士以上学历人员超八成。

国家级条件平台建设　完成2家国家重点实验室专题协商和咨询论证，争取1家“一带一路”联合实验室落户广东，创立2家在粤国家应用数学中心。新增获批2家国家级野外科学观测研究站。

省重点实验室建设　动态调整省重点实验室建设，撤销19家、整改20家建设成效不明显、发展相对滞后的省重点实验室。新增立项36家省重点实验室，省重点实验室队伍达396家。新建10家粤港澳联合实验室，其中企业牵头组建的粤港澳联合实验室1家，全省粤港澳联合实验室数量达到20家。

（李　莎）

【生物种质资源】　2020年对本省已有的生物种子资源库和实验材料资源库、野外科学观测研究台站进行了梳理。省内生物种质和实验材料资源库227个，包括植物种质资源库76个，动物种质资源库41个，微生物菌种资源库41个，人类遗传资源库43个，实验动物库5个，标本库8个，多类型交叉生物种质和其他实验材料资源库13个；省级野外科学观测研究台站8个，国家级野外科学观测研究台站7个，其中2020年新增2家国家级野外科学观测研究站，包括广东省科学院广州地理研究所“南岭森林生态系统野外科学观测研究站”、中国科学院南海海洋研究所“西沙海洋环境观测研究站”，对于支撑自然生态系统和生物多样性科学研究，增强科技创新提供基础支撑和条件保障具有重要作用。

（薛　露）

【实验动物管理】

实验动物行政执法情况　行政许可实施情况。2020年度实验动物行政许可申请总数为82宗，受理82宗；予以许可80宗，其中，新申请34宗、延续17宗、变更23宗、注销6宗；不予许可2宗。法定时效内办结率100%。

行政检查实施情况。一是2020年度对87个单位进行行政检查，占获批许可证单位52.09%（以许可证为单位计算）。其中，现场检查实验动物许可单位22家，抽样检测实验动物许可单位65家，其中抽检实验设施66个，实验动物1 065只。全省实验动物生产单位的动物100%抽检，从源头保障实验动物质量。二是配合审计署完成对4家单位的现场检查工作，排查无证销售或购买实验动物可能存在的风险情况。2020年，未发生一起行政处罚、行政复议和行政诉讼事件。

实验动物管理举措　坚持严格规范公正文明执法，不断完善行政执法程序。一是继续优化行政审批程序，最大限度缩短行政相对人办事时限。2020年共办理实验动物行政许可事项82宗，其中即办件22宗，全年办件平均审批用时1.3个工作日（不包括专家现场评审时间），比2019年缩短了2.4个工作日。二是持续开展“减证便民”行动，全面推行证明事项告知承诺制。能够通过政府网络信息获得的、通过告知承诺的，不再由行政相对人提供。三是落实国务院有关要求，制定《广东省自贸区实验动物行政许可“证照分离”改革工作实施方案》。

继续推行行政执法公示制度、执法全过程记录制度、重大执法决定法制审核制度。一是按照本省统一部署要求，向“省双随机统一平台”归集“一单两库”和双随机抽检结果等数据，统一归集并及时公示“双随机”抽查结果；在“广东省行政执法信息公示平台”上公示22家单位实地核查的基础上，进一步公开65家单位的抽样检测结果。二是贯彻落实执法全过程记录制度，对实验动物行政执法的启动、调查取证、审核决定、送达执行等全部过程记录进行规范，对记录结果全面系统归档保存，做到执法全过程留痕和可回溯管理。2020年度实验动物行政执法未发生需开展重大法制审核工作的情形。

依法实施疫情防控及应急行政管理措施。在新冠肺炎疫情防控特殊时期，探索“专家线上评审”方式，完成12家单位的许可评审工作，保障实验动物机构工作开展。加强对实验动物生产和使用机构疫情防控的指引，制定并印发了《广东省科学技术厅关于印发〈实验动物生产和使用机构防控新型冠状病毒肺炎工作指引〉的通知》，组织专家编写出版《实验动物从业人员防护指南：新冠肺炎疫情科普读物》。

实验动物行业数据分析　在大力发展生物医药产业的背景下，实验动物生产和使用的主体逐年增加。截至2020年12月，本省共发放实验动物许可证194个，其中实验动物生产许可证33个（占总数的17%），实验动物使用许可证161个（占总数的83%）；许可证数量比2019年增加16.17%，位列全国第3。2020年度新增实验动物生产设施8个，累计新增生产面积9 745m^2，涉及基因工程小鼠、大鼠、小型猪等实验动物的生产；新增动物实验设施26个，累计新增实验面积20 267m^2。

实验动物许可单位覆盖32所高校、58家科研院所和104家企业。目前本省高校和科研院所仍然是实验动物最主要的使用者，但是随着粤港澳大湾区科技创新的推进，新型生物制药产业的兴起，申请实验动物使用许可的企业逐渐增多，获得许可证的企业占比已达到53.61%。

许可申请主体主要集中在珠三角地区，分布不均衡问题突出。截至2020年12月实验动物许可证数据，从区域来看，珠三角地区共有174个，约占全省许可证总量的89.69%；粤东西北12市仅20个，约占总量的10.3%；从城市分布来看，广州市共计111个，占全省总量的57.2%，深圳、东莞、佛山分别为19、11、11个，分别占总量的9.8%、5.7%、5.7%。

（张　菁）

【大型科学仪器共享】　2020年，广东省科技资源共享服务平台（粤科汇），汇聚全省单台套原值30万元及以上的大型科学仪器10 053台（套），原值总计107.67亿元，其中有4 859台（套），原值总计55.41亿元，可面向社会开放共享。通过制定发布《大型科学仪器设施共享服务平台运行规范》（DB44_T 2193-2019）、《大型科学仪器设施共享服务平台数据交换规范》（DB44_T 2192-2019）等广东省地方标准（2020年1月31日实施），规范和引导本省各级平台的建设与运行。平台参与指导《全国科研仪器服务联盟行业自律准则（试行）》落实，为全国仪器共享领域的科研诚信问题作出了贡献。

新冠肺炎疫情爆发以来，平台充分发挥科研

设施与仪器的公益性、开放性等属性，为社会提供计算资源、检验检测服务，支撑取得了一批科研成果，为支撑打赢疫情阻击战作出积极贡献。国家超算广州中心和深圳中心、鹏城实验室、松山湖材料实验室、深圳国家基因库等科研单位在新冠病毒药物筛选、疫苗研发、免疫机制研究等方面免费提供计算资源与专业技术支持服务，为企业、学校提供云办公和学习环境，帮助企业尽快复工复产，助力“停课不停学”；广州金域医学集团、广东省科学院等单位通过科研仪器共享为医院、高校、医疗及农业企业、海关等提供病毒核酸检测、消杀类产品检测、饲料肥料检测、中药材检测等检测服务，为医疗检测服务、农产品正常供给、民生保障等提供了有力的技术支撑。

（陈树敏）

【科技文献共享】 2020年，《广东省科技文献共享平台建设——本省新型科技文献体系的构建与应用》构建了广东省新型科技文献资源体系，整合了综合类（知网、万方、维普、超星等）、产业技术跟踪类（万方重点领域知识库、战略性新兴产业库等）、专利分析工具（科睿唯安、ORBIT、智慧芽等）、支撑战略研究智库（国研网、全球智库等）以及外文数据库（DIALOG、NSTL、聚合外刊等），涵盖期刊、学位论文、专利、标准、研究报告、经济数据、产品样本等多类型的数据资源，中文期刊覆盖国内90%以上，外文期刊满足率达到60%以上。2020年，该文献共享平台总使用量达726.19万人次，其中“国家科技图书文献中心（NSTL）广州服务站”2020年的外文文献原文传递服务量达5.36万篇，服务量位列全国40个服务站榜首，服务站访问量累计962.80万人/次。

（周　虹）

科技创新体系

科技创新平台

【粤港澳大湾区创新合作】

创新体制机制　发布创新政策措施。2020年4月，省科技厅会同省发展改革委等9部门联合印发《关于促进生物医药创新发展的若干政策措施》，完善粤港澳生物制品、生物材料、实验动物通关机制，允许经科技部备案的港澳大学、科研机构和医院等在粤分校、医院或分支机构享受与内地机构相同政策，可依法申请直接将人类遗传资源样本出境到港澳地区。

贯彻落实粤港澳大湾区个人所得税优惠政策。开展境外高端人才认定，拟定全省相对统一的境外高端人才认定标准，推动大湾区内地九市结合当地实际出台实施个人所得税优惠政策财政补贴暂行办法，对在大湾区工作的境外（含港澳台）高端人才给予财政补贴。珠三角九市已核准补贴人才8 810人，补贴金额23.9亿元。

推动省科技计划向港澳机构开放申报。鼓励支持港澳机构牵头或参与省重点领域研发计划、省自然科学基金、港澳科技成果来粤转化等项目专题。2020年度资助的省重点领域研发计划立项项目中，澳门大学牵头1项，香港科技大学、澳门大学等6家港澳高校参与8项。2020年度省市联合基金粤港澳团队项目拟立项项目中，香港大学、澳门科技大学等6家港澳高校参与7项。2020年度拟立项省自然基金面上项目中，拟资助香港大学等7家港澳高校申报项目共43项（香港34项，澳门9项），拟资助共430万元。

继续组织实施粤港、粤澳科技创新联合资助计划。2019—2020年度粤港联合资助项目共立项支持8个项目，省级财政资助经费800万元。2020年8月，粤港双方联合发布2020—2021年度粤港科技创新联合资助项目征集指南；2019—2020年度粤澳联合创新资助计划共立项支持14个项目，省级财政资助经费1 400万元，澳门科学技术发展基金资助约1 500万澳门元。2020年6月，粤澳双方联合发布2020—2021年度粤澳科技创新联合资助项目申报指南。

【推动创新资源流动共享】

加快推进广深港澳科技创新走廊建设　2020年7月，由省自创办印发了《广东省推进“广州—深圳—香港—澳门”科技创新走廊建设行动方案（2020—2022年）》（粤自创办字〔2020〕3号），以深圳河套、珠海横琴为“两点”，以“广深港”“广珠澳”科技创新走廊为“两廊”，在创新基础好的区域打造一批核心战略平台，布局建设中新广州知识城等26个粤港澳产业科技创新合作重点平台，促进各类创新要素串珠成链，集聚成势，着力加快推进广州“四个出新出彩”实现老城市新活力建设，支持深圳中国特色社会主义先行示范区建设，深化粤港澳创新合作，构建大湾区国际科技创新中心的脊梁。

加快河套深港科技创新合作区创新发展　推进合作区积极参与综合性国家科学中心建设，构建深港共建共享的开放型科研体系，建设深港协同的开放创新综合配套改革试验区。推动国家批复同意深港科技创新合作区的5条先行先试政策落地实施，目前简化科研样本、实验试剂、遗传物资出入境以及支持港澳参与国际大科学计划和大科学工程等涉及科技领域的政策正在有序推进。

推动珠海横琴建设粤澳深度合作示范区　横琴先进智能计算中心在澳门大学设立澳门分中心，实现“澳门—横琴”跨境光纤互联、资源共享。以粤澳合作中医药科技产业园、粤澳合作产业园等载体为抓手，探索实施“澳门资源+横琴空间+开放人才+政策支撑+成果共享”等多元合作模式。谋划高水平建设横琴科学城，推进澳门

4家国家重点实验室参与建设。

【开展应对新冠肺炎疫情科研攻关】　加强粤港澳三地协同科研攻关，积极推动港澳机构和团队参与本省新冠肺炎疫情防控科研攻关。在省防控新型冠状病毒感染科技攻关应急专项第2批中支持汕头大学医学院与香港大学合作项目；支持珠海澳科大科技研究院、澳门科技大学、广东跨元航天医学工程技术有限公司等单位合作项目。在应急专项第5批项目中支持广东省中医院（广州中医药大学第二附属医院）与澳门科技大学合作项目。

【对外科技合作项目】　截至2020年12月，国际科技合作领域共计立项610项。其中，国际科技合作专题立项536项，包括：国际科技合作项目专题（包括重点国别及区域合作项目、重点国别及“一带一路”科技合作项目、重点国别双边联合资助项目、国际科技合作项目专题）480项、发展中国家科研人员能力提升培训专题5项、高水平国际学术交流专题3项、青年科研人员双向学术交流互访专题48项。对外科技合作平台专题立项74项，包括：设立境外研发机构专题10项、广东省国际科技合作基地专题61项、国际产业技术创新联盟培育专题3项。

2014—2020年，国际科技合作领域立项项目拨付的财政资金资助总额39 879.6万元，专项资助方式为事前资助与事后资助结合。其中，国际科技合作专题财政资金资助总额30 929.6万元。其中：国际科技合作项目专题（包括重点国别及区域合作项目、重点国别及“一带一路”科技合作项目、重点国别双边联合资助项目、国际科技合作项目专题）每项资助以50万元和100万元为主，共30 088万元；发展中国家科研人员能力提升培训专题每项资助50万元，共250万元；高水平国际学术交流专题每项资助50万元，共150万元；青年科研人员双向学术交流互访专题每项资助3.6—12万元，共441.6万元。对外科技合作平台专题财政资金资助总额8 950万元。其中：设立境外研发机构专题每项资助以100万元为主，共1 050万元；广东省国际科技合作基地专题每项资助以100万元和150万元为主，共7 600万元；国际产业技术创新联盟培育专题项目每项资助100万，共300万元。

【粤港澳科技交流合作】　省科技厅致函香港特别行政区政府创新及科技局、澳门科学技术发展基金，提出加强三地疫情防控科研攻关合作的3项建议，得到香港、澳门方面积极回应和全面采纳。支持港澳著名科学家参与本省防控新型冠状病毒感染科技攻关应急专项。香港大学管轶教授、澳门科技大学刘良院士分别领衔参与本省第二批应急专项，与省内创新主体联合开展科研攻关合作，并取得实质性进展。推荐中山大学、广州中医药大学、中新国际联合研究院的国际合作背景团队申报“新型冠状病毒感染防治技术和产品”应急专项，与国际同行交流分享新型冠状病毒的最新研究成果，获得120万元省级财政经费立项支持。促成澳门科学技术发展基金对参与本省攻关项目的澳门科学家团队给予接续经费支持。持续与港澳交流疫情防控科研项目信息，强化三地疫情防控协同科研攻关力度。与香港特别行政区政府创新及科技局、澳门科学技术发展基金商定，将疫情防控领域合作分别纳入2020—2021年度粤港、粤澳科技创新联合资助计划，予以重点支持。

在粤港科技创新合作专责小组和粤澳科技合作专责小组框架下，与香港创新科技署及澳门科学技术发展基金建立常态化交流机制，围绕疫情防控、科技创新政策、联合资助项目等事项分享合作信息、召开工作会议。接待澳门科技大学副校长刘良院士、香港生产力促进局内地业务总经理葛明博士等港澳机构代表来访，就支持港澳机构积极参与大湾区国际科技创新中心建设等方面进行交流与探讨。

（袁光侠）

【广东省国家自主创新示范区】　2020年，广东省国家自主创新示范区（含珠三角和深圳国家自主创新示范区，以下简称自创区）实现地区生产总值8.95万亿元，占全省的80.8%；实现工业增加值3.26万亿元，占全省的83.8%。具体情况总结如下：

支撑粤港澳大湾区国际科技创新中心建设成效显著　一是广深港澳科技创新走廊建设稳步

推进，印发实施《广东省推进“广州—深圳—香港—澳门”科技创新走廊建设行动方案（2020—2022年）》，着力推动“两点两廊”建设。二是粤港澳共建创新创业平台持续加快。加快河套深港科技创新合作区、横琴粤澳深度合作区、广州创新合作区三大创新合作区建设，推动东莞散裂中子源等已建成重大科技基础设施向港澳开放，启动建设10家粤港澳联合实验室。三是粤港澳高校交流与合作纵深推进。全面推进香港科技大学（广州）等高校建设，相关自创区地市政府与港澳高校签署合作办学框架协议或合作备忘录。四是粤港澳知识产权合作取得新进展，签署实施新一轮粤港知识产权合作计划，新合作项目达到26项。探索建设粤港澳大湾区国际知识产权合作中心。五是多边国际创新合作体系不断完善。与全球创新型国家及“一带一路”沿线国家的科技交流合作不断深化，多层次国际科技合作机制逐步完善，注重与“关键小国”的交流合作。

基础研究与应用基础研究体系日趋完善　一是大湾区综合性国家科学中心先行启动区获批建设。《大湾区综合性国家科学中心先行启动区建设方案》获批，目前全省已建、在建的重大科技基础设施全部落在自创区内，设施集聚效应更加凸显。二是国家和省实验室体系进一步完善。鹏城国家实验室落户深圳，成为首批启动建设的4家国家实验室之一；全省国家重点实验室达430家，其中自创区占比约九成，实验室体系初步构建。三是高水平大学研发能力进一步提升。自创区高水平大学重点建设高校达10所，高水平大学重点学科建设高校达5所；自创区本科院校入围ESI全球前1%学科数达99个，获国家自然科学基金3 521项，项目总经费16.56亿元。

关键核心技术研发能力快速提升　一是支撑全省重点领域核心技术攻关。实施关键领域核心技术攻关，在5G、人工智能、医疗健康等领域部署了一批科技攻关及应用场景项目，突破一批“卡脖子”技术。聚焦重症肺炎临床救治、疫苗研发等方向，布局应急科研项目，推动药物、器械、疫苗等科技成果的应急审批和示范推广。二是积极打造国家技术创新体系战略节点。粤港澳大湾区国家技术创新中心、国家新型显示技术创新中心、国家第三代半导体技术创新中心获科技部批复同意。全力推进制造业技术创新中心建设，国家高性能医疗器械创新中心落户深圳，自创区内省级以上制造业创新中心达23家，占全省的82.14%。三是推进高水平研究院和新型研发机构高质量发展。新设立高水平创新研究院7家，累计达到21家，均位于自创区内。推动新型研发机构高质量发展，全省省级新型研发机构共有251家，在全国仍保持领先地位。其中，自创区达到202家，占全省总数超过80%。

国际一流的创新创业生态建设卓有成效　一是创新型企业实现量质双升。建立省高新技术企业认定管理工作领导小组联席会议制度。自创区内通过认定高企数超1.9万家，累计存量超5.2万家。积极培育科技型中小企业，入库科技型中小企业超3.7万家。二是孵化育成体系建设提质增效。出台《广东省大学科技园实施办法》《广东省科技企业孵化载体管理办法》，自创区共建有科技企业孵化器1 003家、众创空间918家，其中国家级孵化器158家、国家备案的众创空间252家，占全省比例均超90%。新增国家双创示范基地7家，总数达到16家。三是高新区建设日新月异。自创区各国家高新区“争先进位”明显，新认定肇庆西江等8家省级高新区。高新区对全省经济发展的支撑作用进一步增强，自创区9家国家高新区实现地区生产总值1.73万亿元，占全省的15.6%；实现工业增加值8 647亿元，占全省规模以上工业增加值的26.1%。四是战略性产业集群蓬勃发展。自创区共建有国家级创新型产业集群12个，占全省的85%以上；省级创新型产业集群9个，占全省的80%以上，为全省产业高质量发展提供了重要支撑和引擎。

有力支撑疫情防控和社会经济复苏　一是抗疫新技术、新产品加快研发应用。10个产品获得国家注册审批，获批试剂盒数量全国最多，生产超过2.4亿人份，出口1.2亿人份。二是政策组合拳促进复工复产有序开展。相继发布实施科技惠企17条、创业就业10条等，从企业、产业和就业等方面实施系列创新政策。三是催生新产业、新业态不断涌现。紧抓新冠肺炎疫情防控带来的机遇，自创区各地市培育和发展5G、互联网医疗、人工智能等新兴业态。

创新发展环境建设亮点突出　一是科技成果

转移转化体系化更加完善。加快珠三角国家科技成果转移转化示范区建设，率先探索职务科技成果所有权和长期使用权改革，暨南大学、广东工业大学、广东省科学院获批为国家试点单位。优化技术合同认定登记服务，自创区全年共完成合同成交额3 452.55亿元，同比增长52.17%；技术交易额2 647.82亿元，同比增长35.25%。二是科技人才引进工作再上新台阶。持续优化重大人才工程过程管理，实施"银龄专项"，推进柔性引才引智，开展外国高端人才"人才优粤卡""一卡通"服务，解决海外人才后顾之忧。自创区全年共引进领军人才77个，有两院院士102人。三是金融助力科技创新发展更加有效。落实推进2020年广东省科技金融专项，通过后补助方式吸引了25支创业投资基金在自创区落地注册。自创区私募股权、创业投资基金管理人家数达到7 219家，同比增长15.25%；管理基金净资产超过2.86万亿元，同比增长13.94%；新增上市高新技术企业25家。四是知识产权综合发展能力保持领先。全面完善自创区知识产权管理体系，自创区全年专利授权量达到63.28万件，同比增长33.13%，占全省比重89.17%；推动广东省知识产权综合发展指数连续8年位居全国第一。五是地方政策探索与创新持续推进。自创区各地市不断完善管理体系和政策环境，推动科技创新治理体系率先破题。出台《深圳经济特区科技创新条例》《深港澳科技计划项目管理办法》《粤港澳大湾区国际科技创新中心广州创新合作区建设方案》等。

【高新技术产业开发区】 2020年，全省省级高新区新增17家，省级以上高新区总数达40家。不含新增17家省级高新区，全省原有23家省级以上高新区以占全省0.7%的土地面积，按快报数实现地区生产总值1.78万亿元，占全省的16%；实现工业增加值8 984亿元，占全省规模以上工业完成增加值27.1%；实现出口额9 464亿元，占全省出口总额的21.8%，在支撑全省经济持续发展中的作用显著。

高新区发展格局持续优化 广东"国家高新区地市全覆盖"进入总攻阶段，韶关、阳江等高新区已通过科技部考察，梅州、揭阳、云浮、潮州、汕尾等省级高新区正加快推进"以升促建"工作。同时有序推进省级高新区布局，2020年共培育认定17家省级高新区，一批传统工业园区、新兴产业园区通过创建省级高新区加快创新发展，支撑引领县域创新驱动发展。

高新区科技战"疫"成效明显 省科技厅印发《关于强化科技攻关实施科技惠企行动支撑疫情防控的若干措施》，提出支持高新区加强对科技型中小企业的支持。深圳、广州、佛山、中山、东莞、江门、汕头等高新区相继出台一系列应对疫情、稳定发展的政策举措，如深圳出台"深圳暖企16条"，广州高新区出台"暖企8条""稳企6条"等，适当减免园区租金，扶持企业研发生产，加快防疫物资供应，拓展企业融资渠道，为企业稳定发展提供保障。

国家高新区争先进位整体上升 高新区成为地市推进实施创新驱动发展战略的主阵地。据科技部火炬中心2020年度国家高新区评价结果，全省11家国家高新区排名实现上升，平均进位4.5位。珠三角国家高新区全部进入100强，进入30强有5家，广东成为30强高新区最多的省份。特别是粤东西北高新区排名跃升明显，河源高新区从2016年的第141名，持续上升28位后位列第113名。广东省国家高新区在"国际化和参与全球竞争能力""产业升级和结构优化能力"2个指标上的优势进一步增强，其中8家高新区（约占57%）的"产业升级和结构优化能力"指标排名超过了综合排名，9家高新区（约占64%）的"国际化和参与全球竞争能力"指标排名超过了综合排名。

高新区内创新型产业集群蓬勃发展 深圳高新区在龙头科技企业培育和国际化发展等方面表现突出，支持大疆、柔宇、奥比中光等一大批新一代电子信息领域高新技术企业创新发展，推进建设鹏城实验室等重大创新载体。广州高新区以高质量的企业群体推动产业结构转型升级，目前拥有高新技术企业超3 600家，上市企业63家，各类科研机构超1 000家。佛山高新区在龙头型科技企业培育等方面优势明显，评选认定制造业单打冠军企业80家、瞪羚企业72家等。惠州高新区积极营造电子信息产业创新创业生态，拥有国家级孵化器5家、国家级众创空间8家、高新技术企业

516家、省级新型研发机构8家、省级以上创新平台126个。

（郭映琦 石义寿）

【珠三角国家科技成果转移转化示范区】 2020年珠三角国家科技成果转移转化示范区（以下简称“示范区”）建设尽管面临疫情肆虐的艰难处境，但依然取得了良好成效，为打造科技成果转移转化高地，不断创新科技成果转化体制机制和模式，打通成果转移转化堵点，为全国成果转移转化工作提供更多的参考和范例。

区域成果转化能力不断提升

1．技术市场交易量逐年上升。2020年全省共认定登记技术合同39 845项，同比增长17.90%；合同成交额3 465.92亿元，同比增长52.50%；其中技术交易额2 652.07亿元，同比增长35.26%，成交额和技术交易额连续三年稳居全国第二。示范区9地市共认定登记技术合同38 982项，占全省登记量的97.83%，同比增长16.60%；技术合同成交额和技术交易额分别为3 452.54亿元和2 644.69亿元，占全省的99.61%、99.72%，较2019年增长52.17%、35.09%；其中，广州、深圳两地作为技术合同认定登记的“领头雁”，2020年度认定登记数据再创新高，技术合同成交额3 292.83亿元，占全省成交总额的95.01%，技术合同交易额2 504.63亿元，占全省交易总额的94.44%。云浮、阳江、汕尾技术市场交易势头迅猛，技术合同成交额同比增长2 323.54%、896.66%、336.64%，取得喜人成绩。

2．各类技术转移载体建设成效显著。华南技术转移中心综合型技术转移转化高端枢纽平台效应逐步显现，其自主开发完成“华转网”，率先在全国以“科技服务电商”模式打造科技Mall，搭建了知识产权运营、8分钟路演、孵化器赋能等9大功能分平台，已成功集聚各类优质创新资源3万余项，科技成果6 000余项，促成科技成果转化服务交易1.88亿元，超过3 000家科技型中小企业受益。暨南大学获批为第二批高等学校科技成果转化和技术转移基地，中山大学、华南理工大学获批为国家知识产权示范高校，广东工业大学、深圳大学等8所高校获批为国家知识产权试点高校。

示范区多地市推进平台载体建设，深圳建设国家技术转移南方中心，目前已完成南方中心启动区建设，包括1 300m^{2}的展示厅和1 700m^{2}的小型技术转移服务机构集聚区。佛山市共有市科技成果转化平台43家，2020年市科技成果转化平台获资助金额共453万元。东莞市建设知识产权交易服务中心、“东莞科技在线”等成果交易对接平台；中山引入“科易网”建设技术转移和知识产权交易协同创新中心，现已服务本土企业3 000多家，提供供需双方创新需求对接服务2 250次。珠海推动建设“粤港澳中医药科技成果转化基地”，力争成为推动粤港澳大湾区中医药科技产业发展的重要引擎。广州在环华工建设成果转化天河基地，成为全国首个大湾区科技成果转化板，首批注册展示科技成果即达200多项。

3．高质量、高价值成果供给能力不断提升。实施重点领域研发计划，促进科技成果创造服务产业发展。2020年，广东省组织实施三批次省重点领域研发计划项目，包括9个重大专项和9个重点专项，共立项206个，项目总投入为93.6亿元，其中财政资金投入约27亿元。

新型研发机构数量不断提升，全省经认定的省级新型研发机构共有251家，数量在全国仍保持领先地位。其中，示范区9地市202家，占总数的80.5%。推动国内高水平的高校和科研院所来粤新设立高水平创新研究院7家，目前全省高水平创新研究院共计21家。

成果转化服务支撑体系不断优化

1．科技金融体系日趋完善。全省共建有33个科技金融服务分中心，其中20个分布在示范区九地市，占全省的60.61%。全省科技金融服务分中心撮合信贷、投资等融资金额250亿元。为减轻疫情影响，示范区各地市纷纷创新科技金融手段支持创新发展。广州市推出了“湾创直播间”线上融资服务活动，促成中国银行与28家参会企业达成意向贷款合作22 720万元，为其中15家发放14 220万元贷款。深圳在全国率先开展创业投资地方立法，出台促进股权投资基金业发展政策，设立了市政府投资引导基金（1 000亿元）、中小微企业发展基金（150亿元）、天使投资引导基金（50亿元）等一批创新创业型发展基金。中山亦鼓励科技保险产品创新支持企业复工复产，43家高新技术企业参保，保费75.392万元，保险金额2 250万元，惠及企业员工6 126人次，联合保险机构推出2个新险种，对197家企业发放科技保险补助846万元；其中中山市科技金融综合服务中心开辟绿色通道企业贷款，共组织11场线上评审，审核通过53个项目、共约2亿元贷款。惠州推出“FIT粤”科技金融创新平台，设立广东股权交易中心惠州分公司，实现科技与金融产品信息共享，惠州市科技金融综合服务中心推动辖区206家企业获得贷款金额超过30亿元。珠海设立了5亿元投资基金，加强银行资本与科技企业的对接，累计推动新增科技信贷总额1.28亿元。东莞2020年共发动270家企业投保科技保险，保费2 224.97万元，保额477亿元，拟补贴保费约500万元；设立了科技金融产业三融合贷款贴息资金每年9 000万元，2020年以来共计给予860家企业“三融合”贷款利息补贴4 932.48万元。江门市设立2 610万元的风险准备金池。肇庆市依托2020年省大专项项目，设立“科技贷款贴息补助专题”（250万元）。佛山市充分发挥政府投资基金引导作用，双创基金共有9支子基金成功设立，总规模达90.7亿元，实现财政资金放大13.27倍，有效缓解了企业创新创业融资难题。

2．创业孵化服务体系综合实力持续提升。全省21个地市已实现孵化器、众创空间全覆盖，珠三角实现县区全覆盖，全省国家级高新区实现国家级孵化器全覆盖。全省科技企业孵化器1 036家、众创空间986家，累计毕业企业近2万家，在孵企业超3.3万家，累计培育上市（挂牌）企业668家。

地市孵化器均有不凡表现，如惠州20多家孵化载体为孵化企业减免租金，其中11家省级以上孵化器为325家孵化器内企业减免租金214.12万元。中山打造“众创空间—科技企业孵化器—加速器—科技园区”一体化的科技企业孵化链条，重磅出台《中山市科技孵化育成体系专项资金使用办法》。

3．科技创新券惠利科技型中小企业成效突出。省级科技创新券改革成效良好，依托“华转网”综合型服务平台，实现科技创新券在支付环节直接抵扣。累计共320家省内外优质服务机构入驻创新券平台，超过3 600件科技服务商品上架销售，注册的科技型中小企业3 113家，已发放创新券金额4 800万元，促成企业与服务机构签订服务合同金额累计超过1.88亿元，累计受惠企业873家（含创业者28家）。

地市创新券改革支持力度不断加大，佛山市把疫情防控所需的技术研发、技术服务、监测检验等纳入科技创新券支持范围，开展2020年度科技创新券服务机构认定备案及申报兑付工作，共187家服务机构予以备案，兑付创新券718万元。深圳市不断完善创新券制度，支持初创企业和个人向服务机构购买软硬件开发、检验检测认证等服务。

4．技术市场服务体系培育力度不断加大。2020年省级层面开展了2期技术经理人培训班，培训技术经理人226人；截至2020年年底广东省已建立了一支1 800余人的技术转移人才队伍。同时启动全省技术转移人才入库备案工作，全年申请入库的技术经纪（经理）人678人，通过审核入库366人，通过备案初级经纪人80人。东莞推动国家技术转移人才培养基地（广东）松山湖科技成果转化中心建设，并成功举办2批初级技术经纪人培训，226名经纪人经培训通过考核。广州市成功举办技术经纪人培训班和技术经纪人大赛，2020年培训人员超1 800人次。佛山市持续培养技术转移转化人才，开办2020年佛山市技术经纪特派员培训班，遴选91名技术经纪特派员，连续两年共认定技术经纪特派员184人，有效搭建了科技成果转移转化的桥梁。

5．多渠道、多路径开展成果对接。依托创新创业大赛打造具有广泛社会影响力的高水平成果对接平台，联合投资机构、银行等对大赛优质企业进行走访和对接服务，银行累计为超过600家参赛企业提供了近66亿元的贷款支持，超过300家企业实现融资，累计融资金额将近100亿元，有力支撑科技企业发展壮大。通过“揭榜比拼”的中国创新挑战赛（广东），共征集486项技术需求，在全国范围内组织联动了将近100家科研院所，为广东企业提供242项解决方案，最终达成合作意向共80余项。开展“2020科技成果直通车（佛山站智能制造领域）”活动，吸引了近50家佛山需求企业、机构，以及深圳近40家面向智能制造行业提供解决方案的高校、科研院所和科技型企业，实现科技成果互惠转化。举办“粤港澳大湾区中医药产业科技成果对接会”，大会共发布8项中医药成果，促成6项合作项目顺利签约；成功开展“国家自然科学基金优秀成果对接会”，共征集151项技术需求，遴选出83项国家基金优秀成果，吸引72位杰出科学家来粤开展成果对接，成功对接的有23项，有对接意向的达46项，会上实现成功签约项目6项，促成一大批优秀成果在广东落地。

地市成果对接形式多样，成效显现。广州承办第五届中国创新挑战赛（广东·广州赛区），并建立常态化的“揭榜制”需求对接服务机制，不断创新成果转化模式。惠州市组织3场专题对接活动，12个技术项目达成合作意向。佛山市为应对疫情，加快推动一批应急防疫技术成果转化应用，共征集72个省级项目和53个市级项目，择优推荐优秀项目，并向社会公开推广应用，促成一批优秀技术产品在疫情防控期间加快转化，如暨南大学生物医药产业园（佛山）负责人吴建国教授团队研发的消杀剂“熠洁康®免洗消毒液”、佛山轻子精密测控技术有限公司研发的纳米纤维空气过滤薄膜等。

区域技术转移合作不断深入

以中国创新创业大赛为平台，港澳台与内地合作更加紧密。2020年度赛事共征集到286家港澳台（含合资）企业报名参赛，包括香港赛区75家、澳门赛区46家、台湾赛区165家，其中44家港澳台独资企业。广东省市场监督管理局举办第二届“粤港澳大湾区高价值专利培育布局大赛”，共征集内地和港澳参赛项目658个，同比增长50%。省际科技合作更加密切，截至2020年，广东省已与内蒙古自治区、吉林省、陕西省、宁夏回族自治区、云南省、广西壮族自治区、江西省共7个省区签订科技合作框架协议。

示范区各地市与港澳及海外的技术转移合作范围进一步扩大，如江门市创新外国人才服务举措，在省内率先建立外国人才驿站，在8个国家和地区设立“联络五邑”海外服务工作站，承办“海外专家南粤行”活动，吸引了来自发达国家的48个海外专家项目落地对接。肇庆市以肇庆新区为核心载体谋划建设粤港澳大湾区（肇庆）特别合作试验区，支持肇庆新区谋划建设科技产业园区。

（张浩洋　赖　婷）

【技术创新专业镇】 2020年全年共新增省级技术创新专业镇（下称“专业镇”）6家（详见表4–1–1），省级专业镇总数达到447家，其中农业类专业镇157家、工业类专业镇256家、服务业类（第三产业类）专业镇34家。

在产业领域分布上，广东省专业镇涉及电子电器（电子信息）、机械、五金、陶瓷、纺织服装、家电、家具、建材、医药、种植、水产捕捞、物流、旅游等在内的30多个产业领域，其中从事电子电器、五金、工艺生产、建材等领域的工业类专业镇数量最多，基本形成珠江口东岸以电子信息产业为主（东莞、惠州为主要代表），西岸以电气机械产业为主（佛山、中山为主要代表）的集聚区；从事水果、蔬菜和经济作物种植的农业类专业镇数量最多；以旅游、物流为主导产业在第三产业类别中占优。

表4–1–1　2020年新增省级技术创新专业镇

序号	专业镇名称	特色产业
1	韶关市曲江区樟树镇	马坝油粘米
2	韶关市乳源瑶族自治县大桥镇	油茶
3	肇庆市四会市江谷镇	精细化工
4	肇庆市四会市黄田镇	砂糖橘
5	惠州市龙门县麻榨镇	杨桃
6	揭阳市惠来县前詹镇	鲍鱼

樟树镇　樟市镇位于韶关市曲江区西南端，距城区马坝22公里。全镇总面积204km²，下辖11个村委会和2个居委会，总户数为5 285户，总人口28 784人。多年以来，樟树镇盛产优质稻谷、花生、柑橘、沙田柚、生猪等特色农产品，是曲江区最大的农业镇，是地标产品“马坝油粘米”主要原粮种植基地，被誉为“粤北粮仓”。全镇种植马坝油粘优质稻约3 333.3hm²以上，年产值达2.63亿元，占全镇工农业年总产值比例达46.18%。全镇从事水稻产业的农户超过3 500户，占农业总人口的66.42%以上，从事水稻产业农业人口人均收入比全镇人均收入高15%以上，已成为农民增收致富的支柱产业。

全镇现有马坝油粘米加工生产企业10家，合作社2家，家庭农场6家，拥有广东省农业技术推广总站、广东省农业科学院、华南农业大学、韶关市农技推广中心、兴尚农·韶大现代农业“星创天地”等科技服务合作和科技服务机构入驻。

大桥镇　大桥镇位于韶关市乳源瑶族自治县西北部，是全省休闲农业与乡村旅游示范镇、全省268个中心镇之一及乳源3个中心镇之一，距离县城38公里，下辖21个村委会、1个居委会，265个自然村，9 789户，全镇总人口41 000人，其中农业人口38 749人。大桥镇特色农业经济具有良好的发展基础，尤其是油茶产业，已经成为大桥镇的优势主导产业，也是该镇的特色品牌。乳源瑶族自治县油茶种植基地主要分布在大桥、乳城、一六等乡镇，其中，大桥镇油茶种植面积达1 000hm²，年产值19 327万元以上，带动农户户均增收5 000元以上，辐射带动周边农户2 000多户开展油茶种植。

现有油茶企业5家、家庭农场15家以及较多的种植大户，其中有省级农业龙头企业1家。大桥镇已成立油茶专业镇技术创新试点工作领导小组，拥有大桥镇信息化服务中心、乳源瑶族自治县农业技术推广中心两家科技服务机构。

江谷镇　江谷镇位于肇庆四会市中部，距市区19公里，省道四清公路贯穿全境，是四会市省定重点建设中心镇，也是四会市最大农村集镇之一。近年来，着力做大做强精细化工优势产业，打造高新技术产业集群。建设有精细化工、康荣2个工业园区，在精细化工领域，拥有一批龙头骨干企业，年特色精细化工产业产值超过16亿元，占全镇工业总产值的比重达到33.1%。江谷精细化工园区是四会市产业发展的重点建设项目，园区总投资超过4亿元，可引进化工项目50个，可实现产值30亿元，园区产业定位在重点发展高分子合成树脂、高档涂料、高性能胶粘剂、石油化工等具有较高科技含量的精细化工项目。

江谷镇拥有精细化工企业共17家，包括高新技术企业8家；特色产业累计专利申请量32件、累计获专利授权量29件，歌丽斯化学等企业获得省科技专项资金支持。拥有广东省石油与精细化工研究院、四会市精细化工管理中心，为园区内企业提供精细化工中试和成果转化服务。

黄田镇　黄田镇地处肇庆四会市西北部，绥江中游，距四会市区20公里，东西有二广高速，南北有汕湛高速，在墟镇设有互通出口，省道S263线贯穿全境，属珠三角1小时生活圈。全镇总面积89.6km²，人口16 162人，下辖1个居委、6个村委会，129个村民小组。经过多年发展，黄田镇建立了以砂糖橘产业为主导，花卉、粮食、渔业、畜牧业全方位发展的农业产业格局。黄田镇是四会砂糖橘原产地，砂糖橘种植历史超过1 400年，砂糖橘产业一直是黄田的支柱产业，是四会市砂糖橘传统主要产区，具有极高的品牌价值。

全镇现有四会市农业龙头企业1家，农业企业4家，种养专业合作社8家，家庭农场19家。2019年3月，省政府批复建设四会市砂糖橘省级现代农业产业园，黄田成为砂糖橘产业园建设核心区，2020年年初荣获“全国名特优新农产品”荣誉。

麻榨镇　麻榨镇位于广东省惠州市龙门县南部，建镇已有400多年历史，地理位置优越。全镇总面积240km²，其中耕地面积约1 666.7hm²，林地约19 333.3hm²，下辖18个村委会和1个社区居委会，总人口约33 200人，农业户数7 221户，农业人口24 200人，农民以耕种为主，主要农业经济产业为龙门年橘、杨桃、粉葛等岭南特色土特产品。

麻榨杨桃主要种植在麻榨南部下龙、凤岗等村，因北回归线从该镇贯穿而过，故该镇的生态、土质、气候条件较好，种出来的杨桃清、甜、爽口，多汁，采摘期长（当年7月至第二年5月），深受广大消费者的喜爱。丰产期的杨桃亩产9 000—12 000斤、亩纯收入10 000元左右，已成为麻榨农民脱贫致富的丰收果。目前，全镇杨桃种植面积700hm^2，年产量35 000t，产值1.4亿元。麻榨荣获第八批全国“一村一品示范村镇”称号，麻榨杨桃是“粤字号”县域区域公用品牌百强品牌，已获国家地理标志农产品和广东省第二批名特优新农产品认定。

前詹镇　前詹镇位于广东省揭阳市惠来县南部海滨，西邻神泉镇，东接周田镇与靖海镇，南濒中国南海，海岸线全长15km，全镇面积63km^2。现辖1个社区、20个行政村（31个自然村）。全镇2020年年末户籍总人口64 267人，其中非农业人口1 795人、农业人口62 472人。全镇养殖面积260hm^2，其中养殖鲍鱼约185.3hm^2，年总产值67 576万元，占全镇农业生产总值的50.26%；从事鲍鱼养殖的3 063户，从业人口占全镇总人口的28%。带动农户年人均收入提高3 000元，全镇农民人均年收入15 675元，未来前詹镇产业优势突出，成为专业镇的主导产业，社会经济效益显著。

前詹镇政府与农户合作，采取“市场+龙头企业+合作组织+农户+基地”方式进行合作经营，全镇120家养殖专业合作社的产品主要销往珠三角、福建、山东、陕西、辽宁等地，与多家知名大型企业进行长期合作，形成“产、供、销”一条龙，保证了鲍鱼产品的质量，提高了配送效率，降低了销售成本，产生了良好的经济效益，取得了很好的口碑。

农业专业镇创新情况　广东省粤北和粤西地区是农业专业镇主要集聚区，已在花卉、水果、茶叶、蔬菜、南药、水产等领域形成较大规模产值优势产业，成为全省“一核一带一区”区域发展新格局的关键抓手。

全省农业专业镇特色产业年总产值超过650亿元，集聚科技人员约8.0万人，中高级职称科技人员超过4 000人。当前，农业专业镇以产业化为目标，大力发展新型农业经营体系，大力推进新型职业农民培养，带动农业专业镇向城乡统筹、城乡一体、产城互动、节约集约、生态宜居的新型城镇化迈进。

（张　熙　苏　炜）

孵化育成体系

【科技企业孵化器】

推动孵化载体积极抗击疫情，发挥科技创业带动作用，助力“六稳”“六保” 出台《关于在常态化疫情防控中强化科技创新服务 支撑创业就业的若干措施》，引导全省孵化载体减免租金达1.5亿元、减免科技服务费超2 000万元；面向孵化载体、在孵企业推广相关特色金融服务产品45个，引导省建行累计为27家孵化器运营主体发放贷款13.46亿元，为28家众创空间运营主体发放贷款4.99亿元，有效缓解企业压力；全省506家孵化载体免费向高校毕业生提供创业工位11 994个；共有274家孵化载体内设立了大学生就业实训基地。

研究出台孵化育成政策，创新亮点不断突出，政策支撑体系加速完善。2020年，广东省出台《广东省大学科技园实施办法》、《广东省科技企业孵化载体管理办法》，首次明确了省级大学科技园管理办法，首次提出“科技企业孵化链条”概念，首次开展“加速器、粤港澳、国际化科技企业孵化载体”认定，进一步规范了众创空间、孵化器、加速器、大学科技园4类载体的管理，并强化了链条化、特色化载体建设。

孵化载体数量持续位居全国首位，孵化绩效高质量特征凸显，经济新动能加速汇聚 截至2020年年底，全省孵化器数量达1 036家，众创空间达1 037家，孵化器、众创空间数量持续5年位居全国首位，其中，国家级孵化器172家、国家备案的众创空间278家。特色孵化载体建设成效初显，目前全省已建成国家级大学科技园3家，省级大学科技园13家，粤港澳、国际化科技企业孵化载体21家，省级加速器3家。区域全覆盖行动如期完成，全省21个地市已实现孵化器、众创空间全覆盖，珠三角实现县区全覆盖，全省国家级高新区实现国家级孵化器全覆盖。支撑实体经济发展效益突出，全省毕业企业达2.35万家，累计培育上市（挂牌）企业874家，2020年营业收入超5 000万元的企业达735家。创业带动高质量就业成效凸显，全省孵化器和众创空间内创业团队和企业带动就业总人数达58.7万人，其中吸纳应届大学毕业生就业人数达6.1万人。

（钟士岗）

【创新创业新业态】 2020年，广东省组织了第九届中国创新创业大赛（广东赛区）及港澳台赛、第五届中国创新挑战赛（广东）、第六届“华炬杯”粤东西北创新创业大赛等赛事，并取得圆满成功。在营造“双创”氛围、服务民营科技企业，促进科技成果转化和产业化，发展壮大实体经济等方面取得了良好成效。

通过广泛组织宣传和发动，第九届中国创新创业大赛（广东赛区）2020年全省报名参赛企业总数持续增长，共有4 825家企业报名参赛，在疫情冲击下报名数比2019年逆势增长20%，凸显了浓厚的创新创业氛围。大赛共设立了广州、珠海、中山、东莞、江门、肇庆、惠州、佛山、潮州、茂名、云浮、汕尾、韶关、阳江、揭阳15个分赛区和1个综合分赛区，比2019年增设4个分赛区。为配合疫情防控需要，大赛采用线上视频路演和现场路演相结合的方式进行，还邀请了广州南粤公证处现场全程监督、公证，在新一代信息技术、生物、高端装备制造、新材料、新能源及新能源汽车、节能环保等产业领域遴选出106家优胜企业参加全国总决赛。本届全国总决赛通过半决赛（网评）、决赛的选拔方式，确定9个名次奖项和若干优秀企业奖。广东赛区共有81家企业获奖，获奖率高达76.4%，比2019年增长

11.13%，广东参赛企业在全国总决赛中再创佳绩。最终盛元医药广州有限公司荣获成长组三等奖，珠海金智维信息科技有限公司等80家企业荣获优秀企业奖。

2020年受新冠肺炎疫情及社会因素等影响，第九届中国创新创业大赛（广东赛区）港澳台赛项目征集难度较往年有所提升。截至8月31日报名截止，赛事共征集到286家港澳台（含合资）企业报名参赛，包括香港赛区75家、澳门赛区46家、台湾赛区165家，其中44家港澳台独资企业。经赛事评审选拔，最终61家企业获奖，获奖比例为21.3%。

2020年，在科技部火炬中心的大力支持和各有关单位的积极参与下，广东省在广州、东莞、中山、佛山、江门五地成功举办了第五届中国创新挑战赛（广东）。整个赛事历时近5个月，广州、佛山、东莞、中山、江门五个赛区通过线上、线下相结合，联系、走访企业数百家，共征集486项技术需求，通过多个线上平台向全国放榜，占全国放榜总量的近五分之一。同时在全国范围内组织近100家科研院所主动揭榜，提供243项解决方案，最终达成意向合作80余项，对接成效显著。

第六届“华炬杯”粤东西北创新创业大赛2020年首次对接中国创新创业大赛，共推选14家企业晋级第九届中国创新创业大赛（广东赛区），其中2家企业荣获二等奖，2家企业荣获三等奖，8家企业荣获优胜奖，获奖率达86%；共有8家“华炬杯”赛道企业晋级第九届中国创新创业大赛全国总决赛，并有5家企业荣获国赛“优秀企业”称号。

（张浩洋　赖　婷）

【国家可持续发展议程创新示范区】　一是加强污染防治联防联控科技支撑，助力深圳打赢污染防治攻坚战。截至2020年年底，深圳市PM2.5年平均浓度达到24μg/m^2，首次达到世界卫生组织第二阶段标准；全面消除黑臭水体，五大河流全面达标，310条河流水质全面提升，在全国率先实现全市域消除黑臭水体，成为全国黑臭水体治理示范城市。二是推进社会治理智能化，助力深圳构建共建共治共享社会治理新格局。2020年4月，深圳市城市公共安全技术研究院牵头承担国家重点研发计划“南方新兴超大型城市公共安全风险防控系统研发与应用示范”项目正式启动。该项目针对深圳超大型城市治理的迫切需求，突破风险演化规律认知与动态评估、城中村电气火灾可视化监测预警、社区风险智能感知与应急救援协同、信息融合与快速应急辅助决策等关键技术，构建城市公共安全风险防控技术体系，研发“一体化监测、智能化预警、多信息融合、整体式管控”的城市公共安全风险防控平台，形成风险评估、数据治理、平台建设等一系列标准规范。

（罗宇恒）

企业技术创新

【高新技术企业认定与培育】 落实省委、省政府关于推动科技型企业量质双提升的任务要求，以全链条推进科技型企业培育为抓手，发展壮大广东省高质量创新主体群体规模，多措并举促进科技型企业高质量发展。加强部门协同、省市联动，从管理部门服务、专家管理、中介机构监管等维度优化高企认定管理生态，提升高企评审质量，引导高企高质量发展。2020年，全省新认定高企20 152家，高企存量53 788家，进一步扩大在全国的领先优势。开展科技型中小企业评价工作9批次，入库科技型企业36 984家，同比增长29.4%。认定技术先进型服务企业50家，技术先进型服务企业存量达175家，同比增长38.8%。

优化政策体系，完善工作流程机制，强化创新服务，积极推动全省高新技术企业申报认定工作。修订出台《广东省高新技术企业认定管理实施细则》，规范省高企认定管理工作，明确省财政厅、省税务局以及地市管理部门的认定管理职责分工，共同把好高企认定申报质量关。制定《广东省高新技术企业认定管理地市科技部门工作指引》，进一步压实地市认定管理工作责任，加强企业创新服务。充分利用政策解读线上直播会、微信公众号、政府部门网站、工作群以及电话答疑等线上线下多种手段，持续面向科技型企业及时推送、解读最新科技惠企信息、政策，线上线下政策培训累计超过50万人次。组建高企专家服务团，部省市联动面向高企认定申报企业组织召开了近30场专家服务专场活动，为3 000多家企业开展精准诊断咨询服务。通过线上线下结合的方式，实现高企专家库专家培训全覆盖，开展评审专家的政策要点测试。优化认定评审专家匹配度，实现动态轮换。2020年度深圳、广州高企数量分别达到18 694家、11 583家，占全省的56.3%，珠三角地区高企占全省的94.8%。2020年，落实省委、省政府关于科技型企业高质量发展工作部署，实施高新技术企业树标提质行动，全省高企实现量质双提升，成为支撑经济高质量发展的主力军。2020年全省高企营业收入9.2万亿元，出口额1.7万亿元，同比增长10.9%、13.1%；户均营业收入1.7亿元，户均利润总额1 438.3万元，分别同比增长3.8%、11.9%。

【科技型中小企业】 大力培育壮大科技型中小企业规模，努力提升科技型中小企业创新能力，充分引导省内符合条件的中小企业参与入库评价。2020年，全省通过评价入库企业共36 984家，同比增长29.4%，位居全国第二。从省内看，广州、深圳的入库科技型中小企业数分别是12 410家、8 440家，是广东省第一梯队，两市的入库企业数约占全省的56.4%，其他入库科技型中小企业超过1 000家的地市依次为东莞、佛山、中山、珠海、惠州、江门，是广东省第二梯队，六市的入库企业总数约占全省的35.4%。2020年，全省入库科技型中小企业研发投入共838.2亿元，同比增长20.5%，销售收入共9 836.1亿元，同比增长25.0%；研发费用占销售收入比例达8.5%；科技人员52.0万人，同比增长8.5%，科技人员占比达27.2%。科技型中小企业创新活跃，创新投入不断提升，经济效益不断增长，成为全省科技创新重要主体，吸纳科技人员的重要载体。

（钟士岗）

标杆企业报告会

专家培训测评

江门专家团

2020年第4期“岭南科学论坛·湾区创新论坛”之“孵化兴产业 融通促生态”活动现场

专家辅导专场活动

2020年“科技创业带动高质量就业行动”大学生招聘广东专场启动现场

（以上图片均为钟士岗提供）

高等院校科技创新

【高校主要科研指标】

科研人力资源 2020年全省普通高校从事教学与研究人员总数为148 986人，其中理、工、农、医类（以下称“科技类”）人数为87 559人，人文社会科学类（以下称“人文社科类”）人数为61 427人。

2020年全省普通高校从事教学与研究人员中，具有高级职称（正高和副高职称之和）的人数为49 775人，其中科技类高级职称有31 925人，人文社科类有17 850人。具有博士学位者共41 502人，其中科技类有29 295人、人文社科类有12 207人。

科研活动经费 2020年全省普通高校当年投入科研经费总额为251.67亿元，其中科技类经费为223.82亿元，占总经费的88.93%；人文社科类经费为27.85亿元，占总经费的11.07%。

2020年全省普通高校当年政府投入的科研经费为179.25亿元，占全省普通高校当年科研总经费的71.22%。其中，科技类的经费为163.81亿元，占科技类总经费的73.19%；人文社科类为15.45亿元，占人文社科类总经费的55.47%。

2020年全省普通高校当年企事业单位投入的科研经费为42.82亿元，占全省高校当年科研总经费的17.02%。其中，科技类经费为37.12亿元，占科技类总经费的16.58%；人文社科类经费为5.7亿元，占人文社科类总经费的20.47%。

2020年全省普通高校当年其他经费投入的科研经费为29.6亿元，占全省高校当年科研总经费的11.76%。其中，科技类经费为22.89亿元，占科技类总经费的10.23%；人文社科类经费为6.7亿元，占人文社科类总经费的24.06%。

研究机构 2020年全省普通高校共拥有各级研究机构2 002个，其中：科技活动机构1 457个，包括国家级机构74个，省部级机构1 069个，其他主管部门机构314个；人文社科研究活动机构545个，包括国家高端智库2个，省级智库25个，教育部重点研究基地8个，中央其他部委重点研究基地8个，省部共建基地3个，省级基地103个，省级实验室24个，其他研究机构372个。

科研项目 2020年全省普通高校投入项目经费合计154.08亿元，占科研总经费的61.22%。在研项目106 023项，其中当年新立项项目35 707项，当年新立项项目投入经费94.86亿元。

科技类项目当年投入经费141.92亿元，在研项目60 677项，其中新立项项目23 043项，新立项项目当年投入经费85.06亿元。

人文社科类项目当年投入经费12.16亿元，在研项目45 346项，其中新立项项目12 664项，新立项项目当年投入经费9.8亿元。

科研成果 2020年全省普通高校共发表学术论文123 132篇，其中在国外发表学术论文55 530篇。全年发表科技类学术论文95 416篇，其中在国外发表学术论文52 443篇，三大索引（SCIE，EI，CPCI-S）收录论文53 584篇。发表人文社科类学术论文27 716篇，其中在国外发表学术论文3 087篇。

2020年全省普通高校出版各类图书2 764部，其中出版科技类图书926部，人文社科类图书1 838部。2020年全省普通高校出版学术专著1 151部，其中科技类学术专著310部，人文社科类学术专著841部。2020年全省普通高校签订技术转让合同691项，合同金额175 819.2万元，当年实际收入31 231.1万元。

2020年全省普通高校申请专利22 643件，其中发明专利14 914件，占专利申请总数的65.87%；获专利授权17 655件，其中发明专利

6 702件，占获专利授权总数的37.96%。据统计，目前全省高校拥有专利62 602件，其中发明专利27 280件，占专利拥有总数的43.58%。

根据各校统计报表汇总，2020年全省普通高校共获得各类成果奖249项。其中，科技领域获得省部级二等奖以上奖励133项；人文社科领域获得省部级奖励111项。

2020年，全省普通高校科技类项目中共有128项国家级重大、重点项目验收。其中，“973计划”项目1项，国家科技支撑计划项目5项，“863计划”项目2项，国家自然科学基金重大、重点项目82项，军工项目38项。全省普通高校人文社科类项目中，国家社科基金项目结项288项，教育部人文社会科学研究项目结项267项。

学术交流　2020年高校在开展科技类学术交流方面，合作研究共派出1 529人次，接收2 100人次；出席国际学术会议8 817人次，交流论文3 612篇；主办国际学术会议136场，国际学术会议特邀报告922篇。

在开展人文社科类学术交流方面，合作研究共派出435人次，接收371人次；出席学术会议7 196人次，提交论文4 036篇；主办学术会议425场。

（钟振原）

【中山大学】　2020年，中山大学科研工作进入追求卓越、迈向一流的发展新时期，继续以“三个面向”为指引，以“三大建设”为抓手，明确发展重点，加强战略规划与组织管理，提升自主创新能力，以高质量创新更好支撑服务学校“双一流”建设。

科研项目与经费　2020年，学校科研到账经费达38.16亿元，较2019年增长了7.2%。科研项目规模继续稳居全国高校前列，其中，国家自然科学基金集中申报期立项数连续四年位居全国高校第二，全年立项总数位居全国高校第二；国家重点研发计划在已公示专项中暂列全国高校第三，“十三五”期间，立项项目总数居全国高校第五。

科技成果　2020年，该校五项重要研究成果在国际顶尖学术期刊《自然》《细胞》发表；“天琴一号”试验卫星首轮实验结果在国际引力物理领域知名期刊《经典和量子引力》刊发；生命科学学院在西沙群岛发现新物种；高等学校科学研究优秀成果奖（科学技术）获奖7项，包括自然科学奖一等奖2项、科技进步奖一等奖3项、科技进步奖二等奖1项、青年科学奖1项，一等奖获奖数创历史新高；广东省科学技术奖获奖24项，以第一完成单位获奖15项，包括突出贡献奖1名、一等奖3项、二等奖11项，作为参加单位获奖9项；宋尔卫院士获颁第二届“全国创新争先奖”，张杰鹏教授获颁第二届“科学探索奖”，马骏教授获得2020年度吴阶平医药创新奖，林天歆教授获得2020年度吴阶平泌尿外科医学奖；新冠肺炎疫情防控期间，孙逸仙纪念医院江山平教授率先提出的治疗方案被纳入国家卫健委《新型冠状病毒肺炎诊疗方案》第六版和第七版。

科研平台建设　2020年，中山大学获批建设国家应用数学中心1个，教育部前沿科学中心1个，国家原子能机构研发中心1个，广东省工程技术研究中心1个，粤港澳联合实验室1个，广东省药品监督管理局重点实验室3个，广东省药品监督管理局科技成果转化基地1个，深圳市重点实验室1个，广东省教育厅重点实验室1个，广州市重点实验室2个。

表4-4-1　2020年中山大学获准建设科研平台一览表（科学研究类）

序号	依托二级单位	平台类别	平台名称
1	数学学院	国家应用数学中心	粤港澳应用数学中心
2	物理与天文学院	教育部前沿科学中心	天琴前沿科学中心
3	中山医学院	国家原子能机构研发中心	国家原子能机构核技术（昆虫不育）研发中心

（续上表）

序号	依托二级单位	平台类别	平台名称
4	附属第六医院	广东省工程技术研究中心	广东省生物医用材料转化与评估工程技术研究中心
5	孙逸仙纪念医院	粤港澳联合实验室	粤港RNA医学联合实验室
6	药学院	广东省药品监督管理局重点实验室	手性药物质量控制重点实验室
7	公共卫生学院	广东省药品监督管理局重点实验室	疫苗质量监测与评价重点实验室
8	附属第三医院	广东省药品监督管理局重点实验室	干细胞类产品监管服务体系构建重点实验室
9	药学院	广东省药品监督管理局科技成果转化基地	广东省药品监管科学研究基地
10	附属第八医院	深圳市重点实验室	深圳市强直性脊柱炎研究重点实验室
11	电子与通信工程学院	广东省教育厅重点实验室	智能化全息雷达工程技术研究中心
12	孙逸仙纪念医院	广州市重点实验室	广州代谢性疾病防治重点实验室
13	材料科学与工程学院	广州市重点实验室	广州市柔性电子材料和可穿戴设备重点实验室

学校着力推进重大科技基础设施建设 天琴中心、南方海洋科学与工程广东省实验室、“中山大学”号海洋综合科考实习船、国家超级计算广州中心、精准医学科学中心、中大谱仪等重大平台和重大科技基础设施集群建设取得突破性进展，支撑未来发展的创新体系正在形成。

国家超级计算广州中心运营再创新高 2020年超算中心继续巩固庞大用户群，支撑服务粤港澳大湾区发展，“天河二号”全系统利用率和资源使用效率保持了稳步提升的良好态势：系统日均作业量超过7万个，总运行作业数超过2 700万个，全年系统可用率超过99.99%，资源利用率平均达到75%，最高利用率达到90%，大量业务系统稳定运行。2020年超算中心机时费取得了合同总金额1.56亿元的好成绩，体现出超算中心运营管理的良好势头与巨大潜力。

天琴中心快速壮大 截至2020年年底，天琴中心成员已达260余人（含在读研究生），3.7万m^2的天琴中心大楼投入使用，天琴超静山洞实验室于2020年6月5日实现隧道全线贯通，激光测距台站已获得月球上全部五个激光测距反射器的回波信号，测出中国最准地月距离，月球中继星激光测距项目正在开展过程中，“天琴一号”试验卫星已成功发射并圆满完成任务目标，各项技术指标均超过任务要求，其中惯性传感的核心指标比国内最好指标提高了两个量级；成功推动科技部设立引力波重点研发专项；“天琴”无拖曳验证成功登上《科技日报》2020科技年历。

南方海洋科学与工程广东省实验室建设进入快车道 2020年，南方海洋实验室18个创新团队建设卓有成效，已汇聚900多名科技人才，并顺利完成年度考核；科研创新焕发活力，成功注册成为国家自然科学基金依托单位，斩获多项国家及省市重点项目；持续支持科考航次，首次派员参与我国南极科考工作；创新团队成员搭载勇士号在南海首次发现鲸落；大力推进“国际一流、国内领先”的8大公共平台建设；智能型无人系统母船设计建造签约，将成为全球首艘实现空、海、潜无人系统协同作业的母船；深化合作交流，拓展合作共建关系，目前已与41家单位签署合作共建协议。

“中山大学”号海洋综合科考实习船建造顺利推进　“中山大学”号科考船于2020年8月28日顺利下水，即将于2021年开展常规试航和交船，将成为服务国家海洋战略的高水平海上移动科研平台和人才培养基地。

精准医学科学中心正式投入使用　精准医学科学中心生物医学样本库正式投入使用，样本示范库的总面积达1 200m^2，存储量达800万人份，居国内前列。医学影像人工智能应用系统正式上线，大幅提升医学影像研究进程。

中大谱仪项目有序推进　2020年，中大谱仪建设工作按计划有序推进，中子导管穿墙插件安装完毕，已完成靶站内自冷源起至6.2m处靶体内导管安装，散射腔、斩波器等核心部件已开始制作加工，项目整体建成后有助于填补我国空白，突破相关基础与应用领域前沿研究的制约，提升我国国际竞争能力。

2020年度中山大学获科技奖励简介　2020年，中山大学获高等学校科学研究优秀成果奖（科学技术）自然科学奖一等奖2项，科技进步奖一等奖3项，科技进步奖二等奖1项，青年科学奖1项；获广东省科学技术奖突出贡献奖1名，自然科学奖一等奖1项、二等奖4项，科技进步奖一等奖2项、二等奖7项。

1. 成果名称：数值几何不变量在双有理变换下的变化

获奖名称：高等学校科学研究优秀成果奖（科学技术）自然科学奖一等奖

第一完成单位：中山大学

主要完成人：胡建勋，李卫平

成果简介：项目面向数学与理论物理交叉领域的科学问题，以几何拓扑和代数几何为方向，开展关于由理论物理中弦理论催生的数值几何不变量在双有理变换下的变化行为的研究，在辛流形双有理等价分类理论方面取得重要进展，受到国内外学者的重视，对推动人们对由模空间定义的数值几何不变量的认识起到了积极作用。

2. 成果名称：动脉粥样硬化性心血管疾病新型生物标志物及膳食营养防治

获奖名称：高等学校科学研究优秀成果奖（科学技术）自然科学奖一等奖

第一完成单位：中山大学

主要完成人：凌文华，夏敏，王冬亮，李丹

成果简介：项目围绕动脉粥样硬化性心血管疾病（ASCVD）危险因素和有效防治靶点问题，开展了系列研究，研究为揭示ASCVD的发病机制、早期敏感性标志物和营养膳食防治提供了新的科学依据、策略和措施。

3. 成果名称：结直肠癌筛查方案和治疗策略的技术创新

获奖名称：高等学校科学研究优秀成果奖（科学技术）科学技术进步奖一等奖

第一完成单位：中山大学

主要完成人：兰平，吴小剑，邓艳红，康亮，杨孜欢，邹鸿志，方乐堃，黄美近，汪建平，何小文，杨祖立

成果简介：项目针对我国结直肠癌早诊率低，肛门切除率高，患者生活质量差的问题，开发了粪便基因筛查新方法，创立了经肛直肠癌保肛新术式，建立了围手术期单纯化疗方案，并发现了化疗耐药关键靶点，为提高我国结直肠癌防治效果做出了创新性的贡献，取得了良好的社会效益。

4. 成果名称：鼻咽癌精准诊疗方案的建立与应用

获奖名称：高等学校科学研究优秀成果奖（科学技术）科学技术进步奖一等奖

第一完成单位：中山大学

主要完成人：马骏，孙颖，柳娜，曹素梅，谢方云，张媛，李文斐，陈磊，黎映琴，唐玲珑，季明芳，莫浩元，毛燕萍，刘需，陈雨沛

成果简介：项目建立了新的早诊方案，被国家卫健委纳入筛查规范，在高发区推广应用；构建了器官和分子层面的预测方法，准确筛选高转移风险人群；建立了放疗前双药化疗的方案，将早诊率提高了58.4%，转移风险降低了57%。研究成果发表在《NEJM》等杂志，4项成果被国际通用的指南采纳，并在美国MD Anderson癌症中心等151家知名医院推广应用。

5. 成果名称：多金属污染土壤植物联合修复技术体系及应用

获奖名称：高等学校科学研究优秀成果奖（科学技术）科学技术进步奖一等奖

第一完成单位：中山大学

主要完成人：仇荣亮，汤叶涛，王诗忠，叶明强，刘一锋，章卫华，晁元卿，姚爱军，仇浩，黎华寿，曾招兵，严凯，何超，阮菊俊，林庆祺

成果简介：项目围绕重金属污染土壤修复的国家重大需求，历经17年攻关，系统开展了多金属污染土壤植物修复关键过程与机理研究，创造性构建了适用于高、中、低不同污染程度的植物联合修复技术体系，并以华南地区为核心向全国辐射推广应用，经济、社会和环境效益显著，为服务国家土壤污染防治行动计划及土壤修复产业的发展提供了技术支撑和工程范例。

6. 成果名称：高发恶性肿瘤的信号网络调控失衡机制及新诊治靶点的研究

获奖名称：广东省科学技术奖自然科学奖一等奖

第一完成单位：中山大学

主要完成人：黎孟枫，蔡俊，管洪宇，田寒，方丽珊，李荣

成果简介：本项目以肺癌和乳腺癌为研究模型，围绕“正常细胞如何癌变成肿瘤细胞？”“肿瘤细胞如何获得转移特性？”“肿瘤细胞如何适应并改造微环境？”三个核心科学问题进行研究，主要取得三项科学发现。

（1）揭示肿瘤发生过程中信号网络调控的失衡机制，为高发恶性肿瘤的早期诊治提供新策略和新标志物。

（2）阐明肿瘤转移表型的多样性和网络调控机制的异质性，为转移性肿瘤的诊治提供新靶点。

（3）首次提出“肿瘤细胞炎化”概念并阐述关键表型和调控机制，拓宽肿瘤微环境的研究视角。

7. 成果名称：新型冠状病毒肺炎综合防控诊治体系

获奖名称：广东省科学技术奖科技进步奖一等奖

第一完成单位：中山大学

主要完成人：肖海鹏，陈旻湖，管向东，朱庆棠，成守珍，刘敏，吴健锋，冯仕庭，罗益锋，刘大钺，毛仁，张辉，杨达雅，刘贻豪，肖晗

成果简介：本项目团队不断总结支援武汉、绥芬河、广东省等以及国际援助塞尔维亚抗击新冠肺炎疫情实践，创新性建立了标准化医疗防控培训体系；提出了新冠肺炎精准诊断模式和个体化的患者分层管理策略；同时围绕临床进行机制机理研究，助力精准临床干预。围绕综合防控诊治全链条体系，实现了全体医护人员“零感染”，显著控制传播速度和提高患者救治成功率。

8. 成果名称：上呼吸道炎症免疫机制及治疗策略

获奖名称：广东省科学技术奖科技进步奖一等奖

第一完成单位：中山大学

主要完成人：文卫平，史剑波，李华斌，许庚，赖银妍，韦屹，李健，陈枫虹，左可军，欧春泉

成果简介：项目历时16年，开展了流行病学调查探究病因和发病机制、建立了免疫表型提高疗效、创立了微创体系减少手术创伤、构建了信息化数据平台开展随访，围绕UAI病因、免疫机制、综合治疗和预后开展了系列创新性工作。

（1）开展了全国首个UAI大规模流行病学调查，明确了发病高危因素和关键机制。

（2）明确了中国UAI免疫表型，预测激素疗效，使42%CRS免于过度治疗。

（3）创立了中国鼻内镜微创技术体系，扩大手术适应症，治愈率由50%提升至96.6%。

（4）构建了全国首个多中心信息化数据平台，开创了患者管理新模式。

产学研工作　2020年，中山大学申请专利1 742件、获授权810件、转化67件，分别比2019年增长13.5%、25.4%、19.6%。成果转化合同金额14.33亿元，其中，眼科医院白内障新药研发成果以13.8亿元转让、肿瘤医院结直肠癌筛查成果以2 500万元转让、生科院诱导人胚胎干细胞成果以1 000万元转让，中山大学被评为国家知识产权示范高校。

中山大学地方研究院规范运行，研究院服务地方的窗口作用显现；南昌研究院建设进展顺利，被授予“南昌市孵化器”和“洪城双创基地”，标杆作用逐渐体现。

（徐　静）

【华南理工大学】 2020年，华南理工大学认真贯彻落实习近平总书记系列重要讲话以及华南理工大学第十七次党代会精神，坚持面向世界科技前沿、面向经济主战场、面向国家重大需求、面向人民生命健康，紧紧围绕学校“双一流”建设及广州国际校区建设目标，加大对重大项目、重要成果、重点基地、高层次人才和科技成果转化等工作的组织策划力度，学校科技创新工作取得新突破，科技创新能力及管理服务水平得到全面提升，高质量完成“十三五”规划各项目标任务，为“十四五”科技工作扬帆起航打下坚实基础。

科研项目和经费 2020年，华南理工大学新增自然科学类科研项目2 423项，科研项目实到经费22.84亿元。基础研究方面，获批国家自然科学基金项目263项，直接经费1.62亿元，其中国家杰出青年科学基金项目1项，优秀青年科学基金项目9项（创新高），重点项目3项，区域创新发展联合基金集成项目1项，联合基金重点支持项目4项；获批广东省基础与应用基础研究基金项目162项，总经费3 000万元，其中省自然科学杰出青年基金项目6项，区域联合基金重点项目8项，粤港澳应用数学中心3项。应用研究方面，获批各类国家科技计划项目及课题151项，总经费3.07亿元，其中牵头承担国家重点研发计划等国家重大科技项目6项、课题（子课题）69项，总经费1.5亿元；承担各类省市科技计划项目214项，总经费2.8亿元，其中牵头承担广东省重点领域研发计划项目10项，总经费1.03亿元。国际合作方面，获批国际科技合作项目24项，总经费近2 265万元，其中牵头获批政府间国际科技创新合作专项5项，获批数量创历史新高；牵头获批广东省国际科技合作项目11项，获批数量全省第一。

科技人才队伍建设 华南理工大学坚持引育并举，双向发力，打造人才“蓄水池”。2020年，学校1人获第二届全国创新争先奖奖状、13人入选全球高被引科学家、27人入选中国高被引学者榜单；新增1个科技部重点领域创新团队、1名国家杰出青年科学基金获得者、9名优秀青年科学基金获得者、2名科技部中青年科技创新领军人才、3名“万人计划”科技创新领军人才、6名广东省自然科学杰出青年基金获得者。打造了一支由14名院士、10名“973计划”首席科学家、13名全球高被引科学家、40名国家杰出青年科学基金获得者、40名优秀青年科学基金获得者、21名科技部中青年科技创新领军人才、16名“广东特支计划”科技创新领军人才、67名广东省自然科学杰出青年基金获得者、27名中国高被引学者、2个国家自然科学基金创新群体、3个科技部重点领域创新团队、18个教育部创新团队、30个广东省自然科学基金研究团队等组成的高水平创新人才队伍和科学家群体，为学校“双一流”建设、粤港澳大湾区建设提供强大的人才支撑。

科研成果 2020年，华南理工大学“聚集诱导发光（AIE）”成果被国际纯粹和应用化学联合会列为全球化学领域的年度十大新兴技术之一；学校研发的“可回收高强度地膜”技术在新疆得到广泛使用，有效解决了地膜“白色污染”难题；研制的多频共口径基站天线应用于5G基站；研制的小型化星载天线已应用于多颗在轨运行国产卫星；开发的拥有完全自主知识产权机器人水下焊接制造系统广泛应用于核乏燃料池、海洋资源开发装备等远程遥控操作水下自动化焊接作业。

2020年，华南理工大学获部省级及以上自然科学类科技奖励32项，包括：国家技术发明奖1项（公示结束）；高等学校科学研究优秀成果奖（科学技术）3项，其中一等奖2项；广东省科学技术奖28项（公示结束），其中一等奖9项（牵头5项），居广东省首位。

表4-4-2 2020年度华南理工大学部省级及以上获奖项目

序号	项目名称	学校第一完成人	获奖类别
1	淀粉结构精准设计及其产品创制*	陈 玲	国家技术发明奖二等奖

（续上表）

序号	项目名称	学校第一完成人	获奖类别
2	服役环境下先进材料增强混凝土结构延寿及耐久性技术	黄培彦	高等学校科学研究优秀成果奖（科学技术）科技进步奖一等奖
3	运动受限的自主无人系统智能控制理论与方法*	李智军	高等学校科学研究优秀成果奖（科学技术）自然科学奖一等奖
4	切削纤维多孔金属制造关键技术及应用*	万珍平	高等学校科学研究优秀成果奖（科学技术）技术发明奖一等奖
5	玻璃相图结构模型及高增益玻璃光纤	张勤远	广东省自然科学奖一等奖
6	高强度全回收增产地膜先进制造与循环利用	瞿金平	广东省技术发明奖一等奖
7	木质素的微结构调控及在微/纳米领域的应用	邱学青	广东省技术发明奖一等奖
8	多系统多频段一体化天线关键技术及应用	章秀银	广东省技术发明奖一等奖
9	大风量低浓度工业挥发性有机物污染治理策略与关键技术及应用	叶代启	广东省科技进步奖一等奖
10	高密度高可靠LED显示器件关键技术与集成应用*	李宗涛	广东省科技进步奖一等奖
11	肿瘤影像组学创新技术及应用*	高　英	广东省科技进步奖一等奖
12	大尺寸陶瓷薄板关键技术研发及产业化*	吴建青	广东省科技进步奖一等奖
13	猪重要细菌病防控新产品创制与应用*	闫　鹤	广东省科技进步奖一等奖
14	轴向移动结构的振动主动控制研究	刘　屿	广东省自然科学奖二等奖
15	桥梁加固设计理论与应用关键技术	单成林	广东省科技进步奖二等奖
16	面向桥梁长期健康监测的大数据处理技术及应用	汤立群	广东省科技进步奖二等奖
17	海洋工程水动力环境的监测、数值模拟和极值统计技术及其工程应用	朱良生	广东省科技进步奖二等奖
18	面向复杂场景的视频内容服务关键技术研发与产业化应用	周智恒	广东省科技进步奖二等奖
19	高品质天然右旋龙脑制备利用关键技术与产业化	苏健裕	广东省科技进步奖二等奖
20	云计算调度优化技术	林伟伟	广东省科技进步奖二等奖
21	人体耗散动能捕获关键技术及应用	谢龙汉	广东省科技进步奖二等奖
22	高效节能热色智能薄膜关键技术*	董国平	广东省技术发明奖二等奖
23	阿尔茨海默病早期预警与诊断系统研发及应用*	吴　凯	广东省科技进步奖二等奖

（续上表）

序号	项目名称	学校第一完成人	获奖类别
24	低表面能聚烯烃多层地暖管的技术开发及产业化*	何　慧	广东省科技进步奖二等奖
25	粤港澳大湾区供电主网架设备金属腐蚀评估及差异化防护关键技术*	高　岩	广东省科技进步奖二等奖
26	装配式建筑用高粘结性硅烷改性聚醚防水密封胶的制备及产业化*	赖学军	广东省科技进步奖二等奖
27	大型风电场运行维护关键技术及应用*	杨　苹	广东省科技进步奖二等奖
28	大型海藻生态修复和资源养护理论技术与应用*	邹定辉	广东省科技进步奖二等奖
29	可组态编程工业控制器关键技术及产业化*	朱金辉	广东省科技进步奖二等奖
30	超高层新型全包钢组合结构体系的研发与施工创新技术研究*	杨　春	广东省科技进步奖二等奖
31	大型柴油机高压共轨及轻量化动力总成件的制造技术及装备*	李伟光	广东省科技进步奖二等奖
32	玩具产业应对欧盟技术性贸易措施关键技术创新及应用*	马彤梅	广东省科技进步奖二等奖

注：*表示华南理工大学为非牵头单位

据2020年中国科学技术信息研究所公布结果显示，华南理工大学科技论文质量进一步提高。1篇论文在2010—2020年间累计被引次数达3 178次，入选“2010—2020年我国高被引论文中被引用次数最高的10篇论文”，这已是该论文连续第五年入选。3篇SCI收录论文入选“2019年度中国百篇最具影响国际学术论文”；8篇论文入选中国精品科技期刊顶尖学术论文（领跑者5 000）。学校发表“卓越科技论文”（包括卓越国际论文和卓越国内论文）2 929篇，同比增长17.4%，在全国高校中排名第18位；发表SCI学科影响因子前1/10的期刊论文799篇，在全国高校中排名第11位。2019年度学校论文被SCI、EI和CPCI-S索引共收录7 325篇，其中SCI索引收录3 707篇，同比增长12.1%，在全国高校中排名第17位；EI索引收录3 339篇，在全国高校中排名第9位。

产学研工作　2020年，华南理工大学克服新冠肺炎疫情防控压力，通过科技创新服务社会发展助力国家复工复产，再创佳绩。在企事业委托项目方面，学校新签订理工类横向技术合同1 542项，合同经费达到11.7亿元，实到经费10.19亿元，首次突破10亿元大关，创历史新高；学校通过精心组织遴选，响应国家科技助农号召，6个团队获批广东省科技厅农村科技特派员项目，数量居全省前列，两年共计派出12个团队对接24个省定建档立卡贫困村，培训农村基层技术人员和农民约3 000人次，直接带动对接村落的农户增收，辐射带动约8 000农户受益；2020年学校累计与中集集团、广州酒家、南方大数据等规模以上企业共建18个校企联合实验室，累计经费达到6 000万元；联合相关行业龙头企业在智能制造、绿色低碳、生物医药等领域建立5个省市级产业技术创新联盟；2项高新科技成果以作价入股方式，合计以815万元市场评估值与社会资本创办2家极具市场潜力的高科技公司。

2020年，广州现代产业技术研究院获批国家、省市科技计划项目14项，项目经费超1 300万元；申请专利等知识产权139件；孵化科技型企业4家；与110多家企事业单位签订科技研发等横向项目近100项；入选中国科协主办的“2020全球百佳技术转移案例”。华南协同创新研究院获批科研项目36项，新增横向合同经费1 900万元；获授权专利62件；已转化或拟转化专利成果71项，预估价值3 000余万元；引育国家级高新技术企业3家，获认定科技型中小企业5家；新建5条中试线，开发新产品23个。珠海现代产业创新研究院新增国家级高层次人才2人，“珠海引进创新团队”1个；获批广东省工程技术研究中心1个；新增高新技术企业1家、独角兽培养企业1家；孵化企业产值约合1.5亿元，营收合计近3 000万元。中山市华南理工大学现代产业技术研究院获批科研项目18项，合同经费达5 022万元，其中横向科研项目经费288万元；申请国内专利32件，其中发明专利14件，实用新型专利18件；新引进创新创业团队3个，新孵化高技术企业5家，“华工—中山创客空间（市级）”孵化高技术企业注册资本超650万元。中新国际联合研究院获批科技项目15项，合同经费近1 100万元，其中获批广东省防控新型冠状病毒感染科技攻关应急专项、广东省重点研发计划专项等纵向项目7项，合同经费近670万元；新引进18项产业化项目，50%以上为国际合作项目，同时引入与阿里巴巴、深圳前海微众银行等知名企业的科研合作项目；发表学术论文30余篇，申请专利36件，孵化企业3家。中国—新加坡双边合作联委会第十六次会议通过《中新国际联合研究院深化合作协议》，中新国际联合研究院获得政府第二轮3亿元经费支持。华南理工大学国家大学科技园顺德创新园区累计引进院士领衔、教授带队的高层次人才团队27个，其中5个获得佛山市高新区人才团队资助；累计孵化企业56家，为顺德带来直接投资超过2亿元；园区企业获授权专利151件，其中发明专利51件；获高新技术企业认定4家，入库科技型中小企业17家；一批技术创新成果在美的、科达等龙头企业得到应用，促成技术合同交易近100项。

知识产权工作　2020年，华南理工大学深入贯彻落实《教育部、国家知识产权局、科技部关于提升高等学校专利质量促进转化运用的若干意见》文件精神，紧扣“高质量发展”主线，优化政策制度体系，完善管理体系，开展专利申请前评估，加强专业队伍建设。2020年，学校获国家知识产权局、教育部认定为首批国家知识产权示范高校。由华南理工大学牵头、天河区市场监督管理局（知识产权局）指导共建的“天河知识产权交易转化高校示范基地及研究基地”于2020年9月正式授牌，通过基地建设促进高校、企业、知识产权服务机构合作运营机制，探索知识产权运营新途径新机制。

2020年，学校发明专利申请量占比83.7%，获发明专利授权量占比69.9%，有效发明专利拥有量占比72.8%，较2019年均有所提升。学校连续四年PCT专利申请量跻身全球教育机构前八、中国高校前五。2020年学校申请PCT专利106件，进入国家阶段106件，获授权国外专利67件，高价值专利国内外布局成效显著。第二十二届中国专利奖评选公示结果中，学校获中国专利奖6项，其中金奖1项、银奖1项、优秀奖4项，以第一专利权人统计获奖数量（5项）与清华大学并列全国高校第一；学校获第七届广东专利奖3项，包括银奖1项、优秀奖1项和杰出发明人奖1人；获粤港澳大湾区高价值专利培育布局大赛奖3项，成为获奖数量最多的参赛单位；获第二十四届全国发明展览“发明创业奖·项目奖”金奖3项、银奖2项，以及“发明创业奖·创新奖”二等奖1项。

华南理工大学“拉伸流变”专利技术转让签约仪式

2020年，学校中国专利金奖项目、瞿金平院士的“基于拉伸流变的高分子材料塑化输送方法及设备”专利技术以超2 000万元的价格完成专利转让签约，这也是学校以专利直接转让方式首次转化超2 000万元的项目。

科研平台建设　2020年，华南理工大学新增1个国家级、3个省部级科研平台，包括1个学科创新引智基地、1个广东省重点实验室、1个广东省教育厅重点实验室、1个广东省工程技术研究中心。截至2020年年底，学校共有上级主管部门批准建设的自然科学类科研机构188个，其中国家级科研机构总数达26个，居全国高校前列，涵盖了新一代信息技术、生物与健康、新材料与高端制造、新能源与节能环保等广州市战略性主导产业。

2020年，人工智能与数字经济广东省实验室（广州）建设工作扎实推进。在广东省工程技术研究中心评估中，学校21个中心获评优秀，获优数量全省第一。

表4-4-3　华南理工大学新增省部级以上科研平台（2020）

序号	名称	校内建设单位
1	功能分子工程学科创新引智基地	化学与化工学院
2	广东省固体废物污染控制与资源化重点实验室	环境与能源学院
3	广东省先进绝缘涂料工程技术研究中心	华南理工大学 珠海现代产业创新研究院
4	跨媒体大数据与机器智能广东省普通高校重点实验室	软件学院

科技交流与合作　2020年，华南理工大学作为唯一高校成功协办博鳌亚洲论坛国际科技与创新论坛首届大会；采取线上会议、线上线下相结合等方式，主办（承办）第四届国际自主无人系统研讨会、第五届全国发育生物学大会、第六届全国船舶与海洋工程CFD会议、第11届中国印刷与包装学术年会暨科技融合创新发展论坛、2020中国显示学术会议等大型学术会议13场。

2020年11月9日—11日，华南理工大学校友代表团参加博鳌亚洲论坛国际科技与创新论坛首届大会

11月9—11日，博鳌亚洲论坛国际科技与创新论坛首届大会在澳门召开。由博鳌亚洲论坛与澳门特区政府联合主办，华南理工大学作为博鳌亚洲论坛合作伙伴以及唯一协办高校参与举办。来自25个国家和地区的近1 000名代表，包括5位政要和前政要、香港与澳门特区的行政长官、10余位部长、2位国际组织负责人、近百位重量级演讲嘉宾，以及9位驻华使节或代表和10多位跨国企业负责人参加，华南理工大学党委书记、相关部处负责人以及100余位来自境内外各地的校友代表参会。大会以“创新赋能可持续发展”为主题，为期三天的会议围绕“创新动力”“创新生活”“创新合作”三个关键词，举办了全体大会和12场分论坛等线上线下相结合的丰富多彩的交流活动。与会代表围绕5G、航天科技、基因治疗、生物医药、分子材料、人工智能等科技创新领域的热点前沿话题深入探讨，达成一系列重要共识，成为科技创新领域国际交流与合作的一个重要平台。

12月6—8日，第四届国际自主无人系统研讨会召开，会议采取线上线下结合形式举办，其中主会场设置在广州。本次会议由华南理工大学、重庆大学承办，并得到IEEE计算智能协会、深圳大学、王宽诚教育基金会、美国得克萨斯州立大学阿灵顿分校、中国自动化学会可信控制系统分委会、东北大学过程工业综合自动化国家重点实验室、《控制理论与应用》期刊的支持。来自美国、加拿大和中国等国家和地区的约150位同行专家、青年学者和业界精英参加。本次会议设大会报告2场，分会场8个，吸引众多青年师生通过线上线下方式旁听和提问。会议专注于自主系统方面的理论和应用领域，主要涉及人工智能、控制、自动化、机器人和自治系统等领域，围绕国际的前沿课题、研究热点，进行热烈探讨，分享经验观点和前瞻理念，为提升学术水平、促进学科发展提供了良好契机，增强了国内外高校之间的互相沟通。

10月27—29日，第五届全国发育生物学大会在广州召开。本次会议由中国动物学会、中国细胞生物学学会、中国遗传学会主办，华南理工大学承办。来自全国各地100多所高校、科研院所及企业的1 000余名代表参加了会议。大会设置了1个主会场和4个分会场，共组织了10个大会特邀报告、71个分会报告，多名院士在会上作专题报告。为了给青年科学家创造交流平台，本次大会特设青年论坛。会议以发育与代谢为主题，聚焦于早期发育与表观遗传调控、胚层形成与器官发育、成体干细胞及其分化、组织再生与修复、发育与代谢调控、发育缺陷与疾病、发育生物学新技术、植物发育8个领域，以揭示发育与代谢疾病的发生机制和寻找诊治策略为目标，综合利用遗传学、基因组学、蛋白质组学、代谢组学、细胞谱系标记与示踪等技术手段和模式动物及临床资源，引领开展战略性和前瞻性基础和应用基础研究，推动提升我国发育与代谢研究的核心竞争力。

11月28—29日，第六届全国船舶与海洋工程CFD会议在广州召开。本次会议由全国船舶与海洋工程CFD（Computational Fluid Dynamics，计算流体力学）会议执委会、中国造船工程学会船舶力学学术委员会CFD学组、中国拖曳水池会议主办，由华南理工大学承办。来自全国30多所高等院校、科研院所及企业的200余位代表参会。包括院士在内的多名行业内知名学者专家作特邀主题报告和大会报告，与会代表深入交流CFD技术在船舶与海洋工程领域应用的最新技术成果，并一致认为，CFD的算法和软件作为我国工业软件自主创新发展的重要领域，迎来了良好的发展机遇，在船舶与海洋工程领域的研究和应用前景广阔。本届会议在参会人数、报告数量、大会报告层次和会议论文质量等方面创下了多项会议新纪录，共同为我国船舶与海洋工程装备与技术的发展贡献智慧和力量。

11月26—29日，第11届中国印刷与包装学术年会暨科技融合创新发展论坛在广州召开。来自全国50多家高等院校、科研院所、企业单位的专家和代表200余人参会，陈克复院士作特邀主旨报告，多名学者作主题分享，十余位专家在青年学者报告等环节，向与会专家展示与分享了印刷包装在生物医疗、印刷电子、绿色包装、智能包装等各个领域的应用成果及创新发展。在新发展格局和“泛印刷”发展趋势下，作为中国印刷包装学术界高规格的国际性学术研讨活动，年会基于印刷包装关键技术研发，聚焦环保材料、区块链、人工智能、OLED显示、光子晶体、生物质打印等领域的最新前沿科技及其与印刷包装技术的融合创新，起到了开阔科研视野、共享研究成果、把握发展动向的作用。

9月18—20日，2020中国显示学术会议在广州召开。本次会议由中国光学光电子行业协会液晶分会和中国物理学会液晶分会联合主办，华南理工大学承办，并得到了多家国内外知名企业的积极参与及大力支持。会议吸引了超过450位国内外显示领域著名专家、学者、青年才俊参加。本次会议共有大会报告10个、邀请报告28个、口头报告31个，并设分会场5个；会议收到学术墙报50份，学术论文99份。包括多名院士在内的知名学者作大会报告，与会代表就当前显示行业热点议题AMOLED、VR高清显示技术、量子点技术、触控屏技术、3D显示技术、新型显示材料等展开了热烈而深刻的交流讨论。

（刘　勇）

【暨南大学】　2020年是“十三五”的收官之年，也是谋划“十四五”规划的布局之年。暨南大学深入贯彻落实习近平总书记视察广东及暨南大学重要讲话精神，坚持“四个面向”，加快科技创新，推进新时代教育评价改革，立足国家发展战略和粤港澳大湾区经济社会发展需要，加强科技管理服务，以项目为抓手、人才团队为支撑、科技创新基地为依托，深挖人才引培红利，服务高水平大学建设和“双一流”学科建设，实现科技工作的全面发展。

科技项目与经费 2020年，暨南大学科研项目获批科研经费4.98亿元。国家重点研发计划项目获资助4项，国家重点研发计划课题获资助6项，获资助总经费5 719万元；国家自然科学基金项目获批293项，其中，重大研究计划集成项目1项，重点项目6项，重大研究计划集成项目1项，重点国际（地区）合作研究项目1项，面上项目116项，比去年增长24.73%；集中受理期立项数排名全国第29位，广东省第4位，申报数、立项数、资助经费和受理期立项数全国排名均创新高。

广东省基础与应用基础研究基金项目获批122项，获资助经费2 030万元，其中，省自然科学基金面上项目获批78项，省杰青6项；省联合基金青年基金35项，省联合基金重点项目3项。广东省重点领域研发计划重大重点项目获批4项，参与8项，共计获批经费3 100万元。广东省国际（地区）科技合作专题项目获批7项。广州市科技计划项目获批32项，获批经费5 780万元。广东省教育厅项目22项，广东省自然资源厅项目3项。中央高校基本科研业务费1 270万元用于科技项目立项。国防科研项目获批10项。

科技平台建设 暨南大学以粤港澳大湾区建设为契机，在生物医药、光机电信、生态环境等优势学科领域的重大平台建设加速推进并取得阶段性成效，国家重点实验室、粤港澳大湾区环境实验室、广州市脑计划、大动物疾病模型制备与研究中心、未来光子技术研究中心等建设工作有序推进。2020年，学校新增广东省重点实验室2个，即广东省功能配位超分子材料及应用重点实验室和广东省非人灵长类动物模型研究重点实验室；2个广东省重点实验室首期建设验收获评估优秀，即广东省中药药效物质基础与创新药物研究重点实验室、广东省光纤传感与通信技术重点实验室。

产学研合作 2020年，暨南大学获批教育部高等学校科技成果转化和技术转移基地，以及“赋予科研人员职务科技成果所有权或长期使用权”和国家知识产权试点高校等。在黄埔建立新型研发机构广东高端科学仪器创新研究院，与佛山市和顺德区共建佛山病原微生物研究院，打造高等级生物安全实验室等。

学校科技成果转化机制逐步完善，实现了一批重要科技成果转化，其中，学校“抗肿瘤新药多激酶抑制剂JND32066”以1亿元转让给力鑫药业。疫情防控期间，学校围绕新型冠状病毒（2019-nCoV）溯源、致病及防治等组织了团队攻关，取得多项科技成果助力疫情防控。其中，通过产学研合作研发出可定性和定量检测的核酸检测试剂盒，共向武汉捐献3 150人份；研发出的抗病毒消杀剂，向武汉雷神山医院和广东省捐赠万余瓶。

2020年6月8日，暨南大学与广州市力鑫药业有限公司“双一流”学科产学研合作暨化1类新药项目成果转化签约仪式在暨南大学本部举行

科技人才队伍建设 暨南大学集中优势学科力量，积极挖掘选拔、培育建设一流科研人才队伍。2020年学校获批科技部创新人才推进计划创新人才培养示范基地；2人获得国家优秀青年科学基金资助；3支团队、8名人才获得广东省重大人才工程项目资助；获批2021年广东省自然科学基金杰出青年项目10项。

科技交流与合作 暨南大学以生物医药、光电制造、生态环境、网络安全、经济管理等重点优势学科为引领，增强“医工交叉”和“文理交叉”等学科交叉融合的创新能力，在中央高校基本科研业务费项目中设立“学科交叉研究专项”，并为各学科科技工作者提供学术碰撞和交流融合的平台，2020年学校统筹组织了一系列学术沙龙活动，共计225场。

科技成果与专利　暨南大学科技成果数量和质量持续提升。2020年，叶文才教授荣获第二届全国创新争先奖，高昊教授荣获第十六届中国青年科技奖。牵头项目获广东省科学技术奖一等奖2项、二等奖4项，高等学校科学研究优秀成果奖（科学技术）二等奖3项，广东专利优秀奖1项，中国产学研合作创新奖个人奖和成果奖4项，以及一批行业协会科技奖励。学校基础医学与公共卫生学院兰雨研究员课题组在人类巨噬细胞发育领域研究取得重要进展，研究成果在《自然》杂志发表。

2019年发表A1类论文1 909篇，比2018年增长19.5%，其中一区论文1 601篇。2020年获授权专利380项，获授权专利数量比2019年增长57.02%。

（张舒婷　汤敏慧）

【华南师范大学】　2020年，华南师范大学紧密围绕高水平大学、“世界一流学科”和“新师范”的建设任务目标，强化顶层设计，重点围绕重大项目谋划、高端平台建设、重大科技成果凝练以及产学研合作等方面，前瞻布局、精心组织、扎实推进，在全校师生共同努力下，学校科技工作再上新台阶。

科研项目和经费　获科技项目经费2.11亿元，其中科技纵向项目经费1.93亿元，包括学校作为第一承担单位获批经费1.89亿元及合作经费370.05万元，横向实到科技项目经费2 010万元。国家自然科学项目共获批立项147项，获批直接经费6 637万元，较去年同期增加20项，增长15.75%；立项数和经费数稳居全国师范院校第3位。其中，获批优秀青年科学基金项目3项，是该校获批数量最多的一年；获批重点项目2项。优青和重点项目连续3年居师范大学前三。学校国家重点领域研发计划项目继2016年后再次取得重要进展，作为项目单位承担4项，为历史上获批项目数最多的一年；作为课题单位承担1项，获批总经费达1 891万元。量子物质研究院王恩科教授获批广东省基础与应用基础研究重大项目，获批经费3 900万元，为学校首次获批该类型项目。华南先进光电子研究院周国富教授获批学校首个“广东特支计划”本土创新团队项目，获批经费1 000万元。获批广东省重点研发计划项目2项，获批经费1 100万元；获批广州市重点领域研发计划项目1项，获批经费1 000万元。获批广东省杰出青年基金项目3项；获批“广东特支计划”科技创新青年拔尖项目2项。

平台建设　时隔10年获批学校第三个教育部重点实验室——脑认知与教育科学教育部重点实验室。联合香港大学、香港科技大学相关优势学科力量，牵头获批学校首个粤港澳联合实验室（粤港量子物质联合实验室），获建设经费500万元。

科技奖励　2020年度，学校共有7项成果获奖，其中，李胜教授为第一完成人的“昆虫变态发育的激素与营养调控”项目荣获2020年度广东省科学技术奖自然科学奖一等奖，阳成伟、黎稳教授以第一完成人分别获得2020年度广东省科学技术奖二等奖1项。

论文专利　全校以第一单位发表三大索引收录论文1 234篇，其中SCI收录论文1 112篇、EI收录论文95篇、CPCI收录论文27篇。物理与电信工程学院徐小志研究员作为共同第一作者、学校为第四署名单位在《Nature》上发表了题为《Seeded growth of large single-crystal copper foils with high-index facets》的论文。学校申请专利558项（其中PCT及国外专利18项，国内发明459项，实用新型70项，外观设计11项）；获授权专利381项（其中国外专利授权3项，国内发明专利授权278项，实用新型100项）。申请计算机软件著作权124项，获批104项。

产学研合作　作为国内师范院校中唯一一家入选“2020年中国高校专利实力100强”和“全国高校科技创新50强”。转让专利83项，合同金额共计329.89万元，为近5年新高；学校5个科研团队的16项科技成果以作价入股的形式实现转化，评估价值709.2万元。积极开展对外合作战略，与松山湖材料实验室、生物岛实验室、中国科学院近代物理研究所等多家单位签署合作协议并共建联合中心。派驻科技特派员56人，获省级特派员资助项目29项。

科技交流与合作　学校成功举办或承办了第七届全国藻类多样性和藻类分类学术研讨会、人工智能助推教育发展前沿论坛、第四届广东光子学与技术协同创新高端论坛、第十二期花城院士科技峰会暨第二届粤港澳大湾区（广东）量子密码与信息安全高峰论坛、水产研究院海鸥岛智能养殖系统建设研讨会等大型学术活动。全年共举办各类学术交流活动40多场，其中“新世纪论坛”15场。

（张来策）

【华南农业大学】 2020年，华南农业大学以习近平新时代中国特色社会主义思想为指导，全面贯彻党的十九届二中、三中、四中、五中全会精神，认真落实上级决策部署，以强农兴农为己任，各项科研工作取得显著成效。

科研经费和科研项目 2020年，该校总到账科研经费6亿元。共新增纵向科研项目632项，到账经费4亿元；新增横向科研项目816项，到账经费1.96亿元，横向到账经费达历史新高。获国家自然科学基金119项，获直接经费6 271万元。其中，优秀青年基金2项（“植物病原真菌致病机理”、“畜禽基因组选择方法”）、重点项目2项（“Sa座位调控水稻杂种不育和反温敏不育双重功能的分子机理研究及利用”、“微小隐孢子虫毒力的遗传决定因素”），NSFC区域发展联合基金重点项目1项（北部湾海区主要海水经济鱼类重要病原检测技术及致病机理研究）；获批国家重点研发计划国际科技合作项目1项（纳米抗体制备新策略及食品有害物痕量快速检测新方法研究）、课题5项（“场地土壤复合污染过程及其与物化—生物耦合作用机制”、“农机故障预警与备件精准预测技术研究”、“矿区及周边砷污染场地的安全利用方案与技术规范”、“荔枝枇杷优质轻简高效栽培技术集成与示范”、“村镇土地三维高效表达与大数据智能决策关键技术研发”），合同经费2 275万元；广东省基础与应用基础研究重大项目（畜禽病原重要表型形成的分子机制）获批立项，合同经费3 900万元；广东省重点领域研发计划获批立项7项（“草地贪夜蛾精准防控技术产品研发与示范应用”、“发酵食品精准制造关键技术及产业化示范”、“不同熟期抗寒优质龙眼新品种选育”、“广藿香等6种岭南中药材新品种培育研究”、“花香色艳、观赏期长的姜科花卉新品种选育”、“热带亚热带高产优质大豆新品种选育”、“再生低碳生态建筑材料研究与部品开发”），合同经费3 000万元。获国家社科基金“国家应急管理体系建设研究专项”项目1项（应急医疗保障的制度框架与机制创新研究），是全国农林高校中唯一获得立项的学校；获得教育部社科项目9项，在全国农林高校中排名第一；获得国家社科基金项目13项，在全国农业高校中名列前茅。

科研平台建设 2020年，该校共培育省部共建亚热带动物流行病控制国家重点实验室、国家农业航空应用工程技术中心及国家生物防治工程技术中心3个国家级科研平台，其中，省部共建亚热带动物流行病控制国家重点实验室培育平台列入省部会商。组织申报各级各类科研平台12个，其中，申报国家重点实验室1个、农业农村部科研平台6个、粤港澳联合实验室1个、广东省重点实验室3个、广州市重点实验室1个。组织12个广东省重点实验室参加评估，其中2个获得优秀（广东省兽药研制与安全评价重点实验室、广东省农业动物基因组学与分子育种重点实验室），4个获得良好，获批运行经费2 100万元，位居全省第三。组织33个广东省工程技术研究中心参加考核，9个获得优秀。组织4个科研平台参加主管部门的评估，组织116个自然科学类重点科研平台和80个校级研究机构开展考核评估。此外，农业农村部人畜共患病重点实验室建设项目获批中央投资经费1 555万元；3个农业农村部科研平台（农业农村部华南地区园艺作物生物学与种质创制重点实验室、农业农村部华南地区作物栽培科学观测实验站、农业农村部甘蔗全程机械化科研基地）建设项目完成验收。

科技人才队伍 2020年，该校共引进高层次人才66人，其中国家优青1人；培养新增国家级人才5人，省级人才9人；共招收博士后71名，在站总人数达196人。

科技成果奖励 2020年，该校共获得各级科技奖励47项，教育部高等学校科学研究优秀成果奖一等奖1项（食品中化学污染物精准免疫识别及快速检测技术），广东省科学技术奖一等奖2项（“不同熟期优质荔枝系列新品种选育和高接换种技术创新及应用”、“低质速生材制造高品质复合层积材关键技术及应用”），广东省农业技术推广奖一等奖4项（“超级稻新品种‘五优

1179'、'Y两优1173'的推广应用"、"水稻机械化精准育插秧新技术与装备的推广应用"、"五元杂交瘦肉型种猪新配套系及其养殖技术示范推广"、"香稻增香关键技术研究及其应用"），地理信息科技进步奖特等奖1项（高寒草地动态监测与智能评价关键技术及重大应用）等。由罗锡文院士主持的科技成果（基于北斗的农业机械自动导航作业关键技术及应用）通过2020年度国家科学技术奖评审委员会评审，是广东高校中唯一一项主持通过的项目。该校全年共申报知识产权731件，获授权知识产权667件，其中专利授权483件，软件著作权179件、授权植物新品种3件。2020年获批首批国家知识产权试点高校。

"铁牛下田　院士种地"，2020年7月6日，罗锡文院士在华南农业大学科学教研基地（广州增城区），顶着炎炎烈日，挽起裤脚，下到地里，硬核科普无人农场核心技术。

科技成果展览　2020年，该校联合广州（国家）现代农业产业科技创新中心举办4期农业科技成果路演交流会，通过湾区农讯推介学校废弃物处理、食品加工、水肥一体化、农业设施等优秀成果11项。克服疫情带来的不利影响，在做好疫情防控的前提下，响应政府部门的要求，组织首届中国国际热带博览会成果展示活动、2020年广东高校科技成果转化对接大会活动，获建"2020年广东高校科技成果转化高校工作站"。成功上线运行华南农业大学成果转化网，展示学校优秀成果视频13个、科技成果39项、专利技术1 364项及科技专家团队等信息，获2020年中国产学研合作创新示范基地。

科技服务社会　2020年，该校自主研发的集成香稻增香、农业机械自动导航等多项核心关键技术，在兴宁市创造了香稻双季亩产高达1 300.12kg的世界纪录，为国家粮食安全作出了新的贡献。全年共组织1 200多名农村科技特派员，组建全产业链的科技服务团队78支，服务158个省定贫困村，91个现代农业产业园，300多家新型农业经营主体，教师社会服务范围覆盖全国379个县（区）。围绕广东省20个区域特色优势产业，联合省内嘉应学院等9所产区涉农高等（职）院校组建"1+1+N"高校服务乡村振兴共同体；与广州国家农业科技创新中心等单位共同发起，链动全国11省区400余家单位共建成立"国家南药科技创新联盟"。

该校科技精准扶贫工作入选由世界银行、联合国粮农组织、国际农业发展基金、联合国世界粮食计划署、亚洲开发银行、中国国际扶贫中心和中国互联网新闻中心联合评选的全球最佳减贫案例；"六大创新模式"入选全国高等学校新农村发展研究院第三届乡村振兴论坛暨第二届脱贫攻坚典型案例。在新型冠状病毒潜在中间宿主的溯源研究方面取得重大突破，为疫情防控贡献了卓越的科技智慧和科技力量，同时获评"报送抗击新冠肺炎疫情决策咨询报告先进单位"。

截至2020年年底，中央电视台等国家级媒体和《南方日报》等省级媒体宣传报道该校服务乡村振兴战略及脱贫攻坚、助力复工复产210余篇次。11份调研报告和政策建议获得省部级以上领导肯定性批示。

科技活动交流　2020年，该校共举办校级以上学术活动38期，其中与岭南现代农业科学与技术广东省实验室联合主办"广东中衡山论坛"5期，分别是现代农业化工与材料高端论坛、现代农业工程高端论坛、现代生物技术高端论坛、教师发展与学科建设高端论坛、园艺作物科学高端论坛。邀请了20多位院士、知名专家围绕智慧农业、现代农业、新兽医学科建设、现代农业化工与材料、现代生物技术等内容进行了20场主题报告。该校"广东中衡山论坛"正逐步成为国内外现代农业领域具有较大影响力的论坛。

（谭　涛）

【南方医科大学】 2020年，南方医科大学以冲刺“双一流”学科建设高校为目标，在科技项目立项、国家级重大项目、科研平台建设等方面取得新进展，科技综合实力显著提升。

科研项目与经费　2020年度学校承担各类科研项目787项，获资助经费3.12亿元。国家自然科学基金项目立项303项，立项数首次突破300项，较2019年度增长24项，获直接经费1.5亿元，立项数和资助金额均创历史新高，并连续7年保持增长。立项数在全国所有高校和科研院所中居第28位，连续5年跻身全国前30，在全国独立医科院校中排名保持在第2位，在广东省内高校中居第3位。其中，医学科学部的立项数为250项，居全国所有高校和科研院所第9位。

学校牵头承担国家重点研发计划项目3项、课题2项，获项目资助经费4 000万元。其中，陈晓光教授牵头承担的项目“重大外来入侵媒介和病原生物侦检与防控关键技术产品研发”立项经费1 825万元；朱宏教授承担的项目“健康管理综合服务应用示范”立项经费934万元；汪妹教授承担的青年科学家项目“精原干细胞命运重塑的调控机制研究”立项经费549万，是学校首次承担该类课题。

科研平台　国家慢性肾病临床医学研究中心顺利通过验收。牵头建设国家健康医疗大数据研究院和国家健康医疗大数据人才培训示范基地（全国仅3家获国家卫健委批准授牌）。特殊人群药物代谢研究与评价重点实验室和化妆品安全与功效关键技术重点实验室获得国家药监局重点实验室立项建设，立项数量并列全省第一。广东省胃肠肿瘤精准微创诊疗重点实验室是本年度新增的2家医学领域广东省重点实验室之一。广东省创伤骨科研究所获批为广东省独立法人研究机构。粤港澳大湾区脑科学与类脑研究中心大楼建设通过广东省发改委批复，改造面积1.26万m^2。新建2 440m^2的标准化实验室，进一提升了学校的科研支撑条件。中心实验室全年使用机时超4万小时，科技服务能力持续增强。

科技成果　获2020年度广东省科学技术奖一等奖1项、二等奖2项，广东医学科技奖一等奖2项、二等奖2项，教育部高等学校科学研究优秀成果奖（科学技术进步奖）二等奖1项。该校获发明专利授权115项、实用新型专利授权444项，专利持有量进一步增长，并获批“国家知识产权试点示范高校”。根据中国科学技术信息研究所公布的资料，该校2019年度发表SCI收录论文1 293篇，在全国高等学校中名列第51位，在全国医药类院校名列第4位。《南方医科大学学报》是全国唯一连续8年获“百种中国杰出学术期刊”的医药大学学报，国内学术影响力处于领先地位。该校获中国国际“互联网+”创新创业大赛广东省赛金奖5项，位列全省高校第二；获国赛银奖2项。

粤港澳大湾区脑科学与类脑研究中心效果图

表4-4-4　2020年度南方医科大学部分获奖项目

序号	项目名称	第一完成人	奖励类别
1	肢体严重创伤救治体系的建立和临床应用	余　斌	教育部高等学校科学研究优秀成果奖（科学技术进步奖）二等奖、广东省医学科技奖一等奖
2	毛囊再生及组织修复系列研究与应用	胡志奇	广东省科学技术奖一等奖、广东省医学科技奖一等奖

（续上表）

序号	项目名称	第一完成人	奖励类别
3	胶质瘤发生、发展的分子机制与靶向治疗研究	柯以铨	广东省科学技术奖二等奖
4	重要转运体跨膜转运的分子机制及其在疾病发病中的作用研究	瞿少刚	广东省科学技术奖二等奖
5	结直肠癌微创外科关键技术创新及应用推广	邓海军	广东省医学科技奖二等奖
6	弓形虫病流行特征、致病机制与防治研究	彭鸿娟	广东省医学科技奖二等奖

科技交流活动　学校主办或协办第十届全国中青年流行病学工作者学术会议、广东省医学教育协会口腔种植学专业委员会第三次会议暨第十三届粤港澳台口腔种植论坛、华南国际口腔展（华南口腔医学研讨会）等多场国内外学术交流研讨会议。

应世界卫生组织（World Health Organization，WHO）邀请，学校公共卫生学院院长、食物安全与健康研究中心主任杨杏芬参加了由联合国粮农组织（Food Agriculture Organization，FAO）和世界卫生组织联合召开的第89届食品添加剂专家委员会（Joint FAO/WHO Expert Committee on Food Additives, JECFA）会议。杨杏芬是本届会议唯一的中方专家与会代表。

（张元帅）

【广州中医药大学】

突出质量导向，改革科研创新体制机制　认真学习党风廉政建设相关文件，紧紧围绕学校对《深化新时代教育评价改革总体方案》的学习要求，坚持以德为先，科学引导立德树人，“牢固树立科学的教育发展理念，坚决克服短视行为、功利化倾向”，推动科研管理工作进一步优化，营造自主创新的科研环境。根据国家科技创新工作“四个面向”的战略部署和《关于深化项目评审、人才评价、机构评估改革的意见》《关于破除科技评价中“唯论文”不良导向的若干措施（试行）》等文件要求，学校大力探索适合学校发展的科研培育途径，破除“唯论文、唯职称、唯学历、唯奖项”的倾向，研究设立更为准确合理和适合中医药特点的科研评价指标。在掌握学科发展和科研团队研究方向的基础上，多次组织专家评审、论证，对有希望在重点领域取得突破的平台、团队和人才给予立项培育和支持。2020年学校累计投入平台、团队和项目等的经费达4 473万元。随着科技创新改革的深入，科研培育成果日益凸显，中医药前沿科学研究工作取得重大创新或突破。

优化资源配置，加快高水平科研平台建设　2020年，学校对科研平台总投入3 500余万元，平台功能提升计划稳步实施，科技创新中心（三元里校区）基本建成完善。依托优质平台资源，省部共建中医湿证国家重点实验室建设按照省部会商意见加速推进，广东省科技厅对该项目投入的第一批建设经费已落实到位；粤港澳中医药与免疫疾病研究联合实验室获广东省科技厅粤港澳联合实验室立项；广州市中医药防治骨质疏松研究重点实验室、广州市重大脑疾病早期影像诊断与临床转化重点实验室获得广州市科技局立项。

广州中医药大学省部共建中医湿证国家重点实验室专题协商会议代表合影

围绕国家战略，科研创新与服务再迈新台阶　2020年科研项目成绩喜人，新增纵向科研项

目496项，纵向经费首次突破亿元大关，达1.46亿元。获国家重点研发计划项目立项1个，获资助经费353万元；获国家自然科学基金项目立项数“破百”，达101项，同比增加13.48%，立项金额4 207万元；获区域创新发展联合基金重点支持项目1项，立项经费260万元，并实现“国家优青”项目零的突破；许能贵团队入选中医药传承创新团队；12个项目获广东省科技厅2020年省重点领域研究计划项目立项，资助经费达6 400万元，立项数居全省各单位首位，实现新的突破；广东省科技厅组织的“防控新型冠状病毒感染科技攻关应急专项”项目，刘良、张忠德、宋健平、杨忠奇团队均获支持；刘良院士团队入选省基金委区域联合基金——粤港澳研究团队。国家社科基金思政专项项目首次获得立项。

社会服务方面，产学研合作不断深化，服务社会功能日益彰显。除与乳源瑶族自治县签订“3+1”结对帮扶框架协议外，与企事业单位签订各类横向科技合作协议39项，合同经费达2 652.18万元，较2019年大幅增长；派出10支队伍29位农村科技特派员定点对接30个贫困村，学校主动服务地方经济建设和社会发展的能力进一步提升。

瞄准学术前沿，科技成果获奖成绩喜人　2020年科研人员围绕学术前沿，面向国家重大需求，持续开展科技攻关；学校及时掌握政策方向，积极挖掘和部署。成果奖励方面，共有9项科学研究成果获广东省、教育部及国家级学会科技奖励。其中，刘中秋团队、卢传坚团队分获2019年度广东省科技进步奖一等奖，符文彬团队获2019年度广东省科技进步奖二等奖；罗颂平团队获2020年度中国中西医结合学会科学技术奖一等奖。高水平论文显著增加，相关代表作在《新英格兰杂志》《the Bone & Joint Journal》《Biomaterials》等国际上具有影响力的期刊上发表。

扎实推进知识产权成果转化，科技创新能力显著提升　为了加强知识产权保护，2020年学校组织了知识产权代理机构招标，规范知识产权管理工作。同时充分发挥学校的智力资源优势，继续做好专利和成果转化的基础知识宣传普及，促进科技成果与市场对接。2020年度共申请专利100余项，获发明专利授权23项，4项专利进行转让及许可，合同金额345万元。学校科技成果转移转化能力进一步提升。

（荣　嵘　王　萧）

【广东工业大学】　2020年，在“十三五”期间，广东工业大学科技工作围绕“搭大平台、组大团队、拿大项目、出大成果”的发展理念，优化资源配置及支撑条件建设，形成一批具有影响力的重大原创标志性成果，实现科研创新成效倍增目标。

科研规模　2020年，广东工业大学科研到校经费突破10.19亿元，连续两年突破10亿元规模。其中纵向科研项目经费5.25亿元，包括国家自然科学基金经费1.6亿元，国家、省重点领域研发计划项目1.6亿元等，横向科研项目经费10 705万元，产业及其他经费3.88亿元。

科研项目　学校国家自然科学基金项目立项情况再创佳绩，立项数达182项，名列全国第45位，再创历史新高；重大重点项目共获批15项（重大仪器1项，重点项目2项，联合基金重点支持项目5项，联合基金集成项目3项，重点国合1项，杰青1项，优青2项），金额共7 946.14万元。2020年，学校围绕高水平大学建设目标，进一步推进重大科研专项的组织和谋划，在网络协同制造和智能工厂、环境污染治理、战略性先进电子材料专项方面新增国家重点研发计划项目3项，立项经费2 908万元，牵头承担课题6项，经费6 765万元。面向广东支柱产业战略发展需求，加紧“卡脖子”技术攻关，牵头承担广东省重点领域研发计划项目3项，立项经费3 000万元，合作共同承担项目22项，立项经费3 068万元。

科研平台　2020年学校获批1个粤港澳联合实验室，这也是该校连续第二年获批该类别的实验室（累计立项数位居全省高校第一）。与此同时，还获批1个省重点实验室、1个省工程研究中心（全省仅6家单位获批此中心）。

科技成果　2020年，学校以第一完成单位获2020年度广东省科学技术奖一等奖5项，二等奖5项，一等奖数量再创历史新高，一等奖获得数并列全省第一，连续三年一等奖获得数突破新高。此外，学校获第七届广东省专利金奖1项、银奖

2项、优秀奖1项。获得教育部第八届高等学校科学研究优秀成果奖（人文社会科学）二等奖2项。全年累计发表SCI收录论文2 354篇，其中I区论文591篇、II区论文827篇。全年学校获发明专利授权830件，名列全国高校第35位。专利转让方面，全校共实施专利转让或许可使用91件，合同金额1 764.1万元，创历史新高。

产业服务　学校结合每个协同创新平台所在地市的需求、资源禀赋和自己的学科优势，围绕“一平台一特色”的发展战略，整合学校资源，包括技术服务、人才输送和成果对接等，为平台发展赋能。当前，该校在全省8个地级市建设的11个协同创新平台已初步形成差异化、个性化蓬勃发展的格局，各平台在自身健康发展的同时有力支撑了学校的学科发展、人才培养和科学研究；学校成功申报获批国家科技成果赋权试点，为科技成果转化抢占先机；统筹各协同创新平台充分发挥科研优势，以科技助力疫情防控。

（涂　腾）

【汕头大学】　2020年，汕头大学持续深化科研体制机制改革，优化创新环境，全面整合跨学科资源，扎实推进高水平大学和高水平学科建设。2020年，汕头大学工程学学科首次进入ESI全球前1%行列，共有3个学科位列ESI全球前1%。

科研项目与经费　2020年，汕头大学共获批科研项目604项，经费总额1.61亿元。其中，获批国家自然科学基金54项，获资助经费2 432万元；承担企事业单位等委托科研项目82项，立项经费2 606万元。“基于磁共振分子影像探索阿尔茨海默病脑代谢和类淋巴系统异常”获得国家重点国际（地区）合作研究项目资助，“多糖介导的甲藻——黄杆菌特异性共生及其驱动的碳转化过程研究”获国家自然科学基金重大研究计划资助，“高阻隔透明复合材料研发与产业化”项目立项经费700万元，为该校横向科研项目立项金额历史最高。

为促进理工医交叉融合，在前沿学科和交叉学科领域培植新增长点，该校实施李嘉诚基金会交叉学科研究专项，资助项目59个，资助经费达6 463万元。

科研平台建设　2020年，该校广东省海洋生物技术重点实验室、广东省有序结构材料的制备与应用重点实验室、广东省数字信号与图像处理技术重点实验室3个省重点实验室顺利通过广东省重点实验室评估，其中广东省海洋生物技术重点实验室评估结果为良好。8个广东省工程技术研究中心参加动态评估，广东省数字内容管理工程技术研究中心、广东省结构安全与监测工程技术研究中心评估结果为优秀。

该校加快推进高等级生物安全三级实验室（P3）建设，为致病性病毒的研究提供完善的生物安全保障平台和技术支撑体系。汕头大学医学院临床医学研究中心、汕头大学医学院附属第一医院临床医学研究中心揭牌成立，中国科学院高福院士担任专家指导委员会主任。

科技成果　2020年，汕头大学集聚全校科技优势助力新冠肺炎疫情防控。粤港新发传染病联合实验室、汕头大学·香港大学联合病毒学研究所积极开展新冠肺炎发病机制、病毒溯源、抗新冠病毒药物开发等工作，研究团队在《NATURE》发表关于新冠病毒传染源的论文《Identifying SARS-CoV-2-related coronaviruses in Malayan pangolins》，发现穿山甲可能为冠状病毒中间宿主，对病毒溯源、药物开发与疾病防治具有重要意义。该校主导研发的“新冠肺炎高危人员筛查跟踪及应急物资调度大数据系统”“入汕通”“新冠防疫筛查大数据平台——复工复学通”等大数据研发成果投入使用，助力地方抗击疫情。

该校以第一单位完成的3项科技成果“食管癌肿瘤标志物及液体活检的应用与开发”“基于磁共振分子影像的肿瘤特异性代谢物快速成像技术及临床应用”“脊柱脊髓损伤系列诊疗技术的重要创新与应用推广”获2020年度广东省科学技术奖二等奖。科技成果“柔性透明电子封装超高阻隔膜研发”获2020年度广东省高校成果路演大赛一等奖。

知识产权工作　2020年，汕头大学共申请专利214项，获授权专利142件，转让专利（技术秘密）5件，共190万元。牵头承担广东（汕头）知识产权分析评议中心建设任务，编写并发布《汕头市食品行业知识产权分析评议报告》。

科技交流与合作　2020年，汕头大学不断拓展新的国际科技合作伙伴关系，与加拿大多伦多大学、加拿大阿尔伯塔大学、俄罗斯工程院、日本佐贺大学、英国利兹大学、韩国首尔大学、香港城市大学等在材料科学、信息科学、生命科学、环境保护、自动化与智能控制技术领域取得新的科研合作进展，获得多项广东省科技计划项目资助。

10月17—18日，2020年广东省医学会心血管年会暨第六届东南心脏论坛在汕头召开。本次会议由广东省医学会主办，汕头大学医学院、广东省介入性心脏病学会共同承办，是广东省内最大型的心血管病学会议，来自全国各地的250余名专家学者参加了会议。会议进一步提升了粤东地区心血管领域的学术水平和基层医院心血管病的诊断水平，推进了分级诊疗医疗改革措施的落地实施。

11月13日，2020年国家自然科学基金广东地区联络网依托单位管理工作研讨会在汕头召开。本次会议由中山大学主办，汕头大学承办，特邀国家自然科学基金委员会财务局以及复旦大学科研院项目管理中心等省外基金地区联络网组长单位代表参会，广东地区联络网部分依托单位基金管理人员逾40人参加了会议。会议围绕国家自然科学基金项目资金管理、基金项目资金监督检查等方面作了主题报告，并针对基金申请、基金申报系统、基金经费支出等问题展开了全方位的研讨。

12月3—5日，第十届全国水产生物技术学术研讨会在汕头召开。本次会议由中国水产学会水产生物技术专业委员会主办，汕头大学、广东省海洋生物技术重点实验室承办，来自国内外50所高校、48个科研单位和7家企业的520余位专家与代表参加了会议。该会议以“水产生物技术创新与种业发展”为主题，涵盖重要水产养殖生物基因组解析与基因资源发掘、水产养殖生物重要性状遗传解析及育种的理论基础、水产生物技术创新与良种培育及水产种业生物技术的转化与应用等专题，进一步促进了现代水产生物技术在水产种业中的应用和发展，加强了国内外水产生物技术领域的交流与合作，推动了水产养殖业的转型升级。

12月18—19日，第四届工业信息化国际会议在汕头召开。本次会议由汕头大学主办，武汉理工大学、俄罗斯工程院协办，采用线上线下相结合的方式，来自英国、俄罗斯等国家以及国内的高等院校和科研院所的29位专家参加了会议。会议围绕大数据与人工智能、智能优化、机器人与无人机、纳米材料和智能材料等主题展开专题报告，交流了最新的研究成果，探讨了相关科技前沿、热点和发展趋势。

（罗英光）

科研院所科技创新

【中国科学院广州分院】　至2020年年底，中国科学院广州分院有在职职工5 049人，其中科研人员3 443人，具有正高专业技术职称者608人、副高专业技术职称者838人，具有博士学位者2 421人、硕士学位者1 236人。有中国科学院院士2人，中国工程院院士3人，俄罗斯科学院外籍院士1人，国际欧亚科学院院士3人。该院有国家重点实验室4个（其中之一为合建）、国家工程实验室2个（其中之一为合建）、国家地方联合工程实验室4个（其中之一为合建）、中国科学院重点实验室16个、广东省重点实验室19个、湖南省重点实验室2个、海南省重点实验室2个、中国科学院工程实验室3个、广东省工程实验室3个。有国家野外科学观测研究站8个，科学考察船6艘，植物、岩矿、海洋生物标本馆各1个。有博士学位培养点35个，硕士学位培养点52个，专业硕士点16个，博士后科研流动站13个，博士后科研工作站2个。

科研项目　2020年，该院所属各单位新增科研项目1 941项，新增合同金额28.28亿元。新增国家科技计划类项目（含课题）82项，经费3.81亿元，其中主持国家重点研发计划项目23项，经费3.13亿元。新增国家自然科学基金项目379项，总经费2.81亿元，其中创新研究群体项目1项、国家杰青项目2项、国家优青项目9项。新增中科院项目244项，经费3.74亿元。新增地方政府科技计划项目616项，总经费13.71亿元，其中牵头承担广东省重点领域研究计划项目17项，经费1.51亿元。

科研成果　2020年，该院在国内外核心期刊发表论文4 517篇，其中SCI收录3 415篇。出版专著34部，共1 036万字。获授权专利1 047件，其中发明专利781件。申请PCT国际专利597件。获国家自然科学奖二等奖1项、科技进步奖一等奖1项（第二完成单位），广东省科学技术奖一等奖3项、科技合作奖1项，广东专利金奖1项。

项目名称：线粒体信号调控细胞命运研究

获奖情况：2020年度广东省自然科学奖一等奖

主要完成单位：中国科学院广州生物医药与健康研究院

该获奖项目以诱导多能干细胞（iPSC）为模型，系统研究线粒体在细胞去分化、分化和病变中的作用。该项目发现了“线粒体炫”通过调控表观遗传影响多能干细胞的获得，拓展了核质互作新模式；发现了线粒体组分重塑对多能干细胞的调控，阐明了细胞器重塑调控多能性的新功能；建立了代谢因子获得安全低致瘤性多能干细胞的优化体系，具有很高的临床应用前景；建立了iPSC的线粒体疾病模型并阐明线粒体通透转换孔开放引发凋亡是丙戊酸特异肝毒性的病理机制，开创了iPSC在个体化药物毒性评价中的新应用。项目在《Cell Metab》《Hepatology》《Autophagy》等杂志上发表论文5篇。该项目成果为再生医学领域的发展提供了新的思路和方向，具有广阔的理论研究价值和临床应用前景。

项目名称：显生宙增生造山过程中大陆地壳的非均匀性生长

获奖情况：2020年度广东省自然科学奖一等奖

主要完成单位：中国科学院广州地球化学研究所

该项目聚焦全球显生宙最大的增生造山带——中亚造山带（新疆北部），确定了新疆北部基底组成，估算了大陆地壳新生地壳比例，揭示显生宙发生了明显地壳生长；系统定量估算地壳生长速率，首次提出地壳生长的非均匀性；建立了识别前新生代洋脊俯冲—板片窗的岩石组合新方法，识别了洋脊俯冲—板片窗的存在，揭示洋脊俯冲是导致地壳快速生长的一种重要机制，且有利于铜金成矿。5篇论文被SCI他引889次，2篇论文入选高被引用TOP 1%论文。

项目名称：南海海盆破裂—扩张历史与扩张机制

获奖情况：2020年度广东省自然科学奖一等奖

主要完成单位：中国科学院华南植物园等

该项目立足于海洋地质学前沿，瞄准南海形成演化的重大基础科学问题，历经4个国际大洋钻探航次、运用深拖磁测、三维物模等国际先进手段，在南海陆洋转换、扩张时间、扩张动力等边缘海演化重大科学问题上取得突破；首次精确测定南海扩张起始与结束年龄，解决了40多年来关于这一重大科学问题的国际争议；揭示南海与大西洋的本质差异，提出板缘张裂新概念，改变了南海地质构造研究由欧美主导的格局，实现了中国科学家引领发展的新局面，在边缘海破裂—扩张方面形成了系统理论体系，将南海地质研究推上新的台阶，并有力支撑海域划界、油气—水合物资源有序开发等国家需求。

科技创新平台建设　2020年，该院新增广东省重点实验室1个，国家野外科学观测研究站2个，湖南省野外台站1个，广东珍稀濒危植物保育基地1个。在中国科学院四类机构建设中，以中国科学院广州地球化学研究所为依托获批筹建深地科学卓越创新中心。

科技交流与合作　2020年度对外科技合作与交流活动较往年下降明显。全年全院共接待国（境）外专家或科技人员共24批、104人次，向国（境）外派出科技人员65批、177人次；向国（境）外公派中短期留学生10人；承办国际（地区）会议6次，其中参会300人以上1次。新增国际科研合作项目79项、合同经费总额7 686.08万元。新签科技合作协议28项。

（夏建军）

【广东省科学院】　2020年是全国新冠肺炎疫情防控阻击战取得重大战略成果的一年，也是“十三五”规划收官之年。广东省科学院坚持以习近平新时代中国特色社会主义思想为指导，深入学习贯彻习近平总书记视察广东重要讲话和重要指示批示精神，围绕广东省“1+1+9”工作部署和构建“一核一带一区”区域发展格局，以省委、省政府赋予省科学院的定位目标为战略基点，以“一院”为战略统领，以建立新型现代科研院所管理体制、市场化的技术育成转化和技术服务体制“两制”为运行基础、以建设知识创造和转移体系、技术育成孵化体系和产业创新发展服务体系“三体系”为组织架构、以促进政策链、创新链、产业链、资金链的“四融合”为路径手段，不断加强人才引育，强化学科建设，整合科技资源力量，做强科技平台，开展支撑性战略性研究，主动衔接政策服务大局。在打造综合产业技术创新中心，建设国内一流研究机构中，不断取得新成效，部分技术领域方向位居全国一流或领先水平，成为广东创新驱动发展的一支重要的战略科技力量。

创新团队建设　加强人才引进和培育，壮大了创新人才队伍。2020年，引进中国工程院院士和国家级领军人才各1人，新增俄罗斯工程院中国籍院士1人，全年引进领军人才和博士120人。

至2020年年底，省科学院拥有在职职工3 986人（不含参控股企业），拥有全职两院院士5人、获国家级人才称号14人、获省级人才称号21人、省科技创新创业团队6个、南粤杰出人才3人、科技领军人才95人。高级职称以上专业技术人员859人，博士、硕士1 749人，研究生导师204人，在读博士、硕士研究生585人。博士后工作站5个，在站博士后122人，博士工作站16个。已逐步形成由杰出科学家、领军人才、骨干科研人才和青年科技人才组成的创新科研人才梯队，人才高地雏形初现。

创新科技平台建设　2020年，新增省级以上科技平台4个，包括1个国家“一带一路”联合实验室、1个国家野外科学观测研究站、1个广东省微生物安全与健康重点实验室、1个广东省工程技术研究中心。

至2020年年底，全院各类科技创新与服务平台共219个，其中国家级以上科技平台21个，省部级科技平台157个，市级科技平台18个，院所级科技平台23个。主要包括：国际专利菌种保藏中心1个，国家重点实验室2个，国家工程技术研究中心2个，国家工程实验室1个，国家“一带一路”联合实验室1个，国家级野外台站1个，国家国际科技合作基地1个，国家地方联合工程研究中心2个，国家产品质量监督检验中心3个，国家专利菌种保藏中心1个，国家级“星创天地”2个，其他国家级服务平台4个；部委级科技服务平台16个；广东省公共实验室8个，广东省重点实验室14个，广东省工程实验室4个，广东省工程中心47个，广东国际合作基地5个，广东省野外科学观测研究站3个，广东省重点科研基地8个，广东省种质资源库5个，广东省“星创天地”3个，广东省质量监督检验站8个，其他省级各类研发、服务平台36个；广州市重点实验室2个、广州市工程中心6个，其他各类科技平台31个。

2020年，经广东省科技厅组织专家组评估，全院45家广东省工程技术研究中心中15家优秀，30家合格，评优率33.3%，高于全省同类依托单位的工程中心评优率（26.77%）。

科研项目与成果　积极承担国家、省市各级科技项目。2020年度新增纵向项目596项，新增纵向合同经费8.39亿元，其中国家重点研发计划课题3个、国家林草局课题6个、国家外专局课题2个、获资助国家自然科学资金项目69项（含重点项目1项、面上项目24项；共获资金达2 971万元），国家博士后基金项目23项、省科技计划项目53项（含省重点研发计划项目12项，同比增长1.6倍），省基础与应用基础研究重大项目2项、基金项目62项。

科技奖励成果突出。2020年获颁各类科技成果奖励41项。其中，广东省科学技术奖一等奖1项、二等奖4项；中国食品科学技术学会科技奖一等奖1项，中国有色金属工业协会科学技术奖一等奖2项、二等奖6项；获广东专利优秀奖1项；获广东农业技术推广奖4项。

作为第一完成单位，获得的省部级奖励主要有：广东省生态环境技术研究所成果“矿物—胞外呼吸微生物间电子传递机制及其环境效益”获广东省科学技术奖自然科学奖一等奖；广东省生物工程研究所成果“甘蔗高产高糖聚合育种技术与优良品种选育及应用”获广东省科学技术奖科技进步奖二等奖；广东省稀有金属研究所成果“低成本清洁萃取分离稀土关键技术及应用”和“健康照明全光谱LED荧光材料及器件的研制与应用”获广东省科学技术奖科技进步奖二等奖；广东省材料与加工研究所成果“节能型铝合金导线制造关键技术与应用”获广东省科学技术奖科技进步奖二等奖；广东省智能制造研究所成果“自动抛光系统及其抛光方法”获得广东专利优秀奖。

作为第一完成单位，获得的社会力量奖主要有：广东省生物工程研究所成果“绿色制糖关键技术开发及应用”获中国轻工业联合会科技进步奖一等奖；广东省科学院资源综合利用研究所成果“低品位钨多金属矿绿色高效利用与产业化”和“高寒地区铅锌选矿废水全回用关键技术应用”获中国有色金属工业协会科技进步奖一等奖；广东省科学院智能制造研究所成果“铝合金精密加工用高速电主轴关键技术研究及产业化”获中国有色金属工业协会科技进步奖一等奖；广东省科学院微生物研究所成果“中国食品中致病微生物系统风险识别、危害形成机制、高效防控技术与应用”获中国食品科学技术奖一等奖。

2020年全院共发表论文（论著）1 185篇，其中SCI收录论文685篇（JCR一区论文252篇，JCR二区论文187篇）、EI收录论文92篇、自然指数收录27篇，国外发表论文599篇；出版科技著作15部。

专利与知识产权管理体系　2020年共申请专利966件，其中发明专利820件，PCT专利40件；2020年全院共获授权专利529件，其中发明专利351件，国际专利19件，有效专利总数达2 127件；取得软件著作权34件。发布各类标准147件。

2020年度有11家院属单位通过知识产权管理体系认证。截至目前，全院16家骨干科研机构通过了知识产权管理体系认证。

成果转化及支撑区域创新工作　成果转化取得明显成效。加快建立市场为导向、企业为主体、利益捆绑、利益共享的科技成果转化机制；加强院地合作，聚焦地方产业发展需求，分别在佛山、梅州、江门、珠海成立了产业技术研究

院，并做了在阳江、汕头、湛江、韶关等地建立产业技术研究院的规划布局；建设广东省科学院粤科智创孵化空间、广东省科学院仙湖科创加速器等一批科技专业孵化器；共建了南繁种业和健康创新创业产业园；在广东省乳源县设立了产业技术服务中心。

技术育成孵化和技术服务体系建设工作得到快速推进，推动区域创新协调发展取得积极成效。2020年全院技术服务企业超过3.5万家，孵化初创高技术公司36家，在粤东西北地区为企业提供技术服务超过1 500家，其中“稀土发光新材料技术”等3项技术在粤东西北地区实现科技成果转化和产业化，推动了当地产业的创新发展。“四技”收入超过8亿元，稳居在粤研发机构榜首，位列全国高校和研发机构前30名。成功入选全国40家科技成果赋权改革试点单位，成为广东省唯一入选的科研机构。

智库服务政府决策的能力得到加强。坚持围绕产业链部署创新链，聚焦20个战略性产业集群，积极参与规划编制，作为主要起草单位编写了《广东省培育前沿新材料战略性新兴产业集群行动计划》，牵头编制了《面向2035年主要产业技术来源分析报告》等，部署实施《省科学院支撑战略产业集群技术创新行动计划》，支撑区域特色产业集群高质量发展。在新材料、第三代半导体、生物医药、土壤等优势学科领域制定系列标准，为广东产业集群发展提供知识产权导航服务和技术指引。

研究成果《广东省主体功能区规划调整修编研究》与《粤北生态特别保护区范围划定及建设策略研究》分别获评广东省发改委优秀研究成果奖一、二等奖。

科技服务脱贫攻坚成效明显。以科技创新助推精准扶贫为主线，发挥多学科集成优势，服务脱贫攻坚。在定点帮扶的梅州市大埔县西河镇上黄砂村，对接扶贫村需求，突出科技扶贫扶智，编制乡村发展规划，实施“技术＋资金＋农户＋公司（基地）”产业化扶贫工作之路，精准实施智慧果园等6大产业项目，设立科技特派员工作站，强化技术集成，以成果转化助推扶贫开发，培育新型农民，打造科技特色村。2020年上黄砂村有劳动力的贫困户人均可支配收入超过2万元、村集体收入70万元，分别是2016年的4.4倍和3.5倍，实现贫困户全部脱贫。同时，组织涉农研究所和农村科技特派员团队在全省范围积极行动，服务推进脱贫攻坚与乡村振兴有效衔接。

参与建设粤港澳大湾区国际科技创新中心　按照省委、省政府“十四五”规划编制工作部署，组织重大项目申报，其中“中国微生物菌种基因与生物安全大科学装置”“粤港澳科技协同创新平台建设”“半导体产业技术创新和公共服务平台”和“粤港澳大湾区生物入侵与生态安全综合研发中心”4个项目被纳入广东省构建“一核一带一区”区域发展格局重大项目清单。

科技交流与合作　与“一带一路”国家科技合作进入新阶段。与白俄罗斯国家科学院开展了全面科技合作，2020年在白俄罗斯首都明斯克中白“巨石”工业园合作建设“中白产业技术联合创新中心”，建立了离岸科技企业孵化器，实现中白双方科技成果转移转化常态化，合作与交流体系化。9月，与乌克兰巴顿焊接所合作在广州筹建的“中国—乌克兰材料连接与先进制造国家‘一带一路’联合实验室”获科技部批准建设。

与香港的科技合作取得实际成效。根据与香港机电工程署签署的《粤港创新及科技协作合作备忘录》，持续合力推进粤港创新及科技发展。2020年香港机电工程署立项316.7万港元，委托院属智能制造研究所开展“化宝炉小车转移智能控制系统”“自主灭蚊机器人”“基于CFD及BIM的室内环境智能监控技术”项目研发，目前项目进展顺利，双方将共同推动在港应用。香港创新及科技局近期发布了《香港智慧城市蓝图2.0》，省科学院将与香港相关部门合作开展面向香港社会安全、环境和制造领域的人工智能系统、机器人技术开发和应用。

科技助力疫情防控　认真履行省新冠肺炎疫情防控指挥部办公室科研攻关组成员单位职责，整合资源，努力做好科技服务和科研攻关。在疫情爆发期及时研发“广东省疫情防控可视化辅助决策系统”并实时应用，建立了疫情爆发期来（返）粤人群时空分布和风险分析可视化空间信息平台，为全省疫情分区分级防控以及各地市有序复工复产提供了决策支撑，该研发团队荣获“广东省抗击新冠肺炎疫情先进集体”称号。快速完成了“广州市口罩生产企业实施装备产能提升专项”攻关，为口罩生产线实现超高速全自动改造和技术培训提供有力支撑。

（马天欢）

【广东省农业科学院】　该院设有水稻研究所、果树研究所、蔬菜研究所、作物研究所、植物保护研究所、农业质量标准与监测技术研究所、设施农业演技所、动物科学研究所（水产研究所）、蚕业与农产品加工研究所、农业资源与环境研究所、动物卫生研究所、农业经济与信息研究所、茶叶研究所、环境园艺研究所、农业生物基因研究中心共15个科研机构；建有博士后科研工作站。建有中国农业科技华南创新中心，建有畜禽育种国家重点实验室1个，省部共建国家重点实验室培育基地1个，热带亚热带果蔬加工技术国家地方联合工程研究中心1个，国家农业科学实验站（试运行）2个，农业部专业性/区域性重点实验室5个、农业科学观测试（实）验站8个，广东省重点实验室11个。建有国家种质资源圃5个，农业部种质资源圃3个，收集保存国内外种质资源近6万份。建有占地约133.3hm^{2}的现代农业科技园区——广东广州国家农业科技园区，是国家级农业科技创新与集成示范基地。

截至2020年年底，广东省农业科学院共有在编在职职工1 118人，其中具有高级专业技术资格科技人员570人，博士488人；享受政府特殊津贴在职专家23人、“百千万人才工程”国家级人选4人、“全国杰出专业技术人才”1人，入选国家现代农业产业技术体系岗位科学家16人，综合试验站站长7人；入选广东省产业技术体系创新团队首席和岗位专家及示范基地站长92人；入选“广东省特支计划”科技创新青年拔尖人才7人，10人获得广东省丁颖科技奖。全年引进博士54人。遴选出“院杰出人才”“金颖之光”“金颖之星”“青年导师制指导对象”等人才项目培养对象102人，其中“院杰出人才”2人、“金颖之光”16人、“金颖之星”20人，“青年导师制指导对象”64人。加强学科团队建设，遴选出攀峰学科团队5个、优势学科团队8个、特色学科团队12个、培育学科团队10个，并调研新兴学科建设方案，新设新兴学科团队7个。

科研项目　2020年，该院获科技项目立项1 328项，科技项目合同经费4.92亿元，到位经费同比增长23.41%。

科研成果　2020年度全院获得科技成果奖励86项，其中省部级以上奖励64项，主持获得国家科技进步奖二等奖1项、广东省科学技术奖一等奖2项，首次获得广东省科学技术奖科技合作奖1项。全院获授权专利203件。通过审定、登记及鉴定品种247个。获植物新品种权56件，有31个品种、38项技术入选2020年广东省农业主导品种和主推技术，分别占63.3%、76%。该院公开发表科技论文1 014篇，包括SCI收录论文408篇。

表4–5–1　广东省农业科学院2020年度部分获奖科技成果

序号	成果名称	第一完成人	奖励类别	备注
1	桑蚕资源食药用价值挖掘与高值化加工关键技术研发	张名位	国家科学技术奖二等奖	主持
2	华南优质常规超级稻新品种培育与应用	江奕君	广东省科学技术奖一等奖	主持
3	特色浆果的营养健康效应及其精深加工关键技术研究与应用	余元善	广东省科学技术奖一等奖	主持
4	荔枝特异性分子标记辅助育种技术创新及新品种选育应用	向　旭	广东省科学技术奖二等奖	主持
5	辣椒种质资源创新、品种选育及推广应用	王恒明	广东省科学技术奖二等奖	主持

（续上表）

序号	成果名称	第一完成人	奖励类别	备注
6	高效安全的重要的禽重要肠道疾病防治新药创制与产业化应用	廖申权	广东省科学技术奖二等奖	主持
7	春石斛兰新品种创制及开花调控关键技术	朱根发	广东省科学技术奖二等奖	主持
8	农产品重金属检测及安全评价关键技术研究与应用	王　旭	广东省科学技术奖二等奖	主持

成果名称：桑蚕资源食药用价值挖掘与高值化加工关键技术研发

获奖情况：国家科学技术奖二等奖

主要完成单位：广东省农业科学院蚕业与农产品加工研究所

该成果系统鉴评了我国代表性桑蚕资源的营养、功能成分与加工特性，构建了数据库；探明桑蚕资源特征功能成分Kuwanon X、1-DNJ和α—亚麻酸等的关键合成基因及其代谢通路；筛选出加工专用桑品种6个、蚕品种3个，为优质桑蚕食药用产品开发奠定了基础；科学阐明了桑资源抗流感病毒、降血糖和蚕蛹油降血脂的作用机制；项目组创新了桑蚕资源食药用加工新技术，解决营养、功能成分损失及品质劣变等技术难题，提升了传统中药“夏桑菊颗粒”的产品质量，创制蚕蛹油降血脂保健食品及桑蚕资源系列新产品并实现了产业化。

成果名称：华南优质常规超级稻新品种培育与应用

获奖情况：2020年广东省科学技术奖一等奖

主要完成单位：广东省农业科学院水稻研究所

该成果研发团队是1996年“中国超级稻育种研究”计划发起成员之一，通过20多年对超级稻株型构建、种质创新利用、品种培育及高产机理等方面系统研究，攻克了超级稻品种高产不稳产、高产不优质的技术难题，在广适性优质常规超级稻新品种培育与应用方面取得了重大突破，整体达同类研究国际领先水平。率先研究并构建了“早长、根深、叶片厚直、穗粒结构合理”的华南优质广适性超级稻株型模式。创制了金桂占、丰美占、R615等一批具有丛生快长、高光效、耐荫蔽的超高产优异种质，利用这些种质并按照株型模式开展广适性优质常规超级稻新品种培育。培育出桂农占、玉香油占、合美占、金农丝苗4个被农业部确认的广适性优质常规超级稻，占全国确认的籼型常规超级稻总数的50%，成功解决了超级稻品种高产不稳产、高产不优质的技术难题。6个超级稻全国累计种植约2 204 666.7hm^2，累计生产稻谷150.48亿kg，实现增产稻谷13.67亿kg，创造社会总产值461.13亿元，取得了非常显著的社会、经济和生态效益。

成果名称：特色浆果的营养健康效应及其精深加工关键技术研究与应用

获奖情况：2020年广东省科学技术奖一等奖

主要完成单位：广东省农业科学院蚕业与农产品加工研究所

项目围绕柿子、桑椹和蓝莓主要活性酚类物质的营养健康效应确证、分子机制阐述、加工专用装备研制、精深加工技术创建、新产品研发等开展创新性系统研究，全面提升了特色浆果加工产业技术与装备水平。首次解析出柿子原花青素（缩合单宁）以两种酯型儿茶素为特征单元的A型结构，阐明柿子、桑椹和蓝莓中多酚类物质的营养健康效应及其作用机制，为其健康食品功能形成和营养品牌创建提供了科学依据。研创了提高花色苷保留率、减少色泽和风味劣变的果汁及发酵食品加工关键技术及其配套装备，创制出系列营养健康新产品并实现产业化。项目整体技术达国际先进水平，其中桑椹和柿子多酚类物质的化学生物学表征以及加工关键技术处于国际领先水平。成果在31家企业应用，近3年新增销售额

56.9亿元，利润7.8亿元，为促进特色浆果产业健康发展发挥了重要作用。

成果名称：荔枝特异性分子标记辅助育种技术创新及新品种选育应用

获奖情况：2020年广东省科学技术奖二等奖

主要完成单位：广东省农业科学院果树研究所

该项目首次利用自主构建的荔枝cDNA文库、转录组数据库、基因组测序及重测序数据库，大规模开发荔枝EST-SSR和SNP分子标记，并首次建立起荔枝SNP标记的高分辨率熔解曲线分型技术体系和基质辅助激光解吸电离飞行时间质谱分型技术体系。基于自主开发的荔枝EST-SSR和SNP标记在荔枝育种中的广泛应用，率先建立起荔枝EST-SSR与SNP分子标记辅助育种技术平台，创建了广东省荔枝分子标签工程技术研究中心，并于2017年度获得广东省工程技术研究中心认定。育成了3个品质优异的荔枝新品种，应用该技术选育的新品种在省内、省外多个基地进行示范推广，累计推广面积超过433.3hm^2，新增销售额2.70亿元，新增利润2.43亿元，取得了显著的社会经济效益。

成果名称：辣椒种质资源创新、品种选育及推广应用

获奖情况：2020年广东省科学技术奖二等奖

主要完成单位：广东省农业科学院蔬菜研究所

该项目系统开展了辣椒抗疫病资源收集、鉴评、抗疫病及雄性不育分子机理研究，并综合利用上述研究成果选育出5个辣椒新品种，同时进行了品种产业化等相关配套研究。发明“一种辣椒品种选育的方法”“一种杂交辣椒品种制种的方法”“用于辣椒品种汇丰2号种子纯度鉴定的SSR引物组及方法”3个专利技术。培育出5个抗疫病、丰产、优质辣椒品种（“汇丰二号”辣椒、“粤研1号”辣椒、“金田11号”辣椒、“福康3号”辣椒、“粤红3号”辣椒），其中“汇丰二号”辣椒表现尤为突出，并于2010至2013年连续四年被评为广东省主导品种，已连续销售超过十年，目前已成为广东省的辣椒主栽品种，其种植面积约占广东省青皮尖椒种植面积的35%，促进了华南地区辣椒品种的调整和升级。

科技创新平台建设　2020年新增广东省农作物种质资源保存与利用重点实验室、广东省水产功能食品工程技术研究中心、广东省烟草育种与综合利用工程技术研究中心3个省级平台。农业资源与环境研究所国家土壤质量广州观测实验站获2020年中央预算内投资项目立项支持。与中国农业科学院（深圳）农业基因组研究所签署深圳现代生物育种创新中心共建协议。参与省实验室广州核心区及肇庆、茂名分中心的筹建工作。

科研成果推广与服务　2020年，该院与地方政府共建了13个农科院地方分院、30个专家工作站、40个县市农科所联系点，构建以地方分院为支点、专家服务团为桥梁纽带、现代农业产业园为抓手的科技服务体系，形成了“共建平台、下沉人才、协同创新、全链服务”的“院地合作”模式，得到地方党委、政府和农业经营主体的高度认可。累计组建135个全产业链专家服务团队对接省级现代农业产业园135个，科技服务合同金额1.38亿元。目前该院已与全省90%的现代农业产业园建立了科技合作关系，成为科技支撑广东省现代农业产业园的排头兵。

2020年，派出103名科技人员常驻农业生产一线，通过院地企共同申报项目，帮助企业、地方农科所分别获得项目经费2 134.5万元、1 104万元，带动提升了地方科技水平。

搭建科企对接平台，加速科技成果转化。2020年，该院科技开发收入2.55亿元。全年新签成果转化合同230项（含9项技术入股），合同金额为9 178.59万元。

加快农业科技企业孵化器建设，累计吸引入驻农业科技企业150多家，其中包括5家国家重点农业龙头企业、12家省级农业龙头企业、18家高新技术企业。金颖农业科技孵化公司被认定为广东省科技企业孵化器，获批国家级科技企业孵化器，成为广东省内首批农业专业领域的国家级孵化器，实现了广东省农业领域国家级科技企业孵化器零的突破。

（叶　菁）

【深圳清华大学研究院】 截至2020年年底，该院现有专职研发人员300余人，汇集了一批教授、博士、高级研究人员和海归学者，其中“973计划”首席科学家5人，深圳高层次人才15人、海外高层次人才10人，南山区领航人才15人，广东省创新团队2个，广东省自然科学基金研究团队1个，深圳市海外高层次人才创新创业团队8个；拥有广东省重点实验室2个、广东省工程中心7个、广东省部产学研示范基地1个、深圳市重点实验室9个、深圳市工程实验室10个、深圳市公共服务平台4个，科研开发和实验室建设费用年均超过6 000万元。

科技成果与产业化 科研项目方面，2020年研究院年研发资金总额达到42 157.85万元，科研经费合同总额再创新高。其中，纵向科研经费收入共计22 027.85万元，包括国家和省市区各类科技计划项目立项（不含军工项目）51项，立项金额10 366.4万元；军工项目立项共计11项，立项金额9 500万元；超滑技术平台成功通过年度考核，获得区级专项资助第二期拨款2 161.45万元。横向科研经费收入共计20 130万元，包括大企业合作立项9项，合同金额16 780万元；签订横向合作项目共计74项，合同金额3 350万元。

平台组建方面，2020年研究院新设各类研发中心总计22个，主要包括高端集成电路IP设计研发中心、3D视觉创新研发中心、开源操作系统研发中心、复杂癌症靶向治疗研发中心、人体微生态与健康研发中心、先进功能材料与装备研发中心、光敏粘接材料研发中心、能源管理及热利用研发中心、海洋岩土工程技术研发中心和公共安全研发中心等。

专利申请方面，2020年研究院申请专利27项，软件著作权5项。其中，发明26项、实用新型1项；获授权专利22项。其中，发明17项、实用新型5项。至此，该院共有专利589项（获授权专利359项）、软件著作权46项。

央企合作方面，2020年研究院分别与西门子能源有限公司（西门子能源）、中恒集团共建联合研究所、创新中心，与中国外运华南有限公司（中外运华南）、中国广核集团有限公司（中广核）、中国石油勘探开发研究院签署协议约定共建联合研究院；依托联合研发平台，以成熟项目为抓手，巩固与华润、中海油、中广核等央企已有的合作：1）与华润集团联合建立的首批研发实验室落地，在高性能热塑性复合材料、无线电力传输和大环类激酶抑制剂1类创新药开发等领域开展联合研发；2）与中海油联合建立的首批研发实验室落地，在有机废液超临界水氧化处理关键技术和海洋精准地勘及新型基础技术开展联合研发；3）与中广核集团在海上风电地勘和核电温排水海淡降温技术领域签署联合研发合同，其中核电温排水海淡降温技术被列为中广核集团重点示范项目，为该项技术提供了“首台套”应用机会。

成果转化方面，2020年研究院依据自身创新机制特点修订了《深圳清华大学研究院科技成果管理办法》《深圳清华大学研究院关于科研经费外转及关联事项的管理办法》等，进一步完善了转化的形式、分配机制和流程。

投资孵化方面，2020年研究院继续依托平台公司力合科创集团，与资本联动，以投资、孵化等方式服务于清华大学研发成果落地转化，完成了人工智能、导电膜、人工皮肤、裸眼3D全息显示等13个股权投资项目，总投资超过1亿元，涉及新材料、新能源、人工智能、精密制造、新一代信息技术等重大前沿技术及关键核心领域。同时，有4家清华系企业入围力合科创集团明星企业计划，为其提供各项增值服务，帮助企业申请政府补贴、对接上下游客户资源、进行上市辅导等工作，助力企业在珠三角地区成长发展。2020年7月22日，研究院孵化企业——深圳市力合微电子股份有限公司（以下简称“力合微电子”）在上交所科创板正式挂牌上市（股票代码：688589）。力合微电子自主研发的高速电力线通信线路驱动芯片与高速电力线载波通信主芯片一起组成套片，形成了完整的高速载波通信芯片方案。现已向市场正式推出，目前已取得规模预售订单。该芯片通过了专业机构的相关检测，达到了可完全替代国外同类产品的水平。

创新基地建设 研究院立足深圳，辐射珠三角，拓展园区基地，形成一系列高新产业园区和服务机构。截至2020年年底，已建成清华信息港（深圳）、清华科技园（珠海）、江苏数字信息产业园、力合佛山科技园、力合顺德科技园、力合清溪科技园等一系列产业园区，为科技创新孵化体系的建设，提供了广阔发展空间。

人才培养　截至2020年年底，研究院博士后科研工作站累计招收博士后近百名，累计开设各类型培训班千余期，服务于珠三角地区各行业领军企业及政府内训项目。

海外合作　海外创新资源网络建设方面，2020年研究院持续加强与欧洲、日本创新机构的创新平台合作，与德国医谷、英国8 Hours加速器、瑞穗证券、BCG波士顿咨询等签署战略合作协议，拓展加深与德国弗劳恩霍夫应用科学研究促进协会、西班牙瓦伦西亚能源产业集群、日本武士孵化器等机构的合作关系，共同推动中外科技项目交流与跨境服务。

在科技项目服务方面，各海外中心累计接洽科技项目500多个，向国内推荐项目200多个，重点跟进生物医药、智能制造、新材料、新能源等领域的60多个项目，为20多个项目提供定制式咨询服务，美国哈佛复杂癌症靶向治疗、美国光敏粘接材料等一批国际项目落地深圳等地，建立研发平台与产业化公司。

重大平台建设　结构超滑是一项解决摩擦磨损问题的底层技术，清华大学郑泉水院士团队在该领域处于世界领跑地位。凭借“结构超滑”领域取得的成就，郑泉水教授于2017年以第一获奖人身份再次获得“国家自然科学奖二等奖”。

研究院于2019年为广东省引进郑泉水院士领衔的超滑技术研发团队。同年深圳市政府为贯彻落实“突破一批颠覆技术，建立面向未来的黑科技培育机制”精神，资助1.5亿元支持郑泉水院士建立“深圳超滑技术平台”。基于该平台研发超滑微米电容发电机、基于超滑技术的磁存储设备以及超滑航天导电滑环等关键技术，2020年，团队在超滑微发电机、超滑导电滑环等原型样机研发领域取得重大突破。黄轩宇等人关于结构超滑发电机原型样机的文章已被《Nature Communications》接受发表，这将是世界范围内发表的第一篇超滑发动机原型样机论文。

（李文波）

【中国科学院深圳先进技术研究院】　2006年2月，中国科学院、深圳市人民政府及香港中文大学友好协商，在深圳市共同建立中国科学院深圳先进技术研究院（以下简称“深圳先进院”），实行理事会管理，探索体制机制创新。

经过14年的发展，深圳先进院目前已初步构建了以科研为主的集科研、教育、产业、资本为一体的微型协同创新生态系统，由9个研究平台（中国科学院香港中文大学深圳先进集成技术研究所、生物医学与健康工程研究所、先进计算与数字工程研究所、生物医药与技术研究所、广州中国科学院先进技术研究所、脑认知与脑疾病研究所、合成生物学研究所、先进材料科学与工程研究所、前瞻性科学与技术中心）、中国科学院大学深圳先进技术学院、多个特色产业育成基地（深圳龙华、平湖及上海嘉定）、多支产业发展基金、多个具有独立法人资质的新型专业科研机构（深圳创新设计研究院、深圳北斗应用技术研究院、深圳中科创客学院、济宁中科先进技术研究院、天津中科先进技术研究院、珠海中科先进技术研究院、苏州先进技术研究院、杭州先进技术研究院、武汉中科先进技术研究院、山东中科先进技术研究院）等组成。2018年，深圳先进院获批牵头建设深圳市两个重大科技基础设施——脑解析与脑模拟、合成生物研究平台，并于2019年在光明科学城破土动工。牵头建设的深圳先进电子材料国际创新研究院、深圳合成生物学创新研究院、深港脑科学创新研究院三大基础研究机构均已在2019年正式揭牌成立。

2018年11月16日，深圳市人民政府与中国科学院在深签署《合作共建中国科学院深圳理工大学协议书》，依托深圳先进院及中科院在粤科研力量建设中国科学院深圳理工大学（暂定名，简称“中科院深理工”）。2020年11月20日，中科院深理工建设正式启动。深圳先进院将抓住粤港澳大湾区和中国特色社会主义先行示范区“双区驱动”的建设机遇，探索体制机制创新，不断冲击国际科学前沿，前瞻布局战略性新兴产业，不断多方位促进科教融合和创新发展。

2020年年初，深圳先进院一面狠抓疫情防控，一面快速组织恢复科研工作，最终实现逆势增长。“率先行动”计划第一阶段目标任务总结评估中2项重大突破、1项重点培育获评优秀。获批国家自然科学基金166项，牵头获批科技部重点研发计划重点专项12项（其中政府间合作项目4项），均为全国科研院所第一。申请PCT专利567件，申请量居全国高校及科研院所第一。以中国科学院深圳理工大学建设为契机，人才引进与培养迈上新台阶，年度引入全职院士5人、国家友谊奖1人、国家特聘专家6人、长江学者5人、万人领军人才2人；获批国家杰青1人、国家优青6人。新增国家特聘青年专家13人、中科院重点引才计划专家11人，均位列中科院第一。牵头获批医疗器械领域唯一一个国家高性能医疗器械创新中心，获国家科技进步奖一等奖在内的多个奖项。依托深圳先进院建设的三个基础研究机构以优异成绩通过筹建验收，进入稳定支持阶段；牵头建设的两个重大科技基础设施，主体建筑全面封顶。获批广东省2020年度唯一的国家专业化众创空间（生物医学）。聚焦"卡脖子"问题，多款材料供华为商用，实现"备胎转正"。中科院深理工建设启动会、深圳先进院第二届理事会顺利召开，第二届领导班子届终审计及届满考核顺利完成。中科院深理工主校区建设全面移交深圳市工务署，过渡校区落户光明区，装修改造工程全面启动。樊建平院长获深圳经济特区建立40周年创新创业人物和先进模范40人表彰。

各项数据再创新高，综合实力不断提升。2020年度新增合同额23.02亿元，现金到账17.51亿元；申请专利1 723件，获授权660件，位列中科院前两位。2020年度获博士后基金资助68人，连续5年蝉联中科院科研院所第一。年度发表论文1 612篇，其中CNS系列文章31篇，正刊5篇，自然指数上升至31.11，中科院内排名第17位；ESI前1%学科达5个，中科院内排名第5位；新增孵化企业218家，新增持股企业38家；人员规模逆势增长近千人，达4 216人。郑海荣研究员作为第一完成人的项目获国家科技进步奖一等奖。获中国科学院青年科学家奖1项，牵头获批广东省技术发明奖一等奖1项、深圳市科学技术奖5项，深圳市一等奖获奖数量连续3年居全市第一；获吴文俊奖2项；新增省部级科研载体1项。

科技抗疫，彰显国立科研机构的使命担当 疫情爆发后，深圳先进院发挥多学科交叉优势，在大数据防控、计算机辅助药物筛选、疫苗及药物研发、快速检测、预防消杀等多个方面，先后组织17支科研团队参与科技抗疫。开展基于大数据的新冠肺炎传播风险与非药物干预措施的决策支持研究，应急期间持续为各级疾控中心和政府部门提供决策支持，团队负责人与钟南山院士共同获广东"最美科技工作者"称号；通过可穿戴设备持续监测出院的新冠肺炎患者愈后心肺功能相关体征信息，实现心肺功能监测、评估与康复管理；研制mRNA疫苗获深圳市悬赏制项目支持，受国内外多家机构及资本市场密切关注；自主研发防雾涂层技术，累计向109家防疫单位捐赠4万支，获得一致好评；开发出抗疫系列超表面涂层产品，实现近千万元市场化收入。

深圳先进院积极落实防疫主体责任，相关部门快速制定预案及工作方案，实现园区"零感染"。在做好防疫与抗疫工作的同时，先进院人自发捐赠，在疫情最严峻的时期向武汉支援包括2台负压救护车在内的115万元防疫物资，支援武汉共渡难关。

科研项目量质齐增，科研影响力稳步提升 2020年，新增纵向项目825项，获科研项目经费（不含人才项目经费）13.3亿元，其中国家级项目3亿元、中科院项目0.6亿元、广东省项目1亿元、深圳市项目3.9亿元，牵头深圳市基础研究机构建设经费4.7亿元。2020年度获批国家自然科学基金项目166项，同比增长64%，总经费超1.1亿元，较2019年实现翻倍；牵头获批12项科技部重点研发计划项目，总经费超亿元。获批广东省杰青项目5项。

深化科教融合，中科院深理工筹建进展顺利 依托深圳先进院建设的中科院深理工已纳入广东省高校设置"十三五"规划中期调整名单，已完成"中国科学院深圳理工大学（筹）"法人注册，2020年度首批筹建经费1.485亿元已拨付到账。

光明主校区建设项目获批立项，列入深圳市重大项目目录，光明滨海明珠校区作为大学过渡校区将于2021年年初投入使用。新引进国内外顶尖师资62人，常务副校长、学院院长、系主任等已全职到位；获教育部支持，新增研究生"戴帽"指标240个，学生均已入学就读。办学方案通过专家论证，办学申报材料已经由中科院与深圳市联合上报广东省政府。

学科体系不断完善。深圳先进院增列光学工程一级学科博士点和材料与化工专业博士培养点，生物医学工程学科博士点增列论证会顺利通过。国际化师资达408人（博导262人），85%具有海外经历；国际化课程体系逐步完善，已有来自15个国家和地区的43位国际学生；获批生物学博士后科研流动站；全年招收博士后307人，在站人数达702人。

“十三五”规划任务通过验收，三项成果获评优秀

重点突破1：高端医学影像

该成果在中科院“十三五”规划验收中获评优秀。国家自然科学基金重大科研仪器研制项目超声神经调控仪器研制成功，进入整机验收阶段并进入产业化快车道；国家自然科学基金重大科研仪器研制项目高清晰高灵敏小动物PET成像仪器研发成功，性能达到国内领先水平；牵头组建国家高性能医疗器械创新中心。

重点突破2：低成本健康

该成果在中科院“十三五”规划验收中获评优秀。成功研制介入手术机器人整机系统，与多家公司合作推进技术转化；突破快速化微液滴生成和高密度颗粒阵列技术，促进dPCR和dELISA的亲民化、普及化，取得产业化进展；面向基层医疗机构的低成本健康创新技术及集成应用通过中国生物医学工程学会组织的专家组鉴定，被专家组评价为“在全民健康中的应用推广对实现全面建成小康社会的宏伟目标具有重大意义”。

重点突破3：医用机器人与功能康复技术

面向机器人辅助经皮穿刺手术，建立多层软组织内穿刺针弯曲预测模型，显著提高了机器人靶向穿刺的精准性和安全性；提出一种能够将微型物体转化为机器人的磁性喷雾技术，在靶向送药、狭窄腔室操作等领域有巨大的潜在应用价值，相关成果发表在《Science Robotics》上；研制偏瘫患者辅助机器人系统，将实现脑卒中患者早期康复的辅助机器人介入。

重点培育1：城市大数据计算

采用时空大数据分析方法，对全球城市化进程进行量化，论文发表在《Nature Communications》上；流行病流动干预策略算法研究在数据挖掘、知识发现领域的国际最高级别学术会议——KDD 2020，包揽了相关奖项冠亚军；并行性能优化算法在首届ACM中国国际并行计算挑战赛上获得一等奖；提出升级版的二次光流算法，将视频的帧率提升4倍，获AIM2020国际竞赛第一名；研究成果“视频的深度表征与识别技术及应用”，获广东省技术发明奖一等奖。

重点培育2：脑科学

通过发展原位冷冻电镜成像技术在国际上首次解析了完整神经突触的受体原位三维结构及组织规则，成果发表在《Nature Neuroscience》上；首次发现一条全新的“脑—骨”轴神经环路，为压力应激导致的骨丢失提供新的策略和治疗靶点，论文发表在《Journal of Clinical Investigation》上，被选作当期亮点工作；首次发现了一条新的调控焦虑症的环路，成果发表在《Molecular Psychiatry》上；首次揭示了成年哺乳动物，季节性皮层可塑性的机制和生物学意义，成果作为当期封面故事发表在《PNAS》上。

重点培育3：先进电子封装材料

该成果在中科院“十三五”规划验收中获评优秀。聚焦“卡脖子”问题，晶圆减薄临时键合材料与成套工艺“备胎转正”，打破美国长期垄断，商品化应用于HW海思鲲鹏920服务器芯片；埋入式电容材料完成技术授权并通过器件端验证；芯片级底部填充材料等进入大尺寸芯片验证环节；二维黑磷半导体实现千克级制备，黑磷金属催化剂完成百吨级电子级双氧水制备；突破窄禁带铜基多元化合物半导体材料低温生长工艺，为近红外成像芯片提供全新技术方案。先进材料科学与工程研究所正式去筹，积极申报筹建国家集成电路材料技术创新中心（深圳）。

重点培育4：肿瘤精准治疗技术

成功研制出基于CD19、EGFR VIII等靶点的CAR-T细胞治疗新药，已完成血液病、实体瘤的CAR-T临床研究病例111例，治疗效果显著；自主开发的重大新药“注射用AS1501”获得国家药品监督管理局（NMPA）颁发的临床试验通知书。研发的光学精准治疗新材料——纳米光敏剂，已进入中试放大阶段；开发的CTX双环肽bicycle-P3，可实现脑胶质瘤的靶向荧光成像；研究成果“基于仿生纳米材料的光学精准诊疗基础研究”获得2020年度深圳市自然科学奖一

等奖。

重点培育5：合成生物器件关键技术

团队在《Nature Microbiology》上揭示了细菌细胞分裂的全新机制，该项成果修正了主导细菌细胞生长分裂领域的两大法则；建立了一种人工基因组的高效简化策略，为最小真核基因组的构建及理解生命的核心组成提供了方法；mRNA新冠候选疫苗研发已进入临床前安评申报阶段；发现了新冠病毒感染人神经祖细胞和类脑器官的证据，相关成果发表于《Cell Research》上。获批深圳市工程生物产业创新中心，将建成国内首个“楼上楼下”创新创业综合体。

以政治建设为统领，加强党的全面领导 发挥战斗堡垒作用，推动党建和科研双融双促。学习贯彻习近平新时代中国特色社会主义思想和党的十九届五中全会精神。明确职责和内容，落实“三重一大”，加强党对干部的管理工作，增强学生思想政治建设。深圳先进院党委作为十个典型代表之一，在深圳市委书记抓党建工作座谈会上发言。

以“基层组织建设年”为抓手，全面加强党的组织建设。推进党组织落实好学习讨论、自检自查、整改落实和达标评估4项重点举措，党支部量化考评全部达标。做实优秀骨干入党工作，落实党总支、党支部主要负责人联系党外科研骨干（共176人）全覆盖，新发展、转正副高职称以上党员10人。荣获“2020年度中国科学院党建宣传工作先进单位”称号。

加强党风廉政建设，构建风清气正的科研创新生态。落实“两个责任”“一岗双责”，持续开展“纪律教育学习月”活动。完成14个科研单元的内部审计，实现科研单元内部审计全覆盖。配合做好任期经济责任审计工作，以落实审计意见为抓手全面提升创新管理水平。

加强人才队伍建设，着重培养青年人才 深圳先进院深入落实中科院“1+3”改革指示要求，创新引才举措，加大支撑保障，提升人才引培工作力度。2020年，新增“四青”以上高层次人才36人，年度投入经费1 000万元，持续提升深圳先进院优秀青年创新基金资助力度。筹办青促会深圳先进院年会、青促会生命科学前沿论坛、青促会所际访问等交流活动，搭建青年人才的交流平台。依托特别研究助理计划新引进初、中级博士员工207人，总量达606人。

推进政产学研深度合作，加强协同创新生态建设 2020年，深圳先进院与产业合作项目金额达4.21亿元。新增横向委托合同金额超2.3亿元，到款1.1亿元；产学研合作项目到款1.51亿元，科技成果转移转化现金到账5 159万元，新增投资9 169万元；发起成立国内首支合成生物产业基金。

2020年度签订联合实验室37个，累计147个，与华为、中广核等龙头企业拓展深度合作。区域辐射带动作用进一步增强，牵头建设的深圳市工程生物产业创新中心、光明脑科学技术产业创新中心落户光明区；国家高性能医疗器械创新中心落户龙华，共获得市区两级财政资金支持超6亿元。全国双创基地评估得分位列全国科研院所第一，牵头推进深圳市新一代信息通信产业集群培育工作，在工信部全国集群决赛中获得第一名。

跨境合作成效显著，影响力不断提升 面对国际局势的复杂多变和新冠肺炎疫情对全球的冲击，积极探索跨境合作的新方式和新模式，跨境科技交流合作进展稳定，海外影响力进一步提升。成功搭建与“一带一路”沿线国家5所高校的校际合作渠道，为中科院深理工与境外机构的联合办学及招生奠定良好基础。新增跨境科技交流与合作项目84个，涉31个国家和地区，总经费4 243万元，同比增长132%，引进“短—中—长期”跨境人才交流计划人员（含中国台湾省）48位，参与欧盟和我国香港等境外项目成功获批4项。

（卢　群）

科技协同创新

省部院合作

【省重点领域研发计划】 2020年，省科技厅组织实施2020年度第五批省重点领域研发计划。重大专项“新能源汽车”立项11个、“智能机器人与装备制造”立项11个、“激光与增材制造”立项15个，已完成各课题启动工作；实施2020年度第七批省重点领域研发计划，其中，“新能源汽车”重大专项（第3轮）立项13项，总投入97 182万元，其中省财政投入金额23 500万元，占比24.2%；参与编写《广东省重点领域研发计划三年行动方案（2021—2023年）》和《广东省科技创新“十四五”规划》。积极筹划新一轮省重点领域研发计划，结合产业集群对科技创新工作的要求，对关键核心技术进行系统布局攻关；配合省财政厅对前2批科技项目进行财政绩效考核，对2014年以前立项的科技项目进行验收评审。共评估项目29个，验收项目15个，并对评价过程中发现的绩效目标设置、保障措施、经费开支、过程管理等问题进行整改，提高项目实施成效。

【省院合作】 2020年，省科技厅积极落实广东省人民政府与中国科学院签订的合作协议，深入推动粤港澳大湾区国际科技创新中心建设，于11月22日组织召开广东省中国科学院全面战略合作领导小组会议，马兴瑞省长、白春礼院长出席讲话，并促成中科院与深圳、东莞市签订共建大湾区综合性国家科学中心先行启动区合作协议。截至2020年年底，省院共同推进2个共建重大科技基础设施项目，一是由中国科学院力学研究所建设，中国科学院力学研究所广东空天科技研究院共建的动态宽域高超声速风洞项目；二是由中科院沈阳自动化所发起，厦门大学、中国船舶工业公司第七〇八研究所、中国船级社、大连理工大学等共同开展的极端海洋动态过程多尺度自主观测科考设施。

11月，广东省中国科学院全面战略合作领导小组会议在广州召开

持续加强与中国工程院全面战略合作。一是组织战略咨询项目研究，为战略决策提供支撑。2020年度凝练了15个战略咨询研究项目，50余位院士针对有关问题开展了项目研究。二是推动咨询研究成果转化，为区域产业发展出谋划策。三是组织中国工程院院士来粤参加院士高端论坛，进行学术交流活动，解决关键核心技术等“卡脖子”问题，促进技术创新、产业创新和行业进步，并开展了老区苏区（梅州）行合作活动，围绕梅县区文化传承、城市发展规划等方面建言献策。

（柯思异）

协同创新平台建设

【新型研发机构】　2020年，省科技厅对2017年认定的39家广东省新型研发机构开展了动态评估工作，通过动态评估的机构共34家，5家未通过评估。截至2020年年底，全省经认定的省级新型研发机构共有251家，数量在全国仍保持领先地位。其中，珠三角地区共有202家，占总数的80.5%；粤东西北49家，占总数的19.5%。为加强新型研发机构建设模式、发展定位的探索和研究，把新型研发机构建设作为引进高端创新资源的重要抓手，9月，省科技厅发布了《广东省科学技术厅关于发布2020—2021年度新型研发机构建设指南的通知》，设立了高水平新型研发机构建设、粤东西北新型研发机构建设、新型研发机构资格认定专题和新型研发机构初创期建设补助4个专题。10月21—23日，省科技厅在广州高新区举办全国首届新型研发机构管理工作培训班。全国37个省、自治区、直辖市及计划单列市，新疆生产建设兵团的科技管理部门相关负责人和新型研发机构代表共计148人报名参训。

新型研发机构管理工作培训现场

【高水平创新研究院】　2020年，省科技厅推动高端创新资源的引进工作，共引进中科院长春应化所黄埔先进材料研究院、广东腐蚀科学与技术创新研究院、中国科学院理化技术研究所中山先进低温研究院等7家国家级大院大所在广东省建设高水平创新研究院。高水平创新研究院总数达到21家，其中14家登记为省级事业单位。高水平创新研究院吸引了吴一戎院士、赵宇亮院士、孙凝晖院士、周远院士、张维岩院士、金力院士、孙逢春院士等一批高层次人才和团队，推动了一批国家重大项目在广东省布局实施，突破一批制约产业和前沿技术发展的“卡脖子”问题，加快了科技成果转移转化与产业化，并为新冠肺炎疫情防控提供支撑服务。

【技术创新中心】　2020年，推荐上报3个国家技术创新中心，分别是国家第三代半导体技术创新中心（领域类）、国家新型显示技术创新中心（领域类）、粤港澳大湾区国家技术创新中心（综合类）。国家新型显示技术创新中心（领域类）已通过专家咨询论证并收到科技部正式下文批复。此外，还参与国家耐盐碱水稻技术创新中心组建，承接了国家耐盐碱水稻技术创新中心华南（湛江）分中心的任务。

【公共研发平台】　2020年上半年，省科技厅组织认定131家在新型冠状病毒肺炎疫情防控中发挥突出作用的企业为2020年度广东省工程技术研究中心，提高广东省抗击疫情的科技防控能力。2020年，省科技厅组织开展全省工程中心动态评估工作，促进提升运行质量和效益，并已组织完成对全省4 486家企业类工程中心、325家科研机构类工程中心和543家高校类工程中心的评估，总计撤并350家。

【工程技术研究中心】　2020年，为发挥联盟作用，服务疫情防控工作，省科技厅发布《广东省科学技术厅关于认定传染病诊断试剂产业技术创新联盟等3家创新联盟的通知》，紧急支持成立了3家生物医药领域的产业技术创新联盟，分别为传染病诊断试剂产业技术创新联盟、粤港澳实验动物共享服务与技术创新联盟和新发传染病疫苗研发技术创新联盟，积极推广联盟在疫情防控期间的科研攻关成果。

【人工智能创新平台】 2020年，省科技厅鼓励产业细分领域优势企业、研究机构（奥比中光科技集团股份有限公司、广州金域医学检验集团股份有限公司、广州广电运通金融电子股份有限公司、广东琴智科技研究院有限公司），围绕3D视觉感知、临床检验与病理诊断、金融制造与服务、智能云服务等方向建设了4家广东省新一代人工智能开放创新平台，现阶段广东省新一代人工智能开放创新平台达到16家，初步搭建起广东省输出人工智能核心研发能力和服务能力的开放创新体系。

（柯思异　鄢　羿）

科技金融

【产业与金融对接】　省科技厅引导省创新创业基金积极投向“双十”产业，截至2020年12月31日，创新创业基金已设立71只基金，总认缴规模400.78亿元、实缴规模239.04亿元；投资项目451个，合计135.48亿元，覆盖广东省16个战略性产业集群，培育43家公司上市。其中，投向十大战略性新兴产业集群项目219个，投资金额59.12亿元；投向十大战略性支柱产业集群项目230个，投资金额72.97亿元。2020年，基金新增投资项目40个，投资金额12.74亿元。省创新创业基金下属子基金已完全退出项目68个，退出金额47.52亿元，投资成本25.16亿元，退出收益率88.87%。

【科技金融服务体系】　2020年，全省新增1个科技金融服务分中心，共有33个科技金融服务分中心。根据2020年各地市分中心上报数据统计显示，2019年度，前期已设立的32个科技金融服务分中心累计吸引279家银行分支机构和377家创投分支机构入驻，撮合科技信贷172.3亿元、创业投资78.95亿元，开展投融资路演374场（次），开展科技金融相关培训431场（次），参与培训人数达2.73万人（次），累计服务科技企业达2.75万家，为全省各地市的科技企业提供了有效的科技金融服务。

【科技型企业投融资】　2月22日，由省科技厅联合建设银行广东省分行开展普惠性科技金融工作形成的经验“建立以企业创新能力为核心指标的科技型中小企业融资评价体系”，被国务院办公厅列为第三批支持创新改革举措，面向全国推广。截至2020年12月末，建设银行广东省分行已运用“技术流”评价体系服务国家高新技术企业超3万家，授信审批超1.2万家，信贷余额超1 500亿元，5年增长超千亿元，其中，通过“技术流”为科技企业增信达400亿元，极大丰富了知识产权的应用场景。

2020年设立科技与金融结合资金，对2019年落户广东和开展科技天使投资的创业投资企业，按照相应条件和比例给予一定比例后补助，共支持25只新设立的创业投资基金在广东注册落地，基金总规模达29.75亿元；支持60家创业投资企业面向98家初创型科技企业开展投资，投资金额4亿元；同时，对2019年度支持科技产业的银行机构按照相应条件和比例给予后补助，共支持17家银行机构面向7 000余家科技企业投放科技信贷218.92亿元；支持22家银行机构在新冠肺炎疫情防控期间针对疫情防控重点科技企业提供科技信贷服务，为290家（笔）科技企业提供122.06亿元科技贷款；支持13家银行机构对广东省新型研发机构和承担国家、省部级重大科技项目的省内高技术重点企业提供科技信贷服务，投放科技贷款8.85亿元。

（叶超贤　田何志）

【风险投资行业发展】　广东省作为我国创业投资行业的发源地、作为国内创投市场最为活跃的地区之一，可以说是我国创业投资行业（以下简称“VC”）发展的一个缩影。中国证券投资基金业协会统计数据显示，截至2020年年底，全国已登记备案的私募股权、创业投资基金管理机构14 986家，管理基金数量40 261只，管理基金规模11.64万亿元。广东省已登记备案的私募股权、创业投资基金管理机构3 356家，管理基金9 250只，稳居全国首位；管理基金规模2.21万亿元，居全国第2位。根据投中网发布的“2020年度中国最佳创业投资机构TOP50”，北京、上海、广东各有19家、14家、12家创投机构入围，广东入围的创投机构以本土机构为主，其中深创投、达晨、国中、粤科金融集团4家创投机构为国有独资或控股。同时，近年来广东省积极创新财政资金使用方式，着力发挥财政资金“四两拨千斤”的杠杆作用，支持政府引导基金设立发展，已成为国内政府引导基金发展最快、最成熟的地区之一。广东VC市场发展对于全国行业大势而言具有风向标意义。

新募基金数量规模双回暖　据清科研究中心数据显示，2020年我国VC市场新募基金总金额2 437.37亿元，同比上升12.4%；新募基金808只，同比上升15.1%。2014年以来，广东VC市场新募基金数量和规模一直稳居全国前3位。2020年广东VC市场新募基金总金额318.33亿元，居全国第2位；新募基金180只，居全国首位。

投资数量回归理性、投资规模相对上升　据清科研究中心数据显示，2020年我国VC市场共发生3 155起投资案例，同比下降8.7%，披露金额的投资交易总金额为1 952.64亿元，同比上升23.8%，平均投资规模为6 749.55万元，同比上升23.2%。广东VC市场共发生639起投资案例，同比下降4.05%，投资金额为391.17亿元，同比上升34.07%，投资案例数和规模均居全国第2位。同时，广东省创投行业的投资领域覆盖面广，主要集中在IT、生物医药、互联网等国家当前重点支持发展的产业。

IPO上市仍为最主要的投资退出渠道　广东省创投行业退出主要通过首次公开发行上市（IPO）退出、并购退出、股权转让退出3种渠道。广东省创新企业在全球资本市场的IPO数量一直居于全国前列，这些企业背后大都有创投机构的身影。目前，广东资本市场建设较为完善，可以服务处于不同发展阶段的创业公司，为其提供便利的融资市场，同时也为众多创业投资机构提供更加快捷的退出渠道。据清科研究中心数据显示，2020年我国VC市场共发生1 602笔创投退出交易，同比上升39.1%。注册制的实施推动退出渠道日益畅通，IPO仍为最主要退出渠道且占比逐年增加，2020年共计发生951笔，占比为59.4%，股权转让和回购退出分别排名第2位、第3位，占比分别为19.9%、13.1%。根据清科研究中心“私募通”统计，2020年广东省VC市场共录得312起退出事件，同比上升69.57%，其中IPO退出228起，同比上升80.95%。2020年共有92家广东省企业IPO，居全国首位。

总体而言，2020年随着疫情管控及经济发展趋缓，投融资数量进一步降低，整个创投市场经过前几年的蓬勃发展期，开始进入整合期，创投机构越来越重视核心竞争力的提高。其特征主要表现为：在资金募集上，从“兼收并蓄”向有选择地引入长期资本转变；在投资上，从主要投资中后期向主要投资中早期和专业化投资转变；在投资管理上，从粗放式管理向精细化管理转变；在退出方式上，从较多依赖IPO退出向寻求战略投资者并购等多元化方式转变；在盈利模式上，从较多依靠IPO制度红利获取收益向主要靠价值发现、价值创造获取收益转变。

【广东省粤科金融集团有限公司】　2020年，广东省粤科金融集团有限公司（以下简称“粤科金融集团”）坚持以习近平新时代中国特色社会主义思想为指导，深入学习贯彻习近平总书记出席深圳经济特区建立40周年庆祝大会和视察广东重要讲话重要指示批示精神，对标对表习近平总书记对广东提出的“在全面建设社会主义现代化国家新征程中走在全国前列、创造新的辉煌”的总定位总目标，努力践行“围绕产业链部署创新链、围绕创新链布局产业链”的方法理念，积极落实省委、省政府“1+1+9”工作部署，主动抢抓粤港澳大湾区建设、支持深圳建设中国特色社会主义先行示范区等重大历史机遇，聚焦“服务全省科技创新重要平台”的战略定位，聚力抓好“提升战略定位、优化商业模式、再造运营机制、培育员工队伍”四项改革重点任务和三层基金架构体系落地运营，保障集团经营发展稳中有进，推动“十三五”圆满收官、乘势而上开启新征程。

2020年，省政府对集团注资10亿元用于粤港澳大湾区科技成果转化基金出资，集团注册资本金达106亿元，资产总额达365亿元，资本实力进一步增厚。集团管理资产规模位居全国创投机构前5名，并先后获得2020年度金投奖、金牛奖、投中网“2020年度中国最佳创业投资机构

TOP50”等多项荣誉，主体信用评级达到AAA最高等级，综合实力迈上新台阶。

坚决落实高质量发展要求，各项业务取得新突破　一是省创新创业基金平台作用进一步凸显。投资培育40余家企业在境内外上市，成为省委、省政府整合组建的4只基金中起步最早、投资最快、募集资金和企业上市最多的1只，在2020年年初“达沃斯论坛全球母基金峰会”上入选全球最具潜力母基金TOP50。二是基金组建进度加快，“四大基金”落地运营。重大科技基础设施基金、科技成果转化基金、战略性新兴产业发展基金、上市公司创新发展基金4只百亿元级引导基金落地运营，构建“引导基金—子基金集群—项目基金”三层架构，带动资本招商和重大科技创新项目培育发展。2020年新设基金9只，集团基金管理总规模超650亿元。三是风投创投稳步推进。瞄准九大领域关键核心技术攻关方向，聚焦本省20个战略性产业集群建设开展投资。投资培育项目收获“IPO大年”，交出了17个项目过会、8个项目挂牌上市的历史最好答卷。以集团成立20周年为契机举办投融资对接及企业文化建设系列活动，参展第9届金交会，带动社会资本与科技企业精准对接。四是金融板块深化转型发展，与基金创投主业联动更加紧密，综合性担保服务平台、国资国企不良资产处置平台建设和S基金组建有序推进。

围绕全省科技金融服务体系建设，深入参与省重大项目和平台建设　粤港澳大湾区绿色技术银行申设工作获得科技部初步同意，形成了“三中心一园区一平台”的建设架构。省小额再贷款公司挂牌成立，整合资源、创新机制，扎实推进省内小贷行业综合服务平台和中小微企业特色金融服务平台建设。成功落地粤科天河智能制造产业园示范项目，积极谋划推进“湾区大数据智联网”“IDC节能技术示范区”建设和50亿元规模大数据基金、30亿元规模粤港澳大湾区绿色技术成果转化基金设立。粤港澳大湾区金融科技产业发展基金、省海洋经济创新发展基金加快筹设，与中国互联网金融协会战略合作项目持续深化细化。积极对接中船集团等央企资源，引导社会资金投资广东智能制造、绿色发展等建设项目，助力广东高端装备制造产业高质量发展。

深化国有企业改革，公司治理体系不断优化　制定集团“十四五”发展规划和改革三年行动实施方案，形成集团“1+4+3”改革发展总体思路，战略目标、实施路径和支撑机制进一步明确。融“激励、约束、容错”于一体的综合改革试点工作取得实质性成效。开展对标一流管理提升工作，出台《集团对标一流管理提升行动实施方案》和对标提升工作清单，集团管理效能进一步提升。下属企业经理层任期制与契约化管理全面推进实施，在省国资委监管企业中率先完成企业退休人员移交社会化管理任务。人才招聘渠道有效拓宽，选人用人的市场化机制日渐完善。博士后科研工作站建设稳步推进，首获国家博士后基金资助。

（张晓文）

【广东省风险投资促进会】　广东省风险投资促进会通过开展创业投资行业相关研究，举办对话母基金系列活动、母基金评审会、投融资路演和政策宣讲会等活动，加强与业界的沟通，不断拓宽服务领域，为会员提供了细致深入的服务，有力促进了行业的良性发展。截至2020年年底，促进会共有会员单位55家。

构建广东省风险投资行业沟通平台　继续开展“对话母基金”系列活动，带领创投机构与省内优秀母基金进行5场对话，促进双方进一步合作，推动省内优质资源协同整合。

参与编写创投行业发展报告　《广东省创业投资行业发展报告》以清科研究中心数据为基础，参考中国证券基金业协会的相关数据资料，在此基础上，通过对广东省创投行业的发展环境、省内外主要地区发展经验的对比借鉴，被投企业案例的分析，同时增加量化投资及数字经济的专题研究，从而全面展示了广东省创业投资行业的发展情况，对未来广东省创业行业发展作出预判和提出建议。

开展投融资对接互动服务　针对新型冠状病毒感染的肺炎疫情防控期间人员流动受阻难题，发挥互联网平台优势，联合中新知识城举办两场生物医药领域的线上路演活动及一场中法创新科技交流会，促进投融资双方互动交流；联合创新创业大赛组委会到中山、惠州、珠海等地开展

"暖企行"调研活动，邀请行业专家一同前往进行实地考察，并按照当地企业的需求提供服务。

强化与政府部门和业界的纽带作用　积极开展专项服务和课题调研，协助科技部开展2020年度全国创业风险投资机构统计调查；承接中山兴中集团基金线上评审会组织工作；协办2020年度广东省科技与金融结合专项工作宣讲会；参与中山市科技创新创业投资引导基金论证评审组织工作。

（王子韵）

科技成果与知识产权

科技成果转移转化

【技术合同登记】 2020年，省科技厅通过强化人才队伍建设、进一步完善技术合同认定登记服务体系、规范技术合同认定登记范围、开展技术合同认定登记评价监测等，加强全省技术合同认定登记管理和服务工作。2020年，全省共认定登记技术合同39 845项，同比增长17.90%，成交额3 465.92亿元，同比增长52.50%；技术交易额2 652.07亿元，同比增长35.26%；全省技术市场交易持续活跃，技术合同数据再创历史新高，成交额和技术交易额连续3年稳居全国第2。

技术开发合同 2020年，全省共认定登记技术开发合同15 990项，成交额940.34亿元，同比下降11.99%，占全省技术合同成交总额的27.13%。其中，委托开发成交15 112项，成交额729.32亿元，同比下降7.82%，占技术开发合同成交额的77.56%；合作开发合同成交878项，成交额211.02亿元，同比下降23.88%，占技术开发合同成交额的22.44%。

技术转让合同 2020年，全省共认定登记技术转让合同1 486项，成交额584.93亿元，同比增长91.10%，占全省技术合同成交总额的16.88%。技术转让合同中，专利实施许可合同为最主要的交易方式，合同成交额229.71亿元，同比增长187.36%，占技术转让合同的39.27%；其次是技术秘密转让，成交额195.23亿元，同比增长17.17%，占技术转让合同的33.38%。其他转让合同增幅最大，成交额为87.05亿元，同比增长4 835.22%；植物新品种权转让增幅居第2，成交额为0.12亿元，同比增长196.80%；专利申请权转让及生物、医药新品种权转让成交额均有不同程度下降。

技术咨询合同 技术咨询合同成交额在4类技术合同中占比仍最少，但相比2019年有一定程度增长。2020年，全省共认定登记技术咨询合同3 728项，成交额118.57亿元，同比增长999.15%，占全省技术合同成交总额的3.42%。

技术服务合同 2020年，全省共认定登记技术服务合同18 641项，成交额1 822.07亿元，同比增长105.32%，占全省技术合同成交总额的52.57%。各类技术服务合同中，一般性技术服务为主要形式，共认定登记18 570项，成交额1 821.82亿元，同比增长105.37%，占技术服务合同的99.99%。

（张浩洋 刘文兵）

【科技成果登记】 2020年广东省共登记各类科技成果3 302项，较2019年增加547项，增长率达19.85%。登记科技成果中以应用技术成果为主，有2 299项，占总数的69.62%，较2019年增加250项，增长率达12.20%；基础理论成果854项，占总数的25.86%，较2019年增加274项，增长率达47.24%；软科学成果149项，占总数的4.51%，较2019年增加23项，增长率达18.25%。

这些登记成果中，共获得知识产权14 445件，较2019年增加2 812件，增长24.17%（其中已获授权专利为8 423件，占总数的58.31%）。其中7 736件由企业取得，占2020年登记成果的知识产权总数的53.55%，企业取得发明专利、实用新型专利、软件著作权的数量占全省全年登记成果所获发明专利、实用新型专利、软件著作权专利总数比例分别达到50.36%、62.20%，51.28%，在各类型牵头完成单位中占比最高。

2020年全省核准登记的科技成果中，企业完成997项、独立科研机构完成676项、大专院校完成957项、医疗机构完成479项、其他机构完成193项，牵头单位为企业的登记成果数占总数的30.19%。

应用技术类科技成果中，原始性创新类项目达1 487项，占应用技术类科技成果总数的64.68%。其中，企业原始性创新类成果达到637

项，占总数比例超过42.84%。企业在获得应用技术类科技成果中展示的原始性创新能力远超其他机构。高新技术领域成果达到2 299项，主要分布在生物医药与医疗器械、现代农业、电子信息、先进制造、新材料5个领域，所占比例依次是：19.97%、18.14%、15.70%、15.01%、10.18%，其他领域占比较低。从成果的应用情况看，已产业化应用项目数达1 035项，小批量或小范围应用项目709项，试用项目320项，应用后停用项目3项，未应用项目232项。

从应用技术类科技成果产生经济效益情况来看，产生经济效益的项目1 376项，比上一年度增加337项，增长32.44%。应用技术类科技成果产生的总收入4 285.40亿元、净利润966.48亿元，实交税金214.21亿元，出口创汇101.27亿元，节约资金532.04亿元，合作转化收入578.81亿元，技术转让与许可收入16.16亿元。

（张浩洋　赖　婷）

【科技创新券】　2020年，省科技厅为帮助科技型中小企业抗击新冠肺炎疫情，于2月13日出台《关于强化科技攻关实施科技惠企行动支撑疫情防控的若干措施》，切实降低企业研发成本，全力支持科技型中小企业抗击新冠肺炎疫情。2月26日发放首批800万元应急创新券，3月9日发放第二批1 000万元抗疫创新券，320家受惠企业共申领创新券额度1 471万元。

（张浩洋　刘文兵）

【科技服务机构】

华南技术转移中心　2020年，华南技术转移中心快速响应落实广东省科技创新券暖企政策，协助省科技厅全力支持科技型中小企业抗击新冠肺炎疫情；开展科技特派员工作，以企业技术需求为导向，采取揭榜制方式，探索企业精准发布技术需求、全球精准招募创新人才、供需双方精准匹配、入驻企业精准解决问题、精准达到企业预期效果的“精准特派”新模式；推进区域创新合作及布局建设地市分中心，服务跨区域技术成果转化；实施“星火燎原工程”，携手高校培养创新管理工程师；升级服务平台，为企业提供各类知识产权优质服务；开展省内外科技合作交流，深化技术转移协同创新；发挥“电商模式”平台优势，全力实现抗疫产品供需精准高效对接，为香港机电工程署高效对接37家技术解决方案。

国家技术转移机构　2020年，广东省经科技部批准认定的国家技术转移示范机构31家，数量居全国第3，机构从业人员达4 384人。技术转移服务机构为加速广东科技创新与科技成果转移转化，促进科技与经济融合发展，支撑引领经济高质量发展发挥了重要作用。2020年，广东省国家技术转移机构促成技术转移项目成交数量超过21 068项，促成技术转移项目成交金额37.55亿元。

技术交易所　2020年，深圳联合产权交易所股份有限公司和广州产权交易所广州技术产权交易中心共有从业人员161人，全年共促成技术交易145项，成交金额为3.67亿元，服务企业124家。

（张浩洋　刘文兵）

科技奖励

【广东省科学技术奖】 2020年度全省共评选广东省科学技术奖180项（人），其中突出贡献奖1人、自然科学奖23项、技术发明奖11项、科技进步奖142项、科技合作奖3人。中山大学孙逸仙纪念医院宋尔卫院士获突出贡献奖，由广州医科大学附属第一医院等单位完成的“新发冠状病毒感染的防控策略与临床诊治”项目获科技进步奖特等奖。

获奖项目充分体现了对促进民生和提高人民健康水平的支撑作用。面对突如其来的新冠肺炎疫情，广东省充分发挥已有技术平台和专家队伍优势，多家单位开展应急科技攻关，产生了一批在疫情防控中发挥重要作用的科技成果。获奖项目中，有4项与疫情防控紧密相关，包括1项特等奖、2项一等奖、1项二等奖，涉及科学防控策略、临床诊治方法、防护用品生产、检测采样技术等多领域。

青年科技人才正逐步成长为本省科技创新中坚力量 2020年度获奖项目（人）中，45岁及以下的第一完成人有62人，占比34.4%，其中一等奖项目12人、二等奖项目50人。

前瞻性引领性原始创新成果取得持续突破 2020年度自然科学奖获奖项目23项，其中一等奖11项，占所有一等奖项目的22%，充分展现了本省在基础研究和应用基础研究中取得的一批高水平科研成果。

核心技术攻关奋力破解“卡脖子”问题 2020年度技术发明奖评选出11项，占比6.1%。获奖项目中有一批面向产业发展重大需求的关键核心技术取得了突破，也使本省自主创新的能力进一步增强。

科技创新引领产业高质量发展 2020年度科技进步奖共评选出142项，其中特等奖1项、一等奖33项、二等奖108项，这批获奖项目成果在转化应用过程中产生了显著的社会经济效益。据统计，成果转化应用后在完成单位新增销售额累计达1 350.9亿元、新增利润累计达213.8亿元，在应用单位新增销售额累计达2 736.2亿元、新增利润累计达527.3亿元。

企业创新主体地位更加稳健 在142项科技进步奖项目中，由企业牵头或参与的项目达116项，占比达81.7%；其中牵头完成49项，占比达34.5%。

粤港澳大湾区融合发展创新成果不断涌现 2020年度广东省科学技术奖获奖项目中，港澳机构或人员参与的项目共计6项，其中一等奖3项、二等奖3项，参与机构包括香港科技大学、香港理工大学、香港浸会大学、澳门大学等知名高校。

对外科技合作取得丰硕成效 2020年度评选出的3名科技合作奖获奖人来自英国、美国、法国，均长期和本省保持了良好的合作关系，彰显本省对外开放合作共赢新格局。

表6-2-1 2020年度广东省科学技术奖获奖名单（部分）

1. 突出贡献奖（1名）

序号	姓名	工作单位	提名单位/提名专家
1	宋尔卫	中山大学孙逸仙纪念医院	广东省卫生健康委员会

2. 自然科学奖一等奖（11项）

序号	项目编号	项目名称	主要完成人	提名单位/提名专家
1	Z01-1-01	离散系统的变分法及其应用	庾建设（广州大学） 郭志明（广州大学） 周　展（广州大学） 蔡晓春（湖南大学）	广东省教育厅（省委教育工作委员会）
2	Z02-1-01	基于有机催化的不对称轴手性化学	谭　斌（南方科技大学） 李绍玉（南方科技大学） 王永彬（南方科技大学） 漆良文（南方科技大学）	深圳市科技创新委员会
3	Z03-1-01	昆虫变态发育的激素与营养调控	李　胜（华南师范大学） 刘素宁（华南师范大学） 田　铃（中国科学院分子植物科学卓越创新中心） 马　俐（中国科学院分子植物科学卓越创新中心） 贾强强（华南师范大学） 李　康（华南师范大学） 文　狄（中国科学院分子植物科学卓越创新中心）	广东省教育厅（省委教育工作委员会）
4	Z03-1-02	线粒体信号调控细胞命运研究	刘兴国（中国科学院广州生物医药与健康研究院） 应仲富（中国科学院广州生物医药与健康研究院） 项　鸽（中国科学院广州生物医药与健康研究院） 邬　毅（中国科学院广州生物医药与健康研究院） 陈可实（中国科学院广州生物医药与健康研究院） 杨　亮（中国科学院广州生物医药与健康研究院） 李胜彪（中国科学院广州生物医药与健康研究院） 郭璟祎（中国科学院广州生物医药与健康研究院） 龙　琪（中国科学院广州生物医药与健康研究院） 李林鹏（中国科学院广州生物医药与健康研究院） 唐海特（中国科学院广州生物医药与健康研究院） 包飞翔（中国科学院广州生物医药与健康研究院） 姚德杨（中国科学院广州生物医药与健康研究院） 周艳双（中国科学院广州生物医药与健康研究院） 秦大江（中国科学院广州生物医药与健康研究院）	中国科学院广州分院
5	Z04-1-01	高发恶性肿瘤的信号网络调控失衡机制及新诊治靶点的研究	黎孟枫（中山大学） 蔡俊超（中山大学） 管洪宇（中山大学） 田　寒（中山大学） 方丽珊（中山大学） 李　荣（中山大学）	广东省卫生健康委员会

（续上表）

序号	项目编号	项目名称	主要完成人	提名单位/提名专家
6	Z04–1–02	心血管发育的生理与病理的关键基因及其调控机制的系列研究	朱　平［广东省人民医院（广东省医学科学院）］ 庄　建［广东省人民医院（广东省医学科学院）］ 陈寄梅［广东省人民医院（广东省医学科学院）］ 张　浩（上海交通大学医学院附属上海儿童医学中心） 吴秀山（湖南师范大学） 张　辉（上海科技大学） 郭惠明［广东省人民医院（广东省医学科学院）］ 靳大庆（华东师范大学） 李永青（湖南师范大学） 王跃群（湖南师范大学） 袁婺洲（湖南师范大学） 孙建建（华东师范大学） 周作琼［广东省人民医院（广东省医学科学院）］ 史　艳［广东省人民医院（广东省医学科学院）］ 李嘉欣［广东省人民医院（广东省医学科学院）］	广东省卫生健康委员会
7	Z05–1–01	统计相关信号盲分离理论及应用	周郭许（广东工业大学） 谢　侃（广东工业大学） 何昭水（广东工业大学）	广东省教育厅（省委教育工作委员会）
8	Z06–1–01	玻璃相图结构模型及高增益玻璃光纤	张勤远（华南理工大学） 杨中民（华南理工大学） 徐善辉（华南理工大学） 禹德朝（华南理工大学） 姜中宏（华南理工大学）	广东省教育厅（省委教育工作委员会）
9	Z07–1–01	边坡内生裂隙形成与优势流孕灾滑坡机制	李锦辉［哈尔滨工业大学（深圳）］ 张利民（香港科技大学） 李　旭（北京交通大学） 彭　铭（同济大学） 黎学优（中山大学）	深圳市科技创新委员会
10	Z08–1–01	显生宙增生造山过程中大陆地壳的非均匀性生长	王　强（中国科学院广州地球化学研究所） 胡霭琴（中国科学院广州地球化学研究所） 唐功建（中国科学院广州地球化学研究所） 李　杰（中国科学院广州地球化学研究所） 徐义刚（中国科学院广州地球化学研究所） 赵振华（中国科学院广州地球化学研究所） 许继峰（中国科学院广州地球化学研究所） 张国新（中国科学院广州地球化学研究所） 姜子琦（中国科学院广州地球化学研究所） 陈义兵（中国科学院广州地球化学研究所）	中国科学院广州分院

（续上表）

序号	项目编号	项目名称	主要完成人	提名单位/提名专家
11	Z08-1-02	南海海盆破裂—扩张历史与扩张机制	孙　珍（中国科学院南海海洋研究所） 李春峰（同济大学） 丁巍伟（自然资源部第二海洋研究所） Lin Jian（中国科学院南海海洋研究所） 徐　行（广州海洋地质调查局） 钟志洪［中海石油（中国）有限公司深圳分公司］ 姚永坚（广州海洋地质调查局） 周　蒂（中国科学院南海海洋研究所） 吴世敏（中国科学院南海海洋研究所）	中国科学院广州分院

3. 技术发明奖一等奖（6项）

序号	项目编号	项目名称	主要完成人	提名单位/提名专家
1	F05-1-01	高强度全回收增产地膜先进制造与循环利用	瞿金平（华南理工大学） 黄镇荣（东莞市正新包装制品有限公司） 杨智韬（华南理工大学） 林　城（东莞市正新包装制品有限公司） 张桂珍（华南理工大学） 黄卫东（东莞市正新包装制品有限公司） 何和智（华南理工大学） 冯彦洪（华南理工大学） 殷小春（华南理工大学） 晋　刚（华南理工大学） 全明德（东莞市正新包装制品有限公司） 何光建（华南理工大学） 曹贤武（华南理工大学） 宋　建（华南理工大学） 王蒙蒙（华南理工大学）	广东省教育厅（省委教育工作委员会）
2	F06-1-01	木质素的微结构调控及在微/纳米领域的应用	邱学青（华南理工大学） 庞煜霞（华南理工大学） 钱　勇（华南理工大学） 周明松（华南理工大学） 杨东杰（华南理工大学） 刘伟峰（华南理工大学） 楼宏铭（华南理工大学） 李广泽（深圳诺普信农化股份有限公司） 黄锦浩（华南理工大学） 秦延林（广东工业大学） 林绪亮（广东工业大学）	广东省石油和化学工业协会

（续上表）

序号	项目编号	项目名称	主要完成人	提名单位/提名专家
3	F08-1-01	电子制造柔性产线变型设计与优化关键技术及应用	方志强（华南理工大学） 欧阳新平（华南理工大学） 易聪华（华南理工大学） 仲以林（广东瑞安科技实业有限公司） 刘　强（广东工业大学） 陈　新（广东工业大学） 冷杰武（广东工业大学） 曹　锋（大族激光科技产业集团股份有限公司） 王　斌（深圳天珑无线科技有限公司） 陆灏铭（深圳市运泰利自动化设备有限公司） 沓世我（广东风华高新科技股份有限公司） 李剑锋（大族激光科技产业集团股份有限公司） 陈新度（广东工业大学） 赵荣丽（广东工业大学） 汤　晖（广东工业大学） 张　定（广东工业大学） 张　浩（广东工业大学） 俞爱林（广东工业大学） 余　意（深圳天珑无线科技有限公司）	广东省教育厅（省委教育工作委员会）
4	F09-1-01	多系统多频段一体化天线关键技术及应用	章秀银（华南理工大学） 赖展军［京信通信技术（广州）有限公司］ 孙善球［京信通信系统（中国）有限公司］ 潘咏梅（华南理工大学） 薛锋章（华南理工大学） 刘培涛［京信通信技术（广州）有限公司］ 杨圣杰（华南理工大学） 卜斌龙［京信通信技术（广州）有限公司］ 曹云飞（华南理工大学） 贾飞飞［京信通信技术（广州）有限公司］ 徐金旭（华南理工大学） 苏国生［京信通信技术（广州）有限公司］ 胡斌杰（华南理工大学） 陈礼涛［京信通信技术（广州）有限公司］ 赵小兰（华南理工大学）	广东省教育厅（省委教育工作委员会）
5	F09-1-02	数据中心多维度光互联关键技术及应用	李朝晖（暨南大学） 王大伟（华为技术有限公司） 周娴（北京科技大学） 钟康平（香港理工大学） 李建平（暨南大学）	广东省教育厅（省委教育工作委员会）

（续上表）

序号	项目编号	项目名称	主要完成人	提名单位/提名专家
			马会肖（华为技术有限公司） 隋琪（暨南大学） 易兴文（电子科技大学） 余长源（香港理工大学） 鲍园（暨南大学） 程凌浩（暨南大学） 徐晓庚（华为技术有限公司）	
6	F09-1-03	基于盲分离的高精度全场形貌形变层析测量关键技术及应用	谢胜利（广东工业大学） 周延周（广东工业大学） 范志刚（哈尔滨工业大学） 魏东（广州广电运通金融电子股份有限公司） 赫建（广州市晶华精密光学股份有限公司） 陆川（成都国星宇航科技有限公司） 白玉磊（广东工业大学） 董博（广东工业大学） 欧思嘉（广东工业大学） 黄跃珍（广州广电运通金融电子股份有限公司） 谢卫红（广东工业大学） 沈逸江（广东工业大学） 杨其宇（广东工业大学） 宋鑫（广州市晶华精密光学股份有限公司） 李建中（广东工业大学）	广东省教育厅（省委教育工作委员会）

4. 科技进步奖特等奖（1项）

序号	项目编号	项目名称	主要完成人	主要完成单位	提名单位/提名专家
1	J14—特—01	新发冠状病毒感染的防控策略与临床诊治	钟南山　刘　磊　何建行 赵金存　杨子峰　关伟杰 梁文华　黄吉城　刘映霞 张　政　宋　铁　李时悦 陈如冲　黎毅敏　冉丕鑫 何剑峰　刘晓青　陈　军 桑　岭　叶　枫　蔡庆贤 孙宝清　李　靖　陈荣昌 杨　扬　刘志刚　袁　静 周　荣　刘　勇　郁文静	深圳市第三人民医院 广州海关技术中心 广东省疾病预防控制中心 广州医科大学附属第一医院 深圳大学 深圳市人民医院 广州安捷生物安全科技股份有限公司 广州金域医学检验中心有限公司 腾讯科技（深圳）有限公司	徐　涛 侯凡凡 刘　良

5. 科技进步奖一等奖（33项）

序号	项目编号	项目名称	主要完成人	主要完成单位	提名单位/提名专家
1	J011-1-01	广东丝苗型优质稻新品种美香占2号的选育及应用	周少川 李 宏 黄道强 王志东 王重荣 周德贵 赖穗春 卢德城 陈宜波 龚 蓉 赵 雷 潘阳阳 李康活 吴玉坤 柯 苇	广东省农业科学院水稻研究所	广东省农业科学院
2	J011-1-02	农业微生物资源高效利用技术及产业化	朱红惠 姚 青 邓名荣 谢小林 陈美标 李安章 周 莲 陈 猛 冯广达 王东东 刘文龙 刘永垒 王永红 羊宋贞 李燕旋	广东省微生物研究所 华南农业大学 广东博沃特生物科技有限公司 江西正邦科技股份有限公司 金正大生态工程集团股份有限公司	广东省科学院
3	J012-1-01	南方主要松树脂材两用新种质创制及产业化关键技术	赵奋成 黄少伟 何波祥 郭文冰 张 谦 刘天颐 林昌明 蔡燕灵 王金榜 吴惠姗 沈亮升 谢岳伟 罗 敏 李义良 黄永权	广东省林业科学研究院 华南农业大学 台山市红岭种子园 广东科茂林产化工股份有限公司 台山市威利邦木业有限公司 信宜市林业科学研究所 英德市林业科学研究所 乐昌市龙山林场 广东大唐农林科技有限公司 阳江市国有阳江林场	广东省林业局
4	J021-1-01	猪重要细菌病防控新产品创制与应用	李春玲 徐志宏 储岳峰 林德锐 宋 帅 蔡汝健 勾红潮 李 淼 杨傲冰 江兴华 薛素文 闫 鹤 臧莹安 陈胜利 游启有	广东省农业科学院动物卫生研究所 广东永顺生物制药股份有限公司 中国农业科学院兰州兽医研究所 兆丰华生物科技（南京）有限公司 华南理工大学 北京农信互联科技集团有限公司 仲恺农业工程学院	广东省农业科学院
5	J03-1-01	牛乳源生物转化新型活性肽的发掘及其共性关键技术产业化	曹 庸 苗建银 刘 飞 唐 健 王彩云 高向阳 黄循柳 罗 珍 赵力超 刘 果 贺丽苹 陈运娇 段 杉 杜 洁 肖 杰	华南农业大学 广州绿萃生物科技有限公司 无限极（中国）有限公司 高培（广州）乳业有限公司 内蒙古伊利实业集团股份有限公司	广东省教育厅（省委教育工作委员会）
6	J04-1-01	动力电池系统安全性关键技术及应用	张国庆 许辉勇 汪 箭 李新喜 艾邓均 陈斌斌 杨晓青 王明旺 翁静雯 吕又付 周德闯 阳楚雄 雷晶晶 陈小源	广东工业大学 欣旺达电子股份有限公司 中国科学技术大学 欣旺达电动汽车电池有限公司 广东万锦科技股份有限公司	广东省教育厅（省委教育工作委员会）

（续上表）

序号	项目编号	项目名称	主要完成人	主要完成单位	提名单位/提名专家
7	J04–1–02	电力芯片保护关键技术攻关及核心器件国产化	李　鹏　李立涅　习　伟 黄　凯　姚　浩　徐长宝 余文辉　李正红　赵继光 武利会　匡晓云　陈道品 徐成斌　徐　刚　陈新之	南方电网科学研究院有限责任公司 南方电网数字电网研究院有限公司 中国南方电网有限责任公司 北京四方继保自动化股份有限公司 长园深瑞继保自动化有限公司 南京国电南自电网自动化有限公司 浙江大学 广东电网有限责任公司 贵州电网有限责任公司 珠海艾派克微电子有限公司	中国南方电网有限责任公司
8	J06–1–01	基于全样本大数据的高效多联式空调机组关键技术及应用	刘　华　余　凯　牟桂贤 杜　辉　倪　毅　金国华 申伟刚　吴学伟　刘文斌 叶铁英　傅英胜　杨　都 刁作清　王文灿　林勤鑫	珠海格力电器股份有限公司	珠海市科技创新局
9	J06–1–02	超微型片式阻容元件精密制造技术及应用	付振晓　王晓慧　曹秀华 孙　蓉　刘　哲　宋子峰 杨晓平　李　勃　胡春元 郭丽敏　于淑会　安可荣 陈长云　林瑞芬　王　峰	广东风华高新科技股份有限公司 清华大学 中国科学院深圳先进技术研究院 中兴通讯股份有限公司 清华大学深圳国际研究生院	肇庆市科学技术局
10	J07–1–01	基于互联网的公开信息大搜索关键技术及系统	方滨兴　贾　焰　黄九鸣 韩伟红　田志宏　顾钊铨 李爱平　王　晔　廖　清 景晓军　韩　毅　陈雷霆 张圣栋　李树栋　符永铨	广州大学 哈尔滨工业大学（深圳） 中国人民解放军国防科技大学 湖南星汉数智科技有限公司 任子行网络技术股份有限公司 电子科技大学广东电子信息工程研究院	广东省教育厅（省委教育工作委员会）
11	J08–1–01	高密度高可靠LED显示器件关键技术与集成应用	李　程　李宗涛　秦　快 张金刚　杨四化　李炳锋 赵　英　汤　勇　欧阳小波 郭　恒　顾　峰　章金惠 余彬海　包厚华　吴振志	佛山市国星光电股份有限公司 华南理工大学 深圳市洲明科技股份有限公司 深圳市奥拓电子股份有限公司 深圳利亚德光电有限公司 中国电子技术标准化研究院	佛山市科学技术局

（续上表）

序号	项目编号	项目名称	主要完成人	主要完成单位	提名单位/提名专家
12	J08-1-02	高质高效医疗防护制品制造装备关键技术及产业化应用	王成勇 刘奕华 李伟秋 陈伟升 倪明堂 杨煜俊 许　冠 陈伟斌 高国利 赵　辉 郑李娟 郭　力 颜炳姜 袁志山 何吉峰	广东工业大学 汇专科技集团股份有限公司 中国电器科学研究院股份有限公司 广东省机械工程学会 广东省智能机器人研究院 巨轮智能装备股份有限公司 佛山市南海中南机械有限公司 东莞市汇通自动化设备科技有限公司 深圳市银宝山新科技股份有限公司 广东正业科技股份有限公司	广东省教育厅（省委教育工作委员会）
13	J10-1-01	航空用高硬耐磨耐蚀涂层技术及应用	刘　敏 宋进兵 邓春明 周克崧 邓畅光 苑强波 孟清河 杨　焜 师玉英 蒋　静 张吉阜 毛　杰 牛少鹏 张小锋 邓子谦	广东省科学院新材料研究所 中航飞机起落架有限责任公司 中国航空工业集团公司沈阳飞机设计研究所 中国航发湖南动力机械研究所 中国航发哈尔滨东安发动机有限公司	广东省科学院
14	J10-1-02	大尺寸陶瓷薄板关键技术研发及产业化	刘一军 黄剑锋 潘利敏 萧礼标 汪庆刚 李　辉 吴建青 张　电 谢志军 张松竹 李嘉胤 闫振华 杨晓峰 杨元东 杨　康	蒙娜丽莎集团股份有限公司 陕西科技大学 西安建筑科技大学 华南理工大学	佛山市科学技术局
15	J11-1-01	超高层建筑施工安全管理创新与关键技术及其应用	方东平 周予启 武晓峰 黄玥诚 刘卫未 郭红领 薛　刚 廖钢林 吴春林 王　晶 李　楠 马琳瑶 邱德明 任耀辉	清华大学深圳国际研究生院 中建一局集团建设发展有限公司 清华大学 中国建筑一局（集团）有限公司	广东省教育厅（省委教育工作委员会）
16	J11-1-02	面向大型复杂结构健康服役性能的工程验证技术方法及工程应用	滕　军 卢　伟 胡卫华 李祚华 何春凯 朱焰煌 唐德徽 崔　燕 单庆飞 何京波	哈尔滨工业大学（深圳） 中国建筑第四工程局有限公司 深圳中建院建筑科技有限公司	深圳市科技创新委员会
17	J11-1-03	曲线管幕+水平控制冻结法的浅埋超大断面暗挖隧道成套建设技术	王启铜 程　勇 周先平 潘建立 马保松 胡向东 黄宏伟 谭忠盛 王文州 李　剑 刘应亮 张　鹏 刘继国 高海东 任　辉	港珠澳大桥珠海连接线管理中心 中交第二公路勘察设计研究院有限公司 中铁十八局集团有限公司 中国地质大学（武汉） 同济大学 北京交通大学 广东省南粤交通投资建设有限公司	广东省公路学会

（续上表）

序号	项目编号	项目名称	主要完成人	主要完成单位	提名单位/提名专家
18	J11-1-04	富水岩溶发育条件下复合地层地铁盾构工程成套关键技术研究与应用	竺维彬　易　觉　程永亮 钟长平　黄　辉　张志良 米晋生　林本海　张　华 万维燕　黄威然　李新明 罗淑仪　暨智勇　袁守谦	广州地铁集团有限公司 广州轨道交通建设监理有限公司 广州地铁设计研究院股份有限公司 中国铁建重工集团股份有限公司 广东华隧建设集团股份有限公司 广州大学 中铁十一局集团有限公司	广东省土木建筑学会
19	J12-1-01	新型城镇化建设地理空间信息智能处理关键技术及应用	张新长　邓　敏　李朝奎 吴志峰　曹凯滨　辛秦川 孙　颖　黄健锋　李乐林 杨文涛　石　岩　刘慧敏 黄悦	广州大学 中山大学 中南大学 湖南科技大学	广东省教育厅（省委教育工作委员会）
20	J13-1-01	Y染色体遗传标记法医检验关键技术及体系建立与规模应用	刘　超　刘长晖　刘　宏 陈　玲　徐曲毅　李　越 杜蔚安　张　喆　黄书琴 杨幸怡　陈林丽　郭育林 葛斌文　翁玮霞　孙国栋	广州市刑事科学技术研究所 南方医科大学 无锡中德美联生物技术有限公司 北京海华鑫安生物信息技术有限责任公司 广东华美众源生物科技有限公司 广州高盛智造科技有限公司	广东省公安厅
21	J14-1-01	新型冠状病毒肺炎综合防控诊治体系	肖海鹏　陈旻湖　管向东 朱庆棠　成守珍　刘　敏 吴健锋　冯仕庭　罗益锋 刘大钺　毛　仁　张　辉 杨达雅　刘贻豪　肖　晗	中山大学附属第一医院	广东省卫生健康委员会
22	J14-1-02	肿瘤精准介入治疗体系与智能诊断系统的建立与推广	陆骊工　张福君　占美晓 田　捷　尹芝南　李　勇 崔敏　高　飞　杨兴瑞 赵　炜　忻勇杰　杨恒文 吴扬哲　何　旭　王　坤	珠海市人民医院 中山大学肿瘤防治中心 中国科学院自动化研究所 暨南大学 百德（苏州）医疗有限公司	珠海市科技创新局
23	J14-1-03	重大脑疾病认知障碍的早期精准影像诊断体系创建及应用	邱士军　安　杰　王宏琢 冷　西　谭　欣　刘玉洁 覃春红　伍冬林　梁　艺 段芙红　郑燕婷　李伊凡 张　弛	广州中医药大学第一附属医院	广东省中医药局
24	J15-1-01	上呼吸道炎症免疫机制及治疗策略	文卫平　史剑波　李华斌 许　庚　赖银妍　韦　屹 李　健　陈枫虹　左可军 欧春泉	中山大学附属第一医院	广东省卫生健康委员会

（续上表）

序号	项目编号	项目名称	主要完成人	主要完成单位	提名单位/提名专家
25	J15-1-02	肺癌围术期靶向治疗体系的建立与推广应用	钟文昭 杨学宁 周 清 杨衿记 刘思旸 张绪超 苏 健 陈志红 乔贵宾 严红虹 聂 强 廖日强 董 嵩 江本元 吴一龙	广东省人民医院（广东省医学科学院）	广东省卫生健康委员会
26	J15-1-03	毛囊再生及组织修复系列研究与应用	胡志奇 苗 勇 郭金山 王 瑾 付记乐 杜本军 刘秉承 樊哲祥 陈若思 陈宇新 林博杰 杨璐楠 杜丽娟 黄俊飞 陈 倩	南方医科大学	广东省教育厅（省委教育工作委员会）
27	J15-1-04	泌尿系结石防治关键技术创新与推广应用	曾国华 吴文起 刘永达 许长宝 叶章群 钟 文 朱 玮 赵志健 麦赞林 刘 旸 黄宏辉 曹富建 包国华 李 逊 吴开俊	广州医科大学附属第一医院 郑州大学第二附属医院 华中科技大学同济医学院附属同济医院 珠海普生医疗科技有限公司 郑州康佰甲科技有限公司 杭州好克光电仪器有限公司	广州市科学技术局
28	J16-1-01	罗氏妇科补肾安胎法的研究与推广应用	罗颂平 欧阳惠卿 郜 洁 张春波 朱 玲 李艳芳 张玉珍 巫海旺 赵 颖 苏碧茹 缪江霞 曹 蕾 黄长盛 刘新玉 方 家	广州中医药大学第一附属医院 广州白云山中一药业有限公司	广东省中医药局
29	J16-1-02	岭南常用中草药活性成分发现和质控体系构建的关键技术与应用	叶文才 王 英 张冬梅 江英桥 王 磊 谢 宁 曹 晖 张庆文 李药兰 张晓琦 陈河如 刘菊妍 范春林 宁 娜 孙维广	暨南大学 广州市药品检验所 江西青峰药业有限公司 澳门大学 广州白云山中一药业有限公司 广州白云山星群（药业）股份有限公司	广东省教育厅（省委教育工作委员会）
30	J16-1-03	青蒿素哌喹复方灭源控疟方案的创新与推广	李国桥 宋健平 邓长生 谈 博 李国铭 王 琪 冯丽玲 张红英 周耀芳 郑绍琴 徐 勤 黄 博 朱拉伊 潘隆华 杨兆丽	广州中医药大学 广东新南方青蒿药业股份有限公司 广州中医药大学科技产业园有限公司	广东省中医药局
31	J17-1-01	肿瘤影像组学创新技术及应用	刘再毅 王珊珊 高 英 梁长虹 黄燕琪 陈 鑫 冯前进 何 兰 王广谊 陈舒婷	广东省人民医院（广东省医学科学院） 中国科学院深圳先进技术研究院 华南理工大学 南方医科大学	广东省卫生健康委员会

（续上表）

序号	项目编号	项目名称	主要完成人	主要完成单位	提名单位/提名专家
32	J17-1-02	心肺微环境的表观遗传调控与疾病防治	余细勇　胡文辉　张建业 周　毅　柯华东　李仕颖 黄玉刚　吴　波	广州医科大学 中国科学院广州生物医药与健康研究院 广州白云山医药集团股份有限公司 白云山化学制药厂 广州医大新药创制有限公司	广州市科学技术局
33	J19-1-01	大风量低浓度工业挥发性有机物污染治理策略与关键技术及应用	叶代启　吴军良　范丽雅 张永波　奚红霞　付名利 陈礼敏　黄皓旻　廖程浩 张　晖　张　卫　白如意 何群伟　肖海麟　刘锐源	华南理工大学 广州同胜环保科技有限公司 广东省环境科学研究院 广州艾尔环保工程有限公司 深圳市富可森环保科技股份有限公司 广东敦诚环保科技有限公司 苏州克兰茨环境科技有限公司 青岛华世洁环保科技有限公司 中自环保科技股份有限公司 重庆科蓝环保实业有限公司	广东省教育厅（省委教育工作委员会）

6. 科技合作奖（3名）

序号	获奖人	工作单位	所在国家（地区）	主要合作单位	提名单位/提名专家
1	凯文·琼斯 Kevin C Jones	兰卡斯特大学	英国	中国科学院广州地球化学研究所	中国科学院广州分院
2	罗兰·约瑟夫·伯雷西 Roland Joseph Buresh	国际水稻研究所（IRRI）	美国	广东省农业科学院水稻研究所	广东省农业科学院
3	廖汉林 Hanlin LIAO	法国国家科学研究中心 ICB-LERMPS实验室	法国	广东省科学院新材料研究所	广东省科学院

（张浩洋　钟　全）

知识产权

【概况】 2020年，全省获专利授权量70.97万件，连续5年保持全国首位，其中，发明专利授权量7.07万件，保持全国首位。PCT国际专利申请量2.81万件，占全国总量的41.97%，连续19年领跑全国。全省商标申请量和注册量分别为175.60万件和107.99万件，均保持全国首位，马德里商标国际注册申请量1 448件，占全国总量的19.17%，居全国第2。新增“从化流溪娟鱼”“德庆肉桂”“揭西擂茶”等7个地理标志商标。获评第21届中国专利金奖9项、银奖13项、优秀奖217项，获奖数量居全国第1。

截至2020年年底，全省累计获专利授权量为375.49万件，居全国第1，其中，累计发明专利授权量42.95万件，居全国第1；有效专利量229.63万件，居全国第1，其中，有效发明专利量35.05万件，连续11年保持全国首位，每万人口发明专利拥有量28.04件，较上年同期增加1.96件；商标有效注册量突破500万件，达543.00万件，连续26年保持全国首位，每万户市场主体的平均有效商标拥有量为3 921.00件，比上年同期提高348.77件；累计获批地理标志保护产品155个，累计注册地理标志商标85件，累计获准使用地理标志产品专用标志企业589家，吴川月饼、英德红茶、凤凰单丛和大埔蜜柚4种地理标志入选第1批中欧地理标志互认清单。

【知识产权创造】 优化知识产权创造激励举措，强化知识产权高质量发展导向。启动实施新一批高价值专利培育布局中心80家，举办第2届粤港澳大湾区高价值专利培育布局大赛，征集有效参赛项目658个，50强项目专利组合资产最高评估价值达51亿元。评选出第7届广东专利奖120项和杰出发明人20名。截至2020年年底，全省国家知识产权优势示范企业累计870家（全国第1），全省累计通过知识产权“贯标”认证企业1.5万家（全国第1）、高校25家、科研机构18家。国家知识产权试点示范高校10家。面向广东新一代信息技术、高端装备制造、生物医药等战略性新兴产业，组织开展专利导航，发布导航成果，引领产业创新路径，广东省“以产业数据、专利数据为基础的新兴产业专利导航决策机制”入选国务院办公厅第3批创新改革举措在全国推广。

【知识产权保护】 2020年，推动出台本省《关于强化知识产权保护的若干措施》，成功召开广东知识产权保护大会，高质量完成中央知识产权保护年度检查考核迎检工作。开展专利侵权纠纷行政裁决示范建设，建立专利侵权判定咨询支撑机制，全省共办理专利案件5 484宗。创新“云上广交会”知识产权保护机制，顺利完成第127届、第128届广交会知识产权保护工作。大力推广海外知识产权维权保险，全省知识产权海外保护类险种累计投保518单，风险保障金额达2亿元。

2020年，全省公安系统侵犯知识产权犯罪案件立案3 145宗，破案2 704宗，刑拘5 118人，逮捕3 355人；全省检察机关共批捕侵犯知识产权犯罪案件1 132件1 962人，起诉侵犯知识产权犯罪案件1 244件2 210人；全省法院共新收各类知识产权案件19.61万件，同比增长24.60%；审结19.30万件，同比增长26.23%；全省海关扣留进出口侵权货物12 298批，扣留侵权货物2 840万件。

开展知识产权“铁拳”“蓝天”行动，2020年全省市场监管部门共立案查处各类知识产权案件5 710件，结案4 913件，罚没金额5 325.98

万元。其中，立案查处商标案件4 197件，结案3 662件，罚没金额5 194.31万元；立案查处专利案件1 505件，结案1 243件，罚没金额129.53万元；立案查处地理标志案件5件，结案5件；立案查处官方标志、特殊标志和奥林匹克标志案件3宗，结案3件；移送司法机关152宗。

2020年，汕头、珠海、广州等市分别获国家知识产权局批复同意建设国家级知识产权保护中心，截至2020年年底，全省已建有6个国家级知识产权保护中心、7个国家级知识产权快速维权援助中心，以及一批省知识产权维权援助分中心，实现各地市维权援助机构全覆盖。

【知识产权运用】　2020年，全省专利和商标质押金额334亿元，专利实施许可合同备案金额31.77亿元，专利转让5.65万件。举办2020年“粤港澳大湾区知识产权交易博览会”，促成知识产权合作意向金额128.5亿元。

推动知识产权金融创新发展，在全国率先发布《广东知识产权证券化蓝皮书》，东莞率先发行防疫企业知识产权质押贷款，广州发行全国首例纯专利资产证券化产品，在深交所融资3亿元，深圳发行全国首支以小额贷款债权为基础资产类型的知识产权证券化产品、全国首单中小企业专项知识产权资产支持票据（ABN）项目，截至2020年年底，全省已累计获批16个知识产权证券化产品，融资惠及企业近200家，涉及知识产权标的包括发明、实用新型、外观设计、版权近800件，知识产权证券化规模居全国第1，初步形成知识产权证券化“广东模式”。

在全国率先发布《广东科创板上市企业知识产权蓝皮书》和《广东科创企业上市知识产权工作指引》，助力科创企业上市和高端化发展。获批建设中国（电力新能源产业）知识产权运营中心，建成广东省灯饰照明产业知识产权运营中心、广东省碳纤维高价值专利培育运营中心、广东省环保产业知识产权运营中心等产业运营中心。设立广东省重点产业知识产权运营基金和广州市重点产业知识产权运营基金，2只基金已向13个项目投资3.32亿元开展知识产权运营。

【知识产权管理与服务】

知识产权强市（县）群建设　截至2020年年底，全省共有国家知识产权强市创建市2个、试点示范城市13个，国家知识产权强县工程试点示范县33个，国家传统知识产权保护试点县1个，国家知识产权试点示范园区11个，国家知识产权试点示范城市覆盖率达71.4%。

广东省知识产权公共信息综合服务平台　该平台拥有1.3亿条全球专利数据，5 286万多件全球商标数据，2 405个地理标志产品公告保护数据，8 179家核准专用标志使用企业数据等资源，供社会公众和创新创业主体免费使用。

专项整治“蓝天行动”　严厉打击代理行业各类违法违规行为，开出全国首张打击专利代理“挂证”罚单。支持全国首个国防专利代理机构落户广东，遴选省内5家优质专利代理机构按照国防专利代理要求开展软硬件建设，培养5名国防专利代理人。

（牛晨蕾）

农业和农村科技

农业科技

【农业产业发展】 出台《广东省发展现代农业与食品战略性支柱产业集群行动计划（2021—2025）》，集群化布局现代农业与食品产业；启动农业产业链“链长制”试点，探索乡村产业发展新机制；聚焦特色产业，出台“荔枝产业高质量发展三年行动计划”。

遴选出特色鲜明、基础扎实、优势明显、潜力较大的金柚、黄羽鸡、荔枝、罗非鱼四大产业建设国家级优势特色产业集群。截至2020年年底，广东省已创建175个现代农业产业园、49个农业产业强镇，支持2 201个村发展乡村特色产业，累计认定200个省级“一村一品、一镇一业”专业镇。

支持农业龙头企业以产业化联合体为纽带，带动各类型产业主体融合发展，形成农业龙头企业引领、合作社和家庭农场跟进、小农户参与的产业主体“雁阵”。引导和支持农业龙头企业建立现代企业制度，打造一批行业领先、销售收入超10亿元的“强龙”。培育认定省重点农业龙头企业1 183家（含“国龙”67家），上市融资涉农企业超100家。

建设全国首个覆盖面广、配置完善、服务功能突出的省级农产品加工中试公共服务平台，填补了从实验室到产业化生产过程的空白。在推动休闲农业提质升级方面，率先打造“粤休闲农业”微信小程序，内设精品路线、休闲景点、农业公园、特色产品、美丽乡村五大模块，创造性引入线路个性化定制、AR云赏景等新场景应用。

2020年，省农业农村厅联合相关地市政府和单位先后举办“2020年中国荔枝产业大会”“第三届广东茶叶产业大会”和“2020中国中药产业高质量发展大会暨广东省第二届南药产业大会”等，加强优势特色产业的宣传推介。

【农业科技创新】 2020年，省科技厅组织立项“现代种业”（岭南特色农作物和家禽种业、岭南特色林业种业及资源开发利用）重大专项、“农产品加工和食品制造”重点专项及“草地贪叶蛾防控”应急专题等专项项目40项。结合广东省重点领域研发计划，省科技厅主动对接科技部农村中心、农业部技术开发中心等机构，经遴选评审立项支持涉农国家项目9项，总投入资金11 005万元，其中省财政支持5 400万元。

“现代种业”重大专项 该专项（岭南特色农作物和家禽种业、岭南特色林业种业及资源开发利用）支持8个专题、27个项目，围绕岭南特色农作物和家禽新品种（配套系）选育、广东红树林生态修复和功能提升技术研究与示范、广东重要造林树种新品系创制及定向选育、竹材高值化利用关键技术研究与应用、天然橡胶生产关键技术研发与示范等进行研发布局，总投入28 493万元，其中省财政投入12 900万元。

“农产品加工和食品制造”重点专项 该专项支持2个专题、11个项目围绕农产品加工技术与装备、食品酶制剂生产技术等进行研发布局，总投入9 700万元，其中省财政投入3 000万元。

“草地贪夜蛾防控”应急专题 围绕草地贪夜蛾入侵、成灾规律及综合防控技术和应对策略等开展科学系统的研究，支持2个项目，总投入1 050万元，其中省财政投入500万元。

“精准农业”（水产绿色养殖及加工）重点专项 发布专项申报指南，围绕绿色水产品生产全链条，聚焦广东水产产业转型升级与提质增效，实现绿色发展，在良种选育技术、病害防控技术、精准功能性饲料、水产品加工和养殖模式等方面开展关键技术研究与应用示范。专项设置6个专题、13项任务，共受理申报项目40项。

12月7日，广东省农业科学院植物保护研究所在阳江召开草地贪夜蛾监测与防控技术交流与现场观摩会

【农作物品种研发推广】　省农业农村厅牵头组织实施荔枝、香蕉国家良种重大科研联合攻关，组织开展芒果、菠萝省级育种攻关，创制和挖掘新种质287份，育成新品种4个，申报新品种权11个；参与水稻、大豆、甘薯、马铃薯、花生、火龙果、青梗菜、甘蔗、食用菌9种作物国家良种重大科研联合攻关。2020年，育成通过审定新品种108个，登记新品种96个，评定新品种65个；全省植物新品种权申请量460件，获授权量82件。

2020年，省农业农村厅举办了“第19届广东种博会”，会上展示了10 000多个优新品种、近200项应用推广配套技术及装备，吸引1 000多家知名单位参会，年均直接带动农民增收30多亿元；组织农业专家及相关单位遴选推介广东省农业主导品种49个、主推技术50项，通过印制派发画册、农业科技成果展示、专家现场咨询服务等方式宣传推广适用优良新品种；依托省级现代农业产业技术体系、基层农技推广体系等建设农业科技示范基地294个、培育农业科技示范主体（户）4 901个（户），充分发挥农业科技示范基地、示范主体等的示范展示和引领带动作用，通过组织示范推广和观摩培训，引导广大农业生产经营者科学选用优良品种和先进适用技术，为推动农业转型升级和高质量发展提供有力的科技支撑。

【农村科技特派员】　2020年，省科技厅共遴选33家单位，选派农村科技特派员906名，组建农村科技特派员团队320个，对接945个省级建档立卡贫困村，全面完成广东农村科技特派员对接全省2 277个省定贫困村、3个少数民族自治县全覆盖的工作任务，有力推动了农业科技成果转化应用，为农业产业兴旺、农村经济发展和农民脱贫致富作出了重要贡献。

省科技厅主办“攻坚克难　全面胜利”2020年农村科技特派员“暑期大下乡”活动，组织省内60家单位、4 436人次农村科技特派员利用假期奔赴基层一线，服务对接1 823个省定贫困村、870个农业科技企业。

7月16日，2020年广东农村科技特派员“暑期大下乡”启动会在广州召开

组织广大农村科技特派员，全力做好农村疫情防控和农业科技服务工作。据统计，约有千余名农村科技特派员投入到抗疫情、保春耕的工作中，累计提供技术服务达3 000多次，惠及种植养殖农户2 200多户，研制防控疫情相关产品、技术6件，编写各类农村新冠肺炎疫情防控及春耕生产指南手册10余篇，收到来自农户、合作社、村委会的感谢信47封。

针对因疫情影响出现的农产品滞销问题，启动农村科技特派员“百团千人”争代言活动，打造“农村科技特派员+电商”新模式，累计带动百余名贫困户实现增收，助销农产品价值达500多万元。

深入开展科技援疆援藏工作，以需求导向为引领，加强与疆藏地区科技交流合作，探索农村科技特派员对口科技援疆工作新模式，协调广东省对口支援新疆工作前方指挥部，组织中山大学孙逸仙纪念医院等19家单位，选派农村科技特派员34人对接新疆喀什地区，有效推动广东与受援地的人员与技术交往。

2020年，省科技厅牵头，省委组织部、省农业农村厅等14个部门联合发布《广东省农村科技特派员管理办法》。

【农业产业创新团队建设】　省农业农村厅继续推进第 3 轮51个省级现代农业产业技术体系创新团队建设，在新冠肺炎疫情期间，号召51个创新团队对接现代农业产业园、“一村一品、一镇一业”专业镇、农业龙头企业、农民合作社、家庭农场等新型农业经营主体，积极参加春耕生产，把先进技术送到春耕现场，做好复工复产科技服务工作。截至2020年年底，创新团队累计研发出新品种（系）631个、新技术460项、新机具59件，申请专利1 406件，获得专利794件，获得省部级及以上奖项249项，获得计算机软件著作权328项，在SCI、EI等收录的核心刊物上发表论文1 523篇，出版著作126部，一批农业生产实际难题得到有效解决，有效提升了广东农业科技发展水平，产生了良好的社会经济效益。

【农业园区和平台创新体系建设】

现代农业产业园建设　2020年，省农业农村厅全力推进现代农业产业园建设，创建4个国家级、41个省级现代农业产业园，及时下达省级补助资金到实施主体，组织项目开工建设。

截至2020年年底，广东省已创建14个国家级、161个省级、55个市级现代农业产业园，超额完成3年建设150个省级现代农业产业园的目标任务，形成了国家、省、市梯次推进格局。

省科技厅积极开展有关农业科技园区组织工作。2020年，云浮市农业科技园区被认定为第9批国家农业科技园区；河源国家农业科技园区在科技部农村科技司的综合评估中获评优秀园区；广州从化区、中山横栏镇、汕头濠江区、肇庆四会市、梅州五华县等15家园区获批第6批广东省农业科技园区。

国家农业高新区建设　省农业农村厅大力推进广州国家现代农业产业科技创新中心、岭南现代农业科学与技术广东省实验室、农业农村部重点实验室/观测实验站/科研基地等条件能力建设，不断提升全省农业科技创新体系建设水平。2020年，广州国家现代农业产业科技创新中心启动了智慧农业、精准农业、大数据等多个共享平台建设。岭南现代农业科学与技术广东省实验室通过采用“总部+分中心”的模式组建，由广州市组建核心实验室，同时在深圳、茂名、肇庆、云浮、河源5个市设立分中心，2020年广州总部和各分中心均已确定了实验室选址，基础设施建设工作持续开展；实验室坚持边建设边出成果的原则，承担了中国工程院、科技部、省农业农村厅、省科技厅等多个科研项目，取得了多项科研成果，发表了高水平论文200余篇。

省科技厅积极推进河源国家农业高新区申报建设工作，组织河源灯塔盆地管委会到陕西参观学习杨凌农业高新区建设经验，协助河源到北京、陕西等地拜访大院大所积极引进高端创新资源，推进河源国家农业科技园区与中国农村技术开发中心加强协作联动。省科技厅指导并协助河源灯塔盆地参加科技部组织的第2批国家农业高新技术产业示范区现场考察视频会议，经专家评审，河源列入了国家农业高新区培育园区。

农业创新平台建设　2020年，以“星创天地”为主体的农业创新创业服务平台进一步扩大，初步形成企业为建设主体、产学研紧密结合、建设模式多样的发展体系，有效促进本省农业产业链整合和价值链提升，大力推动创新创业。全年新增备案第四批省级“星创天地”49家，累计吸纳入驻创客688位，入驻企业及创业服务团队共565个，年度组织活动次数达3 366次，累计帮助3 415户贫困户脱贫，脱贫人数达7 200人，为加快发展现代农业、助力脱贫攻坚、推进乡村振兴作出了重要贡献。截至2020年12月，全省“星创天地”累计备案数量达196家，其中国家级备案达62家。

【数字农业农村】　按照实施国家大数据战略、乡村振兴战略、数字乡村发展战略以及数字农业农村发展规划的总体部署，广东省紧紧抓住数字农业发展机遇，在理论体系、建设实践模式创新等方面先行一步。

一是理论体系初步形成，广东在江西全国数字农业农村发展论坛上，结合本省农业实际情况系统性地提出了广东数字农业“3个创建、8个培育”的建设思想。二是行动纲领率先出台，发布《广东数字农业农村发展行动计划（2020—2025年）》，计划到2025年，广东数字农业农村发展取得更显著成效，数字农业发展方式更加优化，农村数字化管理水平日趋完善，数字技术与农业产业体系、生产体系、经营体系加快融合。三是试点示范成效初显，包括率先构建5G智慧农业试验区，如新会国家现代陈皮产业园的智慧农业大数据项目、广州市增城区首个水稻精准种植“5G+智慧农业”实验基地；打造阳西“数字农业示范县”，支持“清远连山、云浮罗定”打造数字农业试点县。四是数字平台创新高效，2月，在抗击新冠肺炎疫情的关键时刻，搭建起广东农产品“保供稳价安心”数字平台，短时间内吸引2 300多家产业链上的生产、采购、服务等环节企业进驻，累计销售农产品超30亿元，发起15批次驰援湖北抗击新冠肺炎疫情公益捐赠。五是在全省掀起助农直播带货热潮，实现线上线下供采有效对接；加强“粤陕”“粤黑”“粤赣”等省际合作，优势互补，在5G+数字农业、数字化品牌宣传等方面建立合作关系。

以“中国农技推广APP”为载体，加快农业科技推广信息化建设，为农民提供定向推送农业信息、远程问诊、技术指导和供求信息等服务，提高农技推广服务信息化水平。截至2020年年底，全省农技人员使用“中国农技推广APP”发布有效日志56.2万条、上报农情7.6万条、回答量115万条，基层农技人员使用信息化手段开展农技推广服务比例超过90%，显著提高了农业技术传播效率，扩大了农技人员的服务范围。

成功举办了“2020世界数字农业大会”，大会主题活动30多项，参展单位1 000多家，参会人员超过5万人次，直播40多场，观看量达3 000多万人次。大会开先河、抢先机，是全球首个世界性的数字农业大会，发布了数字农业创新案例、先锋企业、先锋人物，凸显高精尖农业科技成果，助力广东打造数字农业硅谷、打造全球数字农业发展新高地，取得较好成效。

【科技扶贫和对口帮扶】　2020年，广东省脱贫攻坚取得全面胜利，脱贫攻坚目标任务如期高质量完成。有劳动力贫困户人均可支配收入增长到16 817元，2 277个相对贫困村人均可支配收入达20 739元，村均集体收入达33.5万元。现行标准下161.5万名相对贫困人口全部脱贫，2 277个相对贫困村全部出列，实现“后队变前队”目标。

截至2020年年底，全省实施产业扶贫项目6.3万个，带动贫困户62.8万人，年人均产业增收2 476元；建成扶贫车间、扶贫工作坊1 103个、返乡孵化基地53家，累计开展技能培训42.95万人次，全省50.8万名农村贫困劳动力全部实现就业，年人均就业增收1.8万元；共认定164家省级扶贫农业龙头企业，其中2020年新认定72家；共培育创业致富带头人9 877名，带动建档立卡贫困户约4万户，新增2家全国贫困村创业致富带头人实训基地；共有2 244座总建设规模约60万千瓦的光伏扶贫项目纳入国家补贴目录和国家规模范围，享受国家补贴政策，带动约10万户贫困户。

截至2020年年底，广东省共创建26个国家级和42个省级电子商务进农村综合示范县，电商精准扶贫覆盖1 772个省定贫困村的100万名建档立卡贫困人口，带动建档立卡贫困人口就业创业超4.9万人，推动全省农村网络零售额及农产品网络零售额从2018年的403.28亿元、265.3亿元增长至2020年的550.1亿元、609亿元（年均增长率分别达16.79%和51.51%）。

2020年，广东大力推动线上销售平台建设，拓宽帮扶产品销路。建设“保供稳价安心”数字平台，协调对接2 000多家生产企业，以及众多销售商和消费者，为疫情防控下贫困地区产品销售发挥了重要作用。建设“广东政府采购扶贫馆”线上平台，实现贫困地区产品在线展示、网上交易，为预算单位采购扶贫产品提供便利。推动建设广东东西部扶贫协作产品交易网、“全国消费扶贫广东馆”等线上平台，不断拓展帮扶产品线上销售渠道。紧抓直播带货新业态发展机遇，组织开展“广东消费扶贫月网上行”活动，在“保供稳价安心”数字平台开展7场“东西扶贫齐行，爱心助农抗疫”直播活动，引导入驻广东东西部扶贫协作产品交易市场的18个省（市、区）共58个消费扶贫专馆开展常态化直播带货，有效带动各地帮扶农副产品销售。

2020年，广东对口帮扶桂川滇黔4省（区）

93个贫困县全部实现脱贫摘帽、贫困村全部出列、贫困人口全部脱贫。广东向东西部扶贫协作对口帮扶的广西、四川、云南、贵州四省（区）提供财政援助资金59.11亿元；选派292名党政干部、3 963名专业技术人才到被帮扶地区开展工作，接收563名党政干部到广东挂职交流及4 135名专业技术人才到广东学习交流；引导企业到扶贫协作地区投资企业610家，实际投资额321.7亿元，带动脱贫人数51.8万人，社会各界向扶贫协作地区捐款捐物27.7亿元；协助帮扶地区克服新冠肺炎疫情影响，加快复产投产，共援建711家扶贫车间，吸纳贫困人口15 789人；转移16.5781万人建档立卡贫困人口到广东省就业，帮助24.34万人建档立卡贫困人口实现就近就地就业；组织88个县（市、区、镇）、307个强镇、926个强村（社区）分别与扶贫协作地区93个贫困县、366个镇、1 093个村结对开展携手奔小康行动，组织全省1 191间优质学校与扶贫协作地区1 319间学校结对，全省三甲、二甲医院等452家医院与扶贫协作地区794家医院结对，动员643家企业和社会组织结对帮扶443个国家挂牌督战贫困村。在2020年国家对东西部扶贫协作成效考核中，取得综合评价“好”的等次。

【农业科技下乡活动】 2020年，省农业农村厅积极开展疫情防控和春耕生产与复工复产科技服务行动，及时编写并印发1.5万多册《农村新型冠状病毒肺炎防控指南》寄发至各市县并派发至镇村以及农民群众手中。创新服务形式，通过微信平台和农技推广平台开展农业科技下乡活动，帮助农户安全有效地做好春耕生产。组织51个创新团队和各相关单位的科技人员、农村科技特派员，积极开展现场指导春耕生产和复工复产科技服务工作。据不完全统计，共组织指导服务春耕生产50多万人次，利用手机远程直播空中课堂，组织发动2 500多位农民参加电商网红直播培训班，解决农产品销售难的问题，深受广大农村基层干部和农民群众的欢迎，有效促进农业增产、农民增收。

【基层技术推广服务】 2020年，省农业农村厅按照中央基层农技推广体系改革与建设补助项目要求，全面建设“一主多元”农技推广体系，有效促进基层农技推广机构及人员优化服务、增强活力、提升效能。截至2020年年底，全省各级农技推广机构2 355个，包括省级农技推广机构4个、市级农技推广机构56个、县级农技推广机构364个、乡镇级农技推广机构1 931个。在1 931个乡镇级推广机构中，种植类推广机构约占28%、农机化类推广机构约占10%、畜牧兽医类推广机构约占28%、水产类推广机构约占2%；乡镇级农技推广机构编制人数9 817人，编制内人数8 351人，其中中级及以上职称人员占28%，本科及以上学历人员占29%。

2020年，广东省组织802名基层农技人员参加技能提升示范培训班，遴选并培育基层农技推广骨干人才600余名，认定“广东十佳最美农技员”10名、“广东农技推广能手”20名，基层农技推广队伍素质能力有效提升，基层农技推广服务效能日益提高。2020年，首批认定了30个县级农技推广服务驿站和2 513名农村乡土专家，激发了社会民间农业技术推广人才开展科技推广工作的积极性和创造性，进一步充实了基层农技推广力量。

【渔业科技发展】 新冠肺炎疫情期间，省农业农村厅印发春季水产养殖技术指南、水产养殖动物疫病防治技术指南，组织专家点对点下乡指导，加强春季水产育苗培苗投苗及疫病防控。印发《关于全面推进实施水产苗种产地检疫制度的通知》，全面推进水产苗种产地检疫工作。

推动水产新品种研发，广东省熊本牡蛎“华海1号”、中华鳖“珠水1号”、罗非鱼“粤闽1号”通过全国水产原种和良种审定委员会水产新品种审定。12月5日，“首届中国水产种业博览会”在广州市南沙区广东国际渔业高科技园开幕，大会以“水产芯动力 种业创未来”为主题，汇聚国内水产种业创新最新成果，以原良种为载体，以良技、良法为延伸和拓展，充分展示水产新品种、新技术、新模式、新装备。

印发《广东省2020年水产绿色健康养殖“五大行动”实施方案》，实施水产生态健康养殖模式推广行动、水产养殖尾水治理模式推广行动、水产养殖用药减量行动、配合饲料替代幼杂鱼行动、水产种业质量提升行动五大行动。全省90个基地开展水产生态健康养殖模式推广行动、40个基地开展水产养殖尾水治理模式推广行动、57个点开展水产养殖用药减量行动、23家生产单位开展配合饲料替代幼杂鱼行动、44家苗种生产企业开展种业质量提升行动。

（胡胜春　叶毓峰　王　芬　张雄智　毛笈华　石慧芳　张　熙　梁少林）

林业科技

【林业科技】 2020年，全年共落实国家和省级林业科技项目经费7 500多万元，加强林业科技攻关，加快科技成果转化和科技普及，拓展科技交流与合作，为美丽广东建设、乡村振兴、现代林业发展提供了有力的科技支撑。

科技攻关 紧密结合美丽广东建设、乡村振兴产业、现代林业发展对林业科技提出的需求，以广东省林业科技创新项目为依托，重点围绕重要南药梅片树种新优种质挖掘与利用、木麻黄青枯病防控、油茶果壳高效利用等林业热点难点课题开展科研攻关，完成了2019年立项的65个项目的绩效评价工作，评选出新品系20个、获得植物新品种授权9个；研发出了2个互叶白千层特异新品系组培增殖繁育技术；完成10株木麻黄青枯菌的演化型和生化型分析；部署推进2019年年底到期项目的验收工作，已完成验收37项，认定省级科技成果10项，收集野牡丹科植物种质资源36种。制定了全省林地土壤调查工作方案、技术方案以及《广东省林地土壤调查工作操作细则》，完成了韶关、河源、中山3市和珠海部分地区的林地土壤污染调查工作，野外调查样点近3 000个，覆盖近27 000公顷林地，采集土壤样品52 601份，保存土壤标本41 456份。开发广东省首个森林土壤资信APP，成功举办“林地土壤调查技术”培训班。

科技创新平台 持续推进林业科技创新示范平台建设，加大省级科技示范园、生态定位站、重点实验室、长期科研基地等运行补助投入。经国家林草局批准，建立了“广东惠州国家林药科技示范园区”；设立了穿山甲保护研究国家长期科研基地和广东丹霞山生态学国家长期科研基地。成立了广东省粤西林业科技示范基地。广东林业生态监测网络平台整合了广东省林业科学研究院等20家单位承建的17个生态站和8个自然保护区监测点，新建扩建4个站点，持续维护14个站点。网络监测实力大幅提升，率先实现多站点6项生态监测指标实时在线展示。积极开展《广东林业生态监测报告》编制工作。同时，在全国范围内率先成立“广东林业生态监测科技创新联盟”。

科研成果 全省共鉴（认）定省级以上林业科技成果10项。获得科技奖励18项，其中：广东省科学技术奖一等奖1项、二等奖2项；第十一届梁希林业科学技术奖二等奖1项、三等奖1项；第二届南粤林业科学技术奖一等奖3项、二等奖10项。

表7-2-1 2020年度林业获奖科技成果一览表

序号	获奖类别	获奖项目名称	第一完成单位
1	广东省科学技术奖一等奖	南方主要松树脂材两用新种质创制及产业化关键技术	广东省林业科学研究院
2	广东省科学技术奖二等奖	牛大力等四种保健植物林下培育利用关键技术	广东省林业科学研究院
3	广东省科学技术奖二等奖	珠江三角洲地区滨水植物的选育与水态修复关键技术研究与应用	广州华苑园林股份有限公司

（续上表）

序号	获奖类别	获奖项目名称	第一完成单位
4	第十一届梁希林业科学技术奖二等奖	湿地修复中鸟类群落快速重建和恢复技术创新与应用	广东省生物资源应用研究所
5	第十一届梁希林业科学技术奖三等奖	牛大力等四种保健植物林下培育利用关键技术	广东省林业科学研究院
6	第二届南粤林业科学技术奖一等奖	牛大力等四种保健植物林下培育利用关键技术	广东省林业科学研究院
7	第二届南粤林业科学技术奖一等奖	绿海龟保育关键技术研究与应用	广东惠东海龟国家级自然保护区管理局
8	第二届南粤林业科学技术奖一等奖	四种特色木本花卉新品种选育与培育技术	广东省林业科学研究院
9	第二届南粤林业科学技术奖二等奖	紫金县生物多样性调查、监测和保护	广东紫金白溪省级自然保护区管理处
10	第二届南粤林业科学技术奖二等奖	油茶专用叶面肥研制及施用技术	广东省林业科技推广总站
11	第二届南粤林业科学技术奖二等奖	海绵型绿地建设关键技术研究与应用	广州普邦园林股份有限公司
12	第二届南粤林业科学技术奖二等奖	地级市野生动植物调查监测与资源恢复技术创新与应用	中山市自然保护地管护中心
13	第二届南粤林业科学技术奖二等奖	华南虎饲养条件及繁育关键技术	广东粤北华南虎省级自然保护区管理处
14	第二届南粤林业科学技术奖二等奖	优良山茶种质创新、繁育及产业化利用	佛山市林业科学研究所
15	第二届南粤林业科学技术奖二等奖	树木褐根病拮抗细菌的分离、筛选及抑菌机理研究与应用	广州市林业和园林科学研究院
16	第二届南粤林业科学技术奖二等奖	刨花楠优良种质资源筛选及栽培技术	梅州市林业科学研究所
17	第二届南粤林业科学技术奖二等奖	广州市石门国家森林公园植物景观构建技术	广州市大岭山林场
18	第二届南粤林业科学技术奖二等奖	高州水库退化生态修复集成应用技术	茂名市林业科学研究所

项目名称：南方主要松树脂材两用新种质创制及产业化关键技术

第一完成单位：广东省林业科学研究院

获奖情况：广东省科学技术奖（科技进步奖）一等奖

项目简介：湿加松、湿地松、马尾松、火炬松和加勒比松是我国重要的脂材两用工业原料林和生态修复树种，广泛种植于南方17省区。广东省林业科学研究院组织10余家单位，自2001年以来，依托国家重点研发、林业公益性行业专项、广东省科技计划与林业科技创新等项目，系统开展了脂材两用新种质创制及产业化关键技术研究，取得了重大突破。创建了脂材性状早期正向同步选择的高世代育种体系，将育种周期由29年缩短到10年，突破近红外速测、分子标记、亲本早花三大早期选育技术，突破了新种质创制及良种规模化繁育技术，优良种间杂交组合制种效率提高2倍以上，良种的脂、材产量均提高25%以上，繁殖效率提高3～5倍，湿加松脂、材增加效益高达40.0%和120.7%。发明湿加松、湿地松的体胚发生与胚拯救技术，建立了超低温长期保存与再生技术；研发出松树二代种子园矮化及规模化扦插繁殖新技术和脂材林定向培育与产品增值加工技术，采脂起始林龄缩短1/3，高端树脂和全松板附加值提高200%和230%。发明氢化改性松香增粘树脂与松香环氧树脂制备技术，研发出防火防潮环保型人造板。打破了国外对湿加松良种、松脂深加工等资源和技术的封锁。获审定良种22个，获授权专利20件、软件著作权5件，颁布标准3项，出版专著4部，发表期刊论文57篇。累计推广良种种子44.8吨、苗木3.83亿株，种苗规模居世界前列，近3年新增销售额56.05亿元。

项目名称：牛大力等四种保健植物林下培育利用关键技术

第一完成单位：广东省林业科学研究院

获奖情况：广东省科学技术奖（科技进步奖）二等奖、第十一届梁希林业科学技术奖三等奖、第二届南粤林业科学技术奖一等奖

项目简介：针对牛大力、铁皮石斛、虎杖、红葱等林源保健植物种苗规模化繁育技术落后、林下培育技术不完善、产业链不长等突出问题，重点开展了4种植物的优新品系种苗高效繁育、林下绿色仿野生栽培、保健功能性新产品研发等关键技术研究，发现并阐明了广藿香酮（PO）的杀虫活性及其机制，合成并优化了PO的生产工艺，构建了利用捕食性天敌、PO等植物源杀虫剂等免施化学农药的保健植物绿色种植技术，创建了“林下+林冠”南方林地高效立体种植模式，提高了林地的经济收益。突破了牛大力等4种保健植物的高效组培和红葱切茎微繁技术，其月增殖系数达4～9倍，红葱鳞茎微繁成苗率达100%，牛大力生根率从常规的60%提高到90%，虎杖新品系组培瓶外生根时间缩短了5～15天，比原育苗周期缩短了1/2，成本也节约一半。发现了铁皮石斛多糖治疗失水性便秘、牛大力多糖抗疲劳、虎杖苷护肝、红葱提取物保护胃黏膜等新功能，并阐明了相关的药效机理，研发出具有相应保健功能的产品7种，显著延长了牛大力、铁皮石斛等的产业链，产品附加值提高20%以上。获国家发明专利8件；发表论文20篇，其中SCI收录11篇，含5篇代表性论文（中科院一区SCI收录论文2篇）。本项目成果的推广，显著提升了林下保健植物的开发利用水平，提高了产品的附加值，为林业高质量发展提供了技术支撑，具有显著的经济、生态和社会效益。

科技示范推广 向国家林业和草原局科技司推荐了先进、实用的科技成果48项。继续加强中央财政林业科技推广示范项目的实施和管理，转化了一批林木及花卉新品系和优新关键技术，营建乐昌含笑、米老排、降香黄檀、铁皮石斛、红锥、火力楠等示范林533.3公顷，培育樟树、木荷、乐昌含笑、红锥、铁皮石斛等优质苗木119.8万株。有14项林业科技推广项目获2019年度广东省农业技术推广奖，其中一等奖2项、二等奖5项、三等奖7项。

表7-2-2 广东省农业技术推广奖林业获奖项目一览表

序号	获奖项目名称	第一完成单位	获奖等级
1	刨花楠优良种质资源筛选及栽培技术推广	梅州市农林科学院林业研究所	一等奖
2	油茶叶面肥及施用技术推广示范	广东省林业科技推广总站	一等奖
3	四种特色木本花卉优良品种（系）及培育技术推广	广东省林业科学研究院	二等奖

（续上表）

序号	获奖项目名称	第一完成单位	获奖等级
4	草坪草新品种选育与推广应用	华南农业大学	二等奖
5	城市公园生态提质中鸟类保护与恢复技术应用与推广	广东省科学院动物研究所	二等奖
6	牛大力等四种保健植物林下培育利用关键技术推广	广东省林业科学研究院	二等奖
7	优良山茶种质创新、繁育及产业化利用	佛山市林业科学研究所（佛山植物园）	二等奖
8	夏暑低值茶创新利用开发新产品关键技术与产业化示范	广东省农业科学院茶叶研究所	三等奖
9	基于政务网的森林资源监测在线更新技术研究与推广应用	广东省林业调查规划院	三等奖
10	具有低碳高效去污特性的生态湿地技术研究与应用	仲恺农业工程学院	三等奖
11	滨海土壤排盐碱及景观营建应用技术研究与推广	广州普邦园林股份有限公司	三等奖
12	松树重大病害—松材线虫病及其传播媒介松墨天牛防控技术应用与推广	华南农业大学	三等奖
13	沉香、降香黄檀等珍贵树种苗木繁育及高效栽培技术示范与推广	肇庆市林业科学研究所	三等奖
14	几种园林绿地重要病虫害综合防控技术研究及推广	广州市林业和园林科学研究院	三等奖

科技服务　广东省林业局、广东省林学会联合组织开展了2020年“科技进步活动月”和“林业科技活动周”活动，开展重点林业科技服务活动90多项。广东省林业局、广东省林学会联合有关单位于5月分别在湛江雷州市、惠州博罗县和肇庆封开县举办“科技助力乡村振兴　加快建设绿美南粤”送林业科技及优良种苗下乡活动，现场发放优良种苗2.4万多株、技术书籍和资料等3万余册。

科学普及　积极推进林业科普工作，认真贯彻落实国家林业和草原局、科学技术部《关于加强林业和草原科普工作的意见》，成立了广东省林业局科普工作领导小组，成为全国首个成立科普工作领导小组的省份；与省科技厅、省科协共同印发了《关于加强林业科普工作的实施意见》；与省委宣传部、省科技厅、省科协和省卫健委联合举办“第十四届广东省科普作品创作大赛”林业专题赛，征集作品共1 149份，评选出一等奖10名、二等奖15名、三等奖25名、优秀奖146名；在5.22国际生物多样性日举办以“保护野生动植物，维护生物多样性”为主题的林业科普知识挑战赛，吸引省内外超过20万人次参与；积极参加全国科普日活动，与省科技厅等15部门共同举办全国科普日广东主场活动；组织参加全国林业科普讲解大赛，获得1个三等奖、2个优秀奖。

知识产权保护　继续加强林业知识产权保护和打击侵犯植物新品种权工作，积极推进林业植物新品种创制运用和转化工作，积极参与打击侵犯林业植物新品种权专项行动，初步构建涵盖

21个地市侵犯植物新品种权举报网络，做好全省“双打”绩效考核工作，积极开展线上线下植物新品种保护业务培训，组织指导广州、佛山等市开展打击侵权专项行动。

标准化与产品质量管理　2020年，经广东省市场监督管理局批准发布实施的林业类广东省地方标准19项（见表7-2-3）。积极开展林产品质量检测工作，成立了“广东省林业局食用林产品质量安全工作领导小组”，印发了《广东省林业局关于进一步加强食用林产品质量安全监管工作的通知》《2020年度广东省食用林产品质量安全监测实施方案》《广东省林业局关于下达2020—2021年度食用林产品质量监测抽检任务的通知》等相关文件，完成食用林产品质量安全监测1 007批次，主要食用林产品质量安全监测总体合格率为97%以上。开展了五指毛桃质量标志成分（补骨脂素、香豆素和芹菜素）近红外快速检测方法研究和检验检测数据区块链集成系统研发等。

表7-2-3　2020年发布实施的林业类广东省地方标准

序号	标准编号	标准名称	起草单位
1	DB44/T 2222-2020	南洋楹优树选择与种质保存技术规程	广东省林业科学研究院
2	DB44/T 2223-2020	杉木无性系选育技术规程	广东省林业科学研究院
3	DB44/T 2224-2020	森林资源与生态状况数据标准	广东省林业调查规划院
4	DB44/T 2225-2020	土沉香种子育苗技术规程	东莞林业科学研究所
5	DB44/T 2231-2020	白兰大树截干技术规程	华南师范大学
6	DB44/T 2232-2020	造林绿化树种种子质量分级	广东省森林资源保育中心
7	DB44/T 2233-2020	黄花倒水莲组培育苗技术规程	梅州市农林科学院林业研究所
8	DB44/T 2234-2020	鸡血藤林下栽培技术规程	梅州市农林科学院林业研究所
9	DB44/T 2235-2020	木麻黄采穗圃建设技术规程	广东省林业科学研究院
10	DB44/T 2236-2020	肉桂双瓣卷蛾综合防控技术规程	广东省林业科学研究院
11	DB44/T 2237-2020	樟巢螟综合防控技术规程	广东省林业科学研究院
12	DB44/T 2238-2020	丛生竹造林技术规程	广东省林业科学研究院
13	DB44/T 2239-2020	杉木种子采收技术规程	广东省林业科学研究院
14	DB44/T 2240-2020	油桐尺蠖核型多角体病毒杀虫剂使用技术规程	茂名市林业科学研究所
15	DB44/T 2241-2020	茶杆竹丰产林	广东省怀集县林业局
16	DB44/T 2250-2020	飞机施药防治松材线虫病技术规程	广东省森林资源保育中心
17	DB44/T 2251-2020	蓝花楹栽培技术规程	国家林业和草原局桉树研究开发中心
18	DB44/T 2252-2020	森林火灾应急预案编制导则	广东省林火卫星监测中心
19	DB44/T 2253-2020	玉叶金花等3种植物栽培技术规程	中国科学院华南植物园

科技交流与合作　积极推进粤港澳林业交流合作，落实《粤澳林业合作意向书》。继续支持澳门二期山林修复项目，在珠海召开研讨会，共同推进项目实施；主办“2020年粤澳林业交流

合作调研活动暨第二届粤澳林业合作及自然护理联席会议”，与澳方探讨多个领域的合作意向，为粤澳林业多领域全方位合作进一步拓宽思路。由于疫情影响，以双方互换文书的形式召开粤港林业及护理专题小组会议。举办了第二届粤港澳自然教育论坛、全国暨广东省保护野生动物宣传月、粤港澳滨海自然保护地管理座谈会等一系列活动。广东省林科院参加CAMCORE在北卡罗来纳州立大学举办的共7场视频网络学术会议。与拉美和加勒比国家开展的“松树良种引进及种质测评”等合作项目进展顺利。

（陈泱霖）

行业科技发展

人口与公共卫生领域

【新冠肺炎疫情防控科研攻关】

成立专家组和科研攻关组 1月19日，省科技厅组织召开第一次科研攻关专家会议，邀请钟南山院士担任专家组组长及科技攻关任务总协调人。省科技厅会同省卫生健康委员会、省药品监督管理局等12个部门成立科研攻关组，统筹启动应急科研攻关各项工作，组织全省优势科研力量全力开展科研攻关。

布局启动五批应急科研项目 1月23日，省科技厅立项第一批应急项目，聚焦重症肺炎临床救治、院感综合防控、病毒溯源与流行病学、致病机理、疫苗研发、药物研制6个方向，协调全省33家优势科研机构和企业开展应急科研攻关。立项后立即下达项目经费，并由承担单位包干使用。2020年共立项资助5批共289个科研攻关应急项目，省市两级财政资金投入累计6.6亿元。

老药新用、中西医结合并举提高临床救治能力 广东省推动“老药新用”，率先在全国开展磷酸氯喹、法匹拉韦等临床试验，在病毒核酸转阴方面效果明显，均被纳入科技部“三药三方案”，磷酸氯喹被纳入国家诊疗方案。坚持中西医结合，推动血必净、连花清瘟基础研究和临床试验，推动“肺炎1号”用于治疗轻型、普通型患者。

快速核酸检测产品研发 广东省共布局了30个检测诊断产品研发，其中5个核酸检测试剂、5个抗体检测试剂和1个抗原检测试剂获得国家审批。9月21日，达安基因研发的新型冠状病毒（2019-nCoV）检测试剂盒（荧光PCR法）取得医疗器械注册证，该试剂盒配合实时荧光PCR仪AGS 8830，最快可在30分钟左右完成新冠病毒核酸检测。

疫苗研发 广东省组织10个单位开展mRNA疫苗、腺病毒载体疫苗、基因工程重组亚单位疫苗、灭活疫苗等4条疫苗技术路线研发。9月28日，深圳康泰灭活疫苗获得临床试验批件，10月6日，正式开展I/II期临床试验。

疫情防控新闻发布会 省科技厅联合省政府新闻办分别于2月18日、3月12日、4月8日组织3次专题新闻发布会，邀请钟南山院士、江山平教授等知名专家出席会议，介绍广东省在药物、疫苗、诊断试剂、防护物品、致病机理等方面的科研攻关进展情况，回应社会关切问题。

广东科技支撑打赢疫情防控阻击战主题展 3月18日，广东科技支撑打赢疫情防控阻击战主题展在广东科学中心举办，重点展示广东省在疫情防控科技攻关方面取得的阶段性重要成果和科普知识。

疫情防控科研攻关技术创新联盟 4月3日，广东省启动成立了传染病诊断试剂产业技术创新联盟、新发传染病疫苗研发技术创新联盟、粤港澳实验动物共享服务与技术创新联盟3个联盟，鼓励采取大联合、大协作、大团队的方式，加快推进技术研发与临床应用，做大做强产业规模。10月17日，科技战疫研讨交流会暨传染病诊断试剂产业技术创新联盟第一次成员大会召开，除现场参会外，在线直播观看人数高达22万人，会议围绕科技战疫、协同创新和展望未来等主题展开研讨和交流，积极为广东省传染病诊断试剂领域的产业和技术赋能。

疫情防控表彰情况 10月21日，广东省抗击新冠肺炎疫情表彰大会在广州举行，广东省科学技术厅科研攻关组临时党支部被省委、省政府授予“广东省抗击新冠肺炎疫情先进集体”和“广东省先进基层党组织”称号；班武、张钰同志被省委、省政府授予“广东省抗击新冠肺炎疫情先进个人”称号。

1月23日，钟南山院士主持新冠应急项目启动会

7月4日，省科技厅科研攻关组临时党支部主题党日活动

2月18日，疫情防控第24场新闻发布会

疫情防控科研攻关成果主题展

【生物医药创新政策十条】 4月3日，经省政府同意，省科技厅会同省发展和改革委员会、省工业和信息化厅、省财政厅、省卫生健康委员会等9部门联合印发《关于促进生物医药创新发展的若干政策措施》。政策措施共十条，从技术供给、产品研发、平台载体、要素集聚、上市应用等进行全链条设计，在生物医药新产品研发方面提出分阶段普惠性奖补，在生物制品药品医疗器械跨境流动、临床试验研究体制机制、对接高端创新资源等方面进行政策创新。

【生物医药产业集群政策】 9月25日，经省政府同意，由省科技厅会同省发展和改革委员会、省工业和信息化厅、省卫生健康委员会等5部门联合印发《广东省发展生物医药与健康战略性支柱产业集群行动计划（2021—2025年）》，明确“四大目标”、重点推进“五大任务”、实施“八大工程”、强化“六大保障”，培育10个综合性产业园区，发展生物医药研发生产外包服务机构，建设一批国家重大科技基础设施、生物安全高等级实验室、省实验室、高水平创新研究院、临床医学研究中心等重大产业创新平台，推动广东省建成具有国际影响力的生物医药与健康产业高地。

【科技创新平台】 广东省强化科技创新，完善临床研究支撑体系，新增神经系统疾病、代谢性疾病、皮肤与免疫性疾病、消化系统疾病领域5个国家临床医学研究中心分中心。加强成果转化，推动知识产权运用、保护、管理和服务等工作，召开高水平医院知识产权贯标工作座谈会，举办第二届粤港澳大湾区生物医药和生物医学工程知识产权创新峰会。

【医学科研项目】 广东省卫生健康委员会完善广东省医学科研基金项目管理，管理2020年度广东省医学科研基金项目立项956个，资助金额400万元。推动卫生健康适宜技术下基层和社区慢性病防治技术试点工作，遴选确定卫生健康适宜技术推广项目270项。

【科技成果】 2020年，广东省卫生健康领域获中华医学科技奖二等奖1项，三等奖5项，青年科技奖1项；获广东省科学技术奖突出贡献奖1名，自然科学奖一等奖3项、二等奖3项，获科学进步奖特等奖1项、一等奖12项、二等奖14项。

【实验室生物安全】 广东省卫生健康委员会调整了病原微生物实验室生物安全领导小组，进一步完善广东省病原微生物实验室生物安全管理机制。调整了省级病原微生物实验室生物安全专家委员会。

科学布局实验室建设 截至2020年年底，全省已建成5家人体健康相关和2家动物生物安全三级实验室。规划新建一批高等级生物安全实验室建设，广东省疾病预防控制中心获批建设动物生物安全三级实验室，广东省第二人民医院、广州市第八人民医院应对重大传染病防控的生物安全三级实验室建设稳步推进，推动“十四五”规划新增建设广东省公共卫生医学中心、珠海市疾病预防控制中心P3实验室，推动中山大学建设华南生物安全四级实验室。

广东省病原微生物实验室管理信息系统 2020年，广东省建成并启用“广东省病原微生物实验室管理信息系统”，实现全省一级、二级病原微生物实验室备案，新冠病毒核酸、抗体检测等实验活动备案，新冠病毒样本保存登记、实验室人员登记的信息化、系统化管理，摸清实验室底数，掌握实验活动动态，为全省实验室生物安全精准监管提供支撑。全省共备案一级、二级实验室2 843家。组织举办4批次省级病原微生物实验室生物安全培训，累计培训1万余人次。

【生物医学研究】 广东省卫生健康委员会加强干细胞、体细胞临床研究培训、监管和备案管理，2020年新增干细胞临床研究备案项目3项。开展新冠肺炎相关临床研究项目摸底调查工作，严格落实国家有关新冠肺炎临床研究的管理规定及研究成果发布的有关规定。将医学伦理纳入行业综合监管范畴，推动医疗卫生机构伦理委员会备案在线办理。开展医学伦理及科研诚信远程培训工作，全省共2万多人参加培训，提升了医学伦理和科研诚信意识。组织开展全省医疗卫生机构新型冠状病毒感染的肺炎防控相关知识线上全员培训，共培训医务人员80余万人次。

（罗宇恒　袁彬彬）

金融领域

【金融科技管理】　2020年，人民银行广州分行充分发挥信息安全协调机制作用，组织做好“两会”、国庆等重要时期网络安全保障工作，发布多起漏洞告警及隐患提示，指导辖内地方性银行业金融机构及时处置多起互联网漏洞风险事件。深入贯彻落实《金融科技（Fintech）发展规划（2019—2021年）》，持续开展金融科技应用试点，有序推动广州市金融科技创新监管试点，引导持牌金融机构积极运用新兴技术驱动金融创新，赋能金融提质增效，有力推动金融科技发展规划落地，同时也为金融支持疫情防控注入了新动力。

【信息系统建设】

人民银行广州分行　2020年，该行稳步推进信息化建设，从支付业务应用，推广至调统、国库、消保等业务领域，建设标准化存贷款、信贷企业主数据管理、国库“互联网+监管”、普惠金融、金融素养调查等区域大数据应用，为业务部门的监督管理提供可量化、可追溯和可预警的决策指导。

广发银行　2020年，该行顺应金融科技趋势，积极推动大数据、人工智能、云计算等热点技术在信息系统的应用。在大数据应用方面，通过数据建模提升营销产能，手机银行基金推荐模型推荐成功销售笔数占比37.35%，相比专家规则提升87.20%，手机银行理财推荐模型成功推荐销售笔数占比46.60%，营销金额超过2 000亿元。渠道客群提升等数据分析体现数据赋能价值，对公CRM从合作供应商、集团关系圈等方面成功挖掘行外开户客户7 000多例，个人CRM针对零售客群开展的智能模型营销平均提升客户资产超过10.00%，较传统营销方式提升2倍。在人工智能应用方面，通过智能技术能力建设提高经营管理质效，人工智能技术广泛应用于营销推荐、信用卡催收、网点运营等场景，有效提升服务水平及运营效率。语音机器人业务占信用卡客服语音话务比重达56.76%，同比提升48.04%，客户问题自助解决率提升10%，节约97位人工坐席的工作量。智能催收外呼机器人信用卡自主催收回款率已相当于原外包催收人工坐席九成，报告期末服务能力相当于200人工坐席产能，同时还应用于证件到期提醒、还款提醒、分期营销、发卡营销等外呼场景。人脸识别功能应用于贵宾进店识别等146个业务场景，月均交易量578万笔。使用声纹识别进行客户身份认证，平均每通电话可节约30秒通话时间，有效提升客户体验并节约运营成本。

中国工商银行广东省分行　2020年，该行积极构建“数字普惠”服务新生态，研发微众税银可视化模型系统、全视图贷后监控管理系统，优化政采贷、粤商通新功能，助力经营快贷、网贷通与数字供应链业务发展，构建7个监测大项、150多项监测种类和800多个监测指标的贷后预警和打分卡模型实现对7万余户、1400多亿元的小微企业贷款贷后全面量化评价。利用大数据模型持续压降涉案账户数量。完成对公结算账户26个反电诈模型和个人结算账户3个风险指标动态监测模型构建，累计排查出可疑对公账户143 657户、可疑个人账户36 603户，将涉案账户的有效管控比例提升至70%以上。

中国农业银行广东省分行　2020年，该行搭建个人客户价值管理系统（PCVM），建立了一系列经验规则和机器学习算法模型，助力客户经理精准促活长尾客户，2020年累计创建精准营销项目超百个，成功营销几十万笔，个人有效客户比年初增加70多万户，贵宾客户比年初增加5万多户。利用移动互联网技术，结合特色农业，累计在农行掌银、微银行等渠道推出10项“快农贷”产品，同时将覆盖面向批发市场延伸，已基本覆盖广州市内主要农产品批发市场，2020年“惠农e贷”比年初增加超过10亿元。

中国银行广东省分行　2020年，该行完成52个研发项目，加大对重点战役及存款业务等战略重点的资源投入，有力保障战略业务的顺利开展。积极开展产品管理和创新工作，“中国银行股份有限公司广东省分行普惠网络通宝”项目荣获第十届广东金融科学技术进步奖一等奖。采用敏捷迭代研发模式，投产“战疫人才贷”和“抗疫贷”产品，为13家企业提供融资，融资金额1.45亿元。

中国建设银行广东省分行　2020年，该行积极建设银政合作项目，将“智慧政务进网点”项目覆盖全省所有智慧柜员机，提供13个大类超100项政务服务，其中地市特色38项，累计办理政务服务近300万笔，获客169万人。2020年9月29日，“5G+智能银行”亮相广州。作为建设银行首个以住房金融服务为主题的5G+智能银行，该网点服务囊括房屋从新建到交易，从使用到维护的全周期金融服务，可办理建房、买卖房、存房、租房、装修、养老、家庭财富等多项金融业务，提供全方位的安居服务，实现住房金融从房屋物理形态服务到百姓安居业态转变。

交通银行广东省分行　2020年，该行全年受理软件项目需求126个，其中100个经需求分析后纳入立项开发，全年共完成73个项目的投产。

邮政储蓄银行广东省分行　2020年，该行实施各类业务中台项目近60个，包括跨年业绩通报、银政服务系统（粤省事）、民政E线通、代收付管理系统、客户权益积分兑换系统等多个重点项目，项目数较2019年项目总数翻番。

广东省农信社联合社　2020年，该机构启动项目100个，投产项目72个，从投资、融资、大财管、渠道、行业应用、支付和中间业务、数字化能力等7个方面强化科技向业务赋能，完成悦农e存、“悦农企业管家卡”、手机银行4.0等多个重点项目。

广州农村商业银行　2020年，该行开展标签管理、风控、营销权益、生物特征识别、音视频五大业务能力中心的系统建设，为营销展业、全流程风险管控与智能客户体验提供核心支撑。

广州银行　2020年，该行围绕“刷脸办业务”设计理念的智能柜台依托人机交互协作、人脸识别等业界领先技术，先后完成投资理财、信用卡、外汇、开户预填单、电子渠道签约等“1+N”全功能模块投产，实现“免填单、免取号、免等待、无纸化”的业务智能化办理模式，实现80%柜面业务替代率。

上海浦发银行广州分行　2020年，该行新增开发实施项目85项，其中产品推广类项目新增（银企直连项目）53项，投产上线38项；特色产品创新及管理信息建设项目新增32项，投产上线17项。

【基础设施建设】

人民银行广州分行　2020年，该行实施数据中心与同城转接中心“双活”建设，推动数据中心灾备架构转型升级；组织完成数据中心及同城转接中心负载均衡设备的更新工作。

广发银行　2020年，该行启动云数据中心数字化规划，旨在构建多云化、智能化、扁平化的IT基础设施，投产了多云资源管理平台，实现X86云、存储云等云平台和工具资源整合及统一管理，实现虚拟机创建、IP分配、中间件安装、配置入库和堡垒机接管等资源供给过程的自动化部署功能，显著提高资源供给效率，资源交付时间可缩短30%以上。

中国工商银行广东省分行　2020年，该行实施中心机房UPS更新改造、中心机房机柜冷通道建设、中心机房运行控制中心建设项目，将网点一体化机柜纳入全行基础设施监控系统，保障机房安全稳定绿色运作。完成容器云平台整体部署，有效提高在微服务、移动互联网应用等领域的开发部署效率，高效应对各种高并发业务场景。

中国农业银行广东省分行　2020年，该行推进基础架构“集约化”，实施网络扁平化，逐步取消二级分行机房的网络汇聚，实现网点线路直连省行。围绕“关键信息基础设施国产化”战略要求，实现核心自主可控，已开展数据库向国产GBase、开源MySql，操作系统向CentOS迁移，以及小型机应用向PC服务器迁移，逐步加大国产产品采购比例。

中国银行广东省分行　2020年，该行完成17家二级分行机房改造，解决供配电系统老旧等85个高风险隐患；启动省行机房过渡期原址改造工程，重点解决机房末端供电系统及综合布线系统隐患；分行MPP大数据平台节点由17个扩展至30个，后台批处理时间由4小时缩短至约2小时，效率提升约50%；推广使用服务器虚拟化技术，服务器虚拟化覆盖率达到78%；完成小机下移需求分析，完成1套WAS生产集群环境新增及23个应用程序下移；新增141台国产服务器设备，服务器国产化率86.7%。

中国建设银行广东省分行　2020年，该行完成虚拟化平台升级和架构调整，重新划分虚拟化分区，确保系统主备服务器分布在不同计算机存储硬件设备的分区上，隔离硬件故障可能导致的生产事件。进行小型机下移和服务器国产化更新工作，完成内部账系统、P9新一代数据返还系统等21套管理类系统的小机下移X86平台工作，为分行特色系统多活并行提供了技术验证。完成了总行国产存储的试点项目，投产2台华为终端存储，逐步化解外国品牌存储设备可能带来的运维风险。

交通银行广东省分行　2020年，该行实施新的监控中心的建设，扩充硬件设施并配合一体化运维平台，进一步实现自动化运维，有效地提高生产运维管理水平。

广东省农信社联合社　2020年，该机构构建智能运维平台方案，投产由应用性能管理和应用监控集成两大模块构成的应用监控管理系统，实现了网络旁路数据采集分析能力与应用日志数据采集分析能力；陆续开展包括IT运维配置管理升级、应用性能管理系统扩容、IT服务管理系统、统一防火墙管理系统等项目在内的立项实施，以及监控管理系统、数据库性能管理、机房智能机器人等项目预研，提升运维智能化水平；完成全省一级骨干网升级改造，实现一级骨干网智能选路功能，具备业务高峰期带宽拥塞时的网络弹性供给能力。

广州银行　2020年，该行全力推进新数据中心建设，明确选址南海地铁金融城作为新数据中心，并于2020年9月正式启动施工。

【金融科技应用】

人民银行广州分行　2020年，该行指导开展新技术应用、数据资源融合应用等领域多项金融科技应用项目。

广发银行　截至2020年年底，该行积极运用开放银行拓展业务，已接入361家合作方，同比增长7倍，累计输出API接口883个，同比增长5倍，日均交易量同比增长80倍。

工商银行广东省分行　2020年，该行推动RPA机器人流程自动化技术场景建设，利用RPA实现广州分行对各支行内控评价模型118个监测指标的自动计算与评分，以机器代替人驱动经营数字化转型。

中国银行广东省分行　2020年，该行利用Spark机器学习技术进行反洗钱客户风险管理，基于半监督图挖掘和主动式机器学习平台挖掘客户之间的联系，分析团队行为特征，挖掘到150个反洗钱团伙、1 351个可疑客户，准确率达98%以上，提升了反洗钱识别精度。

邮政储蓄银行广东省分行　2020年，该行借助大数据、建模分析和算法应用等先进技术搭建数据中台，不断向全行提供更深层次、更广领域的数据支撑，实现从数据服务到数据分析、从数据处理向数据建模的快速转型升级。

招商银行广州分行　2020年，该行开发上线闪电贷转介实时业绩云图、基金销售实时业绩云图、零售业绩云图等准实时数据应用模型，累计节约人力成本180人天/月，推动业务效能提升。

广东省农村信用社联合社　2020年，该机构完善实时计算平台架构定位，提升实时计算平台数据服务能力，实现了消费贷实时业务看板、流动性监测、大额实时动账、信用卡实时交易推送等功能，为业务场景提供了丰富的实时数据服务。

广州银行　2020年，该行以微信银行、智能终端和智慧银行信息系统为载体，上线“指尖政务服务专区”，引入语音智能客服、人工智能+机器学习等新型技术，每月节约240人天，提升20倍工作效率，实现主要业务替代率达85%，加速零售业务数字化转型。

广州农村商业银行　2020年，该行建设生物特征识别平台，为用户提供在线上营业厅、网络银行等线上渠道远程开户服务，加强对用户的身份信息认证，降低开户风险。

浦发银行广州分行　2020年，该行依托阿里巴巴、淘宝等电商平台数据，分析得出小微企业和网商个人创业者的经营情况并评核客户的信用，开发阿里备货贷等线上渠道，为线上平台近万户客户提供了约1.8亿元线上贷款，帮助中小企业客户渡过难关。

（张伟宁　卫　航）

公安领域

【公安大数据智能化建设】

警务云和大数据智能化建设　公安警务云大数据中心汇聚计算、存储、数据、服务资源比2019年分别增长33%、90%、144%和28%，资源总量位居全国前列；直接服务24个警种和21个地市，数据服务日调用约3 000万次，有效支撑全警全域应用，助力欠发达地市信息资源均衡化发展，实现全省同步入云。

新一代移动警务系统建设　全省公安机关基本实现移动警务终端全面配备；开发移动警务应用747个，比2019年增长14%，基本实现公安业务应用全覆盖；全省民警日均应用约2 000万次，有效打通大数据应用“最后一公里”，全面助推基层一线实战提质增效。

视频云工程建设　全省公共安全视频一类点数量位居全国前列，基本实现全域覆盖和联网共享。广东省视频云平台视频智能化应用能力不断增强，支撑全警动态人像布控，视频监控技术协助破获各类案件约40万起。

【疫情大数据建设应用】　省公安厅依托公安大数据，快速建成省疫情防控大数据综合实战平台、广东省入境人员健康服务“一码通”等应用，实现疫情全流程闭环管控，为科学决策、精准防控提供有力支撑。省公安厅科技信息化总队被评为全国抗击新冠肺炎疫情先进集体。

【公安政务“指尖服务”建设】　全省公安机关依托公安大数据为广东省“数字政府”共享36类公安信息资源，为“粤省事”等提供权威身份认证服务超过9 200万人次，每日认证达500万次。全省公安系统累计在“粤省事”上线民生服务302项，约占其总数四分之一，超过1.9亿人次“指尖”办理公安服务，实现“四少一快”，群众反响良好。

【科研管理】　省公安厅积极组织全省公安机关申报省、部级科技计划项目。2020年经公安部批准科研项目立项13项，其中“面向疫情防控的视频大数据智能化应用关键技术研究与应用示范”等3个项目获得公安部级别最高的竞争性遴选项目立项，占2020年度该项目全国立项数量的57%。在广东省重点领域研发计划“社会治理体系现代化与治理能力提升”重点专项中，广东省公安厅推荐的“视频动态人脸与人体再识别聚类分析技术研究及应用示范”等4个项目获得立项。

【科技奖励】　广州市公安局刑事科学技术研究所完成的“硅藻诊断溺死量化指标及自动识别技术”项目获得2020年度公安部科学技术奖二等奖；广州市公安局刑事科学技术研究所完成的“Y染色体遗传标记法医检验关键技术及体系建立与规模应用”获得2020年度广东省科学技术奖科技进步奖一等奖。

硅藻诊断溺死量化指标及自动识别技术　该项目在微波消解—膜富集—电镜观察硅藻检验关键技术及装备取得重大突破的基础上，针对法医硅藻检验基础理论、量化指标、智能化技术及规模推广等难题开展系列研究。首次发现溺死和非溺死尸体硅藻进入人体器官的方式、种类及分布特征，为硅藻检验诊断溺死提供了重要的理论支撑；首次建立了硅藻检验量化指标，显著提高了溺死诊断的准确性；建立了基于人工智能的硅藻自动搜索、比对技术，在硅藻检验自动搜索、识别方面取得突破；建立了硅藻消解富集一体化平台，避免了潜在污染，易于推广；研发了溺死相关浮游微生物DNA检测技术，提高了溺死诊断的

证据力。已申报国家发明专利5项（已获授权发明专利1项、实用新型专利1项）；已在行业权威刊物发表文章35篇（SCI收录11篇）；培养硕士研究生8名；出版专著1部；应用于全国18省68个市500多宗水中尸体疑难案件，为案件的定性及处置发挥了关键作用，为维护司法公正和社会稳定作出了巨大贡献，取得了显著的社会效益。

Y染色体遗传标记法医检验关键技术及体系建立与规模应用　针对Y染色体检测试剂、比对软件缺乏的难题，该项目课题组通过20多年持续积累，在基础研究和技术创新上不断取得重大突破，建立了Y-DNA检验技术体系，解决了“卡脖子”难题。系统研究了大样本多群体Y-STR多态性，为法医学应用提供了重要的基础信息；研制了系列高分辨检测试剂，实现Y-STR检测试剂全面国产化；研发了法医现场物证全自动检测工作站，极大提高了现场检材检验效率和检出率；研发了法医DNA管理比对系列软件，实现DNA信息多模式比对，显著提升了数据库比对效率。项目成果在公安工作中发挥了重要作用，在全国命案积案攻坚专项行动中，为“黄埔713三命案”等疑难命案、积案侦破提供了关键证据，协助侦破的“广州天河母女被杀案”被评为2020年度全球DNA比对大赛第4名。

（李先全）

环保领域

【污染防治与修复重点专项】 7月，省科技厅与省生态环境厅联合组织实施广东省重点领域研发计划“污染防治与修复”（第二轮）重点专项，针对广东省水污染防治、大气污染防治、土壤污染防治、固体污染防治等领域的突出问题，设置了4个专题11个研究方向，投入省财政资金9 600万元，重点开展珠江三角洲感潮河网区溶解氧调控、臭氧污染快速预警及精准应对、工业园区VOCs精准监测预警、船舶排放大气污染物管控、基于区块链与大数据的城市土壤污染智能管控等方面的技术攻关和应用示范，科技支撑打赢污染防治攻坚战。

【蓝天保卫战】 2020年年初，全省生态环境保护工作会议提出“突出减排、狠抓重点、精准降超、应急削峰、省市联动、区域联治、专班指导、探索示范”的作战方案，创新建立工作机制和团队，建立省生态环境厅主要领导和院士牵头的大气污染防治“硬任务”攻关攻坚中心，各地市成立以生态环境局长和专家共同牵头的大气污染防治“硬任务”城市工作组，明确重点防控区域、重点防控行业，健全2万家重点对象管控清单，精准实施“挂图作战”。2020年全省AQI达标率95.5%，PM2.5年均浓度达22微克/立方米，优于世卫组织第二阶段标准，比2015年下降30.3%，珠三角有6个城市空气质量位居全国168个重点城市前20位，肇庆、东莞、佛山和中山市空气质量改善幅度包揽前4位。

【水污染防治】 2019年年底，广东省还有5个劣Ⅴ类断面，水质优良率距离2020年目标还差7个百分点。2020年年初印发实施年度攻坚方案，对20个重点攻坚断面逐一明确目标任务。持续完善跨市协调治水机制，建立“流域+区域”跨市治理合作和省、市、区（镇）三级协调机制，每天通报断面水质自动监测结果，及时协调解决流域城市间突出问题，组织召开水环境综合整治联席会议10次，跨界流域污染整治协调会20次，全力推动左右岸、上下游、干支流全流域治理。全力推进重点流域精准化治理。

深化“一市一策一专班”督导帮扶，组织技术团队驻点核查，邀请专家一线“把脉会诊”，定期会商研判达标形势，滚动更新重点断面攻坚问题清单及建议，积极防范初雨污染，指导地市科学、精准、精细治污。

协调推进治水设施工程建设，深化重点断面重点工程任务“一图一表”挂图作战，持续开展污水处理设施及配套管网进出水水质监测工作，倒逼推动污水处理设施实现超速建设和提标改造，持续推动茅洲河、练江等重点流域“大兵团作战、全流域治理”，协调督促省属国企优先推进重点工程建设。

协调推动水资源水环境联动治理，省生态环境厅与省住房和城乡建设厅、省水利厅、省气象局等部门定期协调会商，共享信息资源。开展东江、韩江、鉴江、广佛跨界河流巡河调研，实施前山河、练江、黄江河、梅溪河等河流水量优化调度。完成1.2万公里河段入河排污口排查，摸查排污口3.56万个，12 580个纳入“五清”专项行动的入河排污口全部完成整治。155个县级以上城市饮用水水源保护区标志规范化设置率达100%。水环境质量实现重大改善，2020年全省国考断面水质优良比例达87.3%，比2015年提升9.8个百分点，习近平总书记2018年视察广东指出的9个劣V类国考断面全部消除，云浮、河源、肇庆3市国考断面水环境质量状况排名全国前30位，东莞、茂名、惠州改善幅度位居全国前10位，地级及以上城市建成区527条黑臭水体全面消除黑臭，521条实现“长制久清”，近岸海域水质优良比例达到89.5%。

【国家土壤考核任务】 2020年，广东省完成32 623个点位农用地土壤污染状况详查和9 963家重点行业企业用地、94家重点工业园区土壤污染状况调查。实施农用地分类管理，全省121个县级行政区域完成农用地土壤环境质量类别划分，完成受污染耕地安全利用考核任务。严格建设用地准入管理，建立建设用地调查评估制度，发布建设用地土壤污染风险管控和修复名录6期，累计纳入名录41个地块，污染地块安全利用率100%，超额完成国家任务。列入整治清单的57家涉镉污染源企业、73个工业固体废物堆存场所已全部完成整治，重点行业的重点重金属排放量较2013年下降超过15%，超额完成“十三五”减排任务。

【农村环境综合整治】 2020年，省生态环境厅安排中央农村环境综合整治资金1.58亿元，支持补助321个行政村农村生活污水治理工作，支持13个县（市、区）开展农村生活污水示范建设。完成4 353个建制村农村环境综合整治工作，初步完成全省农村黑臭水体排查。658个“千吨万人”水源地全面完成保护区划定工作，农村集中式饮用水源地水质监测实现全覆盖。印发《广东省农村生活污水治理技术指引》，完成农村生活污水治理年度目标任务，自然村生活污水治理率达61%。

【全要素生态环境质量监测网络】 2020年，广东省建成涵盖大气、水、土壤、海洋、噪声、生态、辐射、污染源等要素的生态环境监测基础网络，推动监测数据“真、准、全”。建成华南区域空气质量预测预报中心、土壤样品制备与流转中心和环境监测质量控制中心。在全国率先建成大气复合污染成分监测网，开展颗粒物和臭氧污染追因溯源。实现国考省考断面水质自动站全覆盖，在东江、韩江流域建成“生态视窗”。监测预报预警能力全国领先，在全国第二届生态环境监测专业技术人员大比武活动中，广东省包揽4个第1。加强第三方监测机构监管，查处一批弄虚作假案件，保障环境服务市场良性发展。

【生态环境科技支撑】 2020年，广东省生态环境厅加快推进“数字政府”改革建设，初步构建了包含智慧监测、智慧监管、智慧决策、智慧政务四大应用体系于一体的生态环境智慧云平台，启动“一网统管”生态环境专题建设。通过大数据综合应用，有效提升了生态环境精细化管理水平。联合中国科学院开展臭氧及前体物卫星遥感监测，组织开展感潮河网区溶解氧调控关键技术研究。积极推动广东省环保重点实验室与工程中心建设。

【重大平台建设】 2020年，在生态环境部的大力支持下，省生态环境厅积极谋划重大平台建设，与广州市、广州市黄埔区合作共建“粤港澳生态环境科学中心”，以生态环境科技创新助力国际一流湾区和美丽广东建设。

【环保科技成果】 2020年，广东省环境科学院在重金属污染管控、大气污染治理、环境风险等领域取得创新性成果。该院作为第一单位完成的“典型区域农用地重金属污染风险管控技术及管理决策支撑”技术成果获得广东省环境保护科学技术奖一等奖；作为第三合作单位完成的“大风量低浓度工业挥发性有机物污染治理策略与关键技术及应用”技术成果获得广东省科学技术奖科技进步奖一等奖；作为第二合作单位完成的“城市棕地再开发的环境风险与规划管控研究”技术成果分别获得广州市优秀城市规划设计奖一等奖、广东省优秀城市规划设计奖二等奖和华夏建设科学技术奖三等奖；作为第二合作单位完成的“佛山市南海区域城市开敞空间专项规划（2016—2025）”技术成果获得中国风景园林学会科学技术奖二等奖。

（罗宇恒　郑秀亮）

能源领域

【科技成果及奖励】　2020年，广东省能源领域以科技创新为中心，不断进取，深化改革，实现了年度目标及“十三五”时期“率先行动”计划的阶段目标，取得了显著成绩，推动了广东省能源领域的开发与利用。

表8-5-1　广东省能源领域部分获奖成果（2020年度）

序号	获奖类别	获奖项目名称	第一完成单位
1	广东省科学技术奖技术发明奖一等奖	木质素的微结构调控及在微/纳米领域的应用	华南理工大学
2	广东省科学技术奖科技进步奖一等奖	动力电池系统安全性关键技术及应用	广东工业大学
3	广东省科学技术奖科技进步奖一等奖	电力芯片保护关键技术攻关及核心器件国产化	南方电网科学研究院有限责任公司
4	广东省科学技术奖科技进步奖一等奖	高密度高可靠LED显示器件关键技术与集成应用	佛山市国星光电股份有限公司
5	广东省科学技术奖自然科学奖二等奖	城市空间结构演化与碳排放的作用机理研究	中山大学
6	广东省科学技术奖技术发明奖二等奖	分散染料无废水连续染色工艺及设备	东莞市金银丰机械实业有限公司
7	广东省科学技术奖技术发明奖二等奖	高效节能热色智能薄膜关键技术	中国科学院广州能源研究所
8	广东省科学技术奖科技进步奖二等奖	百万千瓦级核电厂数字设计与仿真验证关键技术及应用	中广核工程有限公司
9	广东省科学技术奖科技进步奖二等奖	高安全移动式锂离子电池储能电源关键技术开发及产业化	深圳市华宝新能源股份有限公司
10	广东省科学技术奖科技进步奖二等奖	电动汽车与电网智能互动协同充电技术及应用	广东电网有限责任公司
11	广东省科学技术奖科技进步奖二等奖	高能量密度动力电池系统	深圳市比亚迪锂电池有限公司
12	广东省科学技术奖科技进步奖二等奖	城市数字电网智能配用电大数据关键技术、装备系统及工程应用	南方电网科学研究院有限责任公司

（续上表）

序号	获奖类别	获奖项目名称	第一完成单位
13	广东省科学技术奖科技进步奖二等奖	太阳能电池质量关键参数一致性测量技术及其应用研究	广东省计量科学研究院
14	广东省科学技术奖科技进步奖二等奖	1600吨半潜/坐底多功能风电工程船设计建造	中船黄埔文冲船舶有限公司
15	广东省科学技术奖科技进步奖二等奖	大型风电场运行维护关键技术及应用	广州机械科学研究院有限公司
16	广东省科学技术奖科技进步奖二等奖	锂离子动力电池用极薄电解铜箔核心技术研发及产业化	广东嘉元科技股份有限公司
17	广东省科学技术奖科技进步奖二等奖	高性能锂离子动力电池用磷酸铁锂正极材料关键技术研发	深圳市德方纳米科技股份有限公司
18	广东省科学技术奖科技进步奖二等奖	海洋工程水动力环境的监测、数值模拟和极值统计技术及其工程应用	华南理工大学
19	广东省科学技术奖科技进步奖二等奖	湿热地区高性能建筑节能材料关键技术及应用	广州大学
20	广东省科学技术奖科技进步奖二等奖	煤化工高酚氨废水处理回用与智能模型拟合技术及应用	华南农业大学

【低碳技术创新与示范】

广东省低碳发展专项资金项目“结合主体功能区规划的广东省低碳发展研究” 该项目通过精准定位不同区域的主体功能与低碳转型障碍，设计差异化低碳发展路径，协同实现区域均衡发展与低碳转型。项目组对广东21个地市的主体功能区建设及低碳发展情况进行了为期4个多月的深度调研，参加调研座谈的基层干部共计120多人。完成了《以生态补偿推进主体功能区差异化发展，协同实现共同富裕》为首的系列调研分析报告，并提交了3份政府决策咨询报告《〈关于健全生态保护补偿机制的实施意见〉的政策评估与完善建议》《以主体功能区建设推进广东省绿色低碳发展和生态文明建设》和《深入探索生态补偿机制，推进主体功能区差异化协同发展》，均被广东省发展和改革委采纳。其中，《深入探索生态补偿机制，推进主体功能区差异化协同发展》被选入广东省人民政府主编的《广东发展蓝皮书2019》著作中。为广东省修订《关于健全生态保护补偿机制的实施意见》提供了有益借鉴，为完善广东省生态补偿的制度设计以及推动区域平衡发展提供了数据支撑和理论参考。

中国科学院科技服务网络计划（STS计划）区域重点项目“产业园区多能互补集成优化和区域智慧能源系统建设与示范” 该项目基于中山华南现代中药城的实际供用能问题开展科研技术攻关及示范研究，完成了对药渣枸杞、枝叶特性的药渣烘干粉碎前处理技术、固废气化资源利用技术等既有技术的创新改造，并首创研发了高温蒸汽的热表监测、传输、采集技术，首次构建了智慧能源管理仿真系统平台并完成其示范应用。其中，药渣气化处理成套技术、复合储能成套系统、智慧能源监测仿真平台成套系统等研发成果具有后续示范推广的潜能。通过建设、使用园区智慧能源实体系统及智慧能源管理系统，实现可再生能源利用率的最大化，解决可再生能源的时空不匹配问题，促进园区减少化石能源使用、用能成本降低，将中山中药园区打造成国家级互联网+智慧能源示范区，并力争成为省级低碳园区、近零排放示范区、生态文明的先行区，对广东省工业园区提高能源利用效率，实现多能互补系统优化集成和园区固体废弃物处理等提供了新的技术参考和项目示范。

能源基金会项目“多约束目标下广州市高质量发展一促三控协同战略研究”和“实现双达目标下广州交通系统可持续发展路径研究” 该项目通过“一促三控”协同战略研究项目构建了广州市能源总量控制、减少碳排放、改善大气质量等多目标综合分析模型，评估了完成三控目标的措施成本及对宏观经济的影响，论证了三控目标完成与经济发展的可协同性，提出了高质量发展的政策建议。“双达”交通系统研究在梳理广州市交通领域CO_2和空气污染物排放现状基础上，通过分析交通领域未来的排放趋势、减排潜力以及关键措施的减排协同效应和减排成本，提出了广州市交通可持续发展路径和政策建议。

中国工程院院地合作咨询研究重点项目“粤港澳大湾区能源转型中长期路径研究” 该项目是“粤港澳大湾区能源转型中长期情景研究”的深化和延续，将为科学规划粤港澳大湾区碳排放达峰路径、统筹部署碳中和工作提供决策支持。将以立足实际、视野前瞻、创新驱动、路径可行、举措到位为原则，以构建“绿色低碳、安全高效”的可持续能源体系为目标，聚焦2030年碳达峰，面向2060年碳中和，致力于研究大湾区在碳排放达峰目标下能源转型的技术路径、转型成本和政策举措，评估能源转型对社会、经济、就业等方面的影响，明确“9+2”城市的差异化发展战略定位，提出碳达峰目标下的大湾区中长期能源转型路线图。

【节能环保】

第五届“地球—生态—资源—能源”青年学术沙龙 10月23日，该学术沙龙在广州成功举办。会议由中科院青年创新促进会广州分会指导，广州能源所青促会小组主办，华南植物园、亚热带农业生态研究所及广州地球化学研究所三家单位青促会小组协办。来自广州能源所、华南植物园、亚热带农业生态所、广州地球化学所、同济大学、中山大学的优秀青年科研人员和研究生等60余人参加了此次学术沙龙。本届沙龙初步形成了合力推进学科交叉发展的共识，为推动“地球—生态—资源—能源”学科交叉和融合发展打下了良好的基础。

中国科学院A类战略性先导科技专项“变革性洁净能源关键技术与示范”项目课题“超长重力热管开采干热岩热能的关键技术突破及应用示范” 2020年，该课题取得阶段性进展，研发了超长重力热管，在河北唐山马头营一口地热深井内完成安装并开展了长达4个月的采热试验，尝试开展了地热温差发电试验。试验结果显示，在地下取热段岩石平均温度为119℃的地热条件下，地面获得了温度最高达90℃的饱和水蒸气，持续采热功率接近200kW。在世界范围内首次实现中深层地热资源“只取热、不取水”的“无泵式”开采，取得了中深层地热开发技术重大突破，为地热资源利用开辟了新模式、新路径。

【新能源和可再生能源技术研发与应用】

海洋能 中国首台波浪能供电观测浮标“海聆”搭载多种海洋观测仪器开展应用示范，投放于珠海大万山海域，截至12月25日，实现在开阔海域全系统无故障连续运行满一年，标志着中国在海洋观测原位供电方面迈出了重要一步。漂浮式波浪能供电观测浮标“海聆”通过锚泊系统与海底连接，安装了2台60W气动式波浪能发电机、30W太阳能发电板和1套多能互补管理系统，搭载了海洋环境观测、数据与视频采集、远程传输与控制等系统。内置式波浪能航标“海聆”系列起始发电有效波高小于0.3m，可在15级台风下安全发电，在台风中，航标姿态平稳、锚泊牢固、监控准确、通讯畅通，展现出强大的发电能力、良好的环境适应性和可靠性。运行一年来，“海聆”经历了不同季节多种海况及多个台风的考验，传回了数百万条重要实测数据，验证了标体与锚泊系统的安全性、波浪能发电系统的可靠性、海上监测与岸基系统的稳定性。为解决现阶段中国海洋观测仪器因能量短缺无法进行长周期、大范围海洋监测的难题，推动海洋能装备服务海洋经济建设，在自然资源部、广东省和中国科学院的支持下，成功开发出了10W、60W、100W、200W、300W、1kW等多种型号的小型波浪能发电装置，并进一步开展3kW和10kW大型波浪能供电浮标的研制，以满足不同海域不同观测仪器设备的电力需求，为中国海洋观测系统建设提供技术与装备支撑。其中，航标灯用波浪能

发电装置已作为成熟产品，销售800余台。截至2020年年底，不同型号的“海星”与“海聆”系列供电装备持续开展实海况试验，并搭载不同观测设备，进一步验证技术的可靠性和稳定性。

自然资源部海洋可再生能源项目“南海兆瓦级波浪能示范工程建设”建造的首台500kW鹰式波浪能发电装置“舟山号”正式交付。为支撑中国海洋强国战略实施，解决海洋开发供电难题，发展海上绿色能源，在珠海市大万山岛开展兆瓦级波浪能示范场的建设，打造中国首个、亚洲一流、国际先进的波浪能发电试验场。本次交付的500kW波浪能发电装置是该波浪能场的首台进场装置，拥有中、美、英、澳四国发明专利，设计图纸获法国船级社认证。鹰式波浪能发电技术具有独特的吸波浮体和良好的俘获性能，采用半潜式结构搭载吸波浮体和能量转换设备，具有较高的转换效率与工程便利性。装置采用四角抛锚方式与海底连接，在风暴来临前通过调节锚泊系统和吸波浮体主动下潜的方式大幅度降低结构受力，保障平台安全。装置内部采用双套液压发电系统，互为备用，提升装置海上运行的可靠性。能量转换系统配置液压蓄能单元，将不稳定的波浪能转化为相对稳定的电能输出，系统配置储能、逆变器、变压器等电力变换设备，可在海上独立稳定输出10kV、3kV、380V、220V及24V标准电力。波浪能功率密度大、分布范围广，是一种储量丰富的海上绿色能源。波浪能的开发利用有利于优化中国海岛能源结构，支撑海洋开发活动的发展。项目后续深入开展波浪能发电技术的工程化、实用化和规模化研发工作，积累波浪能装备并网运维经验，为远海岛屿清洁能源供电提供技术和装备支撑，服务中国海洋强国建设。

生物质能　广东省重点领域研发计划项目“纤维素类生物质水（醇）解制备酯类燃料联产化学品技术”顺利启动。纤维素类生物质水（醇）解酯化的直接产物乙酰丙酸酯和戊内酯等短链脂肪酸酯具有优异的燃烧性、安全性和清洁排放性，是生物质能源领域研究的前沿和热点，应用发展前景极为广阔。项目以纤维素类生物质水（醇）解可及性、高效性和纤维素类生物质酯类燃料适用性等关键技术问题为关注点，采用生物质组分化学结构解析为基础和清洁分离的研究方法，开发纤维素类生物质制备酯类燃料联产化学品，制备高纯度的乙酰丙酸酯和戊内酯，并复配获取酯类汽/柴油燃料，完成纤维素类生物质水（醇）解制备酯类燃料联产化学品关键技术的工程验证以及全生命周期评价。

9月，2020中国可再生能源学术大会暨生物质能专委会学术年会在昆明召开。本次会议由中国可再生能源学会生物质能专业委员会、生物质能源产业技术创新联盟和云南师范大学主办，云南师范大学能源与环境科学学院（太阳能研究所）承办，云南省太阳能协会、云南省生物质能源产业技术创新战略联盟和云南省沼气工程技术研究中心共同协办。作为生物质能专委会挂靠单位，广州能源所20余人参加此次会议。会议接收投稿论文144篇，注册参会代表198人。5位行内专家就生物质能源利用总体的发展方向和趋势、生物航油联产、重大创新平台建设以及适应中国北方和南方地域特点的生物质能利用做了大会邀请报告。分会就生物质热化学转化、液体燃料、材料与化学品、气体燃料和生物质资源利用5个专题，开展了8场分会交流，共作口头报告74个，电子屏展览墙报35个，并有8位资深专家和16位青年教授作了分会邀请报告。此次会议的召开，为生物质能领域的科研工作者提供了一个深入交流、学习的平台，加强了国内生物质能领域专家、学者之间的联系，并给青年学者提供了展示机会，积极有效地促进了生物质能的持续创新和发展。

太阳能　2020年12月，2020年太阳能行业发展总结大会暨2020年中国（广东）光伏国际技术大会在广州召开。会议由中国科学院广州能源研究所、广东省太阳能协会、暨南大学、中山大学、南方科技大学主办，邀请光伏领域行业内资深专家开展报告交流，设有共59个报告，300余人参会。大会分为“CdTe, CIGS, Perovskite及新型薄膜太阳电池技术”“晶体硅太阳能电池与材料、组件、装备技术”“储能、系统和智能并网技术及应用”3个专题。本次会议是具有国际化视野的学术交流活动，体现了研究所在新能源技术开发和行业交流中发挥着推动引领的作用。

地热能　中国科学院学部咨询评议项目“长三角地区地热资源及其综合利用研究”以长三角

地区地热资源及其综合利用研究实施方案，提出了多项具有建设性的合理化建议，系统厘清长江三角洲地区地热资源家底及开发利用的现状与需求，梳理存在的问题，探索长三角地区地热开发利用发展道路，并在此基础上提出战略与对策，为长三角“一体化”和“高质量”发展提供支撑。研究团队将完成《长三角地区地热资源及其综合利用研究报告》，形成具有可操作性的咨询建议，提交相关政府机构参考，同时总结长三角地区地热资源开发利用及管理成果，形成学术论文和行业标准。

（白　羽　张丽娟）

交通领域

【科技创新工作】

交通运输行业协同创新　2020年，省交通运输厅制定出台《关于促进全省交通运输科技协同创新的意见》，统筹全省交通行业科技创新资源，以广东省交通协同创新中心为纽带，激发带动行业监管主体、规模级企业主体、项目级企业主体、科技研发主体和咨询服务主体创新，构建“一中心五主体”协同创新生态，促进各类主体融通创新。广东省交通科技协同创新信息平台正式替代原广东省交通科技网上线试运行，平台实现了“需求征集—科技规划—立项评估—过程监管—结题验收—知识产权管理—成果遴选”的全链条科技管理服务，通过PC端与微信服务端为全省交通运输行业提供更便捷的智能化科技创新服务。

《广东省交通运输科技协同创新“十四五”发展规划》　为深入贯彻党中央、国务院关于交通强国、粤港澳大湾区等战略部署，落实广东省委、省政府创新驱动发展战略，加快形成全省交通运输科技协同创新发展的新局面，根据省“十四五”综合交通规划体系编制工作安排，启动《广东省交通运输科技协同创新“十四五”发展规划》研究编制工作。

【标准化建设】　2020年，省交通运输厅依托广东省交通科技协同创新信息平台，构建广东省交通运输行业标准库，实现通过手机客户端、PC端对交通运输领域的国标、行标、地标及省交通运输厅发布的技术性文件文本的电子查阅，方便了工程技术人员对标准的即时使用。

广东省交通运输（公路水路）标准化技术委员会（以下简称“标委会”）开展标准化相关工作，规范标委会工作流程。截至2020年年底，标委会组织征集全省交通运输领域标准项目57项，推荐广东省地方标准立项9项（其中7项已进入立项公示），完成地方标准技术审查3项，上线交通标准库并实现与省交通运输厅OA平台的对接。省交通运输厅组织审查推荐的《高速公路日常养护作业规范土建》已于2020年9月由省市场监督管理局发布。

【科技成果及奖励】

2020年度，广东省交通领域新获批1个国家级科普基地、1个部级行业野外科学观测研究基地、2位部级领军人才、2项部级科技示范工程、3项部级科技清单项目、8项部级成果入库项目、1项省级科技计划项目。获得2020年度中国公路学会科学技术奖8项，其中特等奖1项、一等奖2项、二等奖2项、三等奖3项；2020年度广东省科学技术奖科技进步奖2项。

曲线管幕+水平控制冻结法的浅埋超大断面暗挖隧道成套建设技术　该项目在临海软弱地层长距离空间曲线管幕关键技术、长距离曲线大管幕冻结止水与开挖协同的分段冻结新技术、离心机非停机分块排液开挖试验技术3大方面取得了系列重大创新性成果，形成了复杂地质敏感环境条件下大断面浅埋暗挖隧道建设的关键技术体系，实现了隧道建设的安全、高效与节能目标。项目成果获得2020年度广东省科学技术奖科技进步奖一等奖。

富水岩溶发育条件下复合地层地铁盾构工程成套关键技术研究与应用　该项目以广州地铁在岩溶区建设遇到的问题为导向、以盾构工程现场为实验平台，建立了涵盖“工程勘察、盾构机设备、盾构工法工艺、施工应急技术”4个方面的成套关键技术，这一技术成果标志着盾构行业的重大安全生产风险难题（孤石、岩溶、换刀）已被突破，促进盾构工法长足进步。项目成果获得2020

年度广东省科学技术奖科技进步奖一等奖。

【铁路】 2020年，中国铁路广州局集团有限公司科技投入4 093万元，主持中国国家铁路集团科研项目1项、参与18项；本级科研立项146项，与近年立项数量基本持平。

人才培养　该集团13项科研项目由中国国家铁路集团有限公司“百千万人才”担任项目负责人、91项科研项目由该集团“211工程”杰出人才担任项目负责人；该集团“211工程”杰出人才参与科研项目研发483人，超过在库人数的85%。

该集团“211工程”杰出人才81人获得该集团本级科技进步奖、23人获得中国铁道学会科学技术奖、2人获得詹天佑铁道科学技术奖青年奖。该集团推荐詹天佑科学技术发展基金会第三届理事会理事1人，推荐中国铁道学会运输委员会、勘察设计委员会委员各1人。

该集团共组织召开1场学术论文交流，参加交流的论文共有41篇，获得合格及以上评价38篇；编印《广东铁道》期刊1期、《广铁科技》期刊4期，组织开展铁道安全、铁道劳动、企业管理、铁路采购与物流主题征文4次。

制度建设　该集团修订科研计划管理办法，制定发布科研试验管理办法，压实各科技管理主体的职责和义务，加强科技项目分级分类、全过程管理。修订科学技术奖奖励办法，将项目奖划分从原来的一二三四等级，提升为特一二三等级，增加奖金金额；同时，设立科学技术个人奖，分为贡献奖和青年奖。

应用创新成效　该集团完成铁路安全风险管控大数据应用系统试用考核，系统整合各类安全数据，构建安全风险预防预警，有效促进管理人员履职落责，提高了安全管理效能。建成应急指挥平台一期，实现了该集团应急指挥中心与65个基层站段安全生产指挥中心的实时对话，能够通过无人机、布控球实时连接现场。

深入开展固定设备、移动装备动态监测和健康管理、动车组服役期数字化精准维修应用等技术研究，推进无人值守牵引变电所远程视控、线路障碍监测、精准雨量预警、高风险处所位移监测等重点项目建设，进一步提升科技保安全能力。截至2020年年底，线路障碍监测系统已在焦柳、渝怀、沪昆等6条线路试用；北斗卫星山体滑坡位移检测系统已在焦柳线K987 Ⅰ级防洪点投入运行。

持续深化客货运产品设计、定价辅助决策等关键技术研究，科学优化运力资源配置；整合集成既有运输生产作业系统，引入大数据等技术，推进智能运输调度、全路车流信息管理等系统优化完善，进一步提升运输组织效率。智能运输调度系统已在岳阳北、韶关东等16个区段站试用。

重点加大办公、财务、劳资、物资等智能化管理系统的研发力度，促进提升管理效能。截至2020年年底，移动端集成办公系统已在机关部门科职以上用户（约700人）开展试点，计划2021年覆盖机关人员及各单位领导班子成员用户（约4 000人）。

信息保障能力　按照架构一次建成、能力按需配置原则，利用虚拟化、云计算、大数据等技术在全路率先建成路局级一体化信息集成平台（一期），为既有应用系统整合迁移、新建应用系统开发投产、开展大数据应用提供基础资源支撑。目前已建成应用虚拟机880台，数据库虚拟机160台，存储资源600TB，新增大数据处理能力100TB。

深入实施“铁网护栏”工程，筑牢网络安全“防火墙”，全集团完成5万台电脑桌面终端及客票专网子工程推广实施。结合安全生产大检查和设备“秋检秋鉴”，全面检查整治调度系统、客票系统、旅服系统、防灾系统等重要信息系统隐患，重点排查“一机两网”、病毒入侵、信息机房安全等问题。截至2020年年底，共排查发现问题274个，已全部整治完毕。

加强“两会”、暑运、进博会等重点时期网络安全保障，采取信息通报、24小时值班、快速应急响应等多重有效的防护措施，确保重要信息系统安全稳定。组建精干技术防护团队，全面排查内外网资源，加强实时监测与安全防护，及时排查整治问题，圆满完成2020年攻防演习任务。

科技成果评价　2020年，对32个项目逐个组织成立评审委员会，对项目的技术水平、实用价值、应用条件进行确认和评价，共发布了32项科技成果技术评审证书（见表8-6-1）。

表8-6-1 2020年中国铁路广州局集团有限公司发布科技成果技术评审证书名单

序号	项目名称	技术评审号
1	激光三维扫描技术在高铁站台建筑限界检测中的研究与应用	广州局集团技评字〔2020〕1号
2	机车乘务员睡眠监测和无干扰叫班管理系统	广州局集团技评字〔2020〕2号
3	乘务员值乘标准化车载音视频智能分析系统	广州局集团技评字〔2020〕3号
4	RUD-20提速型双轨式钢轨超声波探伤仪	广州局集团技评字〔2020〕4号
5	混凝土道口板	广州局集团技评字〔2020〕5号
6	“复兴号”动车组司机实作演练操纵台	广州局集团技评字〔2020〕6号
7	东风系列内燃机车调控系统性能改进的研究	广州局集团技评字〔2020〕7号
8	延缓DF4D型机车柴油机机油黏度上涨速度的研究	广州局集团技评字〔2020〕8号
9	和谐型电力机车车门防伤装置	广州局集团技评字〔2020〕9号
10	LKJ电务类基础数据管理系统	广州局集团技评字〔2020〕10号
11	动车组服役期可靠性运维平台研究	广州局集团技评字〔2020〕11号
12	普速智能客运站系统	广州局集团技评字〔2020〕12号
13	机车在线移动式轮辋轮辐探伤复合机器人研究	广州局集团技评字〔2020〕13号
14	智能数显轨距尺系统设计及现场应用	广州局集团技评字〔2020〕14号
15	机车空心车轴超声波探伤设备研究	广州局集团技评字〔2020〕15号
16	HX型电力机车齿轮箱油堵结构设计改进	广州局集团技评字〔2020〕16号
17	HXD1系列电力机车自动灭火系统	广州局集团技评字〔2020〕17号
18	和谐型机车无动力回送生活用电装置	广州局集团技评字〔2020〕18号
19	基于紫外协同可见光的电气化铁路绝缘子放电强度便携式检测仪	广州局集团技评字〔2020〕19号
20	DC600V供电客车蓄电池充放电系统匹配性研究	广州局集团技评字〔2020〕20号
21	广州局集团公司IT资源智能监测运维管理系统	广州局集团技评字〔2020〕21号
22	铁路货运智能安检	广州局集团技评字〔2020〕22号
23	直流电高速钢[illegible]孔机研制	广州局集团技评字〔2020〕23号
24	电务车载设备[illegible]KJ／GYK）大数据智能安全管控平台	广州局集团技评字〔2020〕24号
25	HX型电力机[illegible]量智能监测装置	广州局集团技评字〔2020〕25号
26	ATP设备监[illegible]故障智能诊断系统	广州局集团技评字〔2020〕26号
27	TZPC-1[illegible]机车控制电源柜系统设计改进	广州局集团技评字〔2020〕27号
28	接触网[illegible]何参数智能检测装置	广州局集团技评字〔2020〕28号
29	动车[illegible]车检机器人智能综合探测系统	广州局集团技评字〔2020〕29号
30	悬挂式转向架检修工艺线研制	广州局集团技评字〔2020〕30号

（续上表）

序号	项目名称	技术评审号
31	列尾安全防护系统便携智能监测装置	广州局集团技评字〔2020〕31号
32	摄像手电数据智能处理系统	广州局集团技评字〔2020〕32号

科技奖励　2020年度，该集团共4个项目获省部级科学技术奖，其中中国铁道学会科学技术奖一等奖1项、二等奖1项、三等奖2项（见表8-6-2）。

表8-6-2　2020年度中国铁路广州局集团有限公司获省部级科学技术奖项目名单

序号	项目名称	奖励类别	奖励等级	主要完成单位	主要完成人员
1	调车作业综合控制系统	中国铁道学会科学技术奖	一等	1. 中国铁路广州局集团有限公司 2. 北京远光瑞为软件技术有限公司	1. 郭吉安　2. 王　斌　3. 李怀兵 4. 石文洲　5. 刘坤彬　6. 周伟龙 7. 周志超　8. 蒋如金　9. 游锦华 10. 肖　梦　11. 钟元刚　12. 喻永红 13. 吴永彬　14. 文志雄　15. 庞志焕 16. 石念玉　17. 李　强　18. 枚　兵 19. 何　伟　20. 言春明　21. 李　旭 22. 陈　雄　23. 董鹏祥
2	双模货物列车尾部安全防护设备及实时监测管理系统	中国铁道学会科学技术奖	二等	1. 中国铁路广州局集团有限公司 2. 北京市交大路通科技有限公司	1. 李怀兵　2. 石文洲　3. 文跃飞 4. 刘坤彬　5. 文志雄　6. 周伟龙 7. 李　瑞　8. 吴智用　9. 杨传文 10. 刘明翔　11. 左　强　12. 任公平 13. 王祖宽　14. 颜海波　15. 陈进龙 16. 刘　辉　17. 徐　欣　18. 胡小风 19. 胡　月　20. 佘博文
3	基于大数据分析的电务监控体系8D系统研究	中国铁道学会科学技术奖	三等	1. 中国铁路广州局集团有限公司 2. 河南辉煌科技股份有限公司	1. 陈建译　2. 钟卫国　3. 陈小平 4. 方明亮　5. 龚国廉　6. 丁　若 7. 孙宇飞　8. 周　荣　9. 秦汉青 10. 李　珑　11. 吴　健　12. 李建飞 13 张　昕　14. 楚尚高　15. 刘家骥
4	动车组轮轴探伤网络化监管平台	中国铁道学会科学技术奖	三等	1. 中国铁路广州局集团有限公司 2. 北京新联铁集团股份有限公司	1. 杜新伟　2. 龙　云　3. 周盛超 4. 曾贻强　5. 黄小剑　6. 冯佳伟 7. 钟海雄　8. 谭　鹰　9. 张旭亮 10. 刘士超　11. 张　闪　12. 赵　斌

调车作业综合控制系统　该系统全路首创集成站场高清视频、便携式记录仪、GPS/北斗定位仪、调车作业语音、平调电台信令、调车作业通知单，具备站场高清视频自动追踪调车作业人员、智能化分析平调电台信令、同步回放高清摄像及便携式记录视频等功能，实现了调车作业全覆盖、全过程、全天候、全自动实时监控和回放分析。解决了车务系统存在的调车作业过程复杂、作业人员在站场内移动频繁、调车作业地点分散导致的调车作业不受控难题。

系统先后取得3项发明专利、3项计算机软件著作权，通过采用网络、视频、无线通讯和计算机软件技术，全路范围内创新性地研发了视频同步嵌入、摄像头自动跟随、调车信令智能分析等关键技术，并研发了多功能手持机、数字平面调车数据采集器等专利设备，实现了调车作业过程智能化综合管控。

系统在该集团长沙车务段捞刀河站、惠州车务段龙川北站、海口车务段海安南站等12站建成使用，相关站段及车间管理人员通过实时监控、及时指出并防止可能导致事故的严重调车安全问题，未发生过任何调车作业事故。该系统在提高调车作业监控分析水平、降低监控分析人员劳动强度等方面发挥了积极作用，为调车作业安全控制及作业标准的提升提供了新的有效管控手段，具有广泛的应用前景和良好的推广价值。

双模货物列车尾部安全防护设备及实时监测管理系统 该项目研制了双模货物列车尾部安全防护设备和实时监测管理系统。采用GSM-R和400MHz数字通信的双模通信模式，兼容450MHz模拟通信，可根据需要选择工作模式及不同频率，不受长交路和机车运用限制；采用卫星定位技术，实现机车设备和列车尾部设备信息采集和列车在途实时监测。

通过双模通信冗余技术，满足不同运行区段、不同列车尾部通信制式的运用需求，解决山区、沟堑和隧道等复杂线路通信不畅的问题；实时监测管理系统实现了列车尾部设备的实时运用和管理，提高了工作效率、降低了管理成本。

该系统及设备在赣韶线试用以来，运行稳定可靠，达到了项目设计要求，处于国内领先水平。

基于大数据分析的电务监控体系8D系统研究 电务安全监控体系（简称“8D系统”），整合既有监测监控资源，构建了电务系统安全监测信息综合管理平台；完善了安全监测设备的运用管理制度，实现了软件平台、硬件架构、数据接口、应用管理、技术标准“五个统一”，提高了监测设备的综合利用率；优化完善了监测设备功能和手段，提升了监测设备的覆盖范围和智能化水平。建设了主要行车设备、关键作业过程、安全生产外部环境“三个全覆盖”的一整套安全监控技术体系。

系统总体框架采用“两级三层”进行搭建，两级指的是该集团级和所属电务段级，三层指的是该集团子系统、电务段子系统、车间班组子系统。系统集成了电务既有信号设备监测系统（1D）、车载设备监测系统（2D）、轨旁设备监测系统（3D）、作业卡控系统（4D）、通信综合网管系统（5D）、通信设备监测系统（6D）、电务安全生产指挥系统（7D）和CTC/TDCS查询维护系统（8D）等子系统，建立了电务大数据分析平台。

系统利用数据采集工具，经过数据清洗、转换，把电务各子系统的数据统一归集到综合分析平台，利用分布式数据库对这些数据进行全生命周期存储，利用人工神经网络、数据挖掘等智能化算法进行大数据分析；实现了数据融合展示、可视化展示、全生命周期管理和资产管理、故障预测与健康管理、设备故障智能分析、应急指挥、作业盯控、通信信号一体化分析、辅助人工分析、维修建议等功能。

动车组轮轴探伤网络化监管平台 该平台主要由通用权限框架、探伤业务信息化、工作流引擎、数据接口等模块组成，通过接口形式将XHAT、SUN、SU等系统接入，实现检测数据汇总、备份、检索等功能。通过接口与动车组管理信息系统实现车组信息、检测数据、检修计划的交互。

平台前端使用ExtJS十Asp.NET实现，Microsoft Silverligh渲染展示图像，后端使用Entity FrameWork实现数据层交互。满足200台设备同时接入系统进行数据上传，200人同时访问网站系统进行数据录入和查询，数据连续保存时间达20年以上。

该项目取得软件著作权2项：动车组空心车轴探伤管理信息系统V2.0（登记号2019SR0492784）；动车组轮轴探伤智能化管理平台V1.0（登记号2019SR049280）。自2017年7月，该平台在广州动车段9个动车所、1个高级修车间试用，截至2020年年底，共产生空心车轴探伤检测数据160 205条、轮辋轮辐探伤检测数据461 202条、缺陷数据1 094条。

2020年，该集团授予“中国铁路广州局集团有限公司运输能力适应性研究”等项目科学技术进步奖15项，其中一等奖4项、二等奖5项、三等奖6项（见表8-6-3）。

表8-6-3　2020年度中国铁路广州局集团有限公司科学技术进步奖获奖项目名单

序号	项目名称	奖励等级	完成单位	主要完成人员
1	中国铁路广州局集团有限公司运输能力适应性研究	一等	1. 中国铁路广州局集团有限公司计统部 2. 中国铁路广州局集团有限公司科信部 3. 中国铁路广州局集团有限公司运输部 4. 中国铁路广州局集团有限公司客运部 5. 中国铁路广州局集团有限公司货运部 6. 中国铁路广州局集团有限公司工务部 7. 中国铁路广州局集团有限公司电务部 8. 中国铁路广州局集团有限公司供电部 9. 中国铁路广州局集团有限公司机务部 10. 中国铁路广州局集团有限公司车辆部	1. 王　华　2. 郑圣刚　3. 陈　健 4. 张宇青　5. 白　鲲　6. 彭文高 7. 胡湘江　8. 黄礼明　9. 张阳胜 10. 邵程斌　11. 卢　斌 12. 刘应军　13. 薛双纲
2	接发列车智能分析系统	一等	1. 中国铁路广州局集团有限公司运输部 2. 中国铁路广州局集团有限公司长沙车站 3. 辽宁鼎汉奇辉电子系统工程有限公司	1. 郭吉安　2. 王　斌　3. 王洪军 4. 李怀兵　5. 石文洲　6. 匡文彬 7. 刘坤彬　8. 丁海青　9. 周伟龙 10. 冯创庆　11. 喻永红 12. 王乐荣　13. 吴　树
3	无人值守牵引变电所远程视控系统	一等	1. 广深铁路股份有限公司广州供电段 2. 广州洪森科技有限公司	1. 卓建洪　2. 赵灵龙　3. 夏煜基 4. 张拥周　5. 陈　琦　6. 黄　存 7. 李日福　8. 卓展鸿　9. 谢华东 10. 郑和其　11. 林春茂 12. 陈　珂　13. 巫二峰
4	长沙车站智能客运系统	一等	1. 中国铁路广州局集团有限公司客运部 2. 中国铁路广州局集团有限公司长沙车站 3. 辽宁鼎汉奇辉电子系统工程有限公司	1. 郭吉安　2. 谢　熠　3. 陈晓梅 4. 王洪军　5. 谢平安　6. 林少毅 7. 欧阳欣　8. 刘　菁　9. 游锦华 10. 盖德彬　11. 康建宇 12. 马骁啸　13. 孙　博
5	编组站综合自动化系统（SAM）与TDCS系统信息结合技术应用研究	二等	1. 中国铁路广州局集团有限公司电务部 2. 中国铁道科学研究院集团有限公司通信信号研究所	1. 肖新辉　2. 汤栋辉　3. 许　勤 4. 丁　若　5. 黄程辉　6. 唐　伟 7. 吴　健　8. 段诚文　9. 罗　展
6	广深港客专狮子洋隧道供电设备防腐研究	二等	1. 中国铁路广州局集团有限公司供电部 2. 广深港客运专线有限责任公司 3. 中铁第四勘察设计院集团有限公司	1. 封力民　2. 贾明汉　3. 苏方林 4. 蒋　明　5. 杨先明　6. 伍　敏 7. 邓志军　8. 王　粤　9. 赖文献

（续上表）

序号	项目名称	奖励等级	完成单位	主要完成人员
7	武广高铁线路能力及开行方案优化研究	二等	1. 中国铁路广州局集团有限公司运输部 2. 武广铁路客运专线有限责任公司 3. 中国铁道科学研究院集团有限公司运输及经济研究所	1. 郭吉安 2. 彭文高 3. 李 俊 4. 苏志良 5. 王 斌 6. 张宇浩 7. 王全泉 8. 王祖宽 9. 谢紫尧
8	铁路客车统计信息系统（铁路局级）	二等	1. 中国铁路广州局集团有限公司计统部 2. 中国铁路广州局集团有限公司信息技术所	1. 陈志荣 2. 吴戎飞 3. 林伟东 4. 周发明 5. 王鹏飞 6. 靳 健 7. 温文海 8. 谢模义 9. 刘 飞
9	货运承运制清算查询及分析决策系统	二等	1. 中国铁路广州局集团有限公司财务部	1. 周柯杉 2. 张伟民 3. 张建涛 4. 彭兴文 5. 赵秀俊 6. 李世君 7. 吴婉仪 8. 章 晗 9. 许庆明
10	高速动车组车厢内微小气候和空气质量监测及影响因素分析	三等	1. 中国铁路广州局集团有限公司长沙疾控中心	1. 周小勇 2. 殷建良 3. 杨 波 4. 滕雅平 5. 张佩元 6. 聂霞林 7. 唐 晖
11	铁路乘客临时身份证明自助办理系统	三等	1. 中国铁路广州局集团有限公司客运部 2. 广州铁路公安局网安处 3. 广深股份铁路有限公司广州东车站 4. 辽宁鼎汉奇辉电子系统工程有限公司	1. 陈晓梅 2. 范平川 3. 谢 熠 4. 霍勐韬 5. 刘紫瑛 6. 陈志刚 7. 杨 玲
12	铁路限高防护架碰撞报警装置	三等	1. 广深铁路股份有限公司广州工务段 2. 广东骏铁轨道技术有限公司 3. 广州汇智科技有限公司	1. 段有祥 2. 蒋中力 3. 林岳夫 4. 龚启明 5. 阳安德 6. 屈尚军 7. 钟燕玲
13	智能化行车公寓集成控制系统	三等	1. 中国铁路广州局集团有限公司土房部 2. 广州铁路科技开发有限公司 3. 北京恒通迪讯电子技术有限公司	1. 廖红雨 2. 钟明杰 3. 颜 三 4. 方毛仔 5. 孙瑞佳 6. 李 钦 7. 于 顺
14	机车辅机自动润滑系统	三等	1. 中国铁路广州局集团有限公司怀化机务段 2. 株洲中车电气科技有限公司	1. 钱向东 2. 刘仲景 3. 谢正楚 4. 曹文龙 5. 张瑜勤 6. 黄 坚 7. 肖悦科
15	机车智能电动刮雨器	三等	1. 广深铁路股份有限公司广州机务段 2. 株洲桓基电气股份有限公司	1. 刘朝辉 2. 王 斌 3. 万九云 4. 叶杏青 5. 王 维 6. 王言庄 7. 邝 平

【地铁】

重大科技项目　2020年，广州地铁集团有限公司（以下简称“广州地铁”）全年累计推进在研政府科技项目18项（其中国家级15项、省级1项、市级2项），全年科研投入约7 700万元。完成国家“十三五”重点研发计划项目“复杂环境下行车设备及系统全生命周期能力保持技术”等8个项目的研发任务，3个项目已提前通过上级验收，5个项目已向上级主管部门提交验收申请。广东省科技计划项目“基于太赫兹成像技术的城市轨道交通安检装备研制”等5个项目顺利通过政府主管部门验收。

以城市轨道交通智慧地铁建设、关键设备设施主动运维、5G技术的典型应用以及土建工程智能感知及预警等技术创新以及国家工程实验室“十四五”运作发展需求为研究目标，广州地铁联合上下游优秀企业和研究机构申报并成功获批1个国家级项目、1个广东省项目、1个广州市项目及1个广东省工程技术研究中心，管控项目经费总额达2.71亿元。获批牵头国家发展和改革委员会项目“城轨交通行车关键设备设施主动运维系统研究及工程应用”，以地铁11号线为示范，研发基于载客电客车的综合检测系统，构建涵盖机电、车辆以及基础设施的主动运维服务平台，实现设备状态的智能感知、资源的统一和业务的协同运作。获批牵头科技部项目“面向典型行业的新一代通信与网络应用示范”，聚焦5G技术和核心设备在轨道交通行业的应用研发，在18号线进行5G示范工程应用。

“城市轨道交通系统安全与运维保障国家工程实验室”下属平台基础及能力建设　广州地铁完成穗腾联合实验室测试验证环境建设，构建集物联实验墙、智慧车站模型以及智慧系统终端的实验基地；开展地铁综合检测车的系统策划及功能设计工作，培育多专业集成的检测及运维技术人才；开展供电和牵引网平台新增试验环境建设，新增直流试验系统、刚性接触网、受电弓测试平台等实验验证能力，为今后的技术研究和检测服务奠定了基础；持续优化实验室中台，完善中台数据标准、算法组件，推进中台云资源性能、门户操作界面优化、信息展示平台的整体优化，拓展中台应用。

穗腾OS　在2019年穗腾OS1.0正式发布的基础上，2020年完成穗腾OS系统安全完整性等级认证、信息安全等保认证及产品设计质量检查报告，获得4项发明专利、3项软件著作权，并顺利通过广州市生产力促进中心组织的科技成果鉴定。广州市人民政府发布《广州市加快打造数字经济创新引领型城市的若干措施》以及《广州市关于推进新一代人工智能产业发展的行动计划（2020—2022年）》等政策文件中均明确“重点支持穗腾联合实验室建设，着力打造轨道交通智慧平台”，获批广东省科技专项资金引进重大科技创新资源项目“可迭代升级的城市轨道交通调度指挥业务开发平台”。2020年，广州地铁持续开展穗腾OS2.0系统的系统架构设计研发、关键技术研究、标准规范制定等工作，推进穗腾OS2.0在新线工程的应用示范。

创新成果　广州地铁基于前期科研合作成果，引入江苏经纬轨道交通设备有限公司、湖南世鑫新材料有限公司2家高科技公司落户广州，拓展本地永磁牵引系统、碳陶制动盘产业及相关配套；完成轮对尺寸检测设备、平移门机构、信号综合管理平台3类专利技术成果的专利评估筹备；推广实施专利许可和技术服务，获取知识产权收益，完成预埋套筒加外挂槽道在南京地铁、珠三角水利工程以及广州地铁5条新线的专利应用授权，新增轨道交通供电运行安全生产管理系统专利授权。

学术活动　9月，广州地铁联合多个单位举办的“2020（第九届）国际桥梁与隧道技术大会”在广州召开。大会围绕国家重大工程规划建设、智能运维、安全保障等一系列关键问题进行深入研讨，推动前沿科学研究和信息技术融合创新，加快新技术、新工艺、新装备的转化应用；11月，承办“2020第二届城市轨道交通车辆大（架）修专题研讨会”，会议对轨道交通车辆大（架）修模式与策略、轨道交通车辆大（架）修成本控制、轨道交通车辆智能化运维系统、5G技术在城市轨道交通运维中的应用等热点问题进行了深入研讨，受到行业的关注和好评；11月，承办“中国土木工程学会轨道交通分会理事长、秘书长会议”，中国工程院陈湘生院士、中国土木工程学会李明安秘书长以及行业的领导及专家出席会议，会议就“十四五”发展规划、课题研究、技术推广、国际交流、人才推荐、会员服务、科普活动等议题进行了深入研讨。

专利情况　广州地铁全年共完成专利申请248项、获得专利授权173项，其中获发明专利授权21项。申请国家专利数累计达1 283项，获得专利授权累计达671项，专利申请数量和质量均稳步持续增长。

（林静言　邝华彪　闫雅斌）

邮政领域

【信息化建设】 做好中国邮政集团有限公司（以下简称“集团公司”）重点信息化项目推广，完成CRM会员系统对接、书报刊供应链系统省内改造、地理资源信息平台名址数据维护、电子发票管理系统上线；加强重点业务信息化支撑，代理金融客管系统访问同比增长134%、营销助手同比增加23.55%，调整优化自助设备；完成广东省中心金融网核心交换机和地市骨干网更新。圆满完成集团公司网络安全重点保障活动，集团公司信息网运维考核和信息网工程建设考核获双百分。

【科技创新】 2020年，广东邮政在移动互联、政务合作、便民服务等方面形成了一批实用新型的科技成果，全面提升了企业核心竞争力。集团公司“云创平台”动员率达到84.38%，广东邮政列第一位，承担集团公司立项的2个A类孵化项目通过评审。广东邮政立项开展科技研发项目25项，重点支持了金融营销、政务服务、企业管控、新技术和新工艺等领域研发；加大对地市邮政分公司的创新扶持力度，立项开展创新孵化项目32项，涉及协同发展、金融营销、农村电商等领域。

【特色项目选介】

“双微赋能”打造移动金融生态圈项目 该项目借助绿卡支付，把邮政服务与社会商业运营形成服务营销闭环，通过“支付工具+运营平台”，迅速切入商户运营，形成线上、线下互动的资源聚合、源头获客的运营平台，“微信邮付”通过“二维码收款、移动POS、内嵌收银系统”三种模式发展条码收单业务，“微邮惠”基于LBS技术为邮储客户提供吃喝玩乐游娱购等商户优惠。

基于B2S2C的微邮店实现社交化连接 该项目以赋能为中心，面向营销员实现千人千店，有效整合业务内容和营销场景，通过营销素材、专属海报、精选清单、智能名片、活动＋权益、数据分析等功能帮助营销员获客、活客。该成果基于中国邮政营销服务平台，通过B2S2C（Bossto Sales to Customers）的赋能型销售管理模式，赋能每个员工转型成为企业的销售员，有力推动了业务实现去中心化、社群化和数字化转型，实现管理上的“降本增效”。

深圳邮政“三关合一”统一查验系统 该项目通过流程再造，在邮关、商关、跨境电商9610三位一体运营模式方面做了成功探索。系统采用智能化技术与自动化工艺设备、X光机、CT机对接和场地工艺设计，控制查验线实现高效智能分拣，实现“三关合一”查验和同屏比对、流水线邮件智能移载、人脸和车牌识别、微信公众号缴纳税款等功能，实现了国际邮件三关业务“集中审单、智能分拣、集中查验、在线清关”，邮件查验时限缩短三分之一。系统在深圳国际邮件运营监管中心应用，已推广到8个省邮政分公司使用。

24小时邮局（普遍服务）项目 深圳邮政分公司（简称“深圳邮政”）建设24小时智慧邮局，探索发展新型邮政普遍服务，以智能无人仓设备（微仓）实现寄递收寄、窗投和销售无人化。智慧邮局通过软硬件结合，支持寄件、取件、纸箱信封销售、报刊订阅、邮品销售、邮件查询、资费查询、网点查询等邮政全业务的开展，能够替代全功能邮政网点，为百姓提供7×24小时普遍服务。深圳邮政已投入5个智慧邮局，提供全天候一站式智能自助服务，有效节约了网点营业人员，降低了邮政网点运营成本。

智慧物流便民服务O2O平台 该项目实现了

邮政内部生产系统与政府业务系统之间的无缝对接，有效支持了互联网+数字政府和邮政业务的融合。系统建立统一技术标准和接口规范，与各级政府各个环节数据互联互通；结合人脸识别技术与智能OCR技术，实现人证合一；通过动态配置队列同步关联系统，实现对每笔业务的生产全过程实时跟踪。平台自上线以来，先后对接了省出入境、省户政、省交管、省社保局等几十家政务服务平台，涵盖港澳台签注、护照、身份证等近百项业务。

广东邮政容器云平台　该项目在邮政内部生产环境搭建容器云平台，实现容器集群、镜像仓库、云管理平台、日志采集与报警、容器存储等组件集成与互联，形成完整的容器云体系。项目制定了容器技术开发应用规范与安全基线；采用容器封装各种应用环境，统一应用部署、规范运行及监控流程与方法；大幅提升IT资源利用率；改变传统运维模式，可一键扩容/缩容；实现企业软件资产积累。平台已有19个系统部署运行。

基于智能包裹柜的邮政综合物流平台　该项目定位于城市共同配送、社区便民服务、便利寄递服务、城市公益宣传等服务功能，通过邮政精准寄投业务算法理论、移动互联网、光机电一体化等关键技术，研制了智能包裹柜、医疗急救柜、智能信报箱、智能邮筒等多功能智能自助终端及智能包裹柜信息系统，面向社会提供智慧邮局、社区服务综合体、校园服务中心等服务，实现单一化向多元化服务及应用转型，解决城市配送“最后一百米”难题，促进了城市末端配送基础能力的提升。项目获授权5项发明专利、9项实用新型专利、8项软件著作权。

【科技活动】　2020年7月，广东邮政举办了创新专题讲座、科技征文、企业微信专版宣传等科技进步月系列活动。

（李汪洋）

气象领域

【气象现代化建设】 9月22日，中国气象局与广东省政府合作联席会议在广州举行，会上签署了《中国气象局、广东省人民政府共同推进气象防灾减灾第一道防线先行示范省建设合作备忘录（2021—2025年）》，双方将加大政策保障力度，共同推进与先行示范省建设相配套的体制机制改革创新，持续落实“智慧气象”综合防灾减灾、“平安海洋”气象保障和气象科技核心技术提升工程建设，共同建设世界气象中心（北京）粤港澳大湾区分中心，充分发挥省部合作联席会议制度作用，适时召开联席会议，切实把各项工作任务落到实处。

【广东省区域数值天气预报重点实验室】 11月17日，广东省区域数值天气预报重点实验室2020年度学术委员会召开，委员会主任曾庆存院士亲临指导。该重点实验室持续开展扰动四维变分系统研发，完成四维变分同化系统基本框架及理想测试。2020年中国南海台风模式台风平均路径预报误差24小时、48小时和72小时分别为63.4km、116.7km和179.4km，与2019年相比误差减小；3km华南中尺度模式对气温、降水等要素预报均具有较好的性能；1公里分辨率重点区域精细模式已经通过广东省气象局业务化准入，为短时临近天气预报提供业务支撑；台风模式集合预报系统进入业务试运行。

【广东省气象大数据科技协同创新中心】 广东省气象大数据协同创新中心围绕为“智慧气象”提供基础支撑的发展战略，坚持气象探测网共建、数据信息共享，开展对气象大数据、云计算等新一代信息技术研究，驱动气象科技创新，提升智慧气象水平。该中心构建了广东省气象数据服务平台，为全省气象部门提供省—市—县三级气象业务以及交通、水文、海洋、旅游等相关行业集约化数据支撑服务；基于气象大数据，研发了基于雷达资料和大风实况观测资料的雷暴大风智能识别模型，实现了气象预报业务应用；首次制定了广东省气象大数据相关标准，建立气象大数据管理和应用规范制度，为“管好”气象大数据提供标尺，为“用好”气象大数据提供指引。2020年培养了具有气象大数据、云计算、可视化等能力的技术人才共5名，其中研究生1名，高级工程师1名，产出论文13篇，获得发明专利授权1项。

【野外科学试验】 8月19日台风“海高斯”登陆广东珠海，基于中国气象局龙门云物理野外科学试验基地——阳江站，开展降水微物理特征观测试验，捕获了台风外围降水系统从地面到高空的云内水凝物形状、尺寸、相态、谱分布等微物理特征信息，为华南台风降水研究提供非常宝贵的观测资料。

9月2—4日，在清远探空站开展了地面—探空—地基激光雷达的大气臭氧垂直特征联合观测试验。观测项目包括地面臭氧浓度及前体物、臭氧垂直探空廓线、地基臭氧激光雷达的臭氧廓线以及常规气象要素。此次臭氧探空试验成功获取了地面至平流层共计10次臭氧垂直廓线，为深入认识区域大气臭氧污染诱发机制、光化学反应机制、高空臭氧污染物对地面浓度的影响等提供基础资料，同时提高了改善环境气象模式的臭氧预报精度和准确率，为打赢“蓝天保卫战”提供技术支撑。

【科技人才培养及交流合作】

科技人才培养 2020年，广东省气象局为突出科技创新的牵头引领作用和人才发展的支撑保障作用，印发了《广东省气象局新时代气象高层次科技创新人才梯队建设方案》；为加强气象科技创新顶层设计，筑牢气象科技创新基础，优化人才发展环境，激发气象科技创新活力，印发了《广东省气象局落实全国气象科技创新工作会议精神实施方案》。

科技交流合作　2020年，广东省气象局组织泛珠三角区域数值天气预报联席工作会议，召开华南区域暨粤港澳数值天气预报技术交流会，联合中山大学大气科学学院主办“第一届粤港澳大湾区极端天气气候及灾害风险学术交流会”。

1月13日，广东省气象局、中山大学与中国民用航空中南地区管理局、中国民用航空中南地区空中交通管理局共同签署航空气象发展战略合作四方协议，并筹备启动粤港澳大湾区航空气象联合研究院，合力提升粤港澳大湾区航空气象科研、人才培养以及业务保障能力，助力粤港澳大湾区发展腾飞。

10月27日，第25届粤港澳气象业务合作会议在广州召开，落实了7大领域共45项任务。

11月17—18日，2020年全国龙卷学术交流会在佛山召开，就龙卷监测预警技术、机理研究、数值模拟、灾情调查等方面展开研讨，会议全程通过腾讯视频进行线上直播，前后38场学术报告共吸引了13万人次观看。

【科技成果】　“基于5G应用的新型监测及气象灾害视频图像智能识别研究”项目获得2020年度广东省重点领域研发计划项目支持；“多波束双极化相控阵雷达研制及龙卷风探测业务应用”项目获得2020年度广东省重点领域研发计划——对接国家重大科技项目支持。全省气象部门发表科技论文297篇（SCI/IE等收录32篇），获得63项软件著作权，9项国家专利。“借力地方资源做大科技体量　助力广东气象事业高质量发展”获评2020年全国气象部门创新工作奖。

【科普宣传】

世界气象日科普宣传活动　2020年世界气象日主题为“气候与水”，省气象局、省气象学会联合全省各市县气象部门等按照“线上为主”的方式开展系列纪念活动。活动开展了“看”气象主播带你游科普活动，通过云开放全省联合直播，在各市气象局挑选优秀气象主持人开展异地联合网络直播，让市民在家也能远程参观各地气象局或科普馆；“听”预报首席给你涨知识活动，组织首席预报员录制“神奇的水与水循环”等气象科普网课，作为气象科普进校园活动的第323个专题报告，以中山市为试点开展线上科普网课活动；“做”气象学霸让你赢豪礼活动，在全省举办“风云之战”气象知识有奖竞答活动，通过校园巅峰赛、团队大作战、个人PK战三种模式，让参与活动的群众获得活动积分并兑换奖品。

“防灾减灾日”活动　6月13日，广东省“全国科技活动周、防灾减灾日”暨“全省科技进步活动月”主场活动在佛山市南海区举办。省气象局、省气象学会联合佛山市气象局和南海区气象局围绕本次活动主题“弘扬科学精神，推广科技成果，助力脱贫攻坚”，在主会场科普体验区组织了知识宣传、实物展示和游戏体验等活动。

气象科普进校园进社区活动　7月16—17日，广东省“科技进步活动月”科普宣传进校园、进社区活动（惠州惠东站）举行，通过在惠东县九龙峰旅游区增光社区党群服务中心文化广场和惠东县实验小学两个活动现场发放气象科普资料和现场咨询的方式，向社区居民和学生介绍了天气、气候、农业等方面的气象知识，普及气象灾害预警信号、灾害性天气应对等防灾减灾措施。

2020年广东省文化科技卫生“三下乡”活动　8月21日，2020年广东省文化科技卫生“三下乡”主场活动在河源市和平县举行。省气象局、省气象学会联合河源市气象局和和平县气象局组织专家在活动现场进行气象知识答疑、分发气象科普资料、展示气象科普装置等活动，扩大气象服务的影响力，提高基层人民群众的气象灾害防御能力，助力乡村振兴。

（王桂娟）

地震领域

【科技项目管理与实施】 2020年，广东省地震局多措并举推进各重点项目实施，完成18个重点项目实施方案论证。配合中国地震局发展研究中心开展广东省防震减灾现代化试点建设评估，率先建立了省市两级防震减灾现代化指标体系。

"水库地震监测与预测实验场—大容量气枪主动源探测系统"项目完成方案论证，拟在新丰江水库、阳江等场址布设2套大容量气枪主动源探测系统。国家重点研发计划项目"人员埋压快速搜索定位技术"按计划持续推进。3个中国地震局地震科技星火计划项目通过验收，其中攻关项目"强震动台网数据处理系统研发与应用"对数字强震动台网管理软件进行了重新架构，具备全网台站运行状态准实时监控、地震事件数据自动汇集、强震动事件参数（PGA、PGV、PGD、IPGA、IPGV 、反应谱）自动处理、设备远程控制、报表自动生成（远程通讯检查表、强震动记录报告单、强震动记录分析结果表、强震动观测简报）等功能，较好地满足了当前强震动观测台网的日常业务需求，为行业提供了一套专业、自动的数据处理系统软件，解决了强震动台网亟待解决的问题，进一步促进了中国强震动观测业务水平的提高。截至2020年12月，系统已经接入了全国近1 000个基于触发式事件记录的强震动台站。系统软件能7×24小时连续、稳定、可靠、高效地自动化运行。强震动台网的速报能力由软件推广前的小时级别跃升到现在的分钟级别，在日常的台网运行维护管理和地震应急工作上发挥了实效。

广东省地震局自主研发的重大工程地震安全监测与评估软件系统，通过布设在虎门大桥上的强震动监测系统，完整记录到了2020年5月5日虎门大桥振动事件中大桥加速度值的变化情况，为快速判断大桥结构运行健康状况，振后快速评估和后续处置提供了有关依据。

【科技创新平台】 以中国地震局地震监测与减灾技术重点实验室、广东省地震预警与重大工程地震安全诊断技术重点实验室为基础，联合华南地区相关大学和科研院所，立足华南，辐射港澳地区和东南亚地区，组建具有广东防震减灾现代化服务特色的广东省城市地震安全研究所（广东省防震减灾科技协同创新中心），已经广东省事业单位管理局批准，成为广东省首个中心法人化和实体化运行的省协同创新中心。广东省防震减灾科技协同创新中心（以下简称"协同创新中心"）在研基金项目3个（分别是国家自然科学基金面上项目"珠江口区域海陆过渡带三维精细地壳结构及潜在震源区研究"、国家自然科学基金青年项目"广东阳江地区地壳三维速度结构及构造应力场研究"、参与的地震学科联合基金"粤港澳大湾区地震灾害主动防御关键技术研究"），申报中国地震局地震预测开放基金1项，申报广东省科技厅重点专项2个。获得国家发明专利1项。协同创新中心2个重点项目"基于地震烈度速报的灾害损失评估系统研究与公共服务信息应用""广东沿海地震海啸危险区评价系统建设"稳步推进。协同创新中心"地震预警技术系统研发"团队，与深圳市防灾减灾技术研究院合作参与国家地震烈度速报与预警工程项目，完成《综合波形分析数据处理规程》《地震烈度速报与预警系统数据格式规程》《波形交换数据处理规程》及《地震参数速报数据处理规程》4项技术规程及5项核心软件的研发，已在四川、云南、广东等国家预警工程先行先试地区得到应用，实现测震、强震和烈度仪三种监测数据的实时汇集。

【科技合作与交流】 12月8日，广东省地震局特邀南方科技大学陈晓非院士一行7人前来交流访问并作学术报告。陈晓非等专家带来了最新的科技创新理念和地学科研资讯，学术报告内容涉及高精度地震背景噪声成像、地震波振幅衰减研究、断层地震破裂过程模拟、地球内部间断面结构成像、实时GNSS海啸预警、地震概率预测模型等多个研究领域，为广东省防震减灾科技协同创新工作进一步指明了方向。

中国地震局地震监测与减灾技术重点实验室、广东省地震预警与重大工程地震安全诊断技术重点实验室分别通过了中国地震局和广东省科学技术厅组织的建设运行考核评估。这两家实验室与华为公司等开展地震预警服务终端研发、特殊环境下地震信息5G传输和地震科普场景展示等合作，研发地震预警终端样机；与福建省地震局签署科技合作框架协议，在地震观测数据互联互通与资源共享、地震监测预警和烈度速报等领域优先合作；推动防震减灾科技与产业深度融合，佛山、东莞选定5个项目作为试点工程推广减隔震技术。

2020年，广东省地震局入选中国地震局骨干人才1人、青年人才1人，1人赴日本交流访问。

【科普宣传】 结合新冠肺炎疫情防控形势的要求，全省地震系统创新思路、多措并举，组织了形式多样的线上线下科普宣传活动。全省21个市开展了200多场次防震减灾科普宣传活动和应急演练，共发放防震减灾宣传材料50多万份，举办防灾减灾周系列科普宣传活动线上发布会。联合省教育厅同步推出《疫情期间中小学生地震安全知识图解》挂图和视频。制作的科普动画《地震局在干什么》系列获评全国地震系统“科普优秀作品”，微视频《地震与广东》获评“广州市优秀科普微视频”。广州市地震局和佛山市地震局签署防震减灾合作协议，联合开展了一系列防震减灾宣传活动。

（刘建青）

建设领域

【概况】 2020年，全省建设领域共有17个项目获评华夏建设科学技术奖、9个项目获评中国建设工程鲁班奖、28个项目获得国家优质工程奖、102个项目获广东省建设工程优质奖、60个项目获广东省建设工程金匠奖、138个项目获广东省建设工程优质结构奖、26个项目列入住房和城乡建设部科技计划、35项广东省工程建设地方标准发布。

【广东省住房和城乡建设厅科技创新计划项目】 2020年，广东省住房和城乡建设厅第一次组织住建领域科技创新计划项目的申报工作，根据住建领域的发展方向和当前科研技术方面存在的重点难点问题，提出了重点研究方向3个，共收到项目申报113个，经过分类整理、初评，专家评审，最终立项52个。

【广东省住房城乡建设科技协同创新中心】 2020年，广东省住房和城乡建设厅充分发挥广东省住房城乡建设科技协同创新中心（以下简称“协同创新中心”）的作用，开展关键技术研究和成果转化，组织开展协同创新中心的行业分中心、企业分中心和地域分中心的建设，将科研成果和先进技术不断推向企业、基层和有需要的单位。2020年，协同创新中心指导广东博智林机器人有限公司开展标准化建设，支持中铁建设集团南方工程有限公司开展重大工程项目研究，帮助惠州市百胜声学科技有限公司开展高性能隔声涂料的优化提升等。

【工程建设省级工法及应用相关工作】 2020年，广东省住房和城乡建设厅开展工程建设广东省省级工法申报工作，组织90位建筑行业专家分为18个评审组，对1 847项工法申报材料进行评审，最终705项工法被评为2020年度广东省省级工法，申报通过率为38.12%。通过对先进工法评审，引导全省建筑业企业踊跃参与科技创新，促进企业将工法开发研究成果转化为生产力，以新技术、新工艺促进企业发展，推进建筑产业结构转型升级和建筑业高质量发展。

【建筑业新技术应用示范工程】 2020年，广东省住房和城乡建设厅开展新技术应用示范工程立项评审和专项验收工作。组织专家对全省申报2020年度“广东省建筑业新技术应用示范工程”的在建工程进行立项评审，195个申报的工程全部获得立项。组织多个专项验收组对已立项并完工的新技术应用示范工程开展专项验收，广州、深圳、珠海、东莞、佛山、清远、梅州等市共56个新技术应用示范工程通过专项验收评审。

【数字住房（粤安居）】

“数字住房”试点 2020年，广东省住房和城乡建设厅印发《关于加快推动“数字住房（粤安居）”建设工作的通知》，组织各地积极申报“数字住房（粤安居）”平台省垂直管理系统使用试点城市、房屋全生命周期管理数字化建设试点城市、全省住房一张图试点城市。经综合评定，同意潮州、肇庆、汕头、阳江为“数字住房（粤安居）”一体化平台省垂直管理系统使用试点城市，佛山、江门、湛江为房屋全生命周期管理数字化建设试点城市。

“数字住房（粤安居）”平台 2020年11月20日，广东省住房和城乡建设厅推进广东省“数字住房（粤安居）”一体化平台在潮州上线。12月30日，广东省“数字住房（粤安居）”一体化平台在肇庆试点上线。一体化平台的上线运行，大力推进广东省住建、金融、不动产等部门的业务协同和数据互享，实现群众办事简捷化、便利化和集约化。

【绿色建筑】 2020年11月27日，经广东省十三届人大常委会第二十六次会议表决通过，《广东省绿色建筑条例》于2021年1月1日起施行。编制发布并宣贯《广东省绿色建筑设计规范》，加快推动《广东省建筑节能与绿色建筑工程施工验收规范》等标准的编制，探索建立适应广东省绿色建筑健康发展的评价体系。升级改造“广东省绿色建筑信息平台”，进一步优化绿色建筑网上申报、评审流程。2020年，广东省完成1 412项共1.26亿m^2绿色建筑评价标识项目，其中二、三星级绿色建筑评价标识项目占比28%，城镇绿色建筑占新建建筑面积比例达到67%（1.46亿m^2），超额完成住建部“十三五”规划规定的50%目标。

【装配式建筑】 2020年，全省新获批1个国家装配式建筑范例城市、6个国家装配式建筑产业基地和1个国家钢结构装配式住宅建设试点项目。新认定1个省级装配式建筑示范城市、17个省级装配式建筑产业基地，15个省级装配式住宅建设试点示范项目。截至2020年年底，全省共有国家装配式建筑示范（范例）城市2个、国家装配式建筑产业基地21个和国家钢结构装配式住宅建设试点项目1个；省级装配式建筑示范城市3个、省级装配式建筑产业基地83个。截至2020年年底，全省新开工装配式建筑5 697.92万m^2，占新开工建筑面积的15.01%。“十三五”期间累计新建装配式建筑面积超过1.08亿m^2，累计竣工装配式建筑2 488.53万平方米，覆盖了住宅、酒店、公寓、宿舍、办公、会展、学校、医院、图书馆、厂房等各种建筑类型。

【华夏建设科学技术奖】 2020年，全省住房城乡建设系统共获华夏建设科学技术奖17项，其中二等奖4项，三等奖13项，获奖数量位于全国省级前列。由广州市城市规划勘测设计研究院申报的“多规合一编制智能化信息平台关键技术及应用”等4个项目获得二等奖；由广东省建筑设计研究院有限公司和华南理工大学等单位联合申报的“广州新白云国际机场T2航站楼结构关键技术”等13个项目获得三等奖。

表8-10-1 广东省获2020年度“华夏建设科学技术奖”项目汇总表

序号	项目名称	主要完成单位	获奖等级
1	多规合一编制智能化信息平台关键技术及应用	广州市城市规划勘测设计研究院	二等奖
2	城市轨道交通规划选线辅助决策及监测应用研究	广州市城市规划勘测设计研究院 广州地铁设计研究院股份有限公司	二等奖
3	轨道交通智慧、节能、建造关键技术研究与应用	广州地铁设计研究院股份有限公司	二等奖
4	地基基础远程检测关键技术研究	广东省建筑科学研究院集团股份有限公司 武汉中岩科技股份有限公司 中国建筑科学研究院有限公司 东莞市建设工程检测中心 广州建设工程质量安全检测中心有限公司 广州粤建三和软件股份有限公司 佛山市顺德区建设工程质量安全监督检测中心 广东省建设工程质量安全检测总站有限公司	二等奖

（续上表）

序号	项目名称	主要完成单位	获奖等级
5	广州新白云国际机场T2航站楼结构关键技术	广东省建筑设计研究院有限公司 同济大学 华南理工大学 中冶（上海）钢结构科技有限公司 中国建筑第八工程局有限公司	三等奖
6	广州白云国际机场二号航站楼及配套设施工程关键技术研究与应用	广东省建筑工程集团有限公司 广东省工业设备安装有限公司 广东世纪达建设集团有限公司	三等奖
7	建筑采光顶与金属屋面检测技术综合研究	广东省建筑科学研究院集团股份有限公司 广东省建设工程质量安全检测总站有限公司	三等奖
8	铝合金建筑型材无铬化预处理关键技术研究与产业化应用	广东省建筑科学研究院集团股份有限公司 国家有色金属质量监督检验中心 华南理工大学 广东豪美新材股份有限公司 广东建安昌盛控股集团有限公司	三等奖
9	城市中施工振动对周边建筑物影响的研究	广东省建筑科学研究院集团股份有限公司 广东省建设工程质量安全检测总站有限公司	三等奖
10	长稳定运行的宽适应高能效低污染生活垃圾智能焚烧技术及其应用	广州环保投资集团有限公司 华南理工大学 广州环投技术设备有限公司	三等奖
11	城市轨道交通高效空调系统关键技术研究	广州地铁设计研究院股份有限公司 广州地铁集团有限公司 广东汉维科技有限公司 同济大学	三等奖
12	广州市数字化城市设计技术体系研究及应用	广州市城市规划勘测设计研究院 南京东南大学城市规划设计研究院有限公司	三等奖
13	交通设施不动产三维空间确权关键技术研究及应用系统研发	广州市交通规划研究院	三等奖
14	基于陆海统筹的深圳市海洋生态环境保护规划技术研究	深圳市规划国土发展研究中心 深港产学研基地 中国水产科学研究院南海水产研究所	三等奖
15	《波形钢腹板组合梁桥技术标准》	深圳市市政设计研究院有限公司 四川大学 东南大学 中建交通建设集团有限公司 中交第二公路工程局有限公司	三等奖

序号	项目名称	主要完成单位	获奖等级
16	大数据驱动的房地产租赁价格评估与管理服务关键技术及应用	广州市房地产租赁管理所 广州大学 大连理工大学 广州市华南自然资源科学技术研究院 广州和辰信息科技有限公司	三等奖
17	省市联动国土空间“一张图”建设应用关键技术研究及实施	广东省城乡规划设计研究院有限责任公司	三等奖

（周锦科）

电力领域

【南方电网公司】 2020年，中国南方电网有限责任公司（简称“南方电网公司”)制定实施《关于进一步推进创新工作的指导意见》，建立了以科技创新为关键、以服务和商业模式创新为核心、以管理创新为保障的全面创新体系。建立联合研究机构，形成产学研用一体的科技创新体系，已拥有联合实验室16个，其中国家级创新平台2个。成功举办首届创新创业大赛，受到行业广泛关注。11月13日，南方电网公司在第十七届中国南方电网国际技术论坛上发布全球首份《数字电网白皮书》，抢占数字电网发展理论高地。

关键核心技术 制定关键核心技术攻关行动方案，坚持面向国家重大战略、行业科技前沿、生产经营一线需求、人民高品质生活需求，集中优势力量开展协同攻关，组织实施关键核心技术攻关项目83项。首创特高压柔性直流输电技术，攻克混合直流输电技术、柔直换流阀可靠性技术等关键核心技术；获国家知识产权局批复建设首家能源产业知识产权运营中心；在国务院国有资产监督管理委员会组织的中央企业专利质量评价中获评A级。

重大创新工程 服务“两区一港”等区域重大战略，全力融入“两新一重”建设，12月27日，国家西电东送重点工程乌东德电站送电广东广西特高压多端柔性直流示范工程（下称“昆柳龙柔性直流工程”）全面投产。这一工程是中国《能源发展“十三五”规划》中的跨省区输电重点工程，起自云南昆北换流站，连接广西柳北换流站和广东龙门换流站。工程全长1 452公里，总投资242.49亿元，连通了装机规模世界第七的乌东德水电站和粤港澳大湾区，每年新增800万千瓦西电东送通道能力，既有助于解决乌东德水电站等一批水电站的电能外送问题，也为粤港澳大湾区提供大量的清洁能源，促进能源供应和绿色发展。昆柳龙柔性直流工程是世界上首个特高压多端混合直流工程，创出19项世界第1，创造了世界上电压等级最高、输送容量最大、输电距离最长的柔性直流工程等纪录，在攻克“卡脖子”难题中形成了自主知识产权体系，显示出中国电力工业技术的顶尖水准和能源装备制造领域的核心竞争力，扩大了在世界特高压直流输电领域的领先优势。

全面投产世界首个±500kV两端改三端直流工程——云贵互联工程，创造了世界上建设周期最短的直流工程新纪录。

两项工程均实现核心设备、部件国产化，其中云贵互联工程自主化率达100%。

首个直流输电领域IEC国际标准 4月，南方电网公司在直流输电领域牵头开展的首项IEC国际标准“采用电网换相换流器的高压直流系统性能”正式颁布，特高压直流、多端直流输电控制保护技术等南方电网公司自主化攻克的核心技术成果均更新在标准中，标志着直流输电技术得到了国际认可，填补了相关领域空白。

自主开发企业搜索引擎 6月29日，经过半年的设计和开发，由南方电网公司自主开发的企业搜索引擎——“南网智搜”正式上线。作为公司利用大数据、人工智能等技术构建的企业搜索类数字化应用，“南网智搜”的定位是助力公司实现全业务、全类型、全时态数据和信息的精准查询与便捷获取，核心使命是提升公司各类数据、信息和知识的“可获得感”。“南网智搜”的上线解决了过去企业内部经常遇到的数据和信息不清楚有没有、不知道在哪找、不知道怎么找的“三不”难题，实现了企业内外部数据、信息以及知识的快速检索。

全球首台160kV超导直流限流器投入试运行 8月17日，世界上电压等级最高、容量最大的160kV超导直流限流器“走出”实验室，在广东汕头南澳柔性直流系统挂网试运行。这台超导直流限流器历时3年研制，实现了100%自主研发，形成了包括“高性能双面封装带材”“高耐压跨温区高压套管”等多项创新技术亮点，申请了超过60项发明专利。该超导限流器拥有“零电阻”和“超导态—正常态转变”特性，可不依赖任何监测装置，在感应到故障电流的瞬间响应触发，自动完成全部限流保护过程，并在故障清除后自动恢复超导特性。

“揭榜制”“挂帅制”科技项目试点　10月，南方电网公司印发首批“揭榜制”科技项目指南，项目聚焦人身安全风险防控痛点和难点，从高风险作业机器代人、人身防触电智能预警、个人安全防护等3个方向设置了4个揭榜项目，推动公司人身安全防控向数字化、信息化、智能化转变，真正实现“科技兴安”。

11月，南方电网公司印发《关于开展公司“挂帅制”科技项目试点工作的通知》，面向全网征集“挂帅制”科技项目（以下简称“挂帅”项目）和“挂帅”人员建议。“挂帅”项目坚持问题和需求导向，聚焦行业重大技术需求和公司生产经营紧迫技术难题，以“真正解决实际问题、实现关键领域重大技术突破”为目标；“挂帅”人员及其团队在技术攻关中发挥核心作用，核心技术做到自主可控。

中央企业首家国家级知识产权运营中心　11月27日，“电力新能源产业知识产权运营中心”获国家知识产权局批复建设，这是中央企业首家国家级知识产权运营中心。批复要求，在广东依托南方电网公司等单位建设电力新能源产业知识产权运营中心，发挥好支撑产业、构建生态、引领发展的重要作用，提高要素市场化配置效率，服务带动全国电力新能源产业升级发展，助力构建新发展格局。同时希望电力新能源中心紧密围绕产业发展具体需求，大力提升服务供给的针对性，立足电力新能源产业，发挥龙头企业集聚创新资源和产业链整合作用，促进知识产权运营与产业高质量发展深度融合，面向能源科技发展前沿，加快关键核心技术知识产权培育，充分发挥产业集群效应，推动高质量知识产权创新成果转化实施。

业务全覆盖物联网平台　11月27日，“南方电网物联网建设（数字电网平台建设）”通过验收。项目完成全域物联网体系化建设，建立了全域物联网管理与技术标准体系，形成《全域物联网管理业务指导书》《南方电网电力全域物联网总体架构技术规范》等16份制度标准，物联网平台层、网络层、终端层应用技术国产化率达到95%以上。依托“南网云”打造了国际领先的全域物联网平台，成为海量终端可靠连接的中枢；构建标准化物模型汇集数据，为数据中心提供统一输入，为实现数据的开放共享、融合应用奠定基础；实现资源配置更集约、采集数据可共享、物联接入高可靠、运行维护一体化，有效支撑各业务领域应用。

科技奖励　2020年，南方电网公司有6个项目获2020年度广东省科学技术奖。

项目名称：电力芯片保护关键技术攻关及核心器件国产化

获奖情况：2020年度广东省科学技术奖科技进步奖一等奖

立足中国智能电网技术发展的迫切需求，南方电网公司在国内外首次研发了国产电力专用芯片和系列化芯片保护装置，在创新架构、高效集成、全面国产和安全可控等方面建立了完整的芯片保护技术体系，填补了国内高性能工业控制芯片的空白，打破了国外技术垄断，实现了从“国外IP核进口通用芯片”的跟跑到“自主IP核电力专用芯片”的领跑，推动了电力系统继电保护技术演进和跨越式发展，实现了电网装备的深度自主可控。

项目名称：多直流落点区域输变电系统电磁环境量化评估与防控

获奖情况：2020年度广东省科学技术奖科技进步奖二等奖

针对粤港澳大湾区交直流互联系统复杂、电磁环境敏感点众多等问题，聚焦其预测、评估和防控需求，南方电网公司在国际上首次研发了“互联网+移动APP+智能传感”的电磁环境监测及实时发布系统，提出交直流电磁环境限值与测量校准方法，成为中国电网电磁环境评估的重要依据。提出交直流输电线路电磁环境时域计算模型，改进三维场Peek计算公式，发明引流屏蔽方法，可提高金具表面起晕场强26.4%，降低地面离子流电场最大值近30%。研究成果已获推广应用，节约线路本体投资约8.19亿元，主导制定国家、行业标准6份，出版专著3部，发表SCI/EI收录论文29篇，获授权专利44件。

项目名称：粤港澳大湾区供电主网架设备金属腐蚀评估及差异化防护关键技术

获奖情况：2020年度广东省科学技术奖科技进步奖二等奖

针对电网设计、运行中亟待解决的设备金属大气腐蚀监测、评估、预警、分区、防护等关键技术问题，项目研制了电力设备金属大气腐蚀监测装置及预警系统，揭示了典型环境的大气腐蚀行为特征，提出了差异化腐蚀防护方法。项目应用于南方电网公司输电线路设备金属腐蚀评估和防护，保障了粤港澳大湾区供电主网架设备的安全运行。

项目名称：电动汽车与电网智能互动协同充电技术及应用

获奖情况：2020年度广东省科学技术奖科技进步奖二等奖

针对电动汽车产业迅猛发展带来的问题，项目深入研究锂离子动力电池快充控制与电池特性自适应匹配技术、充电堆自适应控制及检测技术、弹性接入技术，打造过程高安全、需求自适应、容量富弹性、能量高效率的高质量充电系统，形成“车—桩—电网”智能协同的充电整体解决方案，支撑国家充电设施重大布局。制定行业标准25项，获授权专利55项，2010年至今产生经济效益超过40亿元。

项目名称：输变电巡检机器人智能化关键技术研究与应用

获奖情况：2020年度广东省科学技术奖科技进步奖二等奖

面向中国电网技术发展和智能运维重大需求，项目开展输变电机器人智能巡检技术研发、装备研制、标准制定和成果转化，实现智能化巡检作业和产品产业化。在机器人自主上下线、长期安全巡检、智能任务规划和新型载荷技术4个方面取得重大创新与突破。成果具有自主知识产权，制定行业标准4项，研发新产品新装置12套，在南方电网科技公司等4家企业实现产业化转化。中国电机工程学会鉴定该成果“整体达到国际领先水平”，为建立智能电网运维新模式和电力机器人产业化提供了典型示范。

项目名称：城市数字电网智能配用电大数据关键技术、装备系统及工程应用

获奖情况：2020年度广东省科学技术奖科技进步奖二等奖

为贯彻落实国家“互联网+智慧能源”、人工智能及大数据发展战略，支撑粤港澳大湾区城市电网数字基础设施和智慧应用服务建设，南方电网公司围绕配用电大数据信息物理架构、异构数据融合、业务知识模型、智能装备系统等开展城市数字电网智能配用电大数据关键技术、装备系统及工程应用，建成全国首个网省地分层协同的智能配用电大数据平台及珠三角城市电网特色应用示范工程。

【广东南方电力科学研究院】 2020年，广东南方电力科学研究院（以下简称“南科院”）致力于开展中国实现碳达峰碳中和目标的关键技术攻关和研发，依托云计算、大数据、边缘计算、物联网、移动互联网、人工智能、区块链等技术，在新型电力系统微电网的理论研究工作中取得初步进展，研发了电能交易区块链平台、电能计量区块链平台。开发了18个与电力、能源、安全与应急相关的职业技能等级证书及标准，其中3个职业技能等级证书及标准申报教育部1+X证书制度试点获得入选。成功开发了电能交易区块链应用仿真实训考核系统、VR虚拟现实培评管理系统，提高培训的真实有效性，提升培训考核效率。

新型电力系统微电网示范点　为助力国家实现碳达峰碳中和的目标，南科院开展以清洁能源为发电主体的新型电力系统的研究与落地探索，计划选择一个合适的试点，建立一个新型电力系统微电网示范点，试运行成熟后形成可复制可推

广的样板。2020年，该项目在理论研究工作上取得进展，关键技术的研发有所突破，在选点落地实施试点过程中进一步完善实施方案。新型电力系统具有以下5个特点：新型电力系统结合云计算、大数据、边缘计算、物联网、移动互联网、人工智能、区块链等技术，把传统电力系统的三大环节“源（电源，指发电）、网（电网，包含输、变、配）、荷（负荷，指电力用户）”升级为五大环节“源、网、荷、储（电力储能）、智（智能化信息化系统）”。发电以清洁能源作为主体，逐步替换掉不清洁能源；不清洁能源的火电，从现在总发电量占比70%转变为作为电网供电的保底电源。大量发展电能储能，消纳和平衡电能质量较差的清洁能源发电，并作为维持平衡电网发电和用电供需平衡的重要手段，完美解决风、光等新能源发电不稳定的问题，提升清洁能源的比重，协助实现碳中和的目标。物联网、区块链、边缘计算等技术在电能计量方面的应用，保证数据的安全可靠性；通过电能交易区块链交易平台的应用，实现微电网系统内电能自由交易，实现真正的市场化。大数据、云计算、人工智能等技术在电力生产、输送、调度等方面中的应用，实现了电力产业链各环节的智能化，保障电力系统安全高效运行。

电能交易区块链平台　南科院开发了基于区块链技术的电能交易平台，利用区块链技术去中心化、开放性、匿名性及安全可靠性等优势，建立基于电力交易智能合约的分布式电力交易机制，采取分布式出清交易方式满足大规模电力交易需求，适应大规模可再生能源的迅速发展。通过基于区块链技术的电能交易平台，实现了P2P的点对点直接交易，供电、售电、用电单位或个人可以实现自由交易。去中心化交易模式，解决了传统中心化机构高成本、低效率及数据存储不安全等问题；分布式交易模式，解决了交易中的信任问题，保证了交易的公平性和透明性，提高了交易的灵活自主性，有助于清洁能源大规模接入市场，推动电能交易真正市场化。储能设备的引入，发电单位可以在用电谷底将多余的电能储存起来，用电峰顶时在平台上出售，实现调峰调频功能；在阶梯电价的情况下，用电少的单位可以将用不完的低价电储存起来，出售给用电多的单位；分布式光伏发电的单位或家庭，也可以将用不完的电储存起来，在平台上出售，真正实现用电供需的多元化。

电能计量区块链平台　南科院结合区块链技术无法篡改、难伪造、可追溯、去中心化等特点，从电能表区块链全生命周期管理、电能计量区块链平台方面入手解决电能计量的相关问题。应用区块链技术对电能表及重要电能计量设备进行全生命周期管理，使电能表等设备全生命周期的各项生产、运行、监测、维修、更换、报废等数据真实可靠并可追溯，确保电能表等设备的全生命周期都在可靠的管理监督下。开发了电能计量区块链平台，用区块链技术对电能计量的数据进行管理，确保电能计量数据的真实可靠、不可篡改、可以追溯。加密存储模块基于区块链技术将采集模块获取的电能计量数据加密存储，并周期性生成计量数据的数字指纹上传到区块链，数据一旦上链即不可更改。电能计量区块链平台建成后，可以记录电能表、互感器、校验台、校验台标准装置、计量人员、变电站主变、变电站线路等的基本信息，并与公司的其他系统数据相关联，及时提供计量管理部门分析、统计所需的电能计量装置、计量工作人员等相关基本资料。同时为用电用户、发电用户提供用发电数据的查询、统计及分析等。电能计量区块链平台记录所有发生交易的信息，过程高效透明，数据高度安全、不易篡改、很难伪造、可追溯，提高计量数据的可信度，有助于维护公平的电力交易秩序，提升供用电双方的互信。

职业证书及标准开发　南科院根据电力行业的发展及趋势，在新兴领域、人才紧缺领域研究开发相应的职业技能等级证书及标准，至2020年年底，已开发了10kV不停电作业、用户侧微电网工程应用、电能交易区块链应用、电能计量区块链应用、电力储能物联网应用等共18个职业技能等级证书及标准，都已取得国家版权局颁发的知识产权。其中10kV不停电作业、用户侧微电网工程应用、电能交易区块链应用3个职业技能等级证书及标准申报教育部1+X证书制度试点获得成功，与全国各地的数十家高校进行1+X证书的合作。

电能交易区块链应用仿真实训考核系统　为推广“1+X”证书制度试点“电能交易区块链应

用”职业技能等级证书，基于区块链电能交易平台，南科院开发了一套适用于证书教学所需的实训和实操考核仿真系统：电能交易区块链应用仿真实训考核系统，通过区块链技术的应用去中心化，去信任化，模拟真实的电能交易管理和操作，提供给老师、学生、实操考评人员作实训和实操考核使用。仿真系统通过提供真实的网上电能交易服务，可实现两大功能：让学生能够真实体验电能通过区块链技术实施产品展示、报价、谈判、交易、结算、信息追溯、数据查询、数据导出等功能的操作；教学老师可通过仿真系统设计具体的模拟场景，提供给学生进行仿真实训、实操考核与评价等。

VR虚拟现实培评管理系统　南科院将虚拟现实技术与电力培训相结合，打造了一个面向电力能源、安全应急、职业培训、科普教育等行业用户的虚拟现实内容共享与培评管理平台——PowerVR虚拟现实仿真培评系统。通过PowerVR平台，可整合各类VR培训课件，对课件进行增删改、培训考核成绩导出等操作，解决VR内容资源匮乏、定制开发周期长成本高、VR课件没有统一管理平台而带来的诸多实际应用问题。该平台内置的VR培训课件，真实还原了各类作业场景，身临其境般的第一视觉体验，学练考一体化仿真交互模式，既可用于培训体验，也可进行考核竞赛，大大减少培评人员工作量，提升培评工作效率。该平台已在“羊城工匠杯”设备安全从业人员职业技能竞赛中成功应用，现场反馈效果良好。

（吴远利　苏福锦）

水利领域

【科研项目管理】　2020年，广东省水利厅组织开展了2020年度水利科技创新项目立项评审工作，受理申报项目185项，优选入库41项，其中34个项目获批立项。

"塑性混凝土研究及其在土质堤坝加固中的应用"等24项广东省水利科技创新项目通过广东省水利厅验收。

广东省水利水电科学研究院牵头的"5G+智慧水利"科研项目获2020年度广东省重点领域研发计划"新一代通信与网络"重大专项立项。

按照水利部要求，广东省水利厅组织开展水利科技统计工作，编制了广东省水利厅2020年《水利科技统计报告报表》。

【科研成果及奖励】　2020年，广东省水利水电科学研究院牵头，联合广东省水利水电技术中心、黄河水利委员会黄河水利科学研究院等单位共同编制完成的《渡槽安全评价导则》（T/CHES 22-2018）获得2020年度"标准科技创新奖"三等奖。

项目名称：《渡槽安全评价导则》（T/CHES 22-2018）

该标准是全国范围内首个渡槽安全评价方面的技术标准，完善了中国水利工程安全评价标准体系，全面规范和指导渡槽安全评价工作，具有重大推广应用价值。该标准针对渡槽安全评价的关键技术问题开展了大量研究与实践，在此基础上取得了系列创新成果，标准科学合理，操作性强，适用性广，能为规范渡槽安全评价提供技术依据。《渡槽安全评价导则》发布后，已按该标准为一系列渡槽开展了安全评价，为判定渡槽安全状况、合理进行安全分类、针对性采取维修加固和运行管理措施提供了科学依据，取得了较好的经济效益、社会效益和生态环境效益。

【科技人才】　2020年，广东省水利厅按照《广东省水利科技英才培养管理办法》，组织开展首届广东省水利科技英才评选，评出5名水利科技杰出英才和10名水利科技英才苗子。

【水利技术标准化】　2020年8月，经广东省市场监督管理局粤市监标准〔2020〕463号文批准下达，地方标准制修订计划项目《珠江河网堤围险段治理技术指引》《河湖管理范围划定技术规程》通过立项。

2020年10月，经广东省市场监督管理局粤市监标准〔2020〕598号文批准，同意筹建第一届广东省水利标准化技术委员会，秘书处承担单位为广东省水利水电行业协会。

（罗舒燕）

石油化工领域

【中国石油化工股份有限公司广州分公司】 2020年，中国石油化工股份有限公司广州分公司（以下称“广州石化”）累计投入科技开发费用3 631.08万元。新产品、专用料开发和生产取得较好成绩，催化剂国产化进程加速。“高活性自适应氢调性催化剂开发及在系列高刚性聚丙烯开发中的应用”和“高品质树脂增韧用低顺橡胶关键技术开发及应用”科技成果通过了中国石油化工股份有限公司（以下简称“中国石化”）科技部组织的技术鉴定，“延长柴油加氢装置运行周期关键技术开发与应用”等2个项目获得中国石化科技进步奖二等奖。

科技项目 2020年，广州石化开展的中国石化以上级别的科技开发项目22项（含2020年新立项项目10项），其中国家级项目2项，中国石化“十条龙”科技攻关项目1项、创一流重大项目4项、其他项目15项（其中中国石化科技部项目8项，事业部科技项目7项）。截至2020年年底，完成“应用于LED导光板的聚苯乙烯开发”等2项中国石油化工股份有限公司科技项目开发和总结工作。

广州石化开展自筹科技项目20项（其中接转科技项目7项，2020年新立科技项目计划13项），科技攻关项目27项。项目计划经费合计1 710万元。科技开发围绕广州分公司生产经营工作，在稳定生产、节能减排、安全环保、清洁生产、产品质量升级、新产品开发和新技术、新工艺应用等方面开展。全年完成结题4项。

开发熔喷布专用料助力抗疫 2020年，随着市场对超高流动性聚丙烯纤维料（以下简称熔喷布专用料）的需求越来越大，熔喷布专用料供应也日益紧张。2月，广州石化成立技术小组，筛选合适的助剂配方；3月，优化PP2装置生产工艺，生产出合适基料，并制订聚丙烯熔喷布专用料工业化生产技术规范；4月生产出合格产品；5、6月PP2新型造粒机组投产，市场粉料价格下跌，增效明显；7月以后，熔喷布专用料市场逐渐饱和，整体市场行情缓和，供大于求，价格逐渐跌落。截至12月底，广州石化共生产聚丙烯熔喷布料639t，增效544万元，经济效益显著。因应市场需求，开发熔喷布专用料，填补了中国石化在华南地区企业熔喷布专用料生产的空白，体现了国企的社会责任担当。

新产品开发 2020年，广州石化组织生产疫情急需产品，开发了S-1500、S-1300、Y-40、S2040 4个新牌号产品，具有良好的经济效益。提升了H1201、J860、J890、K9015、K641等产品质量并逐步推量；新开发了电缆护套管料B1601、高熔指聚乙烯注塑料M2750，试生产了高结晶聚丙烯HJ705。

2020年，塑料新产品计划产量为7.6万t，实际完成8.67万t，为计划的114%。专用料计划产量为33万t，实际完成37.15万t，为计划的112%。全年新产品专用料占聚烯烃产品比例77.2%，创收1.22亿元，超额完成中国石化下达的任务目标。

专利申请 2020年，广州石化全年申报中国专利16件（其中发明专利8件）并获得受理，“一种负荷建模方法及装置”等2件专利获国家知识产权局授权。截至2020年年底，公司拥有有效授权专利50件，其中20件发明专利，30件实用新型专利。专利均在公司实施应用，取得明显的经济效益。

【中国石油化工股份有限公司茂名分公司】 12月2—4日，在海南省海口市举行的2020石油石化好技术年度发布活动中，中国石油化工股份有限公司茂名分公司（以下简称“茂名石化公司”）“基于可控流变的功能性聚丙烯性能调控技术及产业化”项目成果获评2020石油石化好技术。

专利申请　2020年，茂名石化公司全年申请中国专利55件，其中发明专利47件，创历史新高，发明专利比例达85.5%；申请PCT国际专利2件。

科技成果鉴定　2020年，公司共有4项科技成果通过省部级鉴定，其中“高光泽抗冲聚丙烯开发”“提高加氢反应器空间利用率的技术及应用”2项成果经中国石化鉴定，技术达到国际领先水平；“耐堆码中型中空吹塑专用高密度聚乙烯的开发及工业化”“流延膜用乙烯/丙烯/1-丁烯共聚烯烃关键技术开发及工业化”2项成果经过广东省石油和化学工业协会鉴定，技术达到国际先进水平。

11月17日，茂名石化公司参与的中国石化“十条龙”科技攻关项目“高光泽抗冲聚丙烯开发”通过中国石化科技部组织的专家鉴定。鉴定专家认为该项目采用高立构定向性自主知识产权催化剂，通过高光泽抗冲聚丙烯树脂性能调控技术创新，形成了成套工艺生产技术，达到国际领先水平。

科技奖励　2020年，茂名石化公司共有4项科技成果获得省部级科学技术奖。其中“环保型高刚高韧聚丙烯树脂开发”成果获2020年度中国石化科技进步奖二等奖；“抗粘蒸煮型流延膜专用聚丙烯关键技术开发及工业化”“高性能高密度聚乙烯大中空系列产品关键技术研究及工业化”“低析出物超透聚丙烯开发及工业化”3项成果获2020年度中国石油和化学工业联合会科技进步奖三等奖。

新产品开发　茂名石化公司2020年共有聚丙烯熔喷料PPH-Y1500等10个化工新产品实现首次工业化生产。新产品产量和数量继续位居系统内第一，其中新产品产量20.66万t，新产品占树脂产品比例为13.49%；新产品和专用料123.63万t，占合成树脂总量比例为80.74%，同比提高3.38个百分点，新产品和专用料合计创收37 083万元。

高熔体强度聚丙烯T1903　1月9日，该牌号在3号聚丙烯装置成功试产共100t。该产品制品属于高端绿色环保材料，具有优良的刚性和抗冲击性，在欧美发达国家逐渐替代传统的聚苯乙烯、聚乙烯材料，广泛用于高档电子器材包装、汽车配件等行业，此前世界上仅有Borealis（北欧化工）一家能够生产，市场上的产品价格比通用料高约1万元。

聚丙烯消光膜改性专用料PPR-F12　3月24日，该产品在2号聚丙烯装置成功试产约800t。该产品具有晶点少、析出物低、加工性能稳定等特点，可用于制造包装用膜，其制品表面类似纸面，具有高雾度、低光泽度、漫反射效果好等优点，在华南市场需求量较大，其价格较通用料高约400元。

聚丙烯熔喷无纺布专用料PPH-Y1500　3月3日，口罩熔喷布聚丙烯专用料PPH-Y1500成功产出，首批产量1.05t。熔喷级聚丙烯是防护口罩中间过滤层的关键原料，其熔融指数达到了1500g/10min，超过了石化企业挤压造粒机的极限，国内此前产能不足8万t/年，远远不能满足口罩生产爆发式增长需要。茂名石化公司利用现有的人才、技术、资源方面的优势，借助众和公司的改性生产线，在一周内打通了从研发配方、熔融造粒、烘干掺混、质量管控、包装配送等众多环节，创造了公司新产品开发的最快纪录。该牌号在5月份通过了CP65、CHCC、MSDS（EU,USA）、SDS、FDA和国标食品级等多项检测认证，以及第三方检测认证，达到上市标准。

LDPE复合膜料2420K　3月31日，该产品在2号高压装置成功试产约200t。该产品具有良好的透明性和加工性能，可用于制造食品包装。其价格较通用料高约200元，前景较为广阔。

医用聚丙烯纤维料PPH-Y40　4月27日，该产品在1号聚丙烯装置成功试产约200t。该产品具有熔点低，密度小，耐化学稳定性好等优点，主要用于制作口罩、手术服、医院床单等医疗用品。

三元共聚双向拉伸聚丙烯薄膜热封层专用料F5005　5月9日，该产品在3号聚丙烯装置成功试生产。该产品具有强度大，阻气性高，印刷性能及抗撕裂性好等优点，主要用于超低温热封膜、烟膜及珠光膜等领域。

茂金属聚乙烯重包膜料mPE F331F　8月7日，该产品在全密度聚乙烯装置成功试产534t，是茂名石化公司首次采用茂金属催化剂生产聚乙烯产品，其下游制成品薄膜有良好的挺度、耐撕裂性能佳，可用于生产FFS重包膜、聚乙烯防水卷材等领域。

茂金属聚乙烯热收缩膜料 mPE F3306S 8月9日，该产品在全密度聚乙烯装置首次试产410t，其下游制成品主要用于矿泉水、可乐、奶品、啤酒等的集束包装领域。该产品热收缩性能优良、耐撕裂性能好，已达到同类进口产品的性能。

茂金属聚乙烯大棚膜料mPE F181ZR 8月13日，该产品在全密度聚乙烯装置成功试产约710t，该产品力学性能佳、透明度好，在棚膜、地膜、热收缩膜、重包膜、聚乙烯粘结剂等领域都有应用，市场前景广阔。

预充式注射器用高光高模量抗冲聚丙烯PPB-MG20 11月15日，该产品在1号聚丙烯装置成功试产约100t。产品具有良好的刚性、耐热性、韧性及透明性，其制品主要用于胰岛素、疫苗等液体药品给药领域。现阶段，该类型产品的国内市场需求量超过5万t/年，市场前景较为广阔。

【科技人才及团队】 茂名石化公司“基于分子结构调控的高密度聚乙烯产销研用创新团队”被评为2020年度“中国石油化工集团有限公司优秀创新团队”。截至2020年年底，茂名石化公司累计已有3个创新团队获此殊荣。

（邓志伸 谭达刚）

国土资源领域

【科技成果及奖励】

知识产权　2020年，广东省国土资源技术中心完成的广东省基础测绘数据生产项目管理系统V1.0、广东省第三次全国国土调查坡度分级图软件V1.0、地理空间计算模型管理系统V1.0、广东省自然资源一体化数据治理系统V1.0、矢量瓦片服务管理系统V2.0、自然资源资产评估示范应用系统V1.0、自然资源资产评估数据处理软件V1.0、广东省自然资源大数据挖掘分析系统V1.0等项目，获得国家版权局颁发的计算机软件著作权登记证书。

广东省地图院完成的南粤古驿道梅关VR体验系统V1.0、南粤古驿道实景三维地图服务系统V1.0等2个项目，获得国家版权局颁发的计算机软件著作权登记证书。

科技奖励　广东省国土资源技术中心“广东省自然资源大数据挖掘分析关键技术应用研究”获2020地理信息科技进步奖二等奖；“广东省机载LiDAR点云数据获取和数字高程模型更新（一期）”获2020中国地理信息产业优秀工程金奖；“机载LiDAR点云大比例尺DEM更新关键技术与工程化应用”获得2020年中国测绘学会测绘科学技术奖二等奖。“广东省自然资源大数据挖掘分析系统”获得2020年测绘地理信息自主创新产品证书。

广东省土地调查规划院“国土空间规划监测评估预警关键技术及应用”获2020地理信息科技进步奖一等奖。

广东省地图院完成的“汕头市第二次全国地名普查”“台山市国土资源局地理空间框架建设服务项目”获2020中国地理信息产业优秀工程奖银奖；《广东省海洋经济地图》获2020年全国优秀地图作品裴秀奖铜奖。

2020年7月16日，广东省土地学会、广东省测绘地理信息学会、广东省遥感与地理信息系统学会、广东省不动产登记与估价专业人员协会、广东省地质灾害防治协会联合开展第八届国土资源（广东）科学技术奖评选活动，评选出2020年国土资源（广东）科学技术奖一等奖10项、二等奖26项。

表8-14-1　第八届国土资源（广东）科学技术奖一等奖获奖名单

序号	项目名称	主要完成单位	主要完成人
1	城乡一体化土地调查关键技术研究及示范应用	东莞市自然资源局 东莞市测绘院 武大吉奥信息技术有限公司 广东广量测绘信息技术有限公司	吴颖斌、吴勇、黄滢冰、林灼仁、徐启恒、黄敏、郭帆、谢刚、朱少君、刘志荣、何嘉珈、叶绍球、汪淑霞、戴力、张建
2	新常态下土地功能定位研究	广东省土地调查规划院 中国人民大学	侯学平、刘守英、周玉、孙伟杰、王小映、徐晓绵、黄志基、王瑞民、熊雪锋、宋榕潮、纪竞垚

（续上表）

序号	项目名称	主要完成单位	主要完成人
3	新时期国土调查外业举证与业内核查一体化关键技术集成与示范	广东省国土资源测绘院 武大吉奥信息技术有限公司 广州大学	刘小丁、黄兴、吴志峰、杨准、王腾、张文峰、易雅琴、杨现坤、罗成、邱宏华、王彦泽、李光灿、戴力、谢文凯、王冬至
4	华南沿海复杂地理环境下现代测绘基准构建关键技术及应用示范	广东省国土资源测绘院 江门市自然资源局	周建营、张惠军、江海建、李谦、胡海驹、陈国恒、殷华清、董斌斌、黄斌、张文峰、华水胜、陈梅森、隋德志、刘远海、王重平
5	广州市不动产统一登记空间信息管理和服务平台研究与应用	广州市城市规划勘测设计研究院	何华贵、杜剑光、陈利燕、杨文杰、李珏、杨卫军、列键佳、李佩怡、徐志杰、陈朝霞、江舒静、邓广然、金婷、吴子为、周旋
6	基于空地移动测量技术的多源数据融合平台建设及行业应用	广州市房地产测绘院（广州市测绘产品质量检验中心） 广东维正科技有限公司	袁国辉、朱建伟、王少文、刘萌伟、陈柏年、汤文娟、严梓浚、汪琳、黄锦斌、龚晓怡、林楚贤、车建仁、谭燕萍、杨文婧、阮晓枫
7	广东自然省情综合感知分析关键技术研究与应用	广东省国土资源技术中心 武汉大学 武大吉奥信息技术有限公司	周国新、江齐英、张婷、吴锦超、刘素茹、刘思洁、林菁、吴永静、陈江平、梅军红、孔爱红、廖文锋、邱海泉、谢萍、索飞
8	广东省耕地质量定级估价体系研究	广东省土地开发整治中心 广东中地土地房地产评估与规划设计有限公司	王秋香、李建华、钟玉燕、邹正怀、李广明、戴文举、任向宁、庄国华、王儒密、李利番、罗少峰、甘丽雅
9	基于减灾防灾理论的地下工程水文地质勘察与灾害防治成套技术	广东省交通规划设计研究院股份有限公司 广东工业大学 广东省地质环境监测总站 中山大学 广州市政府投资项目研究评审中心	李红中、徐燕君、张修杰、柯小兵、廖忠浈、王莹、龙云凤、袁炳祥、孙广通、杨飞、马建军、高燕、李水清、贺佐跃、张金平
10	广东省广州市黄埔区保利林语山庄会所后山崩塌地质灾害勘查与稳定性评价研究	广东省有色矿山地质灾害防治中心	蓝冰、贾邦中、严良政、罗依珍、曾志林、许龙、黄宣东、甘文华、贺杰、黄蔚阁、陈树汉、翁文杰

【科技项目】

广东省自然资源厅科技项目管理　广东省自然资源厅组织实施“粤港澳大湾区建设背景下珠三角产业用地高质量利用研究”“广东省重点山区县（市）人工边坡防治对策研究”等8个2020年度厅科技项目，项目资金442万元。组织开展2019年度厅科技项目验收工作，“粤港澳大湾区背景下的‘三旧’改造制度创新研究”等6个项目通过专家组验收。完成2021年度“广东重要生态资源指标交易政策研究”等8个厅科技项目立项，项目总资金435万元。

广东省土地调查规划院承担的“广东省国土空间规划‘一张图’建设关键技术研究”科技项目，面向国家国土空间规划“一张图”建设和广东省“数字政府”建设的总体要求，构建广东省国土空间规划“一张图”建设框架体系，研究广东省国土空间规划“一张图”建设中的数据治理、数据共享汇交、国土空间规划实施监督等关键环节的关键技术，为全省统筹开展省市县三级国土空间规划“一张图”建设工作提供参考。

广东省土地调查规划院承担的“广东省县级国土空间规划数据建库规范及应用示范”科技项目，围绕落实自然资源“两统一”职责目标，分析研究现有数据规范标准和国土空间规划“一张图”实施监督管理要求，开展国土空间规划数据建库规范研究工作，该项目已完成自然资源部科技成果登记。

国家重点研发课题　广东省土地调查规划院开展国家重点研发计划“粤港澳大湾区城市群综合决策与协同服务平台及应用示范”项目，承担“大湾区城市群国土空间演化特征分析与评价”和“粤港澳大湾区动态监测与综合决策应用示范”课题研究任务。通过揭示大湾区城市群国土空间资源特征和时空演化驱动反馈机制，分析诊断城市群资源错配、粗放利用、竞争内耗等问题，探索不同制度下城市群资源配置、空间协同、优化利用的路径方法，搭建粤港澳大湾区城市群综合决策与协同服务应用系统，综合解决重大项目选址、空间资源优化利用、空间基础信息共享、规划协同监督、海域协同管理等跨区域协同发展应用问题。该项目研究成果服务于粤港澳大湾区城市群综合决策与协同管理，为提升粤港澳大湾区治理体系和治理能力现代化提供技术支撑。

【科技创新平台】　广东省自然资源科技协同创新中心依托广东省国土资源测绘院等单位，聚焦粤港澳大湾区城市群和自然地理环境的可持续发展，开展基于遥感和大数据技术的监测、评价和优化模拟技术研究。融合遥感、GIS、人工智能多学科前沿技术，2020年构建了资源环境要素提取、评估与优化调控的一体化技术框架与智能化算法，形成了“层级 Wasserstein卷积神经网络”“融合景观和社会特征的城市功能区划分方法”“城市增长连续变化检测模型”“基于嵌套的城市绿地空间公平性评估模型”“基于线性规划法的城市不透水地表空间格局优化模型”等创新成果，实现大区域自然资源和城市群演化的高精度时空监测、评估，以及面向可持续发展的优化模拟。

其“土地执法智能处置关键技术及示范应用”项目成果，应用于自然资源业务管理工作，在自然资源执法监督中，加强了质量控制，提升了数据质量，实现了卫片图斑发现－核查－立案－查处－监督－评价“全链条”贯通管理，实现了全程可回溯的透明监管及科学高效的决策辅助支持。2020年国家下发卫片，全省累计举证与核查图斑25.2万个，发现违法用地7.1万宗、违法面积170.23km^2（耕地面积43.15km^2），拆除构筑物面积共计0.78km^2，挽回经济损失13 455.9万元（土地违法案件落实罚款金额）。

【自然资源信息化】　广东省国土资源技术中心初步建成自然资源“一张图”数据体系。在广东省一体化自然资源数据体系建设成果的基础上，采用和改进了模型驱动的数据清洗、快速自动综合、智能化融合、联动更新等数据治理技术，探索精准高效的自然资源数据治管协同体系，形成了基于业务链条的自然资源一体化数据治理技术路线。截至2020年年底，一体化数据库已汇聚了70类数据1 158个图层约3.7亿个要素370TB的自然资源数据。

广东省国土资源技术中心运用“区块链+不动产登记”集成应用，建设了“一个平台、四个入口”的“互联网+不动产登记”专题应用体系。其中一窗受理服务和政务服务网不动产登记专题构成线上线下一体化综合受理模式，集成登记、税务、交易等业务流程，申请人只要到一个窗口或登录一个网站即可完成不动产登记申请手续。

广东省国土资源技术中心为自然资源在线政务服务提供技术支撑，贯彻落实国家一体化在线政务服务平台建设部署以及广东省“数字政府”改革重点工作要求，建设广东省自然资源统一服务窗口，为省、市、县三级政务服务提供申办页面670个，着力强化政务服务支撑能力，进一步拓展政务服务应用的广度和深度，助力让企业和群众办事实现少填信息、少报材料、少跑现场、少带证件，压缩办理时间的“四少一快”服务体验，支撑申报和审批信息精细化管理，助力自然资源政务服务事项一网通办。

广东省国土资源技术中心将“中台+微服务”的新设计方法引入广东省自然资源城市地质信息管理服务平台，完成了城市地质信息管理服务平台一、二期建设，包含专业数据建库与管理子系统、三维建模子系统、地上地下二、三维一体化管理分析等系统，以及广东省基础地质图空间数据库治理。该成果可为城市规划、城市建设、城市运营管理、城市安全与城市防灾减灾等提供地质信息服务支撑。

广东省地图院将无人机航空摄影、倾斜摄影三维建模、360度实景移动测量、虚拟现实（VR）等技术引入南粤古驿道保护利用工作，建设南粤古驿道地图服务系统和VR展厅，汇聚南粤古驿道的多源、异构地理信息数据，实现了1 000多千米南粤古驿道正射影像、实景三维模型、实景影像等二、三维数据的一体化展示，为社会公众和相关专业人员提供了基于地理信息的互动交流平台和身临其境的南粤古驿道数字化体验。该成果为南粤古驿道沿线规划建设、旅游开发、精准扶贫、乡村振兴等工作提供丰富的地理信息数据支撑。该成果已申请软件著作权2项，发表科技论文1篇。

广东省地图院完成多项矢量、栅格数据项目，丰富和完善了广东省基础地理信息数据，包括“天地图·广东”数据融合、广东省行政界线数据库更新、30多个县区“一村一镇一地图”数据库建设、约84 000km^{2}共2 900幅优于0.5m分辨率卫星遥感影像制作、约11 500万km^{2}共11 776幅0.2m航空影像生产、1 021幅历史地形图DRG数据生产制作等。

【自然资源智能监测】 广东省国土资源技术中心引入智能遥感监测技术，开展自然资源样本库建设与模型训练、智能快速特征提取项目，运用人工智能及深度学习技术，提升自然资源监测技术水平。开展优化软硬件配置，谋划月度监测图斑采集及发布事宜，解决季度卫片执法检查工作的时效性，实现违法违规用地用矿发现和处置的“短频快”。2020年快速完成全省21个市122个县（区）的农村乱占耕地建房问题摸排上报数据核查工作，为确保数据的准确性与专项整治工作提供有力支撑。

广东省土地调查规划院建设广东省国土空间规划“一张图”实施监督信息系统，采用“全省统筹，分类实施”的方式，基于广东省“数字政府”政务云平台，并依托覆盖“省—市—县—镇”四级的政务外网，搭建一套上下贯通、横向连通、符合网络安全要求的通用版系统。系统已基本构建了规划“一张图”应用、规划分析评价、成果审查与管理、监测评估预警、资源环境承载力监测预警、指标模型管理等6项系统基本功能，有效支撑各级各类国土空间规划编制审批、实施监督全过程。2020年系统已全省运行，省、市、县三级用户开通1 000多个，支撑了村庄规划、园区评价、城镇开发边界、永久基本农田红线划定等业务开展。

【新型基础测绘建设】 2020年，广东省国土资源技术中心开展新型基础测绘探索与研究，创新广东省基础地理信息DLG数据生产方式，采用多源数据融合更新关键技术，改变传统的依托影像人工逐屏浏览判读采集的方式，充分利用多源数据，开展融合更新和增量更新，整体提升基础地理信息DLG数据质量以及生产效率，实现了广东省地理信息公共平台（政务版）数据的持续更新，增强了省级平台数据现势性、准确性、权威性，提升了广东省政务版电子地图在各行各业的服务范围和能力。

【自然资源调查】 广东省国土资源技术中心承担广东省第三次全国国土调查（简称“三调”）统一时点信息点提取更新、全省126个县级调查单元坡度图制作、基于“三调”数据的各地类数据的叠加分析、统计出数等，做好调查数据支撑服务；截至2020年年底，形成了统计分析成果32份、外业调研资料3份，满足了不同管理需求的数据查询和分析比对，为基于“三调”基础的各专项调查数据融合衔接作出了积极探索，迈出了自然资源统一调查坚实的一步。

【地图服务保障】 2020年广东省地图院完成《广东省地图集》《广东省政区图册》《广东省系列标准地图》《广东省地图常见错误100例》《广东省脱贫攻坚图册》《广东东部闽方言语言地图集》《西汉时期南越国》及《广东省领导工作用图》等编制，全年为广东省委、省政府和广东省自然资源厅以及其他厅局提供地图服务61批次，共852套（册）、11 295幅，发挥传统专业优势，强化全方位地图服务保障。

【土地业务管理】 广东省国土资源技术中心基于自然资源一体化数据库的成果，2020年扩展升级土地管理与决策支持系统，新增标图建库监测监管、“三旧”改造审批、用地预审与选址意见书、国家授权委托用地审批等功能模块，支撑标图建库上报、完善多个土地业务的在线带图审批，为阳光用地提供了有力支撑。

【矿产业务管理】 广东省国土资源技术中心开展探矿权登记、采矿权登记、建设项目压覆重要矿产资源审批等业务进行全省推广使用，为阳光用矿提供了有力支撑；2020年新增矿产资源储量评审备案、建设项目压覆矿产资源预查询、建设项目压覆矿产资源查询、地质资料查询、地质资料利用申请、对是否属于破坏性开采方法和造成矿产资源破坏的价值出具报告或鉴定结论等6个事项的网上办理，进一步加强对矿产资源勘查、开发、利用、保护的可视化动态监测和管理。

【土地市场监管】 2020年，广东省国土资源技术中心建设完成广东省土地二级市场监管服务系统，实现二级市场信息的广泛汇集、充分共享，与一级市场、不动产登记等业务联动互通，为土地二级市场监管提供服务保障。

【自然资源广东省卫星应用技术中心】 广东省国土资源技术中心在常规光学卫星影像的处理基础上，引进新技术方法，优化升级多源遥感卫星影像处理系统MIP，初步形成了对立体测绘卫星、高光谱、SAR卫星的几何处理能力，丰富了广东卫星中心卫星影像产品类型。通过系统负载均衡优化、分布式结构改善等多种方式，让卫星数据业务流转趋于高效化、便捷化；开创陆地与海洋卫星数据双重管理调度模式，实现了贯通部省市县的多源、多时相、海量卫星影像数据接收、管理、发布和应用陆海统筹一体化数据链路建设。2020年度，该中心累计向22家单位提供数据及技术支持服务351批次，分发数据总量累计超过8TB，为测绘、国土、矿产、地质、林业、海洋等多个行业领域提供数据产品、专题技术、需求解决方案等多元化应用服务，大大提升了广东省卫星数据应用于自然资源及其他行业领域的服务水平。

【咨询专家委员会】 广东省自然资源厅咨询专家委员会组织实施2020年度广东省自然资源管理决策咨询课题研究，开展了“陆海统筹重点区域资源管控方法研究”“广东省全域土地综合整治实施效果评价体系研究”“广东省自然资源领域科技创新能力调查分析”“绿色矿山建设现状与标准体系建设研究”“城市地下空间开发利用基础及工作机制研究”“广东省生态产品价值实现机制研究”6个课题研究。组织11次专家评审及咨询论证活动，深入开展粤东西北地区“十四五”规划需求与建议专题调研，为推动自然资源管理工作提供理论支撑和智力支持。

（杨红漫）

地质领域

【科研项目】 2020年，全省地质领域相关单位获得广东省财政厅、广东省科技厅等支持的地质科研项目共23项，经费投入约1 250万元。

基础地质 推动三水盆地恐龙及遗迹化石研究保护工作。三水盆地发现大量恐龙及遗迹化石科学考察获得的结果显示，三水盆地恐龙化石资源丰富，是继南雄盆地、河源盆地之后又一处恐龙化石集中产地。三水盆地恐龙化石及遗迹化石品种丰富，骨骼化石集中，是首次在广东境内同时揭露包括大型恐龙在内的多种恐龙化石，首次在广东境内同一场址发现骨骼化石和蛋化石。广东省地质局与四会市博物馆等收藏机构联系，达成了共同开展恐龙化石保护工作的共识；走访当地民间化石收藏者，多方收集散落民间的化石信息。通过考察，积极向广东省人民政府及有关部门提出调查恐龙化石资源、开展化石研究保护工作的建议。

城市地质 广东省地质局完成中山市、江门市新会区、佛山三龙湾高端创新集聚区启动区等地的城市地质调查项目，在技术方法、成果服务、信息平台、制度保障和协调联动机制等方面总结经验并形成示范成果。推动广深科技创新走廊地下空间资源地质调查与安全项目成果应用，为广深科技创新走廊提出地下空间合理开发利用规划建议，提供地上、地下一体化管理服务。推动粤港澳大湾区城市地质调查工作全覆盖，跟进珠海、东莞、肇庆等大湾区城市地质调查项目立项。

环境地质 广东省地质局开展广东省内230个地下水监测点的动态监测，承担了珠江流域地下水位、流量统测（广东境内）工作，为全省地下水环境质量考核点位优化调整及地下水管控指标确定提供基础资料。总结近10年土壤重金属污染治理科研项目成果，编写了《华南地区不同程度Cd污染农用地土壤联合修复技术集成与示范》，提出了华南地区不同镉污染程度的耕地（旱地和水田）土壤修复技术集成方案。开展韶关市多个矿山环境恢复治理，为不同类型矿山生态恢复治理提供了经验。

开展广东省地热资源勘查，查清了全省温泉点、地热井的地质环境、基本情况、热流特征和开发利用情况，分析地热资源的盈余量和开发利用潜力，为合理开发利用地热资源提供支撑。

首次完成了广东省地面沉降地质灾害调查与控制区范围划定，开展了“粤港澳大湾区（东莞片区）软土地面沉降地质灾害调查及防治研究”，为广东省地面沉降地质灾害防治、地下水资源管理和开发利用、地质环境保护等提供地质科学依据。继续参与《广东省地质灾害综合治理三年行动计划（2020—2022年）》，承担地质灾害详细调查、重要城镇地质灾害风险区划、地质灾害隐患点的勘查治理、监测预警系统建设运维等工作，不断完善地质灾害应急抢险和地震地灾救援设备配备，提高防灾减灾能力和水平。

【科技成果与奖励】 2020年，全省地质领域相关单位获得省级学会及以上评选的科学技术奖29项，获授权发明专利13项。7月，广东省地质局第五地质大队完成的“广东省高要市河台金矿接替资源勘查”项目获得广东省科学技术厅颁发的广东省优秀科技成果。2020年，共有5项成果获得中国地理信息产业协会、中国测绘学会等颁发的科技奖励，其中广东省地质测绘院作为参与单位完成的“高寒草地动态监测与智能评价关键技术及重大应用”获中国地理信息协会评选的“2020地理信息科技进步奖特等奖”、广东省地质测绘院的“高时空分辨率地面沉降监测体系及其在防灾减灾中的应用研究”获2020年度广东省科学技术奖科技进步奖二等奖。此外，有3项成果获国土资源（广东）科学技术奖，20项成果获广东省地质科学技术奖，其中一等奖6项、二等奖14项。

【重点项目选介】

基于城市地下空间大数据的地面坍塌形成机理研究　该项目基于深圳市已发地面坍塌事故统计数据和地质条件、地下管线及降雨等地面坍塌致灾因素的相关资料，采用数理统计方法对地面坍塌的宏观规律和多因素的联合分布概率进行了系统的研究。制定更具实际指导意义和系统性的深圳市地面坍塌防治措施。

粤北典型铀矿山放射性污染控制关键技术研究与铀矿山环境信息管理系统构建　该项目利用矿区放射性元素实测值，综合利用TCLP提取法、单因子指数分析法、地累积指数法、内梅罗综合指数法等得出各种放射性的污染程度及污染物等级，为相关部门了解该区域的土壤放射性污染概况提供依据。构建了污染土壤的“水洗—分离—治理—回填”处置及资源化关键技术体系，形成了放射性污染土壤综合治理技术方案和技术规范，从而提出了粤北矿冶行业生产过程中各工艺环节防治放射性与重金属污染的对策，为放射性污染场地的环境治理工作提供理论和技术支撑。

华南地区铀矿地质暂不、暂缓治理矿（床）点再评估确认研究　该项目对铀矿暂不、暂缓治理矿（床）点进行设施源项普查补充监测、复核监测以及辐射环境现状监测，收集并更新环境及社会现状信息、当地的环境保护与退役治理要求，查明矿（床）点设施源项、环境及社会主要特征及变化状况；运用铀矿地质遗留勘探设施治理界限确定原则，根据调研获得的数据资料，研究制定暂不、暂缓治理矿（床）点再评估分类方案，对其环境保护与退役治理要求进行再确认，治理分类再划分，更新军工铀矿地质遗留勘探设施基础数据库系统，为“十四五”铀矿地质退役整治工作提出了建议。

广东省天然辐射环境移动数据采集终端开发示范工程　该项目开发了一套天然辐射环境移动数据采集终端系统，采用二维码、数据库、多源异构数据集成管理等技术，实现了天然辐射环境野外调查数据的信息采集、智能校验、实时上传与有效管理，填补了广东省内空白。

广州市南沙区地表形变监测及其关键技术研究　该项目通过分析长时间序列形变结果推断容易发生的地质灾害隐患点，结合多源数据资料分析出其形变可能的成因，为广州市南沙区基础设施健康诊断提供评价依据，为大湾区城市灾害风险防控提供技术示范。

【科研平台】　2020年，自然资源部放射性与稀有稀散矿产重点实验室继续在天然铀资源综合利用领域开展前瞻性、引领性研究工作，进展顺利。广东省放射性与三稀资源利用重点实验室建设项目进展顺利，发布了2020年度开放课题申报指南。2020年已发表署名两个重点实验室的论文16篇，其中SCI/EI收录论文9篇；获授权专利10项，出版专著1部。广东省地质测绘院2020年获批设立省级博士工作站。

依托广东省地质实验测试中心建设的“广东省生态环境地质镉污染治理工程技术研究中心”，顺利通过了广东省科技厅的认定。该中心推进关键性技术和工程化技术的研发，完成了“纳米羟基磷灰石材料对重金属镉污染土壤的修复研究”等多个科研项目。

依托广东省地质局第一地质大队建设的“广东省岩土基础工程技术研究中心”正式在珠海挂牌。该中心致力于解决粤港澳大湾区岩土基础工程关键技术难题，力争成为广东省乃至国内具有核心竞争力的岩土基础工程技术创新平台。

【学术交流】

广东省科协天然富硒土地资源科技成果转化联合体　2020年12月23日，在广东省科技协会的指导下，广东省地质调查院牵头与广东省地质学会等多家单位联合成立了“广东省科协天然富硒土地资源科技成果转化联合体”，广东省地质调查院作为第一届主席团主席单位和秘书处单位，组织召开联合体成立大会和三年工作计划座谈会，制定联合体章程和联合体发展计划，建立广东省首个天然富硒农业产业示范基地，积极助推富硒土地资源成果转化落地，全力服务乡村振兴和健康中国战略。积极推动中山崖口村申报中国地质学会“天然富硒土地认定和标识”、湛江硇洲岛申报“地质文化村（镇）”，推动“广东省天然富硒联合体”成立并制定《广东富硒土壤》《广东天然富硒稻谷》两项团体标准。广东省佛山地质局开展了潮州市饶平县茶叶省级现代农业产业园茶叶硒含量特征研究与产地认证项目，推动12种茶叶产品获得国家认证认可监督管理委员会批准的富硒茶产品认证。

第51个世界地球日活动 4月20—26日为地球日主题宣传活动周，以“珍爱地球，人与自然和谐共生”为主题，广东省地质学会联合广东省地质局、广州海洋地质调查局等30家单位开展了“线上+线下”相结合的世界地球日纪念活动：首次编辑出版了《岭南地质》第51个世界地球日电子版专刊；邀请8名地质专家举办网上地学科普讲座；开展网上自然科学知识竞赛活动；积极响应并集体参加中国地质学会“骑行有我，等你来”活动。

粤港地质学会地学线上研讨会 11月7日，粤港地质学会在线上召开“2020年度粤港地质学会地学线上研讨会”，主会场设在广东省地质调查院会议室，粤港地质学会近80人参加会议。

（桓曼曼）

海洋及渔业领域

【第八届中国海洋经济博览会】　2020中国海洋经济博览会（以下简称“海博会”）于10月15—18日在深圳举办。本届海博会以“开放合作、共赢共享”为主题，对标国际一流、中国第一，全新打造集技术交流、产品展示、成果交易、高端论坛、招商引资于一体的国家级海洋经济展会，成为对外展示中国海洋经济发展成就的重要窗口，有效促进了世界沿海国家在海洋经济领域的开放合作和共赢共享。本届海博会展览总面积6万m^2，涉及海洋产业上下游40多个行业细分领域，608家国内外展商参展，其中外资企业及中外合资企业67家，来自全国各地3.5万人参观了线下展览。举办海洋经济领域高端论坛19场，开展项目推介、交流洽谈、投融资路演、成果发布等配套活动113场，达成签约及意向合作1 768项，金额2.3亿元。首发新产品新技术332项。发布了《2020中国海洋经济发展指数》《蓝色经济股票价格指数》等重要成果。借助5G、VR/AR、云计算等新技术新手段，首次开启全球蓝色经济交流合作“云窗口”。

【海洋六大产业】　2018—2020年，广东省财政每年安排3亿元支持海洋经济发展，全面提高广东海洋科技创新能力和发展水平，一批关键技术取得突破，打造一批具有国内领先、国际先进的国产化技术和装备，加快推动海洋电子信息、海洋工程装备、海洋生物、天然气水合物、海上风电和海洋公共服务六大产业发展。截至11月，2018—2020年项目已获授权发明专利288项、软件著作权66项，完成技术标准52套，开发新产品、新技术、新装备170项，发表专著文章598篇（部），撰写报告133篇，培养人才626人，推动了广东省海洋六大产业健康发展，社会效益明显。

【海洋科研平台】　截至2020年年底，全省建有覆盖海洋生物技术、海洋防灾减灾、海洋药物、海洋环境等领域的省级以上涉海平台超过150个，其中，国家级重点实验室1个、广东省实验室3个、粤港澳联合实验室2个、广东省重点实验室11个（含广东省企业重点实验室2个）、国家野外科学观测站1个、新型研发机构4个、产业技术创新联盟2个、省级工程技术研究中心73个、广东省海洋科技协同创新中心1个。

2020年3月，南方海洋科学与工程广东省实验室（广州）海洋科技支撑平台项目启动建设。南方海洋科学与工程广东省实验室（珠海）牵头编制了广东省面向2035年中长期科技发展规划（海洋领域）。

2020年9月，自然资源部海洋环境探测技术与应用重点实验室在广州市揭牌，重点实验室理事会和学术委员会同期成立，并召开了重点实验室理事会第一次会议、第一届学术年会。

【海洋科技活动】　2020年10月，广东省首个海洋观测科普教育基地在珠海挂牌，标志着全省首个由地方自然资源部门与国家海洋局所属海洋监测单位共建的海洋观测科普教育基地正式成立。该基地作为集海洋预警监测、科普宣传为一体的海洋科普教育基地，成为一个海洋科普宣教的窗口，普及海洋知识，弘扬海洋文化，宣传海洋事业，面向广大市民和大中小学生，更直观地展示广东省海洋观测技术发展成果、传播海洋防灾减灾知识，提升公众的海洋保护意识和应对海洋灾害能力。

【中国科学院南海海洋研究所】　2020年，中国科学院南海海洋研究所（以下简称“南海海洋所”）获批“全国文明单位”称号，“海洋强国·探索创新”党员主题教育基地建设有成效，扶贫助力广东墩尾村脱贫攻坚。牵头项目“热带岛礁海洋生态系统性保护及绿化关键技术与应用”成果入选中科院“率先行动”计划第一阶段重大科技成果及标志性进展。2人获第二届全国创新争先奖。

12月，新型地球物理综合科学考察船“实验6”提前完成建造任务并交船入列，该船总体性能达到国际先进水平，投入使用后，不仅填补国内中型地球物理综合科学考察船的空白，成为中国3 000t级深海远洋科学考察的主力船舶之一。

12月，西沙海洋环境观测研究站入选国家野外科学观测研究站择优建设名单。截至2020年年底，南海海洋所共有3个野外台站纳入国家野外站序列，还包括广东大亚湾海洋生态系统国家野外科学观测研究站、海南三亚海洋生态系统国家野外科学观测研究站。

2020年，南海海洋所新增纵向项目201项；新增地方咨询与服务项目95项；发表论文727篇，其中SCI收录论文477篇，自然指数期刊31篇；申请中国专利94件，获授权中国专利92件；32件软件完成计算机软件著作权登记。“熊本牡蛎‘华海1号’”通过全国水产原种和良种委员会水产新品种认定。向国家部委和地方政府新增推荐海洋和环境领域专家125名次，向相关学会和协会新增推荐专家40名次。

【科技成果】

项目名称：揭示南海北部跨陆坡流季节内变化

主要完成单位：中国科学院南海海洋研究所、中山大学

跨陆坡流对陆架与开阔海盆之间的物质、能量、动量交换具有重要作用。基于东沙附近的长时间连续潜标观测，研究团队发现南海北部跨陆坡流主要表现为季节内变化，其标准差贡献在74.6%，并且该季节内信号在垂向上表现较为均一。通过EOF分析也发现，季节内变化信号在上层的观测范围内不会发生符号的变化。南海北部跨陆坡流的季节内变化主要由中尺度涡引起。由于大尺度环流在冬季表现出显著的斜压不稳定，在夏季则不显著，因此南海北部中尺度涡在冬季更加活跃，在夏季则比较弱，由此造成南海北部跨陆坡流季节内变化在冬季强化而在夏季衰弱。南海北部大尺度环流斜压不稳定的年际变化同样调制了跨陆坡流季节内变化的年际差异。

研究团队在南海北部陆架与开阔海盆之间物质交换的变率与机制方面取得重要突破，量化了中尺度涡对南海北部跨陆坡输运的贡献，提升了对南海北部陆架边缘海动力过程的认识。研究成果发表于《Journal of Physical Oceanography》（Wang et al.,2020）。

项目名称：2019年极端正IOD事件的发生机制

主要完成单位：中国科学院南海海洋研究所、中国科学院大学、南方海洋科学与工程广东省实验室、日本东京大学、澳大利亚联邦科学与工业研究组织（CSIRO）、中国海洋大学、青岛海洋科学与技术国家实验室

2019年发生的极端印度洋偶极子正事件（以下简称“2019 IOD”）造成澳洲大陆历史上罕见的森林大火、东非地区发生洪涝灾害，甚至影响到2020年东亚地区的气候状况，给全世界带来了无法估量的社会经济损失和环境伤害。通过对2019 IOD形成原因的分析发现，最重要的诱因应是北半球春季（3—5月）西热带印度洋海表温度（SST）增暖所引起的一系列海气耦合反馈，为2019 IOD提供了充足的发展时间。研究发现，2018年秋冬季形成的南热带印度洋的下沉式罗斯贝波在2019年春季引起了西南热带印度洋温跃层加深以及SST增暖；后者加强了该区域的大气深对流，并通过WES正反馈机制诱导赤道区域出现持续的东风异常（3—5月）；到了夏季（7—9月），在赤道Bjerknes正反馈机制下，2019 IOD快速发展，并在秋季（9—11月）发展为极端IOD事件，成为20世纪60年代以来最强的正IOD事件。该研究厘清了南热带印度洋罗斯贝波触发的两种海气响应过程，揭示了2019极端正IOD事件的触发和形成机制，有利于理解IOD的多样性并改善对IOD的预报能力。研究成果已发表于《Geophysical Research Letters》（Du et al.,2020）。

项目名称：孟加拉湾反气旋涡对冬季障碍层增厚和海表降温的影响

主要完成单位：中国科学院南海海洋研究所

海洋障碍层的存在会阻碍上混合层与下层海洋之间的热量与物质交换，对海气热相互作用和海洋生物地球化学循环均有重要影响。研究结合近20年上万条Argo温盐剖面观测数据和卫星遥感数据，分析了孟加拉湾中尺度涡对障碍层的影响，发现该海域反气旋涡内海表温度在冬季明显低于周围水体（平均约0.7℃）。其主要原因是，孟加拉湾近表层海水盐度较低，盐度的垂向变化在海水层化中起主要作用。反气旋涡内辐聚过程使表层暖水下沉（同温层加深）的同时，近表层淡水的聚集使混合层变浅。因此，混合层以下、同温层以上的障碍层厚度增加（约50%，达近50米）。该障碍层会阻碍热量的垂向传输，在冬季海表失热的情况下，涡内变浅的混合层使海表温度降幅大于周围水体。这一过程会抑制海气热量和水汽交换，同时将热量存储于障碍层内（出现高达1.1℃的次表层逆温现象），利于春季海表的迅速增温。该现象可能普遍存在于冬季海表盐度较低的海域。

研究团队发现在海表盐度较低海域，反气旋涡促进冬季障碍层增厚，导致海表温度低于周围水体。这一结果对揭示低盐度海域中尺度海气相互作用有重要意义。研究结果发表在《Journal of Geophysical Research: Oceans》（He et al.,2020）上。

项目名称：北大西洋温盐变化与经向翻转流间的非同步关系

主要完成单位：中国科学院南海海洋研究所、南方海洋科学与工程广东省实验室、美国佐治亚理工大学、德国亥姆霍兹联合会

大西洋经向翻转流（AMOC）是全球海洋环流系统的重要组成部分，其循环过程伴随大量的南北半球间热量、淡水再分配，对全球气候和极端天气气候事件起到至关重要的作用。传统观点普遍认为高纬度海域水文特性变化与AMOC强度相关，本研究基于北大西洋副极地和副热带的水文断面观测资料、RAPID和OSNAP浮标阵列资料、卫星地转流速资料及GECCO2海洋同化资料，综合分析了1990年至今的北大西洋水文特性变化及AMOC状态变化。结果显示，在过去30年中，副极地和副热带北大西洋水文特性均发生了显著改变；两地的AMOC强度在年代际时间尺度上均保持稳定。研究进一步证明了在年代际时间尺度上主导副极地AMOC强度的始终是东部海盆而非拉布拉多海，且两者对AMOC的贡献配比十分稳定。AMOC强度与北大西洋温盐特性变化间存在很强的非同步性，明显不同于传统观点。研究结果发表在《Science Advances》（Fu et al., 2020）上。

项目名称：寡营养盐海域海洋涡旋的生态影响

主要完成单位：中国科学院南海海洋研究所、自然资源部第二海洋研究所

全球表层海洋面积约30%为低生物量的寡营养盐海域，通常称为“海洋荒漠”。海洋中尺度涡旋被认为是这种海区上层海洋生态系统营养供给的一条重要途径。由于海洋荒漠区远离大陆，现场观测数据缺乏，基于卫星遥感的研究多局限于海洋表层，人们对中尺度涡旋在海洋荒漠区生态影响的认识非常有限。本研究利用具有连续观测能力的BGC-Argo浮标对北太平洋流涡区的多个中尺度气旋涡和反气旋涡进行了追踪和分析。研究发现，中尺度涡旋能够显著影响该海区叶绿素次表层最大值（SCM）的分布，然而其与海表层叶绿素浓度的相关性并不显著。涡旋对SCM的影响主要是由于其对次表层营养盐浓度的调节，进而导致浮游植物量的变化。受涡旋影响的SCM的变化，会导致水体内颗粒物浓度的变化。颗粒物的下沉和再矿化进一步影响了水体的溶解氧浓度，特别是对于溶解氧浓度最小值区域。本研究为海洋荒漠区中尺度涡旋调控生态过程提供了证据。研究结果发表在《Geophysical Research Letters》（Xiu and Chai, 2020）上。

项目名称：揭示海龙科鱼类复杂性状的适应进化机制

主要完成单位：中国科学院南海海洋研究所

海龙科鱼类是种间表型变异十分丰富的小型海洋鱼类，主要生活在海洋近岸与岛礁区域，因

其特异的体型结构与“雄性育儿”繁殖策略等独特性状，被视为海洋生物进化和物种保护研究的旗舰类群。通过多种海洋鱼类全基因组比较与解析，揭示了海龙科鱼类进化速率的特征，发现了SCPPs、tbx4等功能基因在物种性状进化过程中的关键功能，揭示了Pcdh基因家族在海龙科物种中显著扩张，阐明non-clustered Pcdhs基因对于海龙科物种胎盘发育和胚胎着床的功能特征。该研究原创性地将海龙科物种的胎盘与高等哺乳动物的胎盘进行趋同进化研究，从全基因组层面进行深入挖掘，发现了海龙科鱼类118个基因与胎盘类哺乳动物趋同进化，且这些基因参与了育儿袋内细胞增殖与凋亡、血管增生及胚胎发育等生命过程，研究成果发表在《National Science Review》（Zhang and Lin, 2020）上。

项目名称：毒素/抗毒素系统等可移动遗传元件介导的海洋细菌环境适应机制

主要完成单位：中国科学院南海海洋研究所

毒素/抗毒素系统（TA）、噬菌体以及质粒等可移动遗传元件广泛分布于细菌基因组中，在细菌环境适应过程中发挥重要的作用，研究团队以海洋来源的细菌和古菌为研究对象，在可移动遗传元件的发掘鉴定和功能机制研究中取得一系列进展，发现了一类广泛分布于细菌和古菌中的新型TA系统——HEPN/MNT，其中抗毒素MntA对毒素HepT的中和作用是基于抗毒素对毒素的多腺苷酸化修饰（polyadenylylation），这种修饰直接抑制了毒素的毒性（Yao et al., 2020,《Nucleic Acids Research》）。在国际上提出了七型TA系统命名标准，为TA系统的生理生化功能研究搭建了重要的框架（Wang et al., 2020,《Trends in Microbiology》）。发现海洋来源的接合转移型质粒编码的TA系统PrpT/PrpA直接调控质粒的复制，其中抗毒素可以结合质粒复制起始区上的重复子序列，阻碍质粒复制蛋白RepB对复制起始区的结合，从而抑制质粒的复制起始过程。该研究促进了对质粒上TA功能的认识，对该领域内传统的“PSK”理论提出了挑战性的观点（Ni et al., 2021,《PNAS》）。揭示了海洋希瓦氏菌对原噬菌体CP4So的调控机制，发现宿主菌对CP4So切离的抑制依赖宿主蛋白H-NS的磷酸化修饰，并证实这一修饰水平与细菌所处的温度相关，这是首次对H-NS这一细菌明星蛋白调控细菌适冷机制的解析（Liu et al., 2021,《Nucleic Acids Research》）。

项目名称：以结构多样化为导向海洋来源放线菌生物碱cyanogramide生物合成研究

主要完成单位：中国科学院南海海洋研究所、中国科学院大学、中国海洋大学

该项目揭示了海洋稀有放线菌来源生物碱cyanogramide（1）的生物合成机制。CYA含有罕见的氧化吲哚螺[3,4]吡咯[1,2-c]并咪唑啉结构，可有效逆转肿瘤细胞株耐药性。通过合成生物学技术手段，在异源宿主Streptomyces coelicolor YF11中重构了1的生物合成基因簇，成功实现了1的异源高效表达，与野生型相比，化合物1的产量显著提高。同时，从异源表达菌中分离鉴定了9个结构类似物，包括5个新化合物。经过系统的基因缺失、次级代谢中间体分离鉴定和前体喂养实验，阐明了1的生物合成途径。氧化吲哚螺环结构单元在天然产物中广泛存在，是活性化合物中重要的药效基团，化合物1中的氧化吲哚螺环是由细胞色素P450酶CyaH通过碳正离子介导的半频哪醇重排（semipinacol-type rearrangement）反应形成，这个新机制的发现拓展了P450氧化酶催化功能的认知，对深入理解1的生物合成机制具有重要意义。以上研究结果发表在I区top期刊《Angewandte Chemie International Edition》（Zhang, et al., 2020）上。

项目名称：发现首例海洋来源的真菌—内生细菌共生体

主要完成单位：中国科学院南海海洋研究所

共生现象普遍存在于自然界中，但真菌—内生细菌共生现象则相对较少，报道的真菌—内生细菌共生的现象主要存在于植物表面的真菌中。研究团队从中国南海海洋沉积物中筛选发现了首例海洋来源的真菌—内生细菌共生体——Spiromastix sp. F190/Alcaligenes faecalis B001，并从该共生体的发酵物中分离到具有强效抑菌活性的聚酮类化合物Spiromarmycin。Spiromarmycin对耐甲氧西林金黄色葡萄球菌以及包括粪肠球

菌、黄色微球菌、白色念珠菌在内的多达8种细菌的临床耐药菌株具有很强的抑制活性，是开发新型抗感染药物的重要先导化合物。通过基因组测序、转录组分析，阐明Spiromarmycin是由内生细菌Alcaligenes faecalis B001激活真菌宿主Spiromastix sp. F190相关基因簇表达产生，以帮助共生体在竞争残酷的海洋环境中防御外界细菌的侵染，获得更多的生存空间，从而达到互惠共赢的结果（Shao et al., 2020《Communications Biology》）。

项目名称："华海1号"熊本牡蛎新品种

主要完成单位：中国科学院南海海洋研究所、广西阿蚌丁海产科技有限公司

熊本牡蛎"华海1号"是2012年以广东湛江的野生个体为亲本，建立核心基础群体后，以生长率为目标，利用连续混合选择的方法，按照10%留种率，1.755的选择强度，结合分子辅助育种，经过连续4代的上选繁育和培育而成。在相同养殖环境下，该新品种较未选育熊本牡蛎生长率（壳高）可提高15.6%，鲜重提高30.8%，产量提高39.7%，外观整齐度提高至90%以上；养殖周期较未选育熊本牡蛎可缩短0.5年左右。"华海1号"可采用盐度渐变式养殖模式养成，适宜养殖区域为广东、广西、福建等华南部沿海中—高盐度海区水域。

项目名称：重建两万年以来南海中上层水体热含量演变过程

主要完成单位：中国科学院南海海洋研究所、国家海洋局第三海洋研究所

利用生活在不同深度的浮游有孔虫为研究对象，重建了两万年以来南海北部约60、100、250、325、700米的水体温度，并据此计算了表层、温跃层和中层水体的热含量演变历史。研究发现中层水的温度变化与表层水体的温度变化呈现相反的变化趋势，表明冰期有更多热量被储存在中层水体中。随着末次冰期向全新世过渡，储存在中层水中的热量逐渐向上层释放，导致中层和温跃层的水体温度自下往上依次下降，即中层水温度在14.3千年（kyr）BP时就开始下降，而其上部的水层温度逐层延迟到12.9、9.2和7.3千年（kyr）BP时才出现下降。研究为低纬度海区热含量变化提供了新的思路（Yang, et al., 2020,《Geology》）。

项目名称：首次建立南海地幔演化统一模型

主要完成单位：中国科学院南海海洋研究所、美国伍兹霍尔海洋研究所

项目建立了南海地幔温度、成分及其演化过程的定量化统一模型，模型结果表明南海东部和西南次海盆的地幔温度基本一致，而东部和西南次海盆岩石地球化学特征的差异主要受控于地幔组分。推测在大陆破裂阶段，由于地壳拆沉作用，东部和西南次海盆的地幔都混染了少量下大陆地壳成分；伴随着海底扩张的进行，被混染的地幔逐渐被上涌的深部正常地幔取代；由于海底扩张持续时间的不同，导致东部和西南次海盆的地幔组分存在差异。研究对于揭示边缘海地幔演化动力学过程及其构造岩浆响应机制具有重要的指导意义（Zhang, et al., 2020,《Journal of Geophysical Research: Solid Earth》）。

【广东海洋大学】 2020年，广东海洋大学科研到账经费达2.14亿元，连续8年突破亿元大关，国家自然科学基金立项金额连续2年突破千万元。获批广东省普通高校创新团队3个。获得省部级科研奖励2项，发表学术论文1 235篇，三大索引收录481篇，全年申请专利529项，获授权专利435项。

科研成果　"石斑鱼精准营养研究与高效饲料开发"研究成果荣获2019年度广东省科学技术奖科技进步奖二等奖，该校为第一完成单位。该项目研究了石斑鱼养成期三个不同生长阶段25种主要营养需求参数，修正了包括脂肪与脂肪酸在内的几个主要营养素中后期需求与代谢的国内外传统经验主义的错误；构建了25种常用饲料原料生物利用率数据库；开发了昆虫蛋白、脱酚棉籽蛋白等新型蛋白源，初步阐明了非粮蛋白源影响石斑鱼肠道健康与代谢利用的机制，并建立了高比例鱼粉豆粕替代技术；研制免疫增强剂等一批新型绿色饲料添加剂并建立其应用技术，为提高饲料利用效率、杜绝抗生素的滥用提供重要保障；比较了配合饲料与冰鲜杂鱼对石斑鱼健康、

养殖效益和环境的影响，为减少甚至杜绝冰鲜杂鱼的滥用、提高石斑鱼配合饲料普及率提供重要理论支撑。已在国内4家知名企业累计生产石斑鱼高效环保饲料8.47万t，新增产值11亿元、新增利税2.2亿余元、增收节支5 500万元；饲料系数比对照商业饲料降低10%以上，成活率提高12%以上，氮磷排放分别降低30%以上。

学科建设　2020年，该校重点学科建设实现三个突破。2020年以水产学科为依托的植物学与动物学学科进入全球前1%，标志着该校植物学与动物学学科迈入国际高水平行列；2019—2020年以水产学科为依托的兽医学连续2年进入软科世界一流学科排名；水产、海洋科学、食品科学与工程、畜牧学四个学科入选2020软科中国最好学科排名。工程学学科ESI前1%学科接近度从年初的65.4%提升到年底的74.7%。该校食品科技学院海洋药物研究所宋采教授入选中国高被引学者“神经科学”领域榜单。

乡村振兴　8月3日，该校召开“服务乡村振兴战略暨农村科技特派员暑期大下乡工作推进会”。2020年该校派出79名农村科技特派员，对接服务39个村、覆盖30个贫困村。主要围绕水产、水稻、果蔬、畜禽等特色产业开展科技服务，同时对地方小微企业和创新团体给予技术支持，帮助地方、企业、农户建设特色现代农业示范基地，通过科技创新带动周边地区脱贫致富。《人民日报》海外版官网以《广东海洋大学：科技创新助力脱贫攻坚》为题，南方+广东教育头条以《100000000粒珍珠贝苗！无偿赠送！》为题，对该校珍珠研究团队科技创新助力脱贫攻坚和乡村振兴的先进事迹进行了深度报道。该校科技扶贫经验报道《广东海洋大学：为南夏村开出科技“良方”，助力精准扶贫》先后被“学习强国”广东学习平台、全国总台科技频道刊发。

种业智造　由该校参与起草的国家耐盐碱水稻技术创新中心华南中心建设方案通过科技部组织的专家论证。华南中心由该校负责建设，在广东省和湛江市的大力支持下，目前已建成海水稻试验示范基地与海水稻原生境保护圃、基础研发中心、袁隆平院士海水稻创新团队等项目，涌现出数个优良耐盐碱杂交水稻新品种和系列原创性论文、专利。该校培育的杂交水稻新品种“兴两优3088”和“卓优492”通过广东省2020年农作物品种审定。“兴两优3088”米质鉴定为部标优质1级，这是该校自主培育的第一个优质1级米省级审定水稻新品种，标志着该校杂交水稻育种水平迈上了新台阶。“兴两优3088”集优质、抗瘟、抗倒、米香于一身，能有效降低水稻种植风险，提升水稻种植效益，符合水稻轻简化、机械化等种植模式的产业需求，具有良好的市场应用前景。

（杨红漫　吴　勇　王　强　张玉红　何庆友
付　垚　修　鹏　张艳红　尼松伟　张海波
孙长利　张跃环　杨艺萍　张旭博）

广播电视领域

【大雁山广播电视灾备发射基地】 8月26日，广东省广播电视技术中心（以下简称“技术中心”）担负着中央和广东省调频广播节目灾备发射重任的大雁山广播电视灾备发射基地正式开播，为中央和广东省调频广播节目的安全播出增添可靠的防线，使广东省的灾备广播走在全国前列。

大雁山广播电视灾备发射基地即原来的大雁山广播电视发射点，经国家广播电视总局批准，自6月29日起正式设立为中央广播电视总台、广东广播电视台灾备发射基地，用于技术中心所属广州越秀山广播电视发射台相应频率的灾备播出，播出中央广播电视总台中国之声、广东广播电视台新闻广播两套调频广播节目。必要时，还可以增播一套任意频率的调频节目，并可进一步申请电视节目的灾备播出。

大雁山广播电视灾备发射基地

技术中心在成功申请灾备发射点和频率使用许可证的同时，完成了卫星接收天线基础建设、卫星接收天线安装调试、六层定向垂直极化调频天线及馈线安装、调频发射机从异地发射点搬迁至大雁山并安装调试、调频双工器从异地发射点搬迁至大雁山并改频调试等多项任务，对供电系统进行改造，实现了与友邻单位电力的互联互通。

【越秀山电视调频发射总台调频广播节目全面实现CDR数模同播】 2020年，技术中心越秀山电视调频发射总台完成调频广播节目发射系统技术改造，在播的五套调频广播节目全部实现CDR数模同播，提升了调频广播的覆盖效果，广东省调频广播数字化进程走在了全国前列。

技术中心建设调频广播CDR数模同播系统施工现场

技术中心按照CDR信号播出标准，对四套省级调频广播节目的发射系统进行CDR升级改造，于8月28日起正式开始CDR播出试验。加上2017年实施中央广播电视节目无线数字化覆盖工程时，电视调频发射总台播出中央一套调频广播节目的发射系统完成了CDR技术改造，至此，电视调频发射总台共有的5个调频广播频点均实现了CDR数模同播，为全国首创。

【广东广播电视台博士后创新实践基地】 广东广播电视台联合暨南大学共同创建博士后创新实践基地（以下简称“基地”），探索适应媒体深度融合人才团队建设，促进产学研结合。2020年，基地相关团队及研究人员围绕媒体融合等研究课题攻关，申报省部级科研课题项目，开展了广东广播电视台媒体融合模式研究，结合该台“融媒体中心”及广东省县级融媒体中心建设的实际情况，收集整理媒体融合相关资料，以互联网大数据为基础，结合该台媒体融合重点工程——互联网内容汇聚分发播控平台的建设，对全台互联网端媒体账号进行多维度大数据采集和分析，形成移动端内容分发大数据，登记软件著作权5项以及发表论文数篇，为该台媒体融合发展提供了经验总结和智力支撑。

广东广播电视台博士后创新实践基地揭牌仪式

【高清/超高清电视播出平台】 8月，广东广播电视台正式启用高清/超高清电视播出平台，支持14个高清电视频道和1个4K超高清电视频道的播出，标志着广东省级电视频道全面实现高清化。

高清/超高清播控中心

该项目实现了全台电视频道高清/超高清播出、网络化文件送播、一体化编播业务流程优化整合的建设目标，并具备继续向全面超高清播出升级的能力。搭建私有云平台，实现业务在物理机和云端的混合部署，通过云化节目整备平台和信号资源池为节目文件和直播信号的处理提供高质量服务；采用100G光纤接口，实现基于SMPTE ST 2110标准的全IP化广电制播链路，辅以传统SDI链路实现SDI&IP混合播总控架构，兼具安全性和可扩展性；部署融媒体业务平台，实现多格式文件和信号内容汇聚、处理、分发，全面支持高清、超高清电视节目在多平台的播出；构建统一监控平台，实现对复杂系统的全面智能实时监管，实现对重要信号节点的故障智能判断和处理；建设数字化运维管理平台，以智能数据服务的流动，化解复杂系统的不确定性，优化资源配置效率，实现安全播出管理的数字化、智能化。

高清/超高清电视播出平台通过实现广播电视技术迭代，推进高清/超高清发展，推进融合媒体系统IP化、云化，推进广播电视智慧运维体系建设，项目顺应广播电视5G+4K+AI的发展趋势，符合媒体深度融合发展要求，获得2020年国家广播电视总局评选的全国智慧广电先进案例。

【4K超高清虚拟演播室】 2月，广东广播电视台4K超高清虚拟演播室开始建设，8月31日，该虚拟演播室建设完成并投入试运行，是国内首个4K超高清IP虚拟演播室，系统采用IP架构，支持HDR、WCG、HFR、HBR等，符合SMPTE ST 2022-7标准及SMPTE ST 2110标准集，系统设计为3讯道，以4K切换台为制作核心，SDN交换机

为系统IP信号的调度核心，IP调度配合键控器的方式作为切换台制作的应急备份，系统同时使用PTP与BB同步。

系统以主切换台和两台交换机作为主备核心，连接IP域子系统、PTP时码同步系统、技监监看系统，通过主备两套软件控制系统对交换机和处理设备进行管理，构成真正的无压缩IP&4K制作系统。演播室虚拟系统采用vizrt最新的虚拟引擎技术，可满足高质量4K超高清电视制作需求，支持虚拟系统灵活地移动到其他外场系统中使用。

该虚拟演播室为广东广播电视台全台包括广东卫视频道的《全球零距离》等重要节目提供虚拟节目录制技术支撑。

【4K超高清EFP箱载系统】　广东广播电视台4K超高清EFP箱载系统项目于6月建成投入使用。该系统主要应用于新闻报道、中小型综艺节目和体育赛事等外场4K兼容高清转播制作。该系统采用12G SDI基带架构设计，配置主备切换台作为切换制作核心，矩阵作为信号调度和第三备份应急切换。系统按照8讯道规模设计，配置6台4K摄像机、预留2个扩展讯道、1套6通道4K EVS慢动作服务器、4通道4K硬盘录像机。音频系统按立体声制作进行配置，在系统末端进行AES3嵌入处理，可支持16声道的音频嵌入。

配电系统主要由UPS和稳压构成双路分配给核心设备主备电源，单电源设备由UPS供电，系统满载条件下，UPS后备时间可达20分钟。

4K超高清EFP箱载系统工作图

系统自6月投入节目制作以来，已完成30多场次外场节目4K录制，录制节目时长近100小时，系统运行状态正常，符合预期建设目标。

【C波段4K超高清卫星车】　广东广播电视台C波段4K超高清卫星车于9月投入使用。该卫星车按照4K+5G+卫星一体化的全媒体传输系统进行规划设计，具备4K超高清信号高达36M符号率上行传输能力，同时也兼备5G公网传输4K编码信号功能，并预留4讯道单边制作功能。整车长8.5m，高3.8m，系统按照4×3G SDI基带架构设计，可接受4路4×3G SDI或12G SDI信号输入。

该车于12月在海南三亚安全优质地完成了海南国际电影节开幕式4K信号卫星直播传输，各项技术指标符合相关标准。

C波段4K超高清卫星车工作图

【4K超高清三维声审片室】　11月，广东广播电视台建成投入使用的超高清电视审片室支持4K分辨率、50P、BT2020色域、HDR（HLG、Dolby vision）及7.1.4三维声重放，建筑声学方面包括音箱等器材全部入墙式处理，室内在声学处理上也进行大量的融合处理，务求让声音达到更好的凝聚感和干净度。音频支持16路解嵌，支持直接播放.ATOMS母版文件，构成一个兼容播出级、民用级的高标准审看审听环境。

【4K录音棚升级改造项目】　4K录音棚升级改造项目于11月完成并投入使用，支持4K及高清电视立体声、环绕声及三维声的混音制作及编码。

建筑声学方面，采用多种防震、隔音材料和声学工艺，有效保证室内各处有足够的响度和均匀度，防止回声、颤动回声、声聚焦等声学缺陷，营造一个良好的视觉与声学环境。

系统方面，音频工作站符合杜比认证技术要求，可以对多种格式的音频文件进行编码、编辑、封装、分发，可以进行综艺或专题成片终混或者全景声音乐创作等简易全景声制作。

4K录音棚图

【广播电视人工智能应用国家广播电视总局重点实验室、广东南方新媒体股份有限公司共建实验室】 1月7日，由国家广播电视总局广播电视科学研究院与广东南方新媒体股份有限公司联合主办的广播电视人工智能应用国家广播电视总局重点实验室、广东南方新媒体股份有限公司等共建实验室揭牌仪式在广州成功举行。广东南方新媒体股份有限公司、华为技术有限公司旗下上海海思技术有限公司、腾讯科技股份有限公司共同接受国家广播电视总局广播电视科学研究院授牌。

广播电视人工智能应用国家广播电视总局重点实验室、广东南方新媒体股份有限公司等共建实验室揭牌仪式

实验室将全面助力广播电视行业的转型升级，落实国家人工智能应用相关战略规划，开展广播电视全流程的人工智能应用技术研究并制定相关标准，建设广播电视人工智能应用训练资源库和基础服务平台，面向行业提供广播电视人工智能应用技术研发咨询服务，联合申报各级各类科研项目、奖项及知识产权，联合开展学术交流活动，培养广播电视人工智能应用领域的专业人才。

【数字版权保护技术研究】 11月9日，广东南方新媒体股份有限公司（以下简称“新媒股份”）在国家广播电视总局广播电视科学研究院指导下，牵头编制的GYT 334-2020《视音频内容分发数字版权管理互联网电视数字版权管理系统集成》、GYT 246-2020《视音频内容分发数字版权管理IPTV 数字版权管理系统集成》及参与编制的GYT 335-2020《视音频内容分发数字版权管理标准符合性测试》、GYT 336-2020《视音频内容

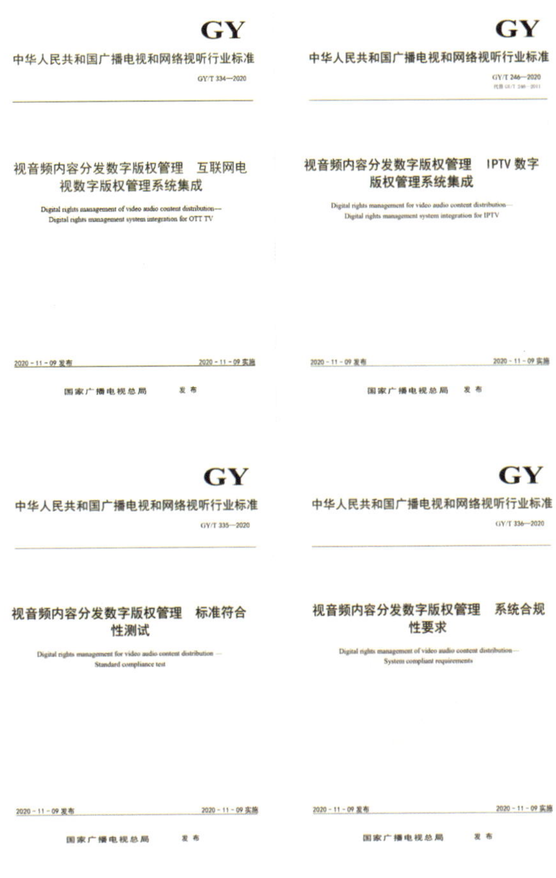

视音频内容分发数字版权管理相关标准文件

分发数字版权管理系统合规性要求》4项标准文件，经国家广播电视总局审查，正式批准为中国广播电视和网络视听推荐性行业标准，并予以发布，对推动数字版权保护技术研究，推进广电行业战略部署都具有重大意义。

【超高清视频前端系统与制作技术实验室】 11月11日，2020第二届粤港澳大湾区国际科技创新大会在深圳召开，新媒股份作为核心合作伙伴参与了“超高清视频前端系统与制作技术实验室”签约仪式。广东省超高清视频创新中心是超高清领域批复的唯一省级制造业创新中心，并在8月获得广东省工业和信息化厅的正式授牌。

根据《国家制造业创新中心建设领域总体布局》《超高清视频产业行动计划（2019—2022）》等文件的战略部署，广东省超高清视频创新中心与四川省超高清视频制作技术协同中心结成战略合作伙伴，并联合了国内采集、制作、传输等领域的龙头企业共建“超高清视频前端系统与制作技术实验室”。共建实验室的各领域龙头企业有广东南方新媒体股份有限公司、深圳创维-RGB电子有限公司、广州博冠光电科技股份有限公司等。

实验室将紧密围绕国家制造业创新中心在超高清领域布局的总体要求，重点在超高清视频前端摄录设备、影像数字处理芯片、光学镜头、视频内容制作等领域开展联合技术攻关和成果应用转化。

超高清视频前端系统与制作技术实验室成立暨签约仪式

【面向广电新媒体的智能运维平台】 11月11日，新媒股份自主研发的“面向广电新媒体的智能运维平台”被国家广播电视总局科技司评为智慧广电运行监管类先进示范案例。面向广电新媒体的智能运维平台集监看监控、安全防护、数据和资源管理、运维指挥及智能运营等功能于一身，具备适合广电新媒体行业的软硬件自愈能力，降低了运维成本，提高了业务安全的保障能力。该平台已应用于新媒股份所有业务和基础设施，对公司IPTV、OTT等业务做到了统一管理，管理的各类设备近3 000台，管理数据机房14个，包括4个核心数据中心和10个边缘机房，为播出安全提供了强有力技术保障。

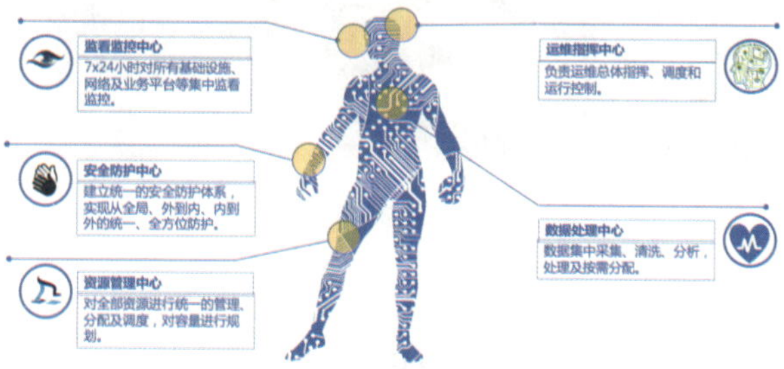

面向广电新媒体的智能运维平台功能示意图

（岑　斌　叶志阳）

移动通信领域

【概况】 2020年，全省新建成开通5G基站79 463个，比2019年增长214%；5G基站总数达116 451个，约占全国的15%；全省5G用户达3 053.3万户，5G基站和5G用户规模均居全国第1。广东按照广州、深圳—珠三角—粤东粤西粤北城区—农村重点区域的次序，以交通干线、交通枢纽、热点区域等为重点，强化共建共享，加快构建连续覆盖网络，建设5G无线宽带城市群，为网络应用提供基础资源。在5G+智能制造、5G+智能交通、5G+智慧农业、5G+智慧医疗、5G+智慧政务、5G+智慧城市等主要场景，进行5G创新应用落地。如广东联通与湛江钢铁合作打造的全球首个5G独立组网工业内网体系，在广州开通的全球首条常规公交5G运营线路，广东移动深圳妈湾智慧港口，广东联通“增城5G精准种植试验田项目”，广东电信联合宝安区公安分局在宝安区塘头派出所打造的“智慧派出所”等。

【5G+工业互联网】 2020年，《广东省“5G+工业互联网”应用示范园区试点方案（2020—2022年）》发布，第一批8个“5G+工业互联网”应用示范园区正式公布。

表8-18-1 第一批广东省“5G+工业互联网”应用示范园区名单

序号	属地	园区名称	申报单位
1	广州	京信通信5G+工业互联网应用示范园区	京信通信技术（广州）有限公司 中国移动通信集团广东有限公司广州分公司
2	广州	昊志机电5G+工业互联网应用示范园区	广州市昊志机电股份有限公司 中国电信股份有限公司广州分公司
3	深圳	富士康5G+工业互联网应用示范园区	富士康工业互联网股份有限公司 中国联合网络通信有限公司深圳市分公司 富华科精密工业（深圳）有限公司
4	珠海	格力电器5G+工业互联网应用示范园区	珠海格力电器股份有限公司 中国联合网络通信有限公司珠海市分公司
5	佛山	美的厨电5G+工业互联网应用示范园区	广东美的厨房电器制造有限公司 中国电信股份有限公司佛山分公司
6	惠州	TCL智能终端5G+工业互联网应用示范园区	TCL实业控股有限公司 中国移动通信集团广东有限公司惠州分公司 格创东智（深圳）科技有限公司
7	惠州	中建钢构5G+工业互联网应用示范园区	中建钢构广东有限公司 中国电信股份有限公司惠州分公司
8	湛江	湛江钢铁5G+工业互联网应用示范园区	宝钢湛江钢铁有限公司 中国联合网络通信有限公司湛江市分公司

目前湛江钢铁5G+工业互联网应用示范园区已建设并开通了47个5G基站，实现了门岗人脸识别、无人机巡逻、厚板移动办公、堆取料机无人化、通勤车人脸识别考勤、智能广告宣传等试应用。6月10日，湛江钢铁5G独立核心网组网成功。湛江钢铁通过构建1张5G工业无线专网，赋能数据采集、监控管理和生产控制3大类工业应用场景，实现工厂生产、设备、物流、能环、安全5大核心要素的效能提升，支撑智慧钢厂建设。依托信息化管理，大工业生产安全有了更加有效的管控和保障。

【移动通信+抗疫】 广东省基于“粤省事”微信小程序开发的“粤康码”是一款健康通行码，2月起，“粤康码”已在广东全省21个地市推广，并在机场、码头、铁路公路站场、医院、小区、工业园、办公场所、商场等多种重点场景应用，助力群众“一码走广东”。“粤康码”结合手机定位、核心网获取手机的TAC、CELLID等参数等移动通信技术，对人员进行定位追踪，实现新冠肺炎患者、新冠肺炎患者密切接触者等各类人员的行程追踪，并结合大数据技术，进行人员排查和病情预防。

广东移动5G远程医疗协作系统在南方医科大学南方医院、中山大学附属第三医院等战“疫”最前线投入使用，为隔离病房医护人员提供支撑。会诊专家不需要进入隔离病房，也能通过5G远程医疗协作系统实时与病房内人员进行视频交流，查看病人的各项身体指标情况，指导提供更有针对性的治疗方案，提高了工作效率，有效降低交叉感染的风险，还减少了对防护服的消耗。

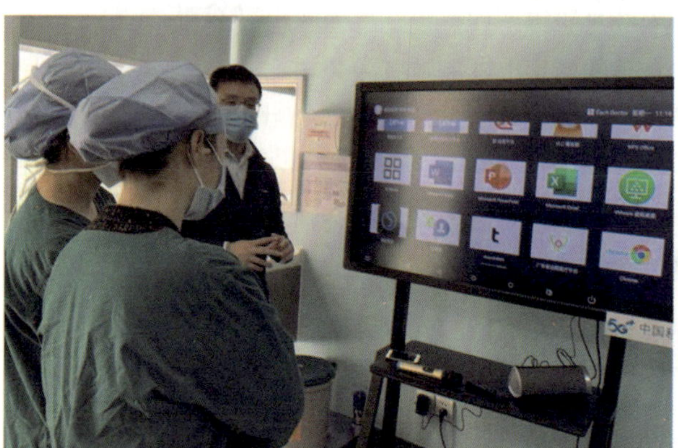

5G远程医疗协作系统

在5G网络的支撑下，5G远程医疗协作系统可以跨越空间限制，让医院大后方为广东援鄂医护人员提供有力的支撑。5G远程医疗协作系统可广泛应用于医联体所属的各级医院中，基层医疗单位的医护人员能方便地参加上级医院举办的远程培训和业务学习，遇到疑难病患还能邀请上级医院专家进行远程会诊，切实提升基层医疗服务能力。

【无人机自组网+遥感测绘】 中国电子科技集团公司第七研究所（以下简称“七所”）联合中国科学院地理科学与资源研究所进行科技部国家重点研发计划（“973计划”）“高频次迅捷无人航空器区域组网遥感观测技术”项目的研究，并在项目中承担无人机自组网系统研制。7月11日，鄱阳湖标志性水文站星子站水位突破历史极值，鄱阳湖康山大堤周边已出现溃堤情况，汛情十分严重。科研团队与江西省防汛抗旱总指挥部协商，紧急调动项目应用示范的10余架无人机携带多种载荷，于13日连夜奔赴康山大堤，对大堤及周边重点区域开展高精度超高分辨率无人机组网遥感监测。首批组网作业共飞行十余架次，获得最大覆盖范围超400km^{2}超高分辨率影像，结合国家级地理信息平台数据和历史卫星遥感数据分析比对，及时精确掌握了康山大堤和下游泄洪区洪水现势性情况，数据和分析成果有力支撑了国家应急救灾部门和江西省地方部门防汛工作的需求。

7月13日，无人机航拍康山蓄滞洪区（局部）遥感图

此外，项目团队于8月在山东省东营市完成生态监测示范应用，10月在中国消防救援学院西峰山基地完成国土安全检测示范应用。

【SDN交换机】 七所研制的SDN交换机基于控制转发分离架构，综合运用多种通信手段构建融合IP网络，实现自主组网和SDN受控组网。交换机有车载、升空、板卡等多种设备形态，可满足不同应用场景下多链路组网、抗毁重组、安全可信等需求，主要具备综合业务处理、交换、路由、信道接入及组网控制等功能，能够完成多种类型光纤、被复线、卫星、宽带无线等链路的综合组网和控制。

【世界5G大会】 11月26—28日，由广东省人民政府、国家发展和改革委员会、科学技术部、工业和信息化部共同主办的2020世界5G大会在广州举行。大会以“5G赋能，共享共赢5G+，By All for All”为主题，采取线上线下相结合的新型方式举行。展会汇聚中国移动、中国电信、中国联通、中国广电、中国铁塔五大运营商以及华为、中兴、vivo、TCL等重量级企业。京信通信、国人通信、广和通、超讯通信、南方电网等知名企业也带着最新的创新应用亮相。本次大会结合粤港澳大湾区发展趋势，围绕商用落地进程，探讨5G新起点、新方向、新机遇，推动5G融入百业，连接万物，惠及大众，为粤港澳大湾区建设赋能。

（罗　洋　张大明）

科技社团及科普、科技宣传

科协与科技社团

【广东省科学技术协会】 截至2020年年底，广东省科学技术协会（简称“省科协”）联系指导的团体会员187个，高校科协84个，企业科协1 059个。

“最美科技工作者”活动 2020年，省科协联合中共广东省委宣传部、广东省科学技术厅等部门，在全省开展寻找广东“最美科技工作者”学习宣传活动。经过广泛发动、基层推荐、资格审核、专家遴选等程序，产生钟南山等10名在抗击新冠肺炎疫情中表现突出的广东“最美科技工作者”。

表9-1-1 2020年广东“最美科技工作者”名单（排名不分先后）

序号	姓名	单位及职务
1	钟南山	广州医科大学附属第一医院国家呼吸系统疾病临床医学研究中心主任
2	成守珍	中山大学附属第一医院护理部主任
3	张忠德	广州中医药大学第二附属医院副院长
4	侯金林	南方医科大学南方医院感染内科主任
5	周 琳	广东省结核病控制中心主任
6	王 磊	湛江中心人民医院重症医学科副主任医师
7	武 婕	广东省疾病预防控制中心病原微生物检验所所长
8	钟景良	江门市新会区人民医院重症医学科副主任医师
9	王 鸣	广州市预防医学会专家组组长
10	尹 凌	中国科学院深圳先进技术研究院先进计算与数字工程研究所副研究员

学术创新能力提升计划 2020年，省科协持续打造“岭南科学论坛·双周创新论坛”“广东省科协学术活动周”“广东院士讲坛”等一批高端学术交流平台，邀请包括21位院士在内的329位国内外知名专家开展主题演讲，举办项目路演15场，吸引819家各类型企业和近5 000人次参与线下交流，网络直播平台参与人数超过215万人次。深圳市科协、湛江市科协、汕头市科协分别承办“2020中欧科技创新合作发展论坛”“中欧海洋生物科技论坛”“2020年中国创新50人论坛”。全年全省科协系统举办各类学术交流活动1 475场次，参加人员424万人次。

科技经济融合发展 2020年，省科协促进科技经济融合发展，支持地方建设创新枢纽城市，加强科创平台网络体系建设，推动“科创中国”建设工作落地见效，广州市、深圳市被中国科学技术协会确定为全国“科创中国”试点城市。承办2020中国创新创业成果交易会，展示项目超3 300项，促成163个项目转化落地、涉及金额88.9亿元。规范院士工作站等创新服务平台管理，建立院士工作站36家、科技专家工作站246家、省级学会科技服务站137家。

粤港澳大湾区工程技术人才专业资格互认试点　2020年，省科协联合中央人民政府驻香港特别行政区联络办公室、广东省人力资源和社会保障厅、广东省人民政府港澳事务办公室等部门和粤港澳17家科技社团，推动粤港澳大湾区工程技术人才专业资格互认，举办资格互认试点、资格互认模式研讨会，探索大湾区工程技术专业领域规则衔接的方法路径。由省科协牵头广东省测量控制技术与装备应用促进会等11家省级科技社团，成立广东省工程师学会，搭建粤港澳大湾区工程技术人才专业资格互认和工程师资格国际互认工作平台。广东省测量控制技术与装备应用促进会、香港工程师学会、澳门电脑学会等11家粤港澳科技社团，围绕建筑工程、计量及控制、质量管理、计算机IT信息工程4个领域，签订专业领域工程技术人员专业资格互认协议，以及电气工程专业领域工程技术人员专业资格互认意向书，成为全省第一批由科技社团主导的专业资格互认试点单位和试点专业，开启粤港澳大湾区工程技术人才专业资格互认工作。

高端科技智库　2020年，省科协高质量运营中国工程科技发展战略广东研究院，围绕新一代信息技术、高端装备制造、绿色低碳、生物医药、数字经济、新材料、海洋经济、现代种业和精准农业、现代工程技术等战略方向，设立41个项目，资助经费4 400万元，聚集包括128位院士在内的100多个团队参与研究，形成一批高端战略咨询成果，为广东制定“十四五”规划、制定和完善科技产业政策、实施重点产业转型升级提供决策参考。

科技志愿服务　2020年，省科协实施科技工作者“上山下乡”助力乡村振兴行动计划，开展科技志愿服务2万多场次，科技志愿服务人员注册人数超过23万人。组织300多名院士专家和中青年科学家分赴肇庆、茂名、韶关、河源、云浮、清远、梅州、汕尾、江门等地开展科技服务，服务200多个单位，对接291个人才技术项目，签订合作协议200多项。联合华南农业大学在清远、汕尾、阳江、广州、韶关、河源、惠州、珠海等地建立首批12家科技小院。

（刘泽周）

【科技社团】

2020年，省科协实施《广东省科协科技社团综合能力评估办法（试行）》，完善科技社团评价激励机制，激发学会发展动力。推进粤港澳视觉健康创新等7个学会企业联合体建设，新组建广东省科协精准医学学会企业联合体、广东省科协团体标准联合体。

广东省金属学会、广东省机器人协会、广东省眼健康协会等成功举办创新创业大赛。广东省预防医学会《关于率先在广东省建立口罩应急储备制度　充分激活口罩行业产能的建议》得到省领导的批示。广东省测量控制技术与装备应用促进会、广东省营养学会等科技社团开发的职业技能培训课程标准通过广东省人力资源和社会保障厅的审核备案。

（刘泽周）

科普和科技宣传

【科普活动】

2020年，省科协履行实施全民科学素质行动计划的牵头职责，推动《广东省科学技术普及条例》立法工作，该条例（草案）已经广东省人民政府常务会议审议通过，广东省人民代表大会常委会已进行一读工作。组织开展全国科普日、全省文化科技卫生“三下乡”、全省科普作品创作大赛、科普剧大赛、全民科学素质大赛、广东科普嘉年华等主题科普活动。成功举办第三十五届广东省青少年科技创新大赛、第二十届广东省青少年机器人竞赛等活动，广东青少年在全国性科技竞赛中的成绩位居前列。全年全省各级科协开展主题科普活动4 954场，参与人数达1 760万人次。加快实施广东“互联网+科普”行动和科普信息化建设工作，新建8个科普信息化试点县、93个科普中国e站，注册科普信息员21.76万人，传播615.1万次。2020年广东省公民具备科学素质的比例为12.79%，超额完成“十三五”期末达到10.5%的目标。

抗击新冠肺炎疫情　2020年，省科协坚决贯彻落实党中央决策部署和省委工作要求，先后发出《关于开展新型冠状病毒感染的肺炎疫情应急科普工作的通知》《关于在疫情防控工作中充分发挥基层党组织战斗堡垒作用和党员先锋模范作用的通知》，向全省科技工作者发出公开信，组织开展应急科普、科研攻关、建言献策三大系列活动。建立疫情防控应急工作机制，组建涵盖187家省级科技社团和21个地级以上市科协的工作队伍，组建疫情防控应急科普专家组，做到第一时间传达上级防疫工作部署，第一时间推送官方权威信息、应急科普产品，第一时间组织科研攻关，第一时间开展建言献策。据不完全统计，仅省科协组织开发的九大系列、300多份疫情防控科普作品，在广东电视台、南方网、腾讯网、广东科普等平台进行全媒体推送，累计浏览量超过3亿人次，文章总点击量突破8 000万次。

第三届广东科普嘉年华暨2020年全国科普日广东省主场活动　9月25日，为期3天的第三届广东科普嘉年华暨2020年全国科普日广东省主场活动在广东科学中心举行，启动仪式上还举行广东省科普教育基地联盟授牌仪式。活动以“科技战疫　全面小康　创新为民”为主题，围绕抗击新冠肺炎疫情、航天工程、人工智能、5G技术等热点事件，展示科技推动经济社会发展和科普创新基础等方面的发展历程以及新成就、新气象、新作为。除了在广东科学中心举办的主场活动外，全省各个地市在全国科普日期间，开展超过1 000场的科技创新和科学普及活动。此外，本届活动打造线上线下融合的展览形式，全新推出“科普嘉年华”小程序，涵盖活动攻略、现场直播、“云”游科普展、“云”课堂功能，形成线上“云”展会阵地，公众足不出户即可体验展会活动，活动线上线下参与人数超过千万人次。

（刘泽周）

【科普基地】

2020年，省科协扎实推进现代科技馆体系建设，组织实施科技馆免费开放补贴项目，全省有9家科技馆获得中央财政补贴。继续举办中国流动科技馆、科普大篷车巡展活动，推动科普服务向基层下沉。新建广东省科学院、瀚蓝环保等2个科普小镇，凝聚社会力量开展科普工作。

【广东科学中心】

2020年，广东科学中心累计接待公众105万人次；建成开放国内首个以食品药品为主题的大型科普体验馆；连续研发推出3个抗击病毒疫情相关主题科普展；成功举办全国科普讲解大赛、广东省科普嘉年华、广东省科普讲解大赛、广州市科普讲解大赛等大型活动10多场；轨道交通站点建设安全有序，科普展教活动精彩纷呈，公共服务质量显著提高。

凝心聚力战疫情　印发《广东科学中心新型冠状病毒感染的肺炎疫情防控工作方案》《关于进一步强调新型冠状病毒感染的肺炎疫情防疫工作有关纪律的通知》《广东科学中心疫情防控和应急预案工作指引》等方案和通知文件30多份；启动各项联防联控机制，落实落细各项防控措施，严格执行人员管理、场馆管理、健康上报制度；做好场馆有序开放和常态化、长效化防控工作，严格实行实名预约、错峰、限流等管控措施，强化实时监控和预警机制，把疫情防控工作作为当前压倒一切的重要政治任务落到实处。

组建3支科技暖企志愿者科普服务队，发起主题为“科学防控，共克时艰”的“科技暖企行动”，分批前往广州、惠州、清远、韶关、东莞、肇庆、中山、珠海、江门9个高新区，通过派送高新科技抗菌防控产品、宣讲普及疫情防控知识、上门指导企业防护等多种形式，向企业员工普及科学防控知识，帮助100家高新技术企业安全有序复工复产。

科技暖企志愿者科普服务队集合现场

科技暖企志愿者科普服务队出发现场

开设“科普抗疫”和“科学新知”栏目，发布疫情科普信息300多条；开展“科普联动筑防线，众志成城战疫情”网络知识问答，以及疫情防控主题影像作品征集和科普征文等主题活动，参与网民超过200多万人次；开展科学防疫主题科普讲座10场次，线上参与人数达到200万人次；推出“云上观展”“在线教育”“宅家实验”等系列科普内容，丰富公众线上科学教育形式，携手共抗疫情。

结合疫情防控研发系列主题科普展览，制作展出“广东科技支撑打赢疫情防控阻击战”主题展；自主研制推出《病毒——人类的朋友还是敌人？》科普展，接待观众超过30万人次，在东莞、佛山、阳江、韶关、汕头等地近10个科技馆展出；联合广州市疾病预防控制中心研制《战“疫”——抗击新冠病毒专题展》，展出3个月吸引超过20万人次体验，获得中国科学技术协会支持到江西等多个省市巡展。

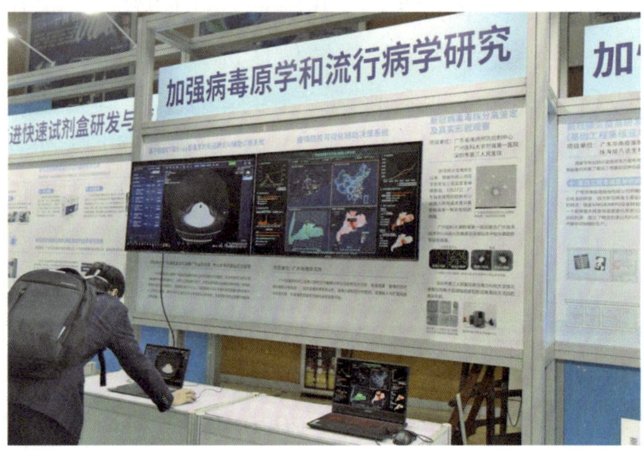

“广东科技支撑打赢疫情防控阻击战”主题展

战“疫”——抗击新冠病毒专题展

场馆服务能力 广东科学中心联合广东省药品监督管理局建成国内首个全互动、超感官体验的沉浸式大型食品药品科普体验馆于8月28日开馆，展示面积3 500m^2，展项108件。推动新一代信息基础设施深度转型和建设升级，实现全网购票；实现展区移动导览，建成并投入使用约200个展项的扫码导览服务；围绕公众需求推出一批智慧创新应用，结合展览活动开放数字教育资源包，持续推进“互联网+”，助力供给侧结构性改革。

2020年全国科普讲解大赛现场

食品药品科普体验馆开馆仪式

科普嘉年华活动

观众参与体验互动展品

品牌科普活动 广东科学中心成功举办2020年全国科普讲解大赛和省、市选拔赛，其中全国赛共有73个代表队234位选手参与决赛，吸引600多万名观众在线观看，网民参与线上互动1 320万人次。

开展创意机器人大赛，全年惠及全省21个地市和港澳地区约750间（次）中小学校共2.5万余名师生；联合专业机构按照国际FRC比赛规则首创WE RoboStar青少年工业级机器人竞赛，吸引全国各地21支队伍参赛；举办珠江科学大讲堂、小谷围科学讲坛、“安安有约”药品科普大讲堂等科普活动20期，线上线下累计超过256万人次参与。

探索与第三方研学教育机构合作，研究制定了《广东科学中心拓展研学活动的实施方案》，成功引进三家科普研学机构，并签订战略合作协议，合力打造国家、广东两级中小学生研学实践教育基地平台等。

珠江科学大讲堂现场

科普宣传　2020年累计组织宣传活动32场次，在电视、报刊、网络等传播媒介上发布新闻宣传近800篇次，其中9篇次报道登上主流媒体的头版或封面，20多篇荣登“学习强国”平台；中心自媒体矩阵发布各类信息推送超过500篇次，开创院士说、带你看新展、科学小实验等科普专栏，进一步擦亮中心科普品牌；全年结合活动开展网络直播23场次，VR看展和云参观活动12场次；建立大湾区科技馆联盟南方号，并入驻“南方+”广东科技立体发布厅，结合活动开展“科普最强音”微博话题，和腾讯视频号有奖征集等宣传活动，累计点击阅读量超过5.6亿人次；广州科技活动周开幕式项目传播荣获2020年广东科普“十大好作品好策划”奖。

临展国际合作　与英国科学博物馆集团合作开发的《超级细菌》巡展成功在重庆、浙江和武汉科技馆展出，深受各地群众喜爱，展览入围2020年世界“博物馆+遗产”奖，位列全球参评项目前5名；先后从美国引进《星球奇境》《神秘的海洋》两个大型主题特展，用崭新的视角和展示手法带领公众探索宇宙和海洋的科学奥秘；联合法国举办中法环境月系列科普活动并展出《海洋，一场奇妙的深海探索》，系列国际科普展览吸引45万人次参观；协办“2020年世界公众科学素质促进大会”，参加2020年“一带一路”科普交流研讨会，通过视频会议直播形式，与20多个国家和地区连线交流，分享中心新时期科普成果和经验。

神秘海洋展

区域共享平台　依托粤港澳大湾区科技馆联盟、广东省科技馆研究会和广州科普联盟，打造具有影响力的创新型科技文化教育集群和支撑大湾区建设协同创新平台，形成开源、开放、协调、共享的科普工作大格局。基于云平台搭建粤港澳大湾区科技馆科普资源数据库以及联盟信息平台，打通信息壁垒，促进资源共享和会员合作；成功打造“科趣·创梦”科普品牌，举办粤港澳科普表演秀展演、粤港澳大湾区科技馆联盟科普“四进”、粤港澳科普青年论坛、科普创新研修班等活动，服务乡村振兴战略，助力粤港澳大湾区建设。协助编制2020—2021年度科技创新普及专题申报指南；全过程管理广东省科普项目，完成73个广东省科普项目验收和986个项目评审；编写2020年广东省科普项目立项方案和2020年广东省科普项目入库方案；分4批次开展科普项目中期检查和绩效检查，专项调研粤东西北地区农村中小学校科学馆（室）建设试点示范情况；协助推进《广东省科学技术普及条例》立法工作；制定省级科技业务管理工作总体实施方案和多个专项工作方案；协助制定“十四五”广东省科技创新普及能力建设规划纲要，强化科技服务支撑能力。

（江　敏）

粤港澳科技合作论坛

【广东科学馆】

2020年，广东科学馆围绕“科技会议、科技研究、科技普及”的工作定位，开展“四服务一加强”工作，开展全省科普巡展活动，推进中国工程科技发展战略广东研究院建设，围绕该院项目管理实施等做好各项工作。

党员政治理论专题学习 2020年，该馆按照省科协的统一部署，坚持把学习贯彻党的十九届二中、三中、四中、五中全会精神，习近平总书记出席深圳经济特区建立40周年庆祝大会讲话和视察广东重要讲话指示批示精神等作为首要政治任务，扎实开展“两学一做”常态化学习教育，不折不扣开展《习近平谈治国理政》（第三卷）专题学习活动。始终坚持人民至上、以人民为中心，把“不忘初心、牢记使命”切切实实地作为永恒课题和终身课题，从全会精神及原著原本中汲取精神营养和思想力量，在服务人民、服务社会中书写精彩、贡献力量。

疫情防控措施 2020年，广东科学馆在新冠肺炎疫情防控期间，积极参与中国科协、中国自然科学博物馆协会、省科协等单位组织的科学防控活动，共在微信公众号和官网上推出关于开展新冠肺炎疫情应急科普的推文10多篇，浏览数达1万人次，为全民防疫抗疫作出应有的贡献。

中国工程科技发展战略广东研究院 2020年，中国工程科技发展战略广东研究院（简称“广东研究院”）联系协调有关单位和院士专家，填报关于新冠肺炎疫情防控咨询研究立项建议表；为中国工程院钟志华副院长等牵头的“新型冠状病毒肺炎疫情中后期防控对策研究”联系协调推荐30多名专家供项目组采访；检索和转发了30多篇相关文章供项目组研究参考。11月10日，中央宣讲团成员、中国工程院党组书记、院长李晓红在深圳主持召开学习贯彻党的十九届五中全会精神院士座谈会，广东研究院参与会议的筹备，并邀请了17位院士参会。协助中国工程院副院长钟志华，中国工程院副院长何华武院士，北京航空航天大学冯培德，中国工程院主席团名誉主席、国家制造强国建设战略咨询委员会主任周济，中国工程院刘人怀院士等带队赴广东调研服务工作。参与承办和支持2020战略性新兴产业培育与发展论坛、2020广东省制造业高质量发展论坛、第三届中国高科技产业化高峰会议暨佛山科技创新与成果转化项目推介会等活动。

2020年，广东研究院克服新冠肺炎疫情影响，推进项目启动、调研、中期考核、阶段性成果交流、结题、绩效评估等工作。鼓励项目组采用在线调研和网络视频评审等创新方式，推进项目进度。共完成2018年度10个咨询研究项目的结题验收和2019年度15个咨询研究项目的中期成果交流评估工作；2020年度咨询研究15个项目的第一批经费申请拨付到位。广东研究院按照目标导向、问题导向、需求导向，坚持上通横联下达，加快推动选题立项，全年共收到35项立项申请书。经广东研究院办公室形式审查和10月召开的院务会评议以及11月召开的学术委员会审定，共评出2021年度12个立项项目，其中重大项目3项，重点项目4项，专题项目5项。

2020年度广东研究院发挥院士群体“跨行业、跨部门、跨领域”的综合优势和创新引领作用，寻找良方来破解“十四五”时期广东经济社会发展中的全局性重大工程科技问题、广东重点产业发展的关键瓶颈问题、粤港澳大湾区建设以及推动广东区域协调发展的掣肘问题等，共向省政府转呈报送了9份院士专家建议。广东研究院把咨询研究项目成果提炼汇编成册，提供给广东省委财经委员会办公室、广东省科学技术厅等数十家单位，作为起草广东省“十四五”相关规划和重点专项的参考。

学术交流活动服务保障 2020年，该馆为开展学术交流提供平台，吸引了各省级学会前来开展学术交流活动，为广东省的学术交流活动搭建了更广泛的平台。全年举办了各类学术交流活动35场次，参加人数约4 500人；举办科技会议165场次，参会人数3万人次；举办科普讲座50场次，参加人数7 500人次；举办科技培训1 088场次，参加人数14.4万人次；还承办了其他会议47场次，参加人数6 000人次。2020年共举办了1 390场次会议，受众人数19.3万人次，为营造学术氛围、建设创新型广东发挥了应有的作用。

科普活动 该馆持续深入开展全省科普巡展活动，2020年该馆共开展“中国流动科技馆”广东省巡展活动2场，受众约1.4万人次；共开展“科普大篷车走基层”巡展活动45场次，参观人数4.5万人次，为提高广东省公民科学素质作出了积极贡献。承办由省科协、省委宣传部、省教育厅、省科技厅联合主办的第五届广东省青少年科普剧大赛，大赛分为科普剧剧本创作赛和科普剧表演赛两个系列，全省共有17个地级以上市的315项作品参加了科普剧剧本创作赛，共

有16个地级以上市的55支队伍参加了科普剧表演赛，总参赛人数超过3 000人次，获奖人数超过1 000人次。

广东省科技工作者状况调查　2020年，该馆根据《关于开展2020年度全国科技工作者状况调查站点调整工作的通知》要求，综合省内28个站点的工作情况，共完成4次站点调查，共完成调查问卷4 260份，问卷调查完成率达到99%，完成广东省科技工作者状况调查任务。

（林湖彬）

【科技宣传】　2020年，围绕省委、省政府的中心工作，聚焦广东科技工作的重大事件，重点结合全省科技创新大会、区域创新能力等专题，联合中央和省主流媒体开展了深入宣传报道，打造了一批精品力作，头版头条报道、系列深度报道明显增多，进一步弘扬主旋律，掀起了宣传广东科技工作的小高潮。

宣传制度建设　为加强党对宣传工作的全面领导，不断提升科技宣传工作的规范化、科学化，促进宣传与科技创新工作的相互融合、相互促进，11月5日，省科技厅制定并印发《广东省科学技术厅宣传工作管理制度》（以下简称"《管理制度》"），进一步明确宣传工作职责、完善工作流程和加强管理。

《管理制度》正文分6个板块，包括宣传工作原则、宣传工作范围和内容及形式、组织架构和职责、工作程序、新闻发布会管理、政务舆情应对，以及3个管理细则作为附件，分别是《广东省科学技术厅公众信息网信息发布管理细则》《广东省科学技术厅政务新媒体管理细则》《广东省科学技术厅政务舆情收集、研判、应对和应急新闻发布管理细则》，对省科技厅公众网信息发布、政务新媒体管理以及舆情监测回应等管理程序要求进行了细化明确。

新闻发布　省科技厅积极落实新闻发布制度，会同省新闻办、省直部门举办多场新闻发布会。

疫情防控新闻发布会　2月18日，广东省人民政府举行新冠肺炎疫情防控第24场新闻发布会，省科技厅厅长王瑞军作为主发布人向社会通报广东加强新冠肺炎疫情防控科研攻关进展情况，并介绍"科技惠企17条"，支持科技企业渡过难关。发布会上，王瑞军厅长回答了《科技日报》《南方日报》等媒体记者的提问。3月12日，广东省人民政府举行新冠肺炎疫情防控第41场新闻发布会，省科技厅副厅长龚国平向社会通报临床救治和药物、疫苗研发、检测技术和产品、病毒病原学和流行病学、动物模型构建等五大主攻方向最新科研进展。龚国平副厅长回答了《南方日报》、广东电视台等媒体记者的提问。4月8日，广东省人民政府第51场新闻发布会，省科技厅副厅长龚国平向社会通报广东持续推进新冠肺炎疫情防控科研攻关，充分发挥科技在疫情防控中的支撑作用。同时发布"生物医药创新10条"，着眼长远，大力推动生物医药科技和产业发展。

广东省战略性产业集群行动计划新闻发布会　9月28日，广东省人民政府召开广东省战略性产业集群行动计划新闻发布会，重点介绍解读《关于培育发展战略性支柱产业集群和战略性新兴产业集群的意见》（以下简称《意见》）以及广东20个战略性产业集群行动计划。这20个行动计划是产业特色鲜明的具体工作指南，更具操作性，每一个都包括总体情况、工作目标、重点任务、重点工程以及保障措施5个方面的内容。新闻发布会上，省科技厅解读了生物医药与健康、激光与增材制造、精密仪器设备、前沿新材料、区块链与量子信息、半导体及集成电路6个战略性新兴产业集群行动计划的相关工作重点。

2020世界5G大会新闻发布会　11月17日，广东省人民政府新闻办召开2020世界5G大会新闻发布会，向公众通报本届大会主题"5G赋能，共享共赢5G+，By All for All"，届时将集聚全球信息通信领域具有重要影响力的科学家、企业代表等，围绕5G领域的前沿技术、产业趋势、创新应用等开展交流与讨论。60家国内外知名企业代表、20多名中外院士专家会通过线上或者线下的方式，参与本次大会。省科技厅将紧紧围绕5G创新链、产业链及应用示范过程中出现的"卡脖子"技术难点，多措并举支持广东省5G相关企业、高校科研院所加大研发投入、开展核心技术攻关。

媒体宣传　传统主流媒体宣传方面，2020

年，省科技厅继续加强与报社、电视台、电台等传统媒体的合作，重点围绕全国全年重要科技活动开展专题、专版宣传，制订全年宣传方案，配合主流媒体开展大型专题宣传报道活动。重点加强与中央媒体的合作，在中央电视台、《人民日报》、中新社等主流媒体播放专题新闻，刊发系列文章。加强与省内主流媒体合作，11月6日，省科技厅联合南方报业集团开通“广东科技立体发布厅”，围绕大湾区国际科技创新中心建设、基础研究与应用基础研究、战略性新兴产业发展等全省科技工作重点，与全省科技部门、科研院所深度合作，开展权威发布、政策解读、云游直播、科技创新深调研等线上线下立体宣传，打造广东科技政务新媒体内容生产、权威信息首发、全省科技矩阵运营的主平台。

新媒体宣传方面，2020年，省科技厅继续高质量运维“广东科技”微信公众号及其媒体矩阵，坚持每周一精品的传播策略，全年共发布48期，超300条信息，全年累计阅读量近55万次。2020年，“广东科技”微信公众号累计总阅读次数超380万次，总阅读人数近230万人。此外，同步在“南方+”“今日头条”“企鹅号”“百家号”“网易号”5个平台累计发布信息3 300条。上线至今，5个政务新媒体平台推送消息累计阅读数近1 800万次。在南方网“广东科技”栏目加强在线直播功能，全年共开展5场较大规模在线直播活动。8月20日，省政府“政府工作话你知”微访谈节目采访省科技厅厅长龚国平，围绕“科技创新支撑高质量发展”话题，与网友互动交流科技支撑新冠肺炎疫情防控、全省科技形势、基础与应用基础研究等方面工作。

广东科技好新闻评选 通过支持广东省科技新闻工作者协会办好“广东科技好新闻”、广东科技新闻学术交流论文评选活动，打响广东科技新闻宣传的行业品牌，凝聚科技宣传正能量。10月9日，第二十二届广东科技好新闻、第三届广东省科普好新闻颁奖会举行。参加本届好新闻评选的作品比以往的都要广泛，作品都是2019年度发表的科技、科普类新闻作品，涵盖了广东省、相关地级市以及中央驻粤媒体单位，参评作品共505件。其中，参评科技好新闻的作品有84篇，一等奖5篇、二等奖10篇；参评科普好新闻的作品有49篇，一等奖3篇、二等奖6篇；参评优秀科技新闻报道专项奖的作品有372件。

“科技支撑打赢疫情防控阻击战”主题展 3月18日，在省科技厅指导下，广东科学中心联合有关单位制作推出“广东科技支撑打赢疫情防控阻击战”主题展，展览以“科学防治、精准施策”为主题，进行文字、图片和实物展示，分为“疫情防控科研攻关”“科技惠企助力复工复产”“应急科普宣传行动”三个板块，重点展示了广东在疫情防控科技攻关方面取得的阶段性重要成果，为公众防范疫情提供及时指引。在“疫情防控科研攻关”板块，展示了广东在此次疫情防控中取得的多项科技成果，如广州再生医学与健康广东省实验室联合中山大学孙逸仙纪念医院研发的AI影像辅助诊断系统，及一系列能阻断病原气溶胶的隔离病床、隔离椅和隔离诊台等。尤其值得一提的是，展览还展出了新冠肺炎治疗使用的“明星”产品，如磷酸氯喹、“肺炎1号”、血必净等临床救治药物，具有长效抑菌功能且可连续佩戴及重复使用长达7天的N95口罩等，利用重离子微孔膜技术开发的可以高温水洗、重复使用的口罩也备受关注。在“科技惠企助力复工复产”板块，无接触式远距体温监测仪、5G巡逻机器人、疫情大数据实时监测追踪系统、快速高通量检测试剂、超大规模药物筛选、靶向基因药物等一批高科技装备也一一亮相。

“岭南科学论坛·湾区创新论坛” 2020年，省科技厅与省科协在2019年联合策划推出“岭南科学论坛·双周创新论坛”的基础上进行改革与提升，更名为“岭南科学论坛·湾区创新论坛”，进一步突出功能定位和特色，集聚社会资源共同参与，加强策划和品牌运作，优化论坛形式和内容，搭建一个高规格、高质量的围绕科技创新治理体系和治理能力沟通交流的研讨平台，面向社会创新主体征求意见、宣讲政策，邀请专家传播先进创新理念，努力打造成在粤港澳大湾区以及华南地区科技界有影响力的科技论坛品牌。全年共组织开展4期“岭南科学论坛·湾区创新论坛”，邀请30余位国内外知名专家开展主题演讲和对话交流，吸引近200家单位、500多名专业人士和社会公众现场参与，线上直播参与人数超过71万人次。

广东省高企认定申报专家服务团　6月20日，广东省高企认定申报专家服务团（以下简称“专家服务团”）组建，并启动广州企业专家服务专场活动。这是广东省首次组建高企认定申报专家服务团。专家服务团针对疫情防控要求，通过采取录播培训视频、在线直播等线上培训新形式，培训服务覆盖超70万人次。省科技厅高企认定申报专家服务团赴地市向企业开展“一对一”认定申报诊断服务。活动采取部省市联动方式，前后历时近2个月，组织了近30场专家服务专场活动，覆盖了广东省申报企业多的重点地市，服务企业超过3 000家。外资企业作为重点服务对象，在各地市专场活动中均重点征集外资企业需求，对于稳定利用外资、做好“六稳”“六保”工作发挥了积极作用。《科技日报》、广东电视台等30多家主流媒体报道达70次，相关报道及消息6次登上“学习强国”平台。

（陈锡强）

科技交流与合作

【跨境科技交流合作】

拓展科研攻关对外合作 客观介绍本省疫情防控成效，体现广东担当；推介疫情防控科研成果，分享广东经验和技术。在2020年疫情初期，两次发布“厅长公开信”，协调力量使用20多种语言致信全球专家及国际友人，争取国际社会理解和支持。在我国疫情防控取得阶段性成果后，主动向国际社会分享广东省疫情防控的相关科研成果。通过多方沟通协调，帮助本省研发的AI辅助诊断系统在伊拉克医疗机构得到临床应用，助力华大基因取得沙特阿拉伯核酸检测服务订单。

加强科研组织，携手港澳共同促进疫情防控科研攻关合作。省科技厅致函香港特别行政区政府创新及科技局、澳门科学技术发展基金，提出加强三地疫情防控科研攻关合作的3项建议，得到香港、澳门方面积极回应和全面采纳，使三地合作取得实实在在的成效。支持港澳著名科学家参与本省“防控新型冠状病毒感染科技攻关应急专项”。香港大学管轶教授、澳门科技大学刘良院士分别领衔参与本省第二批应急专项，与省内创新主体联合开展科研攻关合作，并取得实质性进展。推荐中山大学、广州中医药大学、中新国际联合研究院的国际合作背景团队申报“新型冠状病毒感染防治技术和产品”应急专项，与国际同行交流分享新型冠状病毒防治的最新研究成果，获得120万元省级财政经费立项支持。促成澳门科学技术发展基金对参与本省攻关项目的澳门科学家团队给予接续经费支持。持续与港澳交流疫情防控科研项目信息，强化三地疫情防控协同科研攻关力度。与香港特别行政区政府创新及科技局、澳门科学技术发展基金商定，将疫情防控领域合作分别纳入2020—2021年度粤港、粤澳科技创新联合资助计划，予以重点支持。

防范化解科技脱钩重大风险 继续积极稳定和深化对日本、韩国的科技合作。新冠肺炎疫情造成人员往来受阻后，7月与日本近畿经济产业局、公益财团法人地球环境中心共同召开线上会议，讨论推荐日本企业与广东合作申报本省2020—2021国际科技合作专题项目，促进新冠肺炎疫情防控对策与医疗技术的双边交流等。

同时，省科技厅支持社会组织，持续开展与韩国的科技人文交流：9月接待韩国驻华主要科技机构代表团来访省科技厅并协助联系赴华为等省内创新企业对接。代表团由韩中科学技术合作中心、韩国研究财团北京代表处、在华创新中心（KIC中国）、韩国韩医学研究院北京代表处、产业研究院北京代表处等韩国各主要科研机构驻华机构代表处的首席代表组成。双方围绕基础研究、技术转移转化等方面展开交流，探索和扩展更为有效的技术合作方式和渠道，推动和引导两地科技界与产业界在科技创新领域的务实合作，为联合产业研发开辟新空间。

持续拓展与欧洲、大洋洲发达国家的科技合作关系。充分警惕疫情和中美经贸斗争叠加给欧美发达国家对与我开展科技交流合作带来的客观阻滞和主观的疑虑，在疫情得到控制后加倍积极主动对接相关合作伙伴，避免与国际科技创新网络形成长期隔离脱钩。一方面与科技部合作司紧密联动，分别于6月、11月承办了合作司与芬兰国家商务局主办的“中国—芬兰高技术领域线上对接会”广东分会场、中国科学技术交流中心与瑞士初创企业孵化机构Venturelab主办的“中瑞科技创新精准合作‘云对接’活动”，采用线下交流互动与线上直播相结合的形式，组织广东企业与高校科研机构与欧洲同行精准对接，线下广东单位活跃，线上点击量均达数万次，组织承办水平广受科技部、外方组织合作伙伴和双方参会单位的好评。另一方面主动对接外国驻本地使领馆科技处和重点合作伙伴：省科技厅领导分别会见了荷兰驻广州总领事、西班牙驻广州总领事商谈疫情防控常态化下重点科技交流工作的开展；向荷兰合作伙伴寄送防护口罩并慰问，应奥地利合作伙伴请求协助联系防疫物资采购；持续与英国驻广州总领馆对接，推动与牛顿基金联合资助项目的后续开展；支持广东科学中心承办法国总领馆“中法活动月”相关活动；与新西兰卓越中心联络人召开视频会议，拟推动签署合作框架协议开展联合资助计划。

重视国际组织多边合作交流机制，积极参与相关线上会议和活动。重视借助国际组织平台扩大国际科技合作朋友圈。联合国科技促进发展委员会（UNCSTD）第22—23届副主席王瑞军博士代表中国在线上参加UNCSTD第23届年会和多次履行主席团工作职责，介绍中国落实2030年可持续发展议程、深化与UNCSTD在科技创新领域的合作举措和近期通过与世卫组织、有关国家和地区组织团结合作抗击疫情的积极努力。与中国常驻日内瓦联合国欧洲使团保持紧密联系，继续配合科技部做好发展中国家科技培训班延期和举办视频交流培训的相关工作。10月，支持中科院广州能源所与比利时弗拉芒技术研究院、韩国光州科学技术研究所、巴西奥斯瓦尔多克鲁兹基金会、印度能源和资源研究所等单位采取线上形式联合主办了第四届全球科技创新大会（G-STIC）。本届大会设有气候、教育、能源、食品、健康、海洋、水、信息通信、循环经济和青年10个主题专场，首次面向全球观众直播，影响广泛。

拓展与“一带一路”沿线国家伙伴关系　重点支持与独联体国家合作的重大国际科技合作基地平台建设。持续支持省科学院中乌巴顿焊接研究院建设，推荐其申报科技部“一带一路”联合实验室，于2020年9月获批，即中国—乌克兰材料连接与先进制造“一带一路”联合实验室，标志着中乌科技合作迈向新起点。联合实验室以中乌国际科技合作为背景，针对中乌在材料连接及先进制造领域的重大需求，联合哈尔滨工业大学先进焊接与连接国家重点实验室和乌克兰国家科学院巴顿焊接研究所，开展航空航天、海洋工程、能源、交通等应用领域重大科技攻关，同时聚焦前沿基础领域，开展材料连接及先进制造基础研究和科学理论创新，促进合作成果在“一带一路”重大工程建设领域的应用。对依托其建设的中乌材料连接国际联合研究中心本年度另行立项奖补100万元。其次，注重对独联体国家技术转移平台基地的持续建设，对依托广东科技企业合作促进会建设的广东—独联体国际技术转移中心立项奖补100万元，对其持续与乌克兰、俄罗斯、白俄罗斯、立陶宛等独联体国家开展的技术转移工作予以支持。

注重发挥“关键小国”作用，继续推进与以色列、新加坡等国家在重点区域、重点领域的科技合作。持续支持广东—以色列理工学院建设，2020年10月陪同合作司分管亚非合作领导一行调研广东—以色列理工学院，听取在校以色列专家和校领导对科研工作的建议和需求，研究细化精准支持措施。与以色列创新署召开视频会议，推动双边产业研发合作计划开展，发布《广东—以色列产业研发合作计划第七轮联合产业研发项目申报指南》，并对2019年度申报与以色列分别在信息技术和农业科技领域合作的企业牵头研发项目予以出库立项，每项资助50万元，支持复工复产企业开展国际科技合作。持续支持中新国际联合研究院建设，围绕广州市重点发展的IAB、NEM产业，在人工智能、生物医用材料、新能源等6大研发平台引进24个产业化项目，与阿里巴巴、微众银行等龙头企业开展科研合作。中新国际联合研究院成功获批2020年度广东省紧急攻关专项、2020年度广东省重点领域研发计划和2020年广东省国际合作专题等7项政府纵向项目；发表高水平学术论文35篇，申请专利30项，孵化企业4家；深化与国内外机构的产业合作，与4家企业签订技术服务合同。

通过推动中医药走出去、科技人才联合培养、科技人文交流等方式积极拓展与“一带一路”沿线国家的科技伙伴关系。支持广东中医药大学建设“一带一路”沿线国家疟疾与传统医药国际联合研究中心，2020年度立项奖补100万元，持续鼓励其联合本地企业与科摩罗国家疟疾防治中心、多哥卫生部、马拉维卫生部、巴布亚新几内亚卫生部、柬埔寨卫生部、圣多美和普林西比卫生部等开展青蒿素抗疟疾相关中医药成果推广，开展受援国家技术人员培训。继续推动奥地利参与的在巴基斯坦共建信息技术与人工智能卓越中心项目，推动广东工业大学与巴奥应用技术大学签署了深入推进人才培养合作协议。应巴基斯坦总理科技工作组主席阿塔·拉曼教授请求，拓展广东高校科研机构与新筹建的巴基斯坦工程与新兴技术大学在人才联合培养方面新的合作项目。省科技厅与广西壮族自治区科技厅共同主办2020年面向东盟的国际科技合作实务培训班，与出席的东盟国家驻中国使领馆官员建立联系。

提升对外科技合作项目组织管理能力　改革优化国际科技合作与粤港澳科技合作指南体系。采取实地调研、问卷调查、查阅资料等多种形式，点面结合，并运用定量定性相结合的分析方法，力图全面准确把握过去若干年国际科技合作领域财政资助计划的实施效果，分析存在问题，形成《广东省国际科技合作领域相关计划调研报告》，为科技合作计划指南的改革提供决策参考依据。上半年，省科技厅整合优化原有项目类别，更加聚焦重点国别重点任务和基地平台的持续建设，科学设定考核指标，加强绩效考评追踪，编制2020—2021年度对外科技合作平台指南、国际科技合作专题指南、粤港澳科技合作专题系列指南并对外发布，遴选项目质量稳步提升。

初步建成专属对外科技合作领域专家库，并在2020年度项目评审中成功投入使用。省科技厅在现有的广东省科技咨询专家库基础上，采取从近5年对外科技合作相关领域项目和科技部国家科技合作专家库中遴选、向港澳创新主体定向征集等方式，协调专家入库，构建了以实现专家资源集约化、专业化、特色化配置为重点，专属于国际科技合作领域的科技项目评审专家库。从专家信息征集入库、软件系统开发、专家库管理维护、专家跟踪评价等方面入手，指导编制《广东省国际科技合作领域/粤港澳联合创新领域科技计划项目评审专家库建设方案》，全面提升专家库建设水平。截至2020年10月，国际科技合作/粤港联合创新领域专家库存量充足，能够满足专家抽取要求。该专家库的总人数达到1 580人，库中满足专家抽取条件的专家人数为1 561人，在2020年度相关计划项目评审抽取中运行良好。

（袁光侠）

【国外科技交流合作项目】　截至2020年12月，国际科技合作领域项目共计立项610项。其中，国际科技合作专题立项536项，包括国际科技合作项目专题（包括重点国别及区域合作项目、重点国别及“一带一路”科技合作项目、重点国别双边联合资助项目、国际科技合作项目专题）480项、发展中国家科研人员能力提升培训专题5项、高水平国际学术交流专题3项、青年科研人员双向学术交流互访专题48项；对外科技合作平台专题立项74项，包括设立境外研发机构专题10项、广东省国际科技合作基地专题61项、国际产业技术创新联盟培育专题3项。

2014—2020年，国际科技合作领域立项项目拨付的财政资金总额39 879.6万元，资助方式为事前资助与事后资助结合。其中，国际科技合作专题财政资金资助30 929.6万元。其中：国际科技合作项目专题（包括重点国别及区域合作项目、重点国别及“一带一路”科技合作项目、重点国别双边联合资助项目、国际科技合作项目专题）每项资助以50万元和100万元为主，共30 088万元；发展中国家科研人员能力提升培训专题每项资助50万元，共250万元；高水平国际学术交流专题每项资助50万元，共150万元；青年科研人员双向学术交流互访专题每项资助3.6万至12万元，共441.6万元。对外科技合作平台专题财政资金资助8 950万元。其中：设立境外研发机构专题每项资助以100万元为主，共1 050万元；广东省国际科技合作基地专题每项资助以100万元和150万元为主，共7 600万元；国际产业技术创新联盟培育专题每项资助100万元，共300万元。

（袁光侠）

【粤港澳和区域科技交流合作】

推进粤港澳大湾区国际科技创新中心建设　对照广东省人民政府印发的大湾区科技创新有关规划对大湾区科技创新工作提出的目标任务、主攻方向和政策措施，牵头起草2020年省科技厅推进粤港澳大湾区国际科技创新中心建设工作要点。

加强粤港澳三地科技协同创新　在粤港科技创新合作专责小组和粤澳科技合作专责小组框架下，与香港创新科技署及澳门科学技术发展基金建立常态化交流机制，围绕疫情防控、科技创新政策、联合资助项目等事项分享合作信息、召开工作会议。接待澳门科技大学副校长刘良院士、香港生产力促进局内地业务总经理葛明博士等港澳机构代表来访，就支持港澳机构积极参与大湾区国际科技创新中心建设等方面进行交流与探讨。

支持与香港生产力促进局合作，在面向香港中小企业和初创企业的“中小企资援组：资助基金推广全面观2020”大型网上活动中设置线上虚拟展位，宣传推广粤港澳科技合作相关优惠政策，鼓励更多香港地区创新主体参与广东省科技计划项目。支持组织“粤港澳科技合作专题指南宣讲会”与“粤港澳科技合作论坛”，通过线下交流互动与线上直播相结合的方式连接粤港澳三地科研人员与创新主体，“粤港澳科技合作论坛”线上观看人数达3.76万人，吸引了多家主流媒体的关注和广泛报道。

研提对策建议　在新冠肺炎疫情加速逆全球化的大背景下，粤港澳大湾区国际科技创新中心建设备受国内外关注。省科技厅完成《促进粤港澳大湾区科技创新深度融合发展的思考》和《关于粤港澳协同推进大湾区国际科技创新中心建设相关情况的报告》，对推进大湾区国际科技创新中心建设工作的完成情况进行梳理，分析已有的举措和成效、总结典型成果，并针对存在的问题研提对策建议，为下一步工作开展提供思路和参考。

（袁光侠）

地市科技发展

广州市

【概况】 2020年，广州市“科学发现、技术发明、产业发展、人才支撑、生态优化”的全链条创新发展路径日趋成熟，推动科技创新从“产业带动科技”的跟随创新阶段发展到“科学引领产业”的正向创新阶段。2020年《全球创新指数报告》中“深圳—香港—广州创新集群”排名全球第2位；“自然指数—科研城市”排名从2018年全球第25位跃升至2020年第15位。根据科技部发布的国家创新型城市排行榜（不含直辖市），广州位居全国第2。获科技部支持建设广州国家新一代人工智能创新发展试验区；南沙科学城被省纳入粤港澳大湾区综合性国家科学中心主要承载区；广州科学城全力打造具有国际影响力的“中国智造中心”；中新广州知识城总体发展规划获国务院批复。

【科技抗疫】 面对新冠肺炎疫情，广州市全力投入科研攻关，磷酸氯喹等4项成果和技术被纳入国家诊疗方案；广东省向联合国推荐并获全球推广的磷酸氯喹、连花清瘟、新冠肺炎AI辅助诊断系统、防控医用智能机器人4个项目，均为广州地区的科研攻关成果。

在检测方面，广州市新冠病毒检测试剂在获批时间、获批企业数、销售数量、服务数量等方面均为广东省第1。至2020年年底，广州达安基因股份有限公司、广州万孚生物技术股份有限公司、广东和信健康科技有限公司3家企业的核酸检测试剂盒获国家注册审批，获得欧盟CE认证。广州达安基因股份有限公司是全国首批核酸检测试剂盒6家获证企业之一，截至2020年年底累计销售1.4亿人份，其研发的产品把检测时间缩短至28分钟，是国内唯一获批的30分钟内快速检测产品；广州万孚生物技术股份有限公司是全国首批抗体检测试剂盒2家获证企业之一，截至2020年年底累计生产7 000多万人份；截至2020年年底，广州金域医学检验集团股份有限公司核酸检测超过3 000万例，检测量全球第1。

【基础研究】 2020年，广州市基础研究占R&D经费比重达13.9%，创历史新高，接近世界先进国家水平。

实验室体系　至2020年年底，由钟南山院士领衔组建呼吸领域国家实验室，先行成立广州实验室；生物岛、南方海洋科学与工程、人工智能与数字经济、岭南现代农业科学与技术4家广东省实验室汇聚32位院士，累计获得国家、省级项目29项。截至2020年12月，广州市共建有国家重点实验室20家，占广东省的69%；广东省重点实验室241家，占广东省近61%；广州市重点实验室达176家。

科技基础设施　建设人类细胞谱系大科学研究设施、冷泉生态系统研究装置、动态宽域高超声速风洞、极端海洋动态过程多尺度自主观测科考设施4个重大科技基础设施。

【企业科技创新】 广州市强化企业在创新体系中的主体地位，实施分层分类服务科技创新企业做强做优做大行动。

“独角兽”企业　胡润“独角兽”排行榜广州市上榜企业从2017年的3家增至2020年的8家。从2017年开始，“发现广州‘独角兽’企业”活动征集并发布广州“独角兽”创新企业榜单，截至2020年年底，一共发布了4期，去重后共21家企业上榜。

规模以上工业企业科技创新　规模以上工业企业设立研发机构比例从2015年的10.2%提高到51%，实现5亿元以上大型工业企业研发机构全覆盖。

【科技金融】 广州市构建“创、投、贷、融”科技金融生态圈，创新实施“以赛代评”“以投代评”的项目形成机制。2020年，第九届中国创新创业大赛（广东·广州赛区）暨第五届羊城“科创杯”创新创业大赛在延续“以赛代评”社会化评选机制的基础上，首次探索实施“以投代评”“差额奖补”等创新机制，以及首次设置科技企业及科技服务机构直播“带货”专业赛，并对大赛获奖企业给予最高达200万元的奖励性后补助支持。科技信贷风险补偿撬动合作银行为科技型中小企业贷款超过300亿元。

【科技政策环境】 2020年以来，广州市印发、颁布实施了《广州市鼓励创业投资促进创新创业发展若干政策规定实施细则》《广州市科技计划科技报告管理办法》《广州市科技成果登记实施办法》《广州市科技成果产业化引导基金管理办法》《广州市支持科技资源库发展办法》《广州市推进高水平企业研究院建设行动方案（2020年—2022年）》6项规范性文件。

推动“科技管理”向“创新治理”转变，做好《广州市科技创新条例》的修订工作，该条例于2020年12月30日经广州市人大常委会第四十四次会议审议通过，上报广东省人大批复后实施；出台广州科创“12条”、科研经费使用“包干制”“负面清单”管理等全国领先的先行先试政策。

2020年，广州市科技局继续积极配合广州市税务局对企业研发费用加计扣除项目进行鉴定，组织专家对广州市税务局转交的269家企业共计1 363个研发项目进行了鉴定，其中通过鉴定项目1 139个，通过率为83.6%。

【科技投入】 2020年，广州市财政科技投入经费224.13亿元，其中，市本级财政对科技投入经费89.5亿元，占一般公共预算支出比例为8.95%。归口市科技局管理的科学技术投入经费54.22亿元，其中基础研究经费14.8亿元，技术研究经费19.8亿元。

【科技项目】

广州市科技创新发展专项　2020年，广州市共投入财政经费44.12亿元设立市科技创新发展专项，下设基础研究计划、重点研发计划、企业创新计划、创新环境计划4个科技计划，共计征集项目4 246个，其中全过程管理简政放权改革试点项目2 518项，竞争性项目152项，政策性补助项目1 576项。

重大科技项目组织工作　加强关键核心技术攻关，实施重点领域研发计划，布局新一代通信与网络等9大专项。在广州市科技局系统印发《国家和省科技计划项目对接和管理工作指引》，建立工作机制，加强与部省对接沟通，推进部省市联动。举办了广东省重点领域研发计划“新一代通信与网络”“新一代人工智能”“芯片、软件与计算”“新能源”“区块链与金融科技”等重大重点专项政策宣讲会，企事业单位700多人次参与。

项目立项及经费下达管理工作　2018年以来，广东省科技厅已发布七批27次重点领域研发计划专项，包括新一代通信与网络、新一代人工智能、区块链与金融科技、防控新型冠状病毒感染科技攻关应急专项等重大重点专项。广州市科技局按要求做好项目审核、经费下达及实施管理，三年来共获得立项项目177项（其中2018年15项、2019年65项、2020年97项），立项合同额共计18.08亿元，截至2020年已按广东省下达要求拨付经费8.00亿元，助力企业科技攻关、疫情防控和复工复产。

【协同创新平台】

新型研发机构建设　2020年，广州市省级新型研发机构总量63家，总量占广东省的25%，连续5年居广东省第1。

技术创新中心　粤港澳大湾区国家技术创新中心总部落户科学城，获批建设全国新型显示领域首家国家技术创新中心。

高水平创新研究院　引进建设10家省级高水平创新研究院，占全省的83%。

产学研协同创新　截至2020年12月，广州市备案产学研技术创新联盟共181家，合计3 000多家成员单位。涵盖了新一代信息技术、人工智能、生物医药、农业、环境保护、新能源和高效节能、新材料、建筑、成果转化服务等领域。

【科技成果与转化】 2020年，广州市推出全球首台31英寸喷墨打印柔性显示样机和全国首款视觉数字全自动口罩机，建成全球首个智慧地铁示范站。中山大学“羊毛甾醇前药化合物及其制备方法和应用”系列成果转化金额达到13.8亿元。

科技成果服务 广州市修订印发《广州市科技成果登记实施办法》，研究制定《广州市市属事业单位职务科技成果转化收益核算及分配工作指引（试行）》，着手修订广州市促进科技成果转化相关实施方案。出台“创投八条”实施细则，修订《科技成果产业化引导基金管理办法》，进一步引导社会资本“投早”“投小”，实际到位的子基金规模超过33.98亿元，撬动社会资本出资26.66亿元。百亿规模的粤港澳大湾区科技成果转化基金落户，广州市科技成果产业化引导基金获评清科数据中心“2020年中国政府引导基金30强”。

技术转移服务平台 支持广州现代产业研究院等20多家单位开展技术转移示范机构建设，截至2020年年底广州市共有国家级技术转移服务机构12家，国家创新驿站1个，广东省科技服务业百强企业（机构）58家，占广东省的53.7%。建设环华工、环中大、环大学城科技成果转化基地。广东省、广州市、南沙区共同支持华南技术转移中心建设，华南技术转移中心正式上线“华转网”，实现与港澳线上平台互联互通；已汇集了具有转化意向的发明专利1.1万余项、科技成果6 000余项。广州市、天河区共同支持广州（国际）科技成果转化天河基地建设，已投入试运营，为高校、科研院所、科技企业提供科技成果转移转化全要素服务平台。

技术合同与科技成果登记 2020年，广州市共登记技术合同2.28万份，技术合同成交额达到2 256.5亿元。广州市共登记科技成果843项，其中应用技术成果478项，基础理论成果343项，软科学成果22项；由国家、省、市科技计划及基金项目产生的成果707项，占比83.8%。

【孵化育成体系】 广州市推动孵化育成载体提质、保量、增效。2020年，新登记50家孵化器，总数达405家；新登记54家众创空间，总数达294家。2020年，7家孵化器认定为国家级孵化器，数量居全国第1，国家级孵化器数量达41家；11家孵化器认定为省级孵化器，数量居全省第1，省级孵化器（含粤港澳孵化器）数量达38家；国家备案众创空间数量达54家，8家众创空间认定为省级众创空间，3家众创空间认定为粤港澳众创空间，省级（含粤港澳众创空间）众创空间36家。

【股权交易、新三板及上市】

股权交易 2020年广东股权交易中心新增挂牌展示企业3 125家，2020年4月启动“广东省科技创新专板”，挂牌企业科技含量大幅提升，股份公司挂牌企业数量同比增长11.57%，高新技术企业占比近60%。2020年广州市新增挂牌展示企业1 505家，居广东省第1位。截至2020年年底，广东股权交易中心累计挂牌展示企业20 701家，其中广州市挂牌展示企业8 902家。

新三板挂牌上市 截至2020年12月底，广州市挂牌公司300家，进入创新层数量51家，占比17%，创新层企业数量位列全国省会城市第1。广州市累计有249家挂牌公司完成451次发行，累计股票融资金额203.86亿元，累计融资金额均居全国第4。

科创板上市 截至2020年12月，广州市累计20家科技企业申报科创板并获受理，其中中国电器科学研究院股份有限公司、广州瑞松智能科技股份有限公司、广州洁特生物过滤股份有限公司、广州方邦电子股份有限公司、百奥泰生物制药股份有限公司、广州安必平医药科技股份有限公司6家企业成功在科创板上市。广州市浩洋电子股份有限公司成功在创业板上市，广州荔枝网络技术有限公司（荔枝FM）成功在美国纳斯达克证券交易所上市，广州小鹏汽车科技有限公司、名创优品（广州）有限责任公司、广州逸仙电子商务有限公司（完美日记）成功在纽交所上市。

【科技合作与交流】

粤港澳大湾区协同创新 率先实现科技计划面向港澳开放、粤港澳大湾区市级财政科研资金跨境自由流通。与深圳联合共建人工智能与数字经济广东省实验室，建设南方海洋科学与工程广东省实验室香港分部、深圳分部。截至2020年年底，广州市已建成对港澳科技合作平台共33个，聚集了一批拥有国际化教育背景、商业背景和丰富国际资源的专业人才。广东省20家粤港澳联合实验室中，有10家落户广州。

疫情防控科研攻关合作　生物岛实验室联合中山大学附属第二医院、澳门科技大学、清华大学，合作研发了基于胸部CT影像的新冠肺炎AI辅助诊断系统，精准度达95%以上。

基础研究跨境合作　2020年支持澳门大学、广东工业大学、澳门科技大学联合广州中医药大学成功申报粤穗联合基金粤港澳研究团队项目。

科技合作创新平台　2020年，广州市已搭建的重大国际合作创新平台超过50个，支持广州市企业和科研机构设立境外研发中心达26家。国家级、省级国际科技合作基地达67家，中乌巴顿焊接研究院成功申报广东省首家"一带一路"联合实验室。

大型国际性科技活动　2020中国海外人才交流大会暨第二十二届中国留学人员广州科技交流会于12月18—19日成功举办，通过"市场主体、政府引导"的办会机制，为广州市新时期国际引才引智工作进行了有效探索实践。

2020小蛮腰科技大会以"无限∞可能！（Intelligence Everywhere · Imagine Endless）"为主题，于2020年10月13—14日在广州举行，为到场观众和媒体带来最前沿的市场信息和创新观点，全面解读未来信息科技产业链的最新发展趋势。

【科技人才】　加快集聚高端创新人才，深入实施"广聚英才计划"，截至2020年12月，在穗工作的"两院"院士115名，在穗工作的国内外院士共162人，其中全职工作院士58人，双聘院士104人；在穗工作院士中发达国家院士40人。颁发人才绿卡7 600余张，引进外籍高端人才3 234名。建立全球引才引智体系，以中国海外人才交流大会暨中国留学人员广州科技交流会为载体打造国家级引智平台，覆盖全球140多个国家和地区，截至2020年年底，广州累计吸引超过5万名海内外高层次人才参会。

截至2020年年底，广州市吸引港澳台高端人才来穗创新创业，落实粤港澳大湾区个人所得税优惠政策，申请宗数2 231宗、补贴金额达5.89亿元，在大湾区9市中遥遥领先；认定港澳台和外籍高层次人才135人。

全市认定市级高层次人才1 207人。依托广东省"珠江人才计划"、"特支计划"累计引进创新创业团队94个、高层次人才363人，培育本土团队32个、高层次人才577人。钟南山院士获颁授"共和国勋章"，广州医科大学新冠肺炎疫情防控研究南山团队获全国创新争光奖牌，宋尔卫、徐涛院士等8人获全国创新争先奖状，占全省的66.7%。

截至2020年12月，广州市产业人才集聚工程重点专项累计支持创新领军团队37个、创业领军团队39个、创新创业服务领军人才37名、杰出产业人才115名；"红棉计划"累计引进海外来穗创业人才36人，评定广州创新标杆企业家200人、广州"独角兽"创新企业家17人。

支持乡村振兴战略，广州市选派1 436名科技特派员深入农业基层，科技帮扶贵州省黔南州山区稻田实现亩产近600公斤，增产130%。

【科普工作】　截至2020年12月，广州市科普基地达到188家。2020年，广州市科技活动周参与量超过1 000万人次，中央、省、市媒体先后发布相关报道1 432篇，媒体曝光总量超过8 200万人次。开幕式系列活动获广东省科普新媒体联盟颁发2020广东科普"十大好作品好策划"。

（莫小玲　吴　蕾　岳　林）

深圳市

【科技创新环境营造】 12月22日，中共深圳市委六届十七次全体会议顺利召开，审议并通过《中共深圳市委关于制定深圳市国民经济和社会发展第十四个五年规划和二〇三五年远景目标的建议》，明确"十四五"时期深圳经济社会发展的指导思想、基本要求和主要目标，强调坚定实施创新驱动发展战略，围绕产业链部署创新链，强力推动国家战略科技力量在深落地做实，围绕创新链布局产业链，大力培育战略性新兴产业和未来产业，推动产业链创新链深度融合发展，打造高端高质高新的现代产业体系，建设具有全球影响力的科技和产业创新高地。

2020年，深圳市出台《深圳经济特区科技创新条例》，从立法层面首次构建"链式"科技创新保障体系，以科技创新为核心带动深圳全面创新。推动部市联合印发《中国特色社会主义先行示范区科技创新行动方案》，推动中央和深圳创新资源形成创新合力。出台《关于强化科技支撑打赢疫情防控阻击战促进企业健康发展的若干措施》，强化各类创新主体支持服务力度，为新冠肺炎疫情防控提供强大的科技支撑。印发《深港澳科技计划项目管理办法》，更大范围、更宽领域、更强力度促进大湾区科技创新融合发展。制定《深圳市科技创新委员会科研诚信异常名录管理规程（试行）》，建立科研诚信异常名录，加强科研诚信和信用体系建设。

【高新技术产业】 2020年，全市拥有国家级高新技术企业18 650家，是2016年的2.3倍（8 087家），总量位居全省第1、全国大中城市第2。深圳高新技术产业发展成为全国的一面旗帜，2020年高新技术产业实现产值27 849亿元，同比增长2.7%；实现增加值9 747亿元，同比增长2.4%。深圳国家高新区综合实力连续3年位居全国第2。

【科技投入】 2020年，全市科技财政专项资金增至120亿元，其中基础研究占比41.83%，达50.12亿元；2020年全社会研发投入1 510.81亿元，占地区生产总值约5.46%。2020年全年组织实施8批重点技术攻关项目，落实"链长制"部署，聚焦石墨烯科技和产业发展趋势，明确未来3年重点任务、实施路径、责任部门和进度安排，提出"强链"发展所需的基础研究和技术攻关项目，推进石墨烯产业"强链、补链、连链、延链"。

【科技人才】 2020年，深圳市聚焦产业发展规划、关键共性技术攻关、原始创新能力提升、创新载体建设等需求，重点围绕生物医药、互联网、新能源、新材料、新一代信息技术、航空航天、生命健康、机器人、可穿戴设备、智能装备等深圳市重点支持的战略性新兴产业和未来产业，实施市级人才计划，成立人才集团和猎头公司，建成全国首个人才主题公园，打造人才星光柱、人才雕塑群、人才功勋墙等永久性人才激励阵地，将每年11月1日确定为"深圳人才日"。全市拥有全职"两院"院士60人、专业技术人才181万人。制定出台《深圳市优秀科技创新人才培养项目实施操作规程》，首次在招商街道设立外国人来华工作许可工作站。以线上线下融合方式成功举办"第十八届中国国际人才交流大会"，推动大会数字化、智能化转型。按照数学、物理、化学等学科领域，聚焦基础学科领域创新人才培养，首批立项101个博士启动项目，40个优青项目，20个杰青项目，构建从博士（后）到优秀青年、杰出青年的人才成长全周期支持机制。

【创新平台】 建成6家国家重点实验室，新增首批国家应用数学中心，获批国家感染性临床医学研究中心1家；承建4家广东省实验室，认定42家省级新型研发机构；布局建设12家基础研究机构、11家诺奖实验室，新成立电子科技大学（深圳）高等研究院等高端科研平台，探索建设国际科技信息中心。累计建成国家重点实验室、国家工程实验室等各级各类创新载体2 680个，初步形成与深圳市产业发展联系密切的、高水平、多方向、多层次的科研平台体系。

【科技金融】 组织实施银政企贴息项目，撬动银行、保险等资本市场要素资源支持企业创新创业成效明显。2020年累计入库项目1 500多项，500多家入库企业获得合作银行贷款，50%以上中小微企业首次获得银行贷款，对入库企业予以近1.4亿元贴息支持，撬动贷款总额超100亿元。

【科技交流与合作】 支持建设海外创新平台，构建“源头技术—孵化加速—二次开发—项目投资—产业资源—市场对接—政府支持”的国际科技创新合作生态圈。组织实施国际科技合作项目，2020年累计资助国际合作项目45个，资助国际交流活动项目8个。举办第六届深圳国际创客周，吸引超2万人次到场参加活动。完善深港澳合作机制，积极对接香港创新科技署，完成2020年“深港创新圈”深港联合资助项目联合评审，资助项目12个。印发《深圳市深港澳科技计划项目管理办法》，明确将港澳高校和科研机构纳入市财政科研资金支持范围，支持深圳市高校、科研机构、企业与港澳高校和科研机构开展科技合作，推动粤港澳大湾区产学研融合。

【科技成果及奖励】 全年技术合同项数和成交总额均继续位居计划单列市第1，技术合同交易数达11 717项；完成技术合同成交额1 036.3亿元。2020年获得国家科技奖13项，省科技奖54项，评定市级科技奖121项。

【科技服务体系】 打造企业孵化创新平台，支持特色众创空间优化升级，推动柴火、开放制造等众创空间面向硬件创客群体，提供种类丰富、功能强大的模块化开发工具、小批量生产和资金对接等综合孵化服务。全年累计拥有市级以上科技企业孵化器150家、众创空间304家，其中国家级孵化器35家，国家备案众创空间110家，国家备案众创空间数量位于广东省第1，居全国前列；省级新型研发机构42家。“深圳推进产学研资深度融合激发创新创业活力”典型经验做法获国务院大督查通报表扬。

【知识产权工作】 2020年，深圳市获国内专利授权222 412件，居全国首位，同比增长33.49%；其中发明专利授权31 138件，同比增长19.53%；实用新型专利授权121 613件，同比增长39.09%；外观设计专利授权69 661件，同比增长31.13%。全市累计有效发明专利拥有量达160 046件，约占全国总量的7.02%。每万人口发明专利拥有量达119.1件，约为全国平均水平（15.8件）的8倍，有效发明专利五年以上维持率达83.77%。PCT国际专利申请量20 209件，同比增长15.75%，约占全国申请总量（66 948件）的30.19%（不含国外企业和个人在中国的申请）。深圳大学以252件PCT国际专利申请跃居全国高校首位、世界高校第3。

【国家可持续发展议程创新示范区】 2020年，深圳市高标准推进示范区建设146项重点任务。依托联合国开发计划署等技术力量，编制《深圳可持续发展报告》，形成在全国可推广、可复制的经验模式、解决方案和典型案例。首次设立“可持续发展科技专项”，围绕资源高效利用、生态环境治理、健康深圳建设等四大工程展开布局，解决困扰深圳市资源环境承载力和社会治理支撑力相对不足等问题。

【科技支撑疫情防控】 2020年，深圳市调配2亿元财政科技专项资金，设置“悬赏制”攻关项目，采取“赛马式”竞争机制，组织实施新冠肺炎疫情防控科研攻关。围绕快速检测、药物研发等领域，分7批次推动深圳市59个科研攻关项目获得国家、省、市新冠肺炎疫情应急防治技术专项立项。支持国家超级计算深圳中心、鹏城实验室等为疾病溯源、药物筛选研究、疫苗研制等科研机构免费提供算力支持。印发实施“疫情防控科技支撑16条”，对租用深圳市科技创新委员会持有的政府物业的各类创新主体，免除3个月租金，惠及各类创新主体600余家（次），减免租金8 624万元。

（梅秦源）

珠海市

【概况】　2020年，珠海市R&D（研究与开发）经费支出占GDP比重3.26%，排名全省第3。统筹推动国家科技成果转移转化示范区、国家自主创新示范区建设。首都科技发展战略研究院和中国社会科学院城市与竞争力研究中心联合发布的《中国城市科技创新发展报告2020》显示，珠海科技创新发展指数在全国289个地级及以上城市中排名第11位，地级市中排名全国第2。

【科技政策】　2020年，珠海市出台《关于进一步促进科技创新的意见》《珠海市进一步促进科技创新若干政策》，配套制定《珠海市科技创新专项资金管理试行办法》《珠海市科技计划项目验收管理办法》《珠海市高成长创新型企业（独角兽企业）培育库入库管理办法》《珠海市创新创业团队和高层次人才创业项目变更管理办法》《珠海市珠港澳科技创新合作项目管理办法》《珠海市社会发展领域科技计划项目管理办法》《珠海市区域性地震安全性评价实施细则》，为引领经济高质量发展提供有效政策支撑。全年举办各类政策宣讲活动34场。

【科技项目】　2020年，珠海市地方财政科技投入52.41亿元，占本级财政支出的7.63%。其中，珠海市科技创新局下达资金2.29亿元，包括高新技术企业培育专项经费6 450万元，核心与关键技术攻关经费1 840万元，“独角兽”企业培育经费920万元，人才专项经费7 576万元，社会发展领域科技计划项目经费302万元，珠港澳科技交流合作项目经费528万元，“新型冠状病毒感染防治”应急科技攻关专项项目资金1 092万元。英诺赛科（珠海）科技有限公司、珠海飞马传动机械有限公司等承担的8个项目申报广东省重点领域研发计划，获得8 900万元经费支持。

【科技金融】　2020年，落实《珠海市科技信贷和科技企业孵化器创业投资风险补偿金资金管理办法（试行）》，与中国银行珠海分行、建设银行珠海分行、工商银行珠海分行等12家银行建立合作。合作银行向科技企业提供科技信贷产品18项，推动新增科技信贷总额1.33亿元。修订《珠海市科技创业天使风险投资基金管理办法（暂行）》，将珠海本地企业投资总金额上限由原1 000万元/家提高到2 000万元/家，与外地引进企业的投资金额上限持平。截至2020年年底，珠海市科技创业天使风险投资基金完成项目投资10个，总投资7 500万元。

【产学研合作】　2020年，珠海市科技创新局组织开展产学研合作及基础与应用基础研究，以事前立项形式给予每个项目最高100万元专项资金扶持。

南方海洋科学与工程广东省实验室（珠海）　推动南方海洋科学与工程广东省实验室（珠海）建设，超过100 000m^2海洋学科楼群封顶。围绕海洋环境与资源、海洋工程与技术、海洋人文与考古三大研究领域布局建设18个创新团队，以实验室名义成功申请国家自然科学基金注册依托单位，承担国家及省级科技计划项目304个，经费总额6 700万元。

2020年12月18日，实验室与中国舰船研究设计中心、中船黄埔文冲船舶共同签署智能型无人系统母船的设计建造合同。智能型无人系统母船作为“智能快速机动海洋立体观测系统（IMOSOS）”的水面支持平台，系拥有远程遥控（R1）船级符号的智能型科考船，具备较好的操纵性能和机动性能，能适应高环保和特殊任务场景要求，完成后将成为中国首艘可智能遥控、自主航行的科考船，也将成为首艘实现空、海、潜无人系统协同作业的母船，对传统海洋调查模式具有重大突破和创新意义。

横琴先进智能计算平台　横琴先进智能计算平台建设进展顺利，主楼9层结构施工顺利封顶。计算平台实现算力达到116亿亿次/秒，向包括部分港澳研究机构在内的140余家单位提供算力服务。11月，广东琴智科技研究院有限公司依托横琴先进智能计算平台，获批“广东省新一代人工智能开放创新平台”。

【科技创新平台】　2020年，向珠海深圳清华大学研究院创新中心、珠海中科先进技术研究院有限公司、珠海复旦创新研究院3家重大平台拨付财政资金1.4亿元。开展2020年度珠海市工程技术研究中心资格认定，主要涉及家电制造、电子信息（含软件）、光机电一体化、生物医药及医疗器械、新材料、能源技术等高新技术领域。截至2020年年底，全市拥有高水平创新研究院1个，省级技术创新中心1个，省级新型研发机构16个，省级以上创新平台293家。省级以上创新平台中，含国家级重点实验室1个、省级重点实验室5个、省实验室1个，粤港澳联合实验室2个，省级工程技术研究中心284家。珠海市粤澳先进智能计算联合实验室、粤港水安全保障联合实验室入选粤港澳联合实验室，各获500万元资金支持。

【科技文献共享服务】　2020年，珠海市生产力促进中心以“珠海国际信息检索中心”为基础，加快建设“珠海市科技文献共享服务平台”。加强平台数据的更新扩容，引入NSTL外文文献数据库、日本科学技术信息集成系统、美国科研出版社数据库等外文数据库，以及科技报告、地方志、电子图书等特色数据库。加强平台应用推广，与高新区创新创业服务中心、斗门爱美科技园、香洲区云溪谷数字产业园等孵化器开展平台共建，通过市、区联动助力企业研发人员科技创新。2020年，珠海市全年国际信息检索中心访问量达到40万次，国内数据库检索量达到60万次，文献全文下载量达到9.3万次，单位用户达到3 000家。

【创新主体】　2020年，珠海市有734家企业通过高新技术企业认定，总数2 101家。新增27家企业纳入珠海市高成长创新型企业（独角兽企业）培育库，获研发启动金4 400万元。全市各层级独角兽企业71家。举办2020年第九届中国创新创业大赛（广东·珠海赛区）暨珠海市“科创杯”创新创业大赛，参赛企业218家，30家企业分获市赛一、二、三等奖及优胜奖。珠海赛区21家企业晋级第九届中国创新创业大赛（广东赛区）暨第八届“珠江天使杯”科技创新创业大赛决赛，获一等奖3项、二等奖3项、三等奖4项，取得历史最好成绩。

【孵化育成体系】　2020年，珠海市拥有科技企业孵化载体73家，包括36家众创空间、36家孵化器和1家省级科技企业加速器，其中，众创空间含国家级11家、省级7家、市级7家；孵化器含国家级10家、省级8家、市级4家、粤港澳3家。科技企业孵化载体中，国家级载体21家，占比近30%，占比位列珠三角9市首位。全市在孵企业1 306家，当年毕业企业113家，累计培育毕业企业784家，其中上市（挂牌）33家，在孵企业累计获得风险投资30.72亿元。珠海清华科技园连续4年被评为国家级科技企业孵化器A级。珠海高新技术创业服务中心、智造大街等7家孵化器获广东省运营评价“A类”。凤凰山创业谷、横琴澳门青年创业谷等3家众创空间获广东省运营评价“A类”。粤澳合作中医药科技产业园孵化器获评粤港澳科技企业孵化器。南方软件园加速器获评广东省科技企业加速器。

【科技成果与奖励】　2020年，珠海市登记科技成果104项，均为应用技术类成果；登记技术合同371项，技术合同成交额40.10亿元，其中技术交易额32.74亿元。

珠海市有2个项目获2020年度国家科学技术奖科技进步奖二等奖，分别是珠海冠宇电池有限公司参与的“高可靠长寿命锂离子电池关键技术及产业化应用”项目和珠海医凯电子科技有限公司参与的“血管通路数字诊疗关键技术体系建立及其临床应用”项目。有9个项目获2020年度广东省科学技术奖，其中珠海格力电器股份有限公司完成的“基于全样本大数据的高效多联式空调机组关键技术及应用”、珠海市人民医院牵头完成的“肿瘤精准介入治疗体系与智能诊断系统的建立与推广”、珠海艾派克微电子有限公司参与完成的“电力芯片保护关键技术攻关及核心器件国产化”、珠海普生医疗科技有限公司参与完成的“泌尿系结石防治关键技术创新与推广应用”、港珠澳大桥珠海连接线管理中心牵头完成的“曲线管幕+水平控制冻结法的浅埋超大断面暗挖隧道成套建设技术”等5个项目获广东省科学技术奖科技进步奖一等奖，珠海豹趣科技有限公司参与完成的“大数据场景下的安全防护与智能分析关键技术研发及应用”等4个项目获广东省科学技术奖科技进步奖二等奖。

2020年，珠海市正式启动首届“创新珠海”科学技术奖评选，该奖项是珠海市科技发展促进会在珠海市科技创新局指导下设立的，每年评选一次，设科技进步奖、自主创新促进奖两类奖项。科技进步奖设特等奖、一等奖、二等奖三个级别，主要授予在技术创新、科技成果转化以及在应用基础研究或者社会公益性应用研究方面取得重大成果，为本市创造了显著的经济或者社会效益的个人或者项目团队；自主创新促进奖不分级别，主要授予围绕促进珠海经济社会发展和增强自主创新能力，通过各种科技创新形式积极探索、勇于创新并取得成果的个人或者项目团队，其所实施完成的科技项目具有较强的前瞻性和探索性，或者具有显著的借鉴、示范和带动意义。采取社会募集资金的方式设立奖金，并首创与市红十字会共建募资平台开展奖金募集工作，年度奖金额度每年确定。5月8日，珠海市科技发展促进会召开“创新珠海”科学技术奖新闻发布会，详细解读了“创新珠海”科学技术奖的申报条件、奖项设置、奖励范围及奖励对象、评定流程。

【科技人才】　2020年，珠海市参展“第十八届中国国际人才交流大会”和“中国海外人才交流大会暨第二十二届中国留学人员广州科技交流会”。珠海市科技创新局联合珠海市人才服务管理办公室、珠海市人力资源和社会保障局承办首届“珠澳国际人才交流大会”。

落实“珠海英才计划”，首次设立“市外引进创业团队”。新增22个团队项目和1个人才项目入选珠海市创新创业团队和高层次人才创业项目。截至2020年年底，全市有广东省领军人才15人，省级创新创业团队8个，市级创新创业团队100个。推动建设院士工作站，建立与“两院”院士产学研长效合作机制，新增1个市级院士工作站并给予80万元建站资助。截至2020年年底，全市有省级院士工作站7个、市级院士站12个，合作院士16名。

实施粤港澳大湾区个人所得税优惠政策人才认定，有103个单位、319名境外高端人才个税优惠通过审核认定，补贴金额5 513万元。

【外国专家管理】　截至2020年年底，珠海市有聘请外国人单位960家，全市有效办理外国人来华工作许可的外国人1 291人，其中，高端人才421人。为外国高端人才开辟“绿色通道”，新增39名外国高端人才通过审核，获签发《外国高端人才确认函》，办理外国人才签证。7家单位获广东省科技厅2020年度外国银龄人才引进计划立项，获资助经费140万元。2家单位获广东省科技厅2020年度海外名师引进计划立项，获资助经费4万元。

【科技交流与合作】　2020年7月，珠海市科技创新局出台《珠港澳科技创新合作项目管理办法》，支持珠海市高校、科研机构、企业与港澳开展科技创新合作，是全国首个从市级层面支持内地与港澳科技创新合作的政策。完成两批珠港澳科技创新合作项目的申报评审，支持经费620万元。

【防震减灾】　2020年，珠海市完成年度及各季度地震趋势分析报告，应对1月5日万山海域3.5级及4月22日莲塘湾附近海域M2.2级地震影响，做好震情核实通报、舆论引导和市民安抚工作。印发《珠海市区域性地震安全性评价实施细则》，在各区开展区域性地震安全性评价试点工作。新建6处地震应急避难场所。协助广东省地震局部署安装4个国家预警工程地震预警信息发布终端（屏）示范点。珠海市科技创新局与应急、气象部门联合创建17个综合减灾示范社区。在全市开展建设工程地震安全监管检查行动。

防震减灾科普教育 2020年，珠海市创建3个防震减灾科普教育基地。通过举办防震减灾科普讲座、防震减灾科普巡展、防震减灾教育视频放映、线上宣传防震减灾科普知识等活动，开展防震减灾科普教育。5月，开展防震减灾科普巡展；“防震减灾宣传月”专题活动，组织全市幼儿园及中小学学生收看防震减灾教育视频课，观看量逾30万人次。10—12月，组织全市各防震减灾科普教育基地开展防震减灾科普讲座共9场，受众3 000余人次。印刷《防震减灾基本知识手册》6万册、宣传折页25万张、海报1万份，分发到中小学校和社区。利用官方网站、微信公众号等新媒体平台为市民推送防震减灾科普知识及视频9条。

应急避震演练 2020年，珠海市科技创新局组织香洲区梅华街道翠东社区、翠前社区，斗门区井岸镇朝阳社区，金湾区红旗镇藤山社区的居民开展地震应急疏散演练，约1 200名市民参与活动；组织香洲区第十七小学、斗门区实验小学、金湾区红旗镇军建小学等9所学校开展地震应急疏散演练活动，近1.1万名师生按照演练方案模拟地震来临时的紧急避险逃生，本次系列活动极大提升了市民和学生的临震应急反应能力和自救能力。

（康念辉）

汕头市

【概况】　汕头市2019年度全社会R&D经费投入同比增长21.79%，增速列全省第5位。汕头龙湖工业园区获批省级高新区，化学与精细化工广东省实验室、汕头大学高等级生物安全实验室加快建设。

【科技创新环境】

科技政策　2020年2月，出台《汕头市科学技术局关于强化疫情防控科技攻关帮助企业复工复产若干措施》，在组织实施科研应急攻关、加大科技研发投入、加强科研临床重大创新平台建设、加大科技创新券支持力度、降低企业研发成本、做好来粤工作外国专家服务、优化科技项目过程管理、树立正确的科技奖励和评价导向8个方面提出具体措施，强化疫情防控科技攻关，帮助科技企业复工复产。组织开展科技创新“十四五”规划编制工作，谋划未来五年科技创新发展蓝图，在深入调研形成《汕头市“十四五”科技创新重大战略问题研究》基础上，起草形成《汕头市科技创新“十四五”规划》（征求意见稿）。修订印发《汕头市科学技术局关于扶持科技企业孵化载体发展的实施细则》，进一步推动“双创”提质增效。科技创新促进条例列入全市三年立法计划。

科研团队和人才引进　2020年，汕头市新引进市级创新创业团队3个，分别为汕头大学“粤东海洋变化、近海污染灾害预警技术与环境保护团队”、广东以色列理工学院“膜化学与工程工艺”和广东龙湖科技股份有限公司“生物医药研发检测服务平台”3个团队，扶持资金600万元。认定广东省外籍和港澳台高层次人才5名，认定李东升等19位同志为汕头市科技创新领军人才，认定吴琏等11位同志为汕头市科技创业领军人才，发放补助资金293.96万元。对“肿瘤中赖氨酰氧化酶LOXL2反应机理及其分子靶点的理论研究”等80个项目课题组主要成员发放生活补助180万元；安排120万元支持联合香港大学等境内外知名院校定向培养博士生12名。全市共引进外籍高端人才（A类）41人和外国专业人才（B类）22人，在汕工作的外国人才总量共324人。

科技金融　汕头市持续推进普惠性科技金融工作，促进科技、金融与产业深度融合。在2020年广东省科技专项资金（“大专项+任务清单”）项目中设立科技担保补贴专项和科技保险补贴专项，补助企业2家共计1.85万元。

【科技创新载体】

科技创业孵化载体　2020年，汕头市新增认定市级科技企业孵化器1家，总量达到15家，其中国家级1家、省级2家；新增省级众创空间2家、市级4家，总量达到17家，其中国家级3家、省级4家。1家科技企业孵化器、3家众创空间获得广东省运营评价B级，共获补助资金80万元。继续实施扶持科技企业孵化载体发展补助政策，对全市15家科技企业孵化载体进行奖励补助，共计147.5万元。

科技创新平台　2020年，汕头市推荐4家单位申报省级新型研发机构建设项目，4家单位申报广东省重点实验室认定。新认定省级工程技术研究中心1家，总数200家；新认定市级工程技术研究中心27家，总数359家；新认定市级新型研发机构1家，总数12家。新认定省级企业类重点实验室1家，总数8家（包括学科类和企业类广东省重点实验室）。

化学与精细化工广东省实验室　化学与精细化工广东省实验室一期工程项目于2020年7月动工建设，截至2020年年底已完成主体工程约30%；化学与精细化工广东省实验室龙湖中心投入使用。2020年，实验室加大人才引进、培养力度，引进全职全时科研人员32名、综合管理人员10名，联合香港大学、广东工业大学招收培养博士研究生10名、硕士研究生11名。开展基础与应用基础研究，共承担国家级项目1项、省部级项目7项，累计获国家、省资金支持9 779万元；在国内外期刊上发表SCI收录论文34篇。

汕头广工大协同创新研究院　2020年，汕头广工大协同创新研究院结合汕头产业发展需求，引进18名专家人才及其团队。推动高校、科研院所专家团队与企业开展技术开发、环境综合整治与技术升级咨询等合作。组织申报并承担各级科技项目5项，完成科技项目结题验收2项，联合广东工业大学申请专利7项，发表论文论著17篇（部）。建立广东省科技专家工作站，联合广东工业大学研究生院建设创新型研究生实验基地，培养博士研究生、硕士研究生30余名，组织学生到汕头开展实习近200人次。承办"第五届全国生物气溶胶研讨会"，成为广东省环境科学学会第八届理事会理事单位。

【科技交流与合作】

产学研结合　2020年，汕头市持续实施科技企业对接"双高大学"三年行动计划。9月，组织企业、行业协会与广东以色列理工学院开展产学研对接活动。10月，组织到中国科学院深圳先进技术研究院开展产学研对接活动，学习研究院在体制机制创新、人才团队建设、成果产业化等方面经验；组织到南方科技大学技术转移中心开展产学研交流活动，学习该校技术转移的典型事例、政策举措。11月，组织到华南理工大学开展产学研对接活动，初步达成合作建设科技创新平台的意向。

对外交流与合作　2020年，汕头市加强国际科技交流与合作，实施国际科技合作重点项目，设立支持中以科教合作专题，安排100万元支持与以色列高校、科研机构和企业联合开展技术研发。

【产业技术创新】

高新技术企业　2020年，汕头市通过高新技术企业认定212家，总量648家；通过科技型中小企业评价389家。实施企业研发费用后补助普惠性政策，安排796.8万元对608家高新技术企业、科技型中小企业的研发费用给予后补助。

科技计划项目　2020年，汕头市根据《广东省科学技术厅关于实施2020年科技专项资金"大专项+任务清单"项目的通知》要求，组织实施2020年广东省科技专项资金（"大专项+任务清单"）项目，设立8个领域31个专题，经申报、受理、评审、公示，立项134项，立项金额2 724.6万元，在重大科技专项、仿制药一致性评价、乡村振兴等领域支持企业为主体、产学研结合进行联合攻关，加快提升自主创新能力。组织实施汕头市科技专项项目，立项11项，立项金额329万元，支持重大科技基础设施、公共服务平台等建设。获科技部"科技助力经济2020"重点专项项目2项，扶持资金100万元；中央引导地方科技发展资金项目3项，扶持资金400万元；广东省重大科技专项项目4项，扶持资金6 000万元。

【民生与农村科技】

民生科技　2020年，汕头市在全省率先发布防控新冠肺炎专项申报指南，组织省、市应急科研攻关、协同遴选防控技术和产品推广项目53项，扶持资金485万元。在广东省科技专项资金（"大专项+任务清单"）项目中，支持社会发展领域科技计划项目39项，扶持资金494.75万元，其中"民生社会发展科技创新"项目10项，扶持资金100万元；"抗癌十年行动计划"项目6项，扶持资金80万元；"仿制药一致性评价"项目5项、扶持资金154.75万元；"人才培养、临床医学技术应用研究"项目11项，扶持资金110万元；"国家临床医学研究中心汕头分中心建设"项目1项，扶持资金30万元。在汕头市科技专项项目中，支持"社会发展应用示范"项目7项，资金30万元。修订《汕头市科技计划项目医疗卫生类别工作指引（试行）》，组织申报四批共258项医疗卫生科技计划项目，共有235项获得立项，其中财政经费支持项目33项，金额144万元，自筹经费项目202项。

农村科技　2020年，汕头市濠江区获批建设广东省农业科技园区，在广东省科技专项资金（"大专项+任务清单"）项目中设立"国家、省级农业科技园区培育专项”，安排90万元支持3家单位创建国家、省级农业科技园区。组织开展市级农村科技特派员认定备案工作，共有来自广东省农业科学院等单位的共585名技术专家被认定为市级农村科技特派员。全年共组织33个市级农业科技特派员团队下乡开展技术指导75次、技术培训25场次，发放各类技术资料1 000份。

2020年，汕头市持续开展科技下乡活动。4月2日，汕头市科技局在澄海区溪南镇仙门村举行科技下乡活动，开展科普宣传，发放化肥、果苗、菜种和技术书籍等。5月27日，汕头市科技局在潮阳区关埠镇路外村开展科技下乡活动，组织汕头市农业科学研究所、汕头市白沙蔬菜原种研究所的农业专家开展水稻和蔬菜种植技术培训讲座。7月29日，汕头市科技局在潮阳区和平镇光明村、潮阳区铜盂镇溪东村、潮南区陇田镇南埔村3个省定贫困村举办暑期科技下乡活动，组织专家进行现场咨询培训。

【科技服务与管理】

科技奖励　2020年，汕头市共获得广东省科学技术奖科技进步奖二等奖5项，其中牵头3项、参与2项。

技术合同与交易　2020年，汕头市加强技术合同认定登记的宣传培训，持续做好技术合同认定登记服务，简化技术合同认定登记办理手续，合同认定登记办结时同步签发电子证照，共登记认定技术合同117项，技术合同成交额10 952.5万元，同比增长59.65%，其中技术交易额7 208.91万元，同比增长63.8%。

科技计划项目结题验收　2020年，汕头市印发《关于做好市级科技计划项目结题验收工作的通知》等文件，加强对到期项目的督促提醒。组织开展结题验收政策解读和培训，优化结题验收组织方式，扎实推进结题验收工作，全年共完成市级科技计划项目结题验收118项、终止结题18项，受广东省科技厅委托完成省级科技计划项目验收10项。

科技宣传　2020年，汕头市加大科普宣传力度，举办汕头市“全国科技活动周”系列活动、院士科学家走进汕头校园讲科学主题教育活动等；获广东省科普讲解大赛二等奖1名、优秀奖6名；获广东省科技创新普及项目2项，扶持资金40万元。

科普基地建设　2020年，汕头市新增市级科普基地8家，总数达到47家，其中国家级6家、省级23家，农村科普示范基地29家。

（杜　梓）

佛山市

【概况】 2020年佛山市财政科技投入102亿元。季华实验室综合建设成效居省实验室首位。据《中国城市科技创新发展报告》，佛山科技创新发展指数位居289个城市的第22位，其中在地级市中位列第6名。

【科技政策与投入】

科技政策 佛山市先后出台一系列政策措施，坚定支持企业开展疫情防控，出台《关于应对疫情支持科技企业稳定发展的若干措施》，为该市30家孵化载体、428家企业减免租金补贴414.26万元，4 870家企业享受研发费用加计扣除优惠政策，加计扣除额129.28亿元，2 624家高新技术企业享受研发费后补助政策，补贴金额超2亿元。强化核心科技攻关，印发《佛山市重点领域科技攻关实施细则（试行）》，围绕智能制造装备、人工智能、新能源等重点领域开展科研攻关布局。深化改革市科技创新券管理，印发《佛山市科技创新券实施方案（2020—2022）》，实现“全国使用、佛山兑付”，2020年面向佛山科技型中小企业发放2 000万元科技创新券，受益企业168家，兑付金额717.8万元。

科技体制改革 探索科技资金管理模式，佛山市科技创新团队项目试行采用部分资金纵向协同管理模式组织实施，安排资金1亿元，立项后拨付30%的市财政资助经费到五个区，由其自主管理。创新项目管理方式，对奖励性后补助项目和补贴性后补助项目无需签订项目合同和组织验收，资金由项目承担单位自行安排用于技术研发、科研人员队伍建设等创新工作。改进项目的组织形式，强化重点领域核心科技攻关，将“一年一次、集中发布”的项目组织方式转变为“突出重点，成熟一批、组织一批”的项目组织模式。依托“扶持通”平台，简化申报手续，压缩工作流程，全程实现线上审核、“一网式”申报立项。

【基础研究与条件建设】 实施广东省基础与应用基础研究基金佛山市联合基金，继续做好2020年度省基础与应用基础研究基金佛山市联合基金组织和申报工作，2020年度该市申报青年基金项目229项、重点项目83项、粤港澳团队项目申报1项，并增设预答辩环节、做好申报项目辅导提升工作，经广东省评审，立项支持青年基金项目104项、重点项目20项、粤港澳团队项目1项，支持资金达3 340万元。

【科技创新体系】

高新技术企业 在新冠肺炎疫情、国际贸易争端和经济下行预期下，高新技术企业数量逆势保持强劲增长，总数达5 718家，较2019年增加884家，同比增长18.3%，超额完成市委、市政府下达的目标任务。全力推动高新技术企业上规模。出台实施《佛山市高新技术企业培育和规模化发展三年行动计划（2020—2022年）》，提出三大重点任务15项措施，推动全市各部门形成高新技术企业培育和规模化发展的合力，累计培育树立130家标杆高新技术企业，示范带动全市高新技术企业发展。

孵化育成体系 完善创新孵化体系，截至2020年年底，该市建有科技企业孵化器115家，众创空间86家，其中国家级孵化器24家，国家级众创空间23家，省级孵化器10家、粤港澳科技企业孵化器3家、省级众创空间14家。瀚海（佛山）国际创新中心获批2020年全省唯一一个国际化众创空间。“众创空间—科技企业孵化器—科技企业加速器”一体化的科技企业孵化体系初见雏形。

科研项目　针对重点领域开展科技攻关，组织实施防控新冠肺炎科技攻关工作，“2019-nCoV感染危险因素及感染传播途径研究”等7个项目获得立项，资助金额2 300万元。开展中医药先行先试科技攻关工作，中国中医药科技发展中心、中国中医科学院中医基础理论研究所的“痰瘀互结相关慢病社区防控关键共性技术与应用研究”获得立项，项目获资助2 000万元。开展社会领域、产业领域科技攻关，“基于絮凝颗粒的水处理智能投药复合控制关键技术研究及应用”等23个项目立项，资助金额7 840万元。开展“揭榜挂帅”，顺德区向全球发布20项支柱产业核心技术攻关清单，航天、军工、仿生学等4个重大项目，智能家电、数控装备等9个重点项目获立项支持，资助金额5 000万元。积极参与国家、省重大技术攻关，1个项目获得2020年国家重点研发计划关键部件定向专项支持。

科技创新人才培养与引进　多措并举引育人才，累计引进省科技创新团队10个，累计获超过2亿元经费资助；佛山市科技创新团队共184个，资助金额超10亿元，撬动社会资本超20亿元。引进各类高层次人才808人，其中国内636人、境外172人；院士22人（全职院士3人）、国家级人才50人、国家重点实验室负责人24人。修订完善团队资助管理办法，不断提高引进团队的质量和水平。特事特办引进顶尖人才，通过“全年申报、单独评审”的方式，立项引进7个院士级别团队。积极联系并动员25个符合条件的人才参与2020年广东省“银龄专项”人才计划。

【科技协同创新】

实验室体系　加快推进广东省实验室建设，季华实验室一期工程竣工交付并于12月进驻办公，成立了10个研究部室，科研人员规模接近1 000人、其中全职人员420人，引进全职院士1人、兼职院士12人，领军人才32人，正高职称134人；承担国家和省重大科技项目10项、立项经费超过5亿元，其中季华实验室成功获10项国家和省重大科技项目，立项经费超过5亿元，在广东省实验室中位居前列。围绕芯片制造设备核心部件等的国产化开展攻关，自主设立启动81个科研项目，支持经费近20亿元。孵化高科技企业7家、成果转化基金1支，累计申请发明专利近400件。截至2020年年底，佛山仙湖实验室专家及人才公寓、中试车间已竣工交付，实验室管理团队已入驻办公，科研人员达84人，其中院士7人，特聘专家1人，领军人才5人，首批开放基金项目立项重大项目4项、重点项目8项，立项金额1.785亿元。推进重点实验室建设，该市累计建有省（企业）重点实验室27家，2020年共有34家单位（32家企业类和2家学科类）申报。推进工程技术研究中心建设，累计建有广东省工程技术研究中心803家、数量居全省第3，累计建有市级工程技术研究中心1 256家。

科技创新平台　推动佛山（华南）新材料研究院、中国科学院苏州纳米技术与纳米仿生研究所广东（佛山）研究院、佛山中国科学院产业技术研究院、佛山智能装备技术研究院、佛山湘潭大学绿色智造研究院、佛山病原微生物研究院等科技创新平台的建设，积极推动佛山市与清华大学、香港科技大学、中国科学院、湘潭大学、暨南大学等高校和科研院所的合作，依托这些平台载体，推动世界排名100强高校等创新资源为佛山市所用，创新开展院校研发和地方孵化的“异地孵化”合作模式，促使本地企业更好地链接全国乃至全球优质创新资源，闯出一条“世界科技+佛山智造+全球市场”的发展路径。

科技金融产业融合　深入推进科技金融融合，修订《佛山市创新创业引导基金管理办法》，围绕智能制造装备、汽车及零配件、新能源装备，新一代信息技术、生物医药等新兴产业进行战略布局，促进投资机构和社会资本进入该市创新创业领域。至2020年年底，市创新创业引导基金市场化子基金总规模为90.7亿元，母基金累计实际出资额为5.06亿元，投资项目共117个，投资总额69.06亿元，其中投资佛山地区项目32个，投资额12.69亿元。

6—10月，第九届中国创新创业大赛（广东·佛山赛区）、第八届“珠江天使杯”科技创新创业大赛（佛山赛区）暨佛山农商银行杯创新创业大赛举行，吸引209家企业报名参赛，其中94家晋级复赛，36家进入市总决赛。总决赛以“8+7”的现场路演+答辩形式（即参赛企业路演8分钟、答辩7分钟）开展。最终由广东中链云创科技有限公司、广东海聊科技有限公司、佛山市蓝启科技有限公司、佛山市精信汇明科技有限公司、佛山奕安赛医药科技有限公司获行业一等奖。

【科技成果】

技术成果转移转化　开展佛山市科技成果转化平台认定工作，全市共认定43家科技成果转化平台，并对佛山市科技成果转化平台促成的技术交易进行资助，2020年资助总额为453.32万元。增设佛山市科技金融协会等5个单位为全市技术合同二级登记点。截至2020年年底，该市共有技术合同登记点14个，其中一级登记点2个，二级登记点12个，实现技术合同登记点五个区全覆盖。2020年，全市技术合同登记2 581项，技术合同成交额约21.86亿元，其中技术交易额约13.05亿元，连续3年增长率超过55%。

成果转移转化示范区　推进建设珠三角国家自主创新示范区和珠三角国家科技成果转移转化示范区工作，制定印发《佛山市建设珠三角国家自主创新示范区2020年工作要点》等，撰写建设珠三角国家科技成果转移转化示范区2020年度自评价报告等，全面分析佛山市及五个区2019年度创新驱动发展“八大举措”工作情况。

科学技术奖　2020年，佛山市共有45个候选项目成功申报广东省科学技术奖，其中一等奖候选项目7项。获2020年度广东省科学技术奖一等奖2项、二等奖7项，其中佛山市国星光电股份有限公司的“高密度高可靠LED显示器件关键技术与集成应用”项目以及蒙娜丽莎集团股份有限公司的“大尺寸陶瓷薄板关键技术研发及产业化”项目获科技进步奖一等奖。佛山市获得第二十一届中国专利奖48项，居全省第2位，其中广东美的制冷设备有限公司获得最高殊荣中国专利金奖。

【科技合作与交流】

对接广深港澳科技创新走廊　香港科技大学佛山智能制造研究院和香港科技大学（佛山）科技成果转化中心于2020年相继成立，截至2020年年底，已聘请5位专职人员负责日常管理和运营。2020年佛山市香港科技大学产学研合作专项—创新创业团队引进项目于11月启动，共收到23个申报项目。截至2020年年底，佛山市企业在海外设立研发中心或分支机构共33家。推进“一带一路”建设实施，深化科技交流打造创新合作载体。继续推动广东省科学院佛山产业技术研究院与白俄罗斯、乌克兰的合作，共建中白产业技术联合创新中心，并获广东省科技厅认定为“广东省（白俄罗斯）海外离岸孵化器”。

粤港澳大湾区城市间科技合作　深化广佛同城合作，实施《关于推进广佛科技创新合作的工作方案》。成立创新驱动发展工作组，推动广佛高质量发展融合试验区各片区科技部门自主结对合作。支持深圳建设中国特色社会主义先行示范区，加强佛山企业与深圳科研院所交流合作，在关键核心技术、前沿领域联合开展技术攻关。

“科技之家大使、外交官·2020佛山行”活动　12月22—23日，“科技之家大使、外交官·2020佛山行”活动在季华实验室举行。活动以“聚智谋远、共话未来”为主题，邀请20余名大使和前科技外交官、相关领域专家学者，围绕“后疫情时代下构建国内国际双循环相互促进的新发展格局”“后疫情时代下国际科技创新合作新模式”等议题进行探讨，组织开展主题演讲、大使级科技参赞圆桌对话、专业论坛等活动，并举办国际科技合作能力培训班，共吸引百余名广东省高新技术企业、相关商会协会、科技孵化器、新型研发机构代表与会。

【科普及科技宣传】

佛山科学馆　佛山科学馆新馆于2016年8月29日正式免费对外开放，建筑面积约2.8万m^2，设有5个主题展厅，分别是“生命奥秘”“儿童天地”“科技与未来”“探索与发现”和气象展厅，共有390件常设展品。另外，三大影院（球幕影院、动感影院和立体影院）已建成并对外开放。自新馆开放以来，年平均接待量80万人次。2020年因疫情实施人流限制，控制在30万人次以内。2020年，佛山科学馆被评为“广东省科普教育基地”，并获评2019—2020年节约型公共机构示范单位。

科协科普　佛山市科学馆开展了“科普中国APP推广”科普进校园走进罗南小学、科普慰问走进对口扶贫对象云浮市郁南县通门镇等活动。2020年度举办了多场大型临时科普展览。开展了"永不闭馆"线上全国科技馆科学实验挑战赛、"新型冠状病毒肺炎科普知识有奖竞答"、首场"云端'触摸'太阳系"公益直播科普课堂等活动，佛山市科学馆获中国科协授予"优秀组织"单位荣誉称号。

（张建杰、董梦蝶）

韶关市

【科技政策】 4月3日，韶关市科技局、韶关市财政局、韶关市自然资源局、韶关市农业农村局、韶关市市场监督管理局、韶关市金融工作局联合印发了《关于进一步促进科技创新的若干政策措施实施指引》（以下简称“《实施指引》”）。《实施指引》根据2019年韶关市出台的《关于进一步促进科技创新的若干政策措施》（以下简称“科创8条”），制定了24条政策指引，着重在创新主体培育、企业研发能力提升、现代农业创新等方面对“科创8条”进行补充说明，为科技创新发展提供政策“工具包”，进一步助推韶关经济高质量发展。

【高新区】 2020年，韶关市新增2家省级高新区。

韶关乳源高新技术产业开发区 2月25日，《广东省人民政府关于同意认定广东乳源经济开发区为省级高新技术产业开发区的批复》印发，同意认定广东乳源经济开发区为省级高新技术产业开发区，定名为韶关乳源高新技术产业开发区（以下简称“乳源高新区”），实行现行的省级高新区政策。

乳源高新区规划面积为561.56万m^2，由两个区块组成。区块一（东部片区）规划面积为109.95万m^2，四至范围：东至永恒实业公司，南至大种坪，西至友武山，北至京珠高速与323国道交汇处；区块二（西部片区）规划面积为451.61万m^2，四至范围：东至323国道，南至杂子村，西至迎宾北路，北至京珠高速公路乳源出入口引道。

韶关南雄高新技术产业开发区 12月25日，《广东省人民政府关于同意认定南雄产业转移工业园为省级高新技术产业开发区的批复》印发，同意认定南雄产业转移工业园为省级高新技术产业开发区，定名为韶关南雄高新技术产业开发区（以下简称“韶关南雄高新区”），实行现行的省级高新区政策。

韶关南雄高新区规划面积为559.24万m^2，由两个区块组成。区块一规划面积为258.80万m^2，四至范围：东至坳背，南至老323国道，西至韶赣铁路，北至浈江河；区块二规划面积为300.44万m^2，四至范围：东至莲塘坳，南至韶赣高速公路，西至上河塘，北至麻上坳。

【农业科技】 2020年10月29日，《广东省科学技术厅关于公布第六批广东省农业科技园区建设名单的通知》印发，核准建设韶关市曲江区广东省农业科技园区、韶关市翁源县广东省农业科技园区等第六批广东省农业科技园区。

2020年12月4日，曲江区樟市镇（马坝油粘米）和乳源县大桥镇（油茶）被认定为2020年广东省技术创新专业镇。

【研发机构】 2020年，广东韶钢松山股份有限公司“高品质热作模具钢研发与产业化”、丽珠集团利民制药厂“参芪扶正注射液上市后系统再评价研究”、仁化县奥达胶合板有限公司“竹重组材制备关键装备研发”、广东欧莱高新材料股份有限公司“高迁移率氧化物半导体溅射靶材研究及显示应用”4个项目获得2020年广东省重点领域研发计划3 100万元的专项资金支持；加快推进中科院南岭国家公园研究院、武汉理工大学韶关研究院、松山湖材料实验室韶关先进材料研究院等落地韶关，创建新型研发机构；新增市级以上工程技术研究中心48家，总数达258家，其中广东省工程技术研究中心78家；规模以上企业研发机构覆盖率达52%。

【科技成果及奖励】　2020年，韶关市企事业单位实施或参与实施的科技项目获2020年度广东省科学技术奖科技进步奖一等奖1项、二等奖2项，其中乳源瑶族自治县东阳光化成箔有限公司牵头实施的“固态电容器低压软态腐蚀箔高速制造关键技术研发及产业化”获二等奖，乐昌市龙山林场参与实施的“南方主要松树脂材两用新种质创制及产业化关键技术”获一等奖，粤北人民医院参与实施的“脊柱脊髓损伤系列诊疗技术的重要创新与应用推广”获二等奖。

项目名称：南方主要松树脂材两用新种质创制及产业化关键技术

获奖情况：2020年度广东省科学技术奖科技进步奖一等奖

该项目创建了脂材性状早期正向同步选择的高世代育种体系，育种周期由29年缩短到10年；突破了新种质创制及良种规模化繁育技术，优良种间杂交组合制种效率提高2倍以上，良种的脂、材产量均提高25%以上，繁殖效率提高3—5倍；研发了脂材林定向培育与产品增值加工技术，采脂起始林龄缩短1/3，高端树脂、全松板附加值分别提高了200%、230%。该项目获审定良种22个，获授权专利20件、软件著作权5件，颁布标准3项，出版专著4部，发表期刊论文57篇，并打破了国外对湿加松良种、松脂深加工等资源和技术的封锁。

项目名称：固态电容器低压软态腐蚀箔高速制造关键技术研发及产业化

获奖情况：2020年度广东省科学技术奖科技进步奖二等奖

该项目发明了低压阳极软态铝箔两段布孔工艺、多段腐蚀+多段中处理腐蚀工艺、变频软态低压腐蚀箔全自动高速生产线和废硫酸中和处理方法及生产的关键技术和装备，实现了21V比容130μf/cm^{2}的高比容低压腐蚀箔的产业化，打破了国外公司对我国高比容低压腐蚀箔行业的技术壁垒和市场垄断，极大地促进了国内固态电容器行业的发展，填补了国产高比容低压腐蚀箔产品的市场空白。该项目已取得授权专利52项，其中发明专利25项，发表论文18篇，解决了高端电容“卡脖子”问题，促进了关键电子元器件产业的发展，提升了电子产品的国际竞争力，拉动整个产业链产值提升约15亿元，在环境保护、资源综合利用方面起到了良好的示范作用。

项目名称：脊柱脊髓损伤系列诊疗技术的重要创新与应用推广

获奖情况：2020年度广东省科学技术奖科技进步奖二等奖

该项目在国家自然科学基金等9项基金的资助下，发明下颈椎关节突交锁闭合复位新技术，改进了新手术方法，发现了继发性脊髓损伤的新机制，为其有效干预提供了潜在靶点。该项目获国家发明专利4项，参与制定骨科指南1项，发表论文58篇，其中SCI收录24篇，原创性技术发表在国际骨科权威学术期刊上，并在广东、福建等多个省市20多家医院推广应用。该项目创建了下颈椎关节突脱位及其合并脊髓损伤诊治高效安全复位和手术治疗的标准技术体系和理论体系，为下颈椎关节突脱位和脊髓损伤的诊治提供了可靠的技术和理论支撑。

【京粤（韶关）跨区域产业协作对接洽谈会】

10月15日，京粤（韶关）跨区域产业协作对接洽谈会在北京举行。该次洽谈会由广东省科技厅指导，韶关市人民政府、北京跨区域产业协作中心、东莞韶关对口帮扶指挥部联合主办，以“对接首都，融入湾区，共赢发展”为主题，来自北京的装备制造、医药健康、文化旅游、电子信息、商贸物流、现代农业、大数据云计算等领域的企业代表参加了本次对接洽谈会，参会总人数约260人。

【创新创业大赛】　8月28日，韶关市组织完成了第九届中国创新创业大赛（广东·韶关赛区），共有48家企业进入初赛，其中20家企业入围复赛。韶关市首次采用“线上+线下”方式对大赛进行宣传推广，超过20万人次在线观看了韶关赛区决赛直播。大赛决出一、二、三等奖共6名及优秀奖14名，10家企业晋级第九届中国创新创业大赛（广东赛区）暨第八届“珠江天使杯”科技创新创业大赛行业赛，其中韶关清文声学科技有限公司获得广东省新一代信息技术行业决赛初创组第2名，成功晋级全国总决赛。通过创新创业大赛的平台，韶关市成功帮助部分参赛企业融资贷款共计4 642万元，积极营造了大众创业、万众创新的良好氛围。

【高新技术企业】 2020年，韶关市高新技术企业净增72家，总数达308家，同比增长30.5%，比“十二五”末增长近8倍。其中翁源县认定净增8家，完成率266.67%；乳源县净增8家，完成率200%；武江区、仁化县、南雄市完成率均超过100%。浈江区、南雄市、乳源县总量居全市前3位，分别达到49家、35家、29家，占全市总量的36.69%，韶关新区高新技术企业存量68家，占全市总量的22.08%。2020年，韶关市高新技术企业产值为764.87亿元，同比增长9.80%，其中曲江区产值最高，达388.41亿元，约占全市总产值一半；翁源县增幅最大，达54.22%。2020年，韶关市转入3家外地高新技术企业，已累计有8家高新技术企业转移到韶关市，其中乐昌市5家、韶关新区2家、浈江区1家。全市247家企业通过科技型中小企业评价，超额完成150家的2020年度目标任务。

【人才工作】 2020年，韶关市发放2019年度产业科技人才、产业发展领域紧缺适用人才的政府津贴共计322万元；进一步加强全产业链招商引资、招才引智，王恩哥、严新平、赵春江等院士领衔的创新创业人才团队在韶关创建研发机构，其中王恩哥院士团队研发的多孔陶瓷介质燃烧器在深圳市中金岭南有色金属股份有限公司韶关冶炼厂运用，节能减排成效明显。引进了“韶关农业农村大数据创新创业团队”等3个大数据及其应用的创新创业人才团队。新增245名产业发展领域紧缺适用人才和334名产业“丹霞英才”；强化内部流程协调，外国人来华工作许可业务实现全程网络办理，办理了107人次外国人来华工作许可业务，截至2020年年底，来韶关工作的外国人累计达90人，其中A类人才28人。认定市级农村科技特派员199人，新增12名省级企业科技特派员；组织103名中青年科学家来韶，深入企业、医院和农村，现场进行技术指导和培训，解决技术问题，签订合作协议126份；35名同志被评为2020年韶关“最美科技工作者”。

（方　勇）

河源市

【疫情防控科技支撑】　2020年，河源市制定《关于新型冠状病毒感染的肺炎疫情防治科研攻关工作方案》。发布《河源市科学技术局关于申报防治新型冠状病毒感染的肺炎专项项目的通知》，对“新型冠状病毒感染肺炎患者的临床特征及其早期诊断价值”“新型冠状病毒致病性研究及流行病学调查”2个项目进行立项资助。遴选广东舒尔康生物科技有限公司等5家企业申报的5个新型冠状病毒感染防治技术和产品报送广东省推广应用建议目录。制定《河源市科学技术局关于强化科技攻关　实施科技惠企行动支撑疫情防控的若干措施》，联同中国银行河源分行，为河源市11家企业提供了5 600万元的低利率贷款，帮助企业解决生产资金问题，提高疫情防控物资产能。

【企业创新主体培育】　2020年，河源市实施高新技术企业倍增计划。严格对标高新技术企业认定标准，“补短板、强弱项”，组织专家主动上门开展“一对一”服务，服务企业近百家，新增高新技术企业56家，同比增长32.94%，存量达到226家。加强科技型中小企业培育，开展国家科技型中小企业评价库入库申报工作，全年评价入库企业累计294家。

【创新载体建设】　2020年，河源市新组建市级工程技术研究中心24家，市级农业科技创新中心15家，全市规模以上工业企业研发机构覆盖率达36.7%，大型工业企业研发机构实现全覆盖。建成河源市深大湾区研究院、河源市广师大研究院。实施公共创新平台扶持方式和评价机制改革，推动河源广工大协同创新研究院等平台提质增效，公共创新平台累计服务企业300多家，帮助企业解决技术问题20余项，降低企业研发、生产成本1.3亿元，为企业新增销售额超4亿元，新增利税超5 000万元。修订《河源市科技企业孵化载体管理办法》，开展孵化器提质增效行动，孵化育成体系不断完善。全年新增省级“星创天地”10家，截至2020年年底，全市共有国家级科技企业孵化器3家，省级科技企业孵化器1家；拥有国家级众创空间2家，省级众创空间5家；国家级“星创天地”8家，省级“星创天地”33家，累计孵化科技项目498个。

【园区发展】　2020年，科技助力河源市灯塔盆地创建国家农业高新技术产业示范区。对标国家农业高新技术产业示范区建设要求，“补短板、强弱项”，做大做强园区农副产品精深加工主导产业，加快农副产品精深加工科技成果在园区转化落地。“河源市水果精深加工关键技术研究与产业化应用”等3个园区重大农业科技成果转化项目顺利实施。布局建设岭南现代农业科学与技术广东省实验室河源分中心、华南农业大学驻灯塔盆地现代农业综合试验站、灯塔盆地现代农业科技企业孵化器。2020年，广东省河源国家农业科技园区被评为国家优秀园区。组织符合条件的县区申报广东省农业科技园区，源城区广东省农业科技园区、紫金县广东省农业科技园区成功创建为省级农业科技园区。截至2020年年底，河源市有国家级农业科技园区1家、省级农业科技园区2家。

河源市指导园区通过“以申促建”推进园区高新技术产业集聚发展，东源县产业转移工业园、江东新区产业转移工业园被认定为省级高新技术产业开发区，河源市省级高新区实现“零”的突破。

【创新创业环境】　2020年，出台《河源市推动科技创新体制机制改革实施方案》《河源市推进农村科技特派员制度工作方案》等政策文件，科技创新政策体系不断健全，创新环境不断优化。《河源市“四个对接”强化科技创新推进科技“融深”“融湾”》入选省《每日汇报》，“改革公共创新平台扶持方式和评价机制，激发高质量发展动力活力”入选2020年度河源市全面深化改革优秀案例。修订完善《河源市联合科技信贷风险准备金管理办法》，进一步放宽科技信贷的受限条件，鼓励银行等金融机构加大科技型中小企业放贷额度。河源市联合科技信贷风险准备金规模扩充至3 400万元，为科技型企业新增信贷1.286亿元，累计贷款3.468亿元。组织河源市首届创新创业大赛，共吸引深圳、广州等地261个参赛项目报名参赛，20个参赛项目晋级决赛并获奖。通过举办大赛，面向湾区招募、遴选了一批高水平的创业团队和创新项目。举办成果转化对接会暨湾区成果推介活动，集中推介来自湾区城市企业和本地企业等100多项前沿科技成果，搭起湾区科技成果及关键技术到河源转化应用的平台。全面落实科技创新政策兑现，制定出台《促进科技创新的若干政策措施〈操作指引〉》，组织开展2019年度《政策措施》兑现工作，为河源市企业、科研院所等兑现政策资金5 712.42万元。

【科技重点专项】 2020年，河源市大力实施科技重点专项，聚焦现阶段创新发展的短板和弱项，重点在高企倍增、科技成果转化应用、孵化育成体系建设、农业发展技术问题解决等方面集中财力予以攻坚和提升，共立项14项，立项资金2 605万元。

【农村科技特派员工作】 2020年，河源市扎实推进农村科技特派员工作。建立农村科技特派员“三库一平台”工作机制，引导农村科技特派员深入农业科技园区、农村基层或通过网络远程视频的方式开展技术指导、技术培训等服务，鼓励农村科技特派员做优质农产品的形象代言人，打造“农村科技特派员+电商”新模式。新冠肺炎疫情防控期间，组织科技特派员开展技术培训、技术指导等服务近100场次，培训服务农户约3万人次，对接服务农业企业等农业经营主体50家、省定贫困村200多个，引进新品种15项、推广新技术32项、解决技术难题10项。截至2020年年底，河源市省定贫困村已实现农村科技特派员全覆盖。

【民生领域科技创新】 2020年，河源市努力推动社会发展领域科技进步，围绕医疗卫生与人口健康、生态保护、环境治理、节能减排及公共安全等社会发展领域，组织实施了市级社会发展科技计划项目170项。

（何峰雷）

梅州市

【概况】　2020年，梅州市科技创新呈现新气象：梅州市农林科学院完成重组整合，广东省科学院梅州产业技术研究院落成启用，广东平远县产业转移工业园区被认定为省级高新区，五华县获省科技厅认定为第六批省级农业科技园区，省市科技成果硕果累累，新冠肺炎疫情防控科研攻关工作扎实推进，新增认定高新技术企业13家，存量达到242家，规模以上企业设立研发机构占比达到38%。截至2020年年底，全市拥有国家级企业技术中心1家、国家中小企业公共服务示范平台1个、国家级科技企业孵化器1家，省级新型研发机构3家、省级重点实验室3家、省级企业技术中心21家，省级以上创新平台数量达110家。

【高新技术产业】

高新技术企业　梅州市大力实施高新技术企业树标提质行动，2020年新增认定高新技术企业13家，存量达到242家。新培育认定“广东省高新技术企业培育入库企业”41家，培育认定科技型中小企业257家。申报省名优高新技术产品167个，高新技术企业营业收入达323.36亿元，比2019年增长42.19%。2020年，新增1家在科创板上市的高新技术企业，累计高新技术企业在主板上市2家、科创板上市2家、新三板挂牌12家。

高新区　广东平远县产业转移工业园区被认定为省级高新区，是梅州市自2003年梅州高新区获批设立省级高新区后，再次获得省级高新区认定，也是梅州首个获省级认定的县级工业园区。梅县区、大埔县工业园区申报省级高新区工作有序推进。

【企事业自主创新能力】

“三院一基地”建设　梅州市农林科学院完成重组整合。梅州市委、市政府整合市属农、林等系统科研机构，设立正处级直属市政府管理的市农林科学院，内设林业、果树、蔬菜、花卉、茶叶等10个研究所，致力打造成区域性农林产业科研高地，服务梅州农林产业转型升级。“十三五”期间，该院共承担项目123个，总项目资金近4 200万元；引进新品种557个，新技术36项，品种登记5个，25个科技成果通过省市鉴定，获授权专利12个，并获省市科技奖项38个，发表科技论文170篇，出版5本专业著作；开展科技下乡545次，服务经营主体229家、农户3 700余户，组织技术培训195场，累计培训1万余人次，并发放科技资料5万多份，为梅州市农林产业发展和乡村振兴提供了强有力支撑。

广东省科学院梅州产业技术研究院落成启用。该院是广东省科学院与梅州市政府全面战略合作的重要载体，是省科学院在梅州市设立的重要新型研发机构，是省科学院服务梅州科技创新和产业发展的承接平台与重要窗口。研究院规划为“一总部+N中心”的发展布局，总部设在广东梅州经济开发区，占地面积约5.3公顷，建筑面积3万余平方米。在梅州市辖各区市县，将适时设立多个产业技术创新服务中心，研究院重点聚焦生物与健康、新材料与先进制造、电子与信息、资源与环境、检测与服务五大领域。遵循“建机制、搭平台、聚人才、融创新、强服务、兴产业、促发展”的思路，促进政策链、创新链、产业链、资本链有效融合。该院按照“总体规划，分布改造”的思路，第一期共投入约1 000万元进行院区整体环境和配套设施改造，已完成研发孵化服务与众创空间大楼、院区整体绿化、道路、水电管网设施改造。截至2020年年底，该院已投资孵化了以生产稀土发光功能材料为主的广东粤科欣发新材料有限公司和生产耐磨材料为主的广东越科新材料有限公司等2家科技型企业。该院开展激光医学成像、特种陶瓷框架件产业化、益生菌发酵健康饮品、涡流分离技术应用等10多个项目的对接、入孵工作。组织专家团队到各县（市、区）调研，谋划发展规划南方离子型稀土开发及应用技术创新中心、梅州市国际水土保持研究院、梅州市粤科新材料与绿色制造研究院、公共检测实验室等创新服务平台建设工作。省科学院设立“支持梅州市重点企业核心技术创新”专项，创新产学研合作模式，面向梅州市支柱及特色优势产业，支持省科学院各研究所通过产学研合作，切实解决企业遇到的技术难题，以及为企业研发先进适用的新技术、新工艺、新材料、新装备和新产品，已与梅州市8家重点企业签订意向合作协议，对接省科学院相关研究团队开展技术对接工作。

梅州市医学科学院建设有序推进。该院于2018年11月挂牌成立，与梅州市人民医院实行“一套班子，两块牌子”管理，聚焦客家人群精准医学和临床转化研究，打造粤闽赣边区域性医疗中心和高水平医学科研机构。该院已设立国家博士后科研工作站、国家药物临床试验机构、广东省重点实验室等多个高水平研究平台；聘请葛均波、夏咸柱、于金明、韩雅玲等著名院士和专家教授担任顾问；与华为技术有限公司、江苏恒瑞医药股份有限公司、上海联影医疗科技股份有限公司等一流企业开展合作；获批中国博士后科学基金项目等省级以上课题32项，发表SCI收录论文93篇，获授权实用新型专利15项。

梅州高新区科技成果转化基地建设进展顺利。该基地设在高新区绿色创新中心内，立足服务梅州市，承接产业梯次转移和科技成果转化，打造以政府搭平台、企业为主体、市场为导向、高校院所为依托的科技成果转移转化集聚地，为入园科技成果转化项目提供技术开发、应用推广、孵化加速、检验测试、政策咨询和人才培训等服务。加快完善成果转化服务平台，持续优化园区创新创业环境。

企业研发平台建设 梅州市通过优化政策扶持、加强项目支撑、实施精准指导、推进协同创新等措施，积极引导企业与科研机构和高等院校合作设立自主研发机构，不断深化产学研合作、加大技术改造力度、加强核心技术攻关，为推动全市企业可持续发展提供了技术储备和科技支撑。2020年，梅州市推荐博敏电子股份有限公司和广东宇星阻燃新材股份有限公司2家单位申报2021年度广东省重点实验室。截至2020年年底，梅州市企业设立院士工作站5家，院士专家企业工作站5家，博士后、博士工作站10家，企业类省重点实验室1家，省新型研发机构3家；国家企业技术中心1家、省企业技术中心20家、省工程技术研究中心81家、市工程技术研究中心168家、市企业技术中心28家，实现了主营业务收入5亿元以上企业设立研发机构全覆盖。全市逐步形成了以企业为主体，以市场为导向，以院校为依托，自主创新与引进转化相结合的企业科技创新体系。

【疫情防控】 2020年，新冠肺炎疫情发生后，梅州科技部门及时成立了由单位一把手任组长、其他领导班子成员任副组长、机关各科室和下属各单位负责人为成员的工作领导小组，研究制定了《梅州市科学技术局关于新型冠状病毒感染的肺炎疫情防控工作方案》，明确了启动重大项目攻关、做好流行病学调查、疫情防控产品研发生产企业清单、组织市级应急科技计划项目和做好在梅工作外国人疫情防控工作等7个方面工作职责，出台了便利化服务措施6项，征集了防治技术和产品14项，拨出应急科技经费110万元，走访服务科技企业40多家，开展新闻宣传报道4篇次，为全市打赢疫情防控阻击战贡献了科技力量。

【乡村振兴】

科技特派员行动 梅州市推进280多位省、市农村科技特派员，与广东省科技厅“暑期大下乡”活动中来自省内高校、科研院所的120位省农村科技特派员联结深入基层农村，面向全市349个原省定贫困村开展了全方位的科技帮扶对接全覆盖，积极促成农村、企业、高校、科研机构的有效对接和联合，推动全市乡村振兴战略实施。

“星创天地” 梅州市通过机制支撑、人才支持、平台构建、环境保障等多项举措，支持农村创新创业，2020年新增大埔县兴瑞“星创天地”等6家广东省“星创天地”（第四批）备案企业。梅州市共有国家“星创天地”7家，省“星创天地”19家。

县域农业科技园区　2020年，梅州市共推荐3个县（市、区）申报广东省农业科技园区，新认定1家省级农业科技园区，总量达到2家，分别是梅州大埔县广东省农业科技园区、梅州五华县广东省农业科技园区。

【科普宣传】

“全国科技活动周”宣传活动　梅州市围绕全国科技活动周“科技战疫，创新强国”主题内容，开展具有梅州特色的群众性科普活动。2020年梅州市全国科技活动周暨大型科普集市活动于8月27日在市青少年活动中心举行，活动吸引了300多名市民群众前来参与，现场派发科普宣传册1 000册，树苗100多株，参与企业发放各类小奖品500个。

广东省科普讲解大赛　2020年梅州市推选4名中小学生参加广东省科普讲解大赛，均获得“广东省优秀中小学生科普讲解员”称号；推荐企业参与全国科普工作先进集体和先进工作者评选。广东新大地科技股份有限公司获“全国科普工作先进集体”荣誉。

科技教育基地　梅州市16家省级青少年科技教育基地建立定期向青少年免费开放机制。

【科技计划项目管理】

科技专项资金“大专项+任务清单”项目　按照《广东省科学技术厅关于实施2020年科技专项资金“大专项+任务清单”项目的通知》有关要求，确定了拟立项的项目50个，共计2 500万元；已提交梅州市人民政府常务会议审议通过并报广东省科技厅备案。

2020年梅州市应用型科技专项　根据《梅州市应用型科技专项资金管理试行办法》，于9月30日正式启动了2020年梅州市应用型科技专项资金项目申报工作。围绕支持关键技术攻关，重点支持梅州市大专院校、科研机构和三甲医院科研基础条件建设，支持梅州市大专院校、科研机构和三甲医院围绕生态发展区资源与环境保护治理以及“5311”绿色产业体系开展应用基础研究和关键共性技术攻关，配套支持嘉应学院2020年度省市共建广东省重点实验室（学科类）基础条件建设项目和2020年广东省防控新型冠状病毒感染科技攻关应急专项企业项目等五个专题，共受理24项。经专家评审，立项13项，项目资金达600万元。

区域协同创新发展　充分用好广州梅州对口产业帮扶机制，继续强化穗梅两地科技对口帮扶工作，在广州市科技局支持下，广东省科学院梅州产业技术研究院“益生菌发酵饮品产业化关键技术研究与应用示范”项目已成功列入2021年广州市民生科技专题科技帮扶方向联合申报项目。

支持梅州产业技术研究院建设并推荐该院争取2021年珠三角与粤东西北产业共建财政扶持资金项目入库、2020年度重点项目增补中央财政投资资金项目库工作，协助该院承担2020年中央引导地方科技发展资金项目财政资金1 000万元的分期分批拨付工作；联合该院设立重点企业核心技术创新专项，征集筛选后共推荐广东越科新材料有限公司等项目10项，总额不超过1 000万元。

【重大科技活动】

广东省科学院梅州产业技术研究院落成启用仪式　12月11日，广东省科学院梅州产业技术研究院在梅江区东升工业园落成启用。落成启用仪式后举行了项目签约仪式，梅州产业技术研究院与6个入孵项目、9个产学研合作项目、7家战略合作单位签订合作协议，助力梅州产业转型升级和创新驱动发展。

广东省科学院梅州产业技术研究院落成启用仪式现场

（黎巧君）

惠州市

【概况】 2020年，惠州市深入实施创新驱动发展战略，积极创建国家创新型城市，努力为全市建设国内一流城市提供科技创新支撑。2020年全市研发经费投入占比达2.7%，规模以上工业企业研发机构覆盖率达50%。

【科技创新主体培育】

创新型企业 2020年，惠州市修订出台《惠州市高质量发展高新技术企业实施方案》，进一步推动全市高新技术企业高质量发展；大力组织高新技术企业认定申报工作，全年通过认定企业733家，认定数创历年新高；高新技术企业总量达1 628家，同比增长24%。开展科技型中小企业评价工作，全年共8批1 481家企业通过评价。

孵化育成体系 2020年，惠州市新增1家省级孵化器、1家粤港澳孵化器（省级）、1家省级大学科技园、1家市级孵化器和4家市级孵化器培育单位。截至2020年年底，全市有孵化器44家，其中国家级7家、省级6家（含粤港澳孵化器）；众创空间31家，其中国家级10家，形成了仲恺区电子信息、大亚湾区精细化工、惠城区互联网等特色化、专业化孵化链条。

【科技研究与开发】

重大创新平台 2020年，惠州市重大平台建设提速，能源科技创新中心初现雏形。先进能源科学与技术广东省实验室（以下称“东江实验室”）创新管理体制机制，惠州市人民政府与中国科学院近代物理研究所签订了委托建设协议，出台首批24项实验室管理制度，已引进12个高端科研团队，其中有3个团队由院士领衔；东江实验室潼湖园区投入使用，东江实验室河桥园区正式开工建设。实验室获省级科研项目经费4 190万元，依托“强流重离子加速器（HIAF）”和“加速器驱动嬗变研究装置（CiADS）”两大科学装置谋划扩建同位素研发平台和高能量密度研究平台，完成两平台建设方案编制，获得省专项启动经费1 130万元；谋建高密度能源燃料研究装置，获得省下达2020年前期项目经费880万元。

产学研合作 2020年，惠州市推动重离子微孔膜产业化，研发出重离子微孔膜污水处理设备，在惠州市开展示范应用。孵化1家科技型环保企业，疫情防控期间迅速研发并量产“可清洗可重复使用的重离子微孔膜防护口罩”。推动重离子治疗设备产业化，研制基于超导技术造价更低、小型化、性能更优良的第二代重离子治疗设备。与广东省农业科学院达成合作共建辐照育种平台意向，打造华南辐照育种产业基地。

新型研发机构 2020年，惠州市修订出台《惠州市科学技术局关于促进新型研发机构发展的扶持办法》，进一步推动惠州市新型研发机构的建设和发展。

工程技术研究中心 惠州市新认定组建省级工程技术研究中心4家，排名全省第4位；新认定市级工程技术研究中心61家。

实验室 惠州市获省重点实验室立项1项，获得支持经费100万元；获评优秀和良好等次省重点实验室各1家，分别获得100万元和50万元奖励。

【科技成果】 2020年，全市共办理技术合同认定登记216份，技术合同成交额11.2亿元，同比增幅99.29%，排名全省第6位。科技奖励制度实现新突破，惠州市高新技术与民营科技企业协会设立的“东江之星”科学技术奖、惠州医学会设立的“惠州医学科技奖”成为该市首批社会力量设立的科学技术奖。全年共提名广东省科学技术奖17项。对接国家重大农业科技成果“广东省主要经济作物肥料农药减施增效技术研发与示范”项目、“南方多熟制水稻生产机械化技术装备研发与示范”项目落地惠州，致力于解决农业领域“卡脖子”问题，也为全市农业科技人才引进、农业研究院等创新平台建设打下坚实基础。

【科技条件与服务】

科技人才　2020年，“强流重离子加速器（HIAF）”和“加速器驱动嬗变研究装置（CiADS）”两大科学装置和东江实验室吸引高端人才的效应逐步显现，中国科学院近代物理研究所60多名研究人员常驻惠州建设两大科学装置和实验室；东江实验室形成梯队化、高端化的科研人才队伍，汇聚了以詹文龙、张锁江、沈文庆等11位院士为代表的各类国家级人才近百人，大部分是核科技领域科研人才。年内共引进5个研究团队约50人入驻东江实验室潼湖园区。

科技金融　推出全市首个政企共建“FIT粤”科技金融创新平台，实现科技与金融产品信息共享。开展以企业创新能力为核心指标的“技术流”融资评价体系试点，联合推出立项贷、研发贷、人才贷等科技型贷款产品，有效缓解科技型中小企业融资难题。

科技管理体制　先后修订出台了《惠州市科学技术局关于促进新型研发机构发展的扶持办法》《惠州市科学技术局关于鼓励科技成果转移转化的暂行办法》《惠州市人民政府办公室关于印发惠州市高质量发展高新技术企业实施方案的通知》等系列政策，形成相对完善的政策体系。根据科技创新规律和改革需求重构科技计划框架体系，布局科技研发攻关、创新平台建设、创新主体培育、科技成果转化四大科技计划，初步形成涵盖全链条、全要素的科技计划体系。

科技服务　举办“惠企专家行”活动，征集企业技术需求100余项、对接企业70余家，精准匹配30余家高校科研院所共计60多位相关领域专家，成功对接落地项目15项。活动期间，专家针对企业提出的技术难点、技术路线及试验方法等给予指导性的解答，获得企业的认可。创新服务抗疫暖企，全力打造线上惠企暖企全链条体系，在广东省率先开展线上高企业务培训、录播高企统计系列课程、直播省高企认定专家服务行线上活动；疫情防控期间推动近30家孵化器和众创空间响应政府减租免租号召，减免入驻企业（团队）房租近600万元，有效助力企业复工复产。

（官素霞）

汕尾市

【科技环境与制度建设】

科技创新政策　2020年，汕尾市先后出台了《汕尾市加快实施创新驱动发展三年行动方案（2020—2022年）》《汕尾市科技成果中试基地认定管理办法（试行）》《汕尾市科技创新券实施管理办法（试行）》《汕尾市科技企业孵化器认定管理暂行办法（修订）》《汕尾市众创空间认定管理办法（修订）》《汕尾市科技局省级资金市级项目库管理细则（试行）》6个政策文件，进一步完善科技创新政策，优化科技创新环境，健全科技创新体制。

汕尾市科技创新发展"十四五"规划编制工作　汕尾市科技局与广东省科学技术情报研究所有关人员组成调研组，于2020年11月23日至12月上旬，赴浙江及粤港澳大湾区城市进行规划编制调研活动。学习借鉴当地科技创新发展的工作思路和经验做法，加强对国家、省、市相关政策的深入分析，围绕服务于市委、市政府对汕尾市"十四五"发展的总体定位和发展目标，结合汕尾科技创新的实际，以及特色和优势，科学地研究确定"十四五"汕尾市科技创新发展的定位以及发展目标，以此做好汕尾市科技创新发展"十四五"规划编制工作。

【科技项目】　2020年度，汕尾市组织实施广东省科技专项资金（"大专项+任务清单"）计划，下达项目资金2 475万元；组织开展市级科技计划（社会发展领域）项目申报，受理申报33个，通过立项24个；推荐申报"智慧渔场精准养殖关键技术研究与示范"省级重大项目；开展对27项"2017—2018年度医药卫生科技项目"进行结题验收；推荐5家单位申报2020—2021年度省级科技计划项目（科技创新普及专题），其中2家单位获得立项。

【科技创新体系】

创新载体　推进汕尾高新区申报国家级高新区。截至2020年年底，汕尾高新区申报国家高新区材料已上报国务院，争取2021年被列入国家高新区专家考察名单。陆河新河工业园已获批省级高新区。海丰经济开发区申报省级高新区材料已上报广东省人民政府，力争2021年通过专家考察并获批准。

创新平台　推进能源科学与技术广东省实验室汕尾分中心建设，已于2020年第四季度开工建设，2020年纳入省财政资金投入范围的预算经费总额为600多万元。

汕尾市在深圳市建设汕尾创新岛（深圳），进一步提升汕尾市科技创新能力，构建"政产学研金介用"协同创新体系，在广东省内首创"研发设计在深圳，转化落地在汕尾"的新模式，解决汕尾市本土企业整合创新资源能力弱、推进科技创新成本高等问题，打造成为技术创新研发中心、科技成果众创平台和深汕联合招商平台。2020年，汕尾市科技局印发了《汕尾创新岛（深圳）建设方案》，明确汕尾创新岛（深圳）的功能定位、建设目标、选址、运营管理、入驻企业条件和程序、入驻管理、退出机制、优惠政策、资金保障以及组织保障十大方面内容，有序推进汕尾创新岛（深圳）选址等各项工作。

高新技术企业　汕尾市2020年新增高新技术企业18家，其中新增认定12家，整体引进高新技术企业6家。全市通过评价入库国家科技型中小企业库企业共计123家。2020年共受理了6宗技术合同认定登记业务，涉及金额212.35万元。开展高新技术产品认定工作，2020年受理了47个名优高新技术产品的申报材料，已推荐上报广东省科技厅。

科技企业孵化育成体系　2020年，汕尾市认定市级科技企业孵化器2家和众创空间3家，面积共39 860m²。

科技企业创新平台　2020年，汕尾市组建省级工程技术研发中心1家，组建2020年度市级企业研究开发中心24家。

省级农业科技园区　2020年，汕尾市海丰县政府和华侨管理区委员会开展了第六批广东省农业科技园区建设申报工作，经广东省科技厅组织专家评审，2020年10月29日，广东省科技厅正式印发文件，核准海丰县建设第六批广东省农业科技园区。

【创新创业大赛】　汕尾市组织2020年第九届中国创新创业大赛（广东·汕尾赛区）暨汕尾市第四届“红海杯”创新创业大赛工作，汕尾市报名参赛企业122家，资格审查核实通过104家（初创组企业35家，成长组企业69家），参赛企业数量名列全省第9位；进入复赛企业83家；决赛获奖的企业有12家。大赛参赛数量呈现逐年递增的良好态势。参赛企业地域覆盖全汕尾，参赛项目涉及行业广泛，覆盖新一代信息技术、生物、高端装备制造、节能环保、新能源等多个领域。从参赛企业质量来讲，赛事集聚汕尾市高新技术领域企业，涌现出许多高精尖的项目和众多优秀企业。

在第九届中国创新创业大赛（广东赛区）暨第八届“珠江天使杯”科技创新创业大赛中，获科技创新创业大赛三等奖企业1家，优胜奖企业15家。

第九届中国创新创业大赛（广东·汕尾赛区）暨汕尾市第四届“红海杯”创新创业大赛

【科普工作】

疫情防控科普工作　新冠肺炎疫情防控期间，汕尾市科技局在“汕尾市科技网”平台上发布登载有关新冠肺炎疫情防控的权威文章315篇。

科普统计调查工作　2019年度汕尾市科普统计调查工作涉及6大类124个指标，112家单位，已完成统计任务。

科技教育基地　截至2020年12月，汕尾市已有4家“广东省青少年科技教育基地”和5家“粤东西北中小学校园科学馆（室）建设试点示范学校”，其中，陆河县河田中学荣获“全国科普工作先进集体”称号。

大型科普活动　举办了2020年汕尾市“科技进步活动月”启动仪式暨文化、科技、卫生“三下乡”活动，召开“2020年广东庆祝全国科技工作者日暨表彰先进大会”汕尾分会场活动，举办了全国科普日主场活动启动仪式，营造了科技创新氛围。

科普讲解大赛　组织参加广东省科普讲解大赛，汕尾市代表队荣获广东省科普讲解大赛优秀奖。

2020年汕尾市“科技进步活动月”启动仪式暨文化、科技、卫生“三下乡”活动

【创新人才培育引进】　做好外国人来华许可工作，2020年，汕尾市共受理了12家用人单位申请，受理43人次外国人来华工作许可事项；支持广东娜菲实业股份有限公司组建省级工程技术研发中心，引进专业技术人才26名；通过“汕尾市融湾智能制造研究院”，柔性引进高层次人才2名；做好外籍高层次人才认定和港澳台高层次人才认定两项行政确认事项的承接工作；支持陆丰市人民医院与广东省人民医院合作共建心血管介入诊疗与冠心病健康管理中心，柔性引进高层次医学专家30多人次，先后实施心血管手术近400例。

【**新冠肺炎疫情防控科研攻关**】 汕尾市研究制定出台了科技支撑疫情防控8条措施，全力支持科技企业投入疫情防控物资生产技术攻关；汕尾市部分高新技术企业，积极响应国家、省、市要求，迅速投入到疫情防控的口罩、医用防护服、红外线体温计、“AS疫情防控系统”等物资生产，助力汕尾市抗击疫情。

坚持支持医疗卫生有关部门积极开展相关医疗技术攻关，引进、研究提出有效预防防治措施。汕尾市科技企业积极组织科研人员攻关，有1家防疫物资生产企业申报认定为省级工程技术研究中心，并被推荐至科技部纳入专项补助名单，获得国家4 000万元的低息贷款；鼓励创新创业载体为入孵企业减免租金、管理费近20万元等。

汕尾市制造业高质量发展暨科技创新大会

（蔡一妍）

东莞市

【概况】 2020年，国家战略首次赋能东莞，国家发改委、科技部批复同意“光明科学城—松山湖科学城”片区为大湾区综合性国家科学中心先行启动区的主体，标志着东莞科技创新从“地方队”跃升“国家队”，在全国创新大格局中占据了重要地位。

松山湖科学城科学功能规划出台，明确了重大科技基础设施、前沿交叉研究平台、专业研发机构建设、科技成果转化、高水平大学、区域协同、体制创新等建设布局重点，推动完善松山湖科学城创新体系，打造世界级创新高地。重大科技基础设施加快集聚。

散裂中子源运营能力提升，一期工程打靶束流功率提前一年半达到100kW的一期工程设计指标，并实现稳定供束运行；推进建设反角白光中子源平台，促成华为技术有限公司等本土企业进行相关测试，通过粤港澳中子散射科学技术联合实验室推动多物理谱仪二期建设；依托松山湖材料实验室布局建设阿秒光源重大科技基础设施；与中国科学院和广东省科技厅积极沟通，争取散裂中子源二期、南方先进光源预研和先进阿秒激光设施等大科学装置项目纳入国家重大科技基础设施“十四五”规划。

【院地合作】 中国科学院与东莞市于11月22日正式签署共建大湾区综合性国家科学中心先行启动区（松山湖科学城）合作协议，全链条、全方位对接中科院创新资源，为松山湖科学城建设先行启动区提供支撑，这是中科院首次与地级市签署共建战略合作协议，是东莞与国家战略力量对接合作的新起点。

中国科学院科技服务网络计划—东莞专项（STS专项）启动，引导支持中国科学院所属单位优质科技成果来莞落地转化和产业化，首批共有30家企业成功对接中国科学院院所并联合申报了项目，主要集中在新一代信息技术、新材料、先进制造领域。

中国科学院高能物理研究所国家高能物理科学数据中心大湾区分中心在松山湖落户成立，为包括散裂中子源在内的大湾区大科学装置及科学研究提供直接的服务，与大湾区的科研机构、高校、企业在大数据管理、数据挖掘与应用、数据安全、计算技术等领域展开合作研究，促进数据科学技术发展和技术转化。

【松山湖材料实验室】 松山湖材料实验室初步形成“前沿基础研究—应用基础研究—产业技术创新—产业转化”全链条研究模式。

前沿研究 在国内外权威学术期刊上发表高水平论文超过330篇，研究成果首次入选“中国科学十大进展”。获批各类国家、省级项目75项，项目资助经费超过4.1亿元。

基础平台 与中国科学院西安光学精密机械研究所共建先进阿秒激光装置，为高校院所、科研机构和企业提供通用性技术服务。

科技成果转化及服务 设立创新样板工厂，截至2020年年底，有25个团队项目落户，孵化了25家产业化公司。发起成立新材料投资产业基金，成立产业育成中心，提供全业态的产业载体和国际领先的创业配套服务。

研发平台 已建立材料制备及表征平台、中子科学平台、微加工与器件平台、材料计算与数据库平台共四个公共技术平台，开展材料领域的前沿科学和交叉科学研究，开展太空探索实验合作和前沿应用基础和交叉学科研究等。

【研发投入】 2020全市全社会R&D经费投入342.09亿元，同比增长17.98%，总量排名全省第

3；R&D占GDP比重达3.54%，仅次于深圳，排名全省第2，达到世界发达国家水平。

【基础与应用基础研究】 2020年，东莞市获国家自然科学基金项目立项66项，资助经费2 772万元，立项数和资助金额同比分别增长10%、28.3%；获广东省基础与应用基础研究重大项目立项支持1项、资助经费4 200万元，位居全省第3。

【科技计划项目】 2020年，东莞市获广东省重点领域研发计划立项24项，立项金额1.556亿元，立项数和立项金额位列全省第3。获广东省科技计划项目立项598项，立项金额3.65亿元，立项总金额在全省各市中排名第3，立项数和立项金额分别是2019年全年的6倍和1.3倍。

东莞理工学院牵头项目获国家重点研发项目立项，实现该校牵头承担国家级重大项目上“零”的突破。

【科技成果转化】

松山湖国际创新创业社区 以原大学创新城及周边地区为重点建设松山湖国际创新创业社区，作为承接松山湖科学城、华为技术有限公司、国际知名高校院所高层次人才创新创业的重要载体，在硬件配套上着力打造“创新创业不夜城”，在软件服务上完善全链条服务配套，打造全市乃至大湾区创新创业的新标杆，已接洽了包含新一代信息技术、新材料、机器人、智能装备等60余个新兴产业项目，截至12月底，已有6个项目进驻。与李泽湘教授团队就科创训练营达成初步合作共识，举办了2020粤港澳院士峰会暨第六届广东院士联合会年会专题活动“IBT重大创新成果发布会”、2020年东莞市青少年人工智能创新挑战赛、松山湖人才之夜等大型活动。

滨海湾新区 滨海湾科技创新园获广东省人民政府认定为省级高新技术产业开发区，规划面积585.89公顷，定名为东莞滨海湾高新技术产业开发区，这是东莞市继松山湖之后又一个获批高新区的重大科技发展平台，实现东莞市省级高新区建设的新突破。

大科学装置产业化项目 中国首台自主研发加速器硼中子俘获治疗实验装置在莞研制成功，并启动了首轮细胞实验和小动物实验，为中国肿瘤治疗带来技术性革新。

新型研发机构 东莞市优化调整了新型研发机构的绩效考核机制，强化人才队伍建设和成果转化导向，完成2018、2019年度考核工作，为下一步新型研发机构提质增效理清了工作方向。

科技特派员专项 在全省地级市中率先出台科技特派员专项政策《东莞市科技特派员实施办法》，全市获广东省农村科技特派员项目29项；在广东省企业科技特派员申报平台（华转网）申请入库企业102家，居全省第4，基层科技创新能力增强。

科研仪器设备共享平台 出台《东莞市科研仪器设备开放共享暂行管理办法》，建设全市科研仪器设备共享平台，并完善功能模块，汇集了3 338台科研仪器设备，提升用户体验。

技术转移人才 松山湖高新技术产业开发区科技成果转化中心入选第二批国家技术转移人才培养基地，成功举办了两期东莞市初级技术经纪人培训班，228名学员通过结业考试。清华东莞创新中心获批“国家引才引智示范基地”。

【企业科技创新】

高新技术企业 2020年，全市高新技术企业数量达6 385家，稳居全省第3。构建“高新技术企业—瞪羚企业—百强创新型企业”的创新型企业培育梯队。首批认定29家百强创新型企业、34家瞪羚企业。支持高新技术企业在资本市场上市，截至2020年年底，全市有31家高新技术企业在境内上市，占全市上市企业的82%。

科技型中小企业 全市3 435家企业获得科技型中小企业评价入库编号，入库企业数量居全省第3。

工程技术研究中心及实验室 全市企业获省重点实验室项目1项、省工程技术研究中心18项，在广东省级重点实验室考评中获评2项优秀、3项良好。

科技金融 引导合作银行为科技企业提供信用贷款超过170亿元，惠及企业约3 000家，为企业提供贴息资助9 000万元，提供贷款风险补偿422.3万元，为科技企业购买科技保险补贴超过

890万元。

研究生联合培养（实践）　2020年年底，累计吸引1 877名研究生来莞培养（博士333人，硕士1 544人），认定36个研究生联合培养工作站，吸引265家企业吸纳研究生进行培养（实践），在562名毕业就业研究生中留莞就业人数有176人，留莞率为31%。

【创新型城市政策体系】

市级科技计划体系　制定出台《东莞市科技计划体系改革方案》，对市级科技计划项目的设置进行整体性、系统性谋划，明确设立源头创新、平台载体、创新人才、技术创新、企业培育和成果转化6大专项、21类科技计划项目，形成支持全链条创新、全科技要素创新的科技计划体系。

系列科技创新配套政策　围绕建设国家创新型城市的主线，在松山湖材料实验室、重点领域技术攻关、创新型企业培育、创新强镇建设、科技特派员、仪器设备共享、科技金融等创新链条重点环节制定并出台相应的扶持政策，初步建立了适应新形势、新需求的科技政策体系。

东莞市科技发展“十四五”规划　制定了编制工作方案，成立了编制领导小组、课题小组与专家顾问组，根据中央和省关于制定“十四五”规划和2035年远景目标建议的精神，以及东莞市委、市政府关于加快推进大湾区综合性国家科学中心先行启动区（松山湖科学城）建设的若干意见，结合调研情况，加快推进规划编制工作。

（李月玲）

中山市

【概况】 2020年，围绕深入学习贯彻习近平新时代中国特色社会主义思想、习近平总书记出席深圳经济特区建立40周年庆祝大会和视察广东重要讲话重要指示批示精神，贯彻落实省委“1+1+9”战略要求和市委“重振虎威”加快高质量发展工作部署，深入实施创新驱动“224”工程，积极推动中山全面参与粤港澳大湾区国际科技创新中心建设，“十三五”规划顺利收官。全市高新技术企业达2 388家；入库国家科技型中小企业1 864家；市级创新标杆企业20家；市级工程技术研究中心930家。

【政府科技投入】 2020年，安排科技发展专项资金32 108.74万元（其中：重大科技专项资金16 372.93万元、科技金融专项资金2 326.77万元、科技企业创新发展专项资金8 465.38万元、科技创新平台专项资金2 614万元、科技孵化育成体系专项资金966.1万元、促进技术交易和科技服务业发展专项资金363.56万元、重大科技基础设施建设前期工作经费1 000万元）；安排科学技术事业发展专项资金（社会公益科技研究资金）1 497万元；安排人才发展专项资金（科技人才发展资金）2 100万元；安排引进高端科研机构事业费（包括市级引进高端科研机构事业费和翠亨新区引进高端科研机构事业费）1 700万元。

【科技管理改革】 2020年，围绕中山市科技创新工作助力中山经济高质量发展要求，深化科技体制改革，加强政策顶层设计，加强科技项目管理，制定了《中山市事前资助类科技计划项目管理办法》，修订了《中山市科技金融专项资金使用办法》等规范性文件。牵头制定《中山市推动人工智能与数字经济产业发展的实施意见》《中山市推进粤港澳大湾区国际创新中心建设实施方案》，启动中山市科技发展“十四五”规划编制工作。创新科技政策宣传方式和力度，制作重大科技专项、中国创新创业大赛等9项政策宣传动画视频，在中山市科技局政务网和微信公众号“中山锐科技”上发布，并编制《中山市科技创新政策图解汇编》，多渠道、多方式对科技政策进行解读。

【科技项目管理】 2020年，深入推进“放管服”改革，启动科技创新管理一体化系统（二期）项目建设，中山市科技局21项申请政务服务事项完成流程再造和优化提升，行政服务窗口全年办理业务10 983件，服务企业9 596家次。在传统优势产业转型升级领域率先试行揭榜制管理，创新科研组织方式。探索建立科学、高效的项目管理模式，将中山市重大科技专项立项组织工作委托第三方机构进行管理，提高科技计划项目管理效率。加强科研项目全过程监管，扎实推进验收结题工作，全年组织验收项目153项，其中通过验收项目121项，终止结题项目20项，不通过验收需整改项目12项。加强科研诚信管理，全年调整失信名单5次，涉及单位16家；执行信用审查27次，涉及审查对象6 164家次。

【科技创新载体】 2020年，中山光子科学中心、中山先进低温技术研究院正式落户中山，并以此为依托，整合现有的高校和科研院所在中山建立的创新平台，在南区规划建设中山科技创新园。制定《中山科技创新园建设工作方案》，有序推进中山科技创新园建设各项工作。中山光子科学中心、中山先进低温技术研究院成功登记为广东省级事业单位。深化校地合作，为借助华南农业大学在岭南特色花木品种培育与示范等方面的学科优势，中山市人民政府与华南农业大学签订《实施乡村振兴战略和推进科技创新合作协议》，共建华南农业大学中山创新中心，提升全市农业产业科技含量和竞争力。推进科技兴农，成功创建横栏花木省级农业科技园区，这是全省首个设在乡镇的省级农业科技园区，并在横栏组建了20个农村科技特派员团队，是全省首次将农村科技特派员队伍挂点到村一级。

【科技企业培育】

高新技术企业　2020年，中山市大力实施企业创新能力建设，深入推动高新技术企业“树标提质”，评选出20家市级创新标杆企业，补助金额约2 700万元。对2019年通过高新技术企业认定的670家企业给予后补助，补助金额达5 539.63万元。省市联动针对高新技术企业认定申报、研发费用归集核算等内容开展网上直播培训和“一对一”专家申报辅导43场，辅导企业900家。全市高新技术企业认定通过率达83.6%，高新技术企业总数达2 388家，数量继续位居全省第5。全市享受高新技术企业税收优惠企业1 628家，同比增长42.8%；享受研发费用加计扣除企业2 985家，同比增长13.0%，合计减免企业所得税约27亿元。

科技型中小企业　2020年，中山市科技型中小企业入库实现网上全流程办理，全年共有1 864家成功入库，同比增长19.23%，对148项（张）广东省创新券予以兑现或配套支持372.7万元。

重大科技专项　组织实施市级重大科技专项，支持高端科研机构实施关键核心技术攻关项目28项，扶持资金12 916.4万元。

【技术创新平台】　2020年，支持新型研发机构、重点实验室、高端科研机构等创新平台建设，安排资金5 314万元。全市现有省级新型研发机构8家、省级企业重点实验室6家、高端科研机构9家、省级工程中心343家、市级工程中心930家。加强对工程中心的动态评估考核，84家省级工程中心获评优秀、50家市级工程中心获评A级。

【科技企业孵化器】　2020年，持续引导存量孵化器提质增效，新增3家国家级孵化器、2家国家级备案众创空间、3家省级孵化器，电子科技大学中山学院大学科技园获得省级大学科技园认定，省级大学科技园实现“零”的突破。全市共有市级以上科技孵化育成载体74家，其中国家级孵化器9家，国家级备案众创空间7家，省级大学科学园1家，省级孵化器6家，省级众创空间3家。全市孵化面积接近100万平方米，孵化从业人员863人，在孵企业（含项目）2 635家，在孵企业拥有有效专利达4 477件。

强化孵化育成体系能力和管理建设，积极组织参与省级和国家级运营绩效评价，获得国家级孵化器A级评价2家、国家级孵化器B级评价2家、省级孵化器A级评价5家、省级众创空间A级评价3家；首次开展市级科技企业孵化器、众创空间运营绩效评价，29家获得A级，安排补助资金420万元。

【科技人才建设】　2020年，完成第八批市级创新创业科研团队项目评审立项工作，新引进8个市级创新科研团队。全市现有省级创新创业团队5个、市级创新科研团队46个。推荐申报省级以上重大人才工程，2名科技人才入选2020年国家重大人才工程。积极落实粤港澳大湾区个人所得税优惠政策，在珠三角率先启动境外高端人才认定申报、率先完成境外高端人才认定、率先完成个税优惠补贴审核发放等工作，并对符合个人所得税优惠政策条件的230名境外高端人才发放补贴3 396万元。全年共办理外国人来华工作许可业务1 413人次。

【科技金融结合】

科技信贷　2020年，加快科技金融服务体系建设，调整科技信贷政策和服务方式，开辟绿色通道，加大疫情防控信贷支持力度，做到快速受理、快速审批、快速放款，全程线上操作，全年共审批科技贷款额度11.6亿元。

科技保险　鼓励科技保险产品创新，推出“复工复产疫情防控科技保险”“科技项目研发费用损失保险”“科技成果转化费用损失保险”3个险种，43家高新技术企业参保，保费75.392万元，保险金额2 250万元。启动科技保险补助工作，向366家购买科技保险的企业补助资金1 160.77万元。

科创基金 推动中山市科技创新创业投资引导基金组建工作，遴选确定3家合作机构，早期组建的5支科创基金也已全部退回市财政出资资金，完成基金整合工作。

【创新创业大赛】 2020年，中山市连续第5年举办中国创新创业大赛广东中山分赛，全市共308家企业报名参赛，报名与获奖数量连续5年在广东赛区位列第2名，6家企业进入全国总决赛，3家获评全国总决赛“优秀企业”，再次承办中国创新创业大赛（广东赛区）生物领域决赛。连续第3年与香港科技大学合作举办香港科技大学百万奖金创新创业大赛中山区赛，2020年共235支团队参加中山赛区大赛，决出一、二、三等奖共6名。

【科技成果转化】 2020年，全年共登记技术合同407项，技术交易额7.82亿元，同比增长113%，其中技术成交额7.22亿元，同比增长105%。对105个技术合同项目给予补助363.56万元。新增1个技术合同认定二级登记点，全市现有2个二级登记点。

【科技服务业】 2020年，中山市科技服务集聚基地引进中国检验认证集团广东有限公司中山分公司、中山奥凯知识产权服务有限公司2家科技服务机构入驻。中山市技术转移和知识产权交易协同创新平台（中山协同创新网）开通技术需求快速发布通道，上线新冠肺炎疫情防控技术成果专区，全年服务企业2 400家，征集企业技术难题需求62项，举办技术对接活动4场、线上技术转移培训课程7场。加强科技成果转移转化人才建设，举办技术经纪人培训班，开展广东省技术经纪（经理）人入库备案，全市有32人入库，入库数量全省第3。利用德温特专利数据库编制战略性新兴产业科技情报17期，推送行业专利信息68篇，全市企事业单位专利检索2 500多次。

【民生科技】 2020年，中山市组织实施社会公益与基础研究项目，支持中山市医疗机构、高校、事业单位、科研院所、行业组织和行政机关等单位开展中医与中药、疾病预防与治疗、生物医药、公共卫生防控和监督、民生科技、基础与应用基础研究等社会公益科研领域的创新探索和研究，立项224项，立项金额1 497万元。

（程书玲）

江门市

【概述】　2020年，江门市出台实施“江门科创十条”9项扶持政策。全市高新技术企业存量达1 845家，是“十二五”时期的9倍，增速全省第1。开平翠山湖科技产业园、鹤山工业城成功创建省级高新区。全面提升与广东省科学院的战略合作，国家大科学装置——中微子试验站建设加快推进，完成基建投资4亿元。推动再生医学实验动物中心—大动物模型联合研究中心（江门）建设。新增2个省级农业科技园区、2家省级工程技术研究中心。省级研发机构共478家，市级研发机构共1 677家，规模以上工业企业研发机构覆盖率达到61%，位居全省第1。江门市企业获中国创新创业大赛（广东赛区）一、二、三等奖。广东南方职业学院成功创建江门市首个省级大学科技园。实施科技奖励制度改革，推动社会力量设立“无限创新”江门科学技术奖。

【科技金融】　2020年，江门市拥有科技支行26家、科技小额贷款公司2家、科技金融综合服务中心2个，服务科技型企业的专业金融机构数量和质量均位居全省前列。开展科技金融扶持资金贷款贴息，降低科技企业融资成本，全年收到项目申请419个，比2019年增长15%，通过备案申请234项，最终结算201项，涉及655笔贷款，贷款总额17.7亿元，共安排扶持资金超1 657万元。设立省市联动的风险准备金池，并联合江门市市场监督管理局，进一步扩大资金池规模，财政资金投入达2 610万元（其中市科技资金1 000万元，市场监管局资金1 110万元，省财政出资500万元），利用财政资金的杠杆效应，放大30倍，带动金融机构向江门市科技型小微企业提供近8亿元的科技贷款。以“科技杯”大赛决赛为契机，邀请12家投融资机构进行现场对接，达成意向投融资金额超11.4亿元。以地方财政设立的创业引导基金有8支，额度共9.49亿元，其中财政资金4.85亿元。各创业引导基金包括润华基金2.53亿元，粤科泓润基金9 000万元，粤科新鹤基金1.26亿元，启迪之星基金2 000万元，江门市创业创新基金2亿元，江门市先进装备制造产业基金2亿元，新会区江门中科孵化创业投资基金已到位2 000万元，高新区组建的毅达汇邑创业投资基金已到位4 000万元。

【科技创新创业环境】　江门市已连续8年举办江门市“科技杯”创新创业大赛，参赛企业数量高达234家，已连续3年突破200家，位居广东赛区前列，并创新开展了挑战赛，大赛已逐渐成为五邑地区举办的参赛水平最高、组织规模和影响力最大的科技创新创业赛事，为江门市持续营造了大众创业、万众创新的社会氛围。经过初赛、复赛、现场考察等层层激烈角逐，鹤山市厚积工程机械有限公司获得成长组特等奖，江门市荣炭电子材料有限公司获得成长组一等奖，江门市东有科技有限公司获得初创组一等奖。大赛每年为参赛企业提供约1 000万元的扶持资金和引导对接超10亿元的风险投资基金。大赛整合了15项支持政策，进一步加大对企业的扶持，包括：争取广东省资金300万元，将扶持资金提升至1 000万元；整合“邑科贷”政策，获奖企业可获最多500万元科技贷款；整合贷款贴息政策，参赛企业贴息扶持最高可达50万元；整合人才奖励政策；整合孵化载体的减租免租优惠；整合上市辅导和融资担保等政策支持。

【科技创新平台】　2020年，江门市大力推动科技创新平台高质量发展，广东新会美达锦纶股份有限公司建设的“广东省新型聚酰胺6功能纤维材料研究与应用企业重点实验室”获批广东省重点实验室（企业类），并获得省市300万元资金扶持；嘉宝莉化工集团股份有限公司“广东省环境友好涂料技术重点实验室”成为全省10家获得优秀等次企业重点实验室之一，并获得省100万元资金扶持；江门市恒通无纺布有限公司、江门市江海区铁金刚机械有限公司获得2020年第一批支持疫情防控省级工程技术研究中心认定。2020年，江门市对55家省级研发机构予以资助，资助资金达2 730万元。截至2020年年底，全市建成国家级研发机构6家；省级478家，其中省级工程中心397家，位居全省第5位；市级1 677家，规模以上工业企业研发机构覆盖率达到61%，位居全省第1。强化科技对疫情防控和公共卫生体系的支撑，紧急开展新冠肺炎疫情防控技术和产品遴选工作，增设190万元专项资金支持13个疫情防控技术攻关项目。组织开展2020年度市级医疗卫生领域科技计划项目，受理项目申报617项，同比增长23%；项目立项427项，同比增长25%。

【产学研结合】

院士团队合作　江门大健康国际创新研究院引进中国科学院陈小明院士建立“江门市先进功能材料院士工作站”，全市共建成院士工作站11家。中科健康创新生物产业园等一批院士项目正在加速建设。2020年，江门市重点推动与余艾冰院士的合作，双方在高层次人才培养及建设高端科技创新平台等方面达成合作共识，探讨在江门人才岛共建高水平科创平台，谋划建设“院士科创小镇”。

高水平理工科大学建设　推进五邑大学高水平理工科大学建设，支持五邑大学“粤港澳大湾区人类重大疾病大动物模型联合创新基地”申报2021年度“广东省医学大动物模型重点实验室”；推动五邑大学与中国科学院半导体研究所共建“数字光芯片联合实验室”，参与研发我国首颗4 800万像素硅基液晶数字光场芯片；支持五邑大学与香港理工大学、中车广东轨道交通车辆有限公司等联合申报2020年度“粤港轨道交通智能运维联合实验室”；推动五邑大学与香港理工大学以“纺织材料粤港联合实验室”申报粤港联合科研项目；支持中德（江门）人工智能研究院研发三维数字化建模设备；积极参与粤港澳大湾区西岸科技创新和人才合作联盟。

江门市与香港理工大学、澳门大学、新加坡国立大学、中国科学院广州能源研究所、华南理工大学等高校及科研院所实施产学研合作项目22项，建立科技特派员工作站7家，新引进36名科技特派员到企业。30家企业与高校及科研机构开展技术合作，交易总额超2 000万元。

江门产业技术研究院落地建设　2020年，为全面落实《广东省科学院与江门市人民政府全面战略合作框架协议》，7月16日，江门市人民政府与广东省科学院正式签订共建广东省科学院江门产业技术研究院（简称“江门产研院”）协议。8月13日，江门产研院正式注册落户江门人才岛。江门市与广东省科学院各自成立了江门产研院建设工作领导小组，为统筹推进各项建设工作提供了组织保障。截至2020年年底，江门产研院建立了一支15人的运营团队（其中，博士4人、硕士5人），制定并实施了人事、财务、行政等10多项规章制度。

江门产研院联合粤港澳大湾区战略研究院在江门市共建首个分院；携手江门人才岛共建“广科蓬江产业创新园”，打造国家级孵化器、双创孵化基地；推动鹤山市世拓电子科技有限公司等3家企业在江门市注册落地，有机硅、生物肽等10个科创项目正加快引进步伐。

【技术转移体系】　2020年，江门市推进珠三角国家科技成果转移转化示范区建设，优化科技成果认定登记流程，全市设立9个技术合同认定二级登记点，技术合同认定登记实现线上一窗受理，限期办结。全年认定登记技术合同350项，合同成交额5.63亿元，其中技术交易额5.37亿元。举办技术经理人业务培训班，组织技术合同认定登记点工作人员参加全国、全省业务培训，科技成果转移转化服务水平明显提升。

【孵化育成体系】　2020年，江门市新认定1家市级孵化器、1家省级孵化器、2家省级众创空间，1家省级大学科技园。截至2020年年底，江门市共有孵化器37家、众创空间35家，其中国家级孵化器2家、省级孵化器4家、粤港澳孵化器1家、国际化孵化器1家；国家备案众创空间3家、省级众创空间6家；省级大学科技园1家，孵化载体总数居全省第7位。在2020年参与广东省孵化载体运营评价中，获评A等级孵化器、众创空间各2家，B等级孵化器、众创空间各3家。在参与科技部国家级孵化器运营评价中，获A等级孵化器1家。

2020年江门市孵化器使用总面积49.2万m^2，在孵企业1 152家，年总收入超23亿元，研究与试验发展（R&D）经费支出超1亿元，拥有有效知识产权超2 300件。2020年，孵化培育高新技术企业35家，累计毕业企业达600家。引入创业导师59人，吸纳就业人数超1.03万人，其中大专以上7 438人，海外留学人员35人。2020年江门市众创空间使用总面积达6.7万m^2，服务创业团队共441个，初创企业435家，其中2020年新注册141家，常驻团队和初创企业拥有有效知识产权数596项。培育大学生创业团队和企业258个，留学归国人员创业团队和企业24个，带动就业人员2 800人。

【科技服务乡村振兴战略】

创新型县市建设　2020年，江门市加快台山市创新型县（市）建设，指导台山市开展科技抗疫——先进技术推广应用“百城百园行动”，以“台山市科学技术创新服务平台建设”项目向科技部申报科技投资资金1亿元，3家单位获得2021年度中央引导资金300万元，1家单位获得广东省科技厅扶持资金100万元。

农业科技园区建设　2020年，鹤山畜禽农业园区获认定为第六批广东省农业科技园区。推进台山市鳗鱼省级农业科技园区建设，成立了建设领导工作小组并印发建设规划和实施方案。

乡村振兴　2020年，江门市组建省、市、县（市）三级农村科技特派员队伍，引进来自华南农业大学、五邑大学、江门市农作物病虫测报中心站等机构的农村科技特派员累计达到137名。五邑大学和台山市组建广东省农村科技特派员队伍，获得省170万元资助。台山市润峰水产养殖有限公司获省第四批“星创天地”认定，全市建成广东省“星创天地”6家。12个农业科技项目获得2020年省“大专项+任务清单”项目立项支持，扶持资金达200万元。

【科技培训】

2020年江门市创新驱动发展专题培训班　2020年7月30日，江门市举办2020年江门市创新驱动发展专题培训班，来自各市（区）政府、市直相关部门、高校、各市（区）科技主管部门和有关园区代表共50多人参加。培训班通过专题授课和现场教学相结合的方式进行，帮助参训人员拓宽国际视野，把握时代脉搏，了解世界政治经济科技发展形势，掌握江门创新驱动发展现状，从而找准江门融入粤港澳大湾区国际科技创新中心建设的着力点和突破口，增强抓科技、抓创新的能力水平。

2020年全市科技统计培训和科技政策宣讲活动　12月24—31日，江门市举办2020年全市科技统计培训和科技政策宣讲活动，各市（区）科技主管部门业务负责人、2 000多家企业相关业务人员参加了会议。本次培训会讲解了研究开发费用税收优惠政策及企业账务处理，解读了江门市《关于进一步促进科技创新推动高质量发展工作措施》等九项科技创新配套政策，讲解了科技活动统计调查表填报要点和2020年度火炬统计的工作部署与企业填报要点。

【科技人才队伍建设】

高层次人才团队创业启动资助　2020年，江门市实施高层次人才团队创业启动资助，对16个高层次人才团队发放创业启动资金共650万元。创新性利用主流媒体开设专栏对高层次人才创新创业故事进行了系列报道，通过典型案例宣传江门市创新创业优惠政策，进一步营造良好的创新创业氛围。

高端人才项目　2020年，江门市推荐相关机构参评国家和广东省科技人才项目，江门市智尊科技电子有限公司获科技部国家高端外国专家项目立项，获得资助金额30万元；五邑大学获科技部外国青年学者研究基金项目立项，获得资助金额10万元。组织开展省科技特派员项目申报工作，共发动64家用人单位申请入库为发榜企业、67名科研人员申请入库为科技特派员、5家单位申请入库为派出单位，其中22家用人单位共获得资助资金330万元，项目入库率和立项率均排全省前列。组织开展“银龄专项”项目申报工作，共向广东省推荐项目5个，其中3个项目获得省级资金资助60万元。推荐省海外名师1名并获得立项资助。

海外服务工作站　继续深化“联络五邑”海（境）外服务工作站建设和管理，制定了《江门市“联络五邑”海（境）外服务工作站建设管理实施细则》，联合江门市人力资源和社会保障局开发海（境）外服务工作站信息收集电子系统，完善海（境）外服务工作站管理机制。2020年，海（境）外工作站共新增推荐近百名海（境）外高层次人才来江门创新创业，引进了一批海（境）外高层次人才和项目落地江门。完成“联络五邑”海（境）外服务工作站2020年度考核工作，创新考核方式，增加工作站负责人现场述职和答辩环节，确保考核科学客观和公平公正。

【科普工作】

主题科普活动　2020年，江门市举办文化、科技、卫生“三下乡”、“广东海上丝绸之路科技文化”展览、“江门科普一日游”、第二届江门科普嘉年华暨全国科普日等系列主题活动。开展线上“中国公民科学素质抽样调查知多少”和“广东省全民科学素质大赛”活动，参与人数和答题人次排全省第1。开展5场线上公民科学素质知识竞赛，答题人次达10万。在《江门日报》、江门电台和新媒体发布科普资讯220多篇、累计刊登科普内容40期和播放节目129期。新会、鹤山、恩平等市、区科协举办多期网络科普直播，参与人数累计超10万人次。江门市8名优秀科普讲解选手组成江门代表队参加了2020年广东省科普讲解大赛，其中来自广东台山核电合营有限公司的陈丽嫦荣获最佳口才奖、最佳形象奖以及全省三等奖，取得江门市参加省级科普讲解大赛的最好成绩。发动和组织广东南大机器人有限公司、广东世运电路科技股份有限公司等5家企业参加广东青年科学家江门行活动，协助企业与11名科学家进行了对接交流，助推企业技术创新，提高企业核心竞争力。

科普载体建设　江门市农业科技创新中心和台山市敬修职业技术学校被命名为“广东省科普教育基地”（2020—2024年）。恩平市冯如纪念中学、开平市三埠街道迳头小学、台山市培英职业技术学校3所学校获得粤东西北地区农村中小学校科学馆（室）建设试点立项，3所学校获补助金额合计60万元。

乡村振兴战略　江门市指导和资助乡镇、科普基地，开展蔬菜、水稻、火龙果、葡萄、南美白对虾、潭碧冬瓜、花木种植等技术推广。不定期组织科技小分队下乡为农户排忧解难，开展农民培训。打造科普文旅乡村品牌，举办葡萄文化节、勒菜成果展等，吸引大批群众参与。2020年，江门市科学技术协会组织科技工作者上山下乡开展10多项新技术推广、新成果示范项目，培训农民2 000多人。

青少年科技竞赛　2020年，江门市主办第三届江门市青少年机器人竞赛，举办第三十六届江门市青少年科技创新大赛。组队参加第三十五届广东省青少年科技创新大赛，获得8个一等奖，创历史最好成绩。组队参加省机器人竞赛、挑战赛、科普剧大赛、人工智能编程和无人机科创活动等，获一等奖14项，二等奖39项，三等奖和优胜奖多项，位居全省前列。全年江门市参与各项科技竞赛的师生超1万人次，完成作品千余项。

青少年科创教育体系建设　2020年，江门市举办5期线上线下科技教师研讨交流活动，参加学习教师超过800人次。面向乡村小学开展6场科技志愿服务进校园活动，促进全市青少年科教活动均衡发展。6所中小学校被授予“广东省青少年科技教育创新团队”。指导各市、区科学技术协会和学校开展各类校园科技节活动，举办了创客辅导教师人工智能专业技能交流、STEAM科技节、航空科技节、中医药科普进校园等系列活动。

科普服务手段　2020年，江门市建成和试点在建“科普中国”e站38个，注册科普信息员近1.9万人，科普信息传播量超12万次，把“科普中国”的优质资源向社区、学校精准传播。资助和指导科普教育基地实施科普项目。江海区长廊生态园、秾稼生态园开展科普研学游；开平健之源保健食品有限公司开展灵芝科普体验行；新会（广东）桥梁博物馆开展桥梁模型创意设计展览；江门、新会青少年宫开展“科学小卖铺”暑期科普系列活动。开平气象科普园新增了台风地震馆、VR太空舱、相控阵雷达模型等新设备；中医药职业学院科普馆新增针灸VR设备系统；新建江海科技馆、心理卫生健康科普馆、垃圾分类科普馆，科普新场馆不断涌现，科普设施不断完善，不断满足群众科普需求。

（黄京华）

阳江市

【产学研结合】 2020年，阳江市促成省部级高校、科研院所与阳江市企业开展项目合作并申报科技计划项目，共组织实施项目19项，包括重大科技专项12项，产学研合作项目6项，对接融入粤港澳大湾区项目1项，下达项目资金1 670万元，有力推动阳江市企业开展科技创新。

【新型研发机构】 2020年，该市引导和发动阳江市中乌巴顿技术研究院申报并通过认定成为阳江市新型研发机构。项目的实施对于推动阳江市五金刀剪产业转型升级，融入粤港澳大湾区经济带具有重要意义。

【科技计划项目】 2020年，阳江市共组织实施省、市级科技计划项目65项，其中广东省科技计划项目2项，广东省“大专项+任务清单”项目62项、市级科技计划项目1项。省、市项目共获资金3 070万元，其中省级项目资金520万元，省“大专项+任务清单”专项资金2 500万元，市级项目资金50万元。

【高新技术产业】 2020年，全市共有8项产品获广东省科技厅认定为“广东省名优高新技术产品”。阳江市天骄家庭用品制造有限公司等22家企业获认定为高新技术企业；广东凌霄泵业股份有限公司等12家企业通过高新技术企业重新认定。2020年，全市105家高新技术企业产值615亿元。阳江智库+众创空间获批为国家备案众创空间，实现了阳江市国家备案众创空间“零”的突破。

【农业科技】 2020年，根据企业和阳江市农业产业发展的需求，阳江市扶持阳江市华海农业科技发展有限公司、阳江市渔乡子水产科技实业有限公司等企业申报现代农业新技术研究与示范项目15项，下达项目资金共380万元。

【科技人才队伍】 2020年，阳江市引导企业单位柔性引进创新团队，引进了1个市级创新团队并立项支持。以阳江合金材料实验室和阳江海上风电实验室为载体，通过专聘、双聘和兼职等方式引进专家团队，截至2020年年底已聘用8位院士及一批教授、博士等高层次人才，组成由院士教授领衔的高水平研究队伍。围绕合金材料和五金刀剪产业，组织实施“扬帆计划”，获得广东省人才专项立项，2021—2023年每年有1 500万元扶持资金。发展壮大企业科技特派员队伍，组织发动企业发榜，与入库科技特派员对接，解决技术需求，2020年共有14家企业入库，其中5家企业共获得60多万元奖补资金。

【广东省实验室】 6月，阳江市召开了阳江海上风电实验室和阳江合金材料实验室2家广东省实验室阳江分中心理事会第一次会议与建设启动仪式，省实验室由前期筹备阶段转入到全面建设的新阶段。截至2020年年底，2家省实验室组织架构基本确立，核心管理人员基本配备到位，引进多个院士和高水平专家团队，场地配套有序推进，科研工作逐步开展。

【专业镇】 截至2020年年底，阳江市有省级专业镇14个，市级专业镇14个，覆盖了五金刀剪、金属制品、海洋养殖与捕捞、农业种养、旅游五大领域。

【工程技术研究中心】 2020年，阳江市通过深入企业调研，引导和发动企业组建工程技术研究中心，组织广东漠阳花粮油有限公司、阳江喜之郎果冻制造有限公司等30家企业申报并通过了市级工程技术研究中心认定，推荐广东省阳春市信德生物科技发展有限公司申报省级工程技术研究中心并获通过。

【粤港澳大湾区创新合作】　在科技计划项目中设立了粤港澳大湾区重大科技创新合作专项，并予以倾斜性扶持。其中，阳江市巾帼菜篮子有限公司引进香港浸会大学创新技术，在2020年广东省科技专项资金（“大专项+任务清单”）项目“阳江菜篮子食品安全全流程追溯区块链应用平台研发及示范”，安排了100万元扶持资金作为阳江市重大科技专项推动建设，平台的建设有助于阳江本地特色农产品及水产品提升品质、培育品牌。

（关　潘）

湛江市

【概况】 2020年，湛江市出台了《湛江市创新创业团队引育“领航计划”实施办法》等3份规范性文件和《湛江市科技计划项目监督检查工作规程（暂行）》等3份内部规程，科技创新政策体系进一步完善。截至2020年年底，该市有广东省产业技术创新联盟4个。全年实施各类高新技术项目13项，获批广东省名优高新技术产品8个，认定市级高新技术产品680个。

【湛江湾实验室】 南方海洋科学与工程广东省实验室（湛江）（下称“湛江湾实验室”）建设加快推进，完成“3+2+1”研发体系的建设，位于广东海洋大学霞山校区的过渡场地已完成装修改造并投入使用；10月23日，湛江湾实验室龙王湾研发基地一期工程正式开工，标志着湛江湾实验室的科研条件建设步入了加快发展的新阶段。

截至2020年年底，实验室引进了20余支科研团队，已有全职人员98人，双聘人员147人，柔性引进吴有生、周守为、曾恒一、潘德炉、刘少军、马丁等院士专家，已引进颜开、严俊、李绪深、颜云榕、朱春华、李晔、董阳泽、张理等领军人才。

【国家高新区】 2020年9月，广东省委编办已正式批复同意湛江国家高新区管委会由湛江经济开发区管委会调整到湛江市坡头区人民政府挂牌。湛江国家高新区在全国169个国家级高新区中综合排名第109名，在新批复的12家国家高新区中排第1名，其中知识创造和技术创新能力、产业升级和结构优化能力指标在全省的排名比较靠前。截至2020年年底高新区内拥有5个科技企业孵化器、4个众创空间、3家省级重点实验室和2家省级以上新型研发机构。

湛江国家高新区海东园区 该园区持续引进重大创新平台，湛江湾实验室、广东医科大学新校区以及附属医院均落户海东园区。

湛江国家高新区东海岛园区 该园区依托宝钢湛江钢铁有限公司重点发展钢铁及制品产业，形成了面向汽车、家电、机械等领域的多品种产品体系，特种纸及纸制品产业集聚了广东冠豪高新技术股份有限公司、湛江晨鸣浆纸有限公司等重点企业，中科（广东）炼化有限公司、德国巴斯夫一体化基地（广东）有限公司等龙头项目推动石化产业加快集聚。

湛江国家高新区海创中心园区 该园区的湛江启迪K栈海洋专业孵化器建设项目已正式通过验收，启迪海洋公共服务平台初具规模。

【高新技术企业】 继续实施《湛江市高新技术产业培育计划（2017—2020年）》，落实国家减税降费等惠企政策，强化财政资金、高端成果资源、金融资本、科技人才、科技项目对高企的有效供给，多措并举促进高企树标提质。

在疫情影响市场经济下行的发展态势下，科技型企业申报高新技术企业的积极性不减，创造了两个“新高”。2020年湛江市共推荐161家科技型企业参加2020年度高新技术企业认定评审，推荐数量创历史新高；126家企业通过科技部评审，通过率达到78%，通过率创历史新高。全市高新技术企业总数达到301家，超额完成湛江市委、市政府部署的260家的目标要求。

【科技型中小企业】 湛江市设置科技型中小企业技术创新专题，统筹运用“大专项+任务清单”科技专项资金支持科技型中小企业发展。鼓励和促进有条件的科技型中小企业建立内部研发平台，不断推动科技型中小企业向高新技术企业方向发展。2020年，全市备案入库的科技型中小企业共有211家，较去年增加87家，增幅达70%，超额完成湛江市委、市政府要求2020年备案的科技型中小企业超过150家的目标任务。

【研发平台】　2020年，湛江市新增市级工程技术研究中心7家，申报省级新型研发机构4家、省级工程技术研究中心23家。截至2020年年底，湛江市共有各类研发机构387家，其中省级新型研发机构3家、省级重点实验室12家、省级工程技术研究中心79家，省级以上研发机构达154家。

【粤港澳大湾区建设】

广州与湛江深度合作　以湛江国家高新区、湛江湾实验室建设为基础，根据《广州市　湛江市战略合作框架协议》的文件精神，及时与广州市科技局对接，制定《广州市科学技术局　湛江市科学技术局推进广湛科技创新合作框架协议》。

与深圳鹏城实验室合作　围绕海洋科技创新领域与深圳鹏城实验室对接交流，鹏城实验室湛江办事处入驻海洋科技产业创新中心。5月，由国家自然科学基金委员会、湛江市人民政府和鹏城实验室主办，湛江市科技局、广东省人工智能与机器人学会、湛江市旅游投资集团有限公司承办，广东海洋大学、大连理工大学、湛江湾实验室协办的2020年全国水下机器人（湛江）大赛在湛江圆满落幕，以该项赛事为契机，深化各方交流与合作，推进湛江海洋科技研究和产业化发展。期间，湛江市人民政府与深圳鹏城实验室签订了战略合作协议和共建“湛江海洋科技研究与产业化基地”的合作协议，推动水下机器人相关海洋科研试验设施建设。

【科技成果】　湛江市专设科技服务能力建设专题项目和校（所）地合作科技成果转化育成专题项目，定向支持社会力量设立非营利性的科学技术奖项，为打通校（所）、地成果转化最后一公里进行靶向引导。

科技成果转化机制　2020年，湛江市制订出台了《湛江市科学技术局促进科技成果转化办法》《湛江市科技计划项目监督检查工作规程（暂行）》和《市级科技计划（专项、基金等）严重失信行为记录管理规程（暂行）》3个文件，实施监督检查，提高科技计划项目实施质量和科技经费使用效率。

技术合同　充分挖掘沉淀在高校、科研院所以及企业的大量的未登记的技术合同，截至目前，该市技术合同登记共179份，合同金额为11 488.91万元，登记数量同比增长9.15%，登记金额同比增长18.56%。

【社会发展和乡村振兴】

疫情防控及民生科研攻关　湛江市全力做好疫情防控科研攻关，开展新型冠状病毒感染防治技术和产品遴选工作，截至2020年年底，共遴选出12项防控疫情急需的、技术就绪度高、能快速产出成果的防治技术和产品，大部分可在3个月内产出应急实战实用成果，部分甚至可直接推广应用，投入到疫情阻击战中。

持续实施社会发展和民生领域研究专项项目，支持在生态园林、安全生产、生态环境保护、节能减排、食品安全、城市生活垃圾分类等社会民生领域开展科研技术攻关。继续实施“医药应用基础和疾病防治技术研究专题”和“湛江市非资助科技攻关计划项目”。“十三五”期间，湛江市实施社会民生科技计划项目1 586项；

乡村振兴工作　湛江市支持雷州市、廉江市和徐闻县争取中央引导地方科技发展专项资金项目10项，获批扶持资金970万元；推进廉江市创建国家创新型县（市）工作，廉江市建成“廉江小家电产业公共服务中心”，集聚家电产品研发创新中心、家电产品检测中心、“互联网+”服务中心、家电产品展示中心、科技企业孵化中心等综合性服务平台功能，构建小家电公共服务创新体系和协同创新体系，探索廉江县域特色创新路径；推进湛江国家农业科技园区不断完善特色水海全产业链发展，截至2020年年底园区总产值113.9亿元，年利税4.8亿元；截至2020年年底新增省级“星创天地”2家，湛江市现有国家级“星创天地”6家，省级“星创天地”4家；备案农村科技特派员470名，联合广东省科技厅开展农村科技特派员培训，选派农村科技特派员对接省定贫困村，实现湛江市218个省定贫困村农村科技特派员全覆盖，助力湛江市脱贫攻坚。

【“十四五”顶层设计】 结合湛江市委部署，紧跟新时期科技形势发展，高起点、高站位做好本市科技创新“十四五”规划编制工作。2020年年初，湛江市科技局制定了《湛江市科技创新“十四五”规划前期研究和编制工作方案》，湛江市科技局会同湛江市人民政府研究室、广东省社会科学院湛江分院、岭南师范学院等单位专家学者深入全市各地和海口、广州、汕头、宁波、大连、厦门等省内外沿海经济发达地区走访调研，参照发达地区的先进做法和本市实际，认真谋划本市科技创新“十四五”规划，从顶层设计层面加快湛江衔接融入全省乃至全国创新体系。

【科技项目】 全年湛江市各类科技项目立项176项，其中市级科技计划项目149项，共安排经费3 805万元；省级科技计划项目27项，获扶持经费5 202万元。

重大科技项目 2020年，湛江市争取上级科技项目36个，立项金额5 512万元。其中，高校/科研院所立项项目24个，立项金额3 872万元，如广东湛江红树林国家级自然保护区管理局申报的“耐盐碱水稻重要功能基因挖掘及品种创新与应用”项目，立项金额1 000万元；企业立项项目12个，立项金额1 640万元，如湛江恒兴动物营养研发有限公司申报的“养殖动物新型蛋白源开发与高效饲料研制”项目，立项金额700万元。

科技项目管理 湛江市优化科研项目评审管理机制，2020年共出台了《湛江市科技计划项目立项管理工作规程（暂行）》《湛江市科技计划项目合同书管理工作规程（暂行）》《湛江市科技计划项目监督检查工作规程（暂行）》3个内部规程，进一步规范了市科技计划项目组织申报、立项、合同签订、过程管理和监督。推进湛江市到期未验收省、市级科技计划项目集中清理工作，2013—2018年立项逾期未验收的省、市科技计划项目384个，共清理383项，清理项目完成率为99.7%。

【孵化载体】 2020年，在湛江市财政资金相对紧缺的情况下，湛江市科技局及时对孵化载体进行相应补助，引导湛江高新区科技创业服务中心、思维盒子众创空间等多家孵化机构对入孵科技型中小微企业减免了租金，有效降低了企业的运营成本。

2020年，湛江市新增国家级科技企业孵化器、国家级众创空间各1家。截至2020年年底，湛江共有市级以上科技企业孵化器11家，同比增长37.5%；市级以上众创空间14家，同比增长40%，其中国家级孵化器数量在粤东西北地区排名第3，国家级众创空间在粤东西北地区排名第1。截至2020年年底，湛江高新区科技创业服务中心获评国家级孵化机构运营评价B级，成为粤西唯一一家专业类国家级孵化器获评为科技部火炬中心运营评价B级的孵化机构。思维盒子等2家省级以上孵化机构获评省级孵化机构运营评价A级，智圆谷科技企业孵化器等2家孵化机构获评B级。

【科技人才】 2月，湛江市出台了《湛江市创新创业团队引育“领航计划”实施办法》，在引才重点、项目设置、支持措施和评审方式等方面进行优化，突出领域产业重点，更加聚焦本市产业实际及粤港澳大湾区建设需求引进人才。加强湛江市重大人才工程与重大科技计划项目的衔接协同，通过“领航计划”引入了袁隆平院士领衔的6个团队项目，项目涉及新能源、海水农作物、海洋装备等新兴支柱产业领域，共扶持1 300万元。积极实施外国人来华工作许可制度和人才签证制度，2020年全市持有效“外国人工作许可证”的外国人共75人，其中A类外国高端人才8人，占比10.7%，B类外国专业人才63人，占比84%。

【科技信贷风险准备金体系】 截至2020年年底，共投入3 320万元设立省、市科技信贷风险准备金，累计向19家企业贷款6.57亿元。截至2020年年底，湛江市科技金融服务中心累计开展科技金融人才培训、融资对接、高端论坛等各类科技金融活动11场，直接、间接服务科技企业370家以上，培训人数560人次以上。

（陈军成）

茂名市

【创新平台】 2020年，茂名市组织申报广东省新型研发机构1家、广东省重点实验室3家、广东省工程技术研究中心32家，组织认定茂名市工程技术研究中心40家。截至2020年年底，茂名市建有创新平台375家，其中省级及以上创新平台93家（包括国家级创新平台分支机构5家、省实验室1家、省级重点实验室2家、省级新型研发机构3家、省级工程技术研究中心82家）、市级工程技术研究中心282家。全市规模以上工业企业设立研发机构比例达36%，主营业务收入5亿元以上工业企业实现研发机构全覆盖。

【科技合作与交流】 2020年，茂名市与东华能源股份有限公司及美国霍尼韦尔UOP合作组建了广东茂名协同创新中心，以开放的平台推动创新，广泛联合烯烃产业中下游企业，大力发展新材料及氢能综合利用。有序推进茂名绿色化工研究院、茂名国家高新区绿色化工和新材料中试基地、大学科技园等平台建设，全力打造高标准的通用创新平台。组织举办高校专利成果对接会，促成广东奥克化学有限公司与广东石油化工学院签订优秀博士科技服务团队进驻合作协议等6个人才合作项目签约。“茂名市绿色化工新材料产业人才振兴项目”获“粤东粤西粤北地区人才发展帮扶计划”第一档次立项，获得6 000万元经费支持。广东金阳生物技术有限公司承担的“茂名特色海洋经济鱼类开发创新团队”项目中期考核获评优秀。组织实施了茂名市引进创新创业团队项目2项、人才项目产学研合作专项项目5项，共支持450万元。截至2020年年底，全市有14个广东省企业专家（院士）工作站、2个博士后科研工作站、3个广东省“扬帆计划”高水平创新团队。

【科技成果与奖励】

技术合同　2020年，茂名市完成技术合同登记240项，技术合同交易金额9 222.6万元，同比增长319.74%。

科学奖励　茂名市有8个项目获得2020年度广东省科学技术奖，其中一等奖2项、二等奖6项。作为第一完成单位的获奖项目3个，一等奖1项、二等奖2项；作为参与单位的项目获一等奖1项、二等奖4项，获奖项目数量居粤东西北地市第1，全省第5。茂名市获广东省科学技术奖数量连续5年排粤东西北地区第1，连续4年排全省前6位。2020年，茂名重力石化装备股份公司完成的“球面隔膜高效密封技术研发及其在承压设备中的产业化应用”项目获得第四届全国设备管理与技术创新成果奖二等奖，是广东省成套装备设计、制造领域唯一获奖项目。

创新创业大赛　2020年，茂名市承办了第九届中国创新创业大赛地方赛，组织茂名89家企业参加，决出茂名赛区成长组和初创组一等奖2名、二等奖6名、三等奖10名、优胜奖8名，并择优推荐15家企业参加第九届中国创新创业大赛（广东赛区）暨第八届“珠江天使杯”科技创新创业大赛。在省赛中，茂名市企业获得一等奖1项、三等奖3项、优胜奖10项，获奖数量排名全省第3。

【科技项目】 2020年，茂名市获中央引导地方科技发展专项资金项目立项5项，获得500万元资金支持。组织实施省科技计划项目127个，下达资金5 900多万元。其中，广东石油化工学院承担的“三联芳磷肥碳氮偶联催化剂的研发及产业化”项目获广东省扶持1 000万元，中石化茂名分公司参与的“基于新标准矿物油农药原药生产的关键技术研究与产业化”等2个项目得到广东省重点科技项目立项。组织实施2020年茂名市科技专项资金项目43项，下达资金320万元。组织申报市级科技计划项目立项809项，全年市级科技计划立项641项。茂名市通过组织实施重点科技项目，有效突破一批产业关键核心技术，加快推动科技成果产出和转化。

【高新技术产业】 2020年，茂名市分3批组织50家企业开展国家高新技术企业认定申报，截至2020年年底，全市共有高新技术企业146家；分八批次组织开展了科技型中小企业评价入库申报工作，共获入库科技型中小企业159家，同比增长89.29%。

【科技金融】 优化科技金融服务，为中小企业解决融资难题，推动规模2亿元的“广东粤科粤茂创新创业投资基金”规范运作，签订深圳市朗坤环境集团股份有限公司等一大批意向投资企业。

【孵化育成体系】 2020年，茂名市在广东省孵化育成平台新增2家众创空间登记，新增2家科技企业孵化器登记。组织开展了2020年市级科技企业孵化器认定申报工作，新认定2家科技企业孵化器。截至2020年年底，全市科技企业孵化器和众创空间总量达27家，其中国家级科技企业孵化器1家、国家级科技企业孵化器培育单位2家、国家级众创空间4家、省众创空间试点单位5家，市级孵化器14家。茂名市孵化器面积13.39万m^2，在孵企业数量398家，2020年毕业企业数量25家。

【农业与社会发展科技】

农业科技 2020年，茂名市投入1.2亿元支持岭南现代农业科学与技术广东省实验室茂名分中心建设，完成了组织领导架构、事业单位登记、章程和方案制定等，实验室专班管理层已到位。加快推进“1+1+2+8”农业科技园区和产业园建设，依托1个国家农业科技园、1个国家现代农业产业园、2个省农业科技园、8个省现代农业产业园，组织承担一批重点科技项目。农业创新平台建设取得新突破，获广东省新认定农业现代产业园2家，省级农业科技园1家，新认定农业类省级工程中心7家、市级工程中心15家。围绕农业、社会发展关键技术开展研发，获2020年广东省科技专项资金（“大专项+任务清单”）项目出库农村与社会发展项目41项，共支持项目资金980万元；国家科技园项目出库5项，共支持项目资金100万元。引导农村科技特派员深入农村，获得中央引导地方科技发展专项农村科技特派员对接项目资金100万元。

社会发展科技 2020年，茂名市启动科技应急专项，组织实施新型冠状病毒（2019-nCoV）感染的肺炎防治科技应急项目9项，下达资金130万元。配合开展广东省新型冠状病毒感染防治技术和产品清单征集，对“防护用品——一次性使用医用口罩”项目予以立项，下达资金20万元。茂名市疾病预防控制中心分离的流感毒株被世界卫生组织推荐为疫苗株，是中国内地唯一入选世界卫生组织推荐名录的疫苗株。

【科普工作】 2020年，茂名市新建立5家科技特派员工作站，800多名农村科技特派员到企业和农村调研，组织乡镇科技集市活动和科技培训活动。广东石油化工学院、广东茂名农林科技职业学院、广东省农业科学院在暑假举办了“科技特派员暑期科技下乡大行动”，大批专家深入贫困村开展技术培训、技术咨询、推广良种良法，共开展有针对性的科技下乡和科技培训活动30多期，受训农民2 400多人次。

【茂名高新区】 2020年，《茂名高新区国家级科技企业孵化器管理暂行办法》等系列文件出台。茂名高新区与广东石油化工学院签订合作共建大学科技园协议，成立茂名高新区—广东石油化工学院大学科技园，茂名绿色化工研究院、茂名国家高新区绿色化工与新材料中试基地落户高新区。规范院士工作站管理工作，6家单位申请设立“广东省科技专家工作站”（中国石油化工股份有限公司茂名分公司、广东绿树环保涂料科技有限公司、广东中准新材料科技有限公司、广东新华粤石化集团股份公司、广东冠利达海洋生物有限责任公司、广东金阳生物技术有限公司）。区内企业联合华南理工大学、大连理工大学、华中科技大学等20多家高校、科研院所开展产学研合作，推动发展质量大提升。加快建立“众创空间—孵化器—加速器”的孵化育成体系，区内现有科技企业孵化器3家（其中国家级1家），众创空间3家（其中国家级1家），孵化面积6万m^2，全区在孵企业105家。

（梁旭野）

肇庆市

【概况】 2020年，肇庆市坚持“产业第一、制造业优先”，大力实施创新驱动发展战略，主动参与粤港澳大湾区国际科技创新中心建设，深入推进创新驱动发展“1133”工程和狠抓创新发展“八大举措”，持续优化创新创业生态环境。2020年，肇庆市共推荐4家企业申报广东省科学技术奖，其中，广东风华高新科技股份有限公司获2020年度广东省科学技术奖科技进步奖一等奖。

【“1133”工程】 2020年，肇庆市净增高新技术企业149家、比2019年增长27%，规模以上工业企业中的高新技术企业占比从24.9%提高到33.4%。强化高新技术企业后备梯队建设，631家企业获得科技部科技型中小企业评价入库，比上年增长43%。新增国家级孵化器1家、省级孵化器2家。全市共有高新技术企业693家，市级以上新型研发机构26家（其中省级5家）、高水平科技企业孵化器30家（其中国家级4家、省级4家），已建及在建高校达12所。

肇庆西江高新技术产业开发区、肇庆金利高新技术产业开发区获批认定为省级高新区，肇庆四会市农业科技园区新认定为省级农业科技园区。推进科技创新平台建设取得新进展，新增省级以上创新平台12家，其中岭南现代农业科学与技术广东省实验室肇庆分中心（下称“西江实验室”）被列为广东省2020年公共服务领域补短板项目和肇庆市政府专项债项目。

肇庆市主动对接国家和广东省重点领域研发计划，广东爱晟电子科技有限公司、肇庆爱晟传感器技术有限公司的2个项目获得科技部“科技助力经济2020”重点专项资金共150万元。上大鑫仑材料科技（广东）有限公司、广东风华高新科技股份有限公司获广东省重点领域研发计划立项，分别获得1 200万元、1 600万元的资金支持。依托广东省科技专项资金（“大专项+任务清单”）2 500万元，对肇庆市110个创新项目给予立项支持。

新冠肺炎疫情防控期间，肇庆市设立“肇庆市疫情防控科技应急专项”共100万元，支持肇庆大华农生物药品有限公司、广东肇庆星湖生物科技股份有限公司、肇庆市中医院等开展防疫技术产品攻关，其中肇庆大华农生物药品有限公司、广东肇庆星湖生物科技股份有限公司还分别获得广东省防控新型冠状病毒感染科技攻关应急专项立项。对孵化器减免租金给予奖补，帮助肇庆市企业复工复产、共渡难关。

持续优化科技创新政策环境，安排市级创新驱动发展引导专项资金9 451万元。举办第九届中国创新创业大赛（广东·肇庆赛区）暨肇庆市第五届“星湖杯”创新创业大赛，参赛企业团队110支，其中获得第九届中国创新创业大赛优秀企业奖1个，第九届中国创新创业大赛（广东赛区）暨第八届“珠江天使杯”科技创新创业大赛三等奖1个、优胜奖6个。

【西江实验室】 西江实验室是肇庆市参与粤港澳大湾区国际科创中心建设、对接广深港澳科技创新走廊的重大平台，也是肇庆市建设重大科技基础设施提升原始创新能力的重要抓手。肇庆市科技局成立工作专班，严格按照广东省实验室标准推进各项建设工作。2020年，为落实西江实验室所需的研发、办公场地，整体购买了肇庆高新区双创园C5幢和B4幢建筑楼，引进了由吉林大学李作生教授、华南农业大学刘郁夫博士后和10名硕士研究生组成的动物重大疫病防控专职团队。

【新型研发机构】　2020年，肇庆市择优遴选出6家单位认定为2020年度市级新型研发机构，超额完成2020年新增5家新型研发机构目标任务；截至2020年年底，全市新型研发机构总数达26家，其中省级5家、市级21家。

【创新创业】

第五届“星湖杯”创新创业大赛　2020年，肇庆市举办第九届中国创新创业大赛（广东·肇庆赛区）暨肇庆市第五届“星湖杯”创新创业大赛，赛程历时半年，参赛企业团队达110支，大赛共评出初创企业组、成长企业组、创新团队组一等奖共3个；初创企业组、成长企业组、创新团队组二等奖共6个；初创企业组、成长企业组、创新团队组三等奖共9个。推荐优秀代表参加国赛、省赛，最终获得第九届中国创新创业大赛优秀企业奖1个、第九届中国创新创业大赛（广东赛区）暨第八届“珠江天使杯”科技创新创业大赛三等奖1个、优胜奖6个。

西江创新创业团队　2020年，肇庆市收集了25个西江创新创业团队项目的具体实施情况，整理出《肇庆市西江创新创业团队政策实施情况报告》和《肇庆市西江创新创业团队政策绩效评估报告》等材料，为推进团队项目实施提供了大量基础数据。组织专家组对第一批和第二批10个西江创新创业团队项目进行年度或中期考核、对2个第一批西江创新创业团队进行结题验收。

【高新技术产业】

高新区　2020年2月25日，西江高新区被广东省人民政府正式批复同意认定为省级高新技术产业开发区；2020年12月25日，金利高新区被广东省人民政府正式批复同意认定为省级高新技术产业开发区。

高新技术企业　2020年，全市高新技术企业申报数387家，通过评审292家，整体搬迁引进19家，均创历年新高，全市高新技术企业总量达693家，排名全省第9，增长29%，增长率排名珠三角第1；规模以上工业企业中的高新技术企业占比从24.9%提高到33.4%；充实高新技术企业后备梯队，市级高新技术企业在库企业超过150家，631家企业获得科技部科技型中小企业评价入库，比上年增长43%。

【孵化载体】　2020年，肇庆市新认定国家级孵化器1家、省级孵化器2家、市级科技企业孵化器3家，全市高水平孵化器总数达30家（国家级4家、省级4家、市级22家）。其中，西江科创荟创建为粤港澳科技企业孵化器，填补了肇庆市粤港澳孵化载体的空白。

【科技金融】　2020年，肇庆市开展“知识产权快融贷”服务，火丁智能照明（广东）有限公司等3家企业获得银行贷款1 000万元；向中国人民银行肇庆市中心支行推荐65家企业融资信息，共有11家企业获得新增授信11 109万元；与广发银行肇庆分行联合举办“党建引领创新、金融助力发展”政银企对接会，26家企业获得广发银行10 050万元信贷支持；开展科技贷款贴息，向21家企业贴息250万元，拉动银行贷款超过1亿元。

【农业科技】　2020年，肇庆市在广东省科技专项资金（“大专项+任务清单”）中安排乡村振兴专项480万元，对农业科技创新领域进行专项扶持。新增省级“星创天地”6家、省级技术创新专业镇2个，103名农村科技特派员到肇庆市111个省定贫困村进行全覆盖的生产指导和技术帮扶，助力县域农业产业和农村经济高质量发展。肇庆市农村科技工作得到国家部委的肯定并进行经验推广，在中组部全国党员现代远程教育平台、中宣部学习强国、央视平台等平台宣传报道。

【科技人才】　2020年，肇庆市有1位专家入选广东省科技厅“银龄专项”。

粤港澳大湾区个人所得税税收优惠政策　市财政局、市税务局、市科技局、市人社局共同编制了补贴申报指南，共52名境外高端人才符合粤港澳大湾区个人所得税税收优惠政策。

科技企业特派员　肇庆市有44家企业在华转网上注册为技术需求发榜企业，其中17个项目获省科技企业特派员专项经费资助。

外国专家管理　2020年，肇庆市共办理外国人来华工作许可业务124项，其中：境外新办工作许可2项，境内新办工作许可21项，工作许可变更3项，工作许可延期67项，工作许可注销31项。截至12月31日，全市持有效工作许可的外国人共174人。

新冠肺炎疫情发生后，肇庆市科技局迅速根据形势判断，第一时间调整外国人来华工作许可对外服务方式，自2月3日起可正常办理外国人工作许可证业务，全部实行网上办理、不见面审批和邮寄速递取证的方式，并建立了外国专家疫情防控工作QQ群及微信群，通过电话、微信、QQ等多种渠道与肇庆市聘用外国人的全部单位及在肇外国人本人主动联系，形成每日日常报送、特殊情况紧急报送的信息报送渠道，确保全面及时掌握在肇外国人疫情防控情况。

【肇庆市科技中心】 2020年，肇庆市科技中心配合广东省重大突发公共卫生事件一级响应，自1月24日起临时关闭市科技馆，闭馆期间研究制定了《肇庆市科技中心（科技馆）新型冠状病毒感染的肺炎疫情防控应急预案》，组建应急工作小组，安排有关人员有序开展疫情防控工作，并通过微信公众号推送疫情防控相关科普文章，参与了粤港澳大湾区科技馆联盟主办的网络有奖竞答线上活动，让市民了解正确的疫情防控知识，科学有效地防御新型冠状病毒。

5月，制定了《肇庆市科技馆恢复对外开放工作方案》《肇庆市科技馆恢复对外开放疫情防控救治工作指南》《肇庆市科技馆恢复对外开放疫情防控救治知识手册》，采购防疫用具，做好开馆各项准备工作，并于5月30日起恢复对外开放，实行预约限流参观，全年共接待7 000多人次参观，其中未成年人4 000多人次，20人以上团体17个。

2020年，开展“全国科技工作者日”“科技进步活动月”“科技三下乡”“科教进社区”“核心价值观教育实践”等系列活动，依托市科技馆的科普资源开展“奇妙科技·精彩少年”未成年人工作品牌科普活动；组织参加广东省科普讲解大赛，获三等奖1项、十佳中小学生科普讲解员2项，肇庆市科技局获优秀组织奖。

做好科技馆志愿者招募工作，落实岗前培训，提高窗口服务水平和服务形象。2020年全年共招募130多人次大学生志愿者到馆提供服务。

【防震减灾】

制度建设 2020年，肇庆市地震监测中心印发了《2020年度肇庆市震情监视跟踪和应急准备工作方案》。该方案对地震监测设施的维保及地震监测环境保护、“三网一员”队伍建设、科普宣传及应急演练等的完成时间、任务要求、责任分工都有明确要求，是肇庆市开展震情监视跟踪和应急准备的工作守则，保障该项工作的顺利开展。重新修订了《肇庆市防震减灾科普示范学校管理办法》《肇庆市地震群测群防工作规范》，并在征求相关部门和社会公众意见后印发。

专项工作 2020年，全市完成了2个基准站的改造，12个基本站的监测设备用房建设及通电通网，63个一般站和16个预警信息接收终端的安装工作。配合广东省地震局技术人员在封开县南丰镇、四会市地豆镇、广宁县南街镇开展“大湾区加密新建地震监测台站”的测试选址工作。

防震减灾服务 9月10—11日，国家建设工程地震安全监管检查工作督查组一行到肇庆市开展地震安全监管督查。督查组现场抽查了1所学校和医院，对重要建筑物的设计图纸进行了审查，并召开了座谈会。9月17日，肇庆市地震监测中心推荐了德庆县官圩镇五福村委会等10个社区申报全国综合减灾示范社区，10月26日参加广东省减灾委员会检查组对肇庆市申报全国综合减灾示范社区的抽查工作。10月19日，肇庆市地震监测中心与肇庆市教育局共同认定了肇庆市鼎湖区迪村中心小学等12所学校为2020年度“肇庆市防震减灾科普示范学校”。截至2020年年底，肇庆市共有防震减灾科普示范学校101所。

地震应急救助 2020年，肇庆市地震监测中心修订了《肇庆市防震减灾“三网一员”志愿者队伍管理的指导意见》，并重新组建了市防震减灾“三网一员”志愿者队伍，截至2020年年底，共有志愿者3 974人，其中助理员有74人，宣传员829人，观测员1 538人，速报员1 533人。2020年，调整更新了科技（地震）部门接收广东省地震局发布的地震速报信息人员，经与肇庆市消防支队沟通，将全市消防救援支队122名指战员纳入接收范围，大大提升了肇庆市地震应急救援反

应能力。

地震宣传　2020年，肇庆市地震监测中心举办了以“地震避险自救互救知识与技能培训”“2020年减灾、防灾宣传教育进社区”“减轻地震灾害　建设安全肇庆”为主题的防震减灾知识专题讲座、活动共计8场，受众有社会群众、武警官兵、中小学生共700余人；在广东省地震信息网、肇庆市科技局信息公开网、“创新肇庆”微信公众号上发布60多条防震减灾科普知识、视频以及工作动态；在肇庆市广播电视台的《生活锦囊》栏目开展了为期一年的防灾救灾科普知识宣传，每天播出6次，全年共2 190次；参加由肇庆市减灾委员会办公室牵头举办的防灾减灾日线上宣传直播活动，为群众解答地震安全知识，共计3万多人在公共安全咨询网上观看了直播。

（史盛兰）

清远市

【科技创新平台】 2020年，科技创新平台建设取得突破，省级以上创新平台达到121家，在粤东西北地区排名第2位。

农业科技园区 “清远市清新区优质桂花鱼及关联产业园区”获批第六批广东省农业科技园区，推动区域农业科技资源集聚。

校地协同 清远市与粤港澳大湾区的校企合作、院企对接频繁，与中山大学、华南理工大学、华南师范大学、广州大学、华南农业大学、广东省农业科学院等合作共建校地协同创新平台工作有序推进，中山大学医学创新园（华南国家生物安全四级实验室）建设进展顺利。

截至2020年年底，清远市有国家级工程技术研究中心1家，省级新型研发机构5家（位居粤东西北第2），省级工程技术研究中心115家，市级工程技术研究中心240家，完成主营业务收入5亿元以上的工业企业研发机构全覆盖，规模以上工业企业研发机构覆盖率达30%。

【科技计划项目】 2020年，天机医用机器人技术（清远）有限公司、清远美今新材料科技有限公司、丽珠集团新北江制药股份有限公司3家公司分别承担和参与了国家科技计划项目3项；广东豪美新材股份有限公司、先导薄膜材料有限公司、清远天安智谷有限公司3家公司获广东省科技厅重点项目立项3项；清远市人民医院获得国家自然科学基金项目4项、广东省自然科学基金项目2项。清远市共获得国家和广东省创新资金支持9 021万元，全市财政投入科技创新资金9 177万元。

清远市成功引进并落户国家重大科技项目——河北农业大学张玉星教授团队“梨树和桃树化肥农药减施技术集成研究与示范”，该项目已列入广东省重点支持对象，成立了清远绿科落叶果树研究院，先后对接了大湾区16家高校科研院所和企业，吸引优质科技创新资源和高科技项目落户，意向投资金额超20亿元。

2020年，清远市科技计划项目、广东省科技创新战略专项资金（“大专项+任务清单”管理模式）项目立项共93项，支持企业技术创新资金4 100万元。2020年度清远市社会发展领域自筹经费科技计划项目立项121项。

【科技政策】 2020年，清远市落实《清远市激励科技创新十条政策》，加大资金支持，引导企业加大研发投入，2020年共支持132个项目，奖励额度5 160万元。出台了《清远市加快科技创新发展的若干政策》，对引导企业加大研发投入、推动高新技术企业量质双升、支持企业研发机构升级发展、支持重大科技创新平台建设、支持科技孵化育成体系建设等提出12条相关政策；出台了《清远市建设环粤港澳大湾区创新发展先行市三年行动计划（2020—2022年）》，力争到2022年，建成环粤港澳大湾区创新发展先行市。

【高新技术产业】

高新技术企业 截至2020年年底，清远市高新技术企业达370家，位居粤东西北地区第2，高新技术企业工业总产值超800亿元，占全市规模以上工业企业总产值比重达42.8%。

高新区 围绕评价指标，强弱项补短板，2020年清远国家高新区排名第96位。2月25日，广东省人民政府同意认定广州白云（英德）产业转移工业园为省级高新技术产业开发区，定名为清远英德高新技术产业开发区，实行现行的省级高新区政策。清远英德高新区规划面积约1 148.74公顷，四至范围：东至桥头五石村，南至东华文田村，西至东华重新村，北至东华东升村。

【科技人才团队】 2020年，清远市落实《清远市引进培养高精尖缺人才的若干规定》，引进广东省“扬帆计划”团队9个（位居粤东西北地区第1），认定清远市创新创业团队11个，吸引了11个海外高层次专家团队落户，一至六类人才总数789人，博士后科研工作站4家，博士工作站25家，企业科技特派员总数达170人。

【科技助力疫情防控】 2020年，清远市先后出台《清远市科技系统应对新型冠状病毒感染的肺炎疫情防控工作方案》《疫情防控期间进一步优化服务支持各类科技企业共渡难关十条措施》，助推科技企业复工复产，对科技企业孵化器在孵362家企业减免租金约109万元；紧急实施“新冠肺炎防治应急攻关”专项，在最短时间内完成了该专项从组织申报、资金下达到合同签订等各项工作，支持疫情防治技术和产品开发项目5个共103万元；成功推动清远国家高新区纳入科技部科技抗疫——先进技术推广应用“百城百园”行动项目。

【农业科技】

“三农”科技工作 3月12日，清远市科技局到清远市农学会交流对接科技工作，双方就推进农业科技园区建设、“三农”服务平台建设、农村科技特派员工作，农业技术服务、科技成果转化及推广应用等内容进行了深入交流。重点围绕“三农工作站”工作任务、绩效考核评价指标、体制机制及其成效进行深入探讨，计划通过这一平台的建设和运行，探索一条可复制推广的“三农”科技工作助推乡村振兴、脱贫攻坚、破解城乡二元结构的新途径，探索一条新清远经验。

科技下乡 7月16日，清远市科技局联合广东省清远市精神文明建设委员会办公室、清远市高新技术企业协会、邮储银行清新区支行、广东容大生物股份有限公司等单位，在清新区三坑镇枫坑村开展2020年清远市“科技下乡”活动，共60余人参加培训。培训会用通俗易懂的语言和方式向民众讲授党的十九届四中全会精神、农业种植防虫技术、畜禽养殖抗病技术、科技惠农政策、惠农金融服务等方面的知识，并赠送了畜禽养殖抗病药品。会后，相关农业专家走访了枫红扶贫种植养殖基地，对当地山苏大棚种植进行技术指导。

【科技活动】

2020年清远市“全国科技活动周” 5月16日，广东省清远市精神文明建设委员会办公室、清远市科技局及清城区科技协会联合举办的2020年清远市“全国科技活动周”启动仪式在清城区举行。启动仪式现场，为广大群众和青少年提供了辉光球、深海风暴、镜子墙、错觉画、VR实景等科普项目体验，激发他们对科学的兴趣。科技活动周期间还成立了清城区科普讲师团，由行业内有丰富理论和实践经验、热爱科普事业的科普志愿者组成，讲师团进社区、进校园、进乡村和进企业，广泛开展科普培训、宣传和交流等活动。

中国创新创业大赛 6月30日，2020第九届中国创新创业大赛（广东赛区）暨第八届“珠江天使杯”科技创新创业大赛和第六届“华炬杯”粤东西北创新创业大赛启动大会举行。第六届“华炬杯”分为粤东西北地区、高校专场和海归精英赛3个赛道，经过半决赛、总决赛，推荐符合条件的14个项目晋级到2020年第九届中国创新创业大赛（广东赛区）暨第八届“珠江天使杯”科技创新创业大赛总决赛。

广东省科普讲解大赛 8月7日，清远市科技局组织5名选手代表清远市参加广东省科普讲解大赛，其中，清远市华侨中学陈旭炜同学在中小学生组表现出色，以总成绩排名第8获得“2020年广东省科普讲解大赛十佳中小学生科普讲解员”称号，是唯一获取十佳科普讲解员的粤东西北地区参赛选手。莫黄丽等4名选手获“2020年广东省科普讲解大赛优秀中小学生科普讲解员”称号。

【科技合作】

科技招商 9月10—12日，清远市科技局、广东豪美新材股份有限公司赴沈阳市中国科学院金属研究所开展科技招商调研交流和合作对接。

双方重点研讨了合作共建“广东豪美新材创新研究院”的定位、模式、目标以及合作方向和责权利等内容。该研究院借助中国科学院金属研究所、国家金属腐蚀控制工程技术研究中心的力量，打造铝型材行业的高水平创新研究院和省级新型研发机构，广东豪美新材股份有限公司承诺在前期投入1 000万元的基础上，每年投入不少于800万元支持研究院的研发工作。

广清合作　11月6日，广清对口帮扶指挥部、清远市科技局、清远高新区管委会科技信息局赴广州市科技局开展交流座谈。双方对《科技合作框架协议》内容进行了深入讨论和交流，议定相关科技合作内容，落实《科技合作框架协议》签订安排，为清远市对接广深港澳科技创新走廊、积极承接粤港澳大湾区产业外溢和要素流动提供有力保障。

【科技宣传与培训】

科技统计培训　10月26—28日，清远市科技局前往连州、连南、连山、阳山以及清新等地组织开展科技统计培训工作，各辖区科技主管部门、高新技术企业、科技型企业、行业协会、研发机构等代表近200人参加了培训。培训会详细阐述了研究与试验发展（R&D）投入的概念和统计规范，并对科技统计各分系统操作流程及填报注意事项进行了讲解。参训人员表示，通过培训对研究与试验发展（R&D）概念有了较全面的理解，熟悉了各科技统计系统的操作流程，为今后的科技统计工作提供了理论支持。

2020年清远市科技创新专题新闻发布会　12月18日，清远市科技局组织召开2020年清远市科技创新专题新闻发布会。《南方日报》、《清远日报》、清远广播电视台媒体记者及相关市直单位的新闻助理代表参加了发布会。会上，清远市科技局介绍了2020年科技创新工作取得的成效，重点对清远市创新平台建设、创新主体培育以及创新创业生态营造等方面情况进行了通报。发布会上，清远市科技局相关科室负责人现场回答了媒体记者的提问，对当前科技创新工作进展、科技创新政策及下一步工作目标做了一一解答。

（邓　昊）

潮州市

【科技创新平台】 2020年，化学与精细化工广东省实验室潮州分中心（韩江实验室）建设居粤东西北地区前列，率先承担广东省重点领域研发计划项目2项；全市累计建有省级新型研发机构2家、省级重点实验室1家、省级工程技术研究中心51家、市级工程技术研究中心118家；推动凤泉湖高新区创建国家高新区，潮安经济开发区创建省级高新区，“以申促建”强化区域内孵化育成能力，提高创新资源对接、集聚、辐射能力。

【科技创新主体】 潮州市制定出台《潮州市高新技术企业高质量发展三年行动计划（2020—2022年）》，实施领导挂钩县区联系制度，开展“暖企服务”。2020年，潮州市培育认定高新技术企业56家，同比增长93.1%，创历年新高；全市高新技术企业存量达129家；组织8批次104家企业评价入库科技型中小企业。

【科研人才队伍】 围绕潮州市产业发展需求开展一系列产学研合作交流活动，推动韩山师范学院“百名博士进企业”。组织实施“广东省企业科技特派员专项”项目申报，2020年潮州市注册企业8家，注册科技特派员10名，其中4名企业科技特派员成功对接本土企业1家，对接外市企业3家。农村科技特派员工作全面展开，实现全市45个省定贫困村的农村科技特派员服务全覆盖。

【科技管理体制机制】 潮州市聚焦“卡脖子”瓶颈和产业重大需求，围绕先进制造与自动化、新材料和现代农业三大前沿战略领域进行重点扶持，谋划实施单项百万元“大项目”，推动科研资金进一步向重点领域、重点项目聚集，有效破解分散低效重复的老大难问题；2020年，潮州市制订印发《潮州市企业研发费用补助资金实施办法（暂行）》，对企业研发费用开展“后补助”，激发自主创新积极性，引导企业持续加大研发投入。

【孵化载体】 2020年，潮州市认定市级科技企业孵化器1家、国家备案众创空间1家，采取“以申促建”的方式推荐申报省级孵化器及省级众创空间各1家；全市累计登记科技企业孵化器9家，众创空间5家。

【创新创业】 2020年，潮州市成功举办2020年第九届中国创新创业大赛（广东·潮州赛区）暨潮州市第三届创新创业大赛，吸引参赛企业122家，同比增长71%；潮州市获九届中国创新创业大赛（广东赛区）生物行业赛二等奖1项、第九届中国创新创业大赛优秀奖1项，为潮州市参赛获奖名次历史最好成绩。

【科技金融】 2020年，潮州市继续推进科技金融深度融合，与3家商业银行合作开展科技信贷风险准备金业务，累计为37家企业提供科技信贷1.75亿元。

【疫情防控】 2020年，潮州市及时落实新冠肺炎疫情防控科技攻关工作，投入财政资金48万元紧急部署启动5个疫情防控科技攻关项目，凯普公司承担的核酸检测试剂盒研发项目同步获得省级财政资助10万元，该产品已获得欧盟CE认证，具备欧盟市场的准入条件。广泛动员该市各类创新主体积极为疫情防控贡献力量，全市共有25家高新技术企业捐赠资金400多万元、口罩近6万个、防护服1 000套、医用酒精10t、新型冠状病毒检测试剂3 000人份及其他防疫物资近2万件。

（周　荃）

揭阳市

【概况】 2020年9月，揭阳市委、市政府召开全市科技创新暨制造业强市及园区建设视频会议，印发《2020年揭阳市科技创新发展重点工作任务》，制定了《揭阳市促进产业科技创新扶持办法》，明确市级财政每年投入6 000万元以上资金用于扶持产业科技创新发展。2020年度，揭阳全市R&D经费投入达21.54亿元，R&D投入强度（R&D/GDP）达1.02%，排全省第12位。

【榕江实验室】 6月11日、9月24日，化学与精细化工广东省实验室揭阳分中心（榕江实验室）建设领导小组先后组织召开榕江实验室第一届理事会第一次、第二次会议，研究通过实验室主任（法定代表人）等人事任命，研究通过实验室章程、建设运行方案、经费预算、规章制度、人员聘用方案、开设银行账户等重大事项，批准成立学术委员会。冯亚青教授（天津大学原副校长、天津化学化工协同创新中心执行主任）任榕江实验室主任，谢克昌院士（中国工程院院士、天津大学教授）任榕江实验室学术委员会主任。

推进榕江实验室基建项目立项、招投标等相关工作，完成《榕江实验室建设实施方案》《榕江实验室建设工作方案》和《化学与精细化工广东省实验室揭阳分中心一期装修方案》的修订工作，拨付榕江实验室省级财政补助资金586.5万元、市级建设资金1 827.19万元，并引入“仿生膜与膜过程”“颜料及光电功能材料”“合成生物学”等14个科研团队。

【国家高新区】 揭阳市积极推动国家高新区创建工作，全力做好创建国家高新区现场考察和总体评审准备工作，加快揭阳高新区展厅建设，设立孵化器、众创空间等创新服务平台，引入高新技术企业协会、科技金融中心和技术转移中心等资源。2月，揭阳高新技术产业开发区管委会以“两块牌子，一套人马”的运营模式在空港经济区揭牌成立。在科技部支持下，揭阳高新区被列入国家高新区考察名单范围。3月，揭阳市国家火炬特色产业（机电模具）基地通过科技部认定。

【科技企业】 揭阳市大力实施高新技术企业数量和规模“双倍增”计划，编制出台了《揭阳市高新技术企业倍增计划》《2020年揭阳市高新技术企业管理台账》和《2020—2022年揭阳市高新技术企业培育台账》，全年申报高新技术企业认定企业100家，创历史新高，纳入2020至2022年培育台账企业224家。7月29日，揭阳市邀请广东省专家服务团开展高新技术企业认定申报辅导暖企活动，共70多家企业参加了对接培训。截至2020年年底，全市累计拥有高新技术企业188家，组建省级工程技术研究中心65家、省级重点实验室3个、省级新型研发机构2家、市级工程技术研究中心236家，增速为历年来新高。

2020年省高企认定申报专家服务团揭阳市企业服务专场活动现场

【科研攻关】　揭阳市通过科技专项资金引导社会加大研发投入，推动企业进行自主核心技术攻关，组织实施2020年广东省科技专项资金（“大专项+任务清单”）项目和揭阳市科技创新发展专项资金项目180项，下达经费共5 120万元。揭阳市科技局出台《市科技局关于打赢疫情防控阻击战的扶持中小企业共渡难关的实施方案》，快速推进一批疫情防控技术成果的使用和推广，共立项22项，下达经费共625万元。

【科技服务】　揭阳市积极构建科技创新服务体系，修订《揭阳市科技金融产业融合风险准备金管理办法》，促进科技与金融融合发展，引导社会资源投向科技创新领域，截至2020年年底，全市3支科技风险准备金累计为49家企业发放贷款6.3亿元，切实为科技型企业缓解融资难问题。依托高新技术企业协会、科技金融服务中心、揭阳市“互联网+科技创新”服务平台等科技服务机构，2020年组织产学研活动21场次，邀请北京科技大学、天津大学、华南理工大学、广东工业大学、汕头大学等7家高校赴揭阳市深入企业指导科研工作和进行产学研交流，累计促成18个产学研合作项目。

【创新创业】　2020年，揭阳市组织开展了第九届中国创新创业大赛（广东·揭阳赛区）暨第三届潮汕青年创新创业大赛，全市9个项目进入第九届中国创新创业大赛（广东赛区）暨第八届“珠江天使杯”科技创新创业大赛。

第九届中国创新创业大赛（广东·揭阳赛区）暨第三届潮汕青年创新创业大赛现场

【孵化载体】　截至2020年年底，揭阳市累计组建科技企业孵化器4家，众创空间8家。其中国家级孵化器1家，国家级备案众创空间3家，省级众创空间示范单位5家，在孵团队和项目516个。

【科技助农】　揭阳市组织农村科技特派员深入农村一线，围绕当地产业和科技需求开展服务和创业，2020年全市共组织120名省级农村科技特派员挂钩对接全市135个贫困村，获2020年省乡村振兴战略专项资金1项110万元，获2020年中央引导地方科技发展资金项目5项共550万元。

（李桂瀚）

云浮市

【科技政策环境】 2020年，云浮市为深入实施创新驱动发展战略，加大财政支持力度，引导企业持续加大研发投入，强化企业的创新主体地位，印发了《云浮市加快新型研发机构发展实施办法》，明确了在资金、项目、税收、土地、人才、知识产权等方面加大对新型研发机构的扶持力度。为做好中医药（南药）产业创新创业团队、领军人才遴选以及产业众创空间、科技企业孵化器资助工作，出台《云浮市中医药（南药）产业创新创业团队及领军人才遴选实施细则（试行）》《云浮市中医药（南药）产业众创空间科技企业孵化器资助实施细则（试行）》。为深入贯彻落实《云浮市全域融入粤港澳大湾区发展行动方案》《关于支持新兴县探索建设融湾发展先行示范县的意见》精神，制定《云浮市科学技术局关于推进岭南现代农业科学与技术广东省实验室云浮分中心建设的工作方案》《云浮市科学技术局关于推进先进能源科学与技术广东省实验室云浮分中心建设的工作方案》《云浮市科学技术局关于支持新兴县建设湾区科技成果集聚转化地的工作方案》《云浮市科学技术局关于加快创建国家高新区的工作方案》《云浮市科学技术局关于推进产业孵化基地建设的工作方案》《云浮市科学技术局关于培育科技创新型企业发展的工作方案》6份工作方案。

【科技计划项目】 2020年，云浮市组织实施省级以上科技计划项目91项，立项金额5 314万元。其中，科技部“科技助力经济2020”重点专项2项，立项金额100万元；广东省重点领域研发计划3项，立项金额2 650万元；广东省人才计划项目2项，立项金额4万元；广东省科普项目3项，立项金额60万元；广东省科技专项资金（“大专项+任务清单”）项目81项，立项金额2 500万元。

全市组织市级科技计划项目70项，立项金额245万元。其中，市级科技计划项目13项，立项金额195万元；市级产学研结合项目1项，立项金额50万元；市级医药卫生科技计划项目56项。

【农业科技】 2020年，云浮市组织实施乡村振兴战略类科技计划项目58项，立项资金共1 275万元。

农业科技园区 农业科技园区建设示范带动特色产业发展，以畜禽业为主导建设的“广东云浮国家农业科技园区”获批国家第九批农业科技园区，云城区以南药、花卉产业为主导建设的农业科技园区被认定为广东省第六批农业科技园区。

“星创天地” 新增云浮罗定市宝富科技农业“星创天地”、云浮罗定市为文智慧农业“星创天地”和云浮罗定市亚灿有机稻米“星创天地”3家省级“星创天地”。截至2020年年底，全市有国家级“星创天地”4家，省级“星创天地”11家，涵盖了云浮市禽畜、林果、竹制品、稻米、农村电商等特色产业。

农村科技特派员 开展2020年度云浮市农村科技特派员备案工作，认定2020年度云浮市农村科技特派员入库50人，组织农村科技特派员对接服务专项31项，实现农村科技特派员科技服务对接省定相对贫困村全覆盖。

【科技金融】 2020年，云浮市发挥“云浮市科技信贷风险准备金”作用，年内组织14家科技型中小企业加入“云浮市科技信贷风险准备金”风险池，引导银行业金融机构、科技小贷公司为科技型中小企业发放新增贷款约1 600万元。

云浮市举办第九届中国创新创业大赛（广

东·云浮赛区），发动全市49家企业成功参赛，其中11家企业分别被评为一、二、三等奖，奖金共计21万元；组织10家企业参加第九届中国创新创业大赛、第九届中国创新创业大赛（广东赛区）暨第八届“珠江天使杯”科技创新创业大赛。其中，广东鸿力氢动科技有限公司获第九届中国创新创业大赛全国总决赛优秀企业奖、2020年第九届中国创新创业大赛（广东赛区）暨第八届“珠江天使杯”科技创新创业大赛新能源及新能源汽车产业初创企业组二等奖，8家参赛企业获省行业赛优胜奖。

【科普工作】 2020年，新兴县河头镇中心小学通过粤东西北地区农村中小学校科学馆（室）建设试点验收；石城中学、罗定中学、罗定廷锴纪念中学3所学校获批粤东西北地区农村中小学校科学馆（室）建设试点示范学校；新认定郁南县大河国家湿地公园管理中心为广东省科普教育基地。联合云浮市青少年宫、罗定职业技术学院等单位举办“全国防灾减灾日”“全国科技活动周”“全国科技工作者日”活动，普及智能无人机、航天航空技术等科学知识，参观人数2 000余人，共发放各类科普书籍和手册4 000余册，科普宣传单3 000余份。

【科技人才】 2020年，云浮市组织云浮技师学院申报广东省科技厅2020—2021年度国际科技合作项目“海外名师”专题，入选项目2项，促进云浮技师学院与白俄罗斯国立理工大学展开国际联合办学的交流合作，打造“广东技工”培养新模式，为云浮市技工院校开展国际教育合作迈出重要的一步。

企业科技特派员　组织企业申报广东省科技特派员项目，成功对接2项；对符合条件的13家企业共20名科技特派员给予共20万元的补助，获奖补的企业科技特派员所驻企业涉及生物医药、现代农业、新一代信息技术等领域。截至2020年年底，进驻云浮市企业科技特派员在有效期内的共32名。

外国专家来云浮工作许可服务　全年办理外国人来华工作许可业务35件（含境内申请3件，境外申请4件，延期22件，补办1件，注销5件），发放外国人来华许可证（新办+延期）30件（含外国高端人才A类5件，外国专业人才B类22件，其他外国人员C类3件）。办理许可的外国专家主要服务汽车零配件、教育咨询、石材贸易等行业。

【高新技术产业】

高新技术企业　2020年，组织44家企业申报高新技术企业，其中37家企业被认定为高新技术企业。截至2020年年底，全市有效期内高新技术企业数量96家，比上年增长22%。有效期内高新技术企业按地域划分：新兴县30家，罗定市25家，云浮新区11家，云城区12家，郁南县10家，云安区8家。按所属技术领域划分：新材料37家，生物与新医药19家，先进制造与自动化16家，资源与环境9家，电子信息7家，新能源与节能5家，高技术服务3家。市财政落实高新技术企业认定（培育）专项补助资金共775.5万元。

高新技术产品　2020年，组织47家企业106个产品参加首次“广东省名优高新技术产品”评选，其中13个产品被评选为“广东省名优高新技术产品”，产品数量排名全省第14位。

高新区　2020年，组织云浮高新技术产业开发区内18家企业申报高新技术企业，其中14家被认定为高新技术企业，有效期内高新技术企业达31家，同比增长35%；41家企业进入科技型中小企业库，同比增长183.7%；积极开展省级高新区创建工作，佛山顺德（云浮新兴新成）产业转移工业园申报省级高新区材料已经省政府批转广东省科技厅办理。

项目申报与立项　2020年，组织企业申报云浮市2020年省科技专项资金（“大专项+任务清单”）项目，立项11项，立项资金745万元。组织企业申报2020年云浮市科技计划项目，立项6项，立项金额90万元。

【孵化育成体系】 云浮高新技术产业开发区科技企业孵化器被认定为2020年度广东省科技企业孵化器，实现云浮市省级孵化器“零的突破”。截至2020年年底，全市共有孵化器2家，孵化器面积16 500m^2；众创空间2家，众创空间面积3 800m^2，初步形成了众创空间—孵化器培育体系，吸引一批科技型项目或团队入驻孵化。

【科技成果与奖励】

科研成果及应用　2020年，市级科技成果登记53项，其中产业化应用27项，小批量或小范围应用12项，试用8项，转化应用率88.7%，促进了云浮市石材产业、医疗卫生、现代农业和林业、特种装备、科技服务业的创新发展。

新兴县先丰不锈钢制品有限公司承担的“锅具表面新型涂层制备与温度传感器封装产业化研究”项目，通过对不锈钢锅具新型涂层制备关键技术研发，开发的不锈钢餐厨具达到了在抗菌、抑菌的同时具有防指纹、自清洁、去油污、去异味等功能，同时大幅度提高其抗腐蚀性能，并且在纳米结构制备、纳米硒的制备及分散和304不锈钢纳米结构/Se复合涂层制备等多方面达到国内领先水平。项目实施期间申请发明专利2项，获授权实用新型专利2项；研制新装备1台，新工艺1项；培养人才4名。

云浮市科特机械有限公司和广东省云浮市质量计量监督检测所共同承担的“石材扫描排版切割智能化装备”项目成功研发和应用了石材加工过程的扫描、排版、切割成套工艺技术，突破了创建石材数字大板难题技术，创新性地将信息化、智能化贯穿于石材加工全过程。自主创新技术占项目总体技术90%以上，已获得发明专利4项，形成技术标准2项。经中国建材联合会组织成果鉴定，项目成果综合技术达到国际先进水平。经广东产品质量监督检验研究院检测，项目技术指标达到相关标准要求。项目技术成果已在广东、福建、贵州、云南、浙江等地多家石材加工企业应用，用户反映效果良好，经济和社会效益显著，市场前景广阔。该项目成果的推广应用，有效地提高了石材加工的生产效率、产品质量和节能降耗。信息化、智能化的融入，促进了石材传统产业的转型升级、科技进步和经济发展。

表10-21-1　2020年度云浮市获广东省科学技术奖情况

项目名称	承担单位	主要完成人	获奖类别	获奖等级
南方主要松树脂材两用新种质创制及产业化关键技术	广东省林业科学研究院 华南农业大学 台山市红岭种子园 广东科茂林产化工股份有限公司 台山市威利邦木业有限公司 信宜市林业科学研究所 英德市林业科学研究所 乐昌市龙山林场 广东大唐农林科技有限公司 阳江市国有阳江林场	赵奋成　黄少伟 何波祥　郭文冰 张　谦　刘天颐 林昌明　蔡燕灵 王金榜　吴惠姗 沈亮升　谢岳伟 罗　敏　李义良 黄永权	广东省科技进步奖	一等奖

注：云浮市的广东大唐农林科技有限公司为第9参与单位

技术合同认定登记　2020年，云浮市共办理技术合同认定登记89项，合同交易额约8.13亿元；认定技术交易额4 843万元，比上年增长44.57%。2020年登记合同成交额全省排名第7，同比增幅全省排名第1。

【产学研结合】

项目立项与管理　2020年，云浮市组织实施市级产学研结合项目1项，立项金额50万元；加快新型研发机构发展专项立项16项，立项金额210万元。组织实施广东省重点领域研发计划项目1项，立项金额2 000万元；云浮市2020年广东省科技专项资金（“大专项+任务清单”）项目5项，立项金额500万元。广东省畜禽健康养殖与环境控制企业重点实验室通过广东省企业类重点实验室评估，获专项补助资金100万元。

新型研发机构　2020年，云浮市物联网研究院有限公司、云浮市南药研究院、新兴不锈钢研究院3家单位获云浮市新型研发机构评审认定。截至2020年年底，全市累计有省级新型研发机构4家、市级新型研发机构6家。

工程技术研究中心　全市26家省级工程技术研究中心通过评估保留认定资格，截至2020年年底，云浮市共有省级工程技术研究中心35家、市级工程技术研究中心49家。为激励企业加大研发投入，提升创新平台工程化研究开发能力，有效承接重大科技成果转化，服务本市经济发展，对9家省级工程技术研究中心和6家市级工程技术研究中心进行补助，补助金额180万元。

广东省实验室云浮分中心　岭南现代农业科学与技术广东省实验室云浮分中心和先进能源科学与技术广东省实验室云浮分中心建设稳步推进。截至2020年年底，省、市财政已累计投入约2 587万元，其中省财政配套投入1 333万元，地方财政投入1 254万元，资金已全部划拨到位。

规模以上工业企业研发机构　2020年，云浮市在库规模以上工业企业总数为349家，设立企业研发机构的有131家，占比37.54%。

省部产学研合作　围绕云浮市七大特色产业布局及重点工作部署，进一步强化产学研协同创新，组织企业与省内外高校、科研院所等单位开展重大科技联合攻关。其中，广东国鸿氢能科技有限公司作为主承担单位，联合中山大学、北京理工大学、佛山科学技术学院等单位共同申报的“高功率密度氢燃料电池动力系统集成”项目成功获广东省重点领域研发计划项目立项，立项金额2 000万元。

【科技交流合作】

国际科技合作　着力发挥云浮国际创新院对外交流合作资源优势，引导云浮市企业、高校、科研院所与国外企业单位开展线上对接交流。创新院联合广东万事泰集团有限公司与俄罗斯New Dispersive Materials LLC召开线上视频会，推进广东万事泰集团有限公司与俄罗斯New Dispersive Materials LLC在云浮成立合资公司，生产及销售纳米级的金属粉末材料项目。

科技交流培训　召开2020年云浮市高新技术企业和科技型中小企业政策宣讲会、2020年度高新技术企业认定专家服务团云浮企业服务专场活动，先后举办了《民法典》普法讲座、第九届中国创新创业大赛（广东·云浮赛区）培训班、第九届中国创新创业大赛（广东·云浮赛区）赛前培训班。参加活动或培训人数190余人。

（陈小环　梁悦群　傅小铃　阮锦丽　陈怡莹）

科技统计资料

全省科技统计指标

【科技人力】 2020年，广东省公有经济企业、事业单位专业技术人员达160.50万人，在公有经济企业、事业单位专业技术人员中，工程技术人员、农业技术人员、科学研究人员分别有21.46万人、1.22万人、0.89万人，分别占总体的13.37%、0.76%、0.55%，与2019年相比，各类专业技术人员数量均有所增长（见表11-1-1）。

表11-1-1 全省公有经济企业、事业单位专业技术人员年末人数（2015—2020年）

指标	2015年		2016年		2017年		2018年		2019年		2020年	
	绝对人数（人）	比重	绝对人数（人）	比重	绝对人数（人）	比重	绝对人数（人）	比重	绝对人数（人）	比重	绝对人数（人）	比重
工程技术人员	139 817	9.65%	151 883	10.22%	169 994	10.96%	178 876	10.88%	195 106	12.51%	214 557	13.37%
农业技术人员	16 076	1.11%	16 681	1.12%	13 161	0.85%	12 111	0.74%	12 001	0.77%	12 214	0.76%
卫生技术人员	288 384	19.90%	308 402	20.75%	306 208	19.74%	298 778	18.18%	301 505	19.33%	308 073	19.19%
科学技术人员	6 139	0.42%	7 340	0.49%	10 992	0.71%	12 286	0.75%	7 752	0.50%	8 900	0.55%
教学人员	928 348	64.06%	893 189	60.10%	897 089	57.84%	883 820	53.77%	901 015	57.75%	913 578	56.92%
其他人员	70 491	4.86%	108 587	7.31%	153 566	9.90%	257 944	15.69%	142 695	9.15%	147 666	9.20%

注：本表未包括中央驻粤单位专业技术人员数。

【科技经费】 R&D经费保持稳定增长。2020年全省R&D经费3 479.88亿元，比2019年增长12.3%；R&D经费占全省地区生产总值（GDP）的比例为3.14%，比2019年提高0.27个百分点；政府科技经费拨款955.73亿元，比2019年减少18.2%，占财政支出5.48%，比2019年下降1.28个百分点（见表11-1-2）。

表11-1-2　全省科技活动经费增长情况（2015—2020年）

指　标	2015年	2016年	2017年	2018年	2019年	2020年
R&D经费（亿元）	1 798.17	2 035.14	2 343.63	2 704.70	3 098.49	3 479.88
#占GDP比重	2.47%	2.56%	2.61%	2.71%	2.87%	3.14%
政府科技经费拨款（亿元）	569.55	742.97	823.89	1 034.71	1 168.79	955.73
占政府财政支出的比重	4.44%	5.53%	5.48%	6.58%	6.76%	5.48%

2020年，全省科研机构R&D经费投入180.04亿元，高等院校投入202.94亿元，企业投入2 998.60亿元，分别占总体的5.2%，5.8%，86.2%。按经费来源分，政府资金440.57亿元，占12.6%；企业资金2 988.29亿元，占85.9%；国外资金及其他资金51.02 亿元，占1.5%（见表11-1-3）。

表11-1-3　全省R&D经费来源情况（2020年）

单位：亿元

项　目	合计
R&D经费	3 479.88
#政府资金	440.57
企业资金	2 988.29
国外资金	4.46
其他资金	46.56

【科技研究机构】　2020年，广东省共有科技研究机构31 772个，其中科研机构有193个，高等院校科技机构有1 873个，企业研究机构有29 548个，事业单位研究机构有158个，分别占总数的0.6%、5.9%、93.0%、0.5%（见表11-1-4）。

表11-1-4　科技研究机构概况（2020年）

指　标	合　计	企业	科研机构	高等院校	事业单位
研究机构数（个）	31 772	29 548	193	1 873	158
R&D人员（万人）	92.30	86.48	3.04	1.73	1.04
R&D经费支出（亿元）	3 907.27	3 639.00	180.04	48.34	39.89

科学研究与技术开发机构　2020年，全省共有科研机构193个，R&D人员3.04万人，R&D经费为180.04亿元。

高等院校科技机构　2020年，广东省高等院校拥有科技机构1 873个。高等院校科技机构共有R&D人员1.73万人，R&D经费为48.34亿元。

企业研究机构　2020年，企业研究机构29 548个，机构R&D人员86.48万人。全年企业研究机构R&D经费3 639.00亿元。

【科研课题与科技成果】　2020年，全省各类单位共开展R&D课题项目26.37万项，参与R&D课题项目人员83.11万人年，R&D课题项目经费

3 235.00亿元。

科技成果不断产出。2020年，全省科技执行部门共发表科技论文162 299篇，其中科研机构12 724篇，高等院校123 132篇，企业21 123篇。全省科技执行部门共申请专利41.15万件，其中科研机构、高等院校、企业分别申请专利4 957件、23 378件、380 251件。全省科技执行部门共出版科技著作2 826种，其中科研机构、高等院校分别出版348种、2 405种（见表11-1-5）。2020年，全省共获省级科技奖励成果176项，省级重大科技成果登记3 302项（见表11-1-6）。

表11-1-5 科研课题及科技产出情况（2020年）

指　标	合计	企业	科研机构	高等院校	事业单位
R&D课题项目数（项）	263 694	150 585	8 851	100 303	3 955
R&D课题人员（人年）	831 092.1	759 272.5	19 535.9	39 608.9	12 674.8
R&D课题经费内部支出（亿元）	3 235.00	3 011.6	68.7	109.6	45.1
专利申请数（件）	411 517	380 251	4 957	23 378	2 931
发表科技论文（篇）	162 299	21 123	12 724	123 132	5 320
出版科技著作（种）*	2 826	–	348	2 405	73

*注：因企业出版科技著作无汇总数，合计数不包含企业的数据。

表11-1-6 国家及省级科技成果奖励情况（2015—2020年）

单位：项

指　标	2015年	2016年	2017年	2018年	2019年	2020年
国家科技奖励成果	32	33	38	45	50	36
省级科技奖励成果	237	239	246	171	173	176
省级重大科技成果	2 133	1 963	2 511	2 461	2 755	3 302

（幸　雯）

科技统计表（2020年）

表11-2-1　全省科学研究和技术服务业事业单位概况

主要指标	单位	2018年	2019年	2020年
机构数	个	498	517	532
从业人员	人	50 459	54 458	60 615
科技活动人员	人	38 829	43 893	50 999
#博士毕业	人	6 298	7 160	9 616
硕士毕业	人	10 924	12 204	14 392
#高级职称	人	9 542	10 403	12 263
科技活动收入	万元	2 430 515	3 785 675	4 084 603
#政府资金	万元	1 803 597	3 026 154	3 224 130
科技经费内部支出	万元	2 155 831	2 685 324	3 679 739
科技经费日常性支出	万元	1 776 075	2 067 484	2 426 282
#人员劳务费	万元	743 395	969 995	1 277 458
资产性支出	万元	–	617 840	1 253 458
课题数	项	12 929	14 315	15 773
#R&D课题	项	10 705	10 832	12 043
课题参加人员全时当量	人年	24 056.2	27 865.8	34 249.2
#R & D课题投入人员	人年	19 823	22 812.5	28 656.1
课题经费内部支出	万元	874 554	991 933	1 224 997
R&D人员折合全时工作量	人年	24 644	27 744	33 511

（续上表）

主要指标	单位	2018年	2019年	2020年
R&D经费内部支出	万元	1 227 998	1 521 920	2 467 923
专利申请受理	件	5 648	6 217	6 942
专利授权	件	2 908	3 076	3 748
科技论文	篇	12 628	13 586	16 796
科技著作	种	395	342	409

从事的国民经济行业代码（BA17）为73–75；法人性质（BA29）为1事业独立法人（即机构类别BA20为1–5）。

表11–2–2 机构、人员和经费概况（2020年）

指标	机构数	从业人员	#科技活动人员（不含外聘的流动学者和在读研究生）	#本科及以上学历	经费收入总额	#科技活动收入	经费内部支出总额	#科技经费内部支出
	个	人	人	人	万元	万元	万元	万元
总计	532	60 615	50 999	43 448	4 713 324	4 084 603	4 320 256	3 679 739
1. 按机构所属地域分布								
广东省	532	60 615	50 999	43 448	4 713 324	4 084 603	4 320 256	3 679 739
广州市	172	33 251	28 043	24 315	2 559 656	2 138 032	2 335 452	1 989 323
韶关市	17	341	288	138	10 283	8 416	10 216	7 573
深圳市	78	13 453	12 198	10 841	1 173 078	1 103 194	1 115 713	975 126
珠海市	10	777	560	509	121 546	103 377	94 523	76 976

（续上表）

指标	机构数	从业人员	#科技活动人员（不含外聘的流动学者和在读研究生）	#本科及以上学历	经费收入总额	#科技活动收入	经费内部支出总额	#科技经费内部支出
	个	人	人	人	万元	万元	万元	万元
汕头市	15	796	537	318	56 043	43 551	42 668	32 519
佛山市	29	2 373	1 562	1 423	264 844	223 300	214 225	163 541
江门市	14	324	267	193	37 646	33 948	36 596	34 524
湛江市	16	888	683	456	98 315	89 370	91 119	87 264
茂名市	12	309	214	86	6 107	4 952	8 105	5 586
肇庆市	14	182	144	77	5 289	3 533	5 519	4 706
惠州市	31	1 761	1 346	1 108	97 105	75 864	99 404	77 283
梅州市	24	390	316	147	9 571	7 499	8 531	5 957
汕尾市	7	176	121	68	5 253	4 988	5 240	4 067
河源市	16	298	204	85	5 022	3 102	7 759	4 472
阳江市	6	132	106	56	18 727	18 517	11 558	10 339
清远市	6	60	44	23	1 514	1 250	1 419	806
东莞市	30	3 772	3 215	2 778	191 995	175 300	190 207	164 680
中山市	11	722	608	540	33 469	29 507	28 471	24 017
潮州市	8	216	200	112	10 020	9 535	5 897	5 373
揭阳市	7	226	215	72	4 770	4 612	5 105	3 964
云浮市	9	168	128	103	3 072	2 757	2 530	1 644

（续上表）

指标	机构数	从业人员	#科技活动人员（不含外聘的流动学者和在读研究生）	#本科及以上学历	经费收入总额	#科技活动收入	经费内部支出总额	#科技经费内部支出
	个	人	人	人	万元	万元	万元	万元
2．按机构所属隶属关系分布								
中央部门属	42	13 520	12 197	10 586	1 158 076	1 067 666	1 054 803	993 893
中国科学院	6	4 317	4 249	3 920	285 427	275 286	306 400	300 616
地方部门属	490	47 095	38 802	32 862	3 555 248	3 016 937	3 265 454	2 685 846
省级部门属	103	18 050	15 154	13 457	2 001 365	1 734 521	1 730 329	1 496 152
副省级城市属	50	6 642	5 420	4 768	367 276	278 008	369 160	287 013
地市级部门属	104	5 016	3 970	2 883	179 920	139 134	164 541	118 871
3．按机构从事的国民经济行业分布								
科学研究和技术服务业	532	60 615	50 999	43 448	4 713 324	4 084 603	4 320 256	3 679 739
研究和试验发展	294	37 830	33 557	29 428	3 257 772	2 932 621	2 967 574	2 668 973
专业技术服务业	109	18 909	14 582	12 014	1 248 101	978 320	1 162 463	884 217
科技推广和应用服务业	129	3 876	2 860	2 006	207 452	173 661	190 219	126 550
4．按机构服务的国民经济行业分布								
农、林、牧、渔业	178	7 476	6 132	4 135	372 785	312 223	370 210	302 237
农业	81	3 073	2 527	1 525	125 752	102 901	120 282	97 359

（续上表）

指标	机构数	从业人员	#科技活动人员（不含外聘的流动学者和在读研究生）	#本科及以上学历	经费收入总额	#科技活动收入	经费内部支出总额	#科技经费内部支出
	个	人	人	人	万元	万元	万元	万元
林业	42	1 323	1 000	533	56 720	46 958	54 596	41 064
畜牧业	8	365	295	248	20 384	18 314	21 274	18 875
渔业	6	714	597	512	61 923	53 235	63 223	55 145
农、林、牧、渔专业及辅助性活动	41	2 001	1 713	1 317	108 006	90 815	110 835	89 794
采矿业	2	154	142	110	2 947	2 866	4 659	4 254
有色金属矿采选业	1	108	106	82	2 601	2 520	4 244	3 903
其他采矿业	1	46	36	28	346	346	415	351
制造业	36	3 333	2 689	2 280	260 828	202 524	218 912	173 472
农副食品加工业	2	601	513	379	34 617	25 144	33 008	25 369
石油、煤炭及其他燃料加工业	1	16	16	7	346	285	360	306
化学原料和化学制品制造业	3	231	143	136	39 909	39 409	31 734	29 554
医药制造业	6	946	930	864	73 441	66 755	64 815	62 096
非金属矿物制品业	4	314	242	142	16 612	2 019	13 403	10 248
黑色金属冶炼和压延加工业	1	59	22	18	2 925	179	2 928	431

（续上表）

指标	机构数	从业人员	#科技活动人员（不含外聘的流动学者和在读研究生）	#本科及以上学历	经费收入总额	#科技活动收入	经费内部支出总额	#科技经费内部支出
	个	人	人	人	万元	万元	万元	万元
专用设备制造业	5	360	270	241	28 829	18 283	26 813	17 895
汽车制造业	2	118	91	85	33 186	33 125	13 959	10 897
铁路、船舶、航空航天和其他运输设备制造业	2	171	69	69	6 084	5 678	5 769	2 953
电气机械和器材制造业	1	118	98	72	1 789	1 222	2 025	800
计算机、通信和其他电子设备制造业	7	338	239	215	20 505	8 824	20 974	10 116
仪器仪表制造业	1	51	48	44	677	247	1 033	907
其他制造业	1	10	8	8	1 909	1 356	2 090	1 900
电力、热力、燃气及水生产和供应业	2	27	19	14	790	628	616	441
电力、热力生产和供应业	2	27	19	14	790	628	616	441
建筑业	1	23	0	0	400	0	1 182	40
土木工程建筑业	1	23	0	0	400	0	1 182	40
交通运输、仓储和邮政业	3	211	171	138	11 599	10 552	11 747	10 627
道路运输业	1	36	36	36	2 412	2 412	2 161	2 154
水上运输业	2	175	135	102	9 188	8 140	9 586	8 473

（续上表）

指标	机构数	从业人员	#科技活动人员（不含外聘的流动学者和在读研究生）	#本科及以上学历	经费收入总额	#科技活动收入	经费内部支出总额	#科技经费内部支出
	个	人	人	人	万元	万元	万元	万元
信息传输、软件和信息技术服务业	12	1 437	1 344	1 252	97 027	77 093	67 180	59 978
电信、广播电视和卫星传输服务	1	206	198	177	9 835	6 662	13 164	10 854
互联网和相关服务	1	63	54	50	1 123	1 110	1 454	1 419
软件和信息技术服务业	10	1 168	1 092	1 025	86 069	69 320	52 562	47 706
金融业	1	111	111	109	221	0	7 622	7 622
货币金融服务	1	111	111	109	221	0	7 622	7 622
科学研究和技术服务业	257	41 989	35 667	31 336	3 653 400	3 257 417	3 331 999	2 898 991
研究和试验发展	116	18 742	17 301	16 020	2 335 614	2 210 324	2 019 283	1 908 249
专业技术服务业	96	20 085	15 900	13 092	1 095 032	861 689	1 113 145	856 487
科技推广和应用服务业	45	3 162	2 466	2 224	222 753	185 404	199 572	134 255
水利、环境和公共设施管理业	18	3 283	2 870	2 365	202 355	145 732	193 886	146 140
水利管理业	5	1 660	1 507	1 128	77 171	74 897	73 271	61 992
生态保护和环境治理业	12	1 545	1 302	1 180	113 785	69 770	109 610	83 285
土地管理业	1	78	61	57	11 399	1 064	11 005	864
居民服务、修理和其他服务业	2	126	101	97	5 374	4 854	7 339	4 850

（续上表）

指标	机构数	从业人员	#科技活动人员（不含外聘的流动学者和在读研究生）	#本科及以上学历	经费收入总额	#科技活动收入	经费内部支出总额	#科技经费内部支出
	个	人	人	人	万元	万元	万元	万元
其他服务业	2	126	101	97	5 374	4 854	7 339	4 850
教育	3	342	273	271	14 802	11 798	16 328	12 019
教育	3	342	273	271	14 802	11 798	16 328	12 019
卫生和社会工作	8	1 624	1 050	952	61 473	31 767	59 623	33 137
卫生	8	1 624	1 050	952	61 473	31 767	59 623	33 137
文化、体育和娱乐业	4	172	151	137	13 907	12 583	13 621	11 988
文化艺术业	2	101	83	73	8 716	7 975	8 421	7 404
体育	2	71	68	64	5 191	4 609	5 200	4 584
公共管理、社会保障和社会组织	5	307	279	252	15 418	14 565	15 332	13 944
国家机构	5	307	279	252	15 418	14 565	15 332	13 944
5. 按机构所属学科分布								
自然科学领域	61	9 442	8 276	7 353	1 143 186	1 033 903	977 596	861 370
信息科学与系统科学	6	423	346	332	11 680	7 591	12 999	11 608
力学	1	10	10	9	18 850	18 850	555	555
物理学	7	271	241	206	84 428	83 547	86 823	84 575
化学	10	1 707	1 485	1 300	121 794	104 348	106 178	88 654

（续上表）

指标	机构数	从业人员	#科技活动人员（不含外聘的流动学者和在读研究生）	#本科及以上学历	经费收入总额	#科技活动收入	经费内部支出总额	#科技经费内部支出
	个	人	人	人	万元	万元	万元	万元
地球科学	25	4 233	3 844	3 363	725 141	658 963	599 957	548 980
生物学	12	2 798	2 350	2 143	181 293	160 604	171 083	126 997
农业科学领域	192	8 745	7 159	4 910	453 343	362 916	445 975	355 582
农学	119	5 596	4 659	3 214	275 023	223 051	265 573	213 960
林学	53	1 826	1 396	821	85 350	58 606	84 603	58 360
畜牧、兽医科学	10	555	465	343	28 250	25 599	28 692	25 492
水产学	10	768	639	532	64 720	55 660	67 107	57 770
医学科学领域	26	4 165	3 403	3 204	286 665	239 037	304 038	268 186
基础医学	4	518	508	477	43 492	41 413	42 167	41 683
临床医学	7	1 973	1 420	1 357	149 449	127 287	162 884	143 777
预防医学与公共卫生学	2	447	410	362	19 579	7 826	21 232	12 417
药学	8	947	843	796	70 884	60 315	74 424	67 374
中医学与中药学	5	280	222	212	3 261	2 196	3 331	2 935
工程科学与技术领域	224	36 177	30 392	26 355	2 692 032	2 341 966	2 460 054	2 096 080
工程与技术科学基础学科	20	5 320	4 610	3 571	287 103	259 107	280 687	215 800
信息与系统科学相关工程与技术	10	2 723	2 539	2 467	107 412	104 992	129 245	125 320

（续上表）

指标	机构数	从业人员	#科技活动人员（不含外聘的流动学者和在读研究生）	#本科及以上学历	经费收入总额	#科技活动收入	经费内部支出总额	#科技经费内部支出
	个	人	人	人	万元	万元	万元	万元
自然科学相关工程与技术	25	5 082	4 840	4 211	413 670	381 368	348 338	328 356
测绘科学技术	8	2 108	963	834	109 702	49 738	104 132	48 608
材料科学	23	2 292	1 905	1 683	232 210	202 116	181 260	165 109
矿山工程技术	2	216	192	147	6 865	5 948	8 442	7 039
冶金工程技术	1	18	18	15	823	649	718	718
机械工程	8	1 117	904	835	39 274	30 579	37 447	27 720
动力与电气工程	3	556	530	514	123 960	122 084	114 297	112 264
能源科学技术	10	1 191	1 047	1 007	92 819	86 973	70 158	64 128
核科学技术	1	51	9	9	3 346	1 702	3 557	908
电子与通信技术	18	2 183	1 992	1 789	126 380	99 045	114 659	80 316
计算机科学技术	12	1 872	1 698	1 621	528 047	514 345	428 922	425 978
化学工程	4	163	126	112	2 574	1 203	2 886	1 478
产品应用相关工程与技术	13	1 550	961	807	77 824	39 353	86 577	42 836
纺织科学技术	1	62	59	51	2 310	1 840	3 470	2 858
食品科学技术	11	1 979	1 508	1 174	92 221	68 350	91 358	61 054

（续上表）

指标	机构数	从业人员	#科技活动人员（不含外聘的流动学者和在读研究生）	#本科及以上学历	经费收入总额	#科技活动收入	经费内部支出总额	#科技经费内部支出
	个	人	人	人	万元	万元	万元	万元
土木建筑工程	2	171	151	137	9 818	8 754	8 709	7 682
水利工程	3	1 580	1 439	1 070	73 689	71 446	69 815	59 016
交通运输工程	5	492	371	355	26 279	24 096	24 061	19 888
航空、航天科学技术	7	581	497	444	34 670	31 542	43 248	36 076
环境科学技术及资源科学技术	22	2 648	2 150	1 872	181 448	144 410	183 951	160 643
安全科学技术	9	1 981	1 702	1 459	103 535	88 008	108 852	97 951
管理学	6	241	181	171	16 053	4 320	15 268	4 336
社会、人文科学领域	29	2 086	1 769	1 626	138 099	106 780	132 593	98 522
马克思主义	1	276	257	249	17 185	14 643	17 322	14 660
语言学	1	45	3	3	1 019	112	1 019	112
艺术学	1	37	37	28	2 401	1 681	2 404	1 684
考古学	1	64	46	45	6 315	6 294	6 017	5 720
经济学	5	304	281	260	23 672	22 678	25 910	17 396
法学	1	16	16	15	1 011	1 011	1 014	1 011
社会学	2	200	150	147	11 303	9 140	10 737	8 657
民族学与文化学	1	36	32	32	1 736	1 619	1 666	1 522

（续上表）

指标	机构数	从业人员	#科技活动人员（不含外聘的流动学者和在读研究生）	#本科及以上学历	经费收入总额	#科技活动收入	经费内部支出总额	#科技经费内部支出
	个	人	人	人	万元	万元	万元	万元
图书馆、情报与文献学	12	826	708	617	36 999	26 924	38 692	29 761
教育学	2	211	171	166	31 267	18 070	22 611	13 415
体育科学	2	71	68	64	5 191	4 609	5 200	4 584
6. 按机构从业人员规模分								
≥1 000人	3	5 854	5 692	4 753	366 527	344 484	367 447	327 208
500～999人	14	10 523	8 632	7 655	1 329 940	1 252 800	1 171 157	1 065 091
300～499人	32	12 375	10 388	9 187	862 853	757 809	814 687	708 705
200～299人	29	6 878	5 488	4 534	415 615	297 323	392 013	305 662
100～199人	89	12 634	10 662	9 475	782 826	640 324	773 224	626 811
50～99人	96	6 769	5 624	4 641	513 464	413 868	472 772	379 019
30～49人	70	2 672	2 201	1 780	234 889	187 435	195 799	157 798
20～29人	51	1 260	984	686	67 389	58 925	44 845	33 918
10～19人	94	1 339	1 064	610	102 102	96 014	53 075	43 170
0～9人	54	311	264	127	37 720	35 622	35 238	32 359

提交级别为0国家级；从事的国民经济行业代码（BA17）为73–75；法人性质（BA29）为1事业独立法人（即机构类别BA20为1–5）。

表 11-2-3　人员概况（2020 年）

单位：人

指标	从业人员	# 科技活动人员（不含外聘的流动学者和在读研究生）		外聘的流动学者	非本单位在读研究生	离退休人员
			# 女性			
总计	60 615	50 999	18 251	6 524	6 492	17 007
1．按机构所属地域分布						
广东省	60 615	50 999	18 251	6 524	6 492	17 007
广州市	33 251	28 043	10 520	1 500	3 819	11 650
韶关市	341	288	83	11	3	558
深圳市	13 453	12 198	4 635	2 237	1 801	337
珠海市	777	560	210	1 119	133	78
汕头市	796	537	213	31	47	537
佛山市	2 373	1 562	394	692	375	332
江门市	324	267	105	0	0	264
湛江市	888	683	214	163	57	705
茂名市	309	214	74	0	0	215
肇庆市	182	144	44	0	0	280
惠州市	1 761	1 346	328	85	8	443
梅州市	390	316	116	17	0	432
汕尾市	176	121	24	1	0	123
河源市	298	204	50	0	2	216

（续上表）

指标	从业人员	# 科技活动人员（不含外聘的流动学者和在读研究生）		外聘的流动学者	非本单位在读研究生	离退休人员
			# 女性			
阳江市	132	106	26	0	0	63
清远市	60	44	10	0	0	89
东莞市	3 772	3 215	848	527	235	239
中山市	722	608	181	56	11	112
潮州市	216	200	79	11	1	93
揭阳市	226	215	64	1	0	115
云浮市	168	128	33	73	0	126
2. 按机构所属隶属关系分布						
中央部门属	13 520	12 197	4 303	177	2 761	4 499
中国科学院	4 317	4 249	1 624	112	1 980	1 209
地方部门属	47 095	38 802	13 948	6 347	3 731	12 508
省级部门属	18 050	15 154	5 612	3 879	2 282	5 793
副省级城市属	6 642	5 420	2 091	45	2	1 410
地市级部门属	5 016	3 970	1 349	418	247	2 445
3. 按机构从事的国民经济行业分布						
科学研究和技术服务业	60 615	50 999	18 251	6 524	6 492	17 007
研究和试验发展	37 830	33 557	11 971	6 223	6 037	11 075
专业技术服务业	18 909	14 582	5 355	66	60	4 223

（续上表）

指标	从业人员	#科技活动人员（不含外聘的流动学者和在读研究生）		外聘的流动学者	非本单位在读研究生	离退休人员
			#女性			
科技推广和应用服务业	3 876	2 860	925	235	395	1 709
4. 按机构服务的国民经济行业分布						
农、林、牧、渔业	7 476	6 132	2 099	59	415	5 390
农业	3 073	2 527	870	24	107	2 727
林业	1 323	1 000	291	20	42	845
畜牧业	365	295	118	0	61	317
渔业	714	597	206	1	205	453
农、林、牧、渔专业及辅助性活动	2 001	1 713	614	14	0	1 048
采矿业	154	142	44	2	12	8
有色金属矿采选业	108	106	39	2	12	8
其他采矿业	46	36	5	0	0	0
制造业	3 333	2 689	1 000	272	346	1 368
农副食品加工业	601	513	215	0	28	535
石油、煤炭及其他燃料加工业	16	16	7	0	0	36
化学原料和化学制品制造业	231	143	29	14	21	15
医药制造业	946	930	457	34	268	227
非金属矿物制品业	314	242	75	0	0	115
黑色金属冶炼和压延加工业	59	22	6	0	0	102

（续上表）

指标	从业人员	# 科技活动人员（不含外聘的流动学者和在读研究生）		外聘的流动学者	非本单位在读研究生	离退休人员
			# 女性			
专用设备制造业	360	270	78	13	11	122
汽车制造业	118	91	27	64	0	0
铁路、船舶、航空航天和其他运输设备制造业	171	69	14	3	0	76
电气机械和器材制造业	118	98	20	67	18	4
计算机、通信和其他电子设备制造业	338	239	51	77	0	136
仪器仪表制造业	51	48	18	0	0	0
其他制造业	10	8	3	0	0	0
电力、热力、燃气及水生产和供应业	27	19	4	6	0	0
电力、热力生产和供应业	27	19	4	6	0	0
建筑业	23	0	0	0	0	15
土木工程建筑业	23	0	0	0	0	15
交通运输、仓储和邮政业	211	171	49	0	0	104
道路运输业	36	36	15	0	0	0
水上运输业	175	135	34	0	0	104
信息传输、软件和信息技术服务业	1 437	1 344	369	123	73	182
电信、广播电视和卫星传输服务	206	198	40	0	26	114
互联网和相关服务	63	54	14	0	0	0

（续上表）

指标	从业人员	# 科技活动人员（不含外聘的流动学者和在读研究生）	# 女性	外聘的流动学者	非本单位在读研究生	离退休人员
软件和信息技术服务业	1 168	1 092	315	123	47	68
金融业	111	111	43	0	0	0
货币金融服务	111	111	43	0	0	0
科学研究和技术服务业	41 989	35 667	12 796	5 878	5 321	8 739
研究和试验发展	18 742	17 301	6 077	5 466	3 744	3 982
专业技术服务业	20 085	15 900	5 802	123	1 100	4 066
科技推广和应用服务业	3 162	2 466	917	289	477	691
水利、环境和公共设施管理业	3 283	2 870	926	11	143	602
水利管理业	1 660	1 507	355	0	0	224
生态保护和环境治理业	1 545	1 302	545	11	143	359
土地管理业	78	61	26	0	0	19
居民服务、修理和其他服务业	126	101	55	0	0	47
其他服务业	126	101	55	0	0	47
教育	342	273	116	171	0	133
教育	342	273	116	171	0	133
卫生和社会工作	1 624	1 050	607	1	164	296
卫生	1 624	1 050	607	1	164	296
文化、体育和娱乐业	172	151	86	0	0	106
文化艺术业	101	83	42	0	0	66

（续上表）

指标	从业人员	# 科技活动人员（不含外聘的流动学者和在读研究生）	# 女性	外聘的流动学者	非本单位在读研究生	离退休人员
体育	71	68	44	0	0	40
公共管理、社会保障和社会组织	307	279	57	1	18	17
国家机构	307	279	57	1	18	17
5. 按机构所属学科分布						
自然科学领域	9 442	8 276	2 998	2 303	1 921	3 781
信息科学与系统科学	423	346	110	42	0	4
力学	10	10	5	0	0	0
物理学	271	241	51	123	20	4
化学	1 707	1 485	578	19	75	400
地球科学	4 233	3 844	1 224	2 086	1 169	2 756
生物学	2 798	2 350	1 030	33	657	617
农业科学领域	8 745	7 159	2 494	49	537	6 300
农学	5 596	4 659	1 694	28	213	4 175
林学	1 826	1 396	402	20	42	1 161
畜牧、兽医科学	555	465	186	0	77	489
水产学	768	639	212	1	205	475
医学科学领域	4 165	3 403	1 808	505	483	601
基础医学	518	508	258	47	288	2

（续上表）

指标	从业人员	# 科技活动人员（不含外聘的流动学者和在读研究生）	# 女性	外聘的流动学者	非本单位在读研究生	离退休人员
临床医学	1 973	1 420	722	101	153	224
预防医学与公共卫生学	447	410	223	0	32	156
药学	947	843	494	29	8	193
中医学与中药学	280	222	111	328	2	26
工程科学与技术领域	36 177	30 392	10 110	3 574	3 538	5 335
工程与技术科学基础学科	5 320	4 610	1 636	170	20	355
信息与系统科学相关工程与技术	2 723	2 539	1 106	17	339	7
自然科学相关工程与技术	5 082	4 840	1 528	810	184	927
测绘科学技术	2 108	963	326	3	22	444
材料科学	2 292	1 905	582	410	408	259
矿山工程技术	216	192	64	13	12	95
冶金工程技术	18	18	8	0	0	10
机械工程	1 117	904	186	69	70	154
动力与电气工程	556	530	113	574	17	1
能源科学技术	1 191	1 047	310	74	201	222
核科学技术	51	9	2	0	0	165
电子与通信技术	2 183	1 992	585	145	75	379
计算机科学技术	1 872	1 698	478	945	1 461	73

（续上表）

指标	从业人员	# 科技活动人员（不含外聘的流动学者和在读研究生）	# 女性	外聘的流动学者	非本单位在读研究生	离退休人员
化学工程	163	126	32	39	8	50
产品应用相关工程与技术	1 550	961	226	150	165	710
纺织科学技术	62	59	27	0	0	41
食品科学技术	1 979	1 508	708	2	18	428
土木建筑工程	171	151	83	0	0	6
水利工程	1 580	1 439	321	0	0	165
交通运输工程	492	371	109	0	0	140
航空、航天科学技术	581	497	112	3	3	1
环境科学技术及资源科学技术	2 648	2 150	927	77	531	586
安全科学技术	1 981	1 702	565	0	4	94
管理学	241	181	76	73	0	23
社会、人文科学领域	2 086	1 769	841	93	13	990
马克思主义	276	257	97	0	11	199
语言学	45	3	0	0	0	5
艺术学	37	37	21	0	0	55
考古学	64	46	21	0	0	11
经济学	304	281	124	8	0	37
法学	16	16	10	0	0	0

（续上表）

指标	从业人员	# 科技活动人员（不含外聘的流动学者和在读研究生）		外聘的流动学者	非本单位在读研究生	离退休人员
			# 女性			
社会学	200	150	64	0	0	84
民族学与文化学	36	32	18	0	0	8
图书馆、情报与文献学	826	708	366	0	0	418
教育学	211	171	76	85	2	133
体育科学	71	68	44	0	0	40
6. 按机构从业人员规模分						
≥ 1 000 人	5 854	5 692	2 184	0	0	595
500 ~ 999 人	10 523	8 632	3 123	876	2 734	2 454
300 ~ 499 人	12 375	10 388	3 519	1 029	1 596	2 563
200 ~ 299 人	6 878	5 488	1 978	85	309	1 651
100 ~ 199 人	12 634	10 662	3 843	1 617	685	3 333
50 ~ 99 人	6 769	5 624	1 966	866	722	3 147
30 ~ 49 人	2 672	2 201	812	1 747	295	1 154
20 ~ 29 人	1 260	984	398	84	60	641
10 ~ 19 人	1 339	1 064	352	152	4	1 127
0 ~ 9 人	311	264	76	68	87	342

提交级别为 0 国家级；从事的国民经济行业代码（BA17）为 73−75；法人性质（BA29）为 1 事业独立法人（即机构类别 BA20 为 1−5）。

表 11-2-4　从业人员按工作性质分（2020 年）

单位：人

指标	从业人员	科技活动人员（不含外聘的流动学者和在读研究生）				生产经营活动人员	其他人员
			科技管理人员	课题活动人员	科技服务人员		
总计	60 615	50 999	7 199	29 575	14 225	4 428	5 188
1. 按机构所属地域分布							
广东省	60 615	50 999	7 199	29 575	14 225	4 428	5 188
广州市	33 251	28 043	4 211	16 588	7 244	2 031	3 177
韶关市	341	288	47	129	112	4	49
深圳市	13 453	12 198	1 258	7 025	3 915	494	761
珠海市	777	560	116	286	158	122	95
汕头市	796	537	77	324	136	218	41
佛山市	2 373	1 562	250	1 095	217	658	153
江门市	324	267	52	129	86	23	34
湛江市	888	683	110	363	210	98	107
茂名市	309	214	46	102	66	39	56
肇庆市	182	144	42	72	30	15	23
惠州市	1 761	1 346	157	861	328	293	122
梅州市	390	316	103	130	83	54	20
汕尾市	176	121	31	62	28	32	23

（续上表）

指标	从业人员	科技活动人员（不含外聘的流动学者和在读研究生）				生产经营活动人员	其他人员
			科技管理人员	课题活动人员	科技服务人员		
河源市	298	204	44	46	114	84	10
阳江市	132	106	21	56	29	5	21
清远市	60	44	13	8	23	0	16
东莞市	3 772	3 215	512	1 794	909	196	361
中山市	722	608	36	268	304	39	75
潮州市	216	200	35	118	47	2	14
揭阳市	226	215	14	50	151	0	11
云浮市	168	128	24	69	35	21	19
2. 按机构所属隶属关系分布							
中央部门属	13 520	12 197	1 592	8 225	2 380	207	1 116
中国科学院	4 317	4 249	391	3 077	781	0	68
地方部门属	47 095	38 802	5 607	21 350	11 845	4 221	4 072
省级部门属	18 050	15 154	2 204	9 251	3 699	1 315	1 581
副省级城市属	6 642	5 420	995	2 838	1 587	516	706
地市级部门属	5 016	3 970	580	2 303	1 087	494	552
3. 按机构从事的国民经济行业分布							
科学研究和技术服务业	60 615	50 999	7 199	29 575	14 225	4 428	5 188
研究和试验发展	37 830	33 557	4 886	22 386	6 285	1 236	3 037

（续上表）

指标	从业人员	科技活动人员（不含外聘的流动学者和在读研究生）				生产经营活动人员	其他人员
			科技管理人员	课题活动人员	科技服务人员		
专业技术服务业	18 909	14 582	1 801	5 694	7 087	2 554	1 773
科技推广和应用服务业	3 876	2 860	512	1 495	853	638	378
4. 按机构服务的国民经济行业分布							
农、林、牧、渔业	7 476	6 132	1 147	3 028	1 957	635	709
农业	3 073	2 527	447	1 261	819	327	219
林业	1 323	1 000	183	487	330	158	165
畜牧业	365	295	51	146	98	20	50
渔业	714	597	112	328	157	0	117
农、林、牧、渔专业及辅助性活动	2 001	1 713	354	806	553	130	158
采矿业	154	142	20	99	23	5	7
有色金属矿采选业	108	106	16	70	20	0	2
其他采矿业	46	36	4	29	3	5	5
制造业	3 333	2 689	378	1 670	641	256	388
农副食品加工业	601	513	53	301	159	0	88
石油、煤炭及其他燃料加工业	16	16	7	4	5	0	0
化学原料和化学制品制造业	231	143	28	72	43	55	33
医药制造业	946	930	129	649	152	3	13
非金属矿物制品业	314	242	42	68	132	67	5

（续上表）

指标	从业人员	科技活动人员（不含外聘的流动学者和在读研究生）				生产经营活动人员	其他人员
			科技管理人员	课题活动人员	科技服务人员		
黑色金属冶炼和压延加工业	59	22	5	14	3	35	2
专用设备制造业	360	270	52	162	56	12	78
汽车制造业	118	91	17	62	12	0	27
铁路、船舶、航空航天和其他运输设备制造业	171	69	3	65	1	8	94
电气机械和器材制造业	118	98	4	91	3	20	0
计算机、通信和其他电子设备制造业	338	239	34	133	72	56	43
仪器仪表制造业	51	48	2	43	3	0	3
其他制造业	10	8	2	6	0	0	2
电力、热力、燃气及水生产和供应业	27	19	6	9	4	5	3
电力、热力生产和供应业	27	19	6	9	4	5	3
建筑业	23	0	0	0	0	5	18
土木工程建筑业	23	0	0	0	0	5	18
交通运输、仓储和邮政业	211	171	11	40	120	0	40
道路运输业	36	36	9	27	0	0	0
水上运输业	175	135	2	13	120	0	40
信息传输、软件和信息技术服务业	1 437	1 344	199	922	223	71	22
电信、广播电视和卫星传输服务	206	198	28	122	48	0	8
互联网和相关服务	63	54	13	31	10	4	5

（续上表）

指标	从业人员	科技活动人员（不含外聘的流动学者和在读研究生）				生产经营活动人员	其他人员
			科技管理人员	课题活动人员	科技服务人员		
软件和信息技术服务业	1 168	1 092	158	769	165	67	9
金融业	111	111	42	69	0	0	0
货币金融服务	111	111	42	69	0	0	0
科学研究和技术服务业	41 989	35 667	4 603	21 043	10 021	3 311	3 011
研究和试验发展	18 742	17 301	2 366	12 690	2 245	554	887
专业技术服务业	20 085	15 900	1 946	6 728	7 226	2 426	1 759
科技推广和应用服务业	3 162	2 466	291	1 625	550	331	365
水利、环境和公共设施管理业	3 283	2 870	587	1 436	847	95	318
水利管理业	1 660	1 507	357	698	452	30	123
生态保护和环境治理业	1 545	1 302	225	682	395	65	178
土地管理业	78	61	5	56	0	0	17
居民服务、修理和其他服务业	126	101	5	34	62	0	25
其他服务业	126	101	5	34	62	0	25
教育	342	273	11	251	11	40	29
教育	342	273	11	251	11	40	29
卫生和社会工作	1 624	1 050	103	678	269	0	574
卫生	1 624	1 050	103	678	269	0	574
文化、体育和娱乐业	172	151	34	92	25	0	21

（续上表）

指标	从业人员	科技活动人员（不含外聘的流动学者和在读研究生）				生产经营活动人员	其他人员
			科技管理人员	课题活动人员	科技服务人员		
文化艺术业	101	83	22	39	22	0	18
体育	71	68	12	53	3	0	3
公共管理、社会保障和社会组织	307	279	53	204	22	5	23
国家机构	307	279	53	204	22	5	23
5．按机构所属学科分布							
自然科学领域	9 442	8 276	956	5 160	2 160	440	726
信息科学与系统科学	423	346	64	227	55	54	23
力学	10	10	5	5	0	0	0
物理学	271	241	26	201	14	25	5
化学	1 707	1 485	184	605	696	102	120
地球科学	4 233	3 844	488	2 567	789	107	282
生物学	2 798	2 350	189	1 555	606	152	296
农业科学领域	8 745	7 159	1 321	3 659	2 179	655	931
农学	5 596	4 659	827	2 349	1 483	452	485
林学	1 826	1 396	296	697	403	182	248
畜牧、兽医科学	555	465	80	256	129	21	69
水产学	768	639	118	357	164	0	129
医学科学领域	4 165	3 403	394	2 353	656	37	725

（续上表）

指标	从业人员	科技活动人员（不含外聘的流动学者和在读研究生）				生产经营活动人员	其他人员
			科技管理人员	课题活动人员	科技服务人员		
基础医学	518	508	84	384	40	0	10
临床医学	1 973	1 420	124	1 044	252	1	552
预防医学与公共卫生学	447	410	73	308	29	0	37
药学	947	843	91	437	315	0	104
中医学与中药学	280	222	22	180	20	36	22
工程科学与技术领域	36 177	30 392	4 162	17 378	8 852	3 144	2 641
工程与技术科学基础学科	5 320	4 610	573	1 282	2 755	330	380
信息与系统科学相关工程与技术	2 723	2 539	229	2 132	178	46	138
自然科学相关工程与技术	5 082	4 840	730	3 073	1 037	83	159
测绘科学技术	2 108	963	79	318	566	930	215
材料科学	2 292	1 905	267	1 351	287	248	139
矿山工程技术	216	192	25	109	58	0	24
冶金工程技术	18	18	2	0	16	0	0
机械工程	1 117	904	136	483	285	67	146
动力与电气工程	556	530	62	425	43	22	4
能源科学技术	1 191	1 047	115	823	109	64	80
核科学技术	51	9	1	8	0	2	40
电子与通信技术	2 183	1 992	286	1 328	378	126	65

（续上表）

指标	从业人员	科技活动人员（不含外聘的流动学者和在读研究生）				生产经营活动人员	其他人员
			科技管理人员	课题活动人员	科技服务人员		
计算机科学技术	1 872	1 698	222	1 237	239	23	151
化学工程	163	126	11	104	11	19	18
产品应用相关工程与技术	1 550	961	305	403	253	527	62
纺织科学技术	62	59	3	36	20	0	3
食品科学技术	1 979	1 508	185	649	674	242	229
土木建筑工程	171	151	18	127	6	14	6
水利工程	1 580	1 439	347	660	432	20	121
交通运输工程	492	371	68	252	51	13	108
航空、航天科学技术	581	497	47	392	58	60	24
环境科学技术及资源科学技术	2 648	2 150	344	1 144	662	198	300
安全科学技术	1 981	1 702	85	947	670	89	190
管理学	241	181	22	95	64	21	39
社会、人文科学领域	2 086	1 769	366	1 025	378	152	165
马克思主义	276	257	55	202	0	0	19
语言学	45	3	1	0	2	0	42
艺术学	37	37	9	23	5	0	0
考古学	64	46	13	16	17	0	18
经济学	304	281	47	121	113	18	5

（续上表）

指标	从业人员	科技活动人员（不含外聘的流动学者和在读研究生）				生产经营活动人员	其他人员
			科技管理人员	课题活动人员	科技服务人员		
法学	16	16	0	0	16	0	0
社会学	200	150	55	85	10	39	11
民族学与文化学	36	32	11	21	0	0	4
图书馆、情报与文献学	826	708	148	368	192	80	38
教育学	211	171	15	136	20	15	25
体育科学	71	68	12	53	3	0	3
6. 按机构从业人员规模分							
≥1 000人	5 854	5 692	508	3 063	2 121	19	143
500～999人	10 523	8 632	931	5 609	2 092	804	1 087
300～499人	12 375	10 388	1 549	5 768	3 071	605	1 382
200～299人	6 878	5 488	645	2 971	1 872	968	422
100～199人	12 634	10 662	1 660	6 516	2 486	996	976
50～99人	6 769	5 624	864	3 428	1 332	515	630
30～49人	2 672	2 201	452	1 277	472	200	271
20～29人	1 260	984	202	484	298	157	119
10～19人	1 339	1 064	306	381	377	143	132
0～9人	311	264	82	78	104	21	26

提交级别为0国家级；从事的国民经济行业代码（BA17）为73-75；法人性质（BA29）为1事业独立法人（即机构类别BA20为1-5）。

表 11-2-5　科技活动人员按学历和职称分（2020 年）

单位：人

指标	科技活动人员（不含外聘的流动学者和在读研究生）	学历					职称			
		博士	硕士	本科	大专	其他	高级职称	中级职称	初级职称	其他
总计	50 999	9 616	14 392	19 440	4 916	2 635	12 263	14 133	8 426	16 177
1．按机构所属地域分布										
广东省	50 999	9 616	14 392	19 440	4 916	2 635	12 263	14 133	8 426	16 177
广州市	28 043	4 814	8 211	11 290	2 487	1 241	7 617	8 240	5 018	7 168
韶关市	288	7	29	102	72	78	62	92	41	93
深圳市	12 198	3 318	3 690	3 833	1 044	313	2 407	3 020	1 647	5 124
珠海市	560	73	211	225	35	16	118	149	66	227
汕头市	537	38	50	230	96	123	105	117	138	177
佛山市	1 562	268	569	586	122	17	237	255	181	889
江门市	267	2	32	159	41	33	60	74	89	44
湛江市	683	64	207	185	148	79	154	237	110	182
茂名市	214	0	9	77	57	71	53	67	49	45
肇庆市	144	0	27	50	47	20	20	57	32	35
惠州市	1 346	359	278	471	127	111	480	406	182	278
梅州市	316	1	33	113	96	73	97	81	74	64
汕尾市	121	6	17	45	27	26	15	37	37	32
河源市	204	7	13	65	63	56	33	50	45	76
阳江市	106	9	12	35	30	20	20	39	13	34

（续上表）

指标	科技活动人员（不含外聘的流动学者和在读研究生）	学历					职称			
		博士	硕士	本科	大专	其他	高级职称	中级职称	初级职称	其他
清远市	44	0	4	19	18	3	4	20	8	12
东莞市	3 215	553	848	1 377	230	207	595	848	513	1 259
中山市	608	60	116	364	46	22	94	190	102	222
潮州市	200	7	12	93	50	38	41	37	27	95
揭阳市	215	0	5	67	67	76	28	61	35	91
云浮市	128	30	19	54	13	12	23	56	19	30
2. 按机构所属隶属关系分布										
中央部门属	12 197	3 264	3 688	3 634	1 092	519	3 480	4 373	2 570	1 774
中国科学院	4 249	2 192	1 054	674	149	180	1 297	1 913	773	266
地方部门属	38 802	6 352	10 704	15 806	3 824	2 116	8 783	9 760	5 856	14 403
省级部门属	15 154	3 215	4 739	5 503	1 025	672	3 829	4 112	2 504	4 709
副省级城市属	5 420	439	1 873	2 456	512	140	1 344	1 552	850	1 674
地市级部门属	3 970	343	755	1 785	644	443	845	986	650	1 489
3. 按机构从事的国民经济行业分布										
科学研究和技术服务业	50 999	9 616	14 392	19 440	4 916	2 635	12 263	14 133	8 426	16 177
研究和试验发展	33 557	8 589	10 161	10 678	2 524	1 605	8 637	9 582	5 363	9 975
专业技术服务业	14 582	618	3 569	7 827	1 943	625	3 166	3 983	2 620	4 813
科技推广和应用服务业	2 860	409	662	935	449	405	460	568	443	1 389

（续上表）

指标	科技活动人员（不含外聘的流动学者和在读研究生）	学历					职称			
		博士	硕士	本科	大专	其他	高级职称	中级职称	初级职称	其他
4. 按机构服务的国民经济行业分布										
农、林、牧、渔业	6 132	1 079	1 226	1 830	891	1 106	1 740	1 724	806	1 862
农业	2 527	318	435	772	464	538	683	571	410	863
林业	1 000	131	123	279	191	276	269	303	136	292
畜牧业	295	100	91	57	20	27	135	100	7	53
渔业	597	168	165	179	30	55	186	243	40	128
农、林、牧、渔专业及辅助性活动	1 713	362	412	543	186	210	467	507	213	526
采矿业	142	17	48	45	15	17	57	50	18	17
有色金属矿采选业	106	17	45	20	9	15	42	34	13	17
其他采矿业	36	0	3	25	6	2	15	16	5	0
制造业	2 689	480	647	1 153	266	143	645	862	436	746
农副食品加工业	513	77	122	180	80	54	125	186	50	152
石油、煤炭及其他燃料加工业	16	0	0	7	6	3	1	7	0	8
化学原料和化学制品制造业	143	35	43	58	7	0	79	37	8	19
医药制造业	930	233	235	396	34	32	199	350	173	208
非金属矿物制品业	242	1	10	131	75	25	42	67	93	40
黑色金属冶炼和压延加工业	22	0	7	11	1	3	6	11	3	2
专用设备制造业	270	45	92	104	27	2	82	77	43	68

（续上表）

指标	科技活动人员（不含外聘的流动学者和在读研究生）	学历					职称			
		博士	硕士	本科	大专	其他	高级职称	中级职称	初级职称	其他
汽车制造业	91	23	25	37	5	1	13	16	8	54
铁路、船舶、航空航天和其他运输设备制造业	69	3	25	41	0	0	38	22	1	8
电气机械和器材制造业	98	34	16	22	6	20	21	5	2	70
计算机、通信和其他电子设备制造业	239	22	54	139	21	3	30	75	48	86
仪器仪表制造业	48	7	16	21	4	0	9	7	5	27
其他制造业	8	0	2	6	0	0	0	2	2	4
电力、热力、燃气及水生产和供应业	19	2	5	7	4	1	5	5	1	8
电力、热力生产和供应业	19	2	5	7	4	1	5	5	1	8
交通运输、仓储和邮政业	171	1	44	93	16	17	64	61	37	9
道路运输业	36	1	27	8	0	0	10	18	1	7
水上运输业	135	0	17	85	16	17	54	43	36	2
信息传输、软件和信息技术服务业	1 344	298	380	574	84	8	322	277	105	640
电信、广播电视和卫星传输服务	198	31	58	88	18	3	48	69	13	68
互联网和相关服务	54	3	17	30	4	0	4	5	11	34
软件和信息技术服务业	1 092	264	305	456	62	5	270	203	81	538
金融业	111	7	58	44	2	0	10	20	5	76
货币金融服务	111	7	58	44	2	0	10	20	5	76
科学研究和技术服务业	35 667	7 054	10 605	13 677	3 075	1 256	8 053	9 939	6 116	11 559

（续上表）

指标	科技活动人员（不含外聘的流动学者和在读研究生）	学历					职称			
		博士	硕士	本科	大专	其他	高级职称	中级职称	初级职称	其他
研究和试验发展	17 301	5 404	5 959	4 657	877	404	4 299	5 055	3 031	4 916
专业技术服务业	15 900	1 163	3 776	8 153	2 024	784	3 271	4 358	2 876	5 395
科技推广和应用服务业	2 466	487	870	867	174	68	483	526	209	1 248
水利、环境和公共设施管理业	2 870	320	888	1 157	443	62	721	733	536	880
水利管理业	1 507	96	424	608	345	34	382	310	244	571
生态保护和环境治理业	1 302	222	433	525	94	28	334	407	252	309
土地管理业	61	2	31	24	4	0	5	16	40	0
居民服务、修理和其他服务业	101	5	42	50	4	0	29	43	19	10
其他服务业	101	5	42	50	4	0	29	43	19	10
教育	273	126	66	79	2	0	119	19	9	126
教育	273	126	66	79	2	0	119	19	9	126
卫生和社会工作	1 050	198	246	508	78	20	390	294	289	77
卫生	1 050	198	246	508	78	20	390	294	289	77
文化、体育和娱乐业	151	12	69	56	10	4	44	45	36	26
文化艺术业	83	4	28	41	7	3	20	22	22	19
体育	68	8	41	15	3	1	24	23	14	7
公共管理、社会保障和社会组织	279	17	68	167	26	1	64	61	13	141
国家机构	279	17	68	167	26	1	64	61	13	141

（续上表）

指标	科技活动人员（不含外聘的流动学者和在读研究生）	学历					职称			
		博士	硕士	本科	大专	其他	高级职称	中级职称	初级职称	其他
5．按机构所属学科分布										
自然科学领域	8 276	2 343	2 118	2 892	607	316	2 341	2 468	1 299	2 168
信息科学与系统科学	346	129	78	125	14	0	120	39	29	158
力学	10	0	5	4	1	0	0	1	0	9
物理学	241	93	68	45	13	22	73	37	34	97
化学	1 485	144	306	850	151	34	328	412	382	363
地球科学	3 844	1 115	1 009	1 239	294	187	1 284	1 348	543	669
生物学	2 350	862	652	629	134	73	536	631	311	872
农业科学领域	7 159	1 263	1 534	2 113	1 023	1 226	2 019	1 986	956	2 198
农学	4 659	816	1 034	1 364	681	764	1 219	1 217	681	1 542
林学	1 396	145	203	473	260	315	407	406	201	382
畜牧、兽医科学	465	130	127	86	47	75	195	109	30	131
水产学	639	172	170	190	35	72	198	254	44	143
医学科学领域	3 403	823	1 048	1 333	138	61	856	905	570	1 072
基础医学	508	221	140	116	14	17	115	250	62	81
临床医学	1 420	431	509	417	56	7	353	249	214	604
预防医学与公共卫生学	410	22	97	243	32	16	146	111	114	39
药学	843	81	252	463	27	20	203	242	158	240

（续上表）

指标	科技活动人员（不含外聘的流动学者和在读研究生）	学历					职称			
		博士	硕士	本科	大专	其他	高级职称	中级职称	初级职称	其他
中医学与中药学	222	68	50	94	9	1	39	53	22	108
工程科学与技术领域	30 392	4 893	8 999	12 463	3 033	1 004	6 521	8 252	5 353	10 266
工程与技术科学基础学科	4 610	272	982	2 317	820	219	552	771	563	2 724
信息与系统科学相关工程与技术	2 539	965	972	530	72	0	656	972	563	348
自然科学相关工程与技术	4 840	953	1 580	1 678	383	246	1 067	1 292	1 007	1 474
测绘科学技术	963	17	166	651	80	49	247	327	301	88
材料科学	1 905	606	508	569	162	60	454	603	349	499
矿山工程技术	192	17	55	75	17	28	60	68	25	39
冶金工程技术	18	0	6	9	3	0	10	6	1	1
机械工程	904	116	295	424	60	9	163	264	139	338
动力与电气工程	530	143	283	88	14	2	74	67	35	354
能源科学技术	1 047	522	288	197	33	7	469	419	96	63
核科学技术	9	0	3	6	0	0	1	7	1	0
电子与通信技术	1 992	209	519	1 061	169	34	342	505	388	757
计算机科学技术	1 698	327	686	608	63	14	281	448	166	803
化学工程	126	40	19	53	9	5	24	21	14	67
产品应用相关工程与技术	961	72	241	494	110	44	183	212	113	453
纺织科学技术	59	4	13	34	5	3	22	11	19	7

（续上表）

指标	科技活动人员（不含外聘的流动学者和在读研究生）	学历					职称			
		博士	硕士	本科	大专	其他	高级职称	中级职称	初级职称	其他
食品科学技术	1 508	98	290	786	277	57	285	488	345	390
土木建筑工程	151	0	72	65	11	3	23	45	76	7
水利工程	1 439	91	393	586	335	34	366	288	234	551
交通运输工程	371	4	179	172	16	0	117	114	61	79
航空、航天科学技术	497	150	118	176	39	14	86	85	63	263
环境科学技术及资源科学技术	2 150	216	872	784	158	120	582	701	462	405
安全科学技术	1 702	47	390	1 022	187	56	423	487	283	509
管理学	181	24	69	78	10	0	34	51	49	47
社会、人文科学领域	1 769	294	693	639	115	28	526	522	248	473
马克思主义	257	110	86	53	8	0	103	86	13	55
语言学	3	0	0	3	0	0	1	1	1	0
艺术学	37	1	6	21	6	3	11	9	0	17
考古学	46	3	22	20	1	0	9	13	22	2
经济学	281	49	162	49	16	5	62	114	12	93
法学	16	0	8	7	1	0	3	2	3	8
社会学	150	46	66	35	1	2	77	35	6	32
民族学与文化学	32	8	14	10	0	0	11	9	3	9
图书馆、情报与文献学	708	25	240	352	74	17	134	211	166	197

（续上表）

指标	科技活动人员（不含外聘的流动学者和在读研究生）	学历					职称			
		博士	硕士	本科	大专	其他	高级职称	中级职称	初级职称	其他
教育学	171	44	48	74	5	0	91	19	8	53
体育科学	68	8	41	15	3	1	24	23	14	7
6. 按机构从业人员规模分										
≥1 000人	5 692	959	1 724	2 070	773	166	990	1 554	1 401	1 747
500～999人	8 632	1 816	2 598	3 241	703	274	1 989	2 422	1 547	2 674
300～499人	10 388	2 434	2 890	3 863	860	341	2 614	3 148	1 371	3 255
200～299人	5 488	877	1 460	2 197	592	362	1 286	1 395	795	2 012
100～199人	10 662	2 041	3 169	4 265	679	508	2 939	2 873	1 659	3 191
50～99人	5 624	995	1 581	2 065	601	382	1 384	1 497	837	1 906
30～49人	2 201	321	649	810	200	221	573	609	378	641
20～29人	984	88	159	439	163	135	223	272	198	291
10～19人	1 064	61	146	403	264	190	220	291	193	360
0～9人	264	24	16	87	81	56	45	72	47	100

提交级别为 0 国家级；从事的国民经济行业代码（BA17）为 73–75；法人性质（BA29）为 1 事业独立法人（即机构类别 BA20 为 1–5）。

文件生成日期：2021–07–27 10:27:48

表 11-2-6 经费收入（2020 年）

单位：万元

指标	经费收入总额	科技活动收入	政府资金	财政拨款	承担政府科研项目收入	其他	非政府资金	# 技术性收入	# 国外资金	生产经营活动收入	其他收入
总计	4 713 324	4 084 603	3 224 130	2 365 556	557 586	300 988	860 473	803 899	1 178	242 459	386 262
1. 按机构所属地域分布											
广东省	4 713 324	4 084 603	3 224 130	2 365 556	557 586	300 988	860 473	803 899	1 178	242 459	386 262
广州市	2 559 656	2 138 032	1 532 368	1 204 776	295 281	32 312	605 664	568 689	933	107 358	314 266
韶关市	10 283	8 416	5 644	4 981	656	6	2 772	2 772	0	95	1 772
深圳市	1 173 078	1 103 194	912 497	464 167	190 678	257 652	190 697	173 808	245	42 689	27 195
珠海市	121 546	103 377	101 181	98 888	2 238	55	2 196	2 196	0	14 799	3 370
汕头市	56 043	43 551	42 484	38 367	3 548	569	1 067	1 051	0	6 297	6 195
佛山市	264 844	223 300	220 237	200 635	17 933	1 670	3 062	3 059	0	36 860	4 684
江门市	37 646	33 948	33 338	32 848	454	36	610	498	0	2 307	1 392
湛江市	98 315	89 370	86 819	79 862	3 785	3 172	2 551	2 075	0	1 011	7 934
茂名市	6 107	4 952	4 002	3 842	160	0	951	830	0	478	677
肇庆市	5 289	3 533	3 394	3 152	204	38	139	3	0	278	1 478
惠州市	97 105	75 864	69 857	65 975	3 446	436	6 007	5 927	0	15 950	5 292
梅州市	9 571	7 499	7 109	3 605	1 790	1 714	391	73	0	132	1 939
汕尾市	5 253	4 988	3 805	3 805	0	0	1 183	1 183	0	0	266

（续上表）

指标	经费收入总额	科技活动收入	政府资金	财政拨款	承担政府科研项目收入	其他	非政府资金	# 技术性收入	# 国外资金	生产经营活动收入	其他收入
河源市	5 022	3 102	3 096	2 478	344	275	6	6	0	1 248	671
阳江市	18 727	18 517	18 477	17 837	627	13	40	34	0	1	209
清远市	1 514	1 250	1 250	1 250	0	0	0	0	0	27	236
东莞市	191 995	175 300	138 220	105 698	29 840	2 682	37 080	35 677	0	12 720	3 975
中山市	33 469	29 507	24 224	19 124	5 050	50	5 283	5 243	0	4	3 959
潮州市	10 020	9 535	9 535	8 354	1 081	101	0	0	0	9	476
揭阳市	4 770	4 612	3 878	3 652	18	208	734	734	0	0	158
云浮市	3 072	2 757	2 716	2 262	454	0	41	41	0	197	118
2. 按机构所属隶属关系分布											
中央部门属	1 158 076	1 067 666	780 366	578 750	175 482	26 134	287 300	269 404	610	10 798	79 613
中国科学院	285 427	275 286	214 731	111 383	89 178	14 170	60 554	50 089	610	1 316	8 825
地方部门属	3 555 248	3 016 937	2 443 764	1 786 807	382 104	274 854	573 173	534 495	568	231 661	306 650
省级部门属	2 001 365	1 734 521	1 509 944	1 136 927	137 641	235 376	224 577	211 670	243	68 785	198 059
副省级城市属	367 276	278 008	201 794	135 987	61 520	4 287	76 214	63 760	0	40 561	48 707
地市级部门属	179 920	139 134	128 793	111 272	14 848	2 673	10 342	9 418	0	26 466	14 319
3. 按机构从事的国民经济行业分布											
科学研究和技术服务业	4 713 324	4 084 603	3 224 130	2 365 556	557 586	300 988	860 473	803 899	1 178	242 459	386 262
研究和试验发展	3 257 772	2 932 621	2 399 421	1 661 201	475 465	262 755	533 201	493 790	853	70 573	254 578

（续上表）

指标	经费收入总额	科技活动收入	政府资金	财政拨款	承担政府科研项目收入	其他	非政府资金	# 技术性收入	# 国外资金	生产经营活动收入	其他收入
专业技术服务业	1 248 101	978 320	681 311	626 727	46 330	8 254	297 009	280 616	80	146 834	122 947
科技推广和应用服务业	207 452	173 661	143 398	77 628	35 791	29 979	30 263	29 493	245	25 053	8 738
4. 按机构服务的国民经济行业分布											
农、林、牧、渔业	372 785	312 223	277 036	201 080	69 852	6 105	35 187	29 190	91	7 792	52 771
农业	125 752	102 901	91 095	66 352	19 002	5 741	11 806	10 479	28	992	21 860
林业	56 720	46 958	44 442	34 490	9 819	134	2 516	2 213	0	4 737	5 025
畜牧业	20 384	18 314	11 992	5 076	6 916	0	6 322	2 522	0	124	1 946
渔业	61 923	53 235	44 758	31 859	12 853	47	8 477	8 477	0	0	8 688
农、林、牧、渔专业及辅助性活动	108 006	90 815	84 749	63 304	21 262	183	6 066	5 498	63	1 939	15 252
采矿业	2 947	2 866	1 665	1 116	549	0	1 202	1 115	87	0	80
有色金属矿采选业	2 601	2 520	1 319	770	549	0	1 202	1 115	87	0	80
其他采矿业	346	346	346	346	0	0	0	0	0	0	0
制造业	260 828	202 524	170 216	142 967	24 649	2 601	32 309	27 235	0	24 388	33 916
农副食品加工业	34 617	25 144	18 417	17 327	1 090	0	6 726	6 726	0	0	9 474
石油、煤炭及其他燃料加工业	346	285	285	285	0	0	0	0	0	0	61
化学原料和化学制品制造业	39 909	39 409	35 291	33 112	2 158	20	4 119	54	0	0	500
医药制造业	73 441	66 755	55 040	42 579	11 612	849	11 715	10 866	0	138	6 547
非金属矿物制品业	16 612	2 019	347	267	80	0	1 671	1 632	0	13 060	1 534

（续上表）

指标	经费收入总额	科技活动收入	政府资金	财政拨款	承担政府科研项目收入	其他	非政府资金	# 技术性收入	# 国外资金	生产经营活动收入	其他收入
黑色金属冶炼和压延加工业	2 925	179	179	0	179	0	0	0	0	797	1 949
专用设备制造业	28 829	18 283	15 192	8 242	5 726	1 224	3 091	2 971	0	1 320	9 226
汽车制造业	33 186	33 125	32 745	32 425	320	0	380	380	0	0	61
铁路、船舶、航空航天和其他运输设备制造业	6 084	5 678	1 119	668	452	0	4 558	4 558	0	0	407
电气机械和器材制造业	1 789	1 222	1 222	88	1 134	0	0	0	0	553	14
计算机、通信和其他电子设备制造业	20 505	8 824	8 797	6 561	1 729	508	27	27	0	8 422	3 259
仪器仪表制造业	677	247	227	57	170	0	20	20	0	98	332
其他制造业	1 909	1 356	1 356	1 356	0	0	0	0	0	0	553
电力、热力、燃气及水生产和供应业	790	628	613	603	10	0	15	15	0	162	0
电力、热力生产和供应业	790	628	613	603	10	0	15	15	0	162	0
建筑业	400	0	0	0	0	0	0	0	0	400	0
土木工程建筑业	400	0	0	0	0	0	0	0	0	400	0
交通运输、仓储和邮政业	11 599	10 552	7 221	5 198	2 023	0	3 331	3 331	0	0	1 048
道路运输业	2 412	2 412	1 943	0	1 943	0	469	469	0	0	0
水上运输业	9 188	8 140	5 278	5 198	80	0	2 863	2 863	0	0	1 048
信息传输、软件和信息技术服务业	97 027	77 093	58 654	51 217	6 917	521	18 439	11 434	13	3 715	16 219

（续上表）

指标	经费收入总额	科技活动收入	政府资金	财政拨款	承担政府科研项目收入	其他	非政府资金	#技术性收入	#国外资金	生产经营活动收入	其他收入
电信、广播电视和卫星传输服务	9 835	6 662	3 911	1 406	2 505	0	2 751	2 751	0	40	3 133
互联网和相关服务	1 123	1 110	295	295	0	0	815	815	0	0	12
软件和信息技术服务业	86 069	69 320	54 448	49 516	4 411	521	14 873	7 868	13	3 675	13 074
金融业	221	0	0	0	0	0	0	0	0	0	221
货币金融服务	221	0	0	0	0	0	0	0	0	0	221
科学研究和技术服务业	3 653 400	3 257 417	2 581 373	1 853 560	440 189	287 624	676 044	640 332	987	176 352	219 631
研究和试验发展	2 335 614	2 210 324	1 968 910	1 403 359	324 469	241 081	241 414	224 766	742	37 608	87 683
专业技术服务业	1 095 032	861 689	470 011	377 407	74 338	18 266	391 678	375 123	0	117 702	115 642
科技推广和应用服务业	222 753	185 404	142 452	72 794	41 381	28 277	42 952	40 442	245	21 043	16 306
水利、环境和公共设施管理业	202 355	145 732	62 050	53 123	6 992	1 934	83 682	83 532	0	27 788	28 835
水利管理业	77 171	74 897	12 121	9 250	2 870	0	62 777	62 777	0	0	2 274
生态保护和环境治理业	113 785	69 770	48 865	42 809	4 122	1 934	20 906	20 756	0	20 101	23 914
土地管理业	11 399	1 064	1 064	1 064	0	0	0	0	0	7 687	2 648
居民服务、修理和其他服务业	5 374	4 854	2 155	2 123	32	0	2 699	2 045	0	0	519
其他服务业	5 374	4 854	2 155	2 123	32	0	2 699	2 045	0	0	519
教育	14 802	11 798	11 574	7 273	4 301	0	224	224	0	116	2 888
教育	14 802	11 798	11 574	7 273	4 301	0	224	224	0	116	2 888
卫生和社会工作	61 473	31 767	26 269	25 110	1 089	70	5 499	5 387	0	1 212	28 494

（续上表）

指标	经费收入总额	科技活动收入	政府资金	财政拨款	承担政府科研项目收入	其他	非政府资金	# 技术性收入	# 国外资金	生产经营活动收入	其他收入
卫生	61 473	31 767	26 269	25 110	1 089	70	5 499	5 387	0	1 212	28 494
文化、体育和娱乐业	13 907	12 583	10 799	10 799	0	0	1 784	0	0	0	1 324
文化艺术业	8 716	7 975	6 219	6 219	0	0	1 756	0	0	0	742
体育	5 191	4 609	4 580	4 580	0	0	28	0	0	0	583
公共管理、社会保障和社会组织	15 418	14 565	14 506	11 389	984	2 133	59	59	0	536	317
国家机构	15 418	14 565	14 506	11 389	984	2 133	59	59	0	536	317
5. 按机构所属学科领域分布											
自然科学领域	1 143 186	1 033 903	864 857	709 327	116 038	39 492	169 045	155 762	914	26 501	82 782
信息科学与系统科学	11 680	7 591	4 868	2 890	1 978	0	2 723	2 643	80	900	3 189
力学	18 850	18 850	18 850	0	18 850	0	0	0	0	0	0
物理学	84 428	83 547	83 514	79 468	4 010	36	33	33	0	721	160
化学	121 794	104 348	67 192	58 937	7 193	1 063	37 156	36 122	0	7 294	10 152
地球科学	725 141	658 963	586 817	543 894	30 291	12 632	72 145	62 440	0	8 905	57 273
生物学	181 293	160 604	103 616	24 138	53 716	25 762	56 988	54 524	834	8 681	12 008
农业科学领域	453 343	362 916	310 288	219 373	81 537	9 378	52 628	46 553	91	7 791	82 635
农学	275 023	223 051	190 036	134 500	48 490	7 046	33 015	31 043	91	2 730	49 241
林学	85 350	58 606	55 477	43 212	10 780	1 485	3 130	2 827	0	5 033	21 710
畜牧、兽医科学	28 250	25 599	17 666	7 603	9 295	768	7 933	4 133	0	28	2 623
水产学	64 720	55 660	47 110	34 058	12 973	79	8 550	8 550	0	0	9 060
医学科学领域	286 665	239 037	220 424	192 194	25 748	2 483	18 613	14 937	0	2 334	45 294

（续上表）

指标	经费收入总额	科技活动收入	政府资金	财政拨款	承担政府科研项目收入	其他	非政府资金	# 技术性收入	# 国外资金	生产经营活动收入	其他收入
基础医学	43 492	41 413	34 999	22 759	11 443	796	6 414	5 566	0	103	1 975
临床医学	149 449	127 287	121 444	114 027	5 843	1 574	5 843	3 134	0	1 434	20 728
预防医学与公共卫生学	19 579	7 826	6 209	5 115	1 036	59	1 617	1 617	0	0	11 753
药学	70 884	60 315	55 682	49 139	6 543	0	4 633	4 515	0	0	10 569
中医学与中药学	3 261	2 196	2 091	1 154	883	53	105	105	0	798	267
工程科学与技术领域	2 692 032	2 341 966	1 742 109	1 176 397	320 685	245 027	599 858	573 393	173	191 246	158 820
工程与技术科学基础学科	287 103	259 107	120 399	90 825	29 089	485	138 708	138 351	0	17 866	10 130
信息与系统科学相关工程与技术	107 412	104 992	82 659	28 469	51 773	2 416	22 334	22 334	0	1 103	1 316
自然科学相关工程与技术	413 670	381 368	256 902	191 604	65 122	177	124 466	124 021	0	5 492	26 810
测绘科学技术	109 702	49 738	28 129	27 111	610	407	21 610	21 610	0	36 166	23 799
材料科学	232 210	202 116	186 076	157 890	27 316	870	16 041	15 121	52	23 165	6 929
矿山工程技术	6 865	5 948	2 995	2 446	549	0	2 953	2 867	87	0	918
冶金工程技术	823	649	649	649	0	0	0	0	0	0	174
机械工程	39 274	30 579	25 417	18 564	6 674	179	5 162	5 122	0	5 105	3 589
动力与电气工程	123 960	122 084	118 282	105 586	12 676	20	3 802	3 802	0	1 609	267
能源科学技术	92 819	86 973	78 244	66 764	11 469	11	8 729	7 485	21	4 042	1 804
核科学技术	3 346	1 702	1 702	1 702	0	0	0	0	0	68	1 576
电子与通信技术	126 380	99 045	57 682	42 099	15 022	561	41 364	41 351	13	16 538	10 796
计算机科学技术	528 047	514 345	497 980	239 134	28 749	230 097	16 365	8 982	0	434	13 269
化学工程	2 574	1 203	1 175	543	312	320	28	28	0	1 241	130

（续上表）

指标	经费收入总额	科技活动收入	政府资金	政府资金：财政拨款	政府资金：承担政府科研项目收入	政府资金：其他	非政府资金	非政府资金：# 技术性收入	非政府资金：# 国外资金	生产经营活动收入	其他收入
产品应用相关工程与技术	77 824	39 353	20 863	16 677	1 967	2 220	18 490	12 011	0	24 447	14 025
纺织科学技术	2 310	1 840	1 515	1 469	0	46	325	325	0	0	470
食品科学技术	92 221	68 350	54 638	49 395	5 055	188	13 712	6 606	0	5 265	18 607
土木建筑工程	9 818	8 754	8 754	0	8 754	0	0	0	0	1 064	0
水利工程	73 689	71 446	10 187	7 922	2 265	0	61 259	61 259	0	0	2 243
交通运输工程	26 279	24 096	13 060	933	12 127	0	11 036	11 036	0	400	1 784
航空、航天科学技术	34 670	31 542	14 539	4 150	10 389	0	17 003	17 003	0	2 937	192
环境科学技术及资源科学技术	181 448	144 410	114 114	80 402	28 383	5 329	30 296	27 904	0	25 341	11 696
安全科学技术	103 535	88 008	42 335	39 813	2 215	307	45 673	45 673	0	10 854	4 673
管理学	16 053	4 320	3 815	2 249	172	1 395	505	505	0	8 110	3 623
社会、人文科学领域	138 099	106 780	86 452	68 266	13 579	4 607	20 329	13 254	0	14 586	16 732
马克思主义	17 185	14 643	14 643	13 105	1 539	0	0	0	0	0	2 542
语言学	1 019	112	112	112	0	0	0	0	0	0	907
艺术学	2 401	1 681	1 681	1 681	0	0	0	0	0	0	720
考古学	6 315	6 294	4 539	4 539	0	0	1 756	0	0	0	21
经济学	23 672	22 678	15 420	6 136	7 712	1 572	7 258	1 967	0	97	898
法学	1 011	1 011	1 011	1 011	0	0	0	0	0	0	0

（续上表）

指标	经费收入总额	科技活动收入								生产经营活动收入	其他收入
			政府资金				非政府资金				
				财政拨款	承担政府科研项目收入	其他		# 技术性收入	# 国外资金		
社会学	11 303	9 140	9 140	8 392	0	748	0	0	0	1 051	1 111
民族学与文化学	1 736	1 619	1 619	1 600	0	20	0	0	0	0	117
图书馆、情报与文献学	36 999	26 924	15 953	9 838	3 901	2 214	10 971	10 971	0	3 434	6 640
教育学	31 267	18 070	17 754	17 273	427	54	316	316	0	10 004	3 193
体育科学	5 191	4 609	4 580	4 580	0	0	28	0	0	0	583
6. 按机构从业人员规模分											
≥1 000人	366 527	344 484	165 843	81 514	81 711	2 619	178 640	178 399	0	3 705	18 339
500～999人	1 329 940	1 252 800	1 037 258	697 437	73 110	266 712	215 542	204 571	834	19 616	57 523
300～499人	862 853	757 809	587 392	481 196	99 938	6 259	170 417	163 996	21	50 056	54 988
200～299人	415 615	297 323	217 655	155 197	61 633	826	79 668	72 128	10	60 970	57 321
100～199人	782 826	640 324	504 812	352 947	140 422	11 443	135 511	121 142	295	50 588	91 914
50～99人	513 464	413 868	355 818	296 917	50 053	8 849	58 050	43 979	18	36 876	62 720
30～49人	234 889	187 435	173 568	151 877	20 057	1 634	13 867	12 381	0	14 793	32 661
20～29人	67 389	58 925	53 265	46 665	4 567	2 034	5 660	4 676	0	3 275	5 189
10～19人	102 102	96 014	93 145	67 909	24 677	559	2 870	2 389	0	1 617	4 471
0～9人	37 720	35 622	35 373	33 898	1 420	55	249	239	0	962	1 136

提交级别为 0 国家级；从事的国民经济行业代码（BA17）为 73–75；法人性质（BA29）为 1 事业独立法人（即机构类别 BA20 为 1–5）。

文件生成日期：2021–07–27 10:27:49

表 11-2-7　经费支出（2020 年）

单位：万元

指标	经费内部支出总额	科技经费内部支出	日常性支出	人员劳务费	其他日常性支出	资产性支出	仪器与设备支出	非基建的科学仪器与设备支出	基建的仪器与设备支出	土建费	资本化的计算机软件支出	专利和专有技术支出	生产经营支出	其他支出
总计	4 320 256	3 679 739	2 426 282	1 277 458	1 148 823	1 253 458	764 464	441 505	322 959	468 380	13 744	6 870	285 500	355 017
1．按机构所属地域分布														
广东省	4 320 256	3 679 739	2 426 282	1 277 458	1 148 823	1 253 458	764 464	441 505	322 959	468 380	13 744	6 870	285 500	355 017
广州市	2 335 452	1 989 323	1 510 318	795 857	714 461	479 005	233 749	190 869	42 881	232 992	8 978	3 286	93 181	252 948
韶关市	10 216	7 573	7 232	5 758	1 474	341	325	325	0	0	13	3	262	2 382
深圳市	1 115 713	975 126	574 155	302 803	271 352	400 971	386 838	119 345	267 493	9 305	3 625	1 203	90 799	49 788
珠海市	94 523	76 976	40 496	15 481	25 015	36 481	36 395	33 899	2 496	0	63	22	9 869	7 678
汕头市	42 668	32 519	13 096	8 092	5 004	19 423	2 442	1 797	645	16 981	0	0	6 892	3 257
佛山市	214 225	163 541	71 205	35 072	36 133	92 336	15 525	11 491	4 033	75 766	75	970	39 905	10 778
江门市	36 596	34 524	5 952	3 807	2 145	28 573	944	937	7	27 629	0	0	1 220	852
湛江市	91 119	87 264	25 058	12 101	12 957	62 206	3 658	1 883	1 775	58 541	0	8	1 200	2 655
茂名市	8 105	5 586	4 616	3 435	1 181	970	883	876	7	87	0	0	1 751	768
肇庆市	5 519	4 706	4 322	3 141	1 181	384	384	184	200	0	0	0	47	766
惠州市	99 404	77 283	26 510	12 684	13 826	50 773	12 668	10 617	2 051	37 990	107	7	15 583	6 539

（续上表）

指标	经费内部支出总额	科技经费内部支出	日常性支出	人员劳务费	其他日常性支出	资产性支出	仪器与设备支出	非基建的科学仪器与设备支出	基建的仪器与设备支出	土建费	资本化的计算机软件支出	专利和专有技术支出	生产经营支出	其他支出
梅州市	8 531	5 957	5 337	3 947	1 390	620	558	462	97	62	0	0	362	2 212
汕尾市	5 240	4 067	3 443	2 633	810	624	148	62	85	476	0	0	726	447
河源市	7 759	4 472	2 460	1 732	729	2 012	1 733	1 228	505	40	0	239	2 993	294
阳江市	11 558	10 339	1 892	1 300	592	8 447	664	561	103	7 732	50	1	571	648
清远市	1 419	806	751	614	136	56	56	56	0	0	0	0	47	565
东莞市	190 207	164 680	102 702	53 160	49 543	61 977	60 879	60 511	368	171	748	180	18 015	7 512
中山市	28 471	24 017	17 551	8 673	8 878	6 465	4 861	4 861	0	575	83	947	1 617	2 837
潮州市	5 897	5 373	3 887	2 946	942	1 485	1 450	1 436	14	35	0	0	147	377
揭阳市	5 105	3 964	3 961	3 390	571	3	3	3	0	0	0	0	59	1 082
云浮市	2 530	1 644	1 339	833	506	305	301	101	200	0	0	4	254	631
2．按机构所属隶属关系分布														
中央部门属	1 054 803	993 893	729 250	344 069	385 181	264 643	102 338	73 322	29 016	155 583	3 627	3 095	12 138	48 772
中国科学院	306 400	300 616	245 965	117 277	128 688	54 651	30 971	28 100	2 871	20 534	424	2 722	617	5 167
地方部门属	3 265 454	2 685 846	1 697 031	933 389	763 642	988 815	662 126	368 183	293 943	312 797	10 116	3 775	273 362	306 245

（续上表）

指标	经费内部支出总额	科技经费内部支出	日常性支出	人员劳务费	其他日常性支出	资产性支出	仪器与设备支出	非基建的科学仪器与设备支出	基建的仪器与设备支出	土建费	资本化的计算机软件支出	专利和专有技术支出	生产经营支出	其他支出
省级部门属	1 730 329	1 496 152	794 851	438 460	356 391	701 301	474 596	235 619	238 977	219 933	6 326	447	61 167	173 011
副省级城市属	369 160	287 013	258 002	142 659	115 343	29 011	22 533	18 897	3 636	5 239	783	456	37 940	44 208
地市级部门属	164 541	118 871	95 400	58 322	37 077	23 472	13 186	12 839	347	9 115	167	1 004	25 647	20 023
3．按机构从事的国民经济行业分布														
科学研究和技术服务业	4 320 256	3 679 739	2 426 282	1 277 458	1 148 823	1 253 458	764 464	441 505	322 959	468 380	13 744	6 870	285 500	355 017
研究和试验发展	2 967 574	2 668 973	1 683 851	842 788	841 062	985 122	625 473	356 296	269 177	345 918	8 498	5 234	82 961	215 640
专业技术服务业	1 162 463	884 217	627 837	366 843	260 994	256 380	128 948	77 082	51 866	121 768	5 063	602	174 745	103 502
科技推广和应用服务业	190 219	126 550	114 594	67 828	46 767	11 956	10 044	8 128	1 916	695	183	1 034	27 794	35 876
4．按机构服务的国民经济行业分布														
农、林、牧、渔业	370 210	302 237	272 419	137 907	134 512	29 818	21 836	19 963	1 872	7 425	263	294	15 547	52 427

（续上表）

指标	经费内部支出总额	科技经费内部支出	日常性支出	人员劳务费	其他日常性支出	资产性支出	仪器与设备支出	非基建的科学仪器与设备支出	基建的仪器与设备支出	土建费	资本化的计算机软件支出	专利和专有技术支出	生产经营支出	其他支出
农业	120 282	97 359	90 994	52 721	38 273	6 365	4 209	3 629	580	2 092	62	3	5 840	17 083
林业	54 596	41 064	34 089	20 977	13 112	6 975	4 671	4 251	419	2 044	14	248	5 943	7 588
畜牧业	21 274	18 875	17 324	9 340	7 984	1 551	1 551	1 551	0	0	0	0	78	2 321
渔业	63 223	55 145	48 791	16 396	32 395	6 354	4 161	3 327	834	2 175	13	5	0	8 078
农、林、牧、渔专业及辅助性活动	110 835	89 794	81 222	38 473	42 749	8 572	7 244	7 205	39	1 115	175	38	3 685	17 356
采矿业	4 659	4 254	3 858	3 034	824	396	396	396	0	0	0	0	27	379
有色金属矿采选业	4 244	3 903	3 576	2 821	755	327	327	327	0	0	0	0	0	342
其他采矿业	415	351	282	213	69	69	69	69	0	0	0	0	27	37
制造业	218 912	173 472	119 317	63 208	56 109	54 155	21 861	18 341	3 520	28 597	157	3 540	13 084	32 355
农副食品加工业	33 008	25 369	21 890	13 777	8 113	3 480	2 140	1 947	193	1 340	0	0	0	7 639
石油、煤炭及其他燃料加工业	360	306	306	285	21	0	0	0	0	0	0	0	0	54

（续上表）

指标	经费内部支出总额	科技经费内部支出	日常性支出	人员劳务费	其他日常性支出	资产性支出	仪器与设备支出	非基建的科学仪器与设备支出	基建的仪器与设备支出	土建费	资本化的计算机软件支出	专利和专有技术支出	生产经营支出	其他支出
化学原料和化学制品制造业	31 734	29 554	7 889	1 444	6 444	21 665	4 685	4 040	645	16 981	0	0	10	2 170
医药制造业	64 815	62 096	46 488	24 927	21 561	15 608	9 382	9 374	8	3 687	156	2 383	25	2 695
非金属矿物制品业	13 403	10 248	9 925	8 713	1 212	323	323	3	320	0	0	0	1 825	1 330
黑色金属冶炼和压延加工业	2 928	431	421	278	143	11	7	0	7	0	0	3	531	1 966
专用设备制造业	26 813	17 895	15 776	7 806	7 970	2 120	1 215	1 017	198	871	2	32	879	8 039
汽车制造业	13 959	10 897	3 300	2 343	957	7 597	1 674	146	1 528	5 701	0	223	61	3 002
铁路、船舶、航空航天和其他运输设备制造业	5 769	2 953	2 824	925	1 899	129	129	129	0	0	0	0	184	2 633
电气机械和器材制造业	2 025	800	564	202	362	237	184	184	0	17	0	35	1 225	0
计算机、通信和其他电子设备制造业	20 974	10 116	7 566	2 178	5 389	2 550	1 686	1 121	565	0	0	864	8 345	2 513

（续上表）

指标	经费内部支出总额	科技经费内部支出	日常性支出	人员劳务费	其他日常性支出	资产性支出	仪器与设备支出	非基建的科学仪器与设备支出	基建的仪器与设备支出	土建费	资本化的计算机软件支出	专利和专有技术支出	生产经营支出	其他支出
仪器仪表制造业	1 033	907	652	182	470	255	255	199	57	0	0	0	0	126
其他制造业	2 090	1 900	1 719	149	1 570	181	181	181	0	0	0	0	0	191
电力、热力、燃气及水生产和供应业	616	441	257	35	222	184	0	0	0	184	0	0	76	100
电力、热力生产和供应业	616	441	257	35	222	184	0	0	0	184	0	0	76	100
建筑业	1 182	40	0	0	0	40	0	0	0	40	0	0	1 135	7
土木工程建筑业	1 182	40	0	0	0	40	0	0	0	40	0	0	1 135	7
交通运输、仓储和邮政业	11 747	10 627	10 411	7 193	3 218	216	109	109	0	0	108	0	6	1 114
道路运输业	2 161	2 154	2 132	1 697	435	22	4	4	0	0	18	0	6	0
水上运输业	9 586	8 473	8 278	5 496	2 782	194	105	105	0	0	89	0	0	1 114
信息传输、软件和信息技术服务业	67 180	59 978	47 920	24 088	23 832	12 058	7 451	6 963	488	4 290	230	88	3 113	4 088

（续上表）

指标	经费内部支出总额	科技经费内部支出	日常性支出	人员劳务费	其他日常性支出	资产性支出	仪器与设备支出	非基建的科学仪器与设备支出	基建的仪器与设备支出	土建费	资本化的计算机软件支出	专利和专有技术支出	生产经营支出	其他支出
电信、广播电视和卫星传输服务	13 164	10 854	7 174	5 258	1 916	3 680	1 280	1 280	0	2 336	1	64	40	2 270
互联网和相关服务	1 454	1 419	1 419	931	487	0	0	0	0	0	0	0	17	19
软件和信息技术服务业	52 562	47 706	39 328	17 899	21 428	8 378	6 171	5 683	488	1 954	229	24	3 056	1 800
金融业	7 622	7 622	6 882	5 076	1 806	741	339	339	0	0	34	369	0	0
货币金融服务	7 622	7 622	6 882	5 076	1 806	741	339	339	0	0	34	369	0	0
科学研究和技术服务业	3 331 999	2 898 991	1 761 421	921 818	839 603	1 137 570	696 356	383 655	312 701	427 111	11 625	2 478	236 916	196 092
研究和试验发展	2 019 283	1 908 249	948 405	431 748	516 656	959 844	553 847	300 420	253 427	397 649	7 365	984	51 202	59 832
专业技术服务业	1 113 145	856 487	695 064	424 653	270 410	161 423	131 877	74 852	57 025	24 788	4 072	687	162 818	93 840
科技推广和应用服务业	199 572	134 255	117 953	65 417	52 536	16 302	10 633	8 383	2 250	4 674	188	807	22 896	42 420
水利、环境和公共设施管理业	193 886	146 140	135 496	72 461	63 036	10 644	8 632	7 482	1 150	733	1 177	102	12 827	34 919

（续上表）

指标	经费内部支出总额	科技经费内部支出	日常性支出	人员劳务费	其他日常性支出	资产性支出	仪器与设备支出	非基建的科学仪器与设备支出	基建的仪器与设备支出	土建费	资本化的计算机软件支出	专利和专有技术支出	生产经营支出	其他支出
水利管理业	73 271	61 992	58 733	33 387	25 346	3 258	2 047	1 097	950	680	446	85	987	10 293
生态保护和环境治理业	109 610	83 285	76 099	38 509	37 590	7 185	6 385	6 385	0	53	731	16	11 840	14 486
土地管理业	11 005	864	664	564	100	200	200	0	200	0	0	0	0	10 141
居民服务、修理和其他服务业	7 339	4 850	4 516	2 509	2 008	334	334	144	190	0	0	0	0	2 490
其他服务业	7 339	4 850	4 516	2 509	2 008	334	334	144	190	0	0	0	0	2 490
教育	16 328	12 019	11 341	6 965	4 376	678	678	662	17	0	0	0	1 743	2 566
教育	16 328	12 019	11 341	6 965	4 376	678	678	662	17	0	0	0	1 743	2 566
卫生和社会工作	59 623	33 137	31 146	22 935	8 211	1 990	1 985	1 402	582	0	6	0	0	26 486
卫生	59 623	33 137	31 146	22 935	8 211	1 990	1 985	1 402	582	0	6	0	0	26 486
文化、体育和娱乐业	13 621	11 988	10 392	4 990	5 402	1 596	1 494	1 494	0	0	102	0	2	1 631
文化艺术业	8 421	7 404	7 116	2 676	4 440	288	186	186	0	0	102	0	2	1 015
体育	5 200	4 584	3 275	2 313	962	1 308	1 308	1 308	0	0	0	0	0	617

（续上表）

指标	经费内部支出总额	科技经费内部支出	日常性支出	人员劳务费	其他日常性支出	资产性支出	仪器与设备支出	非基建的科学仪器与设备支出	基建的仪器与设备支出	土建费	资本化的计算机软件支出	专利和专有技术支出	生产经营支出	其他支出
公共管理、社会保障和社会组织	15 332	13 944	10 907	5 240	5 667	3 037	2 995	556	2 439	0	42	0	1 025	364
国家机构	15 332	13 944	10 907	5 240	5 667	3 037	2 995	556	2 439	0	42	0	1 025	364
5．按机构所属学科领域分布														
自然科学领域	977 596	861 370	495 366	248 326	247 040	366 004	94 053	75 141	18 912	269 729	2 076	147	39 572	76 654
信息科学与系统科学	12 999	11 608	9 328	4 858	4 470	2 280	2 272	1 344	927	0	0	8	969	423
力学	555	555	547	107	440	8	8	8	0	0	0	0	0	0
物理学	86 823	84 575	7 562	1 601	5 960	77 014	3 677	2 484	1 193	73 290	10	38	2 114	134
化学	106 178	88 654	57 164	31 320	25 843	31 491	14 309	11 553	2 756	16 996	176	9	6 818	10 706
地球科学	599 957	548 980	302 320	133 220	169 100	246 660	65 898	51 992	13 906	178 913	1 767	83	15 597	35 380
生物学	171 083	126 997	118 445	77 220	41 226	8 552	7 889	7 759	130	531	123	9	14 075	30 011
农业科学领域	445 975	355 582	322 323	163 043	159 280	33 258	22 590	20 392	2 198	10 098	277	294	17 956	72 437
农学	265 573	213 960	196 486	102 160	94 326	17 474	11 790	10 875	915	5 430	214	41	8 149	43 464
林学	84 603	58 360	51 246	30 831	20 415	7 114	4 783	4 364	419	2 044	39	248	9 315	16 928

（续上表）

指标	经费内部支出总额	科技经费内部支出	日常性支出	人员劳务费	其他日常性支出	资产性支出	仪器与设备支出	非基建的科学仪器与设备支出	基建的仪器与设备支出	土建费	资本化的计算机软件支出	专利和专有技术支出	生产经营支出	其他支出
畜牧、兽医科学	28 692	25 492	23 703	12 717	10 986	1 789	1 709	1 680	29	68	12	0	284	2 916
水产学	67 107	57 770	50 888	17 335	33 553	6 882	4 307	3 473	834	2 557	13	5	209	9 129
医学科学领域	304 038	268 186	143 882	77 265	66 618	124 303	58 549	40 111	18 438	62 733	540	2 482	705	35 146
基础医学	42 167	41 683	32 465	15 331	17 134	9 218	5 129	2 369	2 760	1 701	17	2 371	285	199
临床医学	162 884	143 777	60 362	32 864	27 498	83 415	24 309	22 822	1 487	58 746	322	38	152	18 955
预防医学与公共卫生学	21 232	12 417	10 900	7 107	3 793	1 517	1 517	1 517	0	0	0	0	0	8 815
药学	74 424	67 374	37 369	20 525	16 844	30 005	27 473	13 290	14 184	2 286	201	45	0	7 050
中医学与中药学	3 331	2 935	2 787	1 439	1 348	148	121	113	8	0	0	28	269	127
工程科学与技术领域	2 460 054	2 096 080	1 371 483	729 316	642 167	724 597	584 794	302 285	282 509	125 233	10 640	3 931	217 886	146 088
工程与技术科学基础学科	280 687	215 800	154 798	107 190	47 608	61 002	55 675	35 686	19 989	3 937	381	1 009	51 318	13 569
信息与系统科学相关工程与技术	129 245	125 320	104 497	43 723	60 774	20 823	11 525	10 937	588	8 541	133	623	1 969	1 956

（续上表）

指标	经费内部支出总额	科技经费内部支出	日常性支出	人员劳务费	其他日常性支出	资产性支出	仪器与设备支出	非基建的科学仪器与设备支出	基建的仪器与设备支出	土建费	资本化的计算机软件支出	专利和专有技术支出	生产经营支出	其他支出
自然科学相关工程与技术	348 338	328 356	234 875	103 313	131 563	93 480	78 898	58 244	20 653	12 633	1 905	44	11 000	8 982
测绘科学技术	104 132	48 608	45 699	28 937	16 762	2 909	1 499	856	643	0	1 313	97	47 636	7 889
材料科学	181 260	165 109	94 862	47 812	47 050	70 247	65 479	62 677	2 802	4 149	528	92	10 181	5 971
矿山工程技术	8 442	7 039	6 533	5 487	1 046	506	494	494	0	0	8	3	128	1 275
冶金工程技术	718	718	665	558	108	53	53	53	0	0	0	0	0	0
机械工程	37 447	27 720	24 755	14 761	9 994	2 965	1 098	1 007	91	1 527	86	255	4 957	4 770
动力与电气工程	114 297	112 264	38 894	19 504	19 390	73 370	4 057	4 057	0	69 086	28	199	1 803	230
能源科学技术	70 158	64 128	35 942	16 176	19 766	28 186	16 889	15 361	1 528	10 934	301	63	1 474	4 556
核科学技术	3 557	908	893	313	580	15	5	5	0	0	10	0	132	2 517
电子与通信技术	114 659	80 316	65 723	40 018	25 705	14 593	9 664	8 526	1 138	4 643	149	137	20 208	14 135
计算机科学技术	428 922	425 978	137 283	78 664	58 619	288 695	284 915	56 680	228 235	645	3 121	13	1 059	1 885
化学工程	2 886	1 478	1 083	696	387	395	386	76	310	0	5	4	1 237	171

（续上表）

指标	经费内部支出总额	科技经费内部支出	日常性支出	人员劳务费	其他日常性支出	资产性支出	仪器与设备支出	非基建的科学仪器与设备支出	基建的仪器与设备支出	土建费	资本化的计算机软件支出	专利和专有技术支出	生产经营支出	其他支出
产品应用相关工程与技术	86 577	42 836	34 627	13 170	21 457	8 209	7 582	7 454	129	358	258	11	29 092	14 648
纺织科学技术	3 470	2 858	2 359	1 533	826	499	499	499	0	0	0	0	0	612
食品科学技术	91 358	61 054	51 434	31 488	19 946	9 620	9 496	9 496	0	59	0	65	8 971	21 333
土木建筑工程	8 709	7 682	7 092	5 486	1 607	590	590	590	0	0	0	0	827	200
水利工程	69 815	59 016	55 866	31 644	24 222	3 150	2 020	1 090	930	598	446	85	934	9 865
交通运输工程	24 061	19 888	19 816	11 781	8 035	72	13	13	0	40	18	0	1 325	2 848
航空、航天科学技术	43 248	36 076	30 049	7 563	22 485	6 028	4 448	4 033	415	650	16	915	3 516	3 655
环境科学技术及资源科学技术	183 951	160 643	141 837	73 356	68 481	18 806	15 630	10 787	4 843	2 291	878	7	14 324	8 984
安全科学技术	108 852	97 951	77 830	43 505	34 325	20 121	13 620	13 620	0	5 143	1 055	305	5 345	5 556
管理学	15 268	4 336	4 070	2 638	1 432	266	261	44	217	0	0	5	451	10 481
社会、人文科学领域	132 593	98 522	93 228	59 509	33 719	5 294	4 480	3 578	902	587	211	16	9 380	24 691
马克思主义	17 322	14 660	13 951	11 649	2 302	710	710	710	0	0	0	0	0	2 662

（续上表）

指标	经费内部支出总额	科技经费内部支出	日常性支出	人员劳务费	其他日常性支出	资产性支出	仪器与设备支出	非基建的科学仪器与设备支出	基建的仪器与设备支出	土建费	资本化的计算机软件支出	专利和专有技术支出	生产经营支出	其他支出
语言学	1 019	112	112	63	49	0	0	0	0	0	0	0	0	907
艺术学	2 404	1 684	1 684	1 177	507	0	0	0	0	0	0	0	2	718
考古学	6 017	5 720	5 433	1 499	3 933	288	186	186	0	0	102	0	0	297
经济学	25 910	17 396	17 289	8 793	8 496	107	85	85	0	0	22	0	4 421	4 094
法学	1 014	1 011	1 011	486	525	0	0	0	0	0	0	0	3	0
社会学	10 737	8 657	8 550	6 687	1 863	107	100	100	0	0	7	0	467	1 613
民族学与文化学	1 666	1 522	1 513	1 258	255	9	9	9	0	0	0	0	0	144
图书馆、情报与文献学	38 692	29 761	28 840	19 264	9 575	922	254	234	20	587	81	0	1 942	6 989
教育学	22 611	13 415	11 571	6 320	5 251	1 844	1 827	945	882	0	0	16	2 545	6 652
体育科学	5 200	4 584	3 275	2 313	962	1 308	1 308	1 308	0	0	0	0	0	617
6．按机构从业人员规模分														
≥1 000人	367 447	327 208	250 092	137 244	112 848	77 116	57 375	23 849	33 526	17 844	1 649	248	36 119	4 120

（续上表）

指标	经费内部支出总额	科技经费内部支出	日常性支出	人员劳务费	其他日常性支出	资产性支出	仪器与设备支出	非基建的科学仪器与设备支出	基建的仪器与设备支出	土建费	资本化的计算机软件支出	专利和专有技术支出	生产经营支出	其他支出
500～999人	1 171 157	1 065 091	531 689	295 234	236 455	533 402	343 571	107 595	235 976	184 290	5 173	368	40 366	65 701
300～499人	814 687	708 705	484 911	253 193	231 718	223 794	137 078	128 562	8 516	81 388	2 466	2 862	47 332	58 649
200～299人	392 013	305 662	232 770	123 936	108 835	72 891	66 247	49 256	16 991	5 985	483	176	46 856	39 495
100～199人	773 224	626 811	523 553	271 689	251 864	103 257	92 305	82 768	9 537	7 450	2 612	892	61 301	85 112
50～99人	472 772	379 019	227 922	111 707	116 215	151 096	46 579	35 520	11 059	102 828	764	925	29 837	63 917
30～49人	195 799	157 798	112 440	50 175	62 265	45 358	12 741	7 462	5 279	31 247	466	904	13 285	24 716
20～29人	44 845	33 918	29 500	14 256	15 244	4 418	3 390	2 865	524	482	73	473	4 881	6 046
10～19人	53 075	43 170	29 091	17 069	12 022	14 080	4 811	3 541	1 270	9 198	53	18	4 427	5 478
0～9人	35 238	32 359	4 314	2 955	1 358	28 046	368	88	280	27 668	5	5	1 096	1 783

提交级别为 0 国家级；从事的国民经济行业代码（BA17）为 73–75；法人性质（BA29）为 1 事业独立法人（即机构类别 BA20 为 1–5）。

文件生成日期：2021–07–27 10:27:49

表 11-2-8　科研基建与固定资产（2020 年）

单位：万元

指标	科研基建	按经费来源分					年末固定资产原价	# 科研房屋建筑物	科研仪器设备	
		政府资金	企业资金	事业单位资金	国外资金	其他资金				# 进口
总计	791 339	753 077	43	37 495	0	724	4 184 308	922 821	2 568 400	782 163
1. 按机构所属地域分布										
广东省	791 339	753 077	43	37 495	0	724	4 184 308	922 821	2 568 400	782 163
广州市	275 872	255 234	5	20 593	0	40	2 688 777	719 321	1 554 733	581 619
韶关市	0	0	0	0	0	0	8 696	4 741	2 615	414
深圳市	276 797	261 276	35	14 963	0	523	878 750	50 854	663 369	139 681
珠海市	2 496	2 496	0	0	0	0	54 419	5 902	41 540	964
汕头市	17 626	17 626	0	0	0	0	30 826	9 881	17 326	9 217
佛山市	79 799	79 778	0	21	0	0	93 420	24 556	54 117	2 944
江门市	27 636	27 636	0	0	0	0	16 199	5 467	7 648	0
湛江市	60 315	60 315	0	0	0	0	70 655	28 884	27 305	12 585
茂名市	94	84	2	4	0	4	6 183	1 406	3 336	2 296
肇庆市	200	200	0	0	0	0	2 502	1 139	722	0
惠州市	40 042	38 225	0	1 734	0	83	68 593	15 497	40 066	7 150
梅州市	158	80	0	16	0	62	7 425	1 613	1 269	213
汕尾市	562	562	0	0	0	0	9 815	4 395	5 038	293
河源市	545	464	0	82	0	0	24 851	4 771	9 817	0
阳江市	7 835	7 763	0	60	0	12	6 421	4 864	849	21

（续上表）

指标	科研基建	按经费来源分					年末固定资产原价	# 科研房屋建筑物	科研仪器设备	
		政府资金	企业资金	事业单位资金	国外资金	其他资金				# 进口
清远市	0	0	0	0	0	0	2 589	647	119	0
东莞市	538	515	1	22	0	0	178 491	32 722	116 438	21 252
中山市	575	575	0	0	0	0	18 543	188	13 609	484
潮州市	50	50	0	0	0	0	3 701	641	1 691	0
揭阳市	0	0	0	0	0	0	11 194	4 766	6 042	2 765
云浮市	200	200	0	0	0	0	2 260	567	752	266
2．按机构所属隶属关系分布										
中央部门属	184 599	165 326	0	19 273	0	0	1 422 788	254 570	1 028 373	380 262
中国科学院	23 405	13 672	0	9 733	0	0	465 011	72 617	307 550	164 938
地方部门属	606 740	587 751	43	18 222	0	724	2 761 521	668 251	1 540 027	401 902
省级部门属	458 909	451 292	0	7 618	0	0	992 336	292 465	557 419	147 731
副省级城市属	8 875	6 326	0	2 184	0	366	547 538	114 623	265 207	100 486
地市级部门属	9 462	9 346	6	98	0	12	175 183	68 162	75 504	17 898
3．按机构从事的国民经济行业分布										
科学研究和技术服务业	791 339	753 077	43	37 495	0	724	4 184 308	922 821	2 568 400	782 163
研究和试验发展	615 095	586 332	41	28 466	0	256	2 246 545	656 616	1 271 488	456 232
专业技术服务业	173 634	164 247	0	8 922	0	464	1 797 870	253 638	1 236 187	304 555
科技推广和应用服务业	2 611	2 498	2	107	0	4	139 893	12 567	60 725	21 377

（续上表）

指标	科研基建	按经费来源分					年末固定资产原价	# 科研房屋建筑物	科研仪器设备	
		政府资金	企业资金	事业单位资金	国外资金	其他资金				# 进口
4. 按机构服务的国民经济行业分布										
农、林、牧、渔业	9 298	8 978	2	240	0	78	452 950	187 279	182 833	27 142
农业	2 671	2 418	0	180	0	74	140 979	59 725	43 066	4 725
林业	2 463	2 413	2	44	0	4	62 077	18 099	23 017	3 820
畜牧业	0	0	0	0	0	0	23 300	11 512	9 404	957
渔业	3 009	3 009	0	0	0	0	79 435	31 233	44 336	16 627
农、林、牧、渔专业及辅助性活动	1 155	1 138	0	16	0	0	147 160	66 711	63 011	1 013
采矿业	0	0	0	0	0	0	5 246	823	4 148	1 379
有色金属矿采选业	0	0	0	0	0	0	3 820	0	3 652	1 379
其他采矿业	0	0	0	0	0	0	1 426	823	496	0
制造业	32 117	31 798	1	318	0	0	338 350	109 964	185 885	43 961
农副食品加工业	1 533	1 533	0	0	0	0	67 456	42 775	22 983	9 043
石油、煤炭及其他燃料加工业	0	0	0	0	0	0	114	67	16	0
化学原料和化学制品制造业	17 626	17 626	0	0	0	0	34 888	0	33 407	156
医药制造业	3 695	3 695	1	0	0	0	141 195	45 293	81 932	33 591
非金属矿物制品业	320	2	0	318	0	0	5 744	435	4 085	0
黑色金属冶炼和压延加工业	7	7	0	0	0	0	2 331	572	1 655	236
专用设备制造业	1 069	1 069	0	0	0	0	28 785	10 905	6 709	935

（续上表）

指标	科研基建	按经费来源分					年末固定资产原价	# 科研房屋建筑物	科研仪器设备	
		政府资金	企业资金	事业单位资金	国外资金	其他资金				# 进口
汽车制造业	7 229	7 229	0	0	0	0	1 609	0	1 560	0
铁路、船舶、航空航天和其他运输设备制造业	0	0	0	0	0	0	9 540	4 907	4 037	0
电气机械和器材制造业	17	17	0	0	0	0	2 345	0	2 345	0
计算机、通信和其他电子设备制造业	565	565	0	0	0	0	43 557	5 011	26 544	0
仪器仪表制造业	57	57	0	0	0	0	216	0	216	0
其他制造业	0	0	0	0	0	0	570	0	398	0
电力、热力、燃气及水生产和供应业	184	184	0	0	0	0	848	0	686	12
电力、热力生产和供应业	184	184	0	0	0	0	848	0	686	12
建筑业	40	0	0	0	0	40	738	509	228	0
土木工程建筑业	40	0	0	0	0	40	738	509	228	0
交通运输、仓储和邮政业	0	0	0	0	0	0	17 098	1 326	15 591	0
道路运输业	0	0	0	0	0	0	237	0	56	0
水上运输业	0	0	0	0	0	0	16 861	1 326	15 535	0
信息传输、软件和信息技术服务业	4 778	2 442	0	2 336	0	0	51 518	6 753	25 547	1 012
电信、广播电视和卫星传输服务	2 336	0	0	2 336	0	0	5 899	526	4 423	0
互联网和相关服务	0	0	0	0	0	0	1 953	0	1 623	14
软件和信息技术服务业	2 442	2 442	0	0	0	0	43 667	6 227	19 501	999
金融业	0	0	0	0	0	0	350	0	350	0

（续上表）

指标	科研基建	按经费来源分					年末固定资产原价	#科研房屋建筑物	科研仪器设备	#进口
		政府资金	企业资金	事业单位资金	国外资金	其他资金				
货币金融服务	0	0	0	0	0	0	350	0	350	0
科学研究和技术服务业	739 812	706 426	40	32 739	0	607	3 027 146	521 639	2 011 715	661 794
研究和试验发展	651 075	633 859	40	16 994	0	182	1 200 143	187 459	871 557	331 313
专业技术服务业	81 813	65 705	0	15 683	0	424	1 698 767	324 401	1 079 864	309 623
科技推广和应用服务业	6 924	6 861	0	63	0	0	128 236	9 779	60 294	20 859
水利、环境和公共设施管理业	1 883	623	0	1 260	0	0	185 902	69 607	76 698	20 411
水利管理业	1 630	370	0	1 260	0	0	61 251	34 956	15 004	1 708
生态保护和环境治理业	53	53	0	0	0	0	123 617	34 651	60 662	18 703
土地管理业	200	200	0	0	0	0	1 033	0	1 033	0
居民服务、修理和其他服务业	190	190	0	0	0	0	7 038	0	6 967	200
其他服务业	190	190	0	0	0	0	7 038	0	6 967	200
教育	17	17	0	0	0	0	5 339	40	4 617	16
教育	17	17	0	0	0	0	5 339	40	4 617	16
卫生和社会工作	582	0	0	582	0	0	56 573	19 098	31 622	22 507
卫生	582	0	0	582	0	0	56 573	19 098	31 622	22 507
文化、体育和娱乐业	0	0	0	0	0	0	13 890	2 159	7 795	3 729
文化艺术业	0	0	0	0	0	0	2 347	92	78	0
体育	0	0	0	0	0	0	11 543	2 066	7 718	3 729

（续上表）

指标	科研基建	按经费来源分					年末固定资产原价	#科研房屋建筑物	科研仪器设备	
		政府资金	企业资金	事业单位资金	国外资金	其他资金				#进口
公共管理、社会保障和社会组织	2 439	2 419	0	20	0	0	21 323	3 623	13 716	0
国家机构	2 439	2 419	0	20	0	0	21 323	3 623	13 716	0
5. 按机构所属学科分布										
自然科学领域	288 641	287 506	0	1 074	0	62	939 014	141 902	642 953	287 017
信息科学与系统科学	927	886	0	42	0	0	13 171	470	11 417	14
力学	0	0	0	0	0	0	16	0	9	0
物理学	74 483	74 483	0	0	0	0	7 542	0	7 121	21
化学	19 752	19 243	0	509	0	0	186 389	74 061	108 997	61 788
地球科学	192 819	192 653	0	166	0	0	532 288	46 862	426 891	182 534
生物学	660	241	0	358	0	62	199 608	20 508	88 519	42 661
农业科学领域	12 296	12 054	2	224	0	16	540 123	223 318	210 237	43 032
农学	6 345	6 153	0	180	0	12	322 145	136 233	118 727	21 024
林学	2 463	2 413	2	44	0	4	99 359	37 037	34 428	3 985
畜牧、兽医科学	97	97	0	0	0	0	31 163	16 224	12 331	1 375
水产学	3 391	3 391	0	0	0	0	87 456	33 824	44 751	16 648
医学科学领域	81 171	79 567	1	1 604	0	0	318 785	80 819	206 847	116 248
基础医学	4 461	4 461	0	0	0	0	106 879	33 916	58 776	39 827
临床医学	60 233	58 629	0	1 604	0	0	61 153	10 537	45 278	24 935

（续上表）

指标	科研基建	按经费来源分					年末固定资产原价	#科研房屋建筑物	科研仪器设备	
		政府资金	企业资金	事业单位资金	国外资金	其他资金				#进口
预防医学与公共卫生学	0	0	0	0	0	0	24 523	9 278	12 758	8 927
药学	16 469	16 469	0	0	0	0	121 143	27 088	85 650	42 559
中医学与中药学	8	7	1	0	0	0	5 088	0	4 385	0
工程科学与技术领域	407 742	373 068	40	33 987	0	647	2 310 355	439 088	1 488 762	332 122
工程与技术科学基础学科	23 926	14 430	0	9 397	0	99	431 991	39 171	290 514	51 297
信息与系统科学相关工程与技术	9 129	511	0	8 618	0	0	96 872	1 905	90 378	24 442
自然科学相关工程与技术	33 286	27 253	40	5 894	0	99	357 820	95 859	251 923	97 238
测绘科学技术	643	643	0	0	0	0	56 997	2 191	39 816	5 243
材料科学	6 951	6 632	0	318	0	0	102 724	13 575	78 540	15 768
矿山工程技术	0	0	0	0	0	0	5 921	842	4 749	1 793
冶金工程技术	0	0	0	0	0	0	757	0	757	391
机械工程	1 618	188	0	1 430	0	0	43 432	12 450	24 342	4 930
动力与电气工程	69 086	69 086	0	0	0	0	9 669	2	9 024	251
能源科学技术	12 462	11 491	0	971	0	0	89 327	24 620	52 675	21 970
核科学技术	0	0	0	0	0	0	855	424	412	0
电子与通信技术	5 781	2 869	0	2 586	0	326	164 397	46 213	101 117	878
计算机科学技术	228 880	228 880	0	0	0	0	127 981	954	99 493	12 264
化学工程	310	227	0	0	0	83	2 943	238	2 544	150

（续上表）

指标	科研基建	按经费来源分					年末固定资产原价	# 科研房屋建筑物	科研仪器设备	
		政府资金	企业资金	事业单位资金	国外资金	其他资金				# 进口
产品应用相关工程与技术	487	402	0	85	0	0	150 891	28 180	97 418	126
纺织科学技术	0	0	0	0	0	0	12 285	0	6 186	5 256
食品科学技术	59	8	0	51	0	0	155 025	49 041	87 758	43 230
土木建筑工程	0	0	0	0	0	0	877	163	236	0
水利工程	1 529	269	0	1 260	0	0	57 926	34 790	12 710	1 708
交通运输工程	40	0	0	0	0	40	9 832	5 497	3 012	0
航空、航天科学技术	1 065	1 044	0	21	0	0	22 824	2 415	16 915	3 865
环境科学技术及资源科学技术	7 133	3 777	0	3 356	0	0	231 583	75 438	108 457	35 536
安全科学技术	5 143	5 143	0	0	0	0	172 949	5 119	108 443	5 786
管理学	217	217	0	0	0	0	4 480	0	1 344	0
社会、人文科学领域	1 489	882	0	607	0	0	76 031	37 694	19 601	3 745
马克思主义	0	0	0	0	0	0	7 314	5 466	1 284	0
艺术学	0	0	0	0	0	0	304	0	17	0
考古学	0	0	0	0	0	0	2 043	92	60	0
经济学	0	0	0	0	0	0	7 489	5 399	623	0
法学	0	0	0	0	0	0	65	0	0	0
社会学	0	0	0	0	0	0	8 191	5 518	402	0
民族学与文化学	0	0	0	0	0	0	289	0	289	0

（续上表）

指标	科研基建	按经费来源分					年末固定资产原价	# 科研房屋建筑物	科研仪器设备	
		政府资金	企业资金	事业单位资金	国外资金	其他资金				# 进口
图书馆、情报与文献学	607	0	0	607	0	0	36 449	19 113	7 854	0
教育学	882	882	0	0	0	0	2 344	40	1 354	16
体育科学	0	0	0	0	0	0	11 543	2 066	7 718	3 729
6. 按机构从业人员规模分										
≥1 000人	51 370	31 586	0	19 685	0	99	473 431	67 164	356 130	94 839
500～999人	420 266	416 410	0	3 856	0	0	969 472	168 193	671 013	256 244
300～499人	89 904	83 266	0	6 638	0	0	989 500	258 848	565 901	213 019
200～299人	22 976	19 625	5	3 346	0	0	358 910	76 455	198 592	74 067
100～199人	16 987	14 725	0	2 178	0	83	761 618	205 002	440 843	72 593
50～99人	113 888	112 220	36	1 620	0	12	376 111	81 835	223 279	54 853
30～49人	36 527	36 368	0	60	0	99	147 040	30 328	68 389	10 540
20～29人	1 007	589	2	46	0	369	53 272	20 062	21 011	1 591
10～19人	10 468	10 401	0	66	0	0	40 398	13 947	12 923	1 418
0～9人	27 948	27 886	0	0	0	62	14 557	987	10 319	3 000

提交级别为 0 国家级；从事的国民经济行业代码（BA17）为 73–75；法人性质（BA29）为 1 事业独立法人（即机构类别 BA20 为 1–5）。

文件生成日期：2021–07–27 10:27:50

表 11-2-9 科学仪器设备（2020 年）

指标	科学仪器设备数量	# 单台原值≧ 100 万元	科学仪器设备原值	# 单台原值≧ 100 万元
	台 / 套	台 / 套	万元	万元
总计	421 820	3 605	2 568 400	1 003 774
1. 按机构所属地域分组				
广东省	421 820	3 605	2 568 400	1 003 774
广州市	249 069	2 015	1 554 733	650 530
韶关市	1 244	1	2 615	138
深圳市	100 353	1 163	663 369	257 551
珠海市	5 051	58	41 540	11 919
汕头市	2 935	17	17 326	2 785
佛山市	16 279	54	54 117	12 934
江门市	1 701	7	7 648	984
湛江市	4 577	24	27 305	4 209
茂名市	394	3	3 336	760
肇庆市	437	0	722	0
惠州市	7 590	58	40 066	11 944
梅州市	643	0	1 269	0
汕尾市	1 382	4	5 038	491

（续上表）

指标	科学仪器设备数量	# 单台原值≥ 100 万元	科学仪器设备原值	# 单台原值≥ 100 万元
	台 / 套	台 / 套	万元	万元
河源市	392	23	9 817	5 650
阳江市	553	2	849	230
清远市	89	0	119	0
东莞市	24 105	158	116 438	40 082
中山市	3 733	9	13 609	1 768
潮州市	263	4	1 691	949
揭阳市	873	5	6 042	851
云浮市	157	0	752	0
2．按机构所属隶属关系分组				
中央部门属	115 756	1 349	1 028 373	482 057
中国科学院	60 696	422	307 550	128 047
地方部门属	306 064	2 256	1 540 027	521 717
省级部门属	128 034	797	557 419	204 292
副省级城市属	41 568	336	265 207	85 286
地市级部门属	19 426	68	75 504	13 579
3．按机构从事的国民经济行业分布				
科学研究和技术服务业	421 820	3 605	2 568 400	1 003 774
研究和试验发展	264 524	1 628	1 271 488	434 570

（续上表）

指标	科学仪器设备数量	# 单台原值≥ 100 万元	科学仪器设备原值	# 单台原值≥ 100 万元
	台 / 套	台 / 套	万元	万元
专业技术服务业	146 512	1 913	1 236 187	543 619
科技推广和应用服务业	10 784	64	60 725	25 585
4. 按机构服务的国民经济行业分布				
农、林、牧、渔业	34 726	153	182 833	40 902
农业	9 925	26	43 066	5 592
林业	4 942	21	23 017	3 348
畜牧业	3 020	3	9 404	490
渔业	5 876	41	44 336	17 614
农、林、牧、渔专业及辅助性活动	10 963	62	63 011	13 858
采矿业	904	5	4 148	1 156
有色金属矿采选业	869	5	3 652	1 156
其他采矿业	35	0	496	0
制造业	24 019	305	185 885	75 953
农副食品加工业	3 832	36	22 983	6 526
石油、煤炭及其他燃料加工业	31	0	16	0
化学原料和化学制品制造业	2 912	62	33 407	10 342
医药制造业	11 348	113	81 932	38 233
非金属矿物制品业	1 278	11	4 085	3 754

（续上表）

指标	科学仪器设备数量	# 单台原值≥ 100 万元	科学仪器设备原值	# 单台原值≥ 100 万元
	台 / 套	台 / 套	万元	万元
黑色金属冶炼和压延加工业	243	2	1 655	273
专用设备制造业	1 349	2	6 709	388
汽车制造业	73	2	1 560	308
铁路、船舶、航空航天和其他运输设备制造业	753	8	4 037	1 492
电气机械和器材制造业	227	3	2 345	765
计算机、通信和其他电子设备制造业	1 896	66	26 544	13 873
仪器仪表制造业	32	0	216	0
其他制造业	45	0	398	0
电力、热力、燃气及水生产和供应业	170	0	686	0
电力、热力生产和供应业	170	0	686	0
建筑业	12	0	228	0
土木工程建筑业	12	0	228	0
交通运输、仓储和邮政业	2 126	14	15 591	9 495
道路运输业	68	0	56	0
水上运输业	2 058	14	15 535	9 495
信息传输、软件和信息技术服务业	8 977	26	25 547	12 669
电信、广播电视和卫星传输服务	1 204	7	4 423	2 381
互联网和相关服务	1 212	2	1 623	334

（续上表）

指标	科学仪器设备数量	# 单台原值≧100 万元	科学仪器设备原值	# 单台原值≧100 万元
	台 / 套	台 / 套	万元	万元
软件和信息技术服务业	6 561	17	19 501	9 954
金融业	382	0	350	0
货币金融服务	382	0	350	0
科学研究和技术服务业	321 122	2 932	2 011 715	826 837
研究和试验发展	120 916	1 143	871 557	434 468
专业技术服务业	190 234	1 726	1 079 864	367 119
科技推广和应用服务业	9 972	63	60 294	25 251
水利、环境和公共设施管理业	17 192	99	76 698	17 701
水利管理业	3 209	21	15 004	5 085
生态保护和环境治理业	13 276	78	60 662	12 616
土地管理业	707	0	1 033	0
居民服务、修理和其他服务业	1 382	5	6 967	965
其他服务业	1 382	5	6 967	965
教育	4 133	2	4 617	322
教育	4 133	2	4 617	322
卫生和社会工作	4 008	51	31 622	15 238
卫生	4 008	51	31 622	15 238
文化、体育和娱乐业	893	12	7 795	2 390

（续上表）

指标	科学仪器设备数量	# 单台原值≥ 100 万元	科学仪器设备原值	# 单台原值≥ 100 万元
	台 / 套	台 / 套	万元	万元
文化艺术业	53	0	78	0
体育	840	12	7 718	2 390
公共管理、社会保障和社会组织	1 774	1	13 716	147
国家机构	1 774	1	13 716	147
5. 按机构所属学科分布				
自然科学领域	82 739	770	642 953	337 096
信息科学与系统科学	3 209	4	11 417	812
力学	18	0	9	0
物理学	1 486	5	7 121	1 046
化学	14 302	152	108 997	31 312
地球科学	41 314	501	426 891	263 742
生物学	22 410	108	88 519	40 183
农业科学领域	41 068	171	210 237	43 026
农学	22 922	104	118 727	21 117
林学	7 876	23	34 428	3 806
畜牧、兽医科学	4 244	3	12 331	490
水产学	6 026	41	44 751	17 614
医学科学领域	32 278	475	206 847	98 714

（续上表）

指标	科学仪器设备数量	# 单台原值≥ 100 万元	科学仪器设备原值	# 单台原值≥ 100 万元
	台 / 套	台 / 套	万元	万元
基础医学	11 631	76	58 776	28 706
临床医学	8 237	73	45 278	22 339
预防医学与公共卫生学	2 280	21	12 758	3 765
药学	8 777	299	85 650	41 785
中医学与中药学	1 353	6	4 385	2 119
工程科学与技术领域	259 815	2 174	1 488 762	521 943
工程与技术科学基础学科	61 382	448	290 514	94 601
信息与系统科学相关工程与技术	18 995	110	90 378	25 479
自然科学相关工程与技术	24 250	368	251 923	99 042
测绘科学技术	8 026	42	39 816	17 415
材料科学	11 193	131	78 540	42 284
矿山工程技术	1 375	6	4 749	1 294
冶金工程技术	33	1	757	139
机械工程	9 297	27	24 342	5 743
动力与电气工程	4 907	4	9 024	1 084
能源科学技术	9 675	84	52 675	19 743
核科学技术	28	0	412	0
电子与通信技术	22 781	207	101 117	46 038

（续上表）

指标	科学仪器设备数量	# 单台原值≥ 100 万元	科学仪器设备原值	# 单台原值≥ 100 万元
	台 / 套	台 / 套	万元	万元
计算机科学技术	19 783	113	99 493	37 603
化学工程	630	0	2 544	0
产品应用相关工程与技术	16 484	151	97 418	33 110
纺织科学技术	398	11	6 186	2 099
食品科学技术	9 770	147	87 758	32 952
土木建筑工程	126	0	236	0
水利工程	2 907	14	12 710	4 160
交通运输工程	746	2	3 012	518
航空、航天科学技术	1 904	28	16 915	5 212
环境科学技术及资源科学技术	18 228	158	108 457	25 993
安全科学技术	15 639	122	108 443	27 434
管理学	1 258	0	1 344	0
社会、人文科学领域	5 920	15	19 601	2 994
马克思主义	1 210	0	1 284	0
艺术学	33	0	17	0
考古学	20	0	60	0
经济学	397	0	623	0
社会学	569	0	402	0

（续上表）

指标	科学仪器设备数量	# 单台原值≧100 万元	科学仪器设备原值	# 单台原值≧100 万元
	台 / 套	台 / 套	万元	万元
民族学与文化学	590	0	289	0
图书馆、情报与文献学	1 963	3	7 854	604
教育学	298	0	1 354	0
体育科学	840	12	7 718	2 390
6. 按机构从业人员规模分				
≥1 000 人	32 595	563	356 130	127 825
500 ~ 999 人	83 087	869	671 013	357 054
300 ~ 499 人	128 686	742	565 901	216 420
200 ~ 299 人	41 114	460	198 592	69 605
100 ~ 199 人	71 740	598	440 843	146 876
50 ~ 99 人	40 086	268	223 279	64 639
30 ~ 49 人	14 465	58	68 389	11 252
20 ~ 29 人	4 489	20	21 011	3 663
10 ~ 19 人	4 056	7	12 923	1 177
0 ~ 9 人	1 502	20	10 319	5 263

提交级别为 0 国家级；从事的国民经济行业代码（BA17）为 73−75；法人性质（BA29）为 1 事业独立法人（即机构类别 BA20 为 1−5）。

文件生成日期：2021−07−27 10:27:51

表 11-2-10　课题概况（2020 年）

指标	课题数合计	#R&D 课题	课题经费内部支出	# 政府资金	#R&D 课题经费	课题人员折合全时工作量	#R&D 课题人员折合全时工作量
	个	个	万元	万元	万元	人年	人年
总计	15 773	12 043	1 224 996	945 171	1 035 862	34 249.2	28 656.1
1. 按地域分布							
广东省	15 773	12 043	1 224 996	945 171	1 035 862	34 249.2	28 656.1
广州市	11 447	8 420	756 645	528 618	606 839	19 191.6	15 500.6
韶关市	70	26	1 847	1 421	639	123.3	35.6
深圳市	2 626	2 367	256 624	222 630	235 754	7 948.5	7 452
珠海市	86	66	13 070	11 862	11 301	1 181.7	974.9
汕头市	114	73	4 504	3 406	3 004	357.6	273
佛山市	247	193	59 956	55 311	54 836	1 432.5	1 224
江门市	29	16	28 438	28 280	28 173	93.2	59
湛江市	228	168	6 053	6 015	3 887	596	426.8
茂名市	15	3	204	204	18	53	7
肇庆市	31	25	1 223	1 028	871	63.3	47.1
惠州市	105	73	17 221	16 827	15 991	550.5	444.2
梅州市	54	36	2 261	2 084	1 773	188.4	142.9
汕尾市	1	0	10	10	0	6	0

（续上表）

指标	课题数合计	#R&D课题	课题经费内部支出	# 政府资金	#R&D 课题经费	课题人员折合全时工作量	#R&D 课题人员折合全时工作量
	个	个	万元	万元	万元	人年	人年
河源市	16	8	485	348	394	79	48
阳江市	20	14	372	355	223	27.7	19.7
清远市	4	1	51	51	10	13	4
东莞市	517	441	66 251	57 402	63 758	1 867	1 642.6
中山市	92	80	5 858	5 537	5 604	215.9	205.7
潮州市	42	13	2 464	2 464	1 783	118.5	40.5
揭阳市	19	13	563	533	185	55.5	39.5
云浮市	10	7	898	785	822	87	69
2．按隶属关系分布							
中央部门属	6 696	4 987	441 467	303 015	351 155	10 524.6	8 613.9
中国科学院	3 897	3 373	200 237	173 157	181 244	5 009.4	4 579.1
地方部门属	9 077	7 056	783 530	642 156	684 707	23 724.6	20 042.2
省级部门属	4 830	3 596	394 911	339 744	358 954	11 305	9 894.4
副省级城市属	987	750	98 497	62 278	68 640	2 731.5	2 049.6
地市级部门属	708	461	34 488	26 610	25 561	2 192.3	1 496.9
3．按课题来源分布							
国家科技项目	3 957	3 617	351 347	279 207	302 571	8 559.9	7 506.7
地方科技项目	7 037	5 405	430 845	346 037	362 450	14 603.3	12 180.7

（续上表）

指标	课题数合计	#R&D课题	课题经费内部支出	# 政府资金	#R&D 课题经费	课题人员折合全时工作量	#R&D 课题人员折合全时工作量
	个	个	万元	万元	万元	人年	人年
企业委托科技项目	1 827	826	69 346	13 320	26 045	2 020.5	1 012.2
自选科技项目	1 339	1 224	288 522	249 309	279 938	6 395.2	5 913.3
国际合作科技项目	66	54	3 114	2 223	2 597	89.7	76.5
其他科技项目	1 547	917	81 823	55 075	62 261	2 580.6	1 966.7
4．按课题活动类型分布							
基础研究	4 195	4 195	270 789	240 208	270 789	8 131.5	8 131.5
应用研究	4 080	4 080	371 900	296 489	371 900	10 006.5	10 006.5
试验发展	3 768	3 768	393 174	291 501	393 174	10 518.1	10 518.1
研究与试验发展成果应用	1 075	0	69 985	47 766	0	2 127.3	0
技术推广与科技服务	2 655	0	119 149	69 207	0	3 465.8	0
5．按课题所属学科分布							
自然科学领域	5 035	4 112	377 682	332 048	335 912	9 483.5	8 562.6
数学	24	23	662	427	656	68.1	67.6
信息科学与系统科学	181	164	15 703	10 062	15 012	554.5	514.9
力学	34	31	5 111	4 492	1 562	102.4	86.4
物理学	95	90	43 679	42 513	43 484	384.5	381.3
化学	282	255	20 540	15 894	15 023	637.2	595.3
天文学	3	2	9	1	1	3.1	1.8

（续上表）

指标	课题数合计	#R&D课题	课题经费内部支出	# 政府资金	#R&D 课题经费	课题人员折合全时工作量	#R&D 课题人员折合全时工作量
	个	个	万元	万元	万元	人年	人年
地球科学	2 537	1 780	178 537	155 727	152 004	4 271.8	3 602.6
生物学	1 873	1 761	113 349	102 840	108 078	3 450.1	3 300.9
心理学	6	6	92	92	92	11.8	11.8
农业科学领域	2 943	2 154	113 290	95 061	89 915	4 377.6	3 135.7
农学	1 721	1 184	69 988	60 775	53 778	2 584	1 834.6
林学	383	282	13 099	12 432	9 893	789.6	485.5
畜牧、兽医科学	267	192	6 827	5 091	5 756	283.3	217.5
水产学	572	496	23 376	16 763	20 489	720.7	598.1
医学科学领域	834	777	63 147	36 499	58 929	2 731.9	2 561.2
基础医学	126	119	9 327	4 057	7 512	460.4	419.2
临床医学	304	291	24 638	17 138	23 795	1 032.3	998.2
预防医学与公共卫生学	135	122	13 869	4 649	12 760	498.3	437.9
军事医学与特种医学	1	1	4	4	4	1	1
药学	169	163	11 688	8 141	11 479	527.9	519.7
中医学与中药学	99	81	3 622	2 511	3 380	212	185.2
工程科学与技术领域	6 531	4 677	641 432	463 293	529 047	16 745	13 755.9
工程与技术科学基础学科	392	271	25 299	14 193	21 267	1 005.2	834.1
信息与系统科学相关工程与技术	173	116	44 364	36 762	36 116	873.9	714

（续上表）

指标	课题数合计	#R&D课题	课题经费内部支出	# 政府资金	#R&D 课题经费	课题人员折合全时工作量	#R&D 课题人员折合全时工作量
	个	个	万元	万元	万元	人年	人年
自然科学相关工程与技术	348	326	40 961	36 695	38 730	1 406.7	1 278.5
测绘科学技术	61	48	13 644	8 287	12 127	287.6	254.4
材料科学	687	634	65 283	55 385	61 284	2 012.2	1 860.2
矿山工程技术	53	48	2 971	1 021	2 761	75.1	71.4
冶金工程技术	8	8	599	509	599	12.7	12.7
机械工程	230	208	25 749	19 196	24 269	802.8	713.2
动力与电气工程	27	24	2 580	1 372	2 485	71.5	67.9
能源科学技术	675	525	28 739	24 224	22 595	831.1	718.2
核科学技术	8	8	9 341	9 176	9 341	145	145
电子与通信技术	604	537	132 681	90 326	115 584	2 235.3	1 942.1
计算机科学技术	435	371	80 360	66 405	75 641	2 073.3	1 882.6
化学工程	127	100	8 336	7 463	7 600	334.4	291.1
产品应用相关工程与技术	51	38	5 900	5 204	5 589	164.5	152
纺织科学技术	16	13	538	20	354	22.2	16.7
食品科学技术	225	202	10 624	4 295	8 430	437.1	370.3
土木建筑工程	36	26	8 981	3 007	5 555	186.3	134.4
水利工程	99	68	20 143	7 340	12 478	772	510
交通运输工程	135	68	18 416	10 574	5 465	375.1	153.6

（续上表）

指标	课题数合计	#R&D课题	课题经费内部支出	# 政府资金	#R&D 课题经费	课题人员折合全时工作量	#R&D 课题人员折合全时工作量
	个	个	万元	万元	万元	人年	人年
航空、航天科学技术	26	25	5 352	5 097	5 172	82.6	81.4
环境科学技术及资源科学技术	1 708	738	65 964	46 607	35 365	1 830.4	1 058.8
安全科学技术	140	120	14 825	3 978	13 928	325.6	295.3
管理学	267	155	9 782	6 159	6 311	382.4	198
社会、人文科学领域	430	323	29 446	18 270	22 060	911.2	640.7
哲学	1	1	679	679	679	17	17
宗教学	2	2	62	62	62	2	2
语言学	1	1	0	0	0	0.5	0.5
文学	1	1	246	246	246	8	8
艺术学	7	2	610	528	425	24	10
历史学	11	11	374	374	374	13.6	13.6
考古学	12	12	5 433	0	5 433	46	46
经济学	192	135	11 128	9 967	8 029	322.8	260.4
政治学	5	5	61	61	61	1.9	1.9
法学	9	7	242	213	137	46.2	6.8
军事学	8	0	737	632	0	16	0
社会学	64	45	3 853	2 913	2 680	133	108
民族学与文化学	12	11	458	458	340	14.2	10.8

（续上表）

指标	课题数合计	#R&D课题	课题经费内部支出	# 政府资金	#R&D 课题经费	课题人员折合全时工作量	#R&D 课题人员折合全时工作量
	个	个	万元	万元	万元	人年	人年
图书馆、情报与文献学	15	7	2 736	331	933	130.2	30.4
教育学	53	48	1 070	219	910	64.2	55.8
体育科学	25	24	1 164	1 099	1 163	38.5	36.5
统计学	12	11	592	488	588	33.1	33
6. 按课题技术领域分布							
非技术领域	1 313	778	53 876	44 875	41 575	1 688.4	1 246.9
信息技术	1 171	1 014	215 786	156 733	185 686	4 796.4	4 117.9
生物和现代农业技术	4 755	3 934	245 604	209 386	214 222	8 073.2	6 936.2
新材料技术	869	789	82 854	75 715	74 128	2 496.8	2 231.6
能源技术	751	592	67 837	61 644	60 963	1 037.7	921.2
激光技术	57	54	6 264	5 702	6 180	162.8	159.2
先进制造与自动化技术	623	567	107 920	80 741	104 058	2 570.8	2 390.6
航天技术	24	22	3 138	2 729	2 928	83.6	79.9
资源与环境技术	3 624	2 297	227 283	173 906	173 324	5 874.8	4 504.6
其他技术领域	2 586	1 996	214 435	133 741	172 798	7 464.7	6 068
7. 按课题的社会经济目标分布							
环境保护、生态建设及污染防治	2 227	1 073	114 104	75 329	68 531	3 168.6	1 983.9
环境一般问题	259	114	11 815	8 514	6 253	407	251.5

（续上表）

指标	课题数合计	#R&D课题	课题经费内部支出	# 政府资金	#R&D 课题经费	课题人员折合全时工作量	#R&D 课题人员折合全时工作量
	个	个	万元	万元	万元	人年	人年
环境与资源评估	457	152	17 372	10 234	6 907	530.2	244.3
环境监测	242	126	20 519	14 899	15 376	414.5	283.9
生态建设	239	125	10 831	8 208	7 647	332.1	213.5
环境污染预防	311	144	12 801	8 681	6 524	360.2	233.5
环境治理	684	386	37 218	22 977	22 758	997.5	652.9
自然灾害的预防、预报	35	26	3 547	1 816	3 067	127.1	104.3
能源生产、分配和合理利用	848	651	107 021	99 431	98 811	1 973.2	1 786.7
能源一般问题研究	571	440	48 125	45 302	42 656	485.1	392.2
能源矿产的勘探技术	25	23	35 038	35 038	34 746	761.8	723.8
能源矿物的开采和加工技术	19	14	2 216	1 615	1 982	78.9	73.3
能源转换技术	20	17	8 444	8 133	8 024	144.2	137.4
能源输送、储存与分配技术	17	17	1 556	1 072	1 556	51.6	51.6
可再生能源	79	62	2 790	2 302	2 334	132.8	120.4
能源设施和设备建造	31	27	2 649	1 477	2 550	113.2	109.7
能源安全生产管理和技术	15	13	703	454	636	28.6	27.4
节约能源的技术	41	28	3 761	3 049	3 339	130.6	114.5
能源生产、输送、分配、储存、利用过程中污染的防治与处理	30	10	1 738	989	989	46.4	36.4
卫生事业发展	1 121	1 053	76 046	54 276	71 876	3 235.8	3 038.2

（续上表）

指标	课题数合计	#R&D课题	课题经费内部支出	# 政府资金	#R&D 课题经费	课题人员折合全时工作量	#R&D 课题人员折合全时工作量
	个	个	万元	万元	万元	人年	人年
卫生一般问题	91	84	9 419	7 891	9 328	321.3	315.7
诊断与治疗	444	424	31 403	28 165	30 324	1 273	1 215.6
预防医学	106	102	6 303	3 729	5 883	320.9	309.8
公共卫生	45	41	4 650	1 877	4 520	211.5	202.9
营养和食品卫生	43	39	1 940	1 141	1 876	117.3	108.9
药物滥用和成瘾	7	6	146	40	137	28.6	10.6
社会医疗	51	47	4 522	4 151	4 366	116.6	108.8
卫生医疗其他研究	334	310	17 661	7 282	15 441	846.6	765.9
教育事业发展	83	65	2 036	836	1 561	138.5	88.8
教育一般问题	35	34	728	70	713	42.9	41.1
学历教育	9	9	126	11	126	8.1	8.1
非学历教育与培训	19	14	592	419	442	39	19.9
其他教育	20	8	590	336	279	48.5	19.7
基础设施以及城市和农村规划	560	190	46 969	23 770	24 279	1 004.8	578.2
交通运输	125	58	15 882	8 788	4 188	343.8	130.7
通信	35	32	2 667	1 209	1 769	106.5	91
广播与电视	3	3	39	39	39	5.5	5.5
城市规划与市政工程	123	66	21 843	10 158	14 764	422.5	310.5

（续上表）

指标	课题数合计	#R&D课题	课题经费内部支出	# 政府资金	#R&D 课题经费	课题人员折合全时工作量	#R&D 课题人员折合全时工作量
	个	个	万元	万元	万元	人年	人年
农村发展规划与建设	244	11	2 852	2 628	200	82.1	5.6
交通运输、通信、城市与农村发展对环境的影响	30	20	3 687	947	3 318	44.4	34.9
基础社会发展和社会服务	1 322	925	121 951	86 635	99 480	3 616.6	2 868.7
社会发展和社会服务一般问题	232	185	8 808	8 090	6 531	371.7	256.7
社会保障	9	5	3 631	251	3 452	100.5	94.9
公共安全	123	103	25 032	15 168	18 815	570.1	491.8
社会管理	82	41	1 896	937	1 113	91	42.1
就业	4	1	93	5	5	4.3	0.1
法律与司法	8	5	353	152	93	15.6	10.8
政府与政治	7	0	225	12	0	4.3	0
国际关系	5	5	63	63	63	7.3	7.3
遗产保护	15	15	5 570	127	5 570	65	65
语言与文化	3	2	151	151	33	7.4	4
文艺、娱乐	5	5	534	534	534	14.4	14.4
宗教与道德	3	3	91	91	91	3	3
传媒	3	1	10	10	0	2	0.1
科技发展	413	355	55 313	46 152	53 128	1 563.6	1 430.6
国土资源管理	110	35	10 087	8 488	3 318	319.7	167.7

（续上表）

指标	课题数合计	#R&D课题	课题经费内部支出	# 政府资金	#R&D 课题经费	课题人员折合全时工作量	#R&D 课题人员折合全时工作量
	个	个	万元	万元	万元	人年	人年
其他社会发展和社会服务	300	163	10 095	6 405	6 735	476.7	280.2
地球和大气层的探索与利用	1 670	1 496	106 491	96 063	97 249	2 944.9	2 617.7
地壳、地幔，海底的探测和研究	580	577	32 386	27 662	32 121	564.7	563.3
水文地理	28	21	3 329	900	1 669	122.9	59.6
海洋	883	733	56 223	53 446	50 003	1 907.5	1 682.8
大气	169	157	10 926	10 610	10 280	295.8	270.3
地球探测和开发其他研究	10	8	3 627	3 445	3 176	54	41.7
民用空间探测及开发	46	40	7 588	6 629	7 063	139	125.9
空间探测一般研究	4	4	84	79	84	6.7	6.7
飞行器和运载工具研制	12	10	930	660	720	44.8	41.1
发射与控制系统	2	2	395	76	395	5.5	5.5
卫星服务	25	21	6 112	5 776	5 796	74	64.6
空间探测和开发其他研究	3	3	67	38	67	8	8
农林牧渔业发展	3 271	2 409	117 748	97 624	91 759	4 741.1	3 410.4
农林牧渔业发展一般问题	324	188	17 098	11 250	11 584	465.1	312.6
农作物种植及培育	984	710	34 524	31 090	26 388	1 755.3	1 247.6
林业和林产品	250	164	8 146	7 842	5 581	543.5	291.6
畜牧业	227	143	5 310	4 081	4 189	234	170.4

（续上表）

指标	课题数合计	#R&D课题	课题经费内部支出	# 政府资金	#R&D 课题经费	课题人员折合全时工作量	#R&D 课题人员折合全时工作量
	个	个	万元	万元	万元	人年	人年
渔业	342	278	14 534	12 206	11 818	437.9	327.3
农林牧渔业体系支撑	1 078	879	34 624	28 327	29 393	1 201	977.9
农林牧渔业生产中污染的防治与处理	66	47	3 513	2 830	2 806	104.3	83
工商业发展	2 178	1 783	294 447	194 390	249 629	6 705	5 735.8
促进工商业发展的一般问题	95	56	7 350	6 166	4 615	194.3	111
产业共性技术	264	215	57 253	52 265	52 384	1 175.1	1 086.8
非能源资源矿产的开采	1	1	7	7	7	0	0
食品、饮料和烟草制品业	134	113	3 838	2 184	3 029	134	110
纺织业、服装及皮革制品业	9	7	568	293	433	12	11
化学工业	99	93	5 766	4 375	5 457	200	189
非金属与金属制品业	55	42	5 027	3 037	3 456	126	85
机械制造业（不包括电子设备、仪器仪表及办公机械	149	131	11 335	8 103	10 473	484	431
电子设备、仪器仪表及办公机械	213	185	75 785	48 797	66 982	1 091	949
其他制造业	47	38	5 503	3 936	3 382	164	118
热力、水的生产和供应	1	1	60	60	60	3	3
建筑业	15	13	634	349	564	25	22

（续上表）

指标	课题数合计	#R&D课题	课题经费内部支出	# 政府资金	#R&D 课题经费	课题人员折合全时工作量	#R&D 课题人员折合全时工作量
	个	个	万元	万元	万元	人年	人年
信息与通信技术（ICT）服务业	281	210	46 334	22 019	29 640	1 052	779
技术服务业	686	599	60 062	31 482	56 019	1 795	1 628
金融业	11	10	8 313	8 002	8 002	93	90
商业及其他服务业	25	12	1 223	419	896	35	27
工商业活动中的环境保护、污染防治与处理	93	57	5 391	2 897	4 232	122	97
非定向研究	2 039	2 039	197 688	188 687	197 688	5 147	5 147
自然科学领域的非定向研究	1 441	1 441	83 256	79 401	83 256	2 629	2 629
工程与技术科学领域的非定向研究	293	293	83 615	80 309	83 615	1 616	1 616
农业科学领域的非定向研究	48	48	11 415	11 415	11 415	214	214
医学科学领域的非定向研究	146	146	8 848	8 684	8 848	379	379
社会科学领域的非定向研究	63	63	6 478	6 478	6 478	183	183
人文科学领域的非定向研究	15	15	995	995	995	39	39
其他	33	33	3 082	1 406	3 082	89	89
其他民用目标	373	294	30 340	19 615	26 370	1 332	1 196
国防	35	25	2 567	1 885	1 568	102	79
8. 按课题合作形式分布							
9. 按课题服务的国民经济行业分布							
农、林、牧、渔业	2 672	1 943	93 912	77 580	72 099	4 060	2 888

（续上表）

指标	课题数合计	#R&D课题	课题经费内部支出	# 政府资金	#R&D 课题经费	课题人员折合全时工作量	#R&D 课题人员折合全时工作量
	个	个	万元	万元	万元	人年	人年
农业	1 390	953	50 282	43 289	37 601	2 114	1 502
林业	262	182	7 724	7 372	5 877	462	305
畜牧业	70	60	3 409	3 011	3 050	152	123
渔业	426	381	16 365	10 413	14 725	551	461
农、林、牧、渔专业及辅助性活动	524	367	16 132	13 496	10 846	781	496
采矿业	67	52	4 855	2 898	3 240	186	152
石油和天然气开采业	14	9	890	449	673	88	84
黑色金属矿采选业	1	0	100	100	0	0	0
有色金属矿采选业	38	37	1 992	831	1 987	58	58
非金属矿采选业	1	1	5	5	5	0	0
开采专业及辅助性活动	8	5	963	609	575	15	9
其他采矿业	5	0	904	904	0	25	0
制造业	1 982	1 685	236 330	172 410	209 509	5 919	5 239
农副食品加工业	106	83	3 792	3 301	3 117	149	122
食品制造业	86	70	2 178	1 312	1 758	101	72
酒、饮料和精制茶制造业	20	15	567	237	333	29	21
烟草制品业	3	1	170	167	30	6	1
纺织业	13	11	495	238	390	12	11

（续上表）

指标	课题数合计	#R&D课题	课题经费内部支出	# 政府资金	#R&D 课题经费	课题人员折合全时工作量	#R&D 课题人员折合全时工作量
	个	个	万元	万元	万元	人年	人年
纺织服装、服饰业	1	1	20	20	20	3	3
皮革、毛皮、羽毛及其制品和制鞋业	1	1	5	0	5	1	1
木材加工和木、竹、藤、棕、草制品业	13	10	325	325	160	10	8
家具制造业	7	2	169	146	38	7	2
造纸和纸制品业	2	1	34	31	31	1	1
文教、工美、体育和娱乐用品制造业	4	4	13	10	13	4	4
石油、煤炭及其他燃料加工业	30	21	1 493	1 151	1 396	85	80
化学原料和化学制品制造业	128	112	7 563	6 330	6 866	339	299
医药制造业	259	237	20 204	13 965	15 130	656	605
化学纤维制造业	18	15	871	844	748	44	39
橡胶和塑料制品业	30	23	1 086	891	978	45	39
非金属矿物制品业	74	64	8 255	7 764	7 682	234	214
黑色金属冶炼和压延加工业	12	7	1 071	54	1 021	21	16
有色金属冶炼和压延加工业	69	54	1 585	1 102	1 224	134	101
金属制品业	33	23	2 128	2 115	1 461	90	71
通用设备制造业	89	72	11 702	7 993	10 201	469	387
专用设备制造业	327	297	37 221	33 746	35 437	902	836
汽车制造业	33	24	4 077	3 004	2 506	132	110

（续上表）

指标	课题数合计	#R&D课题	课题经费内部支出	# 政府资金	#R&D 课题经费	课题人员折合全时工作量	#R&D 课题人员折合全时工作量
	个	个	万元	万元	万元	人年	人年
铁路、船舶、航空航天和其他运输设备制造业	88	79	15 321	11 655	14 260	345	324
电气机械和器材制造业	154	132	15 599	13 386	15 199	426	406
计算机、通信和其他电子设备制造业	291	252	89 134	54 824	79 033	1 357	1 179
仪器仪表制造业	40	37	3 581	2 793	3 084	132	120
其他制造业	25	17	5 932	4 188	5 820	139	130
废弃资源综合利用业	20	15	1 625	745	1 502	39	33
金属制品、机械和设备修理业	6	5	116	76	69	8	5
电力、热力、燃气及水生产和供应业	153	83	6 172	4 639	4 234	200	152
电力、热力生产和供应业	100	57	4 039	2 722	2 903	132	112
燃气生产和供应业	12	7	740	693	479	22	12
水的生产和供应业	41	19	1 393	1 224	851	46	28
建筑业	23	21	1 315	433	1 300	55	53
房屋建筑业	7	6	690	182	678	24	23
土木工程建筑业	15	14	457	251	453	27	26
建筑安装业	1	1	168	0	168	4	4
批发和零售业	2	2	40	40	40	3	3
批发业	1	1	39	39	39	2	2
零售业	1	1	1	1	1	1	1

（续上表）

指标	课题数合计	#R&D课题	课题经费内部支出	# 政府资金	#R&D 课题经费	课题人员折合全时工作量	#R&D 课题人员折合全时工作量
	个	个	万元	万元	万元	人年	人年
交通运输、仓储和邮政业	111	47	17 098	9 673	2 725	304	74
铁路运输业	1	1	5	5	5	0	0
道路运输业	104	42	16 146	9 045	2 097	280	59
水上运输业	2	2	507	507	507	8	8
航空运输业	1	1	100	100	100	5	5
装卸搬运和仓储业	3	1	340	16	16	12	2
住宿和餐饮业	1	1	100	0	100	5	5
住宿业	1	1	100	0	100	5	5
信息传输、软件和信息技术服务业	408	306	52 193	27 656	31 119	1 510	1 164
电信、广播电视和卫星传输服务	13	11	3 289	1 622	2 289	77	61
互联网和相关服务	63	44	15 495	5 842	2 932	352	187
软件和信息技术服务业	332	251	33 409	20 192	25 898	1 081	916
金融业	12	10	8 396	7 997	8 021	103	100
货币金融服务	4	3	7 956	7 625	7 645	83	80
资本市场服务	3	3	183	180	183	13	13
保险业	1	1	38	38	38	2	2
其他金融业	4	3	218	155	155	5	5
房地产业	1	1	50	50	50	1	1

（续上表）

指标	课题数合计	#R&D课题	课题经费内部支出	# 政府资金	#R&D 课题经费	课题人员折合全时工作量	#R&D 课题人员折合全时工作量
	个	个	万元	万元	万元	人年	人年
房地产业	1	1	50	50	50	1	1
租赁和商务服务业	145	49	9 561	7 879	3 665	160	72
租赁业	10	10	522	417	522	17	17
商务服务业	135	39	9 040	7 462	3 144	143	55
科学研究和技术服务业	7 243	6 197	636 855	537 737	589 570	16 611	15 021
研究和试验发展	4 266	4 265	401 321	378 587	401 246	9 932	9 929
专业技术服务业	2 541	1 750	216 485	147 551	179 035	5 819	4 700
科技推广和应用服务业	436	182	19 049	11 599	9 289	859	392
水利、环境和公共设施管理业	2 376	1 153	112 052	73 025	69 273	3 215	2 013
水利管理业	92	54	13 573	5 557	8 750	554	348
生态保护和环境治理业	1 859	1 028	87 261	57 885	57 128	2 372	1 587
公共设施管理业	17	9	3 456	2 662	774	76	30
土地管理业	408	62	7 762	6 920	2 622	214	49
居民服务、修理和其他服务业	20	13	1 704	1 376	521	79	73
居民服务业	6	1	1 255	998	93	13	8
机动车、电子产品和日用产品修理业	2	1	18	5	13	2	1
其他服务业	12	11	431	373	414	64	64
教育	100	74	2 399	1 349	1 925	191	152

（续上表）

指标	课题数合计	#R&D课题	课题经费内部支出	# 政府资金	#R&D 课题经费	课题人员折合全时工作量	#R&D 课题人员折合全时工作量
	个	个	万元	万元	万元	人年	人年
教育	100	74	2 399	1 349	1 925	191	152
卫生和社会工作	361	331	33 166	17 150	30 275	1 471	1 355
卫生	361	331	33 166	17 150	30 275	1 471	1 355
文化、体育和娱乐业	43	37	7 505	2 002	7 213	113	98
文化艺术业	20	16	6 401	898	6 110	78	64
体育	22	21	1 104	1 104	1 103	35	33
娱乐业	1	0	0	0	0	0	0
公共管理、社会保障和社会组织	53	38	1 292	1 275	985	62	44
中国共产党机关	2	1	41	41	1	9	0
国家机构	39	30	1 022	1 014	927	42	39
社会保障	11	6	223	220	51	11	5
群众团体、社会团体和其他成员组织	1	1	6	0	6	0	0

提交级别为 0 国家级；从事的国民经济行业代码（BA17）为 73–75；法人性质（BA29）为 1 事业独立法人（即机构类别 BA20 为 1–5）。

文件生成日期：2021–07–27 10:27:51

表 11-2-11　课题经费内部支出按活动类型分（2020 年）

单位：万元

指标	课题经费内部支出	基础研究	应用研究	试验发展	R&D 成果应用	科技服务
总计	1 224 997	270 789	371 900	393 174	69 985	119 149
1. 按机构所属地域分布						
广东省	1 224 997	270 789	371 900	393 174	69 985	119 149
广州市	756 645	147 511	185 153	274 174	48 122	101 684
韶关市	1 847	0	0	639	442	766
深圳市	256 624	75 719	129 604	30 430	10 100	10 771
珠海市	13 070	4 280	3 113	3 908	1 143	626
汕头市	4 504	0	62	2 942	591	908
佛山市	59 956	2 924	27 701	24 211	3 981	1 138
江门市	28 438	27 522	0	651	130	135
湛江市	6 053	485	1 369	2 032	2 116	50
茂名市	204	0	0	18	152	34
肇庆市	1 223	0	0	871	41	311
惠州市	17 221	383	7 047	8 561	756	475
梅州市	2 261	0	17	1 756	248	240
汕尾市	10	0	0	0	0	10
河源市	486	0	125	270	31	60
阳江市	372	0	72	151	44	105

（续上表）

指标	课题经费内部支出	基础研究	应用研究	试验发展	R&D 成果应用	科技服务
清远市	51	0	0	10	41	0
东莞市	66 252	11 590	13 613	38 555	1 334	1 160
中山市	5 858	374	2 237	2 993	124	130
潮州市	2 464	0	1 610	173	588	93
揭阳市	563	0	0	185	0	378
云浮市	898	0	178	643	0	77
2. 按机构所属隶属关系分布						
中央部门属	441 467	113 902	113 602	123 652	27 075	63 237
中国科学院	200 238	89 337	67 061	24 846	10 120	8 874
地方部门属	783 530	156 887	258 298	269 522	42 910	55 912
省级部门属	394 911	68 736	159 705	130 513	15 936	20 021
副省级城市属	98 497	6 553	36 311	25 777	15 059	14 798
地市级部门属	34 488	472	3 184	21 905	4 534	4 392
3. 按课题来源分布						
国家科技项目	351 347	139 305	61 700	101 566	18 277	30 499
地方科技项目	430 845	85 187	129 811	147 451	27 721	40 674
企业委托科技项目	69 346	861	14 282	10 903	13 625	29 676
自选科技项目	288 522	28 434	138 497	113 007	6 414	2 170
国际合作科技项目	3 114	328	2 112	157	126	391
其他科技项目	81 823	16 673	25 498	20 090	3 823	15 739

（续上表）

指标	课题经费内部支出	基础研究	应用研究	试验发展	R&D 成果应用	科技服务
4．按课题所属学科分布						
自然科学领域	377 682	176 951	81 352	77 609	12 811	28 959
数学	662	268	205	184	6	0
信息科学与系统科学	15 703	901	7 497	6 614	474	217
力学	5 111	547	638	377	3 550	0
物理学	43 679	36 746	5 618	1 120	55	140
化学	20 540	1 456	9 666	3 901	1 163	4 354
天文学	9	0	1	0	0	8
地球科学	178 537	76 167	28 421	47 415	4 508	22 026
生物学	113 349	60 811	29 269	17 998	3 056	2 215
心理学	92	56	36	0	0	0
农业科学领域	113 290	23 215	19 534	47 165	11 055	12 320
农学	69 988	16 113	8 407	29 258	8 340	7 870
林学	13 099	1 975	2 556	5 362	937	2 270
畜牧、兽医科学	6 827	267	1 451	4 038	269	802
水产学	23 376	4 861	7 120	8 508	1 510	1 378
医学科学领域	63 147	15 979	22 118	20 831	3 175	1 044
基础医学	9 327	1 941	3 775	1 796	1 807	8
临床医学	24 638	10 843	9 012	3 939	60	783
预防医学与公共卫生学	13 869	1 073	4 588	7 099	1 034	75

（续上表）

指标	课题经费内部支出	基础研究	应用研究	试验发展	R&D 成果应用	科技服务
军事医学与特种医学	4	0	4	0	0	0
药学	11 688	1 755	3 817	5 908	84	124
中医学与中药学	3 622	366	923	2 090	189	54
工程科学与技术领域	641 432	47 026	236 217	245 804	39 866	72 520
工程与技术科学基础学科	25 299	1 278	6 514	13 475	1 190	2 842
信息与系统科学相关工程与技术	44 364	320	29 140	6 656	390	7 859
自然科学相关工程与技术	40 961	7 739	16 656	14 336	1 658	573
测绘科学技术	13 644	757	6 536	4 834	1 376	141
材料科学	65 283	11 498	18 967	30 820	3 047	952
矿山工程技术	2 971	725	773	1 264	210	0
冶金工程技术	599	34	0	565	0	0
机械工程	25 749	397	7 068	16 804	1 160	320
动力与电气工程	2 581	77	1 016	1 392	3	92
能源科学技术	28 739	346	14 579	7 671	4 796	1 348
核科学技术	9 341	0	5 770	3 571	0	0
电子与通信技术	132 681	4 905	39 753	70 927	4 914	12 183
计算机科学技术	80 360	11 054	43 480	21 108	3 807	911
化学工程	8 336	47	1 243	6 310	721	15
产品应用相关工程与技术	5 900	50	260	5 279	19	292
纺织科学技术	538	7	261	85	184	0

（续上表）

指标	课题经费内部支出	基础研究	应用研究	试验发展	R&D 成果应用	科技服务
食品科学技术	10 624	214	2 789	5 427	1 585	609
土木建筑工程	8 981	245	4 430	880	1 995	1 431
水利工程	20 144	1 928	7 280	3 270	1 239	6 426
交通运输工程	18 416	24	2 127	3 314	5 691	7 259
航空、航天科学技术	5 353	38	3 770	1 364	0	181
环境科学技术及资源科学技术	65 964	4 578	14 882	15 905	4 104	26 495
安全科学技术	14 825	606	5 449	7 874	752	144
管理学	9 782	162	3 475	2 674	1 024	2 448
社会、人文科学领域	29 446	7 618	12 678	1 765	3 079	4 307
哲学	679	679	0	0	0	0
宗教学	62	0	62	0	0	0
语言学	0	0	0	0	0	0
文学	246	0	246	0	0	0
艺术学	610	0	425	0	0	185
历史学	374	304	71	0	0	0
考古学	5 433	5 433	0	0	0	0
经济学	11 128	216	7 246	568	2 484	615
政治学	61	60	1	0	0	0
法学	242	19	114	3	0	105
军事学	737	0	0	0	0	737

（续上表）

指标	课题经费内部支出	基础研究	应用研究	试验发展	R&D 成果应用	科技服务
社会学	3 853	681	1 998	0	477	696
民族学与文化学	458	129	212	0	118	0
图书馆、情报与文献学	2 736	5	41	888	0	1 803
教育学	1 070	23	852	35	0	160
体育科学	1 164	13	1 150	0	0	1
统计学	592	57	261	270	0	4
5．按课题技术领域分布						
非技术领域	53 876	21 778	16 766	3 031	4 099	8 202
信息技术	215 787	8 679	108 384	68 624	9 814	20 286
生物和现代农业技术	245 604	83 719	53 432	77 071	15 229	16 154
新材料技术	82 854	11 534	23 034	39 561	7 579	1 147
能源技术	67 837	29 863	20 549	10 550	5 321	1 553
激光技术	6 264	858	1 620	3 703	74	10
先进制造与自动化技术	107 920	11 601	35 767	56 690	2 865	996
航天技术	3 138	66	2 316	546	0	210
资源与环境技术	227 283	65 936	41 616	65 772	8 562	45 397
其他技术领域	214 435	36 755	68 416	67 627	16 442	25 195
6．按课题的社会经济目标分布						
环境保护、生态建设及污染防治	114 104	14 689	29 663	24 179	8 900	36 674
环境一般问题	11 815	1 224	2 432	2 597	655	4 908

（续上表）

指标	课题经费内部支出	基础研究	应用研究	试验发展	R&D 成果应用	科技服务
环境与资源评估	17 372	462	3 958	2 486	1 624	8 842
环境监测	20 519	1 766	8 686	4 924	1 288	3 856
生态建设	10 831	1 427	4 106	2 115	921	2 264
环境污染预防	12 801	1 382	2 396	2 746	368	5 909
环境治理	37 219	8 337	6 833	7 588	3 629	10 832
自然灾害的预防、预报	3 547	91	1 254	1 723	415	65
能源生产、分配和合理利用	107 021	35 610	22 605	40 597	5 716	2 494
能源一般问题研究	48 125	28 104	12 184	2 368	4 241	1 229
能源矿产的勘探技术	35 038	5 391	0	29 356	0	292
能源矿物的开采和加工技术	2 216	1 321	94	567	205	30
能源转换技术	8 444	60	6 361	1 602	420	0
能源输送、储存与分配技术	1 556	1	678	878	0	0
可再生能源	2 790	312	634	1 389	391	65
能源设施和设备建造	2 649	392	1 176	981	77	23
能源安全生产管理和技术	703	0	233	403	67	0
节约能源的技术	3 761	29	583	2 727	315	107
能源生产、输送、分配、储存、利用过程中污染的防治与处理	1 738	1	662	326	0	749
卫生事业发展	76 046	18 698	28 542	24 635	2 909	1 262
卫生一般问题	9 419	4 433	3 176	1 719	65	27
诊断与治疗	31 403	5 739	11 924	12 662	357	722

（续上表）

指标	课题经费内部支出	基础研究	应用研究	试验发展	R&D 成果应用	科技服务
预防医学	6 303	1 244	3 141	1 499	352	69
公共卫生	4 650	631	1 374	2 515	127	3
营养和食品卫生	1 940	275	449	1 152	1	64
药物滥用和成瘾	146	72	64	2	0	9
社会医疗	4 522	897	2 780	689	0	156
卫生医疗其他研究	17 661	5 408	5 635	4 398	2 009	212
教育事业发展	2 036	70	1 259	232	0	475
教育一般问题	728	30	648	35	0	15
学历教育	126	0	126	0	0	0
非学历教育与培训	592	40	206	197	0	149
其他教育	590	0	279	0	0	311
基础设施以及城市和农村规划	46 969	627	15 476	8 176	11 333	11 357
交通运输	15 882	25	2 545	1 617	4 889	6 804
通信	2 667	143	1 118	508	898	0
广播与电视	39	9	26	4	0	0
城市规划与市政工程	21 843	211	10 226	4 327	5 433	1 645
农村发展规划与建设	2 853	101	78	21	33	2 619
交通运输、通信、城市与农村发展对环境的影响	3 687	138	1 481	1 699	80	288
基础社会发展和社会服务	121 951	28 697	39 324	31 460	3 782	18 690
社会发展和社会服务一般问题	8 808	950	3 592	1 988	936	1 341

（续上表）

指标	课题经费内部支出	基础研究	应用研究	试验发展	R&D 成果应用	科技服务
社会保障	3 631	0	30	3 422	0	179
公共安全	25 032	1 957	9 301	7 558	1 552	4 665
社会管理	1 896	5	549	558	563	221
就业	93	0	5	0	0	88
法律与司法	353	19	74	0	0	260
政府与政治	225	0	0	0	28	197
国际关系	63	25	36	2	0	0
遗产保护	5 570	5 541	0	29	0	0
语言与文化	151	0	33	0	118	0
文艺、娱乐	534	0	534	0	0	0
宗教与道德	91	0	91	0	0	0
传媒	10	0	0	0	0	10
科技发展	55 313	18 146	21 553	13 429	334	1 851
国土资源管理	10 087	0	1 876	1 442	166	6 604
其他社会发展和社会服务	10 095	2 054	1 650	3 031	87	3 274
地球和大气层的探索与利用	106 491	58 776	22 644	15 830	2 602	6 640
地壳、地幔，海底的探测和研究	32 386	27 709	1 922	2 490	246	19
水文地理	3 329	408	925	337	685	975
海洋	56 223	28 933	9 941	11 129	1 447	4 773
大气	10 926	1 439	7 596	1 244	223	423

（续上表）

指标	课题经费内部支出	基础研究	应用研究	试验发展	R&D 成果应用	科技服务
地球探测和开发其他研究	3 627	286	2 260	631	0	451
民用空间探测及开发	7 588	318	5 280	1 465	14	511
空间探测一般研究	84	84	0	0	0	0
飞行器和运载工具研制	930	89	579	52	0	210
发射与控制系统	395	0	172	223	0	0
卫星服务	6 112	126	4 529	1 141	14	302
空间探测和开发其他研究	67	18	0	49	0	0
农林牧渔业发展	117 748	16 715	22 330	52 713	12 652	13 338
农林牧渔业发展一般问题	17 098	1 490	3 756	6 338	2 807	2 707
农作物种植及培育	34 524	5 038	3 386	17 964	4 133	4 003
林业和林产品	8 146	791	1 187	3 604	782	1 783
畜牧业	5 310	251	1 044	2 893	226	895
渔业	14 534	3 662	4 007	4 149	1 626	1 090
农林牧渔业体系支撑	34 624	5 194	7 899	16 300	2 621	2 611
农林牧渔业生产中污染的防治与处理	3 513	290	1 051	1 465	458	250
工商业发展	294 447	8 368	61 587	179 674	20 035	24 783
促进工商业发展的一般问题	7 350	141	414	4 060	836	1 899
产业共性技术	57 253	518	13 964	37 901	4 468	401
非能源资源矿产的开采	7	0	0	7	0	0
食品、饮料和烟草制品业	3 838	100	942	1 987	549	261

（续上表）

指标	课题经费内部支出	基础研究	应用研究	试验发展	R&D 成果应用	科技服务
纺织业、服装及皮革制品业	568	7	26	400	135	0
化学工业	5 766	377	740	4 340	261	47
非金属与金属制品业	5 027	133	1 704	1 619	803	768
机械制造业（不包括电子设备、仪器仪表及办公机械）	11 335	161	1 572	8 740	427	434
电子设备、仪器仪表及办公机械	75 785	1 714	4 104	61 164	1 750	7 053
其他制造业	5 503	119	571	2 692	2 121	0
热力、水的生产和供应	60	0	60	0	0	0
建筑业	634	14	299	250	0	71
信息与通信技术（ICT）服务业	46 334	3 350	12 838	13 452	5 493	11 200
技术服务业	60 062	1 239	14 887	39 893	2 439	1 604
金融业	8 313	0	7 963	38	311	0
商业及其他服务业	1 223	14	136	746	196	132
工商业活动中的环境保护、污染防治与处理	5 391	478	1 368	2 386	245	914
非定向研究	197 688	85 842	111 846	0	0	0
自然科学领域的非定向研究	83 256	62 583	20 673	0	0	0
工程与技术科学领域的非定向研究	83 615	4 246	79 369	0	0	0
农业科学领域的非定向研究	11 415	10 843	572	0	0	0
医学科学领域的非定向研究	8 848	5 032	3 816	0	0	0
社会科学领域的非定向研究	6 478	1 819	4 659	0	0	0
人文科学领域的非定向研究	995	152	842	0	0	0

（续上表）

指标	课题经费内部支出	基础研究	应用研究	试验发展	R&D 成果应用	科技服务
其他	3 082	1 167	1 915	0	0	0
其他民用目标	30 340	2 289	10 825	13 256	1 825	2 146
国防	2 567	91	520	958	220	779
7．按课题合作形式分布						
独立完成	789 581	196 403	219 729	240 970	43 224	89 255
与境内独立研究机构合作	128 194	22 660	40 577	45 990	9 238	9 729
与境内高等学校合作	141 291	48 160	26 482	58 492	5 150	3 007
与境内注册其他企业合作	76 006	1 297	18 185	33 835	7 827	14 863
与境外机构合作	6 929	546	3 493	1 939	675	276
其他	82 995	1 722	63 435	11 948	3 873	2 019
8．按课题服务的国民经济行业分布						
农、林、牧、渔业	93 912	13 448	15 822	42 828	11 165	10 649
农业	50 282	7 185	6 002	24 413	6 047	6 634
林业	7 724	943	1 102	3 831	875	972
畜牧业	3 409	139	985	1 926	269	90
渔业	16 365	2 790	4 555	7 381	1 212	428
农、林、牧、渔专业及辅助性活动	16 132	2 391	3 178	5 277	2 762	2 524
采矿业	4 855	730	905	1 605	569	1 046
石油和天然气开采业	890	511	71	91	205	12
黑色金属矿采选业	100	0	0	0	0	100

（续上表）

指标	课题经费内部支出	基础研究	应用研究	试验发展	R&D 成果应用	科技服务
有色金属矿采选业	1 992	191	357	1 439	5	0
非金属矿采选业	5	5	0	0	0	0
开采专业及辅助性活动	964	23	477	75	359	30
其他采矿业	904	0	0	0	0	904
制造业	236 330	11 113	65 279	133 117	11 978	14 844
农副食品加工业	3 792	424	1 114	1 579	497	177
食品制造业	2 178	153	440	1 165	417	3
酒、饮料和精制茶制造业	567	46	93	194	231	3
烟草制品业	170	30	0	0	0	140
纺织业	496	7	0	382	105	1
纺织服装、服饰业	20	0	0	20	0	0
皮革、毛皮、羽毛及其制品和制鞋业	5	0	0	5	0	0
木材加工和木、竹、藤、棕、草制品业	325	19	65	76	0	166
家具制造业	169	0	0	38	107	25
造纸和纸制品业	34	0	31	0	0	3
文教、工美、体育和娱乐用品制造业	13	0	3	10	0	0
石油、煤炭及其他燃料加工业	1 493	0	513	883	44	54
化学原料和化学制品制造业	7 563	615	2 104	4 147	648	49
医药制造业	20 204	1 644	6 822	6 665	664	4 410
化学纤维制造业	871	334	270	145	35	88

（续上表）

指标	课题经费内部支出	基础研究	应用研究	试验发展	R&D 成果应用	科技服务
橡胶和塑料制品业	1 086	10	690	278	101	7
非金属矿物制品业	8 255	300	3 443	3 940	533	40
黑色金属冶炼和压延加工业	1 071	0	322	699	8	42
有色金属冶炼和压延加工业	1 585	387	494	344	305	55
金属制品业	2 128	235	1 036	190	586	81
通用设备制造业	11 702	182	3 832	6 187	1 444	57
专用设备制造业	37 221	3 612	13 851	17 974	899	884
汽车制造业	4 077	30	566	1 910	1 338	233
铁路、船舶、航空航天和其他运输设备制造业	15 321	202	7 233	6 825	163	899
电气机械和器材制造业	15 599	176	1 948	13 075	275	126
计算机、通信和其他电子设备制造业	89 134	2 491	15 372	61 171	2 898	7 204
仪器仪表制造业	3 581	70	1 215	1 798	430	68
其他制造业	5 932	24	3 485	2 311	87	25
废弃资源综合利用业	1 625	124	281	1 098	117	6
金属制品、机械和设备修理业	116	0	58	11	48	0
电力、热力、燃气及水生产和供应业	6 172	370	1 925	1 940	776	1 163
电力、热力生产和供应业	4 039	133	1 650	1 120	564	572
燃气生产和供应业	740	37	175	268	137	124
水的生产和供应业	1 393	200	100	552	75	467
建筑业	1 315	143	337	820	12	4

（续上表）

指标	课题经费内部支出	基础研究	应用研究	试验发展	R&D 成果应用	科技服务
房屋建筑业	690	31	99	548	12	0
土木工程建筑业	457	112	70	272	0	4
建筑安装业	169	0	169	0	0	0
批发和零售业	41	0	41	0	0	0
批发业	39	0	39	0	0	0
零售业	2	0	2	0	0	0
交通运输、仓储和邮政业	17 098	37	1 753	935	7 254	7 119
铁路运输业	5	0	0	5	0	0
道路运输业	16 146	7	1 160	930	6 935	7 115
水上运输业	507	14	492	0	0	0
航空运输业	100	0	100	0	0	0
装卸搬运和仓储业	340	16	0	0	319	4
住宿和餐饮业	100	0	100	0	0	0
住宿业	100	0	100	0	0	0
信息传输、软件和信息技术服务业	52 193	1 466	15 054	14 599	7 655	13 419
电信、广播电视和卫星传输服务	3 290	300	294	1 695	993	8
互联网和相关服务	15 495	118	1 183	1 632	1 963	10 600
软件和信息技术服务业	33 409	1 048	13 577	11 273	4 699	2 812
金融业	8 396	0	7 884	137	311	64
货币金融服务	7 956	0	7 642	2	311	0

（续上表）

指标	课题经费内部支出	基础研究	应用研究	试验发展	R&D 成果应用	科技服务
资本市场服务	183	0	183	0	0	0
保险业	38	0	0	38	0	0
其他金融业	218	0	59	96	0	64
房地产业	50	0	50	0	0	0
房地产业	50	0	50	0	0	0
租赁和商务服务业	9 561	124	2 611	931	4 840	1 056
租赁业	522	76	446	0	0	0
商务服务业	9 040	48	2 165	931	4 840	1 056
科学研究和技术服务业	636 855	207 862	218 283	163 426	15 138	32 148
研究和试验发展	401 321	176 771	158 911	65 563	0	76
专业技术服务业	216 485	30 953	56 880	91 203	12 912	24 538
科技推广和应用服务业	19 049	138	2 492	6 660	2 225	7 534
水利、环境和公共设施管理业	112 052	19 702	26 142	23 429	7 267	35 513
水利管理业	13 573	290	5 514	2 946	926	3 897
生态保护和环境治理业	87 261	17 875	20 121	19 131	6 195	23 939
公共设施管理业	3 456	31	97	645	62	2 621
土地管理业	7 762	1 505	410	707	84	5 056
居民服务、修理和其他服务业	1 704	163	13	345	703	480
居民服务业	1 255	93	0	0	682	480
机动车、电子产品和日用产品修理业	18	0	0	13	5	0

（续上表）

指标	课题经费内部支出	基础研究	应用研究	试验发展	R&D 成果应用	科技服务
其他服务业	431	70	13	331	16	0
教育	2 400	82	1 618	225	27	448
教育	2 400	82	1 618	225	27	448
卫生和社会工作	33 166	10 096	11 647	8 532	1 922	969
卫生	33 166	10 096	11 647	8 532	1 922	969
文化、体育和娱乐业	7 505	5 446	1 767	0	118	174
文化艺术业	6 401	5 433	677	0	118	173
体育	1 104	13	1 090	0	0	1
娱乐业	0	0	0	0	0	0
公共管理、社会保障和社会组织	1 292	7	671	307	252	55
中国共产党机关	41	0	1	0	0	40
国家机构	1 022	0	664	263	81	15
社会保障	223	7	0	44	171	0
群众团体、社会团体和其他成员组织	6	0	6	0	0	0

提交级别为 0 国家级；从事的国民经济行业代码（BA17）为 73–75；法人性质（BA29）为 1 事业独立法人（即机构类别 BA20 为 1–5）。

文件生成日期：2021-07-27 10:27:52

表 11-2-12　课题人员折合全时工作量按活动类型分（2020 年）

单位：人年

指标	课题人员折合全时工作量	基础研究	应用研究	试验发展	R&D 成果应用	科技服务
总计	34 249.2	8 131.5	10 006.5	10 518.1	2 127.3	3 465.8
1. 按机构所属地域分布						
广东省	34 249.2	8 131.5	10 006.5	10 518.1	2 127.3	3 465.8
广州市	19 191.6	4 176.2	5 267.1	6 057.3	1 122	2 569
韶关市	123.3	0	0	35.6	32.5	55.2
深圳市	7 948.5	3 090.8	3 203.8	1 157.4	220.1	276.4
珠海市	1 181.7	430.6	237.1	307.2	101.1	105.7
汕头市	357.6	0	45.3	227.7	39.5	45.1
佛山市	1 432.5	87.4	525.6	611	160	48.5
江门市	93.2	5	0	54	16.4	17.8
湛江市	596	89.8	106.7	230.3	162.8	6.4
茂名市	53	0	0	7	15	31
肇庆市	63.3	0	0	47.1	1.2	15
惠州市	550.5	10	171	263.2	31.8	74.5
梅州市	188.4	0	2.4	140.5	22.5	23
汕尾市	6	0	0	0	0	6
河源市	79	0	19	29	21	10
阳江市	27.7	0	4.4	15.3	3	5

（续上表）

指标	课题人员折合全时工作量	基础研究	应用研究	试验发展	R&D 成果应用	科技服务
清远市	13	0	0	4	9	0
东莞市	1 867	235.7	325.8	1 081.1	104.2	120.2
中山市	215.9	6	77.8	121.9	4.2	6
潮州市	118.5	0	14.5	26	58	20
揭阳市	55.5	0	0	39.5	3	13
云浮市	87	0	6	63	0	18
2. 按机构所属隶属关系分布						
中央部门属	10 524.6	3 029.6	2 974.7	2 609.6	570.3	1 340.4
中国科学院	5 009.4	2 134	1 875.2	569.9	223.8	206.5
地方部门属	23 724.6	5 101.9	7 031.8	7 908.5	1 557	2 125.4
省级部门属	11 305	2 607	3 903.6	3 383.8	631.6	779
副省级城市属	2 731.5	284.1	892.8	872.7	247.4	434.5
地市级部门属	2 192.3	30.1	193.9	1 272.9	360.3	335.1
3. 按课题来源分布						
国家科技项目	8 559.9	3 438.7	1 824.6	2 243.4	417.3	635.9
地方科技项目	14 603.3	3 054.2	4 287.1	4 839.4	922.2	1 500.4
企业委托科技项目	2 020.5	62	487.1	463.1	300.6	707.7
自选科技项目	6 395.2	1 144.2	2 536.1	2 233	340	141.9
国际合作科技项目	89.7	6.6	58.9	11	6.1	7.1
其他科技项目	2 580.6	425.8	812.7	728.2	141.1	472.8

（续上表）

指标	课题人员折合全时工作量	基础研究	应用研究	试验发展	R&D 成果应用	科技服务
4. 按课题所属学科分布						
自然科学领域	9 483.5	4 471.6	2 270.6	1 820.4	259.5	661.4
数学	68.1	51.6	8.6	7.4	0.5	0
信息科学与系统科学	554.5	114	194.8	206.1	28.9	10.7
力学	102.4	41.5	34	10.9	16	0
物理学	384.5	179	141.9	60.4	2	1.2
化学	637.2	192.5	252.5	150.3	25.5	16.4
天文学	3.1	0	1.8	0	0	1.3
地球科学	4 271.8	1 981.8	667.2	953.6	101.5	567.7
生物学	3 450.1	1 903.1	966.1	431.7	85.1	64.1
心理学	11.8	8.1	3.7	0	0	0
农业科学领域	4 377.6	769.5	602.1	1 764.1	581.4	660.5
农学	2 584	451.3	280.5	1 102.8	407.3	342.1
林学	789.6	106.1	127.8	251.6	79.2	224.9
畜牧、兽医科学	283.3	30.5	45.2	141.8	28.3	37.5
水产学	720.7	181.6	148.6	267.9	66.6	56
医学科学领域	2 731.9	911.2	956.4	693.6	116.8	53.9
基础医学	460.4	180.3	155.8	83.1	38.4	2.8
临床医学	1 032.3	476.8	388.8	132.6	2.3	31.8
预防医学与公共卫生学	498.3	70	198.2	169.7	52.3	8.1

（续上表）

指标	课题人员折合全时工作量					
		基础研究	应用研究	试验发展	R&D 成果应用	科技服务
军事医学与特种医学	1	0	1	0	0	0
药学	527.9	137.5	139.6	242.6	4.1	4.1
中医学与中药学	212	46.6	73	65.6	19.7	7.1
工程科学与技术领域	16 745	1 846.7	5 720.9	6 188.3	1 128.3	1 860.8
工程与技术科学基础学科	1 005.2	64.4	263	506.7	38	133.1
信息与系统科学相关工程与技术	873.9	20.2	365.7	328.1	10.3	149.6
自然科学相关工程与技术	1 406.7	331.4	510	437.1	103.8	24.4
测绘科学技术	287.6	10.3	84.4	159.7	29.5	3.7
材料科学	2 012.2	461.5	566.7	832	131.5	20.5
矿山工程技术	75.1	17.4	18.6	35.4	3.7	0
冶金工程技术	12.7	1.5	0	11.2	0	0
机械工程	802.8	32.5	161	519.7	66.5	23.1
动力与电气工程	71.5	7.1	25.5	35.3	1	2.6
能源科学技术	831.1	17.9	413.1	287.2	57.1	55.8
核科学技术	145	0	80	65	0	0
电子与通信技术	2 235.3	202.9	829.8	909.4	90.3	202.9
计算机科学技术	2 073.3	317	930.5	635.1	134.9	55.8
化学工程	334.4	7.5	67.9	215.7	43	0.3
产品应用相关工程与技术	164.5	6	11.1	134.9	3	9.5
纺织科学技术	22.2	1	11.1	4.6	5.5	0

（续上表）

指标	课题人员折合全时工作量	基础研究	应用研究	试验发展	R&D 成果应用	科技服务
食品科学技术	437.1	16.4	157	196.9	52.8	14
土木建筑工程	186.3	24	74.6	35.8	28.6	23.3
水利工程	772	80	313.3	116.7	53.4	208.6
交通运输工程	375.1	7	46.6	100	109.2	112.3
航空、航天科学技术	82.6	6	45.9	29.5	0	1.2
环境科学技术及资源科学技术	1 830.4	180.3	495.6	382.9	128.6	643
安全科学技术	325.6	16	138.4	140.9	18.6	11.7
管理学	382.4	18.4	111.1	68.5	19	165.4
社会、人文科学领域	911.2	132.5	456.5	51.7	41.3	229.2
哲学	17	17	0	0	0	0
宗教学	2	0	2	0	0	0
语言学	0.5	0	0.5	0	0	0
文学	8	0	8	0	0	0
艺术学	24	0	10	0	0	14
历史学	13.6	9.4	4.2	0	0	0
考古学	46	46	0	0	0	0
经济学	322.8	8.3	243.6	8.5	30	32.4
政治学	1.9	1.8	0.1	0	0	0
法学	46.2	0.6	3.2	3	0	39.4
军事学	16	0	0	0	0	16

（续上表）

指标	课题人员折合全时工作量					
		基础研究	应用研究	试验发展	R&D 成果应用	科技服务
社会学	133	32.8	74.2	1	7.9	17.1
民族学与文化学	14.2	3.8	7	0	3.4	0
图书馆、情报与文献学	130.2	0.2	3	27.2	0	99.8
教育学	64.2	1	51.8	3	0	8.4
体育科学	38.5	2	34.5	0	0	2
统计学	33.1	9.6	14.4	9	0	0.1
5. 按课题技术领域分布						
非技术领域	1 688.4	503.8	638.5	104.6	75.3	366.2
信息技术	4 796.4	573.6	2 033.2	1 511.1	249.6	428.9
生物和现代农业技术	8 073.2	2 836.9	1 767.6	2 331.7	645	492
新材料技术	2 496.8	527.6	671.1	1 032.9	235.9	29.3
能源技术	1 037.7	102.6	489	329.6	59	57.5
激光技术	162.8	21.1	43.3	94.8	2.6	1
先进制造与自动化技术	2 570.8	281.8	745.4	1 363.4	140.7	39.5
航天技术	83.6	11	48.9	20	0	3.7
资源与环境技术	5 874.8	1 858.2	1 235.1	1 411.3	253.8	1 116.4
其他技术领域	7 464.7	1 414.9	2 334.4	2 318.7	465.4	931.3
6. 按课题的社会经济目标分布						
环境保护、生态建设及污染防治	3 168.6	537.3	786.7	659.9	219.8	964.9
环境一般问题	407	46.5	100.4	104.6	24.2	131.3

（续上表）

指标	课题人员折合全时工作量	基础研究	应用研究	试验发展	R&D 成果应用	科技服务
环境与资源评估	530.2	36.1	129.7	78.5	16.1	269.8
环境监测	414.5	82.5	95.3	106.1	39.6	91
生态建设	332.1	39	121.3	53.2	25.1	93.5
环境污染预防	360.2	36.4	112.3	84.8	8	118.7
环境治理	997.5	273.8	172.6	206.5	87.8	256.8
自然灾害的预防、预报	127.1	23	55.1	26.2	19	3.8
能源生产、分配和合理利用	1 973.2	296.3	584.1	906.3	83.1	103.4
能源一般问题研究	485.1	46.5	280.3	65.4	45.8	47.1
能源矿产的勘探技术	761.8	157.3	0	566.5	0	38
能源矿物的开采和加工技术	78.9	28.6	30.2	14.5	3.6	2
能源转换技术	144.2	4.1	97.7	35.6	6.8	0
能源输送、储存与分配技术	51.6	1	21.3	29.3	0	0
可再生能源	132.8	35.2	37.8	47.4	10.7	1.7
能源设施和设备建造	113.2	11	32.9	65.8	2.2	1.3
能源安全生产管理和技术	28.6	0	13.5	13.9	1.2	0
节约能源的技术	130.6	11.6	53.9	49	12.8	3.3
能源生产、输送、分配、储存、利用过程中污染的防治与处理	46.4	1	16.5	18.9	0	10
卫生事业发展	3 235.8	1 078.4	1 166.5	793.3	110.8	86.8
卫生一般问题	321.3	166.9	116.7	32.1	2.3	3.3
诊断与治疗	1 273	363.9	506.8	344.9	28.8	28.6

（续上表）

指标	课题人员折合全时工作量	基础研究	应用研究	试验发展	R&D 成果应用	科技服务
预防医学	320.9	105.4	155.9	48.5	5	6.1
公共卫生	211.5	17.3	52.9	132.7	8.5	0.1
营养和食品卫生	117.3	25.9	27.3	55.7	0.2	8.2
药物滥用和成瘾	28.6	2	8	0.6	0	18
社会医疗	116.6	37.5	54.4	16.9	0	7.8
卫生医疗其他研究	846.6	359.5	244.5	161.9	66	14.7
教育事业发展	138.5	3.6	79.9	5.3	0	49.7
教育一般问题	42.9	1.2	36.9	3	0	1.8
学历教育	8.1	0	8.1	0	0	0
非学历教育与培训	39	2.4	15.2	2.3	0	19.1
其他教育	48.5	0	19.7	0	0	28.8
基础设施以及城市和农村规划	1 004.8	47.3	276.9	254	202.8	223.8
交通运输	343.8	4	58.4	68.3	98.4	114.7
通信	106.5	19.2	43.1	28.7	15.5	0
广播与电视	5.5	1.2	3.3	1	0	0
城市规划与市政工程	422.5	13.6	152.2	144.7	85.1	26.9
农村发展规划与建设	82.1	2.3	2.9	0.4	1.9	74.6
交通运输、通信、城市与农村发展对环境的影响	44.4	7	17	10.9	1.9	7.6

（续上表）

指标	课题人员折合全时工作量	基础研究	应用研究	试验发展	R&D 成果应用	科技服务
基础社会发展和社会服务	3 616.6	614.7	1 154.3	1 099.7	132.5	615.4
社会发展和社会服务一般问题	371.7	45.5	148.4	62.8	19.3	95.7
社会保障	100.5	0	2.9	92	0	5.6
公共安全	570.1	44.6	274.6	172.6	48.8	29.5
社会管理	91	1	24.1	17	26.9	22
就业	4.3	0	0.1	0	0	4.2
法律与司法	15.6	0.6	10.2	0	0	4.8
政府与政治	4.3	0	0	0	1.3	3
国际关系	7.3	0.8	5	1.5	0	0
遗产保护	65	60	0	5	0	0
语言与文化	7.4	0	4	0	3.4	0
文艺、娱乐	14.4	0	14.4	0	0	0
宗教与道德	3	0	3	0	0	0
传媒	2	0	0	0.1	0	1.9
科技发展	1 563.6	409.5	515.1	506	21.9	111.1
国土资源管理	319.7	0	71.6	96.1	2.6	149.4
其他社会发展和社会服务	476.7	52.7	80.9	146.6	8.3	188.2
地球和大气层的探索与利用	2 944.9	1 456.4	671.8	489.5	155.6	171.6
地壳、地幔，海底的探测和研究	564.7	492.7	29.4	41.2	1	0.4
水文地理	122.9	16.3	34.3	9	30	33.3

（续上表）

指标	课题人员折合全时工作量					
		基础研究	应用研究	试验发展	R&D 成果应用	科技服务
海洋	1 907.5	851.7	436.5	394.6	108.2	116.5
大气	295.8	89.7	152.4	28.2	16.4	9.1
地球探测和开发其他研究	54	6	19.2	16.5	0	12.3
民用空间探测及开发	139	26.7	51.1	48.1	1.4	11.7
空间探测一般研究	6.7	6.7	0	0	0	0
飞行器和运载工具研制	44.8	13	13	15.1	0	3.7
发射与控制系统	5.5	0	3.5	2	0	0
卫星服务	74	2	34.6	28	1.4	8
空间探测和开发其他研究	8	5	0	3	0	0
农林牧渔业发展	4 741.1	773.6	675.4	1 961.4	638.5	692.2
农林牧渔业发展一般问题	465.1	73.8	84.3	154.5	68.3	84.2
农作物种植及培育	1 755.3	286	137.3	824.3	290.2	217.5
林业和林产品	543.5	49.7	57	184.9	69.2	182.7
畜牧业	234	32.1	32.2	106.1	19.5	44.1
渔业	437.9	119.2	69.8	138.3	68.7	41.9
农林牧渔业体系支撑	1 201	202.2	260.6	515.1	106.3	116.8
农林牧渔业生产中污染的防治与处理	104.3	10.6	34.2	38.2	16.3	5
工商业发展	6 705	370.6	1 603.6	3 761.6	489.9	479.3
促进工商业发展的一般问题	194.3	8.2	23.8	79	23.1	60.2
产业共性技术	1 175.1	25.9	307.8	753.1	72.7	15.6

（续上表）

指标	课题人员折合全时工作量	基础研究	应用研究	试验发展	R&D 成果应用	科技服务
非能源资源矿产的开采	0	0	0	0	0	0
食品、饮料和烟草制品业	134	6	33	71	20	4
纺织业、服装及皮革制品业	12	1	1	9	1	0
化学工业	200	40	48	101	8	3
非金属与金属制品业	126	12	40	33	35	6
机械制造业（不包括电子设备、仪器仪表及办公机械）	484	14	68	348	41	13
电子设备、仪器仪表及办公机械	1 091	46	145	758	35	107
其他制造业	164	8	24	87	46	0
热力、水的生产和供应	3	0	3	0	0	0
建筑业	25	3	10	10	0	3
信息与通信技术（ICT）服务业	1 052	102	299	378	103	170
技术服务业	1 795	86	487	1 054	96	71
金融业	93	1	87	2	3	0
商业及其他服务业	35	2	1	24	2	7
工商业活动中的环境保护、污染防治与处理	122	16	27	54	4	22
非定向研究	5 147	2 532	2 615	0	0	0
自然科学领域的非定向研究	2 629	1 782	846	0	0	0
工程与技术科学领域的非定向研究	1 616	228	1 387	0	0	0

（续上表）

指标	课题人员折合全时工作量	基础研究	应用研究	试验发展	R&D 成果应用	科技服务
农业科学领域的非定向研究	214	199	15	0	0	0
医学科学领域的非定向研究	379	225	154	0	0	0
社会科学领域的非定向研究	183	50	133	0	0	0
人文科学领域的非定向研究	39	7	32	0	0	0
其他	89	40	48	0	0	0
其他民用目标	1 332	392	312	492	88	48
国防	102	2	30	47	5	19
7. 按课题合作形式分布						
独立完成	21 750	5 975	6 114	5 910	1 124	2 626
与境内独立研究机构合作	3 776	871	1 046	1 294	266	300
与境内高等学校合作	3 939	1 070	970	1 564	214	121
与境内注册其他企业合作	2 467	71	596	1 140	325	336
与境外机构合作	252	24	107	84	34	4
其他	2 064	120	1 174	526	164	79
8. 按课题服务的国民经济行业分布						
农、林、牧、渔业	4 060	712	502	1 674	584	588
农业	2 114	377	173	952	321	290
林业	462	66	52	187	70	87
畜牧业	152	22	27	74	19	10
渔业	551	110	102	249	61	29

（续上表）

指标	课题人员折合全时工作量	基础研究	应用研究	试验发展	R&D 成果应用	科技服务
农、林、牧、渔专业及辅助性活动	781	136	147	213	114	172
采矿业	186	17	53	82	7	28
石油和天然气开采业	88	7	36	42	4	0
黑色金属矿采选业	0	0	0	0	0	0
有色金属矿采选业	58	10	9	39	0	0
非金属矿采选业	0	0	0	0	0	0
开采专业及辅助性活动	15	0	8	0	4	2
其他采矿业	25	0	0	0	0	25
制造业	5 919	788	1 698	2 753	439	241
农副食品加工业	149	20	37	64	20	7
食品制造业	101	10	16	45	29	1
酒、饮料和精制茶制造业	29	3	3	16	8	0
烟草制品业	6	1	0	0	0	5
纺织业	12	1	2	8	1	0
纺织服装、服饰业	3	0	0	3	0	0
皮革、毛皮、羽毛及其制品和制鞋业	1	0	0	1	0	0
木材加工和木、竹、藤、棕、草制品业	10	1	4	3	0	2
家具制造业	7	0	0	2	3	2
造纸和纸制品业	1	0	1	0	0	0
文教、工美、体育和娱乐用品制造业	4	0	2	2	0	0

（续上表）

指标	课题人员折合全时工作量	基础研究	应用研究	试验发展	R&D 成果应用	科技服务
石油、煤炭及其他燃料加工业	85	0	43	36	1	5
化学原料和化学制品制造业	339	74	82	143	38	2
医药制造业	656	173	216	216	20	31
化学纤维制造业	44	20	10	10	1	3
橡胶和塑料制品业	45	4	18	17	3	2
非金属矿物制品业	234	30	62	122	18	2
黑色金属冶炼和压延加工业	21	0	8	8	1	4
有色金属冶炼和压延加工业	134	43	36	22	29	4
金属制品业	90	27	38	7	17	2
通用设备制造业	469	31	156	201	78	3
专用设备制造业	902	126	333	377	47	18
汽车制造业	132	3	48	59	18	5
铁路、船舶、航空航天和其他运输设备制造业	345	46	60	219	5	16
电气机械和器材制造业	426	38	63	305	13	7
计算机、通信和其他电子设备制造业	1 357	123	337	719	64	115
仪器仪表制造业	132	9	34	77	7	5
其他制造业	139	2	75	53	9	0
废弃资源综合利用业	39	5	10	18	6	0
金属制品、机械和设备修理业	8	0	4	1	3	0
电力、热力、燃气及水生产和供应业	200	22	75	55	16	32

（续上表）

指标	课题人员折合全时工作量	基础研究	应用研究	试验发展	R&D 成果应用	科技服务
电力、热力生产和供应业	132	13	62	37	7	13
燃气生产和供应业	22	4	4	4	8	2
水的生产和供应业	46	5	9	14	2	16
建筑业	55	12	12	29	1	1
房屋建筑业	24	5	3	15	1	0
土木工程建筑业	27	8	5	14	0	1
建筑安装业	4	0	4	0	0	0
批发和零售业	3	0	3	0	0	0
批发业	2	0	2	0	0	0
零售业	1	0	1	0	0	0
交通运输、仓储和邮政业	304	5	37	33	118	112
铁路运输业	0	0	0	0	0	0
道路运输业	280	2	25	33	108	112
水上运输业	8	1	7	0	0	0
航空运输业	5	0	5	0	0	0
装卸搬运和仓储业	12	2	0	0	10	0
住宿和餐饮业	5	0	5	0	0	0
住宿业	5	0	5	0	0	0
信息传输、软件和信息技术服务业	1 510	126	487	550	124	222
电信、广播电视和卫星传输服务	77	10	17	35	15	1

（续上表）

指标	课题人员折合全时工作量	基础研究	应用研究	试验发展	R&D 成果应用	科技服务
互联网和相关服务	352	40	49	97	22	143
软件和信息技术服务业	1 081	76	421	419	87	78
金融业	103	1	92	7	3	0
货币金融服务	83	0	79	1	3	0
资本市场服务	13	0	13	0	0	0
保险业	2	0	0	2	0	0
其他金融业	5	1	0	4	0	0
房地产业	1	0	1	0	0	0
房地产业	1	0	1	0	0	0
租赁和商务服务业	160	14	44	13	45	44
租赁业	17	4	14	0	0	0
商务服务业	143	11	31	13	45	44
科学研究和技术服务业	16 611	5 237	5 456	4 328	512	1 078
研究和试验发展	9 932	4 319	3 982	1 628	0	3
专业技术服务业	5 819	891	1 364	2 446	431	688
科技推广和应用服务业	859	27	110	255	81	387
水利、环境和公共设施管理业	3 215	567	852	595	208	994
水利管理业	554	13	244	91	39	166
生态保护和环境治理业	2 372	522	590	475	156	628
公共设施管理业	76	5	6	19	5	41

（续上表）

指标	课题人员折合全时工作量	基础研究	应用研究	试验发展	R&D 成果应用	科技服务
土地管理业	214	27	13	9	7	158
居民服务、修理和其他服务业	79	26	35	12	4	2
居民服务业	13	8	0	0	3	2
机动车、电子产品和日用产品修理业	2	0	0	1	1	0
其他服务业	64	18	35	11	0	0
教育	191	41	104	7	1	39
教育	191	41	104	7	1	39
卫生和社会工作	1 471	514	472	369	54	63
卫生	1 471	514	472	369	54	63
文化、体育和娱乐业	113	48	50	0	3	12
文化艺术业	78	46	18	0	3	10
体育	35	2	31	0	0	2
娱乐业	0	0	0	0	0	0
公共管理、社会保障和社会组织	62	2	31	11	8	10
中国共产党机关	9	0	0	0	0	9
国家机构	42	0	30	8	2	1
社会保障	11	2	0	3	6	0
群众团体、社会团体和其他成员组织	0	0	0	0	0	0

提交级别为 0 国家级；从事的国民经济行业代码（BA17）为 73−75；法人性质（BA29）为 1 事业独立法人（即机构类别 BA20 为 1−5）。

文件生成日期：2021−07−27 10:27:53

表 11-2-13　R & D 人员（2020 年）

单位：人

指标	R & D 人员	# 女性	按工作量分		按学历分			
			R&D 全时人员	R&D 非全时人员	博士毕业	硕士毕业	本科毕业	其他
总计	45 300	14 885	26 728	18 572	14 108	13 994	13 356	3 842
1. 按机构所属地域分布								
广东省	45 300	14 885	26 728	18 572	14 108	13 994	13 356	3 842
广州市	24 170	8 676	14 951	9 219	6 112	7 764	8 102	2 192
韶关市	80	28	17	63	7	22	38	13
深圳市	12 374	4 086	6 342	6 032	5 157	3 867	2 849	501
珠海市	1 406	385	724	682	965	250	171	20
汕头市	402	120	271	131	61	34	194	113
佛山市	1 960	329	1 329	631	503	771	554	132
江门市	65	22	62	3	2	12	33	18
湛江市	603	154	403	200	60	163	106	274
茂名市	15	3	10	5	0	0	2	13
肇庆市	50	16	46	4	0	16	16	18
惠州市	846	199	351	495	380	212	183	71
梅州市	193	81	155	38	7	38	70	78
汕尾市	0	0	0	0	0	0	0	0

（续上表）

指标	R & D 人员	# 女性	按工作量分		按学历分			
			R&D 全时人员	R&D 非全时人员	博士毕业	硕士毕业	本科毕业	其他
河源市	78	18	38	40	4	15	46	13
阳江市	36	8	12	24	6	8	10	12
清远市	4	0	4	0	0	0	1	3
东莞市	2 501	631	1 698	803	737	707	771	286
中山市	296	75	193	103	62	87	133	14
潮州市	61	18	47	14	15	7	23	16
揭阳市	66	14	37	29	0	5	18	43
云浮市	94	22	38	56	30	16	36	12
2．按机构所属隶属关系分布								
中央部门属	12 363	4 189	8 775	3 588	3 810	3 981	3 438	1 134
中国科学院	5 856	2 137	4 684	1 172	2 755	1 641	1 139	321
地方部门属	32 937	10 696	17 953	14 984	10 298	10 013	9 918	2 708
省级部门属	17 127	5 491	8 821	8 306	5 892	5 194	4 635	1 406
副省级城市属	3 228	1 296	1 971	1 257	414	1 351	1 192	271
地市级部门属	2 322	685	1 506	816	346	558	1 003	415
3．按机构从事的国民经济行业分布								
科学研究和技术服务业	45 300	14 885	26 728	18 572	14 108	13 994	13 356	3 842
研究和试验发展	37 028	11 946	22 126	14 902	13 104	11 148	9 686	3 090

（续上表）

指标	R&D人员	#女性	按工作量分		按学历分			
			R&D全时人员	R&D非全时人员	博士毕业	硕士毕业	本科毕业	其他
专业技术服务业	6 556	2 399	3 184	3 372	552	2 306	3 179	519
科技推广和应用服务业	1 716	540	1 418	298	452	540	491	233
4．按机构服务的国民经济行业分布								
农、林、牧、渔业	3 842	1 353	2 854	988	1 045	998	987	812
农业	1 386	505	1 053	333	302	341	400	343
林业	581	177	384	197	131	105	167	178
畜牧业	266	114	182	84	100	83	30	53
渔业	600	200	592	8	168	160	195	77
农、林、牧、渔专业及辅助性活动	1 009	357	643	366	344	309	195	161
采矿业	147	39	128	19	17	43	57	30
有色金属矿采选业	111	34	95	16	17	40	30	24
其他采矿业	36	5	33	3	0	3	27	6
制造业	2 629	889	2 024	605	681	666	978	304
农副食品加工业	482	156	404	78	77	108	141	156
化学原料和化学制品制造业	157	39	41	116	48	43	60	6
医药制造业	1 055	512	1 016	39	369	278	381	27
非金属矿物制品业	112	17	97	15	1	10	71	30
黑色金属冶炼和压延加工业	7	0	3	4	0	1	5	1

（续上表）

指标	R & D 人员	# 女性	按工作量分		按学历分			
			R&D 全时人员	R&D 非全时人员	博士毕业	硕士毕业	本科毕业	其他
专用设备制造业	246	43	201	45	44	91	90	21
汽车制造业	152	27	38	114	82	27	37	6
铁路、船舶、航空航天和其他运输设备制造业	72	14	49	23	3	25	41	3
电气机械和器材制造业	118	27	47	71	34	17	33	34
计算机、通信和其他电子设备制造业	180	33	88	92	16	50	98	16
仪器仪表制造业	48	21	40	8	7	16	21	4
电力、热力、燃气及水生产和供应业	12	4	9	3	1	3	3	5
电力、热力生产和供应业	12	4	9	3	1	3	3	5
交通运输、仓储和邮政业	39	10	36	3	0	24	14	1
道路运输业	17	3	17	0	0	17	0	0
水上运输业	22	7	19	3	0	7	14	1
信息传输、软件和信息技术服务业	1 087	256	619	468	260	361	428	38
电信、广播电视和卫星传输服务	135	20	58	77	31	58	43	3
互联网和相关服务	52	12	38	14	3	17	30	2
软件和信息技术服务业	900	224	523	377	226	286	355	33
金融业	94	31	3	91	6	49	38	1
货币金融服务	94	31	3	91	6	49	38	1
科学研究和技术服务业	33 759	10 922	18 562	15 197	11 244	10 681	9 588	2 246

（续上表）

指标	R&D人员	# 女性	按工作量分		按学历分			
			R&D 全时人员	R&D 非全时人员	博士毕业	硕士毕业	本科毕业	其他
研究和试验发展	24 087	7 293	13 255	10 832	9 467	7 237	5 834	1 549
专业技术服务业	7 735	2 928	3 753	3 982	1 200	2 707	3 223	605
科技推广和应用服务业	1 937	701	1 554	383	577	737	531	92
水利、环境和公共设施管理业	1 923	533	1 363	560	318	745	610	250
水利管理业	865	104	526	339	96	376	261	132
生态保护和环境治理业	999	403	778	221	220	338	323	118
土地管理业	59	26	59	0	2	31	26	0
居民服务、修理和其他服务业	51	26	12	39	5	24	22	0
其他服务业	51	26	12	39	5	24	22	0
教育	446	204	149	297	302	71	68	5
教育	446	204	149	297	302	71	68	5
卫生和社会工作	957	533	707	250	210	222	414	111
卫生	957	533	707	250	210	222	414	111
文化、体育和娱乐业	135	64	117	18	10	63	42	20
文化艺术业	79	38	79	0	4	26	33	16
体育	56	26	38	18	6	37	9	4
公共管理、社会保障和社会组织	179	21	145	34	9	44	107	19
国家机构	179	21	145	34	9	44	107	19

（续上表）

指标	R＆D人员	#女性	按工作量分		按学历分			
			R&D 全时人员	R&D 非全时人员	博士毕业	硕士毕业	本科毕业	其他
5．按机构所属学科分布								
自然科学领域	10 308	3 459	5 963	4 345	4 222	2 623	2 621	842
信息科学与系统科学	337	95	299	38	117	71	145	4
力学	10	5	10	0	0	5	4	1
物理学	296	55	120	176	120	86	52	38
化学	734	253	299	435	153	206	347	28
地球科学	6 362	1 959	3 294	3 068	2 854	1 567	1 362	579
生物学	2 569	1 092	1 941	628	978	688	711	192
农业科学领域	4 863	1 691	3 648	1 215	1 235	1 287	1 307	1 034
农学	3 000	1 085	2 259	741	790	852	756	602
林学	824	236	504	320	143	153	290	238
畜牧、兽医科学	420	167	287	133	130	119	59	112
水产学	619	203	598	21	172	163	202	82
医学科学领域	3 846	1 802	2 499	1 347	1 384	1 092	1 184	186
基础医学	806	384	744	62	363	230	194	19
临床医学	1 592	772	1 038	554	522	545	420	105
预防医学与公共卫生学	377	192	188	189	22	95	230	30
药学	580	368	433	147	110	178	272	20

（续上表）

指标	R&D人员	#女性	按工作量分		按学历分			
			R&D全时人员	R&D非全时人员	博士毕业	硕士毕业	本科毕业	其他
中医学与中药学	491	86	96	395	367	44	68	12
工程科学与技术领域	25 140	7 413	13 912	11 228	6 991	8 531	7 904	1 714
工程与技术科学基础学科	2 027	599	776	1 251	269	782	838	138
信息与系统科学相关工程与技术	2 286	793	2 082	204	930	916	402	38
自然科学相关工程与技术	4 675	1 400	2 357	2 318	1 698	1 462	1 241	274
测绘科学技术	417	106	214	203	17	77	286	37
材料科学	2 247	567	1 592	655	891	535	614	207
矿山工程技术	150	44	100	50	17	50	56	27
机械工程	667	149	435	232	126	234	274	33
动力与电气工程	1 121	148	715	406	341	534	209	37
能源科学技术	1 162	319	667	495	616	313	197	36
核科学技术	9	2	9	0	0	3	6	0
电子与通信技术	1 073	253	615	458	206	376	428	63
计算机科学技术	3 875	1 174	1 175	2 700	1 066	1 240	1 306	263
化学工程	105	23	70	35	40	19	45	1
产品应用相关工程与技术	575	198	285	290	135	214	193	33
纺织科学技术	17	6	8	9	3	6	8	0
食品科学技术	645	278	339	306	84	158	308	95

（续上表）

指标	R&D人员	#女性	按工作量分		按学历分			
			R&D全时人员	R&D非全时人员	博士毕业	硕士毕业	本科毕业	其他
土木建筑工程	80	52	80	0	0	45	35	0
水利工程	853	98	524	329	91	371	259	132
交通运输工程	163	41	87	76	3	83	76	1
航空、航天科学技术	477	105	426	51	149	110	162	56
环境科学技术及资源科学技术	1 394	597	855	539	235	665	364	130
安全科学技术	1 021	423	411	610	49	293	567	112
管理学	101	38	90	11	25	45	30	1
社会、人文科学领域	1 143	520	706	437	276	461	340	66
马克思主义	257	97	144	113	110	86	53	8
艺术学	33	17	33	0	1	5	12	15
考古学	46	21	46	0	3	21	21	1
经济学	161	63	78	83	46	93	17	5
社会学	144	61	144	0	46	63	32	3
民族学与文化学	32	18	32	0	8	14	10	0
图书馆、情报与文献学	264	137	82	182	12	91	136	25
教育学	150	80	109	41	44	51	50	5

（续上表）

指标	R&D人员	#女性	按工作量分		按学历分			
			R&D全时人员	R&D非全时人员	博士毕业	硕士毕业	本科毕业	其他
体育科学	56	26	38	18	6	37	9	4
6. 按机构从业人员规模分								
≥ 1 000 人	3 674	1 037	2 680	994	934	1 470	1 111	159
500 ~ 999 人	9 785	3 467	5 042	4 743	2 741	3 084	3 074	886
300 ~ 499 人	9 704	3 204	6 016	3 688	3 213	3 227	2 696	568
200 ~ 299 人	4 138	1 537	2 551	1 587	880	1 235	1 434	589
100 ~ 199 人	8 894	2 843	5 488	3 406	3 015	2 606	2 686	587
50 ~ 99 人	4 760	1 422	2 883	1 877	1 401	1 337	1 374	648
30 ~ 49 人	3 038	973	1 234	1 804	1 588	733	570	147
20 ~ 29 人	613	214	450	163	140	122	229	122
10 ~ 19 人	491	151	328	163	87	127	155	122
0 ~ 9 人	203	37	56	147	109	53	27	14

提交级别为 0 国家级；从事的国民经济行业代码（BA17）为 73–75；法人性质（BA29）为 1 事业独立法人（即机构类别 BA20 为 1–5）。

文件生成日期：2021–07–27 10:27:53

表 11-2-14 R & D 人员折合全时工作量（2020 年）

单位：人年

指标	R&D 折合全时工作量		按活动类型分组		
		# 研究人员	基础研究	应用研究	试验发展
总计	33 511	23 888	9 396	11 707	12 408
1. 按机构所属地域分布					
广东省	33 511	23 888	9 396	11 707	12 408
广州市	18 301	12 621	4 849	6 251	7 201
韶关市	36	22	0	0	36
深圳市	8 506	6 684	3 563	3 631	1 312
珠海市	1 078	880	465	256	357
汕头市	322	187	0	62	260
佛山市	1 475	1 151	102	656	717
江门市	63	42	6	0	57
湛江市	506	262	111	129	266
茂名市	10	7	0	0	10
肇庆市	48	35	0	0	48
惠州市	504	356	10	191	303
梅州市	171	137	0	3	168
汕尾市	0	0	0	0	0
河源市	55	33	0	24	31
阳江市	23	19	0	4	19

（续上表）

指标	R&D 折合全时工作量		按活动类型分组		
		# 研究人员	基础研究	应用研究	试验发展
清远市	4	4	0	0	4
东莞市	2 000	1 147	283	382	1 335
中山市	237	197	7	89	141
潮州市	53	23	0	22	31
揭阳市	47	19	0	0	47
云浮市	72	62	0	7	65
2. 按机构所属隶属关系分布					
中央部门属	9 964	7 551	3 441	3 428	3 095
中国科学院	5 063	4 496	2 409	2 035	619
地方部门属	23 547	16 337	5 955	8 279	9 313
省级部门属	11 445	8 004	3 011	4 454	3 980
副省级城市属	2 464	1 702	307	1 120	1 037
地市级部门属	1 840	1 216	35	235	1 570
3. 按机构从事的国民经济行业分布					
科学研究和技术服务业	33 511	23 888	9 396	11 707	12 408
研究和试验发展	27 630	19 914	8 339	9 911	9 380
专业技术服务业	4 357	2 814	486	1 323	2 548
科技推广和应用服务业	1 524	1 160	571	473	480
4. 按机构服务的国民经济行业分布					
农、林、牧、渔业	3 255	2 443	929	533	1 793

（续上表）

指标	R&D 折合全时工作量		按活动类型分组		
		# 研究人员	基础研究	应用研究	试验发展
农业	1 214	891	259	97	858
林业	508	330	114	150	244
畜牧业	243	179	8	67	168
渔业	596	514	189	158	249
农、林、牧、渔专业及辅助性活动	694	529	359	61	274
采矿业	134	108	10	19	105
有色金属矿采选业	101	80	10	19	72
其他采矿业	33	28	0	0	33
制造业	2 243	1 598	665	589	989
农副食品加工业	415	200	139	106	170
化学原料和化学制品制造业	79	54	0	23	56
医药制造业	1 039	844	456	353	230
非金属矿物制品业	106	48	0	10	96
黑色金属冶炼和压延加工业	4	3	0	0	4
专用设备制造业	218	177	15	32	171
汽车制造业	62	51	0	19	43
铁路、船舶、航空航天和其他运输设备制造业	59	59	0	11	48
电气机械和器材制造业	82	40	0	8	74
计算机、通信和其他电子设备制造业	133	81	18	27	88
仪器仪表制造业	46	41	37	0	9

（续上表）

指标	R&D 折合全时工作量		按活动类型分组		
		# 研究人员	基础研究	应用研究	试验发展
电力、热力、燃气及水生产和供应业	10	3	0	7	3
电力、热力生产和供应业	10	3	0	7	3
交通运输、仓储和邮政业	36	32	0	15	21
道路运输业	17	17	0	15	2
水上运输业	19	15	0	0	19
信息传输、软件和信息技术服务业	791	401	38	265	488
电信、广播电视和卫星传输服务	121	42	0	8	113
互联网和相关服务	45	42	0	24	21
软件和信息技术服务业	625	317	38	233	354
金融业	76	17	0	76	0
货币金融服务	76	17	0	76	0
科学研究和技术服务业	23 723	16 913	6 589	8 968	8 166
研究和试验发展	16 965	11 882	4 919	6 383	5 663
专业技术服务业	5 072	3 684	1 049	1 881	2 142
科技推广和应用服务业	1 686	1 347	621	704	361
水利、环境和公共设施管理业	1 639	1 139	400	606	633
水利管理业	710	390	116	358	236
生态保护和环境治理业	870	690	284	247	339
土地管理业	59	59	0	1	58
居民服务、修理和其他服务业	17	10	1	15	1

（续上表）

指标	R&D 折合全时工作量		按活动类型分组		
		# 研究人员	基础研究	应用研究	试验发展
其他服务业	17	10	1	15	1
教育	393	348	291	91	11
教育	393	348	291	91	11
卫生和社会工作	910	631	424	362	124
卫生	910	631	424	362	124
文化、体育和娱乐业	118	100	49	69	0
文化艺术业	79	69	46	33	0
体育	39	31	3	36	0
公共管理、社会保障和社会组织	166	145	0	92	74
国家机构	166	145	0	92	74
5. 按机构所属学科分布					
自然科学领域	7 752	5 621	3 258	2 293	2 201
信息科学与系统科学	323	309	27	133	163
力学	10	5	0	10	0
物理学	187	92	23	24	140
化学	439	267	16	230	193
地球科学	4 499	3 185	2 171	980	1 348
生物学	2 294	1 763	1 021	916	357
农业科学领域	4 177	3 098	1 173	704	2 300
农学	2 501	1 901	848	283	1 370

（续上表）

指标	R&D 折合全时工作量		按活动类型分组		
		# 研究人员	基础研究	应用研究	试验发展
林学	691	413	114	176	401
畜牧、兽医科学	380	263	22	87	271
水产学	605	521	189	158	258
医学科学领域	2 985	2 216	1 328	963	694
基础医学	780	650	480	239	61
临床医学	1 110	768	567	319	224
预防医学与公共卫生学	358	241	60	198	100
药学	473	328	125	104	244
中医学与中药学	264	229	96	103	65
工程科学与技术领域	17 747	12 373	3 527	7 116	7 104
工程与技术科学基础学科	1 153	820	139	341	673
信息与系统科学相关工程与技术	2 185	2 077	652	1 149	384
自然科学相关工程与技术	3 302	2 127	1 316	953	1 033
测绘科学技术	264	131	0	78	186
材料科学	1 853	1 128	452	402	999
矿山工程技术	109	88	10	19	80
机械工程	537	306	51	32	454
动力与电气工程	809	628	72	517	220
能源科学技术	868	657	23	482	363
核科学技术	9	9	9	0	0

（续上表）

指标	R&D 折合全时工作量		按活动类型分组		
		# 研究人员	基础研究	应用研究	试验发展
电子与通信技术	856	506	15	249	592
计算机科学技术	1 771	1 098	237	1 058	476
化学工程	78	55	0	36	42
产品应用相关工程与技术	386	250	0	113	273
纺织科学技术	12	10	0	12	0
食品科学技术	424	241	117	139	168
土木建筑工程	80	76	0	80	0
水利工程	701	381	116	358	227
交通运输工程	106	92	0	18	88
航空、航天科学技术	435	307	132	207	96
环境科学技术及资源科学技术	1 046	768	157	528	361
安全科学技术	670	530	26	327	317
管理学	93	88	3	18	72
社会、人文科学领域	850	580	110	631	109
马克思主义	236	144	56	180	0
艺术学	33	23	0	33	0
考古学	46	46	46	0	0
经济学	89	65	0	80	9
社会学	144	82	0	140	4
民族学与文化学	32	21	5	27	0

（续上表）

指标	R&D 折合全时工作量		按活动类型分组		
		# 研究人员	基础研究	应用研究	试验发展
图书馆、情报与文献学	121	100	0	35	86
教育学	110	68	0	100	10
体育科学	39	31	3	36	0
6. 按机构从业人员规模分					
≥ 1 000 人	2 855	2 363	656	1 092	1 107
500 ~ 999 人	6 319	4 195	2 050	2 579	1 690
300 ~ 499 人	7 336	5 297	2 481	2 829	2 026
200 ~ 299 人	3 207	2 103	867	899	1 441
100 ~ 199 人	7 077	5 165	1 935	2 250	2 892
50 ~ 99 人	3 713	2 637	683	1 196	1 834
30 ~ 49 人	1 997	1 437	625	538	834
20 ~ 29 人	500	328	19	203	278
10 ~ 19 人	384	281	22	99	263
0 ~ 9 人	123	82	58	22	43

提交级别为 0 国家级；从事的国民经济行业代码（BA17）为 73–75；法人性质（BA29）为 1 事业独立法人（即机构类别 BA20 为 1–5）。

文件生成日期：2021–07–27 10:27:54

表 11–2–15　R & D 经费内部支出按活动类型和经费来源分（2020 年）

单位：万元

指标	R & D 经费内部支出	按活动类型分			按经费来源分			
		基础研究	应用研究	试验发展	政府资金	企业资金	国外资金	其他资金
总计	2 467 923	581 884	981 029	905 010	2 125 929	83 888	694	257 412
1. 按机构所属地域分布								
广东省	2 467 923	581 884	981 029	905 010	2 125 929	83 888	694	257 412
广州市	1 364 450	318 025	393 858	652 567	1 107 694	56 490	694	199 572
韶关市	639	0	0	639	354	233	0	52
深圳市	661 720	175 180	420 453	66 087	597 816	23 755	0	40 149
珠海市	52 037	23 806	15 478	12 754	50 978	1 060	0	0
汕头市	24 700	0	2 734	21 967	23 074	2	0	1 625
佛山市	146 972	17 218	88 758	40 997	144 205	546	0	2 221
江门市	29 704	27 606	0	2 098	29 412	0	0	293
湛江市	8 198	1 100	2 457	4 641	8 198	0	0	0
茂名市	90	0	0	90	90	0	0	0
肇庆市	1 356	0	0	1 356	890	40	0	426
惠州市	42 173	1 623	17 088	23 462	42 013	0	0	160
梅州市	3 191	0	57	3 135	3 019	0	0	172
汕尾市	0	0	0	0	0	0	0	0
河源市	762	0	365	397	457	0	0	305
阳江市	1 659	0	877	781	1 648	0	0	11

（续上表）

指标	R & D经费内部支出	按活动类型分			按经费来源分			
		基础研究	应用研究	试验发展	政府资金	企业资金	国外资金	其他资金
清远市	20	0	0	20	20	0	0	0
东莞市	120 629	16 921	34 520	69 188	107 019	1 579	0	12 031
中山市	5 903	405	2 487	3 010	5 518	99	0	286
潮州市	2 206	0	1 720	487	2 206	0	0	0
揭阳市	636	0	0	636	556	0	0	80
云浮市	877	0	178	699	764	84	0	29
2．按机构所属隶属关系分布								
中央部门属	716 601	198 749	198 279	319 573	613 026	39 248	633	63 694
中国科学院	251 347	125 958	88 921	36 468	225 849	24 865	633	0
地方部门属	1 751 322	383 135	782 750	585 437	1 512 903	44 641	61	193 718
省级部门属	1 164 644	239 070	601 642	323 932	1 068 159	13 597	61	82 827
副省级城市属	131 052	11 607	60 002	59 442	89 864	7 976	0	33 211
地市级部门属	44 681	544	7 751	36 385	39 205	740	0	4 736
3．按机构从事的国民经济行业分布								
科学研究和技术服务业	2 467 923	581 884	981 029	905 010	2 125 929	83 888	694	257 412
研究和试验发展	2 021 162	493 086	881 171	646 905	1 783 232	78 599	694	158 637
专业技术服务业	366 014	47 817	78 589	239 608	295 700	3 361	0	66 953
科技推广和应用服务业	80 747	40 981	21 269	18 497	46 998	1 928	0	31 821

（续上表）

指标	R & D 经费内部支出	按活动类型分			按经费来源分			
		基础研究	应用研究	试验发展	政府资金	企业资金	国外资金	其他资金
4. 按机构服务的国民经济行业分布								
农、林、牧、渔业	166 528	40 629	36 405	89 493	155 903	4 052	0	6 573
农业	52 169	7 064	5 898	39 207	47 774	1 782	0	2 614
林业	27 973	6 483	7 997	13 493	27 722	45	0	206
畜牧业	16 876	631	3 154	13 091	12 513	885	0	3 478
渔业	42 542	12 224	16 417	13 902	41 202	1 340	0	0
农、林、牧、渔专业及辅助性活动	26 968	14 228	2 940	9 800	26 693	0	0	275
采矿业	4 228	423	844	2 961	2 668	1 500	61	0
有色金属矿采选业	3 882	423	844	2 615	2 322	1 500	61	0
其他采矿业	346	0	0	346	346	0	0	0
制造业	129 337	26 858	29 274	73 205	104 847	6 032	112	18 346
农副食品加工业	16 056	5 485	3 206	7 365	11 989	3 330	0	737
化学原料和化学制品制造业	20 169	0	2 605	17 565	20 117	0	0	52
医药制造业	54 018	20 128	16 468	17 422	43 261	2 196	112	8 448
非金属矿物制品业	4 923	0	430	4 493	308	0	0	4 615
黑色金属冶炼和压延加工业	116	0	0	116	13	0	0	103
专用设备制造业	14 444	177	1 945	12 322	12 642	0	0	1 802
汽车制造业	9 709	0	3 971	5 738	9 499	210	0	0

（续上表）

指标	R & D经费内部支出	按活动类型分			按经费来源分			
		基础研究	应用研究	试验发展	政府资金	企业资金	国外资金	其他资金
铁路、船舶、航空航天和其他运输设备制造业	1 824	0	353	1 470	610	69	0	1 144
电气机械和器材制造业	561	0	47	514	458	103	0	0
计算机、通信和其他电子设备制造业	7 019	601	248	6 170	5 451	124	0	1 444
仪器仪表制造业	499	467	0	32	499	0	0	0
电力、热力、燃气及水生产和供应业	70	0	30	40	34	36	0	0
电力、热力生产和供应业	70	0	30	40	34	36	0	0
交通运输、仓储和邮政业	1 421	0	886	536	970	109	0	343
道路运输业	998	0	886	112	890	109	0	0
水上运输业	423	0	0	423	80	0	0	343
信息传输、软件和信息技术服务业	36 605	3 511	8 559	24 536	28 142	1 873	0	6 590
电信、广播电视和卫星传输服务	6 984	0	335	6 649	4 061	940	0	1 983
互联网和相关服务	1 036	0	604	432	215	711	0	110
软件和信息技术服务业	28 586	3 511	7 620	17 455	23 866	223	0	4 497
金融业	7 622	0	7 622	0	7 622	0	0	0
货币金融服务	7 622	0	7 622	0	7 622	0	0	0
科学研究和技术服务业	1 993 786	471 494	851 069	671 223	1 739 266	59 165	522	194 833
研究和试验发展	1 582 610	367 293	692 642	522 675	1 463 457	41 591	234	77 328
专业技术服务业	330 231	63 058	132 196	134 977	228 463	15 208	288	86 272

（续上表）

指标	R & D 经费内部支出	按活动类型分			按经费来源分			
		基础研究	应用研究	试验发展	政府资金	企业资金	国外资金	其他资金
科技推广和应用服务业	80 945	41 143	26 231	13 571	47 347	2 366	0	31 232
水利、环境和公共设施管理业	77 979	15 359	26 300	36 320	50 262	10 601	0	17 116
水利管理业	28 311	4 174	14 142	9 994	19 262	7 491	0	1 558
生态保护和环境治理业	48 827	11 185	12 097	25 545	30 158	3 111	0	15 557
土地管理业	842	0	61	782	842	0	0	0
居民服务、修理和其他服务业	681	300	298	84	681	0	0	0
其他服务业	681	300	298	84	681	0	0	0
教育	9 055	4 402	4 365	288	8 594	462	0	0
教育	9 055	4 402	4 365	288	8 594	462	0	0
卫生和社会工作	25 514	13 369	9 347	2 798	17 704	0	0	7 811
卫生	25 514	13 369	9 347	2 798	17 704	0	0	7 811
文化、体育和娱乐业	10 026	5 539	4 487	0	4 531	0	0	5 496
文化艺术业	7 028	5 433	1 596	0	1 596	0	0	5 433
体育	2 998	107	2 891	0	2 935	0	0	63
公共管理、社会保障和社会组织	5 070	0	1 543	3 527	4 705	60	0	305
国家机构	5 070	0	1 543	3 527	4 705	60	0	305
5．按机构所属学科分布								
自然科学领域	649 680	247 307	139 913	262 460	583 953	9 656	476	55 596

（续上表）

指标	R & D 经费内部支出	按活动类型分			按经费来源分			
		基础研究	应用研究	试验发展	政府资金	企业资金	国外资金	其他资金
信息科学与系统科学	10 000	1 091	2 867	6 042	7 157	1 327	0	1 516
力学	549	0	549	0	549	0	0	0
物理学	64 719	32 457	10 894	21 367	64 546	103	0	70
化学	41 730	582	18 330	22 818	35 509	25	0	6 196
地球科学	418 158	153 590	75 168	189 400	408 283	6 679	288	2 909
生物学	114 524	59 586	32 105	22 834	67 909	1 522	188	44 905
农业科学领域	214 265	49 446	43 552	121 267	187 520	8 055	0	18 690
农学	110 752	29 783	13 267	67 702	98 005	4 666	0	8 081
林学	37 349	6 483	9 135	21 732	30 764	45	0	6 541
畜牧、兽医科学	22 475	957	4 733	16 785	16 403	2 004	0	4 068
水产学	43 688	12 224	16 417	15 048	42 348	1 340	0	0
医学科学领域	214 987	87 603	60 002	67 381	193 799	2 834	112	18 241
基础医学	40 287	24 005	10 245	6 037	38 674	1 490	112	12
临床医学	131 786	55 964	36 992	38 830	124 331	0	0	7 455
预防医学与公共卫生学	10 175	1 038	5 544	3 593	2 444	0	0	7 731
药学	30 271	5 700	6 565	18 006	26 528	698	0	3 044
中医学与中药学	2 469	896	657	916	1 822	647	0	0
工程科学与技术领域	1 340 282	188 571	702 137	449 573	1 121 504	61 395	107	157 276

（续上表）

指标	R & D经费内部支出	按活动类型分			按经费来源分			
		基础研究	应用研究	试验发展	政府资金	企业资金	国外资金	其他资金
工程与技术科学基础学科	98 273	5 742	21 069	71 463	68 107	6 279	0	23 888
信息与系统科学相关工程与技术	81 210	26 397	40 046	14 768	68 817	12 296	0	97
自然科学相关工程与技术	186 523	57 780	46 919	81 824	134 278	2 090	0	50 155
测绘科学技术	6 540	0	1 062	5 478	1 722	337	0	4 481
材料科学	147 144	15 965	36 236	94 943	132 650	1 577	0	12 917
矿山工程技术	4 182	423	844	2 915	2 546	1 576	61	0
机械工程	16 986	1 784	2 070	13 133	12 700	2 219	0	2 067
动力与电气工程	109 544	17 082	78 162	14 301	106 752	2 657	0	135
能源科学技术	51 683	2 864	28 308	20 510	44 154	3 687	46	3 796
核科学技术	279	279	0	0	279	0	0	0
电子与通信技术	30 589	172	8 279	22 137	19 017	1 896	0	9 676
计算机科学技术	394 483	39 508	339 179	15 797	389 137	340	0	5 007
化学工程	935	0	215	720	935	0	0	0
产品应用相关工程与技术	14 638	0	7 847	6 791	7 615	6 343	0	680
纺织科学技术	551	0	551	0	178	0	0	373
食品科学技术	16 175	5 665	3 180	7 330	10 420	4 890	0	866
土木建筑工程	4 336	0	4 336	0	1 502	0	0	2 834
水利工程	27 818	4 174	14 142	9 501	18 994	7 480	0	1 343

（续上表）

指标	R & D 经费内部支出	按活动类型分			按经费来源分			
		基础研究	应用研究	试验发展	政府资金	企业资金	国外资金	其他资金
交通运输工程	4 363	0	1 072	3 291	1 336	178	0	2 850
航空、航天科学技术	15 811	1 281	11 466	3 064	13 827	1 893	0	91
环境科学技术及资源科学技术	87 693	7 711	40 447	39 535	72 143	5 637	0	9 913
安全科学技术	39 094	1 668	16 476	20 950	12 984	0	0	26 109
管理学	1 431	77	230	1 123	1 411	20	0	0
社会、人文科学领域	48 710	8 957	35 425	4 328	39 154	1 948	0	7 608
马克思主义	13 304	3 157	10 147	0	13 304	0	0	0
艺术学	1 596	0	1 596	0	1 596	0	0	0
考古学	5 433	5 433	0	0	0	0	0	5 433
经济学	4 944	0	4 504	439	3 857	655	0	432
社会学	8 427	0	8 427	0	8 427	0	0	0
民族学与文化学	1 522	261	1 262	0	1 522	0	0	0
图书馆、情报与文献学	3 893	0	976	2 917	1 879	333	0	1 681
教育学	6 595	0	5 622	972	5 634	960	0	0
体育科学	2 998	107	2 891	0	2 935	0	0	63
6. 按机构从业人员规模分								
≥ 1 000 人	157 246	29 651	49 450	78 145	103 480	12 019	0	41 747
500 ~ 999 人	911 817	203 421	457 057	251 339	829 639	20 046	476	61 656

（续上表）

指标	R & D 经费内部支出	按活动类型分			按经费来源分			
		基础研究	应用研究	试验发展	政府资金	企业资金	国外资金	其他资金
300 ~ 499 人	504 920	155 544	203 789	145 588	438 532	10 434	157	55 798
200 ~ 299 人	188 672	36 236	45 956	106 480	150 361	12 611	0	25 699
100 ~ 199 人	349 584	76 103	121 415	152 067	294 101	16 522	61	38 900
50 ~ 99 人	186 912	22 410	64 175	100 328	153 174	10 061	0	23 678
30 ~ 49 人	105 288	30 260	22 473	52 555	96 758	984	0	7 546
20 ~ 29 人	18 230	303	7 250	10 678	16 320	396	0	1 515
10 ~ 19 人	16 206	129	9 148	6 929	14 671	662	0	873
0 ~ 9 人	29 047	27 829	317	901	28 894	153	0	0

提交级别为 0 国家级；从事的国民经济行业代码（BA17）为 73–75；法人性质（BA29）为 1 事业独立法人（即机构类别 BA20 为 1–5）。

文件生成日期：2021-07-27 10:27:55

表 11-2-16 R & D 经费内部支出按经费类别分（2020 年）

单位：万元

指标	R & D 经费内部支出	日常性支出	人员劳务费	其他日常性支出	资产性支出	土建费	仪器与设备支出	资本化的计算机软件支出	专利和专有技术支出
总计	2 467 923	1 470 446	781 291	689 155	997 477	359 914	622 542	9 330	5 691
1. 按机构所属地域分布									
广东省	2 467 923	1 470 446	781 291	689 155	997 477	359 914	622 542	9 330	5 691
广州市	1 364 450	969 067	508 380	460 687	395 383	212 350	174 624	5 328	3 081
韶关市	639	639	399	240	0	0	0	0	0
深圳市	661 720	327 063	186 773	140 290	334 657	874	329 484	3 321	978
珠海市	52 037	18 719	6 948	11 771	33 318	0	33 265	50	4
汕头市	24 700	6 804	4 656	2 148	17 897	16 981	916	0	0
佛山市	146 972	58 163	30 535	27 628	88 810	75 236	12 584	34	955
江门市	29 704	2 113	1 541	573	27 591	27 522	69	0	0
湛江市	8 198	5 203	2 047	3 156	2 995	1 570	1 425	0	0
茂名市	90	88	65	23	2	0	2	0	0
肇庆市	1 356	1 355	1 257	98	1	0	1	0	0
惠州市	42 173	8 648	4 142	4 507	33 524	23 242	10 191	84	7
梅州市	3 191	2 659	2 196	463	532	62	471	0	0
汕尾市	0	0	0	0	0	0	0	0	0

（续上表）

指标	R & D经费内部支出	日常性支出	人员劳务费	其他日常性支出	资产性支出	土建费	仪器与设备支出	资本化的计算机软件支出	专利和专有技术支出
河源市	762	624	468	156	138	0	138	0	0
阳江市	1 659	334	284	50	1 325	1 297	27	0	1
清远市	20	10	9	1	10	0	10	0	0
东莞市	120 629	63 835	27 902	35 933	56 794	171	55 985	505	133
中山市	5 903	3 099	2 156	943	2 803	575	1 693	9	527
潮州市	2 206	721	500	221	1 485	35	1 450	0	0
揭阳市	636	633	616	17	3	0	3	0	0
云浮市	877	669	419	250	208	0	204	0	4
2．按机构所属隶属关系分布									
中央部门属	716 601	503 861	253 747	250 114	212 739	142 052	64 496	3 232	2 960
中国科学院	251 347	210 492	109 013	101 479	40 856	10 760	27 081	310	2 704
地方部门属	1 751 322	966 584	527 544	439 040	784 738	217 862	558 046	6 098	2 731
省级部门属	1 164 644	557 471	304 203	253 268	607 173	152 914	448 926	4 964	370
副省级城市属	131 052	109 200	68 588	40 612	21 852	4 078	17 143	177	454
地市级部门属	44 681	34 709	23 007	11 702	9 972	2 391	6 971	22	588
3．按机构从事的国民经济行业分布									
科学研究和技术服务业	2 467 923	1 470 446	781 291	689 155	997 477	359 914	622 542	9 330	5 691
研究和试验发展	2 021 162	1 196 129	622 921	573 208	825 033	240 994	571 878	7 652	4 510

（续上表）

指标	R & D 经费内部支出	日常性支出	人员劳务费	其他日常性支出	资产性支出	土建费	仪器与设备支出	资本化的计算机软件支出	专利和专有技术支出
专业技术服务业	366 014	201 872	113 549	88 323	164 142	118 786	43 319	1 621	416
科技推广和应用服务业	80 747	72 445	44 822	27 623	8 302	134	7 346	57	765
4. 按机构服务的国民经济行业分布									
农、林、牧、渔业	166 528	148 406	81 842	66 564	18 121	4 911	13 085	112	13
农业	52 169	49 077	31 316	17 761	3 092	597	2 431	60	3
林业	27 973	22 014	13 571	8 443	5 960	1 994	3 949	13	3
畜牧业	16 876	15 326	8 285	7 041	1 550	0	1 550	0	0
渔业	42 542	36 270	14 991	21 279	6 272	2 175	4 079	13	5
农、林、牧、渔专业及辅助性活动	26 968	25 719	13 679	12 040	1 249	145	1 076	26	2
采矿业	4 228	3 832	3 024	809	396	0	396	0	0
有色金属矿采选业	3 882	3 555	2 811	745	327	0	327	0	0
其他采矿业	346	277	213	64	69	0	69	0	0
制造业	129 337	85 478	45 483	39 994	43 859	27 345	13 313	80	3 121
农副食品加工业	16 056	13 009	7 862	5 148	3 047	1 340	1 707	0	0
化学原料和化学制品制造业	20 169	2 404	1 241	1 164	17 765	16 981	785	0	0
医药制造业	54 018	40 834	21 653	19 181	13 184	3 279	7 456	79	2 371
非金属矿物制品业	4 923	4 602	3 999	603	321	0	321	0	0
黑色金属冶炼和压延加工业	116	108	87	22	7	0	7	0	0

（续上表）

指标	R & D经费内部支出	日常性支出	人员劳务费	其他日常性支出	资产性支出	土建费	仪器与设备支出	资本化的计算机软件支出	专利和专有技术支出
专用设备制造业	14 444	13 942	6 249	7 693	502	27	442	2	32
汽车制造业	9 709	2 112	1 498	614	7 597	5 701	1 674	0	223
铁路、船舶、航空航天和其他运输设备制造业	1 824	1 701	925	776	123	0	123	0	0
电气机械和器材制造业	561	500	199	301	60	17	43	0	0
计算机、通信和其他电子设备制造业	7 019	5 942	1 593	4 349	1 077	0	582	0	495
仪器仪表制造业	499	324	179	145	175	0	175	0	0
电力、热力、燃气及水生产和供应业	70	70	33	37	0	0	0	0	0
电力、热力生产和供应业	70	70	33	37	0	0	0	0	0
交通运输、仓储和邮政业	1 421	1 418	1 183	235	3	0	3	0	0
道路运输业	998	998	799	199	0	0	0	0	0
水上运输业	423	420	384	36	3	0	3	0	0
信息传输、软件和信息技术服务业	36 605	26 523	15 683	10 840	10 083	3 927	6 071	62	22
电信、广播电视和卫星传输服务	6 984	4 823	3 936	887	2 161	2 161	0	0	0
互联网和相关服务	1 036	1 036	680	356	0	0	0	0	0
软件和信息技术服务业	28 586	20 664	11 067	9 597	7 922	1 767	6 071	62	22
金融业	7 622	6 882	5 076	1 806	741	0	339	34	369

（续上表）

指标	R&D经费内部支出	日常性支出	人员劳务费	其他日常性支出	资产性支出	土建费	仪器与设备支出	资本化的计算机软件支出	专利和专有技术支出
货币金融服务	7 622	6 882	5 076	1 806	741	0	339	34	369
科学研究和技术服务业	1 993 786	1 079 205	555 465	523 740	914 581	323 133	580 940	8 445	2 064
研究和试验发展	1 582 610	757 024	361 463	395 561	825 587	302 896	514 814	7 076	801
专业技术服务业	330 231	250 475	147 291	103 184	79 756	19 752	58 194	1 312	498
科技推广和应用服务业	80 945	71 706	46 711	24 996	9 239	485	7 932	57	765
水利、环境和公共设施管理业	77 979	72 633	41 723	30 910	5 347	598	4 177	470	102
水利管理业	28 311	26 073	13 526	7 547	2 238	598	1 108	446	85
生态保护和环境治理业	48 827	45 918	22 651	23 266	2 909	0	2 870	24	16
土地管理业	842	642	546	97	200	0	200	0	0
居民服务、修理和其他服务业	681	491	381	111	190	0	190	0	0
其他服务业	681	491	381	111	190	0	190	0	0
教育	9 055	8 377	5 278	3 099	678	0	678	0	0
教育	9 055	8 377	5 278	3 099	678	0	678	0	0
卫生和社会工作	25 514	23 585	18 818	4 767	1 930	0	1 925	4	0
卫生	25 514	23 585	18 818	4 767	1 930	0	1 925	4	0
文化、体育和娱乐业	10 026	8 532	3 899	4 633	1 494	0	1 392	102	0
文化艺术业	7 028	6 740	2 588	4 152	288	0	186	102	0
体育	2 998	1 792	1 311	481	1 206	0	1 206	0	0

（续上表）

指标	R & D 经费内部支出	日常性支出	人员劳务费	其他日常性支出	资产性支出	土建费	仪器与设备支出	资本化的计算机软件支出	专利和专有技术支出
公共管理、社会保障和社会组织	5 070	5 015	3 405	1 610	55	0	33	22	0
国家机构	5 070	5 015	3 405	1 610	55	0	33	22	0
5．按机构所属学科分布									
自然科学领域	649 680	374 169	184 625	189 544	275 511	194 658	79 002	1 749	103
信息科学与系统科学	10 000	7 783	4 180	3 602	2 217	0	2 215	0	2
力学	549	540	107	433	8	0	8	0	0
物理学	64 719	7 089	1 477	5 611	57 630	54 857	2 764	10	0
化学	41 730	17 949	7 992	9 957	23 781	16 982	6 790	0	9
地球科学	418 158	234 697	100 089	134 608	183 461	122 289	59 371	1 719	82
生物学	114 524	106 111	70 779	35 332	8 413	531	7 854	20	9
农业科学领域	214 265	192 198	102 201	89 997	22 066	6 666	15 262	125	13
农学	110 752	103 114	58 251	44 864	7 638	2 047	5 524	62	5
林学	37 349	31 407	17 497	13 909	5 943	1 994	3 907	39	3
畜牧、兽医科学	22 475	20 688	11 253	9 435	1 788	68	1 708	12	0
水产学	43 688	36 990	15 201	21 789	6 698	2 557	4 123	13	5
医学科学领域	214 987	118 898	66 420	52 478	96 089	51 831	41 329	460	2 469
基础医学	40 287	31 102	15 096	16 006	9 186	1 692	5 117	17	2 359
临床医学	131 786	59 032	31 841	27 191	72 753	48 252	24 145	319	38

（续上表）

指标	R & D经费内部支出	日常性支出	人员劳务费	其他日常性支出	资产性支出	土建费	仪器与设备支出	资本化的计算机软件支出	专利和专有技术支出
预防医学与公共卫生学	10 175	8 862	6 590	2 272	1 313	0	1 313	0	0
药学	30 271	17 531	11 794	5 737	12 740	1 887	10 684	124	45
中医学与中药学	2 469	2 372	1 099	1 273	97	0	69	0	28
工程科学与技术领域	1 340 282	739 501	395 096	344 405	600 781	106 760	484 042	6 874	3 105
工程与技术科学基础学科	98 273	59 116	28 344	30 772	39 157	3 878	34 466	201	613
信息与系统科学相关工程与技术	81 210	70 975	39 680	31 295	10 235	354	9 191	72	619
自然科学相关工程与技术	186 523	126 920	52 121	74 798	59 604	11 743	46 011	1 807	43
测绘科学技术	6 540	5 980	4 772	1 208	560	0	242	221	97
材料科学	147 144	80 857	41 856	39 001	66 287	1 497	64 232	470	88
矿山工程技术	4 182	3 855	3 001	854	327	0	327	0	0
机械工程	16 986	14 693	7 108	7 585	2 293	1 527	489	23	255
动力与电气工程	109 544	37 490	19 456	18 034	72 055	69 086	2 741	28	199
能源科学技术	51 683	28 998	13 358	15 640	22 685	6 875	15 492	261	57
核科学技术	279	269	225	44	10	0	0	10	0
电子与通信技术	30 589	23 834	14 495	9 340	6 754	4 126	2 482	73	73
计算机科学技术	394 483	107 761	65 062	42 699	286 722	457	283 314	2 940	11
化学工程	935	704	341	364	231	0	227	0	4
产品应用相关工程与技术	14 638	12 880	4 824	8 056	1 758	358	1 382	16	2

（续上表）

指标	R & D经费内部支出	日常性支出	人员劳务费	其他日常性支出	资产性支出	土建费	仪器与设备支出	资本化的计算机软件支出	专利和专有技术支出
纺织科学技术	551	412	372	40	139	0	139	0	0
食品科学技术	16 175	13 798	8 714	5 085	2 377	52	2 270	0	55
土木建筑工程	4 336	3 892	3 256	637	444	0	444	0	0
水利工程	27 818	25 598	18 269	7 328	2 220	598	1 090	446	85
交通运输工程	4 363	4 360	2 850	1 509	3	0	3	0	0
航空、航天科学技术	15 811	11 801	7 309	4 492	4 011	134	3 109	16	751
环境科学技术及资源科学技术	87 693	75 452	38 956	36 496	12 241	2 000	10 065	169	7
安全科学技术	39 094	28 649	19 932	8 717	10 445	4 075	6 101	124	144
管理学	1 431	1 207	795	412	224	0	224	0	0
社会、人文科学领域	48 710	45 681	32 950	12 731	3 030	0	2 908	122	0
马克思主义	13 304	12 595	10 414	2 180	710	0	710	0	0
艺术学	1 596	1 596	1 089	507	0	0	0	0	0
考古学	5 433	5 145	1 499	3 645	288	0	186	102	0
经济学	4 944	4 846	3 292	1 554	98	0	85	13	0
社会学	8 427	8 320	6 460	1 860	107	0	100	7	0
民族学与文化学	1 522	1 513	1 258	255	9	0	9	0	0
图书馆、情报与文献学	3 893	3 879	2 994	885	14	0	14	0	0
教育学	6 595	5 997	4 633	1 364	598	0	598	0	0

（续上表）

指标	R & D 经费内部支出	日常性支出	人员劳务费	其他日常性支出	资产性支出	土建费	仪器与设备支出	资本化的计算机软件支出	专利和专有技术支出
体育科学	2 998	1 792	1 311	481	1 206	0	1 206	0	0
6. 按机构从业人员规模分									
≥ 1 000 人	157 246	127 543	63 069	64 474	29 703	9 600	18 262	1 593	248
500 ~ 999 人	911 817	406 058	224 564	181 494	505 759	172 120	328 666	4 714	259
300 ~ 499 人	504 920	300 128	161 478	138 650	204 793	79 538	120 952	1 474	2 829
200 ~ 299 人	188 672	141 865	75 622	66 243	46 807	5 803	40 824	119	61
100 ~ 199 人	349 584	271 605	148 876	122 729	77 979	4 051	72 826	466	636
50 ~ 99 人	186 912	125 026	65 212	59 814	61 885	32 654	27 842	497	892
30 ~ 49 人	105 288	71 221	23 837	42 384	34 067	25 745	7 416	392	515
20 ~ 29 人	18 230	15 030	6 778	8 252	3 201	290	2 603	73	236
10 ~ 19 人	16 206	10 614	6 177	4 437	5 593	2 530	3 045	3	15
0 ~ 9 人	29 047	1 356	679	678	27 691	27 584	107	0	0

提交级别为 0 国家级；从事的国民经济行业代码（BA17）为 73–75；法人性质（BA29）为 1 事业独立法人（即机构类别 BA20 为 1–5）。

文件生成日期：2021–07–27 10:27:55

表 11-2-17　R & D 经费外部支出（2020 年）

单位：万元

指标	R & D 经费外部支出	对境内研究机构支出	对境内高等学校支出	对境内企业支出	对境内其他单位支出	对境外机构支出
总计	170 190	52 207	76 226	38 319	2 597	840
1. 按机构所属地域分布						
广东省	170 190	52 207	76 226	38 319	2 597	840
广州市	123 776	39 908	51 207	32 229	422	10
韶关市	19	0	19	0	0	0
深圳市	14 978	6 866	4 092	1 930	2 090	0
珠海市	14 565	2 194	11 425	946	0	0
汕头市	885	0	735	150	0	0
佛山市	11 136	1 027	7 130	2 821	86	72
江门市	0	0	0	0	0	0
湛江市	0	0	0	0	0	0
茂名市	0	0	0	0	0	0
肇庆市	0	0	0	0	0	0
惠州市	0	0	0	0	0	0
梅州市	0	0	0	0	0	0
汕尾市	0	0	0	0	0	0
河源市	0	0	0	0	0	0
阳江市	240	240	0	0	0	0

（续上表）

指标	R & D 经费外部支出	对境内研究机构支出	对境内高等学校支出	对境内企业支出	对境内其他单位支出	对境外机构支出
清远市	0	0	0	0	0	0
东莞市	4 031	1 711	1 318	244	0	758
中山市	262	262	0	0	0	0
潮州市	300	0	300	0	0	0
揭阳市	0	0	0	0	0	0
云浮市	0	0	0	0	0	0
2. 按机构所属隶属关系分布						
中央部门属	102 437	26 354	46 261	29 776	47	0
中国科学院	8 777	5 616	2 408	715	39	0
地方部门属	67 753	25 853	29 966	8 544	2 551	840
省级部门属	46 511	19 882	21 203	4 236	350	840
副省级城市属	2 357	583	1 072	681	20	0
地市级部门属	578	502	12	4	60	0
3. 按机构从事的国民经济行业分布						
科学研究和技术服务业	170 190	52 207	76 226	38 319	2 597	840
研究和试验发展	67 752	29 765	27 483	7 120	2 543	840
专业技术服务业	95 515	20 740	44 616	30 118	41	0
科技推广和应用服务业	6 923	1 702	4 127	1 081	13	0

（续上表）

指标	R & D经费外部支出	对境内研究机构支出	对境内高等学校支出	对境内企业支出	对境内其他单位支出	对境外机构支出
4. 按机构服务的国民经济行业分布						
农、林、牧、渔业	5 563	5 267	96	141	60	0
农业	496	260	96	141	0	0
林业	60	0	0	0	60	0
农、林、牧、渔专业及辅助性活动	5 008	5 008	0	0	0	0
采矿业	26	3	20	3	0	0
有色金属矿采选业	26	3	20	3	0	0
制造业	7 598	326	6 601	523	75	72
化学原料和化学制品制造业	885	0	735	150	0	0
专用设备制造业	210	30	48	57	75	0
汽车制造业	5 804	0	5 732	0	0	72
铁路、船舶、航空航天和其他运输设备制造业	437	35	86	316	0	0
计算机、通信和其他电子设备制造业	262	262	0	0	0	0
信息传输、软件和信息技术服务业	2 058	400	1 243	409	6	0
电信、广播电视和卫星传输服务	300	300	0	0	0	0
软件和信息技术服务业	1 757	100	1 243	409	6	0
科学研究和技术服务业	153 767	45 568	67 831	37 144	2 457	768
研究和试验发展	133 706	35 690	60 430	34 711	2 107	768

（续上表）

指标	R & D 经费外部支出	对境内研究机构支出	对境内高等学校支出	对境内企业支出	对境内其他单位支出	对境外机构支出
专业技术服务业	12 747	7 860	3 216	1 334	337	0
科技推广和应用服务业	7 314	2 017	4 185	1 099	13	0
水利、环境和公共设施管理业	837	315	421	101	0	0
水利管理业	30	0	30	0	0	0
生态保护和环境治理业	807	315	391	101	0	0
公共管理、社会保障和社会组织	342	328	14	0	0	0
国家机构	342	328	14	0	0	0
5．按机构所属学科分布						
自然科学领域	120 039	29 725	58 140	31 932	232	10
信息科学与系统科学	957	0	316	641	0	0
化学	885	0	735	150	0	0
地球科学	112 687	27 210	55 298	29 946	232	0
生物学	5 510	2 515	1 791	1 194	0	10
农业科学领域	5 985	5 422	248	181	135	0
农学	5 696	5 297	144	181	75	0
林学	60	0	0	0	60	0
畜牧、兽医科学	229	125	104	0	0	0
医学科学领域	6 082	5 554	404	124	0	0

（续上表）

指标	R&D经费外部支出	对境内研究机构支出	对境内高等学校支出	对境内企业支出	对境内其他单位支出	对境外机构支出
临床医学	4 727	4 211	392	124	0	0
药学	12	0	12	0	0	0
中医学与中药学	1 343	1 343	0	0	0	0
工程科学与技术领域	35 321	11 503	14 686	6 077	2 226	830
工程与技术科学基础学科	3 766	1 679	1 320	690	77	0
信息与系统科学相关工程与技术	352	76	58	218	0	0
自然科学相关工程与技术	6 844	2 859	1 806	532	1 646	0
测绘科学技术	400	0	319	80	0	0
材料科学	4 201	1 804	1 258	382	0	758
矿山工程技术	45	3	39	3	0	0
机械工程	856	0	212	618	26	0
动力与电气工程	4 321	1 025	1 198	2 098	0	0
能源科学技术	6 044	240	5 732	0	0	72
电子与通信技术	646	300	274	72	0	0
计算机科学技术	3 292	975	1 591	268	457	0
产品应用相关工程与技术	4	0	0	4	0	0
食品科学技术	5	0	2	3	0	0
水利工程	30	0	30	0	0	0
交通运输工程	549	35	86	427	0	0

（续上表）

指标	R & D 经费外部支出	对境内研究机构支出	对境内高等学校支出	对境内企业支出	对境内其他单位支出	对境外机构支出
航空、航天科学技术	913	0	333	580	0	0
环境科学技术及资源科学技术	1 137	625	391	101	20	0
安全科学技术	1 897	1 883	14	0	0	0
管理学	23	0	23	0	0	0
社会、人文科学领域	2 763	3	2 749	7	4	0
经济学	113	3	99	7	4	0
教育学	2 650	0	2 650	0	0	0
6．按机构从业人员规模分						
500 ~ 999 人	110 528	32 231	48 169	30 089	39	0
300 ~ 499 人	12 284	6 375	2 567	2 478	97	768
200 ~ 299 人	2 594	620	1 695	280	0	0
100 ~ 199 人	24 853	8 206	11 793	4 023	831	0
50 ~ 99 人	14 407	3 014	10 175	940	207	72
30 ~ 49 人	3 313	273	1 350	270	1 420	0
20 ~ 29 人	737	328	314	95	0	0
10 ~ 19 人	1 451	1 161	141	145	4	0
0 ~ 9 人	23	0	23	0	0	0

提交级别为 0 国家级；从事的国民经济行业代码（BA17）为 73−75；法人性质（BA29）为 1 事业独立法人（即机构类别 BA20 为 1−5）。

文件生成日期：2021−07−27 10:27:56

表 11-2-18　R & D 日常性支出（2020 年）

单位：万元

指标	R & D 日常性支出	按活动类型分组			按来源分组				
		基础研究	应用研究	试验发展	政府资金	企业资金	事业单位资金	国外资金	其他资金
总计	1 470 446	377 074	525 393	567 980	1 171 683	78 759	208 732	588	10 685
1. 按机构所属地域分布									
广东省	1 470 446	377 074	525 393	567 980	1 171 683	78 759	208 732	588	10 685
广州市	969 067	229 145	313 762	426 160	750 716	52 756	156 596	588	8 411
韶关市	639	0	0	639	354	233	52	0	0
深圳市	327 063	124 480	153 588	48 994	266 260	23 138	35 882	0	1 783
珠海市	18 719	7 073	5 369	6 278	18 157	563	0	0	0
汕头市	6 804	0	405	6 399	5 177	2	1 617	0	8
佛山市	58 163	5 448	28 329	24 387	55 507	546	2 110	0	0
江门市	2 113	84	0	2 029	1 821	0	128	0	165
湛江市	5 203	662	1 618	2 923	5 203	0	0	0	0
茂名市	88	0	0	88	88	0	0	0	0
肇庆市	1 355	0	0	1 355	889	40	426	0	0
惠州市	8 648	383	2 527	5 739	8 488	0	150	0	10
梅州市	2 659	0	44	2 615	2 493	0	137	0	29
汕尾市	0	0	0	0	0	0	0	0	0
河源市	624	0	317	308	319	0	305	0	0
阳江市	334	0	68	266	324	0	10	0	0

（续上表）

指标	R&D日常性支出	按活动类型分组			按来源分组				
		基础研究	应用研究	试验发展	政府资金	企业资金	事业单位资金	国外资金	其他资金
清远市	10	0	0	10	10	0	0	0	0
东莞市	63 835	9 721	17 931	36 183	51 330	1 297	10 929	0	279
中山市	3 099	79	973	2 048	2 715	99	286	0	0
潮州市	721	0	284	437	721	0	0	0	0
揭阳市	633	0	0	633	553	0	80	0	0
云浮市	669	0	178	491	559	84	26	0	0
2．按机构所属隶属关系分布									
中央部门属	503 861	150 922	164 665	188 274	413 268	36 580	52 458	527	1 029
中国科学院	210 492	105 196	75 047	30 248	187 767	22 197	0	527	0
地方部门属	966 584	226 151	360 728	379 706	758 416	42 179	156 274	61	9 656
省级部门属	557 471	130 629	224 880	201 962	473 174	13 369	66 562	61	4 306
副省级城市属	109 200	9 611	54 115	45 474	77 311	7 716	20 812	0	3 360
地市级部门属	34 709	196	3 185	31 329	29 497	619	4 149	0	445
3．按机构从事的国民经济行业分布									
科学研究和技术服务业	1 470 446	377 074	525 393	567 980	1 171 683	78 759	208 732	588	10 685
研究和试验发展	1 196 129	315 248	450 338	430 543	990 192	74 856	124 491	588	6 003
专业技术服务业	201 872	21 809	59 570	120 493	141 716	2 472	53 269	0	4 415
科技推广和应用服务业	72 445	40 016	15 485	16 944	39 775	1 431	30 972	0	267

（续上表）

指标	R & D日常性支出	按活动类型分组			按来源分组				
		基础研究	应用研究	试验发展	政府资金	企业资金	事业单位资金	国外资金	其他资金
4．按机构服务的国民经济行业分布									
农、林、牧、渔业	148 406	36 503	31 652	80 251	138 544	3 944	5 657	0	262
农业	49 077	6 569	5 565	36 944	45 437	1 674	1 966	0	0
林业	22 014	4 701	6 352	10 961	21 762	45	206	0	0
畜牧业	15 326	600	2 859	11 867	10 963	885	3 245	0	233
渔业	36 270	10 650	14 279	11 342	34 930	1 340	0	0	0
农、林、牧、渔专业及辅助性活动	25 719	13 984	2 598	9 138	25 451	0	239	0	29
采矿业	3 832	387	773	2 672	2 272	1 500	0	61	0
有色金属矿采选业	3 555	387	773	2 395	1 995	1 500	0	61	0
其他采矿业	277	0	0	277	277	0	0	0	0
制造业	85 478	20 909	18 236	46 333	63 294	5 723	16 371	89	0
农副食品加工业	13 009	4 865	2 437	5 707	8 942	3 330	737	0	0
化学原料和化学制品制造业	2 404	0	295	2 109	2 352	0	52	0	0
医药制造业	40 834	15 543	12 024	13 267	32 138	1 895	6 712	89	0
非金属矿物制品业	4 602	0	401	4 201	226	0	4 376	0	0
黑色金属冶炼和压延加工业	108	0	0	108	6	0	103	0	0
专用设备制造业	13 942	162	1 868	11 912	12 139	0	1 802	0	0
汽车制造业	2 112	0	698	1 414	1 902	210	0	0	0

（续上表）

指标	R&D日常性支出	按活动类型分组			按来源分组				
		基础研究	应用研究	试验发展	政府资金	企业资金	事业单位资金	国外资金	其他资金
铁路、船舶、航空航天和其他运输设备制造业	1 701	0	231	1 470	487	69	1 144	0	0
电气机械和器材制造业	500	0	42	459	405	96	0	0	0
计算机、通信和其他电子设备制造业	5 942	36	241	5 665	4 374	124	1 444	0	0
仪器仪表制造业	324	304	0	21	324	0	0	0	0
电力、热力、燃气及水生产和供应业	70	0	30	40	34	36	0	0	0
电力、热力生产和供应业	70	0	30	40	34	36	0	0	0
交通运输、仓储和邮政业	1 418	0	886	532	970	109	340	0	0
道路运输业	998	0	886	112	890	109	0	0	0
水上运输业	420	0	0	420	80	0	340	0	0
信息传输、软件和信息技术服务业	26 523	2 270	6 567	17 686	18 651	1 873	5 999	0	0
电信、广播电视和卫星传输服务	4 823	0	231	4 592	2 255	940	1 628	0	0
互联网和相关服务	1 036	0	604	432	215	711	110	0	0
软件和信息技术服务业	20 664	2 270	5 732	12 662	16 180	223	4 261	0	0
金融业	6 882	0	6 882	0	6 882	0	0	0	0
货币金融服务	6 882	0	6 882	0	6 882	0	0	0	0
科学研究和技术服务业	1 079 205	280 645	418 502	380 059	860 417	54 601	153 333	438	10 415
研究和试验发展	757 024	191 963	296 012	269 049	648 806	39 735	65 349	213	2 921
专业技术服务业	250 475	48 508	102 936	99 031	172 424	12 998	57 571	225	7 257

（续上表）

指标	R & D日常性支出	按活动类型分组			按来源分组				
		基础研究	应用研究	试验发展	政府资金	企业资金	事业单位资金	国外资金	其他资金
科技推广和应用服务业	71 706	40 174	19 554	11 978	39 188	1 868	30 413	0	238
水利、环境和公共设施管理业	72 633	14 645	23 932	34 056	47 842	10 486	14 297	0	8
水利管理业	26 073	3 900	12 666	9 507	18 351	7 491	231	0	0
生态保护和环境治理业	45 918	10 745	11 219	23 954	28 848	2 996	14 066	0	8
土地管理业	642	0	46	596	642	0	0	0	0
居民服务、修理和其他服务业	491	185	255	52	491	0	0	0	0
其他服务业	491	185	255	52	491	0	0	0	0
教育	8 377	3 795	4 303	279	7 949	428	0	0	0
教育	8 377	3 795	4 303	279	7 949	428	0	0	0
卫生和社会工作	23 585	12 487	8 560	2 539	16 362	0	7 223	0	0
卫生	23 585	12 487	8 560	2 539	16 362	0	7 223	0	0
文化、体育和娱乐业	8 532	5 249	3 283	0	3 324	0	5 208	0	0
文化艺术业	6 740	5 145	1 596	0	1 596	0	5 145	0	0
体育	1 792	104	1 688	0	1 729	0	63	0	0
公共管理、社会保障和社会组织	5 015	0	1 532	3 483	4 651	60	305	0	0
国家机构	5 015	0	1 532	3 483	4 651	60	305	0	0
5. 按机构所属学科分布									
自然科学领域	374 169	157 959	96 817	119 393	312 568	8 145	49 011	400	4 045

（续上表）

指标	R&D日常性支出	按活动类型分组			按来源分组				
		基础研究	应用研究	试验发展	政府资金	企业资金	事业单位资金	国外资金	其他资金
信息科学与系统科学	7 783	361	2 109	5 313	5 116	1 327	1 339	0	0
力学	540	0	540	0	540	0	0	0	0
物理学	7 089	854	634	5 600	6 923	96	70	0	0
化学	17 949	396	11 841	5 713	12 320	25	2 587	0	3 016
地球科学	234 697	99 403	53 077	82 218	226 301	5 263	1 880	225	1 029
生物学	106 111	56 945	23 617	20 549	61 368	1 434	43 135	175	0
农业科学领域	192 198	44 763	37 985	109 450	166 453	7 832	17 652	0	262
农学	103 114	28 501	11 853	62 760	91 299	4 443	7 373	0	0
林学	31 407	4 701	7 487	19 218	24 822	45	6 511	0	29
畜牧、兽医科学	20 688	911	4 366	15 410	14 682	2 004	3 769	0	233
水产学	36 990	10 650	14 279	12 061	35 650	1 340	0	0	0
医学科学领域	118 898	49 147	33 986	35 765	101 479	2 515	14 814	89	0
基础医学	31 102	18 861	7 464	4 777	29 824	1 189	0	89	0
临床医学	59 032	26 494	17 471	15 067	53 257	0	5 775	0	0
预防医学与公共卫生学	8 862	752	4 773	3 337	1 131	0	7 731	0	0
药学	17 531	2 178	3 658	11 695	15 525	698	1 308	0	0
中医学与中药学	2 372	862	622	888	1 743	629	0	0	0
工程科学与技术领域	739 501	116 708	323 539	299 253	554 273	58 815	120 362	99	5 952

（续上表）

指标	R & D日常性支出	按活动类型分组			按来源分组				
		基础研究	应用研究	试验发展	政府资金	企业资金	事业单位资金	国外资金	其他资金
工程与技术科学基础学科	59 116	5 330	16 360	37 426	39 889	6 019	13 208	0	0
信息与系统科学相关工程与技术	70 975	22 995	35 111	12 869	58 962	11 916	97	0	0
自然科学相关工程与技术	126 920	34 374	33 100	59 446	82 324	1 644	41 445	0	1 506
测绘科学技术	5 980	0	977	5 004	1 573	334	4 074	0	0
材料科学	80 857	12 199	22 321	46 337	66 670	1 511	11 449	0	1 226
矿山工程技术	3 855	387	773	2 695	2 219	1 576	0	61	0
机械工程	14 693	1 733	1 957	11 003	11 836	2 219	637	0	0
动力与电气工程	37 490	5 411	24 555	7 524	34 697	2 657	135	0	0
能源科学技术	28 998	1 424	17 619	9 955	22 855	3 191	26	38	2 888
核科学技术	269	269	0	0	269	0	0	0	0
电子与通信技术	23 834	138	6 091	17 606	12 964	1 896	8 691	0	284
计算机科学技术	107 761	14 433	81 543	11 785	102 688	303	4 771	0	0
化学工程	704	0	207	498	704	0	0	0	0
产品应用相关工程与技术	12 880	0	7 240	5 640	5 953	6 342	585	0	0
纺织科学技术	412	0	412	0	39	0	373	0	0
食品科学技术	13 798	5 111	2 428	6 259	8 988	4 000	771	0	39

（续上表）

指标	R & D 日常性支出	按活动类型分组			按来源分组				
		基础研究	应用研究	试验发展	政府资金	企业资金	事业单位资金	国外资金	其他资金
土木建筑工程	3 892	0	3 892	0	1 502	0	2 390	0	0
水利工程	25 598	3 900	12 666	9 032	18 102	7 480	16	0	0
交通运输工程	4 360	0	1 072	3 288	1 336	178	2 847	0	0
航空、航天科学技术	11 801	963	8 338	2 500	9 817	1 893	91	0	0
环境科学技术及资源科学技术	75 452	6 656	34 640	34 156	64 280	5 637	5 527	0	8
安全科学技术	28 649	1 308	12 031	15 311	5 420	0	23 229	0	0
管理学	1 207	77	206	924	1 187	20	0	0	0
社会、人文科学领域	45 681	8 496	33 065	4 119	36 910	1 452	6 893	0	426
马克思主义	12 595	2 989	9 606	0	12 595	0	0	0	0
艺术学	1 596	0	1 596	0	1 596	0	0	0	0
考古学	5 145	5 145	0	0	0	0	5 145	0	0
经济学	4 846	0	4 416	430	3 759	655	194	0	238
社会学	8 320	0	8 320	0	8 320	0	0	0	0
民族学与文化学	1 513	259	1 254	0	1 513	0	0	0	0
图书馆、情报与文献学	3 879	0	963	2 916	1 866	333	1 492	0	188
教育学	5 997	0	5 222	774	5 533	464	0	0	0

（续上表）

指标	R & D日常性支出	按活动类型分组			按来源分组				
		基础研究	应用研究	试验发展	政府资金	企业资金	事业单位资金	国外资金	其他资金
体育科学	1 792	104	1 688	0	1 729	0	63	0	0
6. 按机构从业人员规模分									
≥ 1 000 人	127 543	25 372	40 723	61 447	80 098	11 641	35 803	0	0
500 ~ 999 人	406 058	121 743	164 573	119 741	330 999	18 649	53 169	400	2 841
300 ~ 499 人	300 128	105 368	111 594	83 166	252 197	9 272	38 525	127	7
200 ~ 299 人	141 865	29 500	40 289	72 076	107 521	11 432	22 912	0	0
100 ~ 199 人	271 605	52 786	98 664	120 156	220 118	16 444	30 641	61	4 342
50 ~ 99 人	125 026	18 661	41 647	64 719	94 011	9 155	20 584	0	1 277
30 ~ 49 人	71 221	22 960	17 788	30 473	63 328	954	5 440	0	1 499
20 ~ 29 人	15 030	287	4 642	10 101	13 122	396	1 220	0	292
10 ~ 19 人	10 614	103	5 169	5 341	9 086	662	439	0	427
0 ~ 9 人	1 356	293	303	761	1 203	153	0	0	0

提交级别为 0 国家级；从事的国民经济行业代码（BA17）为 73–75；法人性质（BA29）为 1 事业独立法人（即机构类别 BA20 为 1–5）。

文件生成日期：2021–07–27 10:27:57

表 11-2-19　专利（2020 年）

指标	专利申请受理数	# 发明专利	专利授权数	# 发明专利	# 国外授权	拥有有效发明专利总数	专利所有权转让及许可数	专利所有权转让及许可收入
	件	件	件	件	件	件	件	万元
总计	6 942	5 108	3 748	2 071	125	13 520	354	13 723
1. 按机构所属地域分布								
广东省	6 942	5 108	3 748	2 071	125	13 520	354	13 723
广州市	3 053	2 304	2 054	1 128	63	7 069	96	1 893
韶关市	11	11	16	8	0	22	0	0
深圳市	2 235	1 690	911	581	33	4 231	226	11 518
珠海市	149	109	56	22	3	168	0	0
汕头市	36	7	32	6	0	20	0	0
佛山市	492	378	172	109	1	485	11	300
江门市	10	2	8	1	0	12	0	0
湛江市	243	95	115	28	10	335	0	0
茂名市	4	1	3	0	0	2	0	0
肇庆市	2	2	0	0	0	2	0	0
惠州市	29	15	8	3	3	100	5	0
梅州市	7	2	3	0	0	10	0	0
汕尾市	0	0	0	0	0	1	0	0
河源市	13	4	23	6	0	14	0	0
阳江市	4	1	1	0	0	1	0	0

（续上表）

指标	专利申请受理数	# 发明专利	专利授权数	# 发明专利	# 国外授权	拥有有效发明专利总数	专利所有权转让及许可数	专利所有权转让及许可收入
	件	件	件	件	件	件	件	万元
清远市	0	0	0	0	0	0	0	0
东莞市	495	393	284	164	12	960	12	12
中山市	137	80	37	7	0	75	0	0
潮州市	2	2	2	2	0	2	0	0
揭阳市	1	1	3	0	0	1	0	0
云浮市	19	11	20	6	0	10	4	0
2．按机构所属隶属关系分布								
中央部门属	2 134	1 403	1 520	848	37	6 154	255	11 658
中国科学院	1 415	961	786	552	26	4 465	254	11 628
地方部门属	4 808	3 705	2 228	1 223	88	7 366	99	2 065
省级部门属	2 709	2 124	1 065	592	42	3 242	48	312
副省级城市属	333	216	247	101	0	819	11	493
地市级部门属	283	207	189	83	5	785	11	10
3．按机构从事的国民经济行业分布								
科学研究和技术服务业	6 942	5 108	3 748	2 071	125	13 520	354	13 723
研究和试验发展	6 061	4 463	3 163	1 805	98	11 826	333	13 383
专业技术服务业	568	393	406	140	11	1 156	10	40
科技推广和应用服务业	313	252	179	126	16	538	11	300

（续上表）

指标	专利申请受理数	# 发明专利	专利授权数	# 发明专利	# 国外授权	拥有有效发明专利总数	专利所有权转让及许可数	专利所有权转让及许可收入
	件	件	件	件	件	件	件	万元
4. 按机构服务的国民经济行业分布								
农、林、牧、渔业	582	359	504	238	15	1 275	22	162
农业	186	94	152	81	4	413	10	73
林业	56	36	48	27	0	208	0	0
畜牧业	99	60	63	32	0	220	7	89
渔业	137	101	168	66	10	295	0	0
农、林、牧、渔专业及辅助性活动	104	68	73	32	1	139	5	0
采矿业	48	43	18	12	0	81	0	0
有色金属矿采选业	48	43	18	12	0	81	0	0
制造业	624	407	286	94	11	1 019	29	292
农副食品加工业	133	112	70	36	6	361	4	12
化学原料和化学制品制造业	16	13	8	5	0	16	0	0
医药制造业	48	44	37	28	4	256	15	280
非金属矿物制品业	27	1	26	3	0	27	0	0
黑色金属冶炼和压延加工业	7	3	3	1	0	11	0	0
专用设备制造业	223	126	92	5	1	152	0	0
汽车制造业	55	45	2	2	0	2	0	0
铁路、船舶、航空航天和其他运输设备制造业	37	21	16	1	0	5	0	0

（续上表）

指标	专利申请受理数	# 发明专利	专利授权数	# 发明专利	# 国外授权	拥有有效发明专利总数	专利所有权转让及许可数	专利所有权转让及许可收入
	件	件	件	件	件	件	件	万元
电气机械和器材制造业	22	16	19	6	0	81	10	0
计算机、通信和其他电子设备制造业	36	21	5	3	0	40	0	0
仪器仪表制造业	20	5	8	4	0	68	0	0
电力、热力、燃气及水生产和供应业	0	0	4	2	0	17	0	0
电力、热力生产和供应业	0	0	4	2	0	17	0	0
交通运输、仓储和邮政业	5	2	6	1	0	4	0	0
道路运输业	1	1	0	0	0	0	0	0
水上运输业	4	1	6	1	0	4	0	0
信息传输、软件和信息技术服务业	219	192	104	71	0	598	2	60
电信、广播电视和卫星传输服务	110	90	73	44	0	331	2	60
互联网和相关服务	3	3	7	5	0	17	0	0
软件和信息技术服务业	106	99	24	22	0	250	0	0
科学研究和技术服务业	5 184	3 926	2 630	1 558	75	9 854	290	13 209
研究和试验发展	4 202	3 201	1 737	1 135	48	7 280	267	12 892
专业技术服务业	596	408	699	284	11	1 957	11	15
科技推广和应用服务业	386	317	194	139	16	617	12	302
水利、环境和公共设施管理业	156	78	157	78	22	507	11	0
水利管理业	57	16	54	16	0	88	0	0

（续上表）

指标	专利申请受理数	# 发明专利	专利授权数	# 发明专利	# 国外授权	拥有有效发明专利总数	专利所有权转让及许可数	专利所有权转让及许可收入
	件	件	件	件	件	件	件	万元
生态保护和环境治理业	99	62	103	62	22	419	11	0
教育	36	35	3	2	0	51	0	0
教育	36	35	3	2	0	51	0	0
卫生和社会工作	61	48	23	13	1	95	0	0
卫生	61	48	23	13	1	95	0	0
文化、体育和娱乐业	1	1	0	0	0	5	0	0
体育	1	1	0	0	0	5	0	0
公共管理、社会保障和社会组织	26	17	13	2	1	14	0	0
国家机构	26	17	13	2	1	14	0	0
5．按机构所属学科分布								
自然科学领域	1 033	860	600	424	42	2 210	24	66
信息科学与系统科学	66	60	43	37	0	97	0	0
力学	6	6	0	0	0	0	0	0
物理学	28	16	30	8	0	106	10	0
化学	137	106	77	41	0	208	5	20
地球科学	401	302	254	172	12	855	5	37
生物学	395	370	196	166	30	944	4	9
农业科学领域	822	496	626	280	18	1 877	34	164

（续上表）

指标	专利申请受理数	#发明专利	专利授权数	#发明专利	#国外授权	拥有有效发明专利总数	专利所有权转让及许可数	专利所有权转让及许可收入
	件	件	件	件	件	件	件	万元
农学	497	278	329	144	8	1 038	15	73
林学	63	38	57	29	0	218	8	0
畜牧、兽医科学	123	77	72	41	0	321	11	91
水产学	139	103	168	66	10	300	0	0
医学科学领域	256	194	93	63	5	658	17	318
基础医学	85	81	47	41	4	283	14	270
临床医学	131	87	16	10	1	191	2	38
预防医学与公共卫生学	8	1	5	0	0	22	0	0
药学	21	16	21	11	0	113	0	0
中医学与中药学	11	9	4	1	0	49	1	10
工程科学与技术领域	4 781	3 517	2 416	1 301	58	8 751	279	13 175
工程与技术科学基础学科	207	141	142	68	1	550	2	485
信息与系统科学相关工程与技术	1 055	661	509	327	15	2 904	230	11 287
自然科学相关工程与技术	569	411	303	219	4	868	1	1
测绘科学技术	16	13	7	4	0	11	0	0
材料科学	695	560	229	136	0	558	13	63
矿山工程技术	49	44	27	14	0	88	0	0
机械工程	265	199	122	60	1	475	2	900

（续上表）

指标	专利申请受理数	# 发明专利	专利授权数	# 发明专利	# 国外授权	拥有有效发明专利总数	专利所有权转让及许可数	专利所有权转让及许可收入
	件	件	件	件	件	件	件	万元
动力与电气工程	271	225	68	46	0	91	0	0
能源科学技术	300	245	165	106	2	781	15	359
核科学技术	0	0	0	0	0	1	0	0
电子与通信技术	300	224	167	90	10	652	2	60
计算机科学技术	441	416	65	52	0	240	0	0
化学工程	21	7	5	1	0	62	6	0
产品应用相关工程与技术	102	79	71	28	1	183	0	0
纺织科学技术	1	1	1	1	0	23	0	0
食品科学技术	98	82	87	32	6	245	4	12
土木建筑工程	11	0	11	0	0	21	0	0
水利工程	57	16	54	16	0	88	0	0
交通运输工程	47	31	21	4	0	13	0	0
航空、航天科学技术	85	68	26	15	0	144	0	0
环境科学技术及资源科学技术	79	37	241	55	9	346	3	0
安全科学技术	107	52	92	24	9	372	1	8
管理学	5	5	3	3	0	35	0	0
社会、人文科学领域	50	41	13	3	2	24	0	0
经济学	1	1	0	0	0	0	0	0

（续上表）

指标	专利申请受理数	#发明专利	专利授权数	#发明专利	#国外授权	拥有有效发明专利总数	专利所有权转让及许可数	专利所有权转让及许可收入
	件	件	件	件	件	件	件	万元
图书馆、情报与文献学	2	0	2	0	0	8	0	0
教育学	46	39	11	3	2	11	0	0
体育科学	1	1	0	0	0	5	0	0
6. 按机构从业人员规模分								
≥1 000人	1 114	673	570	399	16	3 053	218	10 985
500～999人	853	725	547	282	20	1 593	6	41
300～499人	1 503	1 217	719	393	19	2 619	37	654
200～299人	463	355	358	192	36	1 644	4	545
100～199人	1 519	1 129	725	359	14	2 397	52	1 066
50～99人	882	589	508	285	15	1 374	28	429
30～49人	418	311	202	105	5	492	5	3
20～29人	55	38	32	20	0	153	0	0
10～19人	111	53	76	25	0	140	4	0
0～9人	24	18	11	11	0	55	0	0

提交级别为0国家级；从事的国民经济行业代码（BA17）为73−75；法人性质（BA29）为1事业独立法人（即机构类别BA20为1−5）。

文件生成日期：2021−07−27 10:27:57

表 11-2-20 论文、著作及其他科技产出（2020 年）

指标	科技论文	# 国外发表	科技著作	形成国家或行业标准数	集成电路布图设计登记数	植物新品种权授予数	软件著作权数	新药证书数
	篇	篇	种	项	件	项	件	件
总计	16 796	9 896	409	594	4	129	1 332	0
1. 按机构所属地域分布								
广东省	16 796	9 896	409	594	4	129	1 332	0
广州市	9 003	4 076	317	379	0	116	932	0
韶关市	16	0	1	0	0	1	2	0
深圳市	4 593	3 829	46	142	3	5	239	0
珠海市	1 243	965	15	5	0	0	19	0
汕头市	83	51	2	0	0	0	0	0
佛山市	258	155	4	25	1	2	54	0
江门市	22	0	0	0	0	0	0	0
湛江市	359	113	15	7	0	4	20	0
茂名市	15	1	0	0	0	0	0	0
肇庆市	19	0	0	0	0	0	0	0
惠州市	67	3	0	6	0	0	0	0
梅州市	56	0	1	3	0	1	8	0
汕尾市	4	0	0	0	0	0	1	0
河源市	28	5	1	0	0	0	0	0
阳江市	7	4	0	0	0	0	0	0

（续上表）

指标	科技论文	# 国外发表	科技著作	形成国家或行业标准数	集成电路布图设计登记数	植物新品种权授予数	软件著作权数	新药证书数
	篇	篇	种	项	件	项	件	件
清远市	1	0	0	0	0	0	0	0
东莞市	936	673	1	25	0	0	37	0
中山市	60	16	0	2	0	0	18	0
潮州市	14	5	0	0	0	0	2	0
揭阳市	9	0	6	0	0	0	0	0
云浮市	3	0	0	0	0	0	0	0
2. 按机构所属隶属关系分布								
中央部门属	5 841	3 798	104	90	0	8	457	0
中国科学院	3 860	3 081	34	0	0	0	83	0
地方部门属	10 955	6 098	305	504	4	121	875	0
省级部门属	6 381	3 719	156	204	1	103	543	0
副省级城市属	937	158	93	102	3	13	86	0
地市级部门属	521	161	12	17	0	3	56	0
3. 按机构从事的国民经济行业分布								
科学研究和技术服务业	16 796	9 896	409	594	4	129	1 332	0
研究和试验发展	14 961	9 540	384	288	4	129	1 079	0
专业技术服务业	1 412	108	22	300	0	0	177	0
科技推广和应用服务业	423	248	3	6	0	0	76	0

（续上表）

指标	科技论文	# 国外发表	科技著作	形成国家或行业标准数	集成电路布图设计登记数	植物新品种权授予数	软件著作权数	新药证书数
	篇	篇	种	项	件	项	件	件
4．按机构服务的国民经济行业分布								
农、林、牧、渔业	2 145	789	83	39	0	71	322	0
农业	674	186	31	3	0	61	134	0
林业	279	51	9	7	0	4	1	0
畜牧业	288	124	8	3	0	4	72	0
渔业	566	280	15	8	0	0	75	0
农、林、牧、渔专业及辅助性活动	338	148	20	18	0	2	40	0
采矿业	71	10	1	2	0	0	0	0
有色金属矿采选业	71	10	1	2	0	0	0	0
制造业	622	299	3	96	0	0	43	0
农副食品加工业	154	65	1	4	0	0	5	0
化学原料和化学制品制造业	46	34	0	7	0	0	1	0
医药制造业	165	80	1	74	0	0	0	0
非金属矿物制品业	9	0	0	1	0	0	0	0
黑色金属冶炼和压延加工业	1	0	0	0	0	0	0	0
专用设备制造业	88	29	1	2	0	0	20	0
汽车制造业	75	68	0	0	0	0	4	0
铁路、船舶、航空航天和其他运输设备制造业	35	0	0	0	0	0	0	0

（续上表）

指标	科技论文	# 国外发表	科技著作	形成国家或行业标准数	集成电路布图设计登记数	植物新品种权授予数	软件著作权数	新药证书数
	篇	篇	种	项	件	项	件	件
电气机械和器材制造业	9	8	0	4	0	0	0	0
计算机、通信和其他电子设备制造业	20	7	0	4	0	0	13	0
仪器仪表制造业	20	8	0	0	0	0	0	0
电力、热力、燃气及水生产和供应业	3	0	1	0	0	0	0	0
电力、热力生产和供应业	3	0	1	0	0	0	0	0
交通运输、仓储和邮政业	50	0	0	0	0	0	8	0
道路运输业	8	0	0	0	0	0	0	0
水上运输业	42	0	0	0	0	0	8	0
信息传输、软件和信息技术服务业	203	110	2	13	0	0	63	0
电信、广播电视和卫星传输服务	65	40	2	7	0	0	17	0
软件和信息技术服务业	138	70	0	6	0	0	46	0
科学研究和技术服务业	12 274	7 878	227	429	4	58	763	0
研究和试验发展	9 692	7 032	172	121	1	55	350	0
专业技术服务业	2 098	547	52	256	0	0	331	0
科技推广和应用服务业	484	299	3	52	3	3	82	0
水利、环境和公共设施管理业	513	248	15	12	0	0	115	0
水利管理业	151	31	8	4	0	0	105	0
生态保护和环境治理业	356	217	7	8	0	0	8	0

（续上表）

指标	科技论文	# 国外发表	科技著作	形成国家或行业标准数	集成电路布图设计登记数	植物新品种权授予数	软件著作权数	新药证书数
	篇	篇	种	项	件	项	件	件
土地管理业	6	0	0	0	0	0	2	0
居民服务、修理和其他服务业	16	2	0	0	0	0	2	0
其他服务业	16	2	0	0	0	0	2	0
教育	410	335	54	0	0	0	0	0
教育	410	335	54	0	0	0	0	0
卫生和社会工作	423	224	10	0	0	0	6	0
卫生	423	224	10	0	0	0	6	0
文化、体育和娱乐业	57	0	13	0	0	0	5	0
文化艺术业	36	0	11	0	0	0	0	0
体育	21	0	2	0	0	0	5	0
公共管理、社会保障和社会组织	9	1	0	3	0	0	5	0
国家机构	9	1	0	3	0	0	5	0
5. 按机构所属学科分布								
自然科学领域	4 644	3 331	75	48	0	53	256	0
信息科学与系统科学	131	101	0	1	0	0	1	0
物理学	25	20	0	4	0	0	0	0
化学	226	81	17	9	0	0	0	0
地球科学	3 211	2 258	33	2	0	0	182	0

（续上表）

指标	科技论文	# 国外发表	科技著作	形成国家或行业标准数	集成电路布图设计登记数	植物新品种权授予数	软件著作权数	新药证书数
	篇	篇	种	项	件	项	件	件
生物学	1 051	871	25	32	0	53	73	0
农业科学领域	2 576	963	109	64	0	73	364	0
农学	1 345	484	71	38	0	65	216	0
林学	318	60	12	15	0	4	1	0
畜牧、兽医科学	337	138	11	3	0	4	72	0
水产学	576	281	15	8	0	0	75	0
医学科学领域	904	529	24	109	0	0	7	0
基础医学	134	113	0	0	0	0	0	0
临床医学	318	225	11	0	0	0	1	0
预防医学与公共卫生学	99	3	0	0	0	0	6	0
药学	183	52	5	97	0	0	0	0
中医学与中药学	170	136	8	12	0	0	0	0
工程科学与技术领域	8 009	5 047	84	352	4	3	690	0
工程与技术科学基础学科	284	100	0	14	0	0	40	0
信息与系统科学相关工程与技术	1 766	1 605	7	46	3	3	43	0
自然科学相关工程与技术	1 822	1 279	7	39	0	0	68	0
测绘科学技术	142	1	0	0	0	0	50	0
材料科学	1 167	890	3	61	0	0	17	0
矿山工程技术	77	10	2	2	0	0	0	0
机械工程	97	25	0	9	0	0	25	0

（续上表）

指标	科技论文	# 国外发表	科技著作	形成国家或行业标准数	集成电路布图设计登记数	植物新品种权授予数	软件著作权数	新药证书数
	篇	篇	种	项	件	项	件	件
动力与电气工程	84	59	0	4	1	0	39	0
能源科学技术	619	294	11	5	0	0	27	0
电子与通信技术	264	101	3	30	0	0	47	0
计算机科学技术	293	246	2	43	0	0	62	0
化学工程	3	0	0	0	0	0	0	0
产品应用相关工程与技术	150	74	1	37	0	0	7	0
纺织科学技术	8	0	0	4	0	0	0	0
食品科学技术	271	48	0	1	0	0	7	0
土木建筑工程	6	0	0	0	0	0	0	0
水利工程	139	30	5	4	0	0	105	0
交通运输工程	113	3	0	0	0	0	4	0
航空、航天科学技术	135	103	12	0	0	0	3	0
环境科学技术及资源科学技术	380	146	23	10	0	0	127	0
安全科学技术	156	13	6	43	0	0	15	0
管理学	33	20	2	0	0	0	4	0
社会、人文科学领域	663	26	117	21	0	0	15	0
马克思主义	224	26	15	0	0	0	0	0
艺术学	36	0	5	0	0	0	0	0
考古学	0	0	6	0	0	0	0	0
经济学	66	0	4	0	0	0	0	0

（续上表）

指标	科技论文	# 国外发表	科技著作	形成国家或行业标准数	集成电路布图设计登记数	植物新品种权授予数	软件著作权数	新药证书数
	篇	篇	种	项	件	项	件	件
社会学	148	0	24	0	0	0	0	0
民族学与文化学	14	0	3	0	0	0	0	0
图书馆、情报与文献学	74	0	5	21	0	0	1	0
教育学	80	0	53	0	0	0	9	0
体育科学	21	0	2	0	0	0	5	0
6. 按机构从业人员规模分								
≥ 1 000 人	1 976	1 638	12	24	0	0	84	0
500 ~ 999 人	2 086	1 320	54	82	0	0	374	0
300 ~ 499 人	3 673	2 210	30	216	1	54	216	0
200 ~ 299 人	1 339	513	41	75	0	41	78	0
100 ~ 199 人	4 228	2 261	187	75	3	27	267	0
50 ~ 99 人	1 637	881	43	111	0	5	209	0
30 ~ 49 人	1 489	931	36	5	0	1	88	0
20 ~ 29 人	176	67	3	6	0	1	7	0
10 ~ 19 人	128	27	3	0	0	0	9	0
0 ~ 9 人	64	48	0	0	0	0	0	0

提交级别为 0 国家级；从事的国民经济行业代码（BA17）为 73–75；法人性质（BA29）为 1 事业独立法人（即机构类别 BA20 为 1–5）。

文件生成日期：2021-07-27 10:27:58

表 11-2-21 对外科技服务（2020 年）

单位：人年

指标	合计	科技成果的示范性推广工作	为用户提供可行性报告、技术方案、建议及进行技术论证等技术咨询工作	地形、地质和水文考察、天文、气象和地震的日常观察	为社会和公众提供的检验、检疫、测试、标准化、计量、计算、质量控制和专利服务	科技信息文献服务	提供孵化、平台搭建等科技服务活动	科学普及	其他科技服务活动
总计	16 417	1 701	2 411	637	7 970	794	547	1 068	1 289
1. 按机构所属地域分布									
广东省	16 417	1 701	2 411	637	7 970	794	547	1 068	1 289
广州市	9 307	742	1 679	455	4 395	665	221	516	634
韶关市	206	63	25	0	29	0	5	23	61
深圳市	3 006	116	231	40	2 205	38	80	143	153
珠海市	350	66	21	3	144	6	41	54	15
汕头市	202	66	28	0	31	8	4	29	36
佛山市	481	77	110	82	23	30	69	26	64
江门市	186	70	14	0	39	1	4	16	42
湛江市	223	106	22	0	37	0	0	28	30
茂名市	124	51	9	4	28	1	2	16	13
肇庆市	48	16	9	1	0	1	0	6	15
惠州市	708	58	94	19	385	9	6	103	34
梅州市	109	28	24	0	8	6	5	21	17
汕尾市	75	1	0	32	22	1	0	6	13

（续上表）

指标	合计	科技成果的示范性推广工作	为用户提供可行性报告、技术方案、建议及进行技术论证等技术咨询工作	地形、地质和水文考察、天文、气象和地震的日常观察	为社会和公众提供的检验、检疫、测试、标准化、计量、计算、质量控制和专利服务	科技信息文献服务	提供孵化、平台搭建等科技服务活动	科学普及	其他科技服务活动
河源市	113	41	11	0	21	1	7	10	22
阳江市	12	7	2	0	0	0	0	1	2
清远市	50	14	5	0	0	0	0	5	26
东莞市	906	96	94	0	519	4	83	46	64
中山市	102	16	10	0	26	11	14	17	8
潮州市	68	44	6	1	1	9	0	1	6
揭阳市	82	9	7	0	45	0	0	1	20
云浮市	59	14	10	0	12	3	6	0	14
2．按机构所属隶属关系分布									
中央部门属	2 494	215	420	207	648	566	57	261	120
中国科学院	231	21	45	25	25	7	14	74	20
地方部门属	13 923	1 486	1 991	430	7 322	228	490	807	1 169
省级部门属	4 525	405	798	108	2 506	54	125	197	332
副省级城市属	2 157	141	388	35	1 254	52	33	87	167
地市级部门属	1 571	400	219	85	326	42	104	164	231
3．按机构从事的国民经济行业分布									

（续上表）

指标	合计	科技成果的示范性推广工作	为用户提供可行性报告、技术方案、建议及进行技术论证等技术咨询工作	地形、地质和水文考察、天文、气象和地震的日常观察	为社会和公众提供的检验、检疫、测试、标准化、计量、计算、质量控制和专利服务	科技信息文献服务	提供孵化、平台搭建等科技服务活动	科学普及	其他科技服务活动
科学研究和技术服务业	16 417	1 701	2 411	637	7 970	794	547	1 068	1 289
研究和试验发展	8 175	1 128	1 472	199	3 040	720	311	589	716
专业技术服务业	7 110	182	777	435	4 869	43	136	362	306
科技推广和应用服务业	1 132	391	162	3	61	31	100	117	267
4. 按机构服务的国民经济行业分布									
农、林、牧、渔业	1 991	806	288	72	97	42	27	221	438
农业	883	443	57	1	30	10	6	120	216
林业	345	148	64	1	9	2	0	49	72
畜牧业	112	47	4	0	6	1	4	2	48
渔业	289	54	50	70	41	25	4	13	32
农、林、牧、渔专业及辅助性活动	362	114	113	0	11	4	13	37	70
采矿业	33	3	13	6	5	0	0	5	1
有色金属矿采选业	20	3	9	0	5	0	0	2	1
其他采矿业	13	0	4	6	0	0	0	3	0
制造业	517	98	67	0	201	13	49	43	46
农副食品加工业	214	42	17	0	100	5	12	10	28

（续上表）

指标	合计	科技成果的示范性推广工作	为用户提供可行性报告、技术方案、建议及进行技术论证等技术咨询工作	地形、地质和水文考察、天文、气象和地震的日常观察	为社会和公众提供的检验、检疫、测试、标准化、计量、计算、质量控制和专利服务	科技信息文献服务	提供孵化、平台搭建等科技服务活动	科学普及	其他科技服务活动
石油、煤炭及其他燃料加工业	9	2	2	0	1	1	2	0	1
化学原料和化学制品制造业	11	2	6	0	1	0	1	0	1
医药制造业	58	6	8	0	23	3	4	7	7
非金属矿物制品业	32	7	6	0	5	2	2	8	2
黑色金属冶炼和压延加工业	18	0	0	0	18	0	0	0	0
专用设备制造业	84	21	17	0	15	2	6	17	6
汽车制造业	13	7	0	0	0	0	6	0	0
铁路、船舶、航空航天和其他运输设备制造业	3	0	2	0	0	0	0	0	1
计算机、通信和其他电子设备制造业	67	7	9	0	38	0	12	1	0
其他制造业	8	4	0	0	0	0	4	0	0
电力、热力、燃气及水生产和供应业	10	0	6	0	2	0	0	0	2
电力、热力生产和供应业	10	0	6	0	2	0	0	0	2
交通运输、仓储和邮政业	2	0	1	0	1	0	0	0	0
水上运输业	2	0	1	0	1	0	0	0	0

（续上表）

指标	合计	科技成果的示范性推广工作	为用户提供可行性报告、技术方案、建议及进行技术论证等技术咨询工作	地形、地质和水文考察、天文、气象和地震的日常观察	为社会和公众提供的检验、检疫、测试、标准化、计量、计算、质量控制和专利服务	科技信息文献服务	提供孵化、平台搭建等科技服务活动	科学普及	其他科技服务活动
信息传输、软件和信息技术服务业	267	33	80	0	65	3	29	27	30
电信、广播电视和卫星传输服务	69	0	36	0	0	0	0	12	21
互联网和相关服务	10	2	3	0	0	0	0	5	0
软件和信息技术服务业	188	31	41	0	65	3	29	10	9
金融业	6	6	0	0	0	0	0	0	0
货币金融服务	6	6	0	0	0	0	0	0	0
科学研究和技术服务业	12 361	650	1 495	541	7 169	702	417	728	659
研究和试验发展	2 422	312	517	20	317	597	171	282	206
专业技术服务业	9 211	201	844	519	6 712	71	137	391	336
科技推广和应用服务业	728	137	134	2	140	34	109	55	117
水利、环境和公共设施管理业	922	74	439	18	332	18	13	19	9
水利管理业	600	42	302	18	208	9	9	10	2
生态保护和环境治理业	322	32	137	0	124	9	4	9	7
教育	38	7	12	0	0	0	4	9	6
教育	38	7	12	0	0	0	4	9	6
卫生和社会工作	205	13	3	0	92	12	0	13	72

（续上表）

指标	合计	科技成果的示范性推广工作	为用户提供可行性报告、技术方案、建议及进行技术论证等技术咨询工作	地形、地质和水文考察、天文、气象和地震的日常观察	为社会和公众提供的检验、检疫、测试、标准化、计量、计算、质量控制和专利服务	科技信息文献服务	提供孵化、平台搭建等科技服务活动	科学普及	其他科技服务活动
卫生	205	13	3	0	92	12	0	13	72
文化、体育和娱乐业	19	1	1	0	6	0	0	3	8
体育	19	1	1	0	6	0	0	3	8
公共管理、社会保障和社会组织	46	10	6	0	0	4	8	0	18
国家机构	46	10	6	0	0	4	8	0	18
5．按机构所属学科分布									
自然科学领域	2 559	81	471	410	1 207	10	62	225	93
信息科学与系统科学	39	11	9	0	1	0	10	5	3
物理学	19	0	4	0	4	0	8	3	0
化学	1 064	21	32	0	953	0	9	10	39
地球科学	1 012	11	337	406	70	4	26	132	26
生物学	425	38	89	4	179	6	9	75	25
农业科学领域	2 357	923	420	76	141	49	33	242	473
农学	1 393	641	170	5	83	21	24	163	286
林学	527	173	186	1	6	2	0	57	102
畜牧、兽医科学	143	54	12	0	11	1	5	7	53

（续上表）

指标	合计	科技成果的示范性推广工作	为用户提供可行性报告、技术方案、建议及进行技术论证等技术咨询工作	地形、地质和水文考察、天文、气象和地震的日常观察	为社会和公众提供的检验、检疫、测试、标准化、计量、计算、质量控制和专利服务	科技信息文献服务	提供孵化、平台搭建等科技服务活动	科学普及	其他科技服务活动
水产学	294	55	52	70	41	25	4	15	32
医学科学领域	468	57	23	1	294	10	20	24	39
基础医学	22	4	5	0	4	0	2	0	7
临床医学	39	15	6	0	7	1	3	5	2
预防医学与公共卫生学	102	0	0	0	98	0	0	4	0
药学	222	2	1	0	169	3	8	11	28
中医学与中药学	83	36	11	1	16	6	7	4	2
工程科学与技术领域	10 405	603	1 378	150	6 233	654	385	493	509
工程与技术科学基础学科	2 583	63	72	0	2 252	24	41	58	73
信息与系统科学相关工程与技术	237	23	26	0	128	18	23	10	9
自然科学相关工程与技术	1 442	72	169	20	478	517	41	98	47
测绘科学技术	337	46	42	110	80	2	35	5	17
材料科学	251	47	79	0	59	7	15	26	18
矿山工程技术	65	6	19	0	33	0	2	3	2
冶金工程技术	18	0	0	0	18	0	0	0	0
机械工程	454	40	143	0	191	0	39	31	10

（续上表）

指标	合计	科技成果的示范性推广工作	为用户提供可行性报告、技术方案、建议及进行技术论证等技术咨询工作	地形、地质和水文考察、天文、气象和地震的日常观察	为社会和公众提供的检验、检疫、测试、标准化、计量、计算、质量控制和专利服务	科技信息文献服务	提供孵化、平台搭建等科技服务活动	科学普及	其他科技服务活动
动力与电气工程	31	6	8	0	16	0	0	1	0
能源科学技术	89	27	17	1	10	7	8	5	14
电子与通信技术	1 095	38	81	0	863	15	39	22	37
计算机科学技术	146	23	31	0	20	1	44	18	9
化学工程	125	8	5	0	50	6	5	48	3
产品应用相关工程与技术	442	33	38	0	302	1	20	19	29
纺织科学技术	9	1	1	0	6	0	0	1	0
食品科学技术	739	26	23	0	605	8	13	18	46
土木建筑工程	34	0	0	0	0	0	0	0	34
水利工程	566	38	282	13	208	9	9	7	0
交通运输工程	200	5	183	0	1	0	11	0	0
航空、航天科学技术	65	16	19	2	3	7	6	3	9
环境科学技术及资源科学技术	476	14	83	4	316	16	6	5	32
安全科学技术	927	63	49	0	563	15	17	115	105
管理学	74	8	8	0	31	1	11	0	15
社会、人文科学领域	628	37	119	0	95	71	47	84	175

（续上表）

指标	合计	科技成果的示范性推广工作	为用户提供可行性报告、技术方案、建议及进行技术论证等技术咨询工作	地形、地质和水文考察、天文、气象和地震的日常观察	为社会和公众提供的检验、检疫、测试、标准化、计量、计算、质量控制和专利服务	科技信息文献服务	提供孵化、平台搭建等科技服务活动	科学普及	其他科技服务活动
语言学	45	0	0	0	0	0	0	45	0
经济学	34	21	2	0	0	0	0	0	11
法学	5	0	0	0	5	0	0	0	0
图书馆、情报与文献学	472	12	108	0	84	71	20	27	150
教育学	53	3	8	0	0	0	27	9	6
体育科学	19	1	1	0	6	0	0	3	8
6. 按机构从业人员规模分									
≥ 1 000 人	1 948	34	97	0	1 229	520	15	23	30
500 ~ 999 人	2 428	119	293	75	1 705	26	33	100	77
300 ~ 499 人	4 063	158	541	121	2 782	56	106	177	122
200 ~ 299 人	2 046	205	455	80	886	36	63	138	183
100 ~ 199 人	2 769	392	514	222	846	71	135	262	327
50 ~ 99 人	1 522	328	270	110	334	34	109	150	187
30 ~ 49 人	620	184	109	26	69	14	32	105	81
20 ~ 29 人	307	70	41	2	64	11	17	35	67
10 ~ 19 人	539	151	73	0	53	22	24	46	170
0 ~ 9 人	175	60	18	1	2	4	13	32	45

提交级别为 0 国家级；从事的国民经济行业代码（BA17）为 73–75；法人性质（BA29）为 1 事业独立法人（即机构类别 BA20 为 1–5）。

文件生成日期：2021–07–27 10:27:59

大事记

2020年广东科技大事记

【1月】

2日

省委第十二巡视组向省科技厅党组反馈巡视情况。会上，覃伟中副省长传达了李希书记在省委书记专题会议听取十二届省委第五轮巡视综合情况汇报时的讲话精神并对巡视整改提出要求；省委第十二巡视组组长李洋代表省委第十二巡视组向省科技厅党组反馈巡视情况；厅党组副书记、副厅长龚国平作表态发言。省委第十二巡视组有关同志、省纪委监委第五监督检查室和派驻纪检监察组有关负责同志、省科技厅领导班子成员、厅机关全体干部、厅属各单位党政班子成员参加了会议。

△郑海涛副厅长率厅办公室、资源配置与管理处、科技监督与诚信建设处及省生产力促进中心、省基金委、省平台中心、省技经中心、省科技监测中心负责人到省科技管理业务评审会议中心，实地参观了评审会议中心评审室、中控室、监控室等场所，听取机关服务中心关于省科技管理业务评审会议中心建设情况及后续管理方案的汇报，并就评审会议中心运行模式、管理方案等提出意见和建议。

8日

郑海涛副厅长参加在广州召开的广东省基础与应用基础研究基金联合基金联席工作会议并讲话。

9日

省科技厅被省委办公厅评为全省党委办公厅（室）系统信息工作先进单位。

15日

王瑞军厅长率厅交流合作处、技经中心相关同志赴国际欧亚科学院中国科学中心对接合作，看望对广东科技创新工作作出贡献的专家，并向与会专家介绍粤港澳大湾区国际科技创新中心建设取得的最新进展。国际欧亚科学院张景安院士、刘洪海秘书长、廖国华副秘书长参加了会见，双方约定在工作层面保持紧密联系，拟近期商定合作机制的建立。

△省科技厅与中国生物技术发展中心在北京签署《关于推动广东省生物医药创新发展战略合作框架协议》。签约仪式由王瑞军厅长见证，杨军副厅长、孙燕荣副主任分别代表省科技厅、中国生物技术发展中心签署协议。中国生物技术发展中心战略与政策处、医药生物技术处、工业生物技术处等有关同志，省科技厅社会发展科技处、高新技术处、交流合作处、省科技创新监测研究中心等有关同志，广东省有关单位在科技部社发司、中国生物技术发展中心挂职或借调的同志参加了签约仪式。

△王瑞军厅长、杨军副厅长率厅社会发展科技处、高新技术处、交流合作处、监测中心、技经中心等有关同志到北京看望广东高校、科研机构和厅属单位在科技部社发司、生物中心、高技术中心等单位挂职、借调的同志，组织部分挂职借调同志到国家科技评估中心调研学习。

△省科技厅与科技部高技术研究发展中心在北京签署关于共同推动广东省重点高新技术产业高质量发展战略合作框架协议。签约仪式由高技术研究发展中心卞曙光副主任主持。签约仪式上，王瑞军厅长作讲话；杨军副厅长解读战略合作框架协议主要内容。高技术研究发展中心刘敏主任、袁建湘副主任、金茂菁总师、史冬梅总师，省技术经济研究发展中心、省科技创新监测研究中心等单位相关同志，以及本省借调科技部及部属单位相关人员参加了签约仪式。

△周木堂二级巡视员赴河源市东源县三洞村参加优质鸡养殖脱贫产业分红大会，在会后调研了三洞村人居环境整治工程、旺华腐竹专业合作社等具体项目。

17日

省科技厅召开省委巡视整改全面部署大会、2019年度省科技厅系统工作总结大会，对深入做好省委巡视整改工作进行再动员和全面部署，总结2019年工作并部署2020年工作重点。

△杨军副厅长在省科技厅会见了荷兰驻广州总领事毕肯思先生（Michiel Bierkens）一行，双方就进一步推动粤荷双方合作，促进科技创新发展等相关事宜进行了深入交流。

19日

至22日，省科技厅组织节前安全生产督查检查，龚国平副厅长带队检查省实验动物监测所、杨军副厅长带队检查省生产力促进中心、郑海涛副厅长带队检查省技术经济研究促进中心、劳帜红副厅长带队检查省科技合作研究促进中心、李旭东副厅长带队检查广东科学中心，分别对厅机关和厅属各单位进行安全生产督查检查，督促各单位落实岁末年初安全防范各项责任措施，并就各单位节日期间党风廉政、保密等工作进行研究和部署。

23日

龚国平副厅长率厅专家服务处、基础研究处有关负责同志到中山大学看望宋尔卫、戴永久两位2019年新当选的中国科学院院士，以及获得2019年度中国政府友谊奖的Christian Balthasar Staehelin（奥斯丁·巴特瑟·史德海林）教授，向他们致以节日的问候。

27日

省新冠肺炎疫情防控指挥办科研攻关组第一次会议在省科技厅召开。会议由省科技厅二级巡视员何棣华主持。会上，组长单位省科技厅党组副书记、副厅长龚国平作讲话；通报了省科研攻关组工作方案、省防控新型冠状病毒感染科技攻关应急专项实施方案；与会代表分别作发言。省发展改革委、省教育厅、省财政厅、省农业农村厅、省卫生健康委、海关总署广东分署、省林业局、省中医药局、省药监局、省科学院、中科院广州分院等成员单位分管领导和联络员，广州市科技局、深圳市科创委有关负责同志，厅社会发展科技处、资源配置与管理处、专家服务处、监测中心、动监所等有关同志参加了会议。

30日

省科技厅党组书记、厅长王瑞军，省科协党组书记郑庆顺一行赴省疾控中心慰问新型冠状病毒感染的肺炎疫情防控一线工作人员，向省疾控中心的工作人员献花，对他们经过昼夜奋战在1月27日成功分离出本省第一株新型冠状病毒毒株致敬，感谢他们在疫情发生之后的辛勤付出，为他们鼓劲加油！随后，召开省防控新型冠状病毒感染科技攻关应急专项项目座谈会，听取省疾控中心党委书记、主任邓惠鸿关于新型冠状病毒2019-nCoV溯源与流行病学研究项目进展情况和下一步重点研究方向的汇报。

【2月】

11日

王瑞军厅长率厅相关处室同志到广州再生医学与健康广东省实验室、广州达博生物制品有限公司调研并慰问一线科研人员，听取广州再生医学与健康广东省实验室、中科院广州生物医药与健康研究院、广州达博生物制品有限公司、广州恩宝生物医药科技有限公司负责人关于治疗药物研发、致病机制研究、疫苗开发、IgM抗体检测试剂盒开发等疫情防控科技攻关进展情况，以及徐涛院士介绍省实验室部署开展的应急科研攻关项目情况和取得的主要成果。

14日

为深入贯彻落实习近平总书记关于新型冠状病毒感染的肺炎疫情防控的系列重要讲话和批示指示精神，以及团省委《广东省共青团关于在重点领域组建团员青年战疫突击队的工作指引》的要求，省科技厅迅速成立广东省科技厅疫情防控青年战疫突击队并制定《广东省科技厅疫情防控青年战疫突击队工作方案》，厅系统共有37名团员青年郑重签下承诺书，主动请缨加入青年战疫突击队，在省科技厅组织实施的疫情重症临床救治、院感综合防控、流行病学研究、致病机制、疫苗研究生产、药物研发等应急项目中做好协调、服务和疫情防控科普宣传工作，为本省疫情防控科技攻关工作提供有力支撑。

15日

王瑞军厅长、杨军副厅长率厅相关处室、厅属单位有关负责同志前往省科技创新券官方平台运营单位华南技术转移中心开展科技暖企政策专题调研，部署进一步发挥科技创新券在帮助支持全省科技型中小企业渡过难关、支撑打赢疫情防控阻击战中的重要作用；参观华南技术转移中心路演厅和展示大厅，听取华南技术转移中心董事长兼总经理周海涛同志关于华南技术转移中心近期建设进展、2019年省科技创新券实施情况以及近期启动创新券疫情应急措施的工作计划。

17日

省新冠肺炎疫情防控指挥办科研攻关组第二次会议在省科技厅召开。会议由省科技厅二级巡视员何棣华主持。会上，组长单位省科技厅党组副书记、副厅长龚国平作讲话；传达学习贯彻习近平总书记在中央政治局常委会研究新型冠状病毒感染的肺炎疫情防控工作时的重要讲话精神，深入贯彻落实李希书记、马兴瑞省长在全省新冠肺炎防控领导小组（指挥部）视频会议的重要讲话精神和工作部署，要加大科研攻关力度，调动全省高校、科研院所、企业等各方面积极性，组织动员全省科研工作者参与疫情防控方面的科研攻关，推动相关数据的开放共享，加快病毒溯源、传播力、传播机理等研究，及时完善防控策略和措施，加强有效药品和疫苗研发，注重科研攻关与临床、防控实践相结合；通报了省新冠肺炎疫情防控指挥办科研攻关组近期工作进展，以及省防控新型冠状病毒感染科技攻关两批应急专项组织实施情况，本省成功分离出广东第一株新型冠状病毒株，推动磷酸氯喹、“肺炎1号”等一批药物科研攻关和临床研究，成功构建新型冠状病毒N蛋白表达菌株，率先向全球共享，缩短全国科研人员的研发时间，引导树立正确科研价值导向等相关情况；部署下一步工作安排，围绕重症肺炎临床救治、病毒溯源与流行病学、致病机理、疫苗研发、药物研制、紧缺防护用品、可视化疫情指挥系统等方面，继续推进科技攻关应急项目实施，加快遴选面向社会征集的疫情防控技术和产品，加强科研成果评估论证和在医院的推广应用，为防止疫情扩散、做好患者救治、科学有序防控疫情等提供有力科技支撑。省发展改革委、省教育厅、省财政厅、省农业农村厅、省卫生健康委、海关总署广东分署、省林业局、省中医药局、省药监局、省科学院、中科院广州分院等成员单位分管领导和联络员参加会议并发言，广州市科技局、深圳市科创委有关负责同志列席会议。

21日

王瑞军厅长、何棣华二级巡视员率厅机关处室有关负责同志到省动监所调研疫情防控和复工复产工作，实地了解新检测中心实验室以及大动物模型研究中心建设情况，听取团队负责人关于菌株分享最新进展以及针对新型冠状病毒的快速检测卡和可视化核酸检测试剂研发进展情况以及广东省大动物模型研究中心建设规划和进展情况的介绍。

【3月】

9日

省新冠肺炎疫情防控指挥办科研攻关组第三次会议在省科技厅召开。会议由组长单位省科技厅二级巡视员何棣华主持。会上，传达学习贯彻习近平总书记在北京考察新冠肺炎疫情防控科研攻关工作时的重要讲话精神、李希书记在省委常委会暨省新冠肺炎防控领导小组（指挥部）会议的重要讲话精神和工作部署；通报了省新冠肺炎疫情防控指挥办科研攻关组近期工作进展、省防控新型冠状病毒感染科技攻关第三批应急专项组织实施情况并部署了下一步工作安排；龚国平副厅长和与会代表分别作讲话。省发展改革委、省教育厅、省财政厅、省农业农村厅、省卫生健康委、海关总署广东分署、省林业局、省中医药局、省药监局、省科学院、中科院广州分院等成员单位分管领导和联络员，广州市科技局、深圳市科创委有关负责同志，厅社会发展科技处、省科技创新监测研究中心、省科技基础条件平台中心等有关同志参加了会议。

13日

广东省高新技术企业认定管理工作领导小组2020年第一次会议在省科技厅召开。会上，通报了本省2019年高新技术企业认定管理工作情况、财政支持高新技术企业发展和注册会计师事务所管理情况、2019年高新技术企业税收减免情况和注册税务师事务所管理情况；研究贯彻落实省委、省政府领导在有关报告上批示的工作措施及有关建议；审议了《广东省高新技术企业认定管理工作实施细则》《2020年高新技术企业认定工作通知》，以及撤销一批高新技术企业资格事宜；科技、财政、税务三部门充分交流了相关意见，并就下一步工作达成共识；杨军副厅长、省税务局朱江涛副局长分别作讲话。

18日

2020年高新区建设视频会在广州召开，副省长覃伟中、省政府副秘书长陈岸明及省直有关部门负责人在省科技厅主会场出席会议。省科技厅王瑞军厅长在主会场主持会议。会上，杨军副厅长作

2019年全省高新区主要工作情况汇报；宣读了省政府对清远英德高新区、肇庆西江高新区、湛江廉江高新区、韶关乳源高新区、汕头龙湖高新区、广州天河高新区6家新认定省级高新区的批文；珠海高新区等4家高新区代表依次发言，交流高新区高质量发展经验。各地市政府分管领导、各有关高新区管委会、科技局（委）有关同志约100人在地市分会场参加视频会议。

△广东省基础与应用基础研究工作座谈会在广东生产力大厦召开。会上，郑海涛副厅长作讲话；会议对下一步本省基础与应用基础研究的重点工作任务等做了介绍；省基金委曾路主任作广东省基础与应用基础研究基金工作情况报告；与会代表围绕本省基础与应用基础研究工作进行讨论。厅机关有关处室，省基金委有关同志，广州市科技局、天河区科技局及有关高校、科研院所等单位代表参加了会议。

22日

王瑞军厅长率厅机关处室及厅属单位相关负责同志到肇庆调研农业科技创新和高新区创建工作，先后到德庆县的广东省农业科技园区、德庆仲恺研究院、德康农业科技“星创天地”、新顺福食品及高要董福行农林高新科技种植公司等农业科技创新平台及农业企业，与负责人深入交流，详细了解开展科技创新、产品研发、技术孵化等方面遇到的困难与问题，研究交流解决方案，并与当地市县领导进行交流。

25日

全省科技创新大会在广州召开。会议由马兴瑞省长主持。会上，覃伟中副省长通报2019年以来全省创新驱动发展工作情况；省委常委、常务副省长林克庆宣读《广东省人民政府关于颁发2019年度广东省科学技术奖的通报》；省领导为获奖代表颁奖；中共中央政治局委员、广东省委书记李希作讲话。会议以电视电话会议形式开至各地级以上市，省领导张硕辅、张义珍、黄宁生、郑雁雄、张少康，省委有关部委、省直有关单位、省有关人民团体、中直驻粤有关单位主要负责同志，部分科研院所、高等院校主要负责人，部分省科学技术奖评审委员会委员及获奖代表参加了会议。

△王瑞军厅长在省科技厅与到访的省工商联雷彪书记一行，就联合推动民营企业科技成果转化等问题进行座谈，并签署了《促进民营企业创新发展合作备忘录》。杨军副厅长主持会议。

26日

国家第十一指导组在国家卫生健康委医政医管局原巡视员李路平组长的带领下，到广东科学中心调研广东新冠肺炎疫情防控科研攻关工作，参观广东科技支撑打赢疫情防控阻击战主题展，听取龚国平副厅长就本省围绕总书记提出的临床救治和药物、疫苗研发、检测技术和产品、病毒病原学和流行病学、动物模型构建等五大主攻方向，组织协调全省优势科研力量推动新冠肺炎疫情防控科研攻关等方面的情况汇报。

30日

至4月1日，由省政协党组成员、副主席邓海光同志带队，省脱贫攻坚挂牌督战惠州市工作组到惠州开展第一次现场督战工作，省科技厅龚国平副厅长参加了惠州市脱贫攻坚挂牌督战座谈会并发言；何棣华二级巡视员全程参与现场督战工作并率脱贫攻坚挂牌督战龙门县工作小组进行实地走访，深入调研。省科技厅脱贫攻坚挂牌督战龙门县工作小组听取龙门县扶贫办脱贫攻坚工作情况汇报，随后前往平陵镇开展深入调研，与路滩村村委展开面对面的交流座谈，了解脱贫工作中存在的问题，做好有关工作对接，对存在的问题和短板提出指导意见。工作小组随同邓海光副主席实地调研了路滩村碾米加工厂、蔬菜基地，了解产业扶贫情况，同时走访建档立卡贫困户，详细了解贫困户生产生活、帮扶补贴发放、危房改造等情况。

【4月】

1日

团省委副书记、省青联主席梁均达和省科技厅副厅长、省青联副主席郑海涛带队赴广东科学中心开展深入学习贯彻习近平总书记关于科技支撑打赢疫情防控阻击战的重要讲话精神暨省青年联合会科技创新调研活动，参观广东科技支撑打赢疫情防控阻击战主题展、广东食品药品科普体验馆、星球奇境展3个展览，召开学习贯彻习近平总书记关于科技支撑打赢疫情防控阻击战的重要讲话精神暨省青联科技创新工作座谈会，传达学习《求是》杂志发表的习近平总书记重要文章《为打赢疫情防控阻击战提供强大科技支撑》，与会委员交流学习心得、分享疫情防控工作经验。省青联副主席刘宗杰、杜玉涛、赵淦森，省青联秘书长张晓莉和省青联委员等同志参与学习调研活动。

2日

省实验室建设工作座谈会在省科技厅召开。会议由郑海涛副厅长主持。会上，王瑞军厅长作讲话；郑海涛副厅长就各省实验室进一步强化责任担当、切实增强自身能力建设作专题报告，并提出具体工作要求。为研究探讨各省实验室当前面临的重大问题，期间分别召开珠三角地区省实验室考核评估和投入归集工作座谈会、粤东西北地区省实验室预决算工作座谈会。省农业农村厅，广州、深圳、珠海、汕头、佛山、惠州、汕尾、东莞、阳江、湛江、茂名、肇庆、潮州、揭阳、云浮市科技局（委），广州、茂名、云浮等市农业农村局及各省实验室及分中心主任或常务副主任、相关代表参加了会议。

8日

省科技厅举行传染病诊断试剂产业技术创新联盟、粤港澳实验动物共享服务与技术创新联盟、新发传染病疫苗研发技术创新联盟3家技术创新联盟成立仪式。会上，新发传染病疫苗研发技术创新联盟理事长徐涛院士、传染病诊断试剂产业技术创新联盟理事长尹烨总经理、粤港澳实验动物共享服务与技术创新联盟副理事长黄韧研究员代表3家技术创新联盟分别介绍联盟筹建情况；王瑞军厅长作讲话并为3家联盟授牌。

11日

杨军副厅长出席在佛山国家高新区禅城园区举行的佛山市禅城区人民政府与广东省生产力促进中心深化科技服务合作签约仪式并致辞。

15日

杨军副厅长在省科技厅与工业和信息化部电子第五研究所陈立辉所长、王勇副所长、王蕴辉副所长一行进行座谈，听取电子五所省重点领域研发计划实施情况，并围绕元器件与材料、整机与装备、软件与系统等领域的布局和平台建设展开交流。

16日

省新冠肺炎疫情防控指挥办科研攻关组第四次会议在省科技厅召开。会议由组长单位省科技厅二级巡视员何棣华主持。会上，龚国平副厅长作讲话；介绍了省新冠肺炎疫情防控指挥办科研攻关组近期工作进展：省科技厅会同省发展改革委、省工业和信息化厅、省卫生健康委等9个部门联合印发了《关于促进生物医药创新发展的若干政策措施》，已启动成立了传染病诊断试剂产业技术创新联盟、新发传染病疫苗研发技术创新联盟、粤港澳实验动物共享服务与技术创新联盟3个联盟，在mRNA疫苗研发方面，已完成动物攻毒保护实验并提交临床申报材料，药物救治、检测试剂及防护产品等科研成果为疫情防控均作出了广东贡献；通报了省防控新型冠状病毒感染科技攻关第四轮应急专项组织实施情况。省发展改革委、省教育厅、省财政厅、省农业农村厅、省卫生健康委、海关总署广东分署、省林业局、省中医药局、省药监局、省科学院、中科院广州分院等成员单位分管领导和联络员，厅机关处室、厅属单位等有关同志参加了会议，广州市科技局有关负责同志列席会议。

17日

省科技厅联合省科协、省科学院、中科院广州分院共同赴高水平创新平台开展联合调研活动，先后考察了广东粤港澳大湾区国家纳米科技创新研究院、广东粤港澳大湾区协同创新研究院、广东省大湾区集成电路与系统应用研究院、生态环境部华南环境科学研究所、清华珠三角研究院等高水平创新平台，对高水平创新平台开展核心技术攻关、突破“卡脖子”技术瓶颈、集聚全球创新资源、构建协同创新体系等进行了充分调研，并与广东粤港澳大湾区国家纳米科技创新研究院院长、中国科学院院士赵宇亮等专家进行了交流；前往广东科学中心参观“科学防治　精准施策—广东科技支撑打赢疫情防控阻击战主题展”，调研新冠肺炎疫情发生以来，本省科研单位及省科技厅、省科协、省科学院、中科院广州分院在疫情防控科研攻关、科技惠企助力复工复产、应急科普宣传行动等方面所做的工作和取得的阶段性重要成果。调研活动由省科协主席、中国工程院院士陈勇带队，省科技厅厅长王瑞军，省科协党组书记郑庆顺，省科学院党委书记、院长廖兵，中国科学院广州分院院长吴创之、分党组书记陈广浩等领导，以及厅相关处室负责同志参加了联合调研活动。

△第二批省基础与应用基础研究重大项目咨询论证会在广东生产力大厦科技项目评审中心举行。会上，王瑞军厅长作讲话并对项目咨询论证工作提出要求；郑海涛副厅长介绍了省基础与应用基础研究重大项目的实施背景、组织遴选情况与评审要求。李旭东副厅长、郭俊特约监察员，40多名专家及厅相关处室、厅属单位有关同志参加了论证会。

18日

王瑞军厅长率厅相关处室、厅属单位有关同志到定点帮扶村河源市东源县黄村镇三洞村调研指导脱贫攻坚工作，看望贫困户，现场调研碧桂园帮扶项目建设情况，召开三洞村脱贫攻坚工作座谈会。

△王瑞军厅长带队前往龙门县开展脱贫攻坚挂牌督战现场调研，听取龙门县脱贫攻坚工作开展情况介绍，详细了解脱贫攻坚“三落实”“三精准”“三保障”情况；走访平陵街道路滩村和洞尾村贫困户，调查了解“两不愁、三保障”落实情况；实地调研扶贫产业项目秋葵种植基地和斛金缘生态农业高新技术企业。惠州市政府、科技局、扶贫办及龙门县有关领导、省科技厅有关处室负责同志等参加了此次督战调研。

20日

省科技厅联合省财政厅、省税务局在广州召开2020年高新技术企业申报认定线上培训宣讲会。会上，杨军副厅长通报了全省2019年高新技术企业发展成效，充分肯定了本省高新技术企业在新冠肺炎疫情防控工作中发挥的重要作用，并对2020年高新技术企业重点工作进行部署；省科技厅介绍了2020年高新技术企业系统填报、申报流程的新要求和注意事项；省财政厅委托省注册会计师协会讲解了高新技术企业认定申报年度审计报告和专项审计报告注意事项；省税务局解读了高新技术企业税收优惠、研发费用加计扣除政策、企业汇算清缴注意事项。该次培训会通过“南方+”和“腾讯乐享平台”双平台同时进行线上直播，在线观众超过25万人次。

22日

及5月7日，王瑞军厅长参加联合国科技促进发展委员会（UNCSTD）主席团视频会议，以UNCSTD副主席身份履行工作职责，代表中国参与主席团议题讨论与决策，在联合国高层次平台上介绍中国在常态化疫情防控中加快复工复产的情况，重点分享广东抗击疫情的相关技术成果与经验，继续推动中国政府与UNCSTD合作措施的落实。

△省科技厅杨军副厅长带队联合省财政厅、国家税务总局广东省税务局、省工商联赴广州高新区调研，先后调研了广东省大湾区集成电路与系统应用研究院、广东粤港澳大湾区协同创新研究院、广东粤港澳大湾区国家纳米科技创新研究院等高水平创新平台和高新技术企业广州明珞汽车装备有限公司，围绕关键领域核心技术攻关、产学研协同创新机制、科技成果转移转化及创新人才引进与培养等与高水平创新平台和企业负责人交流。省工商联张华副主席、周木堂二级巡视员及有关单位处室负责同志，厅机关处室、厅属单位有关负责同志参加了调研。

27日

省科技厅与省公安厅联合召开省公安科技协同创新工作座谈会。会议由龚国平副厅长主持。会上，与会人员围绕深化公安科技协同创新工作合作机制、加强重大公安科技攻关等方面进行交流；省公安厅孙太平副厅长作讲话。广东警官学院许细燕副院长，省公安厅科技信息化总队、网络警察总队，广东警官学院，广州市公安局以及省科技厅社会发展科技处、资源配置与管理处、省科技基础条件平台中心相关负责同志参加了会议。

【5月】

11日

至13日，何棣华二级巡视员率厅农业农村科技处、引进智力管理处有关同志赴龙门县开展脱贫攻坚挂牌督战工作，深入龙门县龙华镇西族村了解当地脱贫攻坚工作开展情况；走访贫困户了解人居环境整治、五保户旧房改造、教育医疗政策落实等工作情况；实地调研龙门县丝苗米现代农业产业园、惠州产业转移工业园君悦营养医学有限公司、赛康制药厂有限公司，深入了解扶贫产业发展和产业转移情况。惠州市科技局，龙门县县政府、扶贫办、科工信局有关领导及相关负责同志等参加了此次现场督战调研。

13日

周木堂二级巡视员出席在千灯湖创投小镇举办的广东金融高新区知识产权转化·融资签约仪式，见证华南理工大学与佛山市民营企业广东星联科技有限公司签署专利技术转让协议。由中国工程院院士、华南理工大学教授瞿金平发明的专利技术“基于拉伸流变的高分子材料塑化输送方法及设备”以超2 000万元的价格成交。活动现场，广东高校科技成果转化中心与华南理工大学共建的“华南理工大学—佛山成果转化工作站”完成授牌，广东省知识产权保护中心与佛山市南海区市场监督管理局签署了合作意向书。厅成果转化与区域创新处、政策法规与创新体系建设处相关负责同志参加了此次签约仪式。

16日

厅党组书记龚国平率广州高新区、厅产学研结合处和社会发展科技处有关人员到广州高新区，就本省高水平创新研究院建设及新冠肺炎疫情防控科研攻关工作进行调研，先后调研了广东粤港澳大湾区国家纳米科技创新研究院、广东省大湾区集成电路与系统应用研究院、清华珠三角研究院等9家研究院，详细了解研究院的建设内容、建设进展及人员到位等情况；在新发传染病疫苗研发技术创新联盟秘书长单位广州瑞贝斯药业有限公司，厅党组书记龚国平一行参观了人用狂犬病疫苗生产线，并就新冠肺炎疫苗研发等疫情防控科研攻关工作与瑞贝斯公司科研人员进行座谈。

19日

厅党组书记龚国平率厅社会发展科技处、高新技术处等相关负责同志上线“广东民声热线”节目，与听众朋友共同分享广东科技防控救治、医疗物资生产等方面的硬核科技成果，对科技部门先后采取科技惠企17条措施、科技创新服务支撑创业就业10条措施，及“促就业、惠企业、兴产业”、帮助科技企业攻克难关和推进复工复产等公众关心的热点问题进行介绍和政策解读。

20日

劳帜红副厅长出席2020年中山自主创新论坛暨海外专家南粤行活动，致辞并见证中山市人民政府与中国工程物理研究院激光聚变中心、中国科学院理化技术研究所签署合作协议，共建光子科学中心、先进低温技术研究院等重大科技基础设施。

21日

2020年首场云论坛“岭南科学论坛·湾区创新论坛”在广州举行。该期论坛以“全球汇智　创新赋能”为主题，采用线上直播形式，邀请企业代表、企业科技特派员代表以及“银龄专家”代表，围绕广东发起的企业科技特派员和“银龄专项”行动展开深度交流沟通，旨在进一步为广东创新引入全球智动力积极献策。劳帜红副厅长参加论坛并做主旨演讲。

27日

厅党组书记龚国平在省科技厅与到访的广州市科技局局长王桂林、党组书记弓鸿午率领的局领导班子一行座谈，听取广州市科技局介绍近期广州市科技创新工作进展情况，双方领导班子就进一步深化省市联动、推动省实验室和高水平研究院建设、“双十”产业集群、科技金融、招才引智等方面进行深入交流。

△李旭东副厅长率农业农村科技处一行4人赴龙门县开展第六次脱贫攻坚现场督战工作，深入龙城街道黄竹坑村走访贫困户，详细了解贫困户人口、收入、住房等情况；督查旧房改造、教育医疗政策落实等脱贫工作情况；实地调研龙田镇西埔村丝苗米产业种植基地、龙门县“星创天地”；召开龙门县脱贫攻坚挂牌督战工作座谈会，听取龙门县脱贫攻坚工作情况汇报并与龙门县有关部门进行交流。惠州市科技局，龙门县县政府、扶贫办、科工信局有关领导及相关负责同志等参加了此次现场督战。

28日

李旭东副厅长率农业农村科技处、省科技基础条件平台中心相关同志到定点帮扶村河源市东源县黄村镇三洞村调研指导脱贫攻坚工作，看望贫困户、现场调研碧桂园人居环境整治、农家乐等帮扶项目建设情况，到腐竹扶贫作坊了解产业扶贫情况，召开三洞村脱贫攻坚工作座谈会。

29日

省政协党组成员、副主席邓海光率队到龙门县开展脱贫攻坚挂牌督战现场调研，李旭东副厅长携省科技厅工作小组一行4人参与现场调研和座谈。

【6月】

1日

省科技厅召开科技创新“十四五”规划专家研讨会。会上，郑海涛副厅长介绍了本省科技创新规划编制的总体进展和相关工作情况，提出做好“十四五”规划编制工作的建议；与会专家围绕“十四五”时期广东科技创新发展面临的机遇与挑战、发展的思路与路径、重点领域和关键环节等内容进行交流发言。杨佩军二级巡视员以及来自本省部分高校、研究院所和企业的专家，厅综合规划处、省科技情报所相关负责同志以及省科技创新“十四五”规划编制团队参加了研讨会。

2日

李旭东副厅长率厅农业农村科技处、省技术经济研究发展中心相关负责同志到华南农业大学调研农业科技创新工作，听取华南农业大学刘雅红校长、仇荣亮副校长对学校发展历程、近年来的科研成果、学科建设等相关情况的介绍。

△至3日，省科技厅副厅长李旭东一行，前往中山市南头镇、横栏镇开展定点联系中山市、县工作调研。李旭东副厅长调研了广东奥马冰箱、联昌喷雾泵、诺斯贝尔日化制品、钜豪照明4家企业以及横栏花木基地，走村入户查看了有关低保户和特殊党员户情况，召开了座谈会，提出了定点联系工作有关具体要求。

3日

李旭东副厅长率厅农业农村科技处、省技术经济研究发展中心相关负责同志到仲恺农业工程学院调研农业科技创新工作，听取仲恺农业工程学院肖更生副校长对学校科研发展现状、人才培养等相关情况的介绍。

6日

至7日，省人大常委会徐少华副主任、省科技厅党组书记龚国平带领省专班组人员，开展了定点联系中山市及横栏镇专题调研。调研组先后前往深中通道马鞍岛调研，了解施工情况，实地调研了中科院药物创新研究院中山研究院、翠亨新区规划馆；考察了横栏镇广东钜豪照明电器有限公司、横栏花木产业园基地，并前往六沙村慰问了贫困户；调研了古镇镇市场贸易采购试点（利和灯博中心）、古镇鸿兴创谷、东区花苑社区人大代表联络站，了解古镇镇灯饰产业发展情况和人大工作开展情况。先后在横栏镇、古镇镇和中山市政府召开了三次座谈会，与中山市政府、横栏镇政府、中山市灯饰协会、灯饰企业代表等进行了交流座谈。徐少华副主任就定点联系中山市及横栏镇工作明确了工作目标，提出了有关具体要求。厅农业农村科技处相关负责同志参加了调研。

10日

至12日，联合国科技促进发展委员会第23届年会通过视频会议形式召开。我国外交部、科技部、中科院等相关单位代表作为中国代表团成员连线参加会议。受科技部合作司委托，UNCSTD第22届副主席王瑞军博士（韶关市人民政府市长）代表中国代表团发言，介绍中国落实2030年可持续发展议程、深化与UNCSTD在科技创新领域的合作举措和中国近期通过与世卫组织、有关国家和地区组织团结合作抗击新冠肺炎疫情的积极努力；中科院白春礼院士作为特邀嘉宾参与“探索空间技术促进可持续发展及在这方面开展国际研究合作的益处”边会的部长级讨论，就全球农情观测（corpwatch）和“一带一路”国际科学组织联盟（ANSO）情况作发言；会议选出第23届UNCSTD领导层，王瑞军博士仍继续代表中国在UNCSTD中履行副主席职责。省科技厅何棣华二级巡视员和交流合作处有关同志参加了会议。

△李旭东副厅长率厅农业农村科技处、省技术经济研究发展中心相关负责同志到广东省农业科学院调研本省现代种业科研创新情况，参观广东省农业科学院科技成果展厅，听取广东省农业科学院易干军副院长对省农科院科技创新情况的汇报，详细了解省农科院现代生物育种的研究内容、科研平台、团队建设等情况。

11日

至12日，李旭东副厅长带队到揭阳、汕头开展科技对接调研，落实重点联系市县及基层的工作任务。通过实地调研揭阳市及所属的普宁市、惠来县和汕头市及濠江区的相关企业，与市县相关领导和企业负责人进行座谈交流，了解当地的农业科技创新情况和科技发展需求，回应企业诉求。

12日

厅党组书记龚国平、郑海涛副厅长赴佛山参加季华实验室第一届理事会第八次会议，并参观实验室科技成果展。

13日

劳帜红副厅长参加省科技厅和省科协联合在佛山南海区举办的“全国科技活动周、防灾减灾日”暨“全省科技进步月”启动活动，并主持启动仪式。

17日

省科技厅组织召开新冠病毒快速检测产品推广应用座谈会。会上，相关企业分别介绍了核酸快速检测产品情况并进行现场演示；广州海关等场景应用单位提出了具体需求和建议；相关单位共同建言献策，帮助解决核酸快速检测产品应用中存在的问题；厅党组书记龚国平作讲话。省卫健委、省药监局、省医疗器械所、广州海关和相关企业代表参加了会议。

20日

广东省高企认定申报专家服务团启动仪式暨广州企业专家服务专场在广州高新区举行。启动仪式由杨军副厅长主持。启动仪式上，厅党组书记龚国平作动员讲话并向全省高企认定申报专家服务团的组织单位——广东省技术经济研究发展中心授“广东省科技厅高企专家服务团”旗；专家服务团专家进行高企认定申报培训讲座和专家企业“一对一”诊断咨询服务。厅高新技术处、广州市科技局、广州高新区、省技术经济研究发展中心有关负责同志以及100多家企业的代表参加了启动仪式。

22日

省科技厅、省工业和信息化厅在松山湖材料实验室召开材料领域产业集群行动计划座谈会。会上，省工业和信息化厅吴育光副厅长、省科技厅杨军副厅长介绍了“双十”产业集群的背景及召开此次座谈会的目的；省工业和信息化厅、省科技厅分别介绍前沿新材料、先进材料两个产业集群行动计划的边界、内涵以及行动计划主要内容等。中国工程科技发展战略广东研究院院长王迎军院士、松山湖材料实验室主任汪卫华院士以及松山湖实验室专家团队参加了座谈会。

△由科技部国际合作司与芬兰国家商务促进局联合主办，广东省科技厅承办，广东省科技合作研究促进中心及韶关市科技局具体实施的中国—芬兰高技术领域线上对接会暨广东线下专场活动在广州、韶关两地举行。科技部国际合作司赵静副司长、芬兰驻上海总领事馆何朗明总领事及芬兰国家商务促进局贸易和创新领事米卡博士出席线上开幕式并致辞。对接会上，20家芬兰高技术公司带来了智能电网及相关数字化技术、区域能源、可持续制造、可持续城市和医疗健康5个领域的前沿技术与项目，本省中科院广州能源所、乳源东阳光机械有限公司、广州中科院沈阳自动化所分所3家机构在线上进行了推介。该次会议采用线上+线下“双线融合”的形式举办，除本省外，江苏、浙江、安徽也设立线下分会场。北京、上海、江苏、浙江、安徽、福建、山东、湖北和陕西共10省市组织当地代表在线参会。中芬双方共有300余名专家参与对接交流，本省2个分会场现场共30多家单位近70位代表参会。省科技厅交流合作处、省合作中心相关负责同志参加了广州线下专场活动。

△省科技厅直属机关工会组织全厅系统工会组织一行13人赴省科技厅定点帮扶村河源市东源县黄村镇三洞村开展扶贫消费暨“广东省扶贫济困日”走访慰问定点帮扶贫困户活动，了解贫困户脱贫成效，帮助贫困户和扶贫工作队解决发展脱贫产业中遇到的难题。省科技厅直属各单位工会组织现场与三洞村党支部签订了11份购买贫困户和脱贫产业合作社的农产品协议。据统计，共购买扶贫鸡2 470只，腐竹300斤，总金额超20万元。

△省科技厅李旭东副厅长率农业农村科技处一行前往佛山创意良仓、粮食博物馆、白坭镇沙围村乡村振兴示范点、康喜莱现代农业产业园调研，并召开了座谈会。

27日

龚国平厅长带队赴深圳市南山区开展调研，实地调研南方科技大学深港微电子学院，体验深圳元戎启行公司开发的无人驾驶系统，听取西丽湖国际科教城建设规划和进展情况汇报。南山区委书记王强、深圳科技创新委党组书记邱宣等同志，厅综合规划处、政策法规与创新体系建设处、高新技术处有关同志共同参加了调研。

30日

第九届中国创新创业大赛（广东赛区）暨第八届“珠江天使杯”科技创新创业大赛启动会在广州召开。会议总结2019年大赛成效，介绍2020年大赛工作方案并对2020年大赛组织工作进行部署。会上，周木堂二级巡视员作讲话；科技部火炬中心安磊处长通过视频远程致辞并预祝今年大赛取得圆满成功。全省各地市科技局、省级以上高新区管委会以及各地市负责承办地方赛的相关单位负责人和业务骨干参加分会场活动。

【7月】

1日

省新冠肺炎疫情防控指挥办科研攻关组第五次会议在省科技厅召开。会议由组长单位省科技厅二级巡视员周木堂主持。会上，龚国平厅长作讲话；传达学习贯彻习近平总书记在专家学者座谈会及中非团结抗疫特别峰会上的重要讲话精神、李希书记6月4日在省委常委会上重要讲话精神和工作部署；介绍省新冠肺炎疫情防控指挥办科研攻关组近期工作进展，mRNA疫苗已向国家提交临床试验申请、腺病毒载体疫苗已完成临床前药效研究正进行临床前毒理研究，共有7个检测产品获得国家审批，是获批数量最多的省份，成立传染病诊断试剂产业技术创新联盟，积极推进快检产品研发生产；通报省防控新型冠状病毒感染科技攻关第五轮应急专项组织实施情况，聚焦新型冠状病毒感染的肺炎发病机制和重症预警研究、新冠病原现场快速检测关键技术的研发、中医药创新防控策略研究等方向组织开展科研攻关；部署下一步工作安排。省发展改革委、省教育厅、省财政厅、省卫生健康委、海关总署广东分署、省药监局等成员单位分管领导和联络员，广州市科技局有关负责同志，厅社会发展科技处、省科技基础条件平台中心等有关同志参加了会议。

△省科技厅与中科院广州分院在省科技厅举行工作会商，双方就院省合作领导小组会议筹备、省实验室建设、高水平研究机构建设、重大科技基础设施建设运营、推动科技成果转化等工作进行沟通交流，对存在的问题进行讨论并提出解决办法，对下一步双方合作方向进行工作部署。中科院广州分院吴创之院长、陈广浩书记、谢昌龙副院长，省科技厅龚国平厅长、郑海涛副厅长、劳帜红副厅长，厅产学研结合处、政策法规与创新体系建设处，中科院广州分院科技合作处等相关负责同志参加了会商。

△广东省高企认定申报专家服务团东莞外资企业专场服务活动在东莞举行。会上，科技部火炬中心盛延林副主任现场视频连线讲话；杨军副厅长介绍近年来本省高企发展情况以及新冠肺炎疫情爆发以来省科技厅采取的系列惠企暖企举措；专家服务团专家进行了认定申报培训讲座和专家企业“一对一”诊断咨询服务。该次活动吸引了120多家外资企业的代表参加，厅高新技术处、省技术经济研究发展中心、东莞市科技局相关负责同志参加了该次活动。

△至2日，李旭东副厅长率农业农村科技处和机关党委相关同志到湛江开展党建促进科技创新工作调研，了解基层科技需求，分别与湛江市及雷州市政府相关工作负责同志探讨科技需求，听取湛江科技工作情况汇报，与湛江市、雷州市科技局同志交流开展党建促进科技创新工作体会。通过实地走访和交流座谈，深入了解湛江市和雷州市的经济社会发展和科技创新情况。重点调研了驻湛高校科研院所、国家级高新区、国家级农业科技园建设单位、高新技术企业、科技企业孵化器、特色农业重点龙头企业，重点项目承担单位等13家单位。

△至3日，杨佩军二级巡视员率农业农村科技处、资源配置与管理处、科技监督与诚信建设处和省科技基础条件平台中心等有关同志一行7人到龙门县开展脱贫退出成效核查工作，先后抽查了龙门县龙城街道城西村、鸬鹚村，全面普查了蓝田瑶族乡所属7个贫困村，对乡镇（街道）、村委书记进行访谈，共入户核查9个村147户贫困户，询问和核实贫困户人口“两不愁、三保障、八有”指标落实情况，并对龙门县扶贫开发工作进行群众满意度测评，提出巩固脱贫成果、提升脱贫质量有关具体要求，并与龙门县县政府、龙门县扶贫办等相关部门进行充分研究，形成了脱贫攻坚挂牌督战龙门县工作情况总结报告。龙门县扶贫办、科工信局有关领导及相关负责同志参加了此次现场督战。

2日

龚国平厅长、劳帜红副厅长在省科技厅与到访的珠海市胡新天副市长一行座谈，听取胡新天副市长介绍珠海市科技创新工作的有关情况和取得的成绩，以及希望省科技厅继续支持珠海市在粤港澳大湾区国际科技创新中心建设中发挥重要作用，在大科学装置和高端创新平台载体建设、引进高水平人才团队、创新与港澳交流合作机制等方面给予指导和支持等诉求。

△第五届中国创新挑战赛（广东）暨2020广东创新挑战赛启动仪式在东莞松山湖举行。启动仪式上，赛事组委会介绍了上届创新挑战赛的有关情况，正式发布了本届大赛的具体工作方案，并就与创新挑战赛有关的技术需求挖掘、企业创新能力培育等重点内容进行了专项培训；周木堂二级巡视员代表省科技厅作讲话。本届赛事采取广东省科技厅统筹，广州、东莞、佛山、中山、江门联动的方式，各赛区选取各自优势产业和重点行业承办具体分赛。其中广州聚焦新一代信息技术产业，东莞聚焦高端电子信息、新材料产业，中山聚焦生物产业，佛山聚焦智能制造产业，江门聚焦高端装备制造、电子信息产业。大赛特设赛事服务平台以人工智能、大数据技术为抓手，线上线下联动，推进各赛区创新供需资源的精准筛选和智能匹配。各赛区组织单位的领导及负责同志，企业代表，科研院所代表，技术专家、媒体代表，投融资机构、园区孵化器代表，科技服务机构代表等逾百人出席该次活动。启动会后，大赛组委会对参会企业进行了“创新券”、企业技术需求挖掘、企业创新能力提升、赛事服务平台讲解培训。

3日

龚国平厅长在省科技厅与东莞市委常委刘炜一行座谈，听取东莞市科技局、松山湖管委会和滨海湾新区分别介绍近期科技创新情况和下一步工作计划以及需要省科技厅支持的事项。杨军副厅长、吴鉴平二级巡视员以及相关处室同志参加了座谈。

7日

至9日，龚国平厅长、李旭东副厅长率农业农村科技处和省科技基础条件平台中心相关负责同志到中山、肇庆开展科技发展工作调研，了解两地市科技发展和科技需求情况。重点调研了中山市的高新技术发展及横栏镇的乡村振兴工作；肇庆、四会市的高新技术企业以及怀集县的农业合作社、农业科技企业，了解当地社会经济发展情况与科技需求。该次调研走访了中山开发区和横栏镇的3个村，深入肇庆大旺、四会以及怀集下帅壮族瑶族乡，共调研了17家单位。

10日

周木堂二级巡视员参加广东省高企认定申报专家服务团江门专场服务活动并介绍近年来本省高企发展成效和新冠肺炎疫情爆发以来省科技厅采取的系列惠企暖企举措。在该次活动中，专家服务团通过“一对一”方式，逐一为申报企业开展诊断咨询服务。厅高新技术处、省技术经济研究发展中心、江门市政府、江门市科技局有关负责同志参加了该次活动。

24日

杨军副厅长参加在松山湖材料实验室召开的广东省新材料领域研究报告专家咨询会并讲话。

27日

至29日，广东省高企认定申报专家服务团在潮州、揭阳、汕头举行专场服务活动。郑海涛副厅长参加活动并在会上介绍了近年来本省支持高企高质量发展政策措施和疫情发生以来采取的系列惠企暖企举措。在该次活动中，专家服务团通过“一对一”方式，逐一为申报企业诊断咨询。潮州市委常委、秘书长赖建华和揭阳市副市长刘鹏分别参加了所在市的活动，约200多位企业代表参加了活动。

28日

龚国平厅长、龚建文二级巡视员与粤科金融集团唐军董事长、吴菡总经济师一行座谈，听取粤科金融集团介绍绿色技术成果转化平台筹建进展情况、创新创业基金及科技金融等工作情况。社会发展科技处、资源配置与管理处相关负责同志参加了座谈会。

△至30日，李旭东副厅长率厅农业农村科技处有关同志一行到茂名、阳江开展农业科技创新工作调研，了解两地市科技发展和科技需求情况，先后到茂名考察了国家荔枝种植资源圃、茂名市水果科学研究所、岭南现代农业科学与技术广东省实验室茂名分中心等农业科技产业基地，与园区、科研单位、企业相关负责人和种植户交流，了解一线工作者的科技需求；在阳江考察了广东漠阳花粮油有限公司、阳江市和鲜食品科技集团和阳江市智慧农业科技开发公司，深入了解阳江市食品加工和智慧农业领域企业发展情况，详细了解企业科研攻关技术需求。茂名市科技局、阳江市科技局相关负责同志参加了此次调研。

29日

杨军副厅长率厅资源配置与管理处、科技监督与诚信建设处、高新技术处以及省生产力促进中心相关负责同志到广州高新区、广东粤港澳大湾区国家纳米科技创新研究院调研省区联动“纳米科技”专项推进工作。在座谈会上，厅高新技术处通报了2019—2020年度“纳米科技”重点专项的组织、申报、立项及后续管理情况；与会同志就联动资金的管理和使用，团队、单位的落地、运营等方面进行交流和讨论；杨军副厅长作讲话。在广东粤港澳大湾区国家纳米科技创新研究院听取该院院长赵宇亮院士及主要科研团队介绍平台建设、重点任务推进以及科研项目执行情况。省生产力促进中心陈志祥书记、黄埔区贺璐璐副区长参加了座谈和调研。

△龚建文二级巡视员赴广州保利世贸博览馆参加分析测试技术与产品在新冠病毒检测中的应用和展望专题研讨会。研讨会设置广东省疫情防控成果展区，重点展示广东省围绕临床救治与药物、疫苗研发、检测技术和产品、病毒病原学、流行病学等多个主攻方向组织实施应急科研攻关项目取得的系列重要成果。

【8月】

5日

至6日，龚国平厅长、李旭东副厅长陪同省人大常委会党组副书记、副主任徐少华一行到中山市就企业科技创新及乡村振兴工作进行调研，先后到琪朗灯饰、广东乐美达集团、中山（灯饰）知识产权快速维权中心等企业了解创新驱动发展、知识产权维权、应对疫情影响及产业公共服务平台建设运行等情况。厅农业农村科技处、厅工作专班相关负责同志参加了调研。

△杨军副厅长在省科技厅与北京理工大学深圳汽车研究院院长、中国工程院院士孙逢春一行座谈，听取孙逢春院士介绍研究院建设及各项工作进展情况，就加快引进创新资源、共同推进广东省智能新能源汽车可持续发展及相关合作事宜进行交流。厅产学研结合处、引进智力管理处、高新技

术处、实验室与平台基地处、基础研究处相关负责同志参加了座谈。

△省科技厅、省基础与应用基础研究基金委员会组织召开省基础与应用基础研究基金企业联合基金工作会议。会上，省基础与应用基础研究基金委员会曾路主任介绍了公共卫生与医药健康领域省企联合基金设立的总体思路和工作进展；省基础与应用基础研究基金委员会有关同志介绍了省企联合基金的组织运行机制；与会代表围绕会议议题进行交流并提出意见和建议；郑海涛副厅长作讲话。厅基础研究处、省基础与应用基础研究基金委员会相关负责同志及工作团队、有关企业代表参加了会议。

7日

省科技厅在广州召开2020年上半年全省科技形势分析会。会议由杨军副厅长主持。会上，龚国平厅长总结了上半年科技创新工作取得的进展、传达了全省上半年经济形势研判会的有关精神并提出工作要求；研究部署了全省科技创新工作；综合规划处、社会发展科技处、成果与区域处，以及广州市科技局、深圳市创新委、韶关市科技局、惠州仲恺高新区等单位作交流发言。厅领导、机关各处室、厅属各单位，各地级以上市科技局（委），省级以上高新区等单位负责同志参加了会议。

△由广东省科技厅、广东省科技协会联合主办的2020年广东省科普讲解大赛在广东科学中心圆满落下帷幕。来自全省21个代表队120多名选手经过连续两天的激烈角逐，围绕“科技战疫，创新强国”主题，用通俗易懂的语言，融合多媒体形式和实物道具，将各种战疫科技和高新技术生动有趣地讲解诠释，为公众呈现了一场别开生面的科学知识盛宴。省科技厅二级巡视员何棣华，省科技协会党组成员、专职副主席刘建军，中共广东省委统战部二级巡视员黄石松，广东科学中心主任卢金贵等领导出席颁奖仪式，并为获奖选手和单位颁发奖项。

11日

龚国平厅长率厅农业农村科技处、资源配置与管理处有关同志到龙门县开展脱贫攻坚挂牌督战现场调研，实地调研了永汉镇省定贫困村低冚村脱贫攻坚、红色党建基地建设情况和龙门县惠州产业转移工业园区广东尼特包装制品有限公司。惠州市科技局和龙门县县政府、县扶贫办、县科工信局有关领导等参加了调研。

12日

杨军副厅长参加在广州举行的广东鲲鹏生态伙伴大会并作主题发言。

13日

省科技厅会同省科学院在广州召开广东省科技创新“十四五”暨中长期规划高端装备制造、新材料、新一代信息技术领域技术研发布局专家研讨会。会上，龚国平厅长向与会专家分析介绍了广东当前的科技发展形势与机遇；与会专家围绕高端装备制造、新材料、新一代信息技术三个领域“十四五”及中长期发展形势、机遇和挑战、技术研发方向及布局、发展建议等方面等进行深入研讨。周克崧院士、瞿金平院士以及来自高校、科研机构、省实验室、企业的10多名高层次专家，省科学院刘敏副院长以及省科学院和省科技厅相关部门的负责同志参加了会议。

△杨军副厅长出席中山火炬高技术产业开发区建区30周年高质量发展研讨会并致辞。

19日

龚建文二级巡视员率省新冠肺炎疫情防控指挥办科研攻关组会同省药监局有关领导、专家，赴广州达博、恩宝等新冠疫苗研发企业调研，现场研究解决临床试验申请有关问题，加快推动本省新冠疫苗研发和临床试验进展。

20日

珠三角地区科技型企业工作推进会在省科技厅召开。会上，通报了今年本省推进高新技术企业、科技型中小企业、技术先进型服务企业工作进展情况、分析存在问题、部署下一阶段工作；珠三角各地市就工作推进情况进行交流发言；杨军副厅长作讲话并提出下一步做好科技型企业工作的要求。珠三角九市科技部门分管领导和业务部门负责同志，以及厅高新技术处、省技术经济研究发展中心相关人员参加了会议。

△周木堂二级巡视员出席在华南农业大学举办的中山市横栏镇花木产业人才培训班开班典礼并讲话。

21日

何棣华二级巡视员参加在河源市和平县举办的2020年广东省文化科技卫生“三下乡”主场活动启动仪式。

25日

杨军副厅长参加在东莞松山湖高新区举行的2020年第三期“岭南科学论坛·湾区创新论坛”并致辞。

27日

省人大常委会党组副书记、副主任徐少华主持召开工作专班会议，传达学习省委十二届十次全会精神，总结上一阶段省领导同志定点联系市、县工作，研究部署下一步工作安排，省科技厅李旭东副厅长、农业农村科技处相关负责同志参加了会议。

28日

杨军副厅长出席在广东科学中心举行的广东省食品药品科普体验馆开馆仪式。

31日

省科技厅副厅长、省外专局局长劳帜红率厅专家服务处、引进智力管理处、省科技合作研究促进中心相关同志到佳都集团开展招才引智、专家服务工作调研，与新加坡工程院李德纮院士等海外引进的人才座谈。

△李旭东副厅长陪同省人大常委会党组副书记、副主任徐少华同志一行到广州市从化区开展实施乡村振兴战略立法工作和美丽乡村示范建设情况调研，先后调研了万花风情小镇、城郊街西和村和生态设计小镇，走访现代花卉产业园、花卉信息港等地，在生态设计小镇与广州市人大、从化区政府有关负责同志就实施乡村振兴战略立法工作进行交流座谈。

【9月】

1日

至2日，李旭东副厅长参加省政府陈岸明副秘书长率队的调研组到河源调研科技创新工作，并就河源市提出创建河源国家农业高新技术产业示范区、东源县提出支持深圳盐田（东源）产业转移工业园创新省级高新技术产业园区进行了回应。

2日

龚建文二级巡视员率省新冠肺炎疫情防控指挥办科研攻关组会同省药监局、深圳科创委有关领导、专家赴深圳源兴公司调研，现场协调研究解决恩宝腺病毒载体疫苗临床试验申请有关问题，并赴深圳康泰公司现场调研灭活疫苗车间建设情况。

3日

省工信厅吴东文副厅长一行到省科技厅就省领导同志定点联系中山市及横栏镇跟进事项落实清单展开专题座谈，李旭东副厅长主持会议、厅农业农村处、厅工作专班相关负责同志参加了会议。

7日

龚国平厅长、李旭东副厅长陪同省人大常委会党组副书记、副主任徐少华同志和副省长李红军同志一行到中山市开展专题调研，先后到中山市信访局、科技局、生态环境局，分别听取中山市信访工作、科技工作、生态环保工作情况汇报；召开科技创新工作座谈会和环保督察问题整改落实情况座谈会，前往白石涌调研中心组团黑臭水体整治情况，并赴横栏镇开展专题调研。

10日

劳帜红副厅长与到访省科技厅的香港生产力促进局机械人及人工智能部总经理兼内地业务总经理葛明博士等一行3人座谈，听取葛明博士介绍香港生产力促进局的主要职能、最新发展动态以及促进两地创新合作的构想。

11日

中国农村技术开发中心到广东省开展科技金融服务调研并召开专题调研座谈会。会上，厅农业农村科技处介绍了农业科技园区、创新型县（市）建设进展情况；资源配置与管理处介绍了广东科技金融工作的情况；中国农村技术开发中心李宇飞处长传达了科技部强化园区县市科技创新、聚集创新资源的战略部署，并介绍了农村中心与中国农业银行围绕聚集金融资源，聚力提升国家农高区、国家农业科技园区、国家级创新型县（市）建设水平的工作成效；李旭东副厅长分析了广东农业科技园区和创新型县（市）当前的科技金融服务形势和机遇。何棣华二级巡视员，省科技基础条件平台中心、省科技评估中心和相关地市科技部门的负责同志参加了会议。

15日

至17日，科技部国际合作司徐捷副司长携科技部国际合作司、评估中心相关负责同志一行到本省开展“十四五”国家国际科技创新合作华南片区专题调研，并在省科技厅召开专题座谈会。省科技厅副厅长、省外专局局长劳帜红参加会议并介绍了“十三五”期间本省开展国际科技合作的主要情况以及“十四五”期间本省加快推进国际科技创新合作的主要部署。

△至18日，杨佩军二级巡视员随省政协调研组调研本省种业科技创新工作。

17日

科技部在北京召开国家高新区高质量发展视频会议。会议主会场设在科技部，省科技厅以视频连线方式参加此次会议。会上，杨军副厅长围绕“强化高新区改革开放支撑粤港澳大湾区建设”的主题作典型发言。

22日

省科技厅副厅长、省外专局局长劳帜红在省科技厅会见到访的韩国驻华主要科技机构代表团，并向代表团介绍广东科技创新工作进展和粤港澳大湾区国际科技创新中心建设布局情况，听取韩国代表团介绍所在机构概况及中韩技术创新合作进展，双方围绕基础研究、技术转移转化等方面展开交流。韩中科学技术合作中心、韩国研究财团北京代表处、在华韩国创新中心（KIC）、韩国韩医学研究院北京代表处、韩国产业研究院北京代表处（KIET）等韩国各主要科研机构驻华机构代表处的首席代表，厅政策法规与创新体系建设处、基础研究处、高新技术处、专家服务处、交流合作处，省基础研究与应用基础研究基金委员会、省科技创新监测研究中心、省科技合作研究促进中心、省科学学与科技管理研究会等有关同志参加了会见。

△李旭东副厅长陪同省人大常委会党组副书记、副主任徐少华同志一行到中山市开展专题调研，先后到到中山巨邦科技集团有限公司、霞湖世家营销中心、中山百得厨卫有限公司调研企业转型升级情况，在横栏镇听取省级现代农业产业园建设助力乡村振兴工作情况，出席建设银行中山分行与横栏镇战略协议签字仪式。

△何棣华二级巡视员参加在广东大厦召开的2020粤港澳科技合作专题指南宣讲及技术对接会并致辞。

△劳帜红副厅长参加在广东科学中心举办的首届粤港澳科技合作论坛并致辞。

25日

第三届广东科普嘉年华暨2020年全国科普日广东省主场活动在广东科学中心举行。广东省委常委、统战部部长黄宁生出席并宣布活动启动，省政府副省长王曦出席活动并作讲话，中国工程院院士、省科技协会主席陈勇，省政府副秘书长陈岸明，省科技厅厅长龚国平等领导和嘉宾，以及各主办单位、承办单位有关部门负责人、市民代表及媒体代表等近200人参加了启动仪式。本届广东科普嘉年华活动以“科技战疫　全面小康　创新为民”为主题，围绕抗击新冠肺炎疫情、航天工程、人工智能、5G技术等热点，广泛开展“多阵地、多战线、广覆盖、齐参与”的系列科普活动，全面展示科技推动经济社会发展和科普创新基础等方面的发展历程以及新成就、新气象、新作为，为公众呈现一场丰盛的科普盛宴。

△国家重点研发计划“宽带通信和新型网络”重点专项部省联动任务工作会议在广州召开。会上，科技部高新司梅建平副司长作讲话；科技部高技术中心袁建湘副主任介绍了重点专项部省联动任务项目管理情况，并就落实国家科技管理体制改革最新精神提出了下一步工作设想和要求；广东省科技厅杨军副厅长介绍了本省的重点专项部省联动任务进展情况；广州市科技局、鹏城实验室、之江实验室以及广东省新一代通信与网络创新研究院分别就参与重点专项部省联动任务情况进行了

介绍；香港中文大学（深圳）等10家部省联动任务承担单位代表逐一介绍了目前项目进展及成果在粤转化落地推进情况，与会领导、专家予以点评并提出改进建议。会议期间，部省双方还召开了重点专项总体专家组会议、部省联动任务内部研讨会议，同步展示了重点专项部省联动任务项目阶段性进展成果及广东省5G垂直领域应用成果，启动了鹏城实验室牵头承担重大示范项目“宽带通信与新型网络应用示范”。科技部高新司信息与空间处、科技部高技术中心信息处、广东省科技厅高新技术处、广州市科技局产学研处、广东省技术经济研究发展中心等单位相关负责同志参加了此次会议。

26日

龚建文二级巡视员出席在佛山市召开的绿色技术评估中心筹建座谈会，绿色技术评估中心将成为绿色技术转化的重要环节。国家评估中心解敏主任、佛山市政府朱伟市长、粤科金融集团唐军董事长等领导出席会议。

【10月】

12日

至15日，由科技部火炬中心、广东省科技厅联合主办，广东省生产力促进中心、广州市科技局承办的全国技术合同认定登记和科技成果登记培训班在广州举办。科技部火炬中心李有平副主任、广东省科技厅周木堂二级巡视员出席开班仪式并讲话。该次培训班邀请了7位国内多年从事技术市场研究与管理、技术合同认定登记、科技成果登记的专家学者，重点围绕促进技术市场政策、技术创新税收政策、科技成果登记规范、技术合同登记实务、技术转移机构建设思考等内容进行讲解，并与学员们进行交流互动。来自全国各地科技系统技术市场管理部门、技术合同认定登记机构、科技成果登记机构的160多名代表参加了培训。

14日

李旭东副厅长与到访省科技厅的清远市邵军副市长一行就清远市创新平台建设、乡村振兴、加强基础研究等相关科技工作进行座谈。清远市科技局、清远市人民医院，厅资源配置与管理处、农业农村科技处、社会发展科技处、实验室与平台基地处、基金办相关负责同志参加了座谈。

△至16日，李旭东副厅长陪同科技部农村中心组织的专家组到云浮国家农业科技园区调研复核，就园区的建设主题、主导产业、建设规划与云浮市分管领导、园区建设负责人交换了意见。云浮市徐树新副市长、科技局黄小涧局长、新兴县何炳友副县长参加了调研座谈。厅农业农村科技处、省科技基础条件平台中心相关人员陪同调研。

17日

李旭东副厅长出席中国工程院环境与轻纺工程学部在广州举行的食品营养与健康花城院士科技峰会暨南方食用菌产业高层论坛并致辞。

△龚建文二级巡视员在广州（国际）科技成果转化天河基地参加科技战疫研讨会暨传染病诊断试剂产业技术创新联盟第一次成员大会并致辞。大会以广东省传染病诊断试剂行业的科技成果展示为主体内容，围绕科技战疫、协同创新和展望未来等主题展开研讨和交流，并举办科技战疫成果展。参会单位包括诊断试剂产业上下游相关的各类企业、科研机构、高校、医疗机构等101家单位，

其中联盟成员单位98家。

△王曦副省长在广东迎宾馆主持召开广东省与宁夏回族自治区座谈会。会上，两省区科技厅进行科技合作协议签约仪式；双方就如何开展两省区的合作进行座谈；龚国平厅长、宁夏回族自治区吴秀章副主席分别作讲话。周木堂二级巡视员，省工业和信息化厅叶元龄二级巡视员，厅成果与区域处、高新技术处、交流合作处、农业农村科技处相关负责人参加了会议。

△李旭东副厅长带队到省人大常委会机关会议室参加省领导同志定点联系中山市及横栏镇工作专班会议。会议总结梳理了半年来省领导定点联系工作开展情况，组织起草报送省委的年度调研总报告，研究部署下一步工作安排。

21日

至23日，由科技部政体司、科技部火炬中心共同举办，广东省科技厅、广州高新区承办，广东省科技情报研究所协办的全国新型研发机构管理工作培训班在广州高新区举行，并同期召开全国新型研发机构管理工作座谈会。作为新型研发机构管理工作的首次全国性会议，全国37个省、自治区、直辖市及计划单列市，新疆生产建设兵团的科技管理部门相关负责人和新型研发机构代表共计148人参训。科技部火炬中心主任贾敬敦、党委书记张卫星，广东省科技厅厅长龚国平、副厅长杨军、二级巡视员周木堂及科技部政体司相关业务负责人出席。

△广东召开全省抗击新冠肺炎疫情表彰大会，表彰在抗击新冠肺炎疫情斗争中作出突出贡献的先进个人和先进集体。广东省科技厅科研攻关组临时党支部荣获“广东省抗击新冠肺炎疫情先进集体”和“广东省先进基层党组织”称号；广东省科技厅社会发展科技处副处长班武、广东省实验动物监测所副所长张钰2人荣获“广东省抗击新冠肺炎疫情先进个人”称号。

22日

李旭东副厅长出席第25届中国·古镇国际灯饰博览会开幕典礼。

23日

省科技厅副厅长、省外专局局长劳帜红出席在线上举行的广东工业大学与巴奥应用科技大学合作协议签约仪式，并与巴基斯坦总理科技工作组主席阿塔·拉曼就双方近期交流合作事宜举行工作会谈。

25日

龚国平厅长带队到厅定点帮扶村河源市东源县黄村镇三洞村，开展脱贫攻坚工作调研，听取驻村扶贫工作进展汇报，实地考察黄村镇中心小学科普馆、脱贫产业腐竹厂、农家乐等地，走访慰问贫困户张伟华，参加“630”捐款捐赠仪式。

28日

广东省科技厅成果转化与区域创新处获科技部火炬高技术产业开发中心授予2019年度全国技术市场统计工作先进单位。

29日

“大美中华·锦绣湾区”2020中国（中山）花木产业大会在中山市横栏镇举行。开幕式上，龚国平厅长代表省科技厅致辞并为横栏镇省级农业科技园区揭牌；李旭东副厅长宣读第六批省级农业科技园区获批名单，横栏镇成为全省唯一创建成功的镇级园区。

【11月】

3日

党组书记、厅长龚国平在省科技厅主持召开全体干部大会，专题传达学习贯彻党的十九届五中全会精神、习近平总书记在十九届五中全会上的重要讲话精神，以及省委关于贯彻落实五中全会精神的部署要求、李希书记在全省干部大会上的讲话精神。

△至5日，李旭东副厅长调研揭阳、汕头、潮州科技创新情况，与基层村委、试验园区和企业负责人座谈，详细了解村民收入、产业发展及脱贫情况，实地了解企业发展中存在的市场、技术瓶颈和复工复产，以及疫情对国内外市场销售影响等情况，听取相关园区、企业未来发展思路和科技需求介绍。

6日

龚国平厅长参加在南方报业传媒集团举行的“广东科技立体发布厅”上线、“广东科技南方号矩阵”集体入驻暨“广东科技创新深调研”启动活动并讲话。“广东科技立体发布厅”将围绕大湾区国际科技创新中心建设、基础研究与应用基础研究、战略性新兴产业发展等全省科技工作重点，与全省科技部门、科研院所深度合作，开展权威发布、政策解读、云游直播、科技创新深调研等线上线下立体宣传，打造广东科技政务新媒体内容生产、权威信息首发、全省科技矩阵运营的主平台。

10日

劳帜红副厅长在省科技厅会见到访的西班牙驻广州总领事耶稣斯·格拉西亚先生（Jesús Gracia Aldaz）一行，并介绍了广东省国际科技合作与创新、人才交流与引进等工作的相关情况，以及之前广东科技代表团访问西班牙期间的成果与收获；双方就进一步推动广东与西班牙合作，促进科技创新发展等相关事宜进行了交流。

11日

李旭东副厅长在省科技厅会见汕头市濠江区陈锐勇代区长一行，听取汕头市濠江区汇报相关工作情况。

13日

由全国科技活动周组委会主办，广州市科技局、广东科学中心、广东广播电视台承办的2020年全国科普讲解大赛圆满落下帷幕。省科技厅副厅长、外国专家局局长劳帜红陪同科技部引进国外智力管理司副司长高翔、李勇和二级巡视员邱成利，科技部外国专家服务司副司长聂飙等出席颁奖仪式。

△省外专局原副局长温则伟在省科技厅与到访的海南省科技厅韦勇副厅长一行座谈，听取韦勇副厅长介绍海南省科技工作情况。海南方面表示拟在热带农业、海洋科技、航天科技三个领域与广东建立合作；双方围绕两厅拟定的科技合作协议相关具体内容展开进一步的探讨。厅成果与区域处、

高新技术处、农业农村科技处、社会发展科技处相关同志参加了座谈。

17日

省科技厅组织召开2020年度技术市场工作会。会上，杨军副厅长介绍本省技术市场建设发展形势，并对改进当前本省技术转移体系存在的问题提出要求；厅成果转化与区域创新处介绍了全省技术市场重点工作安排；省生产力促进中心通报了2020年1—9月技术合同认定登记情况；部分地市及技术合同登记点介绍了技术合同认定登记管理经验；参会代表围绕推进本省技术市场高质量发展进行了交流研讨。来自全省各地市科技局（委）、部分高校院所和技术合同登记点等机构的相关负责人共80多人参加了会议。

△由科技部国际合作司指导，中国科技交流中心与瑞士初创企业孵化机构Venturelab主办，广东省科技厅承办，广东省科技合作研究促进中心协办的中瑞科技创新精准合作“云对接”活动在广东大厦举行。科技部国际合作司赵静副司长作视频致辞，中国科技交流中心庄嘉副主任、省科技厅劳帜红副厅长、瑞士驻广州总领事毕扬（Martin Bienz）出席活动并致辞。10家瑞士初创企业围绕农业、食品、清洁技术、生物医疗等领域开展线上项目路演，深圳市萱嘉生物科技有限公司、中山大学达安基因股份有限公司等10家粤方机构进行线下项目路演，现场设置了技术和投融资领域专家进行点评互动，来自广东及泛珠三角地区的高等院校、科研机构、企业等创新主体代表进行了现场对接交流。厅交流合作处、省科技合作中心相关负责同志参加了广州线下专场活动。

△由国家科技基础条件平台中心主办、广东省科技厅承办，广东省科技基础条件平台中心协办的粤港澳大湾区科研设施与仪器开放共享推进会在广州召开。会上，广东省科技基础条件平台中心汇报了粤港澳大湾区科研设施与仪器开放共享总体进展情况；中科院广州能源研究所、中科院南海海洋研究所、华南理工大学等单位汇报了科研设施与仪器开放共享服务情况，分享经验并提出下一步工作计划；科技部基础司傅小锋二级巡视员、省科技厅何棣华二级巡视员分别作讲话。在粤相关高校、科研院所共22家单位有关负责同志参加了会议。

21日

李旭东副厅长参加中国生物工程学会、广州大学、江南大学在广州召开的第二届全国食品生物技术大会开幕式并代表广东省科技厅致辞。

22日

广东省人民政府与中国科学院在广州召开省院全面战略合作领导小组会议。会上，龚国平厅长作省院全面战略合作工作报告；中国科学院分别与深圳、东莞市政府签署《中国科学院　深圳市人民政府共同建设综合性国家科学中心先行启动区合作协议》《中国科学院　东莞市人民政府共同建设综合性国家科学中心先行启动区（松山湖科学城）合作协议》。中国科学院院长白春礼、广东省省长马兴瑞、广东省科技厅副厅长杨军出席了活动。

25日

中山市人民政府与华南农业大学实施乡村振兴战略和推进科技创新合作协议签约仪式在广州举行。签约仪式由龚国平厅长主持。省人大常委会党组副书记、副主任徐少华，副省长李红军、中山市市委书记赖泽华、华南农业大学党委书记王斌伟、省人大常委会预算工委主任潘江、省科技厅副厅长李旭东、省农业农村厅副厅长黄斌民等共同见证，华南农业大学校长刘雅红、中山市市长危伟汉代表双方签约。厅农业农村科技处、厅工作专班等相关负责同志出席了签约仪式。

△科技部党组成员、科技日报社社长李平一行到广东省科技厅召开科技宣传工作座谈会。会上，李平社长、房汉廷副社长、何棣华二级巡视员分别作讲话；与会代表就科技宣传中的经验、问题，新时期如何进一步加强科技宣传工作，以及加强与科技日报社的合作联动等进行交流研讨。省直有关单位、高校、科研院所、高新区、各地市科技部门负责同志参加了座谈会。

△粤港澳联合实验室建设工作座谈会在省科技厅召开。会上，省实验室建设与重大基础研究推进工作小组副组长温则伟为10家第二批粤港澳联合实验室授牌；粤港澳联合实验室代表作建设经验交流。厅实验室与平台基地处、资源配置与管理处、交流合作处、省科技基础条件平台中心以及广州、深圳、珠海、汕头、佛山、东莞等地市科技局（委）相关负责同志参加了会议。

26日

至28日，2020年世界5G大会在广州召开。大会以“5G赋能、共享共赢”为主题，采用线上线下相结合的方式举行，同期还举办了展览面积约12 000平方米的展会，重点展示应用于当前的5G优秀案例，凸显5G惠及大众、赋能行业的成果。开幕式上，科技部副部长相里斌、工信部副部长刘烈宏、国家发展改革委副秘书长苏伟、广东省省长马兴瑞分别致辞；国际电信联盟（ITU）秘书长赵厚麟、欧盟驻华大使郁白、巴基斯坦总理科技工作组主席阿塔·拉曼等国际嘉宾视频致辞。省委书记李希、省长马兴瑞出席开幕式并于会前会见了与会嘉宾，同时参观了5G产业发展成果展。科技部党组成员、科技日报社社长李平，全国政协教科卫体委员会副主任曹健林，中国通信标准化协会理事长奚国华，省领导张硕辅、王曦，广州市市长温国辉，中国工程院院士邬贺铨、新加坡工程院院士李德纮、世界工程组织联合会主席龚克等院士专家，中国电信董事长柯瑞文、中国联通董事长王晓初、中国广电董事长宋起柱、中国铁塔董事长佟吉禄、中国移动总经理董昕、北斗卫星导航系统总设计师杨长风等企业代表出席开幕式。省科技厅龚国平厅长、杨军副厅长、李旭东副厅长等厅领导全程参加会议。

△杨军副厅长参加高新技术处党支部与省政府办公厅综合四处筹备组临时党支部开展“乘势而上，感恩奋进”主题党日活动，现场参观2020世界5G大会应用成果展，召开联学专题会，交流学习党的十九届五中全会精神和习近平总书记视察广东、出席深圳经济特区建立40周年庆祝大会上的重要讲话精神体会。

29日

龚国平厅长参加中国工程院在广州召开的第320场中国工程科技论坛——第七届中国食品安全高峰论坛并致辞。

△周木堂二级巡视员出席武汉理工大学韶关研究院成立大会并致辞，同时见证签约仪式，为武汉理工大学韶关研究院揭牌，并参加座谈会。

△至30日，龚建文二级巡视员陪同科技部社发司徐俊二级巡视员到佛山千灯湖创投小镇调研绿色技术成果转化平台筹建和佛山南海固废处理环保产业园运行情况，先后到暨南大学环境与气候研究院现场考察并听取科研工作汇报，到深圳听取深圳科创委关于海洋科技创新发展的汇报和华威环保建材有限公司关于建筑垃圾处理工作的汇报。

30日

李旭东副厅长陪同李红军副省长先后到中山市及横栏镇开展深中通道建设、高水平医院建设、乡村振兴及信访工作情况调研。

【12月】

1日

李旭东副厅长率厅农业农村科技处、省科技基础条件平台中心相关同志到定点帮扶村河源市东源县黄村镇三洞村，慰问贫困联系户诸菊香、实地考察三洞腐竹厂、调研指导脱贫攻坚工作，召开三洞村脱贫攻坚工作座谈会。

7日

龚建文二级巡视员率省新冠肺炎疫情防控指挥办科研攻关组会同省卫健委、省药监局有关领导和专家，赴深圳康泰生物制品股份有限公司南山区生产车间，现场调研康泰灭活疫苗临床试验最新进展，协调解决车间（国家）生物安全认证有关问题，为企业送服务、送温暖、送信心。

8日

龚建文二级巡视员率省新冠肺炎疫情防控指挥办科研攻关组、省卫健委、省药监局相关同志到珠海丽珠集团调研，召开新冠疫苗研发工作座谈会，帮助协调解决疫苗研发过程中的问题。

9日

龚国平厅长出席在佛山国家高新区举行的佛山桃园先进制造研究院揭牌仪式并讲话。

△龚建文二级巡视员参加科技部社会发展科技司在珠海召开的2020年度内地和澳门节能与环保工作组会议。

10日

广东省科技厅龚国平厅长在珠海会见澳门科技发展基金陈允熙主席一行，双方就进一步健全粤澳科技合作专责小组联席会议机制、探索在粤澳联合资助计划框架下加入地市联动机制、联合推进粤港澳联合实验室建设、推动两地科研成果转移转化等议题深入交换意见。澳门科技发展基金相关负责人、广东省科技厅何棣华二级巡视员及交流合作处有关同志参加了会见。

△内地与澳门科技合作委员会第十四次会议在珠海召开。会上，科技部副部长黄卫，澳门特区政府经济财政司司长李伟农分别作讲话；委员会联络办公室汇报了委员会2019—2020年度工作报告；审议通过了委员会2020—2021年度工作计划；龚国平厅长以“在疫情防控常态化下携手推进大湾区国际科技创新中心建设”为主题，汇报广东省科技厅重点工作进展和成果。广东省科技厅何棣华二级巡视员，科技部、国务院港澳办、中央人民政府驻澳门特区联络办公室、中国科学院、国家自然科学基金委员会、中国科技协会、广东省科技厅、珠海市科技创新局等内地各有关部门代表，澳门经济财政司、科技发展基金等特区政府管理部门和科研机构代表共约70人参加了会议。

△第十九届中国国际人才交流大会组委会第一次会议在深圳召开。省科技厅副厅长、外国专家局局长劳帜红陪同科技部党组成员陆明参加了活动。

△中华人民共和国第一届职业技能大赛在广州市开幕。广东省科技厅周木堂二级巡视员作为嘉宾接待小组代表之一接待了河北省丁绣峰副省长一行，并参加了大赛活动。

△至11日，粤东西北地区省实验室及分中心建设工作推进会在潮州召开。会上，潮州市政府副秘书长杨仰锐、省实验室建设与重大基础研究推进工作小组副组长温则伟分别作讲话；潮州市科技局介绍了韩江实验室人才引进相关做法；化学与精细化工省实验室介绍了省实验室资金使用相关原则及规范等；各粤东西北地区省实验室及分中心围绕建设目标、建设进展、下一步工作计划、2021年预算等方面进行了交流。汕头、河源、汕尾、阳江、湛江、茂名、潮州、揭阳、云浮等承建地市科技局相关负责同志，厅政策法规与创新体系建设处、资源配置与管理处、基础研究处、实验室与平台基地处、省科技基础条件平台中心相关负责同志参加了会议。

△龚建文二级巡视员参加在广州举行的第五届中国海洋材料发展高端论坛院士专家座谈会。该次论坛共有10位院士出席，涵盖海洋及材料研究各领域权威专家，共同探讨我国海洋材料和海洋工程装备的发展战略和方向。

15日

龚建文二级巡视员参加2020年韶关绿色发展产业招商大会并出席签约仪式。该次大会以“绿色发展·产业兴韶·合作共赢”为主题，搭建务实高效的招商引资活动平台，为韶关加快融入“双区”建设，争当北部生态发展区高质量发展排头兵注入新动能。

△龚建文二级巡视员参加在广州市南沙区举行的第二届广州海洋科学与产业技术国际高端论坛并致辞。

17日

省人大常委会徐少华副主任召开定点联系中山市及横栏镇专班工作会议，研究省领导同志定点联系中山市及横栏镇有关年终总结和调研报告。李旭东副厅长、厅农业农村处和厅工作专班相关负责同志参加了会议。

△至18日，李旭东副厅长参加定点联系中山市及横栏镇工作调研，并出席2020第一届完美生命健康科技高峰论坛相关活动。

18日

广东省科技厅与中国科学院控股有限公司共建中国科学院科技成果转化母基金合作框架协议签约仪式在广州举行。省科技厅厅长龚国平和国科控股董事长索继栓分别代表双方签署协议，副省长王曦、中国科学院副院长张涛出席活动并见证签约仪式。省科技厅副厅长杨军主持签约仪式。根据合作框架协议，双方将共建目标规模60亿元母基金，重点围绕广东省和中科院“硬科技”“绿科技”项目，落实中科院“率先行动计划”部署，投资一批具有重大影响的中科院科技成果转化项目、国家和地方重点支持的科技重大项目，培育一批致力于核心技术攻关的科技型企业，支撑战略新兴产业发展。同时，通过母基金的辐射效应，将中科院更多的优质科技资源、项目引入广东，助力省院合作。省财政厅，粤科金融集团，广州市科技局，黄埔区政府，中科院科技促进发展局、条件保障与财务局，中科院广州分院等单位相关负责同志参加了签约仪式。

△省科技厅副厅长、省外专局局长劳帜红出席在广州白云国际会议中心举行的2020中国海外人才交流大会暨第22届中国留学人员广州科技交流会开幕式。

△何棣华二级巡视员出席在华南农业大学举行的中国—拉丁美洲农业教育科技创新联盟成立暨合作协议签署仪式，并在会上介绍广东省科技厅科技合作交流政策。

△龚建文二级巡视员参加中国工程院主办的粤港澳大湾区环境生态安全与绿色发展国际工程科技战略高端论坛。

21日

省人大常委会徐少华副主任召开定点联系中山市及横栏镇专班工作会议，研究省领导同志定点联系中山市及横栏镇有关年终总结和调研报告，部署下一阶段工作。李旭东副厅长、厅农业农村处和厅工作专班相关负责同志参加了会议。

22日

杨军副厅长在省科技厅主持召开广东省高新技术企业认定管理工作领导小组会议。会上，龚国平厅长作讲话；通报了本省2020年高新技术企业认定管理工作情况、涉及高新技术企业认定的注册会计师事务所管理情况、高新技术企业税收减免情况；审议了2021年度广东省高新技术企业认定管理工作计划，研究了高新技术企业其他事项；科技、财政、税务三部门与会同志充分交流了相关意见，并达成共识。省科技厅高新技术处、省财政厅税政处、国家税务总局广东省税务局企税处和省技术经济研究发展中心有关负责同志参加了会议。

25日

李旭东副厅长参加华南农业大学新农村发展研究院第七次部门联席会议。

△龚建文二级巡视员率厅科研攻关组临时党支部与省技术经济研究发展中心党总支前往河源市东源县黄村镇三洞村开展“坚持党建引领，努力奋勇争先”支部联学共建主题党日和慰问对口帮扶贫困户活动。

30日

龚建文二级巡视员参加在广州国际生物岛召开的“人类蛋白质组计划2.0”国际大科学计划战略研讨会并代表省科技厅致辞。

附录

表格索引

主题索引

说　明

1. 本索引采用主题分析法，按主题词汉语拼音字母顺序排列。

2. 索引的主题词后面的数字表示内容所在页码，数字后面的英文字母（a、b）表示该页自左至右的栏别。

H

J

K

Z